과연 회사에서 바로 통하더라!

회사통 시리즈는
컴퓨터와 회사 업무를 동시에 마스터할 수 있는
직장인을 위한 '현장밀착형 입문(활용)서'이며
한빛미디어(주)의 대표 브랜드입니다.

회사에서 바로 통하는

엑셀&파워포인트 2013

일 잘하는 직장인이 추천하는 최고의 시리즈

10년간 100만 독자들과 함께 성장했습니다

6년 전 막 회사 생활을 시작했을 때 회사에서 바로 통하는 시리즈가 큰 힘이 됐습니다. 실무에서 어떤 기능을 써야 할지 갈피를 잡지 못할 때 종종 책을 찾아보던 기억이 납니다. 지금 막 회사 생활을 시작하는 신입 사원에게 추천하고 싶은 책입니다.

• **김지연** | 제약회사 개발본부

회사에서 바로 통하는 시리즈에는 업무를 하면서 바로 활용할 수 있는 형태의 실습이 수록되어 있어서 프로그램을 익히는 데 큰 도움이 되었습니다. 생략 없이 상세한 단계별 설명과 그림 덕분에 쉽게 멋진 보고서를 만들 수 있게 되었습니다.

• **전성종** | IT서비스회사 재경정보팀

프레젠테이션 업무를 처음 받은 날이 생각납니다. 준비하는 시간이 턱없이 부족했어요. 인터넷으로 검색하며 밤새워 준비하다가 다음 날 아침 서점으로 달려가 《회사에서 바로 통하는 파워포인트》를 샀습니다. 그리고 책을 보면서 무사히 업무를 마무리 지을 수 있었습니다. 생각해보니 밤새 진땀 흘린 시간이 너무 아까웠어요.

• **김태우** | 여행사 마케팅팀

대학 때 인문 계열을 전공해서 입사하기 전까지 엑셀을 거의 사용해보지 않았습니다. 신입 사원일 때는 선배들도 모두 바빠 보이고, 괜히 일을 못하는 사람처럼 보일까봐 물어보기도 곤란했어요. 입사 동기와 함께 공부하는 데 회사에서 바로 통하는 시리즈가 큰 힘이 되었습니다. 경력이 쌓인 지금도 책을 곁에 두고 필요할 때마다 펼쳐보곤 합니다.

• **문아라** | 은행 근무

업무 특성상 엑셀을 자주 사용하는데, 스스로 해결하지 못하는 문제가 있을 때마다 《회사에서 바로 통하는 엑셀》을 찾아봤습니다. 과장님들께 배우지 못한 업무 기술이 책 곳곳에 녹아 있어 참 많은 도움이 되었습니다.

• **장승희** | 제약회사 구매팀

회사에서 바로 통하는 시리즈는 초급자나 중급자, 누구에게나 꼭 필요한 기능을 담은 가장 효율적인 교과서!

• **안상민** | 회계사

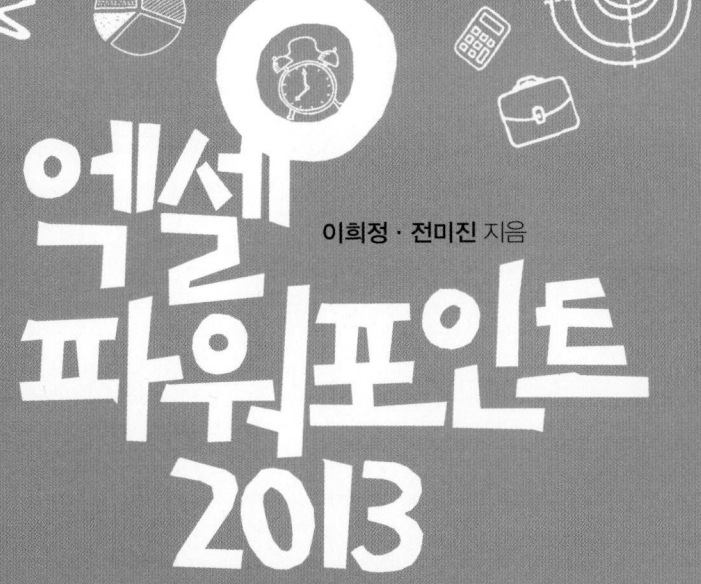

회사에서 바로 통하는 엑셀 파워포인트 2013

이희정 · 전미진 지음

한빛미디어
Hanbit Media, Inc.

지은이 **이희정**(neo@neopt.co.kr)

프레젠테이션 전문 업체 네오프레젠테이션(http://neopt.co.kr) 대표이며 인하대학교, 이화여자대학교 등에서 비즈니스 스킬업, 스피칭 커뮤니케이션 과목을 가르치고 있습니다. 감각 있고 명쾌한 프레젠테이션 테크닉으로 삼성, SK, LG, 현대자동차, 아시아나항공 등에서 강의하며, KMA 한국능률협회, 중소기업청, KSA 표준협회에서 프레젠테이션 발표 및 기획제작 분야 전문 위원으로 활동하고 있습니다. 주요 PT 작품으로는 제 15회 국가경쟁력 강화회의, 코엑스 제4회 대한민국 지역혁신 박람회, 산업기술 혁신 5개년 계획, 지식재산 강국 실현 전략 대통령 보고가 있으며, 2009 Tech Plus Forum, 삼성전자 국내/해외 통합 혁신 사장단 보고 등 다양한 행사용 PT를 제작했습니다. 저서로는 《회사에서 바로 통하는 엑셀 & 파워포인트 2010》(한빛미디어, 2010), 《회사에서 바로 통하는 파워포인트 2007(개정판)》(한빛미디어, 2009)이 있습니다.

지은이 **전미진**(smileimp@naver.com)

삼성전자, 삼성항공, 삼성코닝, 삼성멀티캠퍼스, 삼성석유화학, 대우건설, 서울통신, 지역난방공사, 농협대학, 한양대학, 유니텔캠퍼스, 효성그룹, 대우기술원 등에서 업무 개선을 위한 엑셀과 파워포인트, 프로그래밍 관련 강의를 진행했습니다. 현재 삼성토탈, 대우증권, 인키움, 경기중소기업센터 등에서 강의하고 있으며, 저서로는 《회사에서 바로 통하는 엑셀+파워포인트+워드 2013(개정판)》(한빛미디어, 2014), 《회사에서 바로 통하는 엑셀+파워포인트+워드 2010》(한빛미디어, 2011), 《회사에서 바로 통하는 엑셀&파워포인트 2010》(한빛미디어, 2010), 《회사에서 바로 통하는 엑셀 2007(개정판)》(한빛미디어, 2009) 등이 있습니다.

회사에서 바로 통하는
엑셀 & 파워포인트 2013

초판발행 2014년 11월 17일
4쇄발행 2018년 4월 5일

지은이 이희정, 전미진 / **펴낸이** 김태헌
펴낸곳 한빛미디어(주) / **주소** 서울시 서대문구 연희로2길 62 한빛미디어(주) 실용출판부
전화 02-336-7129 / **팩스** 02-325-6300
등록 1999년 6월 24일 제10-1779호 / **ISBN** 978-89-6848-140-6 13000

총괄 임규근 / **책임편집** 전정아 / **기획** 장용희 / **편집** 안세현
디자인 표지 오필민, 내지 천승훈
영업 김형진, 김진불, 조유미 / **마케팅** 박상용, 송경석, 변지영

이 책에 대한 의견이나 오탈자 및 잘못된 내용에 대한 수정 정보는 한빛미디어(주)의 홈페이지나 아래 이메일로 알려주십시오. 잘못된 책은 구입하신 서점에서 교환해 드립니다. 책값은 뒤표지에 표시되어 있습니다.

한빛미디어 홈페이지 www.hanbit.co.kr / 이메일 ask@hanbit.co.kr

- 직장인이라면 엑셀이라는 프로그램 이름이 매우 친숙할 것입니다. 아마 회사에서 가장 많이 사용하는 소프트웨어이기도 할 것이고요. 하지만 엑셀을 잘 한다고 대답하는 사람들은 극히 소수에 불과합니다. 엑셀을 배우는 방법은 선배 어깨 너머로 배우는 경우와 주변 동료에게 물어보는 경우, 그리고 인터넷 검색을 통해 배우는 경우가 많습니다. 그렇기 때문에 당장 눈 앞의 문제는 그럭저럭 해결은 되지만 엑셀을 활용하는 능력은 현저하게 떨어지는 경우가 허다합니다.

  엑셀은 고급 기능을 잘 아는 것 못지않게 기초를 탄탄히 하는 것이 매우 중요합니다. '이런 것쯤은 다 알지'라는 생각으로 기본 기능을 소홀히 하게 되면, 복합적인 기능을 요하는 실무 문서에서는 제 실력을 발휘하지 못하는 경우가 생기기 때문입니다.

  이 책은 바쁜 직장인이 엑셀의 핵심 기능을 이용해 실무에서 바로 활용할 수 있는 방법을 알려줍니다. 10년 넘게 기업체에서 강의하는 동안 수강생과 동료들이 가장 많이 물어온 질문들을 분석하여 예제 형태로 정리했습니다. 실제 업무에서 사용하는 견적서, 품의서, 집계표, 계산서, 증명서 등의 다양한 실무 문서를 이용해 엑셀의 핵심을 익히다 보면 어느새 엑셀을 능수능란하게 활용할 수 있게 될 것입니다. 마지막으로 저는 이 책이 엑셀을 사용하는 모든 분들의 기본서로 학습 및 업무 향상에 도움이 되기를 바랍니다.

[엑셀편 _ 전미진]

- 스티브 잡스의 프레젠테이션이 각광받고 키노트나 프레지가 사용된 이후로 프레젠테이션 문서의 디자인은 극도로 단순화되고 세련되어졌습니다. 단순한 배경, 한 줄의 문구, 그리고 한 장의 사진으로 만들어진 프레젠테이션은 최고라는 찬사를 받곤 합니다. 하지만 여기에 함정이 있습니다. 바로 상황에 알맞은 프레젠테이션 연출을 무시하고 저마다 '잡스'식의 프레젠테이션을 추구하려고 한다는 점입니다.

  지난 10년 동안 실무 프레젠테이션 제작과 강의 활동을 하며 깨닫게 된 것은 '실제 업무에서 사용하는 프레젠테이션은 다르다'는 것입니다. 당연히 세련된 디자인의 슬라이드를 만들어야 하는 것은 사실입니다. 다만, 필요한 내용이 알맞게 들어가 있으면서 전달력이 강화된 멋진 디자인이어야 한다는 것, 즉 두 마리 토끼를 잡아야 합니다. 대부분의 직장인들은 프로급으로 파워포인트를 다루지 못하고 다른 업무로 할 일이 쌓여 있는 경우가 많습니다. 하지만 세련된 프레젠테이션 문서를 만들어야 하기 때문에 큰 부담을 갖고 있죠.

  이 책은 이러한 고민에 빠진 사람들을 위한 책입니다. 바쁜 직장인들에게 파워포인트 2013의 핵심 기능을 이용해 실무에서 통하는 문서를 만드는 방법을 알려줍니다. 실제 업무에서 사용하는 제안서, 보고서, 사업계획서 등 다양한 실무 문서를 이용해 파워포인트의 핵심 기능을 익히다 보면 어느새 상사와 고객을 만족시킬 수 있는 프레젠테이션을 만들 수 있을 것입니다.

[파워포인트편 _ 이희정]

SECTION

엑셀과 파워포인트 2013을 다룰 때 반드시 익혀야 할 핵심 기능만 추려 구성했습니다. 기능과 활용 방법에 대해 알려줍니다.

기능 설명

엑셀과 파워포인트의 핵심 기능 및 개념을 간단한 설명을 통해 알려줍니다.

버전

오피스 2013 버전이 아니더라도 걱정하지 마세요. 엑셀과 파워포인트별로 해당 기능을 실습할 수 있는 버전을 알려줍니다.

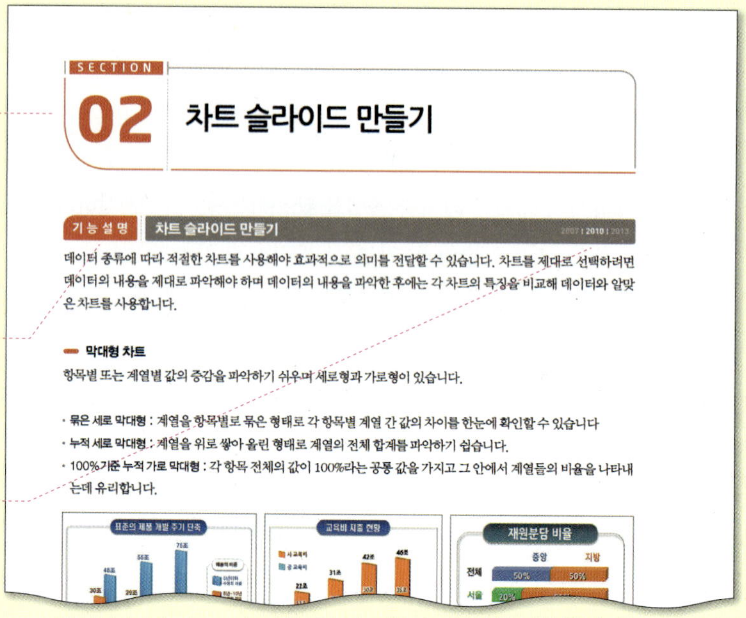

SECTION 02 차트 슬라이드 만들기

기능설명 차트 슬라이드 만들기 2007 | 2010 | 2013

데이터 종류에 따라 적절한 차트를 사용해야 효과적으로 의미를 전달할 수 있습니다. 차트를 제대로 선택하려면 데이터의 내용을 제대로 파악해야 하며 데이터의 내용을 파악한 후에는 각 차트의 특징을 비교해 데이터와 알맞은 차트를 사용합니다.

막대형 차트

항목별 또는 계열별 값의 증감을 파악하기 쉬우며 세로형과 가로형이 있습니다.

- 묶은 세로 막대형 : 계열을 항목별로 묶은 형태로 각 항목별 계열 간 값의 차이를 한눈에 확인할 수 있습니다
- 누적 세로 막대형 : 계열을 위로 쌓아 올린 형태로 계열의 전체 합계를 파악하기 쉽습니다.
- 100% 기준 누적 가로 막대형 : 각 항목 전체의 값이 100%라는 공통 값을 가지고 그 안에서 계열들의 비율을 나타내는데 유리합니다.

기능실습

초보자를 위해 엑셀과 파워포인트의 기본 기능을 실습합니다. 기본 기능을 따라하며 두 프로그램의 간단한 활용 방법을 익힐 수 있습니다.

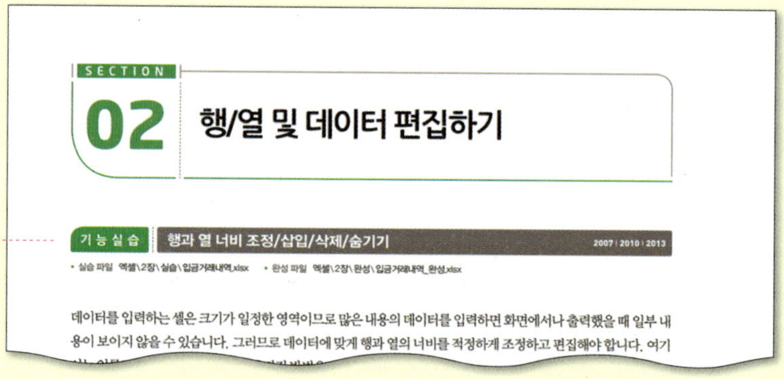

SECTION 02 행/열 및 데이터 편집하기

기능실습 행과 열 너비 조정/삽입/삭제/숨기기 2007 | 2010 | 2013

- 실습 파일 엑셀\2장\실습\입금거래내역.xlsx
- 완성 파일 엑셀\2장\완성\입금거래내역_완성.xlsx

데이터를 입력하는 셀은 크기가 일정한 영역이므로 많은 내용의 데이터를 입력하면 화면에서나 출력했을 때 일부 내용이 보이지 않을 수 있습니다. 그러므로 데이터에 맞게 행과 열의 너비를 적절하게 조정하고 편집해야 합니다. 여기

실무 활용

실제 업무에서 사용하는 문서를 사용하여 실습합니다. 실무에 꼭 필요한 기능을 빠르게 배울 수 있어 업무 효율을 극대화할 수 있게 도와줍니다.

실습 파일 & 완성 파일

엑셀과 파워포인트의 기능 및 실무 활용을 익히는 데 적합한 예제 파일이 제공됩니다.

실습 파일과 완성 파일을 함께 제공하기 때문에 예제를 따라한 후 결과를 바로 비교해볼 수 있게 도와줍니다.

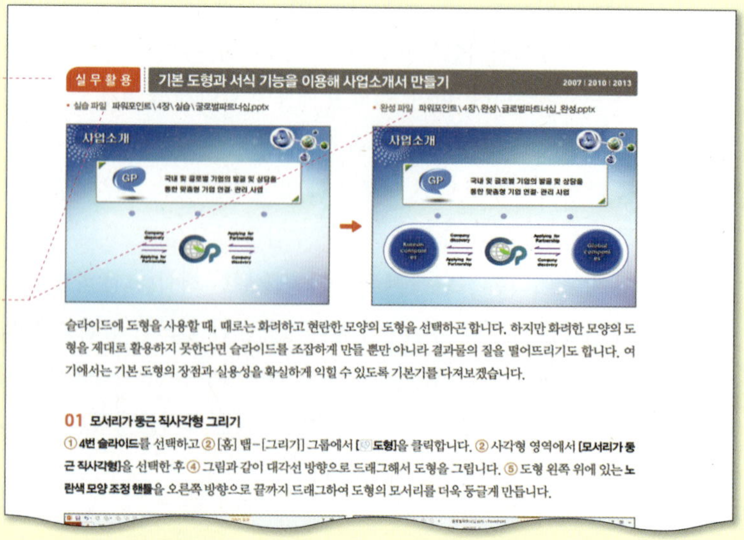

실무활용 기본 도형과 서식 기능을 이용해 사업소개서 만들기 2007 | 2010 | 2013

- 실습 파일 파워포인트\4장\실습\글로벌파트너십.pptx
- 완성 파일 파워포인트\4장\완성\글로벌파트너십_완성.pptx

슬라이드에 도형을 사용할 때, 때로는 화려하고 현란한 모양의 도형을 선택하곤 합니다. 하지만 화려한 모양의 도형을 제대로 활용하지 못한다면 슬라이드를 조잡하게 만들 뿐만 아니라 결과물의 질을 떨어뜨리기도 합니다. 여기에서는 기본 도형의 장점과 실용성을 확실하게 익힐 수 있도록 기본기를 다져보겠습니다.

01 모서리가 둥근 직사각형 그리기

① 4번 슬라이드를 선택하고 ② [홈] 탭-[그리기] 그룹에서 [도형]을 클릭합니다. ③ 사각형 영역에서 [모서리가 둥근 직사각형]을 선택한 후 ④ 그림과 같이 대각선 방향으로 드래그해서 도형을 그립니다. ⑤ 도형 왼쪽 위에 있는 노란색 모양 조정 핸들을 오른쪽 방향으로 끝까지 드래그하여 도형의 모서리를 더욱 둥글게 만듭니다.

동영상으로 한번 더

애니메이션 효과는 동영상 강좌를 통해 직접 확인하세요.
한빛미디어 홈페이지에서 동영상을 다운로드하거나 스마트폰으로 QR 코드를 찍어 동영상을 확인할 수 있습니다.
유튜브에서도 확인할 수 있습니다.
http://youtu.be/LTqtJIMfe1Y

실무 활용 POWERPOINT NOTE | 애니메이션 복사하기

실습 파일 파워포인트\7장\실습\업무혁신 시스템구축제안서.pptx

하나의 개체에 다양한 애니메이션을 설정한 후 다른 개체에 동일한 애니메이션을 손쉽게 적용할 수 있습니다. 애니메이션 복사를 통해 설정된 애니메이션의 종류와 효과, 시간 등 애니메이션 전체 정보를 동일하게 복사해보겠습니다.

① **5번 슬라이드**를 선택합니다. 슬라이드 가운데에 위치한 세로선을 기준으로 왼쪽에는 애니메이션이 등록되어 있습니다. ② 왼쪽 원형 그룹 개체를 선택하고 ③ [애니메이션] 탭–[고급 애니메이션] 그룹에서 [**애니메이션 복사**]를 클릭합니다. ④ 오른쪽의 원형 개체를 클릭하면 동일한 애니메이션이 복사됩니다.

TIP 동일한 애니메이션을 여러 번 반복해서 복사하려면 [애니메이션 복사]를 더블클릭하면 됩니다. 애니메이션 적용을 마치려면 ESC를 눌러 복사 기능을 해지합니다.

동영상으로 한번 더

학습 단계가 복잡한 엑셀, 슬라이드 쇼 확인이 어려운 파워포인트 부분만 골라 동영상 강좌를 제작했습니다. 해당 동영상은 유튜브에서도 볼 수 있습니다.

실무 활용 NOTE

더 빠르고 간편하게 작업할 수 있도록 실제 업무에서 자주 사용하는 기능 및 유용한 정보를 알려줍니다.

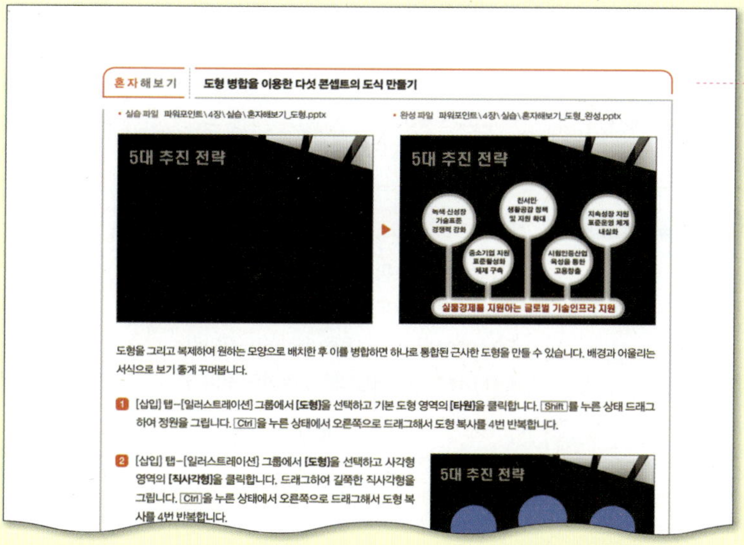

혼자 해보기 | 도형 병합을 이용한 다섯 콘셉트의 도식 만들기

• 실습 파일 파워포인트\4장\실습\혼자해보기_도형.pptx
• 완성 파일 파워포인트\4장\실습\혼자해보기_도형_완성.pptx

도형을 그리고 복제하여 원하는 모양으로 배치한 후 이를 병합하면 하나로 통합된 근사한 도형을 만들 수 있습니다. 배경과 어울리는 서식으로 보기 좋게 꾸며봅니다.

1 [삽입] 탭–[일러스트레이션] 그룹에서 **[도형]**을 선택하고 기본 도형 영역의 **[타원]**을 클릭합니다. Shift를 누른 상태 드래그하여 정원을 그립니다. Ctrl을 누른 상태에서 오른쪽으로 드래그해서 도형 복사를 4번 반복합니다.

2 [삽입] 탭–[일러스트레이션] 그룹에서 **[도형]**을 선택하고 사각형 영역의 **[직사각형]**을 클릭합니다. 드래그하여 길쭉한 직사각형을 그립니다. Ctrl을 누른 상태에서 오른쪽으로 드래그해서 도형 복사를 4번 반복합니다.

혼자해보기

[실무 활용]에서 배운 내용을 복습합니다. 엑셀과 파워포인트 고급 사용자로 거듭나기 위해서 꼭 알아야 할 내용입니다.

실습 예제

이 책에 사용된 모든 실습 및 완성 예제, 동영상 자료는 한빛미디어 홈페이지(www.hanbit.co.kr/media)에서 로그인 후 다운로드할 수 있습니다. 홈페이지에서 [자료실]을 클릭한 후 도서명을 입력하고 찾는 도서의 제목을 클릭합니다. [다운로드] 아이콘을 클릭하여 파일을 다운로드합니다. 특히 실습 파일은 따라하기를 진행할 때마다 사용되므로 컴퓨터에 복사해두고 활용합니다.

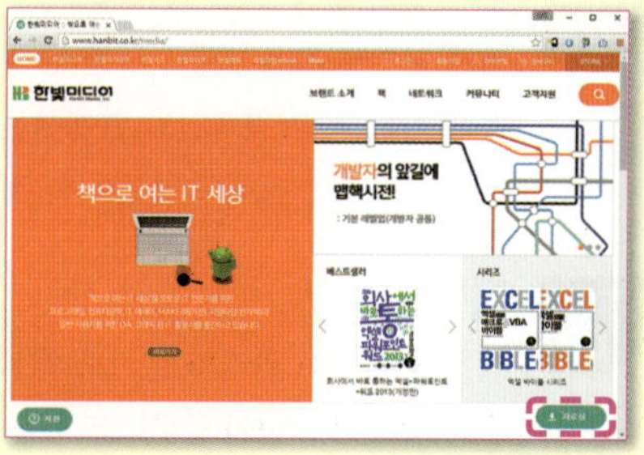

회사에서 통하는 절대 한 수! **회사통 엑셀&파워포인트 2013 단계별 학습 전략**

엑셀	파워포인트
STEP 03 **Chapter 09** 앞을 내다보는 안목, 데이터 관리/분석하기 **Chapter 10** 반복 작업을 줄여줄 매크로 다루기	**STEP 03** **Chapter 09** 테마와 슬라이드 마스터 편집하기 **Chapter 10** 발표하기
STEP 02 **Chapter 05** 엑셀 수식 만들기 **Chapter 06** 복잡한 수식을 끝내는 기본 함수 **Chapter 07** 업무 효율을 높이는 다양한 실무 함수 다루기 **Chapter 08** 데이터 흐름이 한눈에 보이는 차트 만들기	**STEP 02** **Chapter 05** 그림 파일, 스마트아트, 온라인 그림으로 슬라이드 꾸미기 **Chapter 06** 표, 차트를 이용해 슬라이드 구성하기 **Chapter 07** 애니메이션 기능으로 슬라이드 꾸미기 **Chapter 08** 멀티미디어 기능으로 슬라이드 꾸미기
STEP 01 **Chapter 01** 엑셀 2013과의 첫 만남 **Chapter 02** 엑셀의 기본기 다지기 **Chapter 03** 실무 데이터 편집하기 **Chapter 04** 엑셀 문서 꾸미기 및 인쇄하기	**STEP 01** **Chapter 01** 파워포인트 2013과의 첫 만남 **Chapter 02** 파워포인트의 기본기 익히기 **Chapter 03** 텍스트로 슬라이드 꾸미기 **Chapter 04** 도형으로 슬라이드 꾸미기

STEP UP!

STEP 01 왕초보라도 괜찮아!

문서 작성의 기본을 배워봅니다. 실무에서 사용하는 예제를 통해 엑셀과 파워포인트의 기본 기능을 따라해 보면 어느새 엑셀과 파워포인트 문서를 다루는 실력이 업그레이드될 것입니다.

STEP 02 문서 좀 다룰 줄 아는 직장인!

이제 문서를 자유자재로 다룰 줄 알아야겠죠. 엑셀편에서는 수식이나 함수 등을 이용한 문서 작성 활용 방법을 알아보고, 파워포인트 편에서는 다양한 기능을 통해 슬라이드를 꾸밀 수 있는 방법을 알아봅니다. STEP 02까지만 마스터해도 일 잘하는 직장인이 될 것입니다.

STEP 03 업무의 달인!

엄청난 데이터 관리와 분석도 엑셀로 척척! 청중을 사로잡는 고퀄리티 슬라이드 디자인도 척척! 이제 일 잘하는 직장인을 넘어 업무의 달인으로 거듭나세요.

업무 잘 하는 직장인이 되기 위한 필수 코스! **오피스 도서 단계별 학습 로드맵**

한빛미디어의 오피스 학습 로드맵을 이용하면 스스로의 오피스 활용 능력을 점검하고 앞으로 공부해야 할 부분이 무엇인지 한눈에 확인할 수 있습니다.

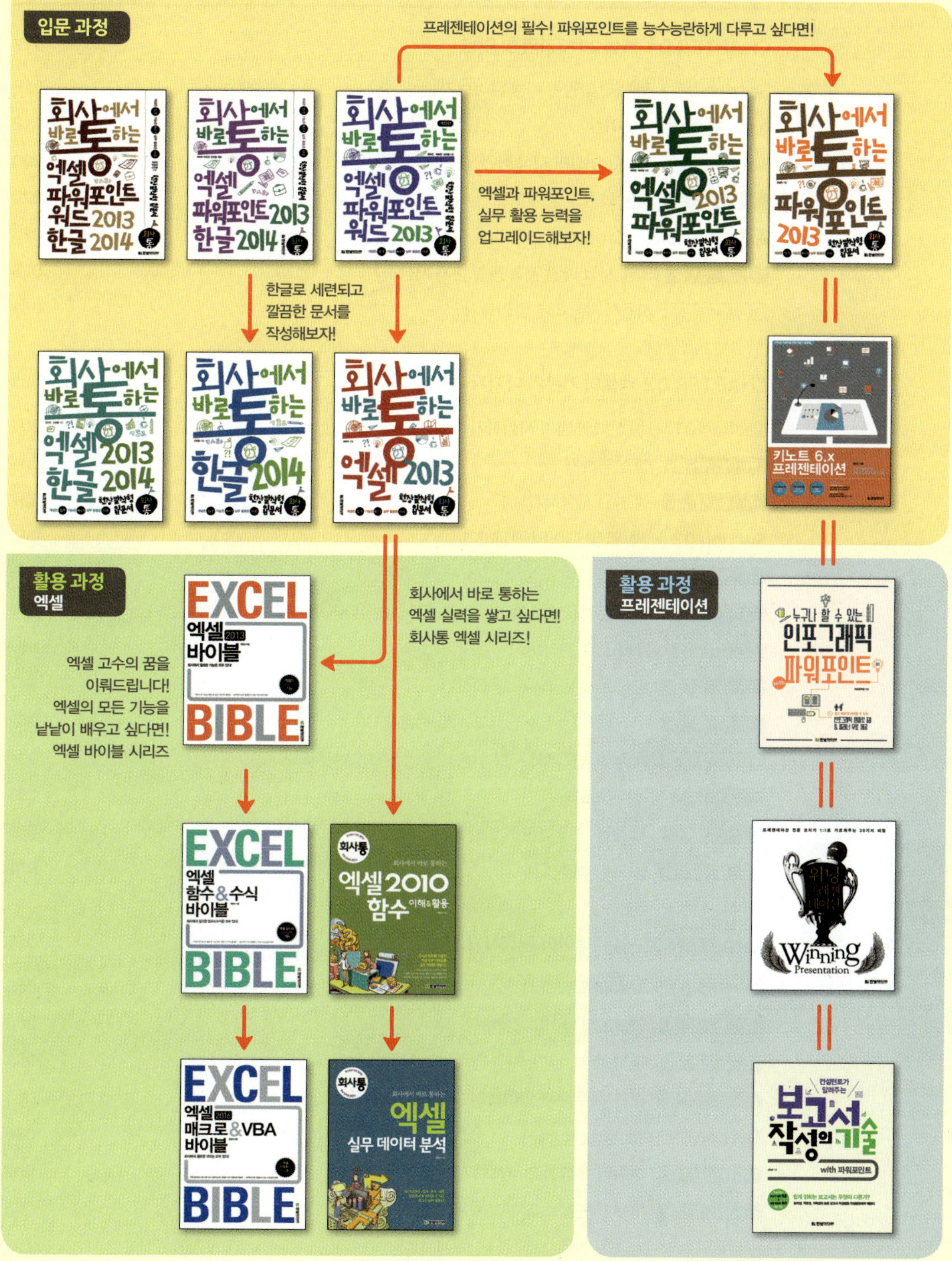

Contents

PART 01 엑셀 2013

Contents

Contents

PART 02 파워포인트 2013

Contents

PART 01

엑셀 2013

EXCEL 2013

CHAPTER

01

엑셀 2013과의 첫 만남

EXCEL 2013

SECTION

01 엑셀의 다양한 기능 알아보기

기능설명 엑셀이란? 2007 | 2010 | 2013

엑셀은 수치 데이터를 쉽고 편리하게 다룰 수 있도록 만든 스프레드시트 프로그램입니다. 스프레드시트(Spread Sheet)는 '펼쳐진 종이'라는 뜻으로 경리 · 회계 장부에서 쓰인 표 형식을 컴퓨터 화면에 옮겨 놓은 것입니다. 표 형식이라 수치를 계산하거나 집계할 때 매우 편리합니다.

엑셀로 무엇을 하나?

엑셀은 수치를 계산하고 집계하는 데 탁월할 뿐만 아니라 문서나 양식 작성, 차트 작성, 데이터 관리 및 분석에도 유용한 프로그램입니다.

복잡한 수치 계산은 기본, 세련된 문서 작성은 덤

함수를 이용하면 복잡한 수식을 간단히 해결할 수 있습니다. 더불어 워드프로세서처럼 데이터 글꼴이나 표를 직접 꾸밀 수 있습니다. 표 서식, 셀 스타일 등을 사용하면 더욱 고급스러운 문서를 만들 수 있습니다.

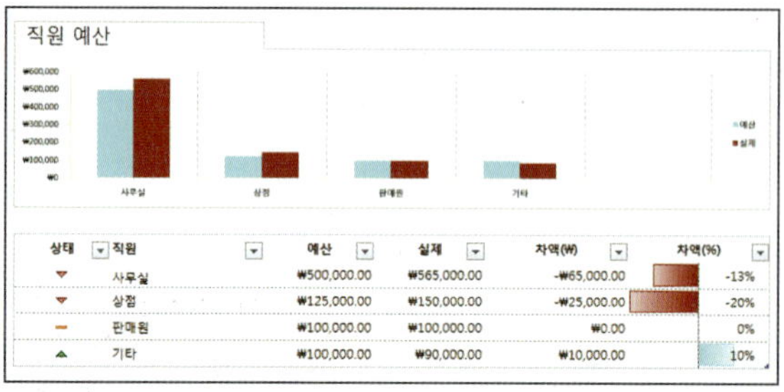

△ 표, 조건부 서식, 차트 서식 지정

대용량 데이터라도 끄떡없는 데이터 관리 기능

엑셀 2013은 약 100만 행×16,000열에 데이터를 입력할 수 있으며, 이러한 방대한 자료를 관리하고 분석하는 기능을 제공합니다. 데이터를 순서대로 정렬하거나, 필요한 데이터만 검색하고 추출하는 기능, 표 형태로 요약해 주는 피벗 테이블과 피벗 차트를 이용하면 데이터를 좀더 효율적으로 관리할 수 있습니다.

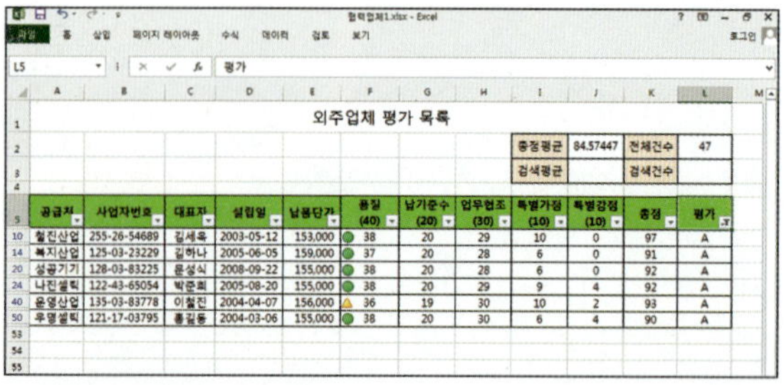

△ 평가 항목이 'A'인 공급처 추출

전문 디자이너 손길이 느껴지는 차트 삽입 기능

비교 추이를 명확하게 나타내는 스파크라인 차트, 점유율을 표현하기 좋은 원형 차트 등 문자와 수치 데이터를 한 눈에 표현하려면 차트를 사용하는 것이 좋습니다. 엑셀을 이용하면 다양한 차트를 손쉽게 만들 수 있으며, 차트 서식 갤러리 기능으로 감각적인 차트를 만들 수 있습니다.

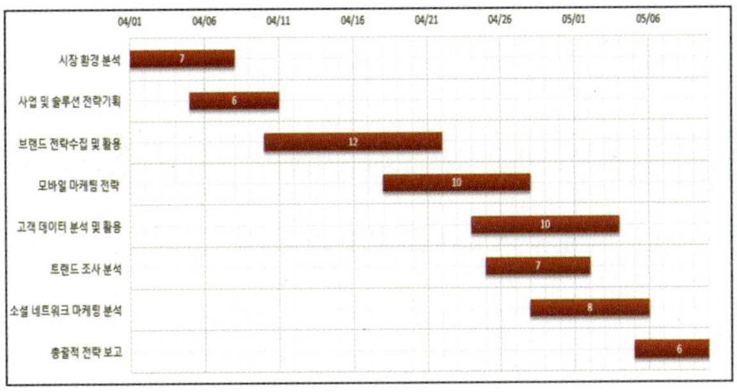

△ 간트 차트

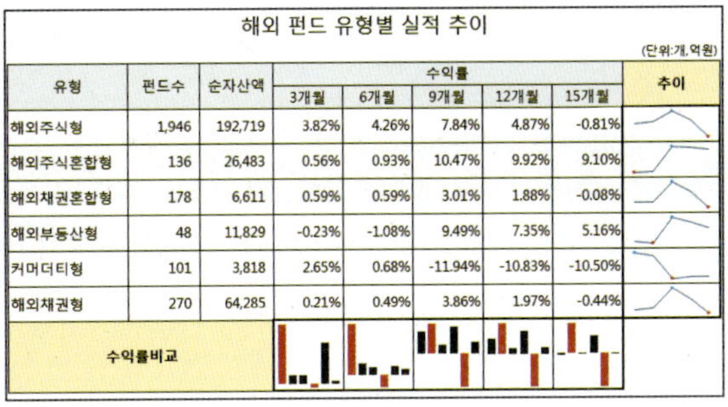

해외 펀드 유형별 실적 추이

(단위:개,억원)

유형	펀드수	순자산액	수익률					추이
			3개월	6개월	9개월	12개월	15개월	
해외주식형	1,946	192,719	3.82%	4.26%	7.84%	4.87%	-0.81%	
해외주식혼합형	136	26,483	0.56%	0.93%	10.47%	9.92%	9.10%	
해외채권혼합형	178	6,611	0.59%	0.59%	3.01%	1.88%	-0.08%	
해외부동산형	48	11,829	-0.23%	-1.08%	9.49%	7.35%	5.16%	
커머더티형	101	3,818	2.65%	0.68%	-11.94%	-10.83%	-10.50%	
해외채권형	270	64,285	0.21%	0.49%	3.86%	1.97%	-0.44%	
수익률비교								

△ 스파크라인 차트

작업 시간을 획기적으로 줄여 주는 매크로 기능

엑셀은 자동 매크로 기능이 있어 반복되는 작업을 마우스 클릭 한 번으로 간단하게 끝낼 수 있습니다. 복잡한 작업은 Visual Basic Editor를 이용해서 프로그래밍합니다.

SECTION

02 엑셀 2013의 시작 화면 알아보기

기능설명 기본 화면 구성 살펴보기

2007 | 2010 | 2013

엑셀 2013은 아이콘 형식 메뉴라 좀더 쉽게 명령을 실행할 수 있고, 메뉴를 탭 형식으로 배치해서 보다 빠르게 필요한 명령을 찾아 사용할 수 있습니다.

엑셀 2013 시작 화면

엑셀 2013을 설치하고 윈도우 바탕 화면의 시작 버튼을 누릅니다. **[모든 프로그램]-[Microsoft office 2013]-[Excel 2013]**을 클릭하면 엑셀 2013이 실행됩니다.

엑셀 2013을 시작하면 [엑셀 빠르게 시작하기] 화면이 나타납니다. 엑셀 빠르게 시작하기에서는 [최근에 사용한 항목], [다른 통합 문서 열기], [새 통합 문서], [둘러보기], [서식 파일] 중에서 사용자가 선택하여 엑셀을 시작할 수 있습니다.

① **최근에 사용한 항목** : 최근에 작업한 통합 문서 목록에서 통합 문서를 불러옵니다.

② **다른 통합 문서 열기** : 기존에 작업했던 통합 문서를 온/오프 저장 공간(컴퓨터/SkyDrive 등)에서 찾아옵니다.

③ **새 통합 문서** : 새로운 통합 문서를 열어 데이터 입력, 편집, 서식 적용 등의 작업을 직접 할 수 있습니다.

④ **서식 통합 문서** : 자주 사용하는 엑셀 문서의 서식 파일을 열어 빠르게 문서 작업을 할 수 있습니다.

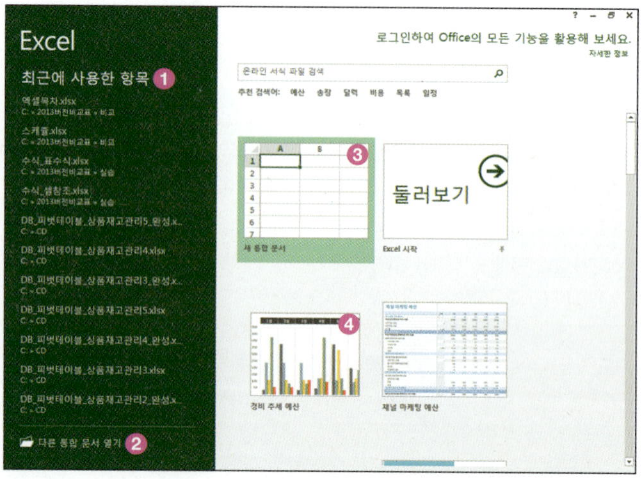

기본 화면 구성

엑셀을 실행하면 나타나는 기본 화면으로 크게 ① 리본 메뉴, ② 워크시트, ③ 상태 표시줄로 구성되어 있습니다. 리본 메뉴는 화면 상단의 텍스트와 아이콘을 모아 놓은 부분으로 명령을 실행할 수 있습니다. 워크시트는 모눈종이처럼 보이는 공간, 상태 표시줄은 화면 하단에 작업 상태를 표시하거나 화면 보기를 선택하는 공간입니다.

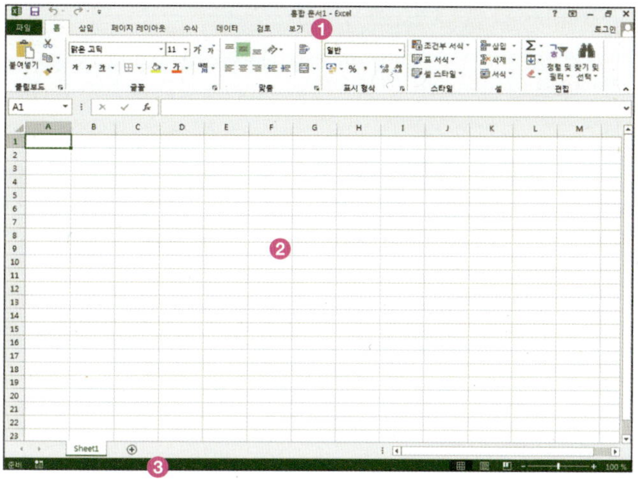

리본 메뉴

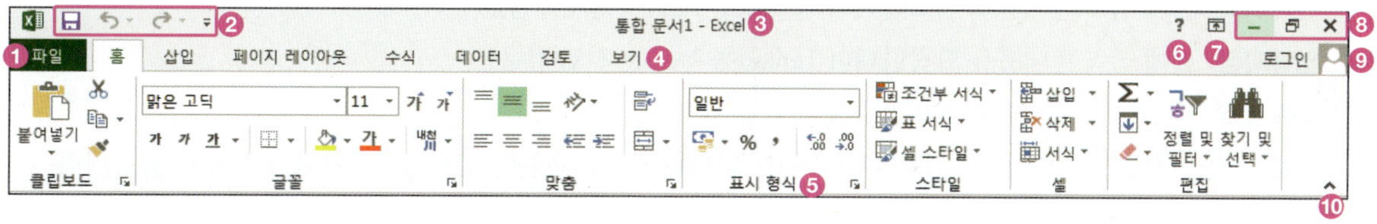

① **파일 탭** : 파일을 관리하는 메뉴가 모여 있으며 개인 정보, 저장, 공유, 인쇄 및 옵션 관련 설정을 수행할 수 있습니다.

② **빠른 실행 도구** : 자주 사용하는 기능을 빠르게 실행할 수 있습니다.

③ **제목 표시줄** : 프로그램 이름과 현재 작업 중인 파일 이름이 표시되며 작업 상태에 따라 [읽기 전용], [호환 모드], [공유], [그룹]이 표시됩니다.

④ **탭** : 비슷한 종류의 명령을 그룹별로 모아 놓은 형식으로 기본 탭 7개가 있습니다.

⑤ **그룹** : 각각의 탭에서 관련 있는 기능을 세부적으로 구분해 놓았습니다.

⑥ **도움말 버튼** : 엑셀 도움말창을 엽니다. F1을 눌러도 됩니다.

⑦ **리본 메뉴 표시 옵션** : 리본 메뉴를 [자동 숨기기],[탭 표시], [모두 보이기]로 선택할 수 있어 작업 영역을 넓게 사용할 수 있습니다.

⑧ **프로그램창 조절 버튼** : 엑셀창을 최소화/최대화하거나 닫을 때 사용합니다.

⑨ **오피스 로그인 버튼** : 오피스 라이브 계정으로 로그인하여 SkyDrive에 오피스 문서를 온라인으로 [업로드], [열기], [공유]합니다.

⑩ **리본 메뉴 축소** : 리본 메뉴를 축소하여 리본 메뉴 탭만 표시합니다.

워크시트(작업 영역)

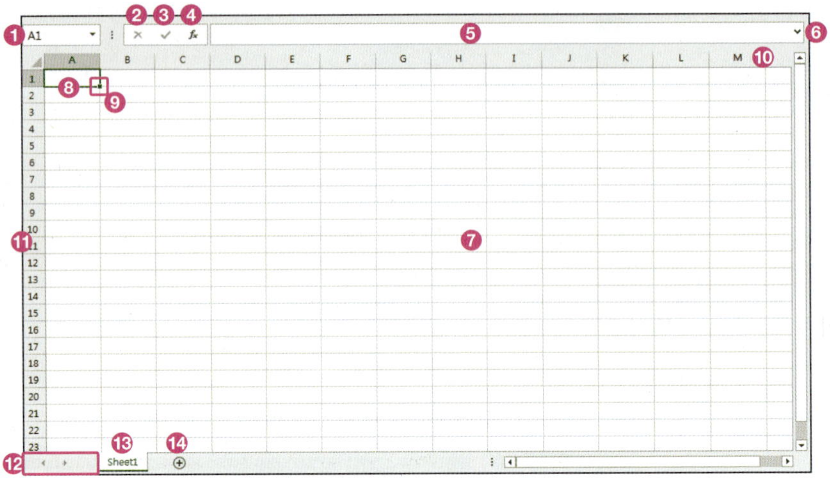

① **이름 상자** : 셀 주소와 정보, 또는 수식이나 함수 목록이 나타납니다.

② **입력 취소** : 셀에 입력한 내용을 취소합니다(ESC를 누르는 것과 같음).

③ **입력 확정** : 셀에 입력한 내용을 확정합니다(Enter를 누르는 것과 같음).

④ **함수 삽입** : 함수 마법사를 실행하여 함수를 삽입합니다.

⑤ **수식 입력줄**: 선택한 셀에 입력한 내용이나 수식이 나타나며, 셀 내용을 직접 입력하거나 수정할 수 있습니다.

⑥ **수식 입력줄 확장/축소** : 수식 입력줄을 확장하거나 축소합니다.

⑦ **셀** : 행과 열이 만나는 격자 형태의 사각형 영역으로 데이터나 수식 등을 입력할 수 있습니다.

⑧ **셀 포인터** : 셀이 선택되었다는 표시로 굵은 테두리가 셀 주위에 표시됩니다.

⑨ **채우기 핸들** : 셀 포인터 오른쪽 아래에 있는 검은 점을 드래그하면 데이터를 채울 수 있습니다.

⑩ **열 머리글** : 열 이름이 표시되는 곳으로 A열부터 XFD열까지 16,384개의 열이 있습니다.

⑪ **행 머리글** : 행 번호가 표시되는 곳으로 1행부터 1,048,576행까지 있습니다.

⑫ **시트 탭 이동 버튼** : 가려진 시트 탭이 있을 경우 시트 탭으로 이동하려 할 때 활성화됩니다.

⑬ **시트 탭** : 현재 통합 문서에 있는 시트와 이름이 표시됩니다.

⑭ **워크시트 삽입 버튼** : 새 워크시트를 삽입할 수 있습니다.

상태 표시줄

① **셀 모드** : 준비, 입력, 편집 등의 셀 작업 상태를 표시합니다.

② **표시 영역** : 키보드 기능키의 선택 상태를 표시하며, 숫자가 입력된 셀 범위를 지정하면 자동 계산 결과를 표시합니다.

③ **보기 바로 가기** : 기본, 페이지 레이아웃, 페이지 나누기 미리 보기 등 워크시트 보기 상태를 선택합니다.

④ **확대/축소 슬라이드** : 확대/축소 버튼을 클릭하여 10% 단위로 확대/축소하거나, 조절바를 드래그하여 확대/축소할 수 있습니다.

⑤ **확대/축소 비율** : [확대/축소]를 지정하는 대화상자를 열어 원하는 배율을 지정합니다.

작업 영역의 기본 구조

엑셀은 통합 문서, 워크시트(Worksheet), 셀(Cell)로 이루어져 있습니다. 엑셀의 기본 구조를 찬찬히 살펴보면 엑셀의 동작 원리와 용도를 명확하게 알 수 있습니다.

엑셀의 시작, 셀과 셀 주소

모눈종이 형태의 작업 영역에는 가로 행과 세로 열이 교차하여 격자 모양의 직사각형이 넓게 펼쳐져 있습니다. 이 격자 모양의 직사각형 하나를 '셀(Cell)'이라고 부르며, 데이터를 입력(저장)할 수 있는 영역입니다. 각 셀에는 고유한 주소가 있으며 이것을 '셀 주소'라고 부릅니다. 셀 주소는 열 머리글과 행 머리글을 조합해서 만듭니다. 예를 들면, F열과 3행이 만나는 셀의 주소는 'F3'이 됩니다.

셀이 모여 워크시트

1,048,576행과 16,384열의 셀이 모여 문서를 만들고 편집하는 공간을 '워크시트'라고 합니다. 엑셀을 실행하면 기본으로 1개의 워크시트가 생성되며, 총 255개까지 워크시트를 삽입할 수 있습니다. 장부에 견출지를 붙여서 내용을 구분하는 것과 같이 각 워크시트의 이름을 수정하거나 탭 색을 수정할 수 있습니다.

워크시트가 모여 통합 문서

엑셀은 관련 있는 워크시트(개별 문서)를 묶어서 관리하는데, 이것을 '통합 문서'라고 부르며 엑셀은 통합 문서 단위로 문서를 저장합니다. 관련 있는 문서는 하나로 묶어서 관리하는 것이 좋습니다. 예를 들면 경리 회계 문서에는 일계표, 월계표, 총계장, 수입결의서, 지출결의서가 모두 들어 있도록 하는 것입니다.

엑셀 문서 저장하기

작업한 엑셀 문서를 컴퓨터, 클라우드(Office 365 SharePoint, SkyDrive)에 저장합니다.

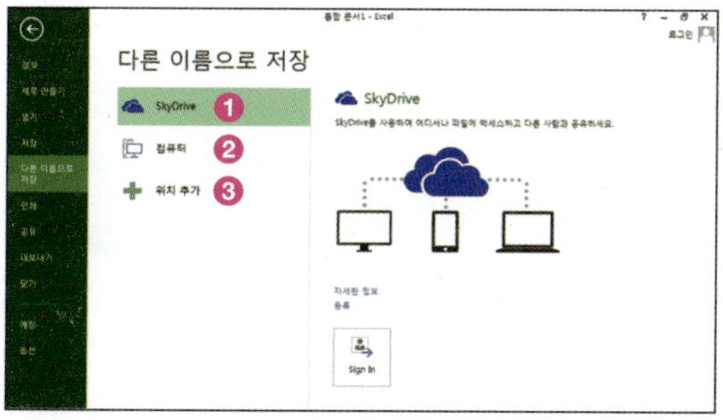

① **SkyDrive** : SkyDrive에 오피스 문서를 저장합니다.
② **컴퓨터** : 컴퓨터 저장 공간에 저장할 위치를 찾거나 최근에 작업했던 폴더에 오피스 문서를 저장합니다.
③ **위치 추가** : 위치를 추가하여 오피스 문서를 클라우드(Office 365 SharePoint, SkyDrive)에 간편하게 저장할 수 있습니다.

SkyDrive 계정 설정

SkyDrive는 Microsoft사의 클라우드 서비스입니다. 장소와 장치에 구애받지 않고 PC, 태블릿, 스마트폰 등으로 어느 곳에서든지 문서를 활용할 수 있는 온라인 저장 장소입니다. SkyDrive에서 기본으로 제공하는 용량은 7GB입니다. 해외에 서버를 두고 있어 국내에 서비스하는 무료 클라우드 서비스에 비해 느리지만 Microsoft 오피스 프로그램과 연동되어 별도의 프로그램 없이 웹으로 실행할 수 있다는 점과 바로바로 로컬 컴퓨터에서 만든 문서를 저장, 공유할 수 있다는 점이 SkyDrive 서비스만의 강점이라고 할 수 있습니다.

기 능 실 습

SkyDrive 계정 설정 및 문서 다루기

2007 | 2010 | 2013

오피스 문서를 SkyDrive에서 불러오거나 저장하려면 Microsoft 계정으로 로그인해야 합니다. 여기서는 SkyDrive 계정을 등록하고 SkyDrive에서 문서를 공유하는 방법에 대해서 살펴보겠습니다.

01 SkyDrive 계정 만들기

① 웹 브라우저에 **https://login.live.com**을 입력하고 [Enter]를 눌러 Microsoft 라이브 홈페이지에 접속합니다. ② **[지금 등록]**을 클릭하여 개인 정보를 입력한 후 SkyDrive 계정을 만듭니다.

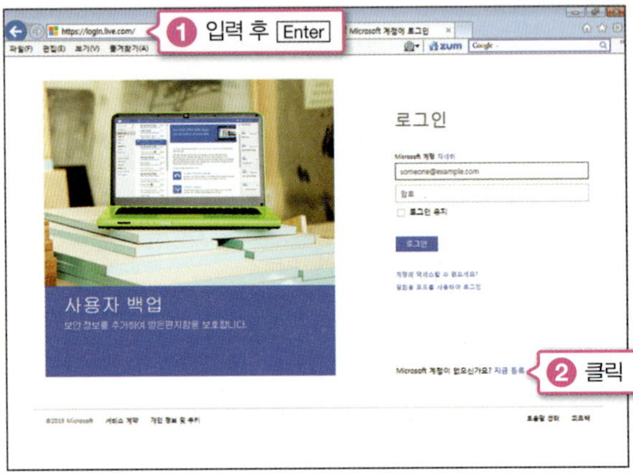

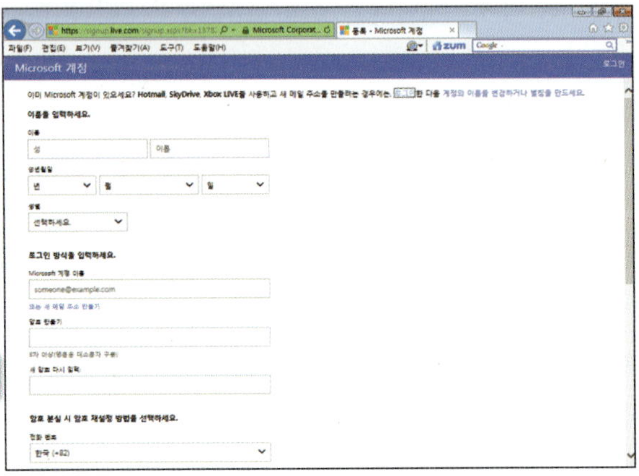

02 SkyDrive에서 로그인 및 문서 공유하기

① 웹 브라우저에 **http://skydrive.live.com**을 입력하고 [Enter]를 눌러 SkyDrive 홈페이지에 접속합니다. ② 앞 단계에서 만든 SkyDrive 계정으로 로그인합니다. SkyDrive로 접속하여 파일을 새로 만들거나 업로드와 다운로드 등을 할 수 있습니다.

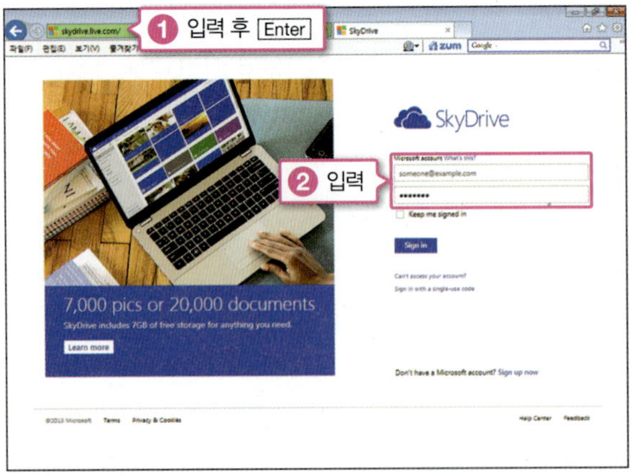

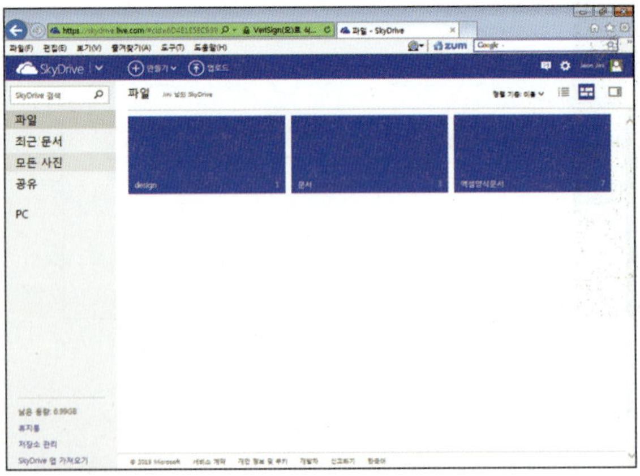

TIP SkyDrive 언어를 [한국어]로 선택하면 SkyDrive 메뉴가 한국어로 표시됩니다.

03 SkyDrive에서 파일 공유하기

① 공유하려는 문서 파일을 선택한 후 ② 체크 표시를 합니다. ③ 상단 메뉴에서 **[공유]**를 클릭합니다. ④ 공유창이 열리면 **[링크 만들기]**를 클릭한 후 ⑤ 보기 및 편집에서 **[링크 만들기]**를 선택합니다.

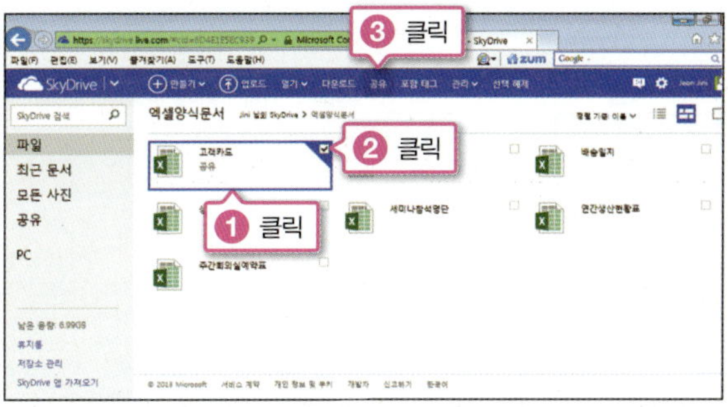

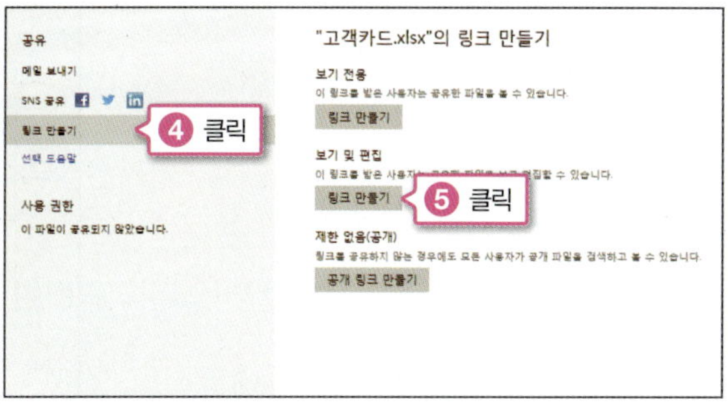

04 링크 주소 공유하기

① 링크 주소가 표시되면 **[줄이기]**를 클릭하여 링크 주소를 줄입니다. ② Ctrl+C를 눌러 공유하고자 하는 사용자에게 알려주거나 메일로 전송하면 링크 주소를 통해 문서를 공유할 수 있습니다.

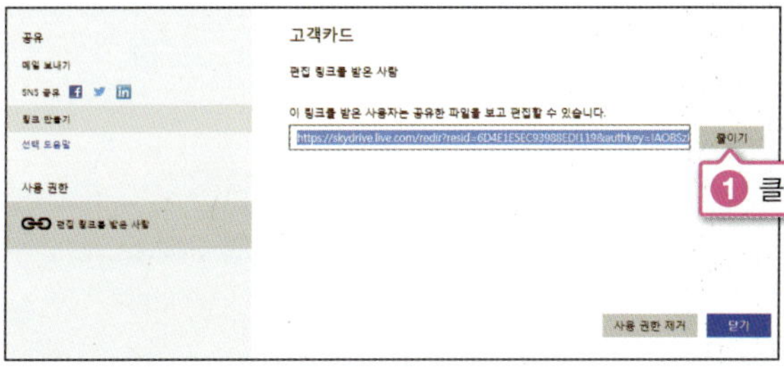

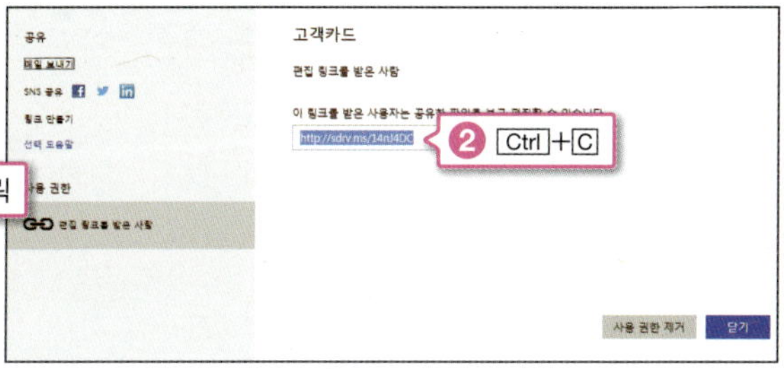

05 SkyDrive로 공유된 문서 웹에서 편집하기

① 웹 브라우저를 열고 주소란에 앞서 공유된 문서의 링크를 붙여넣으면 SkyDrive에서 공유된 문서가 열립니다. ② 웹에서 공유 문서를 편집하려면 **[통합 문서 편집]**을 클릭하고 ③ **[Excel Web App에서 편집]**을 선택합니다.

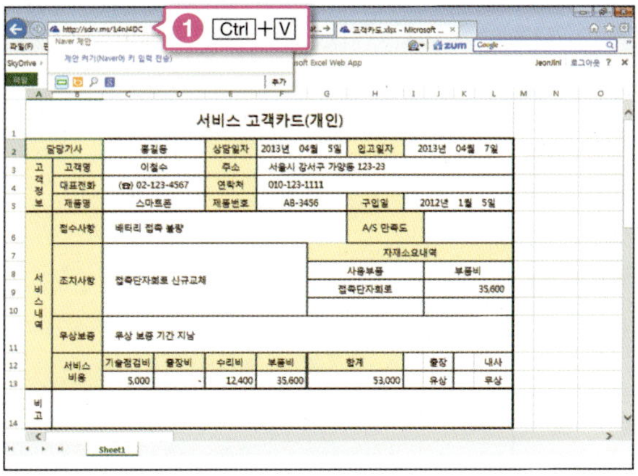

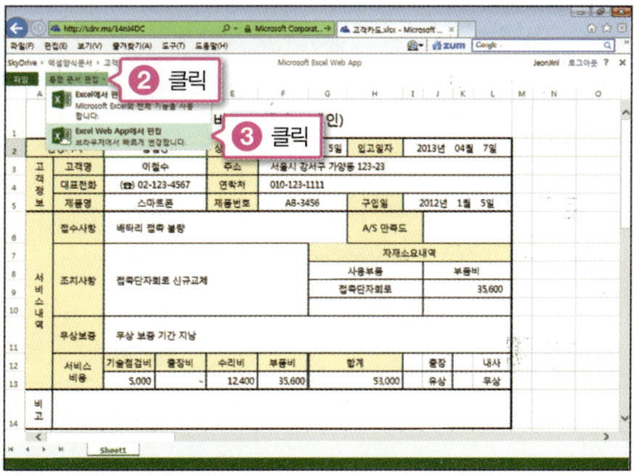

TIP 로컬 컴퓨터에 설치된 엑셀로 문서를 편집하려면 [Excel에서 편집]을 선택합니다.

06 SkyDrive로 공유된 문서 웹에서 편집하기

엑셀 2013이 설치되지 않은 컴퓨터라도 웹 버전의 엑셀 프로그램으로 문서를 편집할 수 있습니다.

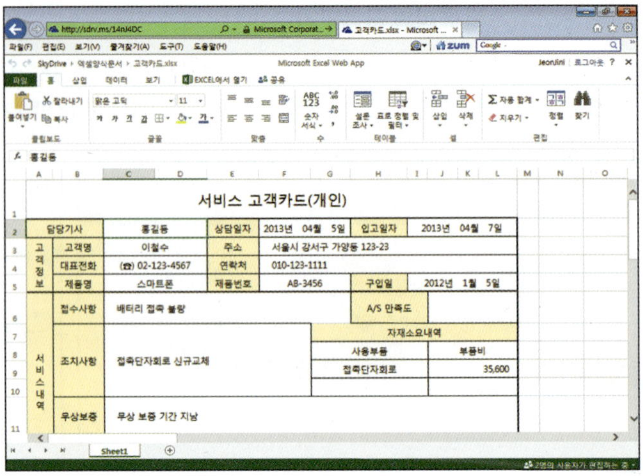

07 엑셀에서 SkyDrive에 로그인하기

① 엑셀을 실행한 후 **[파일] 탭**을 클릭합니다. ② **[계정]**을 선택하고 ③ **[로그인]**을 클릭합니다.

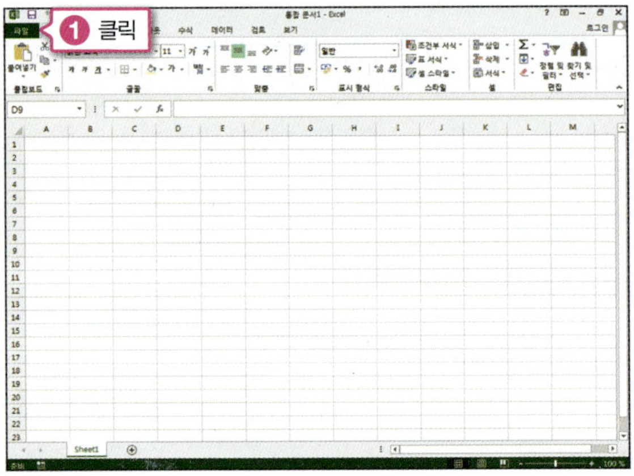

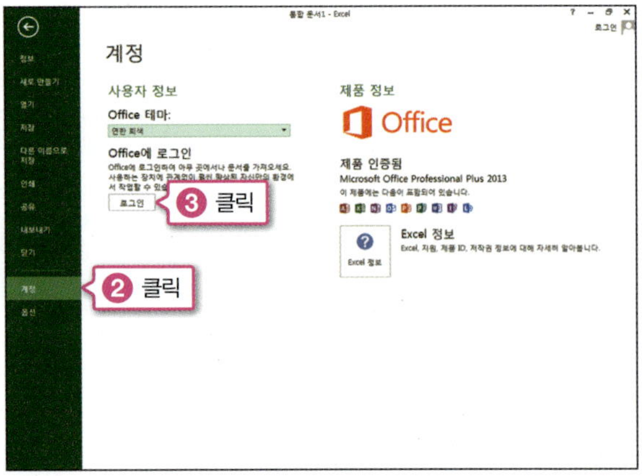

08 SkyDrive 계정으로 로그인하기

① 로그인창이 나타나면 **SkyDrive 계정 메일 주소**를 입력하고 ② **[다음]**을 클릭합니다. ③ 두 번째 로그인창이 뜨면 아이디와 비밀번호를 입력하고 ④ **[로그인]**을 클릭하여 SkyDrive 계정에 로그인합니다.

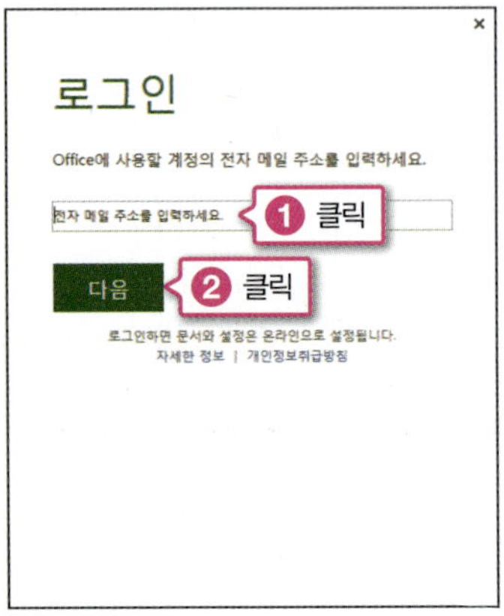

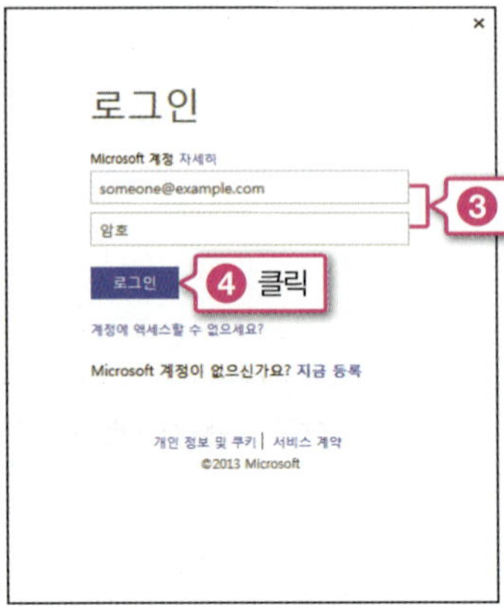

09 SkyDrive에 문서 저장하기

① 로그인이 완료되면 왼쪽 메뉴에서 **[다른 이름으로 저장]**을 클릭합니다. ② **[사용자명 SkyDrive]**를 클릭하고 ③ **[찾아보기]**를 클릭합니다. ④ 저장할 파일 이름을 입력하고 ⑤ **[저장]**을 클릭하면 SkyDrive에 문서가 저장됩니다.

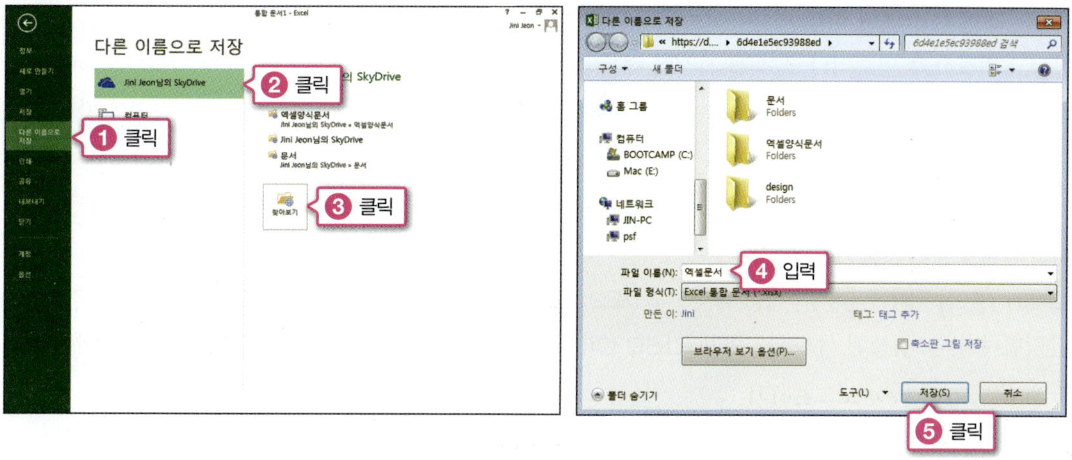

TIP 왼쪽 메뉴에서 [열기]를 클릭하고 [사용자명 SkyDrive]를 선택하면 SkyDrive에 있는 문서를 불러올 수 있습니다.

엑셀 서식 파일 열고 통합 문서 저장하기

2007 | 2010 | **2013**

▪ **완성 파일** 엑셀\1장\완성\경비예산.xlsx

엑셀에서는 새 통합 문서를 만들어 사용하기도 하지만 엑셀에서 제공하는 다양한 서식 파일을 사용하여 문서를 쉽게 만들고 저장할 수 있습니다. 문서를 작성할 때는 수식 입력줄, 열/행 머리글, 워크시트에 나타나는 눈금선이 편리하지만, 결과물을 보여줄 때는 거슬리는 요소일 때가 있습니다. 이럴 경우 원하는 요소들을 상황에 따라 보여 주거나 숨길 수 있습니다.

01 서식 파일로 문서 만들기

① 엑셀 2013을 실행한 후 [파일] 탭을 클릭하고 **[새로 만들기]**를 클릭합니다. ② 검색란에 **예산**을 입력한 후 ③ **[검색]**을 클릭합니다. ④ 검색된 서식 파일에서 **[간편한 경비 예산]**을 더블클릭합니다. Office.com 온라인에서 다운로드한 후 파일이 열립니다.

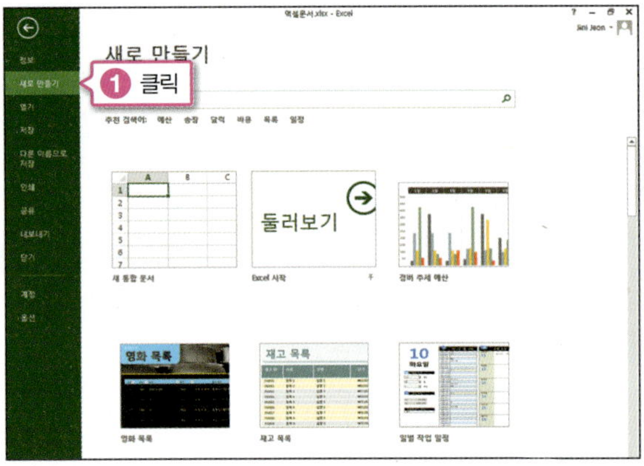

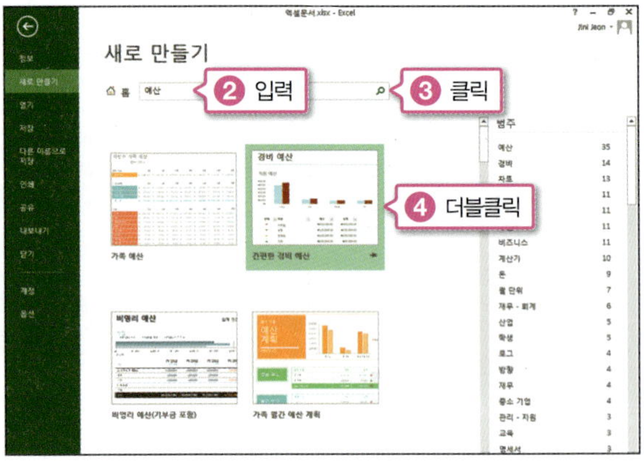

02 리본 메뉴 축소/표시하기

① [**리본 메뉴 축소**]를 클릭하면 리본 메뉴가 축소되면서 화면에 펼쳐진 문서의 내용을 좀더 넓은 영역에서 볼 수 있습니다. ② [**리본 메뉴 표시 옵션**]을 클릭하고 ③ **[탭 및 명령 표시]**를 선택하면 다시 원상태로 돌아갑니다.

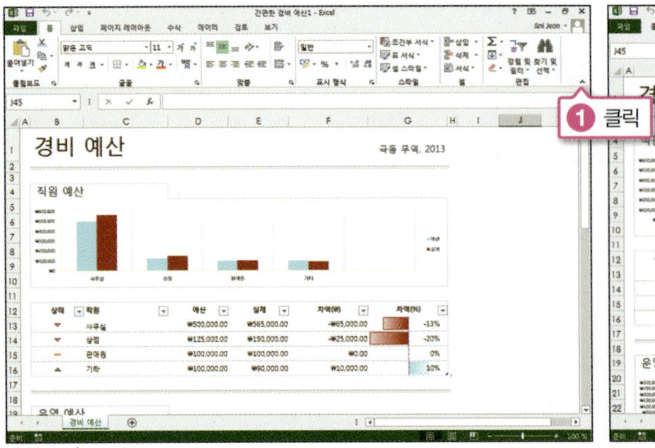

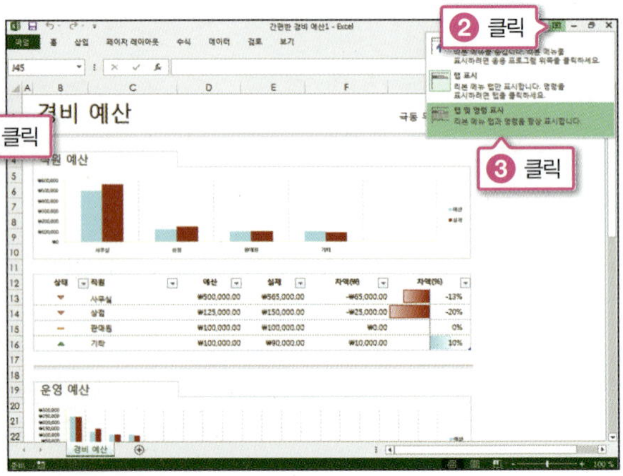

TIP 임의의 리본 탭을 더블클릭하거나 단축키 Ctrl+F1을 눌러 리본 메뉴를 축소/확장할 수 있습니다.

03 구성 요소 숨기기 및 표시하기

[보기] 탭-[표시] 그룹에서 **[수식 입력줄]**, **[머리글]**을 클릭하여 체크를 해제합니다. 눈금선, 수식 입력줄, 머리글을 숨겨 불필요한 요소를 숨길 수 있습니다. **[수식 입력줄]**, **[머리글]**을 클릭하여 다시 표시합니다.

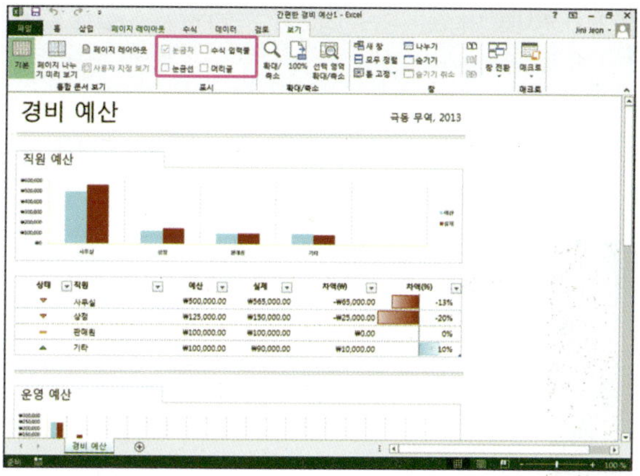

△ 구성 요소 숨기기

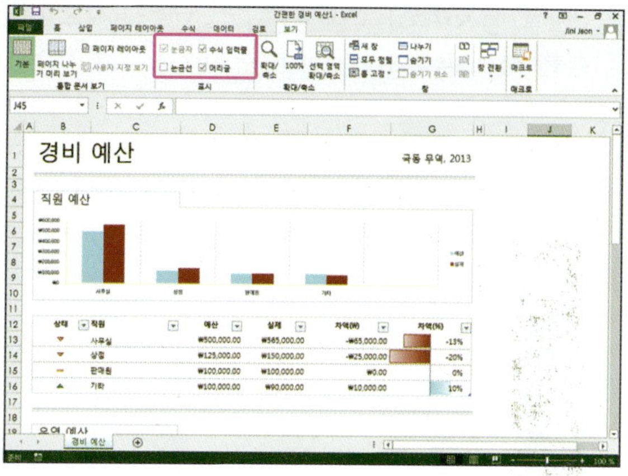

△ 구성 요소 표시하기

04 통합 문서 저장하기

① 빠른 실행 도구 모음에서 [**저장**]을 클릭한 후 ② **[컴퓨터]**를 더블클릭합니다. ③ 다른 이름으로 저장 대화상자에서 파일 이름에 **경비예산**을 입력한 다음 ④ **[저장]**을 클릭해서 통합 문서를 저장합니다.

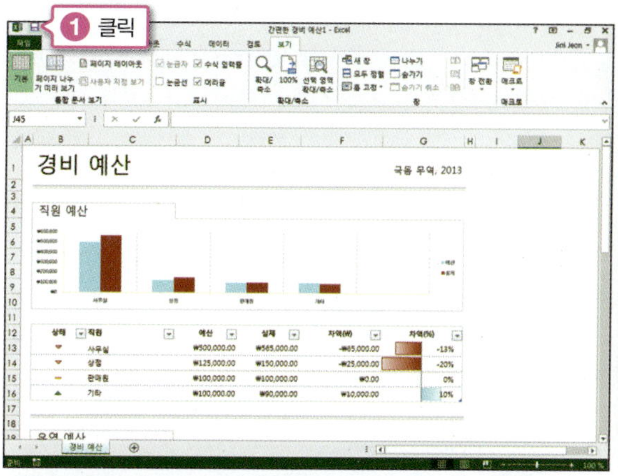

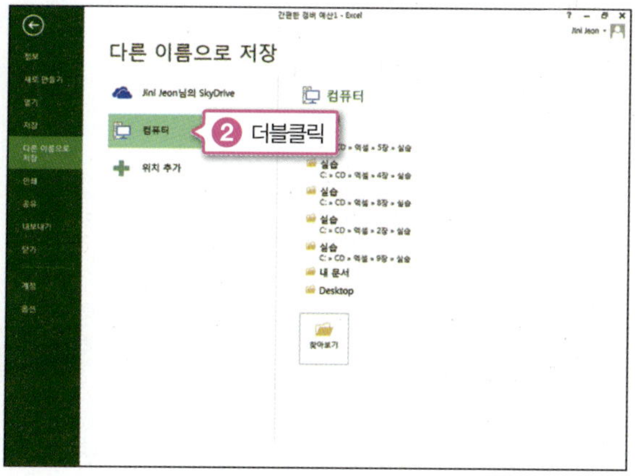

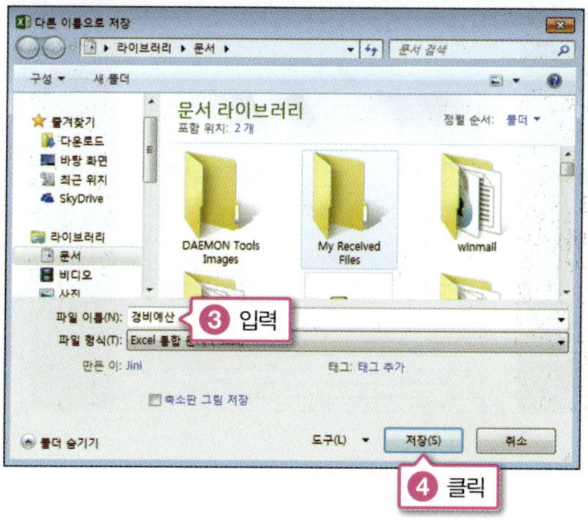

TIP 서식 파일을 내 컴퓨터에 저장하는 방법이라, [다른 이름으로 저장]을 선택하지 않아도 됩니다.

실 무 활 용
EXCEL NOTE

PDF 파일로 저장하기

▪ **실습 파일** 엑셀\1장\실습\견적서.xlsx ▪ **완성 파일** 엑셀\1장\완성\견적서.PDF

엑셀 문서를 전자 문서인 PDF 또는 XPS 파일로 저장할 수 있습니다. 전자 문서로 저장하면 온라인상에서 공유하거나 인쇄할 때 원하는 형식이 그대로 유지되며 데이터를 쉽게 변경할 수 없습니다.

① [파일] 탭을 클릭한 후 **[내보내기]**를 클릭하여 ② [PDF/XPS 문서 만들기]를 선택하고 ③ **[PDF/XPS 만들기]**를 클릭합니다. ④ PDF 또는 XPS로 게시 대화상자에서 알맞은 파일 이름을 입력한 후 ⑤ **[게시]**를 클릭합니다.

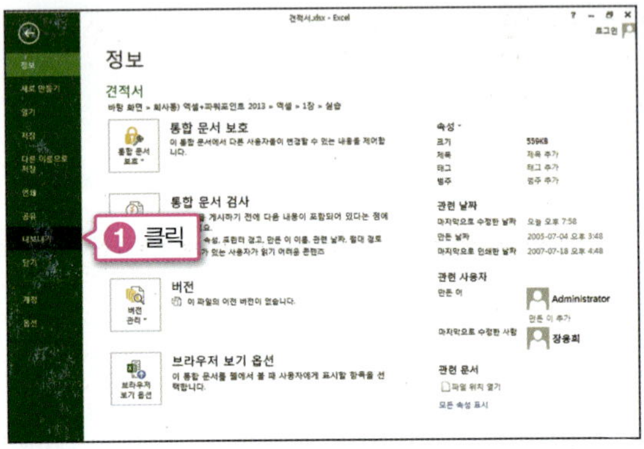

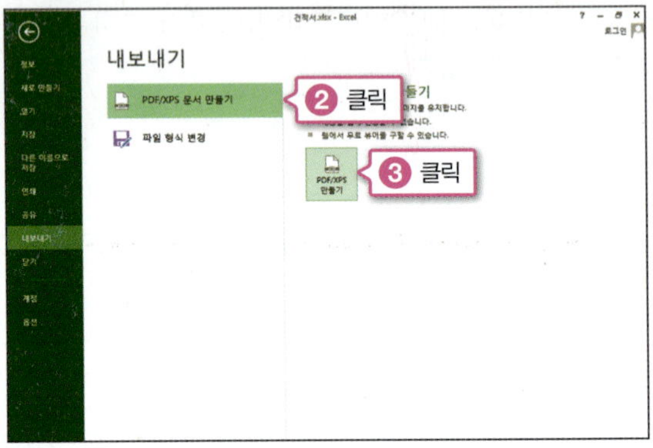

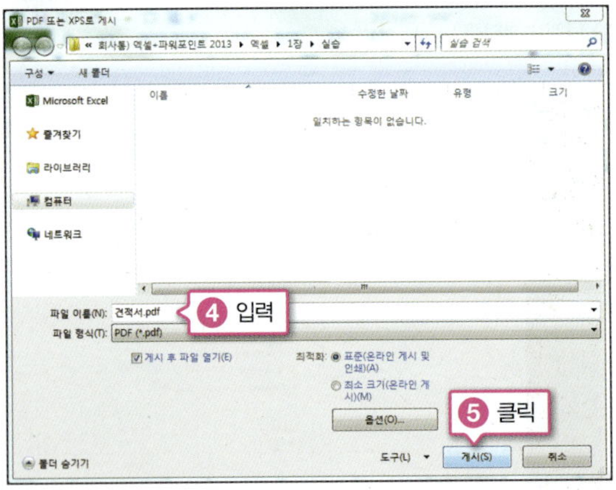

TIP PDF나 XPS 형식으로 저장할 때 인쇄 품질을 높이려면 최적화 영역에서 [표준(온라인 게시 및 인쇄)]을 선택하고 파일 크기를 줄이려면 [최소 크기(온라인 게시)]를 선택합니다. 그밖의 설정은 [옵션]을 클릭하여 설정합니다.

PDF 파일을 보여줄 프로그램(PDF Reader)에서 저장한 PDF 파일을 불러오면 그림과 같이 PDF 문서가 나타납니다.

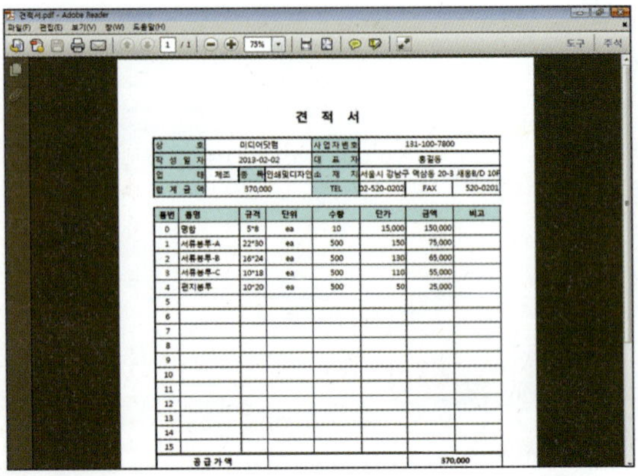

TIP PDF Reader가 설치되어 있지 않으면 PDF 파일을 볼 수 없습니다.

혼자해보기 | 사용자 지정 리본 탭 만들기

▪ **완성 파일** 엑셀\1장\완성\나만의엑셀메뉴.exportedUI

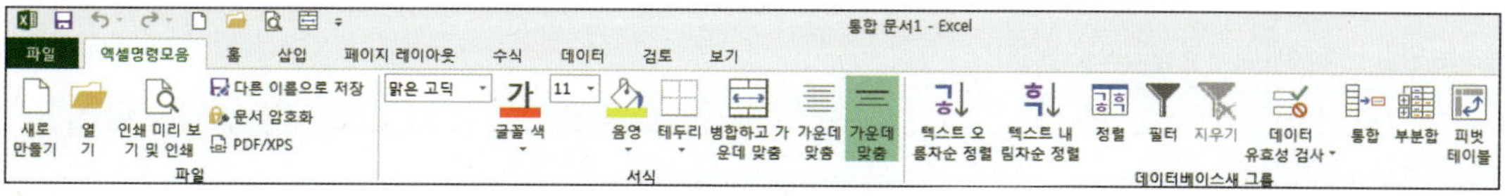

빠른 실행 도구 모음은 자주 사용하는 명령을 빠르게 실행할 수 있도록 모아 놓은 메뉴입니다. 기본적으로 저장, 실행 취소, 다시 실행 명령이 있으며 사용자 편의에 따라 명령을 추가하거나 제거할 수 있습니다. 빠른 실행 도구 모음뿐만 아니라 리본 메뉴 역시 인터페이스를 변경할 수 있습니다. 자신의 작업 스타일에 맞게 사용자 환경(UI)을 수정하면 작업 시간을 단축할 수 있습니다. 여기에서는 [엑셀 명령 모음] 리본 탭을 새로 정의하고 자주 사용하는 명령어들을 추가하여 봅니다.

1 [**빠른 실행 도구 모음 사용자 지정**]을 클릭하고 **[새로 만들기]**, **[열기]**, **[인쇄 미리 보기 및 인쇄]**를 각각 클릭하여 빠른 실행 도구 모음에 추가합니다.

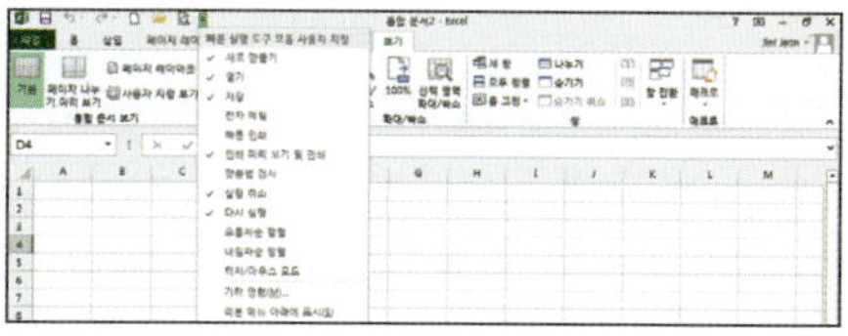

2 [홈] 탭–[맞춤] 그룹에서 [**병합 후 가운데 맞춤**]을 마우스 오른쪽 버튼을 클릭하여 **[빠른 실행 도구 모음에 추가]**를 클릭합니다.

3 [**빠른 실행 도구 모음 사용자 지정**]을 클릭한 다음 **[기타 명령]**을 선택합니다.

4 Excel 옵션 대화상자에서 **[리본 사용자 지정]**을 선택합니다. 다음과 같이 **[새 탭]**과 **[새 그룹]**을 선택하여 다음의 명령어들을 추가합니다. 각 탭의 이름과 새 그룹의 이름은 마우스 오른쪽 버튼을 클릭하여 **[이름 바꾸기]**를 선택하여 변경합니다. 각각의 실행 명령 아이콘은 [명령 선택]에서 추가할 명령을 선택한 후 **[추가]**를 클릭하여 명령어들을 추가합니다.

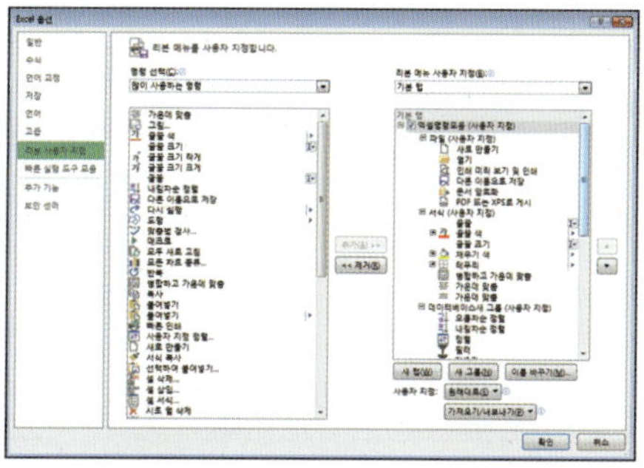

5 Excel 옵션 대화상자에서 **[가져오기/내보내기]**를 클릭하여 **[모든 사용자 지정 항목 내보내기]**를 선택합니다. 저장 위치를 지정하고 **나만의엑셀메뉴**라고 입력하고 저장합니다.

6 Excel 옵션 대화상자에서 **[원래대로]**를 클릭하여 **[모든 사용자 지정 다시 설정]**을 선택합니다. 경고창에서 **[예]**를 선택하여 리본 메뉴를 원래 상태로 돌려놓습니다.

7 Excel 옵션 대화상자에서 **[가져오기/내보내기]**를 클릭하여 **[사용자 지정 파일 가져오기]**를 선택하여 앞서 저장한 [나만의엑셀메뉴]를 불러옵니다. 경고창에서 **[예]**를 선택하고 Excel 옵션 대화상자에서 **[확인]**을 클릭하여 엑셀 옵션창을 닫습니다.

8 키보드로 리본 메뉴를 실행시켜 봅니다. Alt 를 누르면 키보드로 리본 메뉴를 실행할 수 있는 키번호가 표시됩니다. 이때 1 을 누르면 저장 기능이 실행됩니다.

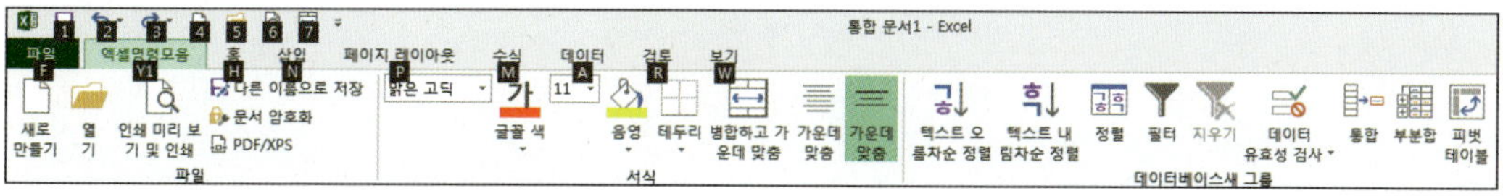

실 무 활 용 EXCEL NOTE

단축키로 작업 속도 높이기

엑셀 문서는 다양한 수식과 함수, 셀 등을 이용해 작업하는 경우가 많습니다. 이러한 과정을 마우스로 일일이 클릭해 메뉴를 찾아 들어가는 것은 꽤 번거롭습니다. 이때 한 번의 단축키로 모든 과정을 해결하면 훨씬 효율적이죠. 여기에서는 엑셀 문서를 작성할 때 자주 사용하는 명령 단축키에 대해서 알아보겠습니다.

작업을 위한 단축키	Ctrl+N	새 문서를 만듭니다.
	Ctrl+P	현재 문서를 인쇄합니다.
	Ctrl+W	현재 문서를 닫습니다.
	Alt+F2, F12	현재 문서를 다른 이름으로 저장합니다.
	Ctrl+O	엑셀 문서를 불러옵니다.
셀 서식 및 입력 단축키	Ctrl+1	셀 서식 대화상자를 불러옵니다.
	Ctrl+B, Ctrl+2	텍스트를 굵게 합니다.
	Ctrl+U, Ctrl+4	텍스트에 밑줄을 긋습니다.
	Ctrl+Enter	지정한 범위에 같은 내용을 입력합니다.
	Alt+Enter	한 셀에 두 줄 이상 입력합니다.
	Ctrl+;	오늘 날짜를 입력합니다.
	Ctrl+Shift+;	오늘 시간을 입력합니다.
작업 속도 향상을 위한 단축키	Ctrl+Z	방금 실행한 작업을 취소하고 원래 상태로 되돌립니다.
	Ctrl+Y	방금 실행한 작업을 취소하지 않고 한번 더 실행합니다.
	Ctrl+C	셀을 복사합니다.
	Ctrl+V	복사한 셀을 붙여넣습니다.
	Ctrl+↑, ↓, ←, →	빈 행의 끝 셀, 첫 셀, 빈 열의 첫 셀, 끝 셀로 이동합니다.
	Shift+F4	다음 빈 셀로 이동합니다.
	Ctrl+Home	[A1] 셀로 이동합니다.
	Ctrl++	셀이나 행을 삽입합니다.
	Ctrl+-	셀이나 행을 삭제합니다.
	Ctrl+9	행을 숨깁니다.
	Ctrl+0	열을 숨깁니다.
기타	F1	도움말을 볼 수 있습니다.
	F7	맞춤법 검사를 합니다.
	F6	다음 창틀로 이동합니다.
	Alt+T+O	엑셀 옵션 대화상자를 엽니다.
	Alt+F8	엑셀 매크로창을 엽니다.
	Shift+F3	함수 마법사 대화상자를 엽니다.
	Ctrl+F3	이름 관리 대화상자를 엽니다.
	Shift+F10	바로가기 메뉴를 표시합니다.
	Alt+I+M	셀에 메모를 삽입합니다.

CHAPTER

02

엑셀의
기본기 다지기

EXCEL 2013

SECTION 01

셀 선택과 범위 지정하기

기능실습 셀 선택하기

2007 | 2010 | 2013

- **실습 파일** 엑셀\2장\실습\발송내역.xlsx
- **완성 파일** 엑셀\2장\완성\발송내역_완성.xlsx

각 셀에는 고유한 주소가 있으며, 셀 주소는 선택한 셀의 열 머리글과 행 머리글이 조합되어 만들어집니다. 예를 들어 B열과 5행이 만나는 셀의 주소는 B5가 됩니다. 마우스 포인터가 ✚십자 모양일 때 원하는 셀을 클릭하면 셀을 선택할 수 있습니다. 선택한 셀에는 셀 포인터 ▭가 표시되고, 이름 상자에는 셀 주소가 표시됩니다. 데이터를 입력하거나 서식을 꾸미려면 엑셀에서 가장 기본 요소인 셀을 선택해야 합니다. 여기서는 하나의 셀을 선택하거나 여러 셀을 범위로 지정하는 방법에 대해서 살펴보겠습니다.

01 데이터의 행/열 처음과 끝 선택하기

[A2] 셀을 선택합니다. Ctrl을 누르고 →를 누르면 현재 행의 마지막 열인 **[G2] 셀**로 이동합니다. 같은 방법으로 Ctrl+↓, Ctrl+←, Ctrl+↑를 누르면 현재 셀을 기준으로 데이터의 처음과 끝으로 이동합니다.

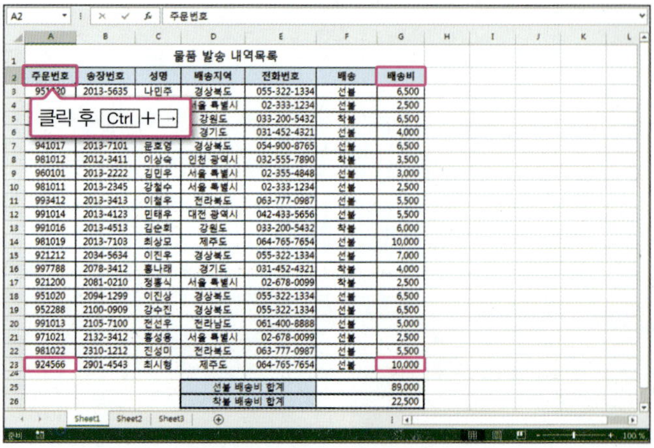

02 떨어져 있는 여러 셀 선택하기

배송 항목에서 **착불**인 셀만 선택해보겠습니다. ① **[F5] 셀**을 선택하고 ② Ctrl을 누른 상태에서 **[F8], [F13], [F16], [F17] 셀**을 선택합니다. 한번에 떨어져 있는 여러 셀을 선택할 수 있습니다.

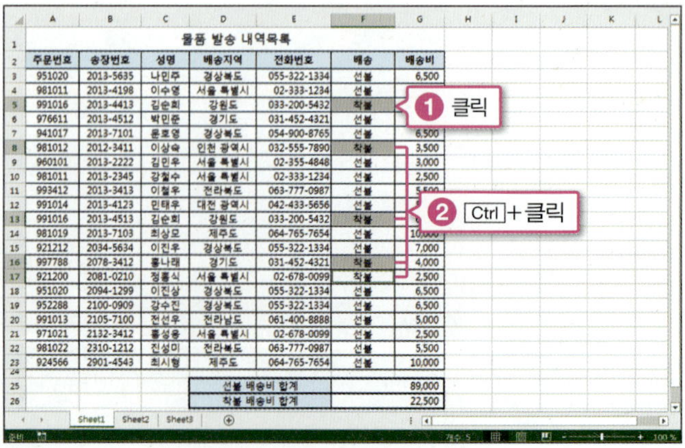

03 이름 상자로 셀 선택하기

이름 상자에 F26을 입력하고 [Enter]를 누르면 착불 배송비 합계인 **[F26] 셀**로 이동합니다.

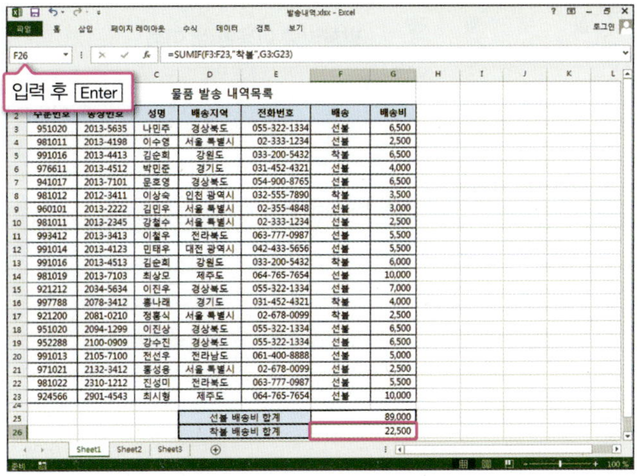

04 셀 이름 정의하기

[F26] 셀에 이름을 정의하겠습니다. ① **[F26] 셀**을 선택하고 ② 이름 상자에 **착불합계**를 입력한 후 [Enter]를 누릅니다. ③ 마찬가지 방법으로 **[F25] 셀**을 선택하고 ④ 이름 상자에 **선불합계**를 입력합니다.

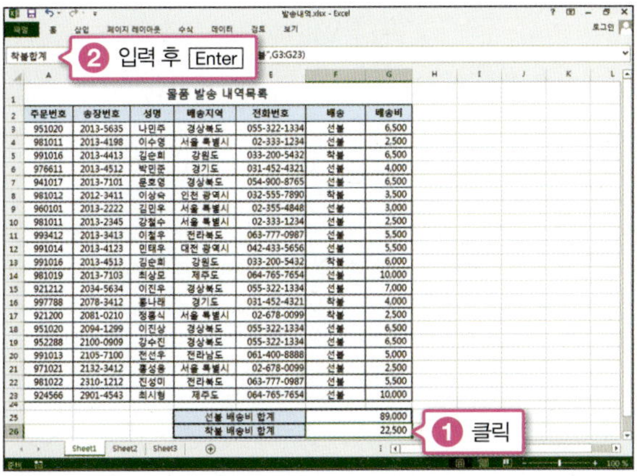

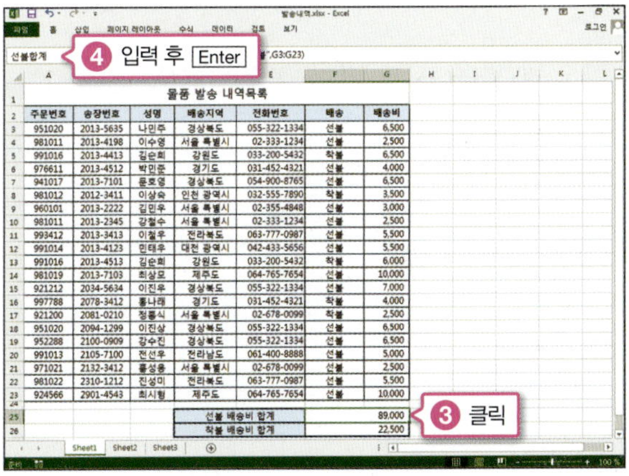

TIP 셀에 이름을 정의해 두면 셀 주소 대신 이름을 입력해서 이동할 수 있습니다.

05 이름 상자로 셀 이동하기

① [Ctrl]+[Home]을 눌러 **[A1] 셀**로 이동합니다. ② 이름 상자의 [▼목록]에서 ③ **[선불합계]**를 클릭합니다. **[F25] 셀**로 이동합니다.

TIP 어느 위치에 있든 [Ctrl]+[Home]을 누르면 [A1] 셀로 이동할 수 있습니다.

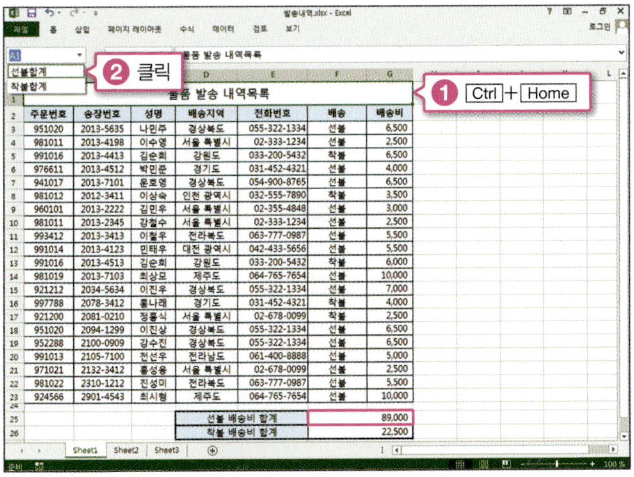

실 무 활 용
EXCEL NOTE

방향키를 이용한 셀 이동

현재 선택한 셀 근처로 이동하거나 현재 화면에서 보이지 않는 셀로 이동할 때는 마우스보다 키보드를 이용하는 것이 효과적입니다.

1. 근처 셀로 이동할 때

→, Tab	오른쪽 셀로 이동
↓, Enter	아래 셀로 이동
←, Shift+Tab	왼쪽 셀로 이동
↑, Shift+Enter	위쪽 셀로 이동

2. 화면 단위로 이동할 때

PageUp 또는 PageDown	화면 단위로 위 또는 아래 셀로 이동
Alt+PageUp 또는 Alt+PageDown	화면 단위로 왼쪽 또는 오른쪽 셀로 이동

3. 행/열의 처음이나 끝으로 이동할 때

Ctrl+↑, ↓ / ← →	현재 셀에서 데이터가 입력된 첫 행 또는 마지막 행, 첫 열 또는 마지막 열로 이동 (단, 데이터가 입력되지 않았을 때는 행/열의 처음 또는 마지막 셀로 이동)

기능실습 셀 범위 지정하기

▪ **실습 파일** 엑셀\2장\실습\매출분석1.xlsx ▪ **완성 파일** 엑셀\2장\실습\매출분석1_완성.xlsx

여러 셀을 선택할 때 비연속적인 셀이라면 [Ctrl]을 누른 채 선택하고, 연속적인 셀은 마우스로 드래그하거나 첫 번째 셀을 선택한 후 [Shift]를 누른 상태에서 마지막 셀을 선택합니다. 그 외에도 [Shift], [Ctrl], 방향키 등을 조합하여 쉽게 범위를 지정할 수 있습니다.

01 셀 범위 지정하기

① **[A3] 셀**을 클릭하고 ② [Shift]를 누른 채 **[A23] 셀**을 클릭합니다. ③ [Ctrl]을 누른 채 **[G3] 셀**을 선택하고 ④ [Shift]를 누른 채로 **[G23] 셀**을 선택합니다. ⑤ [홈] 탭–[맞춤] 그룹에서 **[가운데 맞춤]**을 클릭하여 선택한 셀에 있는 데이터를 가운데 정렬시킵니다.

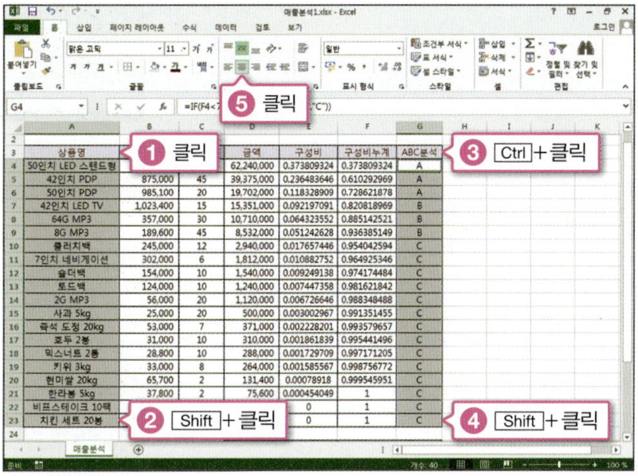

02 셀 서식 변경하기

① **[A3] 셀**을 선택한 후 ② [Ctrl]+[Shift]+[→]를 눌러서 **[A3:G3] 영역**까지 범위를 지정합니다. ③ [홈] 탭–[글꼴] 그룹에서 [**굵게**]를 클릭해서 선택한 셀의 데이터 스타일을 굵게 합니다.

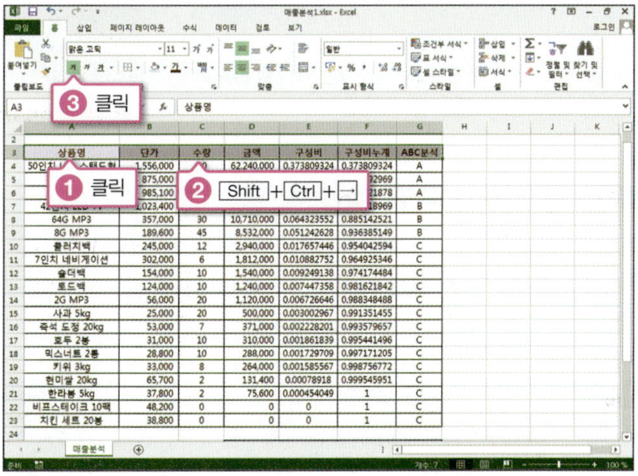

03 셀 범위 지정하고 셀 서식 변경하기

① [E4] 셀을 선택하고 Shift+→을 누른 후 ② Ctrl+Shift+↓를 눌러 [E4:F23] 영역까지 범위를 지정합니다. ③ [홈] 탭-[표시 형식] 그룹에서 [% 백분율 스타일]을 클릭해서 값을 백분율로 표시합니다.

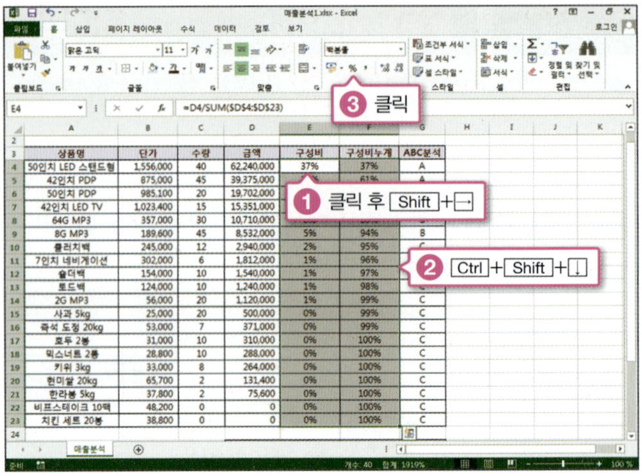

04 데이터 전체 선택하기

① [A3] 셀을 선택하고 Ctrl+Shift+*를 눌러 데이터 전체를 선택합니다. ② [홈] 탭의 [글꼴] 그룹에서 [글꼴 목록]을 클릭하고 ③ [돋움체]를 선택합니다.

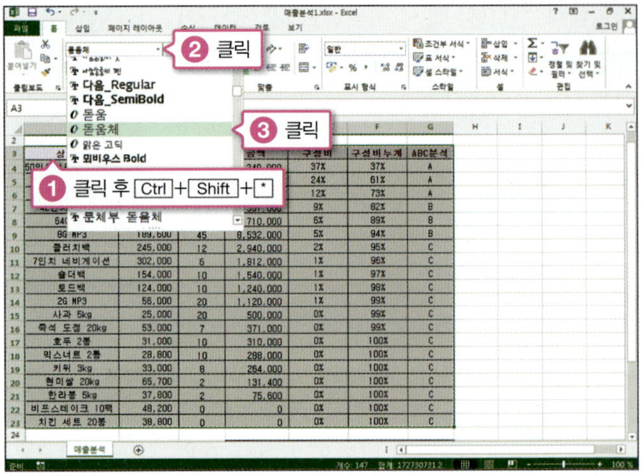

TIP 워크시트 전체를 선택할 때는 [A1] 셀 왼쪽 위에 있는 [모두 선택] 버튼을 클릭합니다.

05 제목 행으로 이름 정의하기

① 데이터 전체를 선택한 상태로 [수식] 탭-[정의된 이름] 그룹에서 [선택 영역에서 만들기]를 클릭합니다. ② 선택 영역에서 이름 만들기 대화상자에서 [첫 행]을 선택하여 체크 표시하고 ③ [확인]을 클릭합니다. 선택한 범위에서 각 열의 첫 행이 범위 이름으로 정의됩니다.

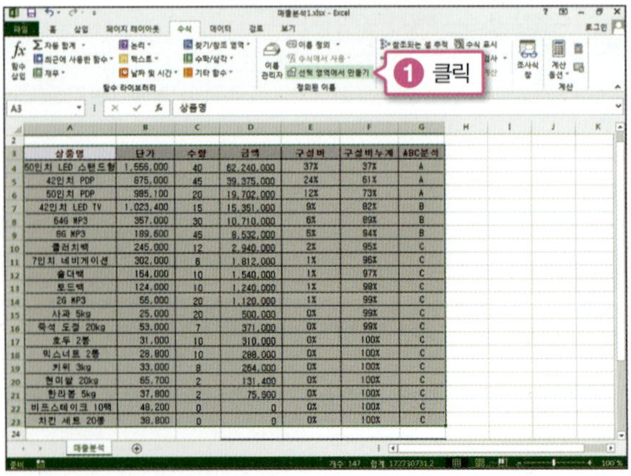

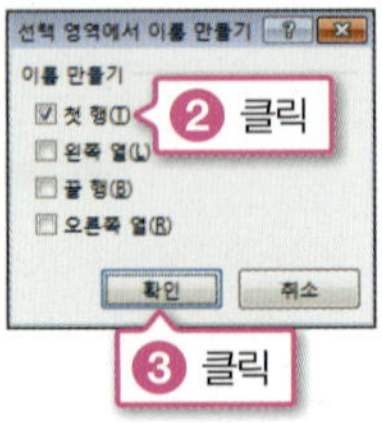

TIP 특정 범위를 이름으로 정의하려면 범위를 선택하고 이름 상자에 이름을 입력한 후 Enter를 누릅니다.

06 원하는 열만 선택하기

① 이름 상자의 [▾ 목록]을 클릭하면 앞서 정의한 범위 이름이 나타납니다. ② **[구성비]**를 선택하면 구성비 열만 선택됩니다.

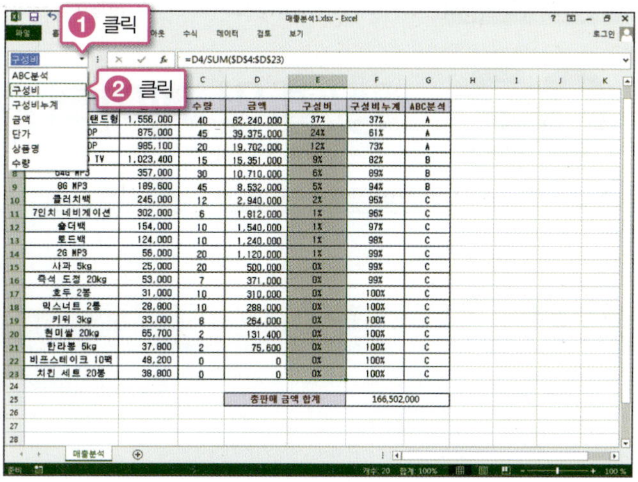

실무활용 EXCEL NOTE **방향키를 이용한 범위 지정하기**

Ctrl+Shift+↑, ↓ / ←, →	데이터가 입력된 현재 셀에서 열의 첫 행 또는 마지막 행, 첫 열 또는 마지막 열까지 범위 지정(단, 데이터가 입력되지 않았을 때는 현재 열/행의 처음 또는 마지막 셀까지 범위 지정)
Ctrl+Shift+*	데이터가 입력된 전체 범위 지정(단, 데이터가 입력되지 않았을 때는 범위 지정이 되지 않음)
Ctrl+A	데이터가 입력된 전체 범위 지정(단, 데이터가 입력되지 않았을 때는 현재 워크시트 전체 셀 범위 지정)

실무활용 EXCEL NOTE **정의된 이름 그룹 살펴보기**

셀이나 선택 범위에 이름을 정의하면 참조 셀을 잘못 지정할 때 생기는 오류를 줄일 수 있습니다. 또한 수식을 정의할 때 선택 범위 대신 정의된 이름을 사용하면 수식을 좀더 직관적으로 만들 수 있습니다.

이름을 정의하거나 정의한 이름을 편집할 때는 [정의된 이름] 그룹에 있는 기능을 이용합니다.

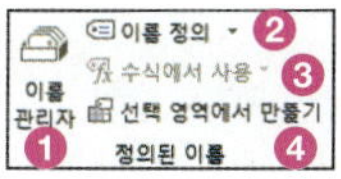

① 셀 이름을 새로 만들거나 수정 또는 삭제할 수 있습니다.
② 셀을 선택하거나 범위를 지정한 후 이름을 정의합니다.
③ 정의한 이름을 수식에 사용합니다.
④ 선택 범위의 첫 행이나 왼쪽 열 등을 이름으로 정의할 때 사용합니다.

SECTION

02 행/열 및 데이터 편집하기

기능실습 행과 열 너비 조정/삽입/삭제/숨기기

2007 | 2010 | 2013

- **실습 파일** 엑셀\2장\실습\입금거래내역.xlsx
- **완성 파일** 엑셀\2장\완성\입금거래내역_완성.xlsx

데이터를 입력하는 셀은 크기가 일정한 영역이므로 많은 내용의 데이터를 입력하면 화면에서나 출력했을 때 일부 내용이 보이지 않을 수 있습니다. 그러므로 데이터에 맞게 행과 열의 너비를 적정하게 조정하고 편집해야 합니다. 여기서는 입금거래내역표를 수정하면서 행과 열의 편집 방법을 알아보겠습니다.

01 행/열 너비 조정

① C열 머리글에서 E열 머리글까지 드래그하여 범위를 지정합니다. ② E열 머리글 경계선에 마우스 포인터를 위치시키고 오른쪽으로 원하는 크기만큼 드래그합니다. 드래그해서 조절한 E열의 너비만큼 선택한 나머지 열의 너비도 일괄적으로 변경됩니다.

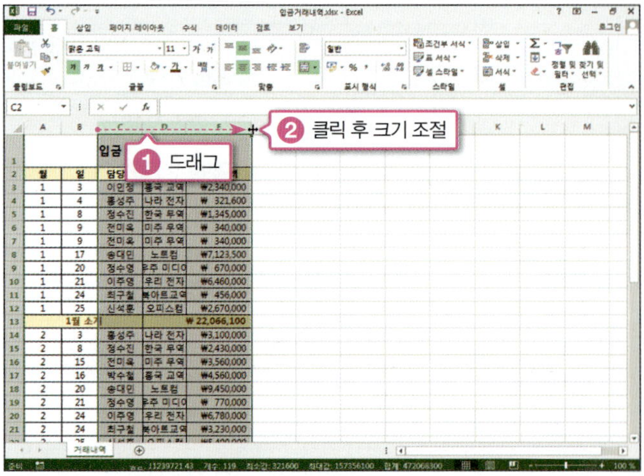

TIP 행/열 머리글 사이 경계선에서 더블클릭하면 선택 범위의 각각의 데이터에 맞게 높이나 너비가 자동 조절됩니다.

02 행 높이 입력하여 조정하기

① Ctrl 을 누른 상태로 **13행, 23행, 33행, 43행, 44행**을 선택하고 마우스 오른쪽 버튼을 클릭한 후 **[행 높이]**를 선택합니다. ② 행 높이 대화상자에 **24**를 입력하고 ③ **[확인]**을 클릭합니다. 선택한 높이가 변경됩니다.

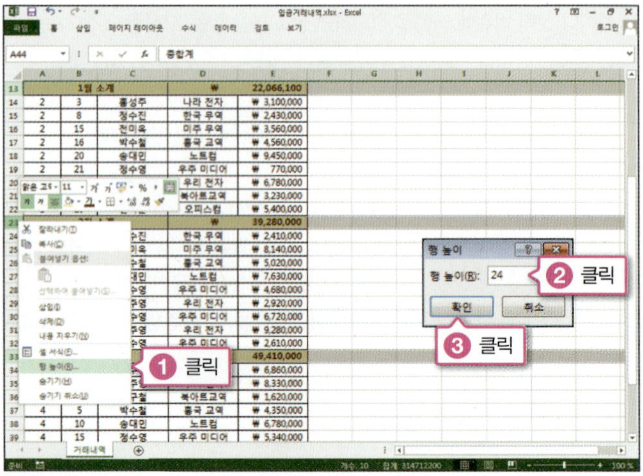

03 빈 행 삽입하기

① **44행**을 선택하고 마우스 오른쪽 버튼을 클릭한 후 ② **[삽입]**을 선택합니다. 44행 위로 주변 서식이 적용된 빈 행이 삽입됩니다.

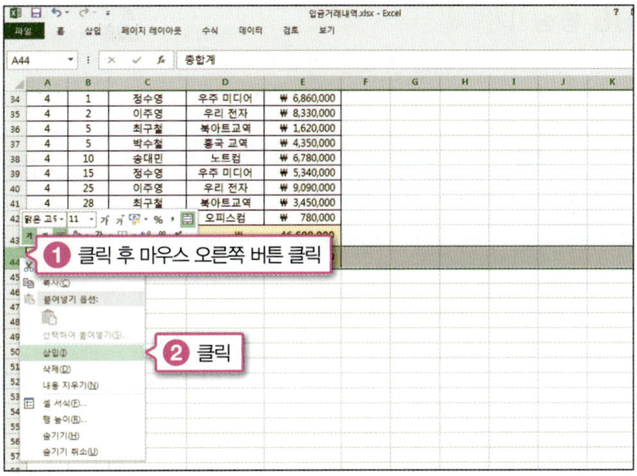

TIP 빈 행을 삽입하는 단축키는 Ctrl+Shift++입니다. 행에서는 선택한 행 위쪽에 빈 행이 삽입되며, 열에서는 선택한 열의 왼쪽에 빈 열이 삽입됩니다.

04 자동으로 적용된 서식 지우기

① 삽입된 셀에서 **[삽입 옵션]** 버튼을 클릭하고 ② **[서식 지우기]**를 선택합니다. 삽입된 셀이 서식이 적용되지 않은 빈 행으로 바뀝니다.

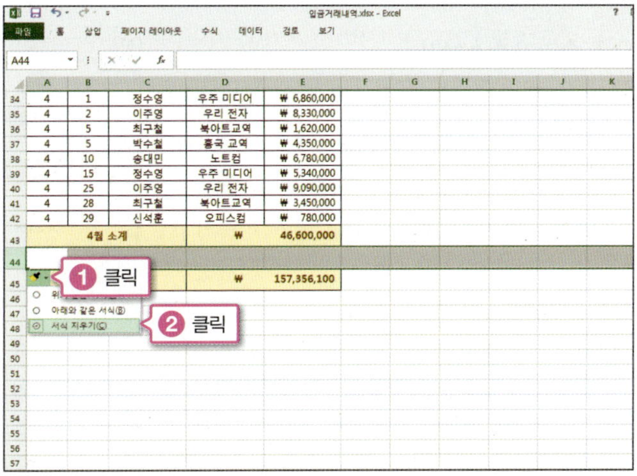

05 행 삭제하기

① **7행** 머리글에서 마우스 오른쪽 버튼을 클릭하고 ② **[삭제]**를 선택해서 행을 삭제합니다.

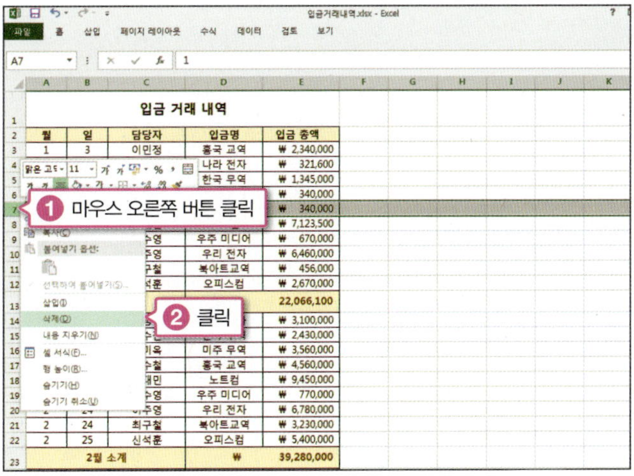

TIP 행을 삭제하는 단축키는 Ctrl+-입니다.

06 행 숨기기

① 3~12행의 머리글을 드래그해서 범위로 지정하고 ② Ctrl을 누른 상태로 14~22행, 24~32행, 34~42행의 머리글을 선택합니다. ③ 선택한 범위에서 마우스 오른쪽 버튼을 클릭하고 ④ [숨기기]를 선택해서 선택한 행을 숨깁니다.

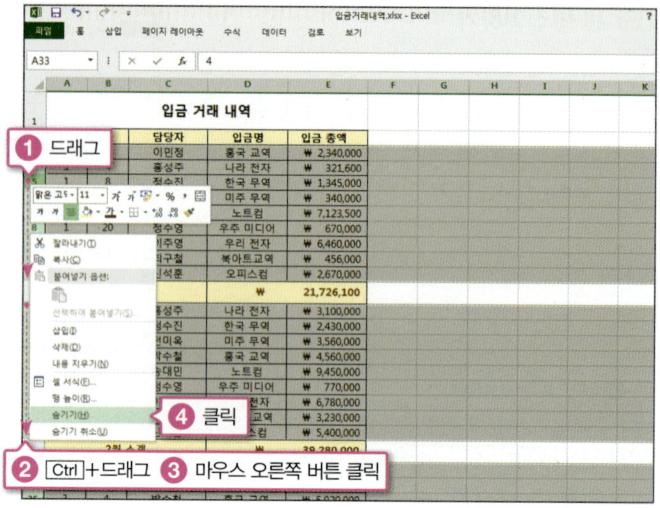

TIP 행을 숨기는 단축키는 Ctrl+9이며, 열을 숨기는 단축키는 Ctrl+0입니다.

07 숨기기 취소하기

① 2~44행 머리글을 드래그해서 범위로 지정하고 ② 마우스 오른쪽 버튼을 클릭하여 ③ [숨기기 취소]를 선택합니다. 선택한 범위 사이에 있는 숨겨진 행이 나타납니다.

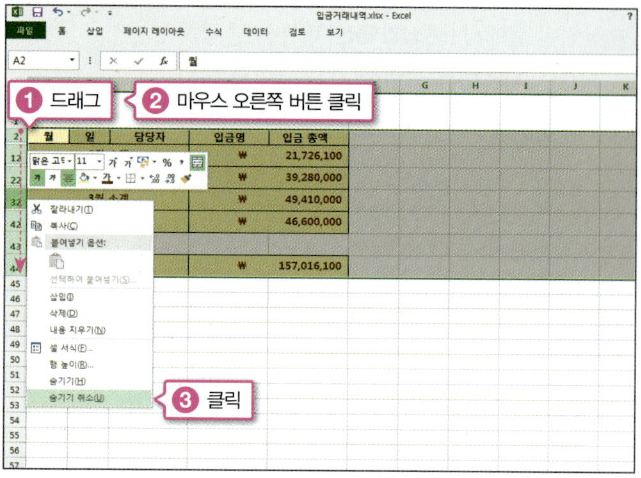

TIP 숨긴 행이나 열을 다시 표시하려면 숨겨진 위치가 포함되도록 인접한 행이나 열을 범위로 지정하고 마우스 오른쪽 버튼을 클릭하여 [숨기기 취소]를 선택합니다. 행 숨기기를 취소하는 단축키는 Ctrl+Shift+(이며, 열 숨기기를 취소하는 단축키는 Ctrl+Shift+)입니다.

매출 분석표에서 데이터 이동, 복사, 선택하여 붙여넣기

2007 | 2010 | 2013

- **실습 파일** 엑셀\2장\실습\매출분석2.xlsx
- **완성 파일** 엑셀\2장\완성\매출분석2_완성.xlsx

문서를 작성하다 보면 실수가 있기 마련입니다. 이럴 때마다 일일이 지우고 다시 반복해서 입력하는 번거로움을 해소하려면 이동, 복사, 붙여넣기 등의 다양한 기능을 사용해야 합니다. 데이터를 편집하는 다양한 방법을 익혀서 상황에 맞는 방법을 활용하는 것이 좋습니다.

01 데이터 복사하기

① **[A3:B23] 영역**을 드래그하여 선택하고 ② Ctrl을 누른 상태로 **[F3:G23] 영역**을 드래그해서 범위를 추가 지정합니다. ③ 범위로 지정된 셀에서 마우스 오른쪽 버튼을 클릭하고 ④ **[복사]**를 선택합니다. 선택한 범위의 데이터가 복사됩니다.

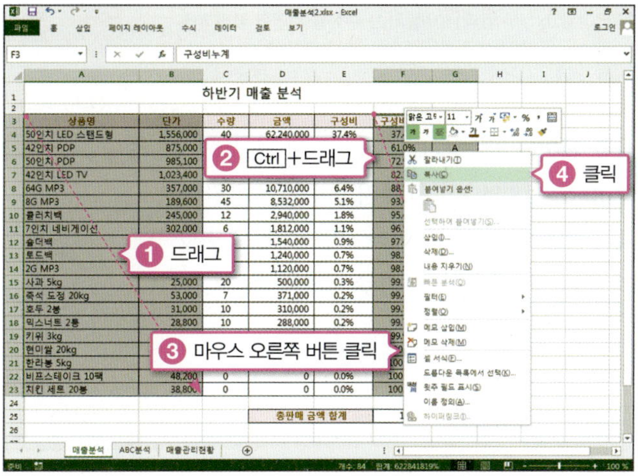

TIP 복사는 Ctrl+C, 잘라내기는 Ctrl+X, 붙여넣기는 Ctrl+V 단축키를 이용해도 됩니다.

02 선택하여 붙여넣기

① **[ABC분석] 시트 탭**을 선택합니다. ② **[A3] 셀**에서 마우스 오른쪽 버튼을 클릭한 후 ③ [선택하여 붙여넣기]–**[선택하여 붙여넣기]**를 선택합니다. ④ 선택하여 붙여넣기 대화상자에서 **[열 너비]**를 선택하고 ⑤ **[확인]**을 클릭하면 복사한 데이터와 동일하게 열 너비가 바뀝니다.

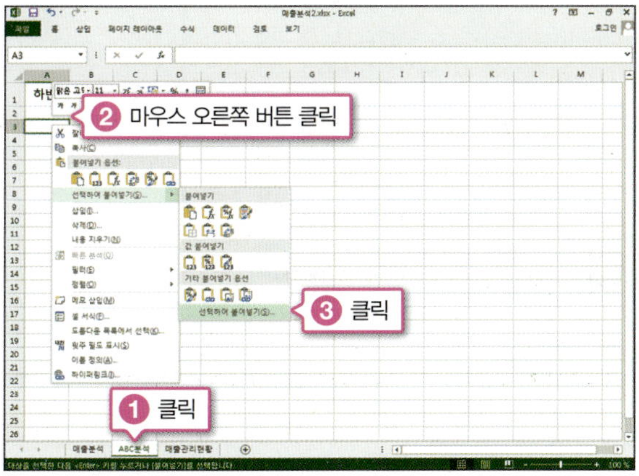

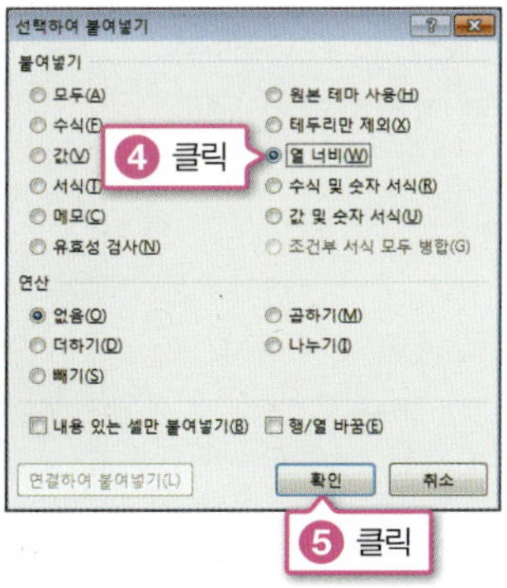

TIP 선택하여 붙여넣기 단축키는 Ctrl+Alt+V입니다.

03 데이터 붙여넣기

① [A3] 셀에서 마우스 오른쪽 버튼을 클릭하고 ② [붙여넣기 옵션] 영역에서 [붙여넣기]를 선택합니다. ③ ESC를 눌러 복사 모드를 해제합니다.

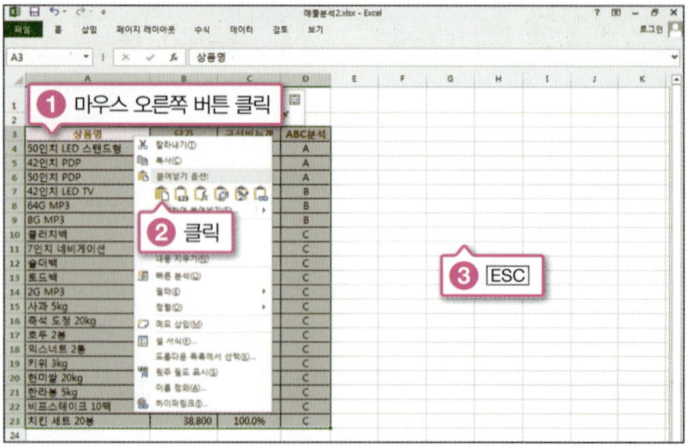

TIP 전체 데이터 영역 [붙여넣기]는 수식, 값, 서식을 붙여넣고, 일부 영역 [붙여넣기]는 수식을 제외한 값과 서식을 붙여 넣습니다.

04 데이터 이동하기

① [D3:E23] 영역을 범위로 지정하고 ② 범위 가장자리에서 마우스 포인터 모양이 로 변할 때 드래그해서 원하는 위치로 옮깁니다.

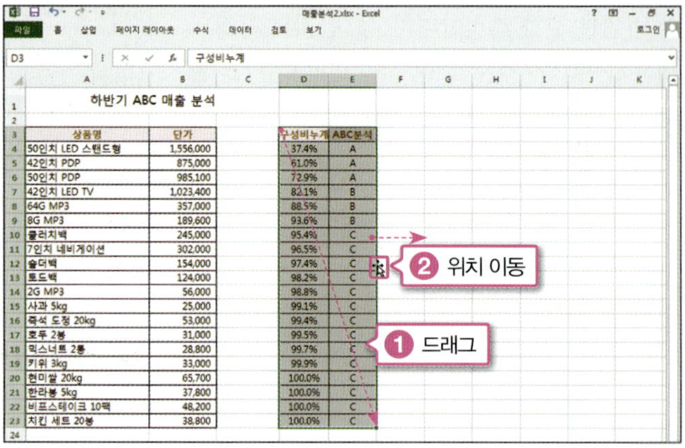

TIP 마우스로 데이터를 복사하려면 범위를 지정하고 Ctrl를 누른 상태로 선택 범위 가장자리를 드래그합니다. 이때 마우스 포인터는 모양입니다.

05 그림 형식으로 복사/붙여넣기

열 너비와 관계없이 여러 종류의 표를 한 곳에 모아 놓을 때 그림 복사 기능을 이용합니다. ① [매출분석] 시트 탭을 선택합니다. ② [A3:E23] 영역까지 드래그하여 범위로 지정하고 ③ Ctrl+C를 눌러 복사합니다.

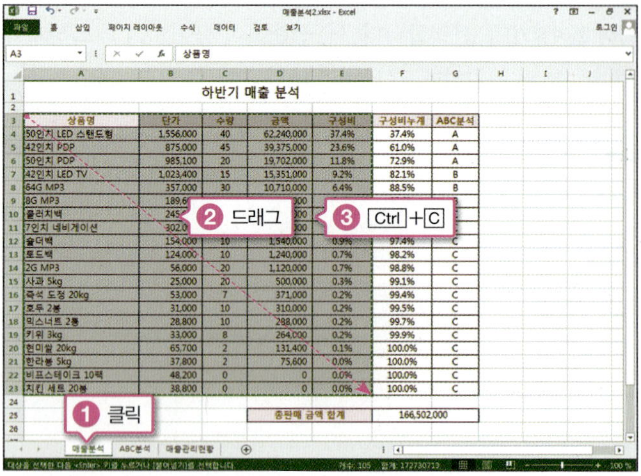

TIP 실행 취소와 다시 실행

실행 취소나 다시 실행 기능을 이용하면 잘못 실행한 작업이나 명령을 100단계까지 취소하거나 다시 실행할 수 있습니다. 단 [메뉴] 탭을 선택하거나 시트 보호, 통합 문서 저장, 매크로 명령을 실행하는 등의 작업은 취소할 수 없습니다. 실행 취소와 다시 실행 명령은 [빠른 실행 도구 모음]에 있습니다.

- **실행 취소** (Ctrl+Z) : 최근 작업이나 그 이전 작업을 취소하고 싶을 때는 [빠른 실행 도구 모음]에서 [실행 취소]를 클릭합니다.
- **다시 실행** (Ctrl+Y) : 실행 취소한 최근 작업을 다시 실행하려면 [빠른 실행 도구 모음]에서 [다시 실행]을 클릭합니다.

06 그림으로 데이터 붙여넣기

① **[매출관리현황] 시트 탭**을 클릭합니다. ② **[A7] 셀**에서 마우스 오른쪽 버튼을 클릭하여 ③ **[선택하여 붙여넣기]**를 선택하고 ④ **[연결된 그림]**을 선택합니다. ⑤ ESC를 눌러 복사 모드를 해제합니다.

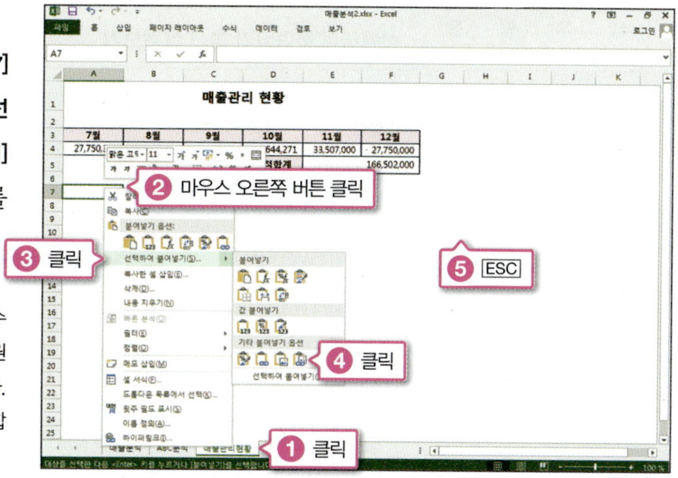

TIP 매출 데이터는 상품에 따라 데이터가 달라질 수 있습니다. 그러므로 데이터를 [연결된 그림]으로 붙여넣고 원본 데이터에 따라 복사한 데이터가 자동으로 수정되게 합니다. 만약 원본 데이터에 영향을 받지 않으려면 [그림]을 선택합니다.

07 붙여 넣은 그림의 크기 조절하기

붙여 넣은 그림을 선택하고 조절점을 드래그하여 크기를 조절합니다.

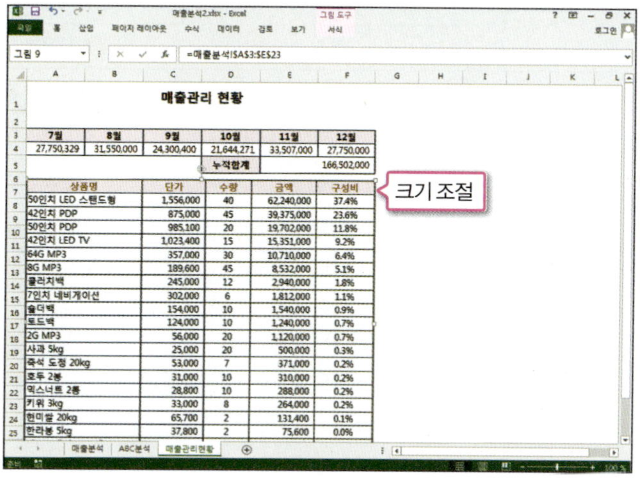

TIP 개체를 선택하고 방향키(↑, ↓, ←, →)를 눌러 위치를 옮길 수 있습니다.

실 무 활 용 EXCEL NOTE

선택하여 붙여넣기 옵션 살펴보기

붙여넣기 옵션			설명
붙여넣기		붙여넣기	모든 셀 내용과 수식 및 서식 붙여넣기
		수식	수식 입력줄에 입력한 대로 수식만 붙여넣기
		수식 및 숫자 서식	수식 입력줄에 입력한 대로 수식과 숫자 서식을 붙여넣기
		원본 서식 유지	원본 서식을 유지하면서 셀 내용과 수식을 붙여넣기
		테두리 없음	테두리 없이 셀 내용과 서식 및 수식을 붙여넣기
		원본 열 너비 유지	원본 열 너비를 유지하면서 셀 내용과 서식, 수식을 붙여넣기
		바꾸기	행과 열을 바꿔서 셀 내용과 서식, 수식을 붙여넣기
값 붙여넣기		값	셀 내용만 붙여넣기
		값 및 숫자 서식	셀 내용과 숫자 서식만 붙여넣기
		값 및 원본 서식	셀 내용과 서식을 붙여넣기
기타 붙여넣기 옵션		서식	셀 서식만 붙여넣기
		연결하여 붙여넣기	셀 내용만 연결하여 붙여넣기
		그림	원본과 연결 없이 그림으로 붙여넣기
		연결된 그림	원본과 연결하여 그림으로 붙여넣기

SECTION

03 워크시트 관리하기

기능실습 양식 문서 워크시트 편집하기

2007 | 2010 | 2013

- **실습 파일** 엑셀\2장\실습\양식문서.xlsx
- **완성 파일** 엑셀\2장\완성\양식문서_완성.xlsx

하나의 엑셀 문서에는 기본적으로 1개의 시트가 있으며 필요에 따라 추가, 삭제할 수 있습니다. 각각의 시트마다 서로 다른 문서를 입력해 두면 여러 개의 파일을 관리해야 하는 번거로움을 해결할 수 있습니다. 또한 탭의 이름이나 색을 바꿔서 필요한 내용을 쉽게 찾을 수 있도록 구분하고 워크시트 복사, 삽입, 이동, 그룹 등의 기능을 사용하여 효과적으로 데이터를 관리할 수 있습니다.

01 워크시트 이름 바꾸기

① **[Sheet1] 시트 탭**을 더블클릭하고 이름으로 **견적서**를 입력합니다. ② 같은 방법으로 [Sheet2]와 [Sheet3] 시트 탭에 **사직서**, **재직증명서**를 입력합니다.

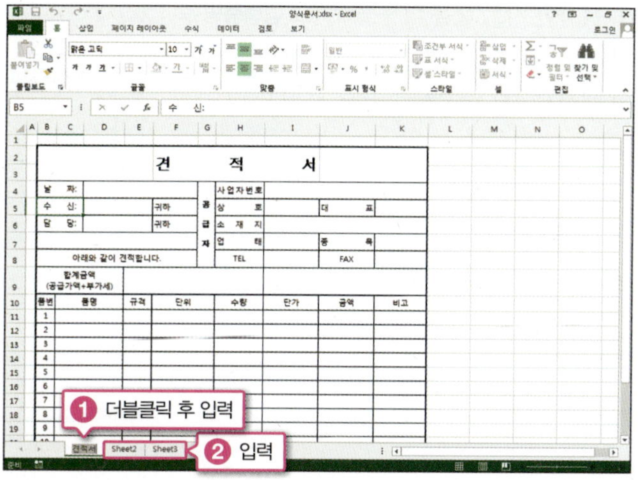

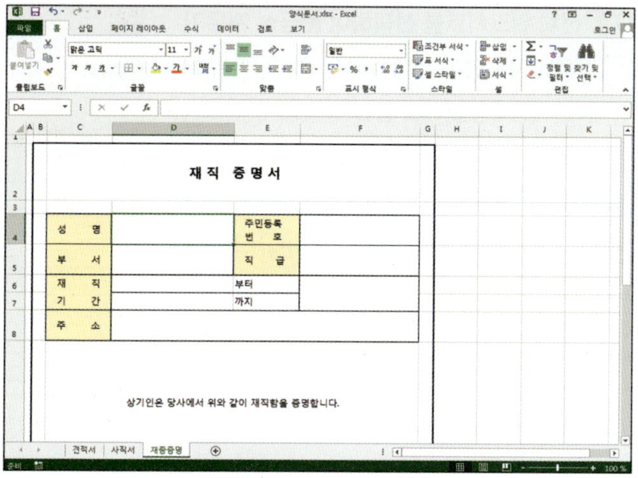

TIP 시트 탭에서 마우스 오른쪽 버튼을 클릭하고 [이름 바꾸기]를 선택해서 이름을 변경합니다. [탭 색]을 선택해서 원하는 색으로 바꿔 시트 탭을 구분하거나 강조할 수 있습니다. 워크시트 이름은 31자를 넘지 않아야 하며 ₩ / ? * [ ] '를 포함하지 않아야 합니다.

02 워크시트 복사하기

① **[재직증명] 시트 탭**을 선택합니다. ② Ctrl을 누른 상태로 시트 탭을 오른쪽으로 드래그합니다. [재직증명] 시트가 **[재직증명(2)] 시트**로 복사됩니다.

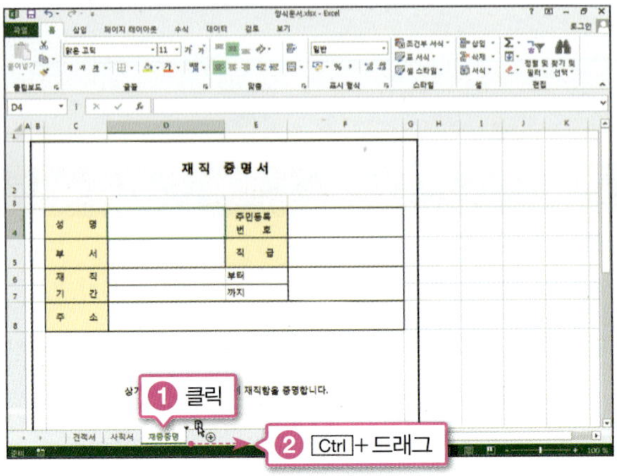

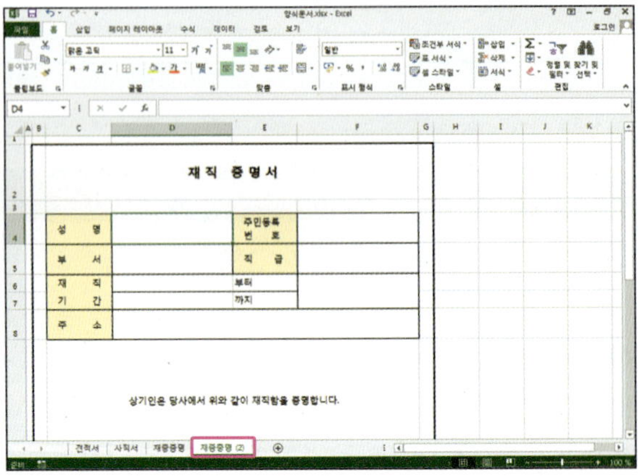

03 데이터 찾기/바꾸기

① 복사한 시트 탭을 더블클릭하고 **경력증명**을 입력합니다. ② Ctrl+H를 눌러 찾기 및 바꾸기 대화상자를 활성화합니다. ③ 찾을 내용에 **재 직**을 입력하고 바꿀 내용에 **경 력**을 입력합니다. ④ **[모두 바꾸기]**를 클릭하고 메시지창이 나타나면 [확인]을 클릭합니다. ⑤ **[닫기]**를 클릭하면 재직이 모두 경력으로 바뀝니다.

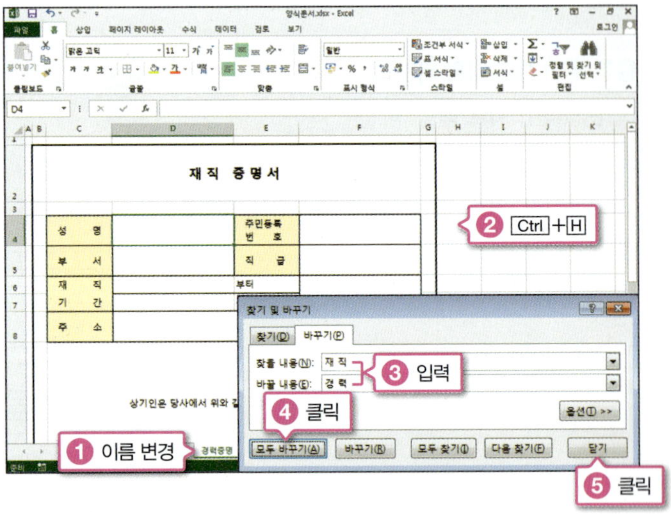

04 전체 워크시트를 선택하여 눈금선 지우기

① **[견적서] 시트 탭**을 선택하고 ② Shift를 누른 상태에서 **[경력증명] 시트 탭**을 선택해서 워크시트 전체를 그룹화합니다. ③ [보기] 탭–[표시] 그룹에서 **[눈금선]**을 클릭하여 체크 표시를 해제합니다. 그룹화한 워크시트의 눈금선이 모두 사라집니다.

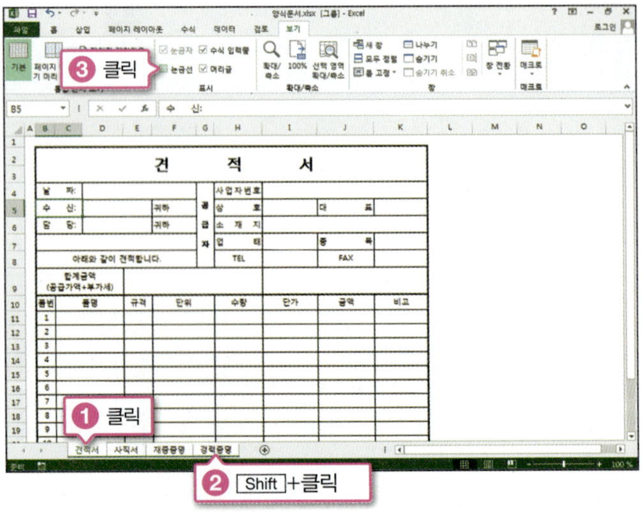

TIP Shift나 Ctrl을 이용하면 워크시트를 여러 개 선택할 수 있습니다. 비연속적인 워크시트를 선택할 때는 Ctrl을 누른 채 시트 탭을 선택하고, 연속적인 워크시트를 선택할 때는 Shift를 누르고 처음과 마지막 시트 탭을 선택하면 사이에 있는 시트 탭이 모두 선택됩니다.

05 워크시트 삽입하고 이동하기

① **[경력증명] 시트 탭**을 선택하여 그룹을 해제합니다. ② **[⊕새 시트]** 버튼을 클릭합니다. ③ 새로운 시트 탭의 이름을 **양식문서리스트**로 수정합니다. ④ **[양식문서리스트] 시트 탭**을 드래그하여 **[견적서]** 시트 왼쪽으로 옮깁니다.

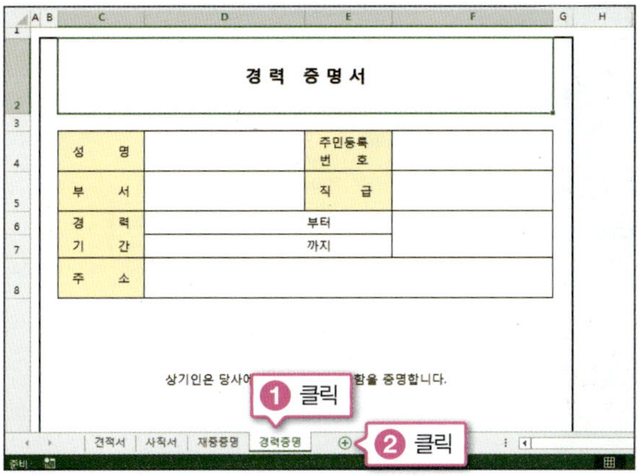

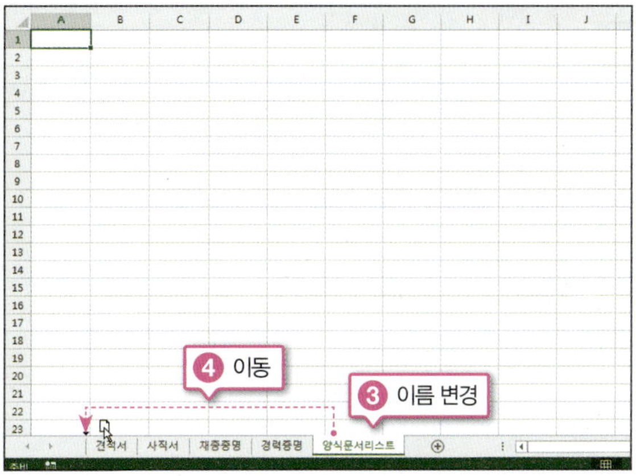

TIP 새로 만든 통합 문서에서 워크시트의 개수를 조정하려면 [파일] 탭에서 [옵션]을 선택한 후, 엑셀 옵션 대화상자에서 일반 항목의 [포함할 시트 수]에 1~255 사이의 값을 입력합니다.

06 새 통합 문서에 워크시트 복사하기

통합 문서에서 [견적서] 시트만 새 통합 문서에 복사하겠습니다. ① **[견적서] 시트 탭**에서 마우스 오른쪽 버튼을 클릭하고 ② **[이동/복사]**를 선택합니다. ③ 이동/복사 대화상자에서 대상 통합 문서를 **[새 통합 문서]**로 설정합니다. ④ **[복사본 만들기]**를 클릭하여 체크 표시하고 ⑤ **[확인]**을 클릭합니다.

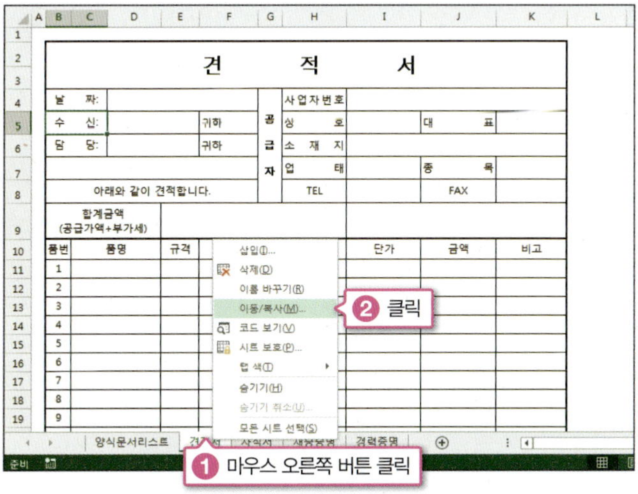

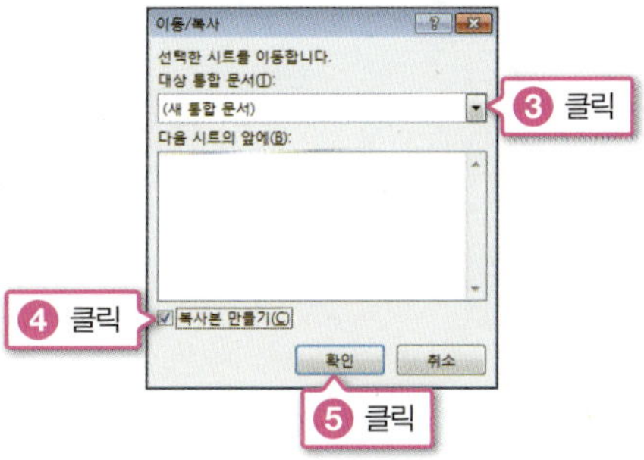

07 통합 문서 저장하기

① 빠른 실행 도구 모음에서 [**저장**]을 클릭하고 ② 저장 위치를 지정합니다. ③ 파일 이름에 **견적서양식**을 입력한 다음 ④ **[저장]**을 클릭하여 **견적서양식.xlsx**으로 저장합니다.

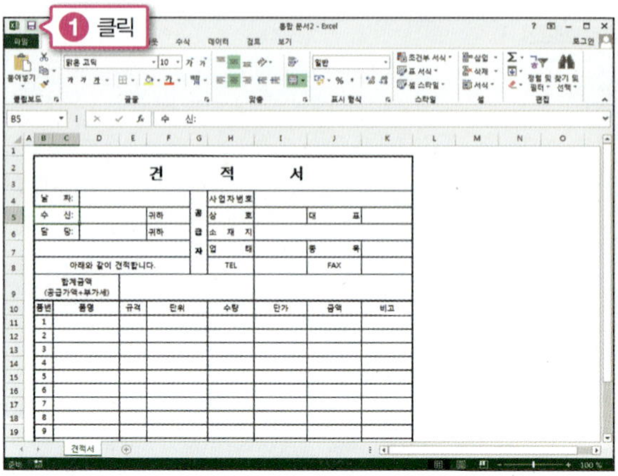

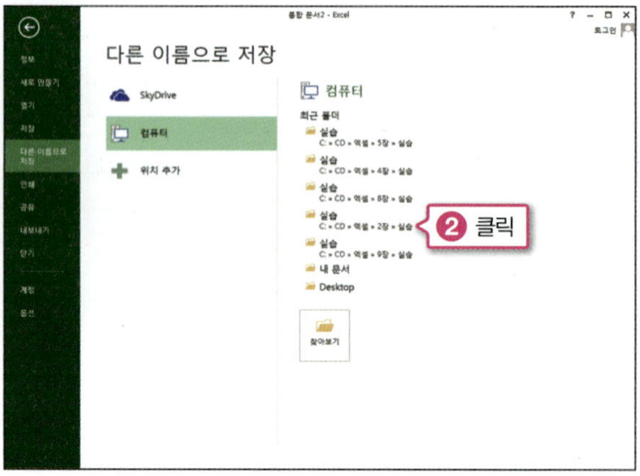

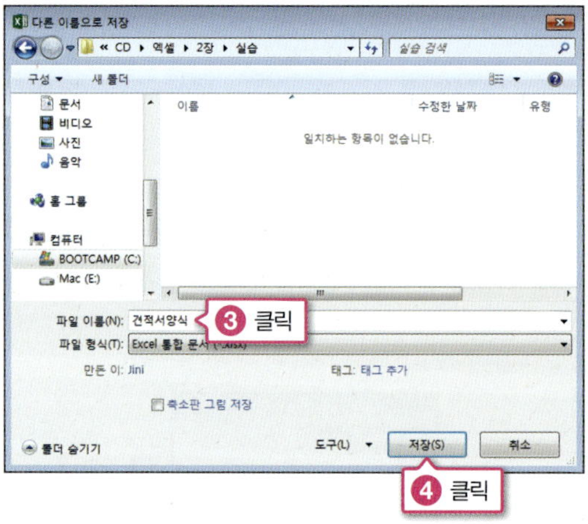

실 무 활 용
EXCEL NOTE

통합 문서 저장 옵션 및 암호 지정하기

저장 옵션 설정하기

통합 문서를 저장하기 전에 자동 복구 간격이나 저장 위치 등의 저장 옵션을 지정할 수 있습니다. 저장 옵션은 [파일] 탭에서 [옵션]을 클릭하여 [저장] 항목에서 설정합니다.

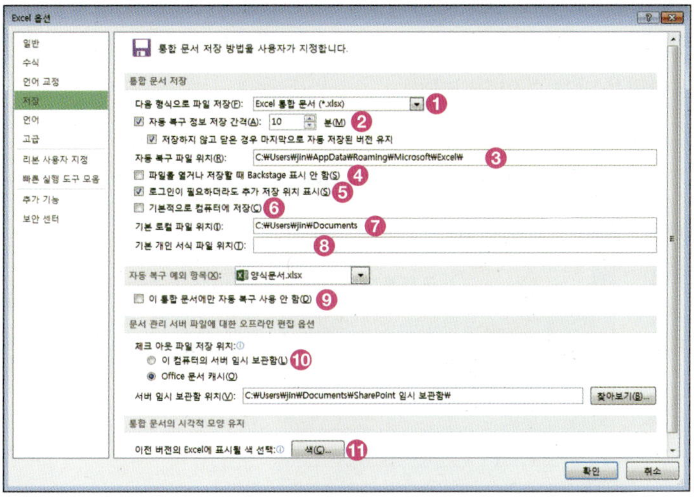

① 기본, 매크로, 바이너리, 이전 버전 등으로 저장 형식을 지정(기본은 통합 문서(*.xlsx))
② 자동 복구를 위해 저장할 일정 간격을 지정
③ 자동 복구될 파일의 위치 지정
④ 파일을 열거나 저장할 때 백스테이지 미리 보기 화면의 표시 유무를 지정
⑤ 파일을 열거나 저장할 때 백 스테이지 미리 보기에서 저장 위치에 SkyDrive를 표시할지의 유무를 지정
⑥ 기본적으로 컴퓨터에 저장할 지의 유무를 지정
⑦ 통합 문서를 저장할 기본 위치 지정
⑧ 기본 개인 서식 파일을 저장할 위치
⑨ 자동 복구 예외 항목에 통합 문서를 지정하고 [이 통합 문서에만 자동 복구 사용 안 함]에 체크 표시하면 자동 복구되지 않음
⑩ 체크 아웃된 파일이 웹 서버에 저장되어 있더라도 다른 사용자가 파일의 변경 내용을 볼 수 있도록 서버 임시 보관함 위치 또는 웹 서버 위치를 지정
⑪ 이전 버전에서 엑셀 2013 통합 문서를 열 때 사용될 색상표를 편집(색상표를 편집하지 않으면 색상표 내에서 가장 유사한 색으로 자동 적용)

통합 문서 읽기/쓰기 암호 및 자동으로 통합 문서 복사본 파일 만들기

중요한 문서일 경우 통합 문서를 저장할 때 읽기 또는 쓰기 암호를 지정하면 보안을 유지할 수 있습니다. 또한 현재 작업 중인 통합 문서에 새로운 기능을 지정하거나 새로운 데이터를 추가했을 때 저장하기를 변경하기 전 데이터를 백업할 수 있습니다.

[파일] 탭에서 [저장] 또는 [다른 이름으로 저장]을 선택합니다. 다른 이름으로 저장 대화상자에서 [도구]를 클릭하고 [일반 옵션]을 선택하여 문서의 읽기/쓰기 암호 및 백업 파일 작성 여부를 지정합니다.
[백업 파일 항상 만들기]를 체크하면 원본 파일과 같은 위치에 확장자가 xlk인 백업 파일이 만들어집니다.

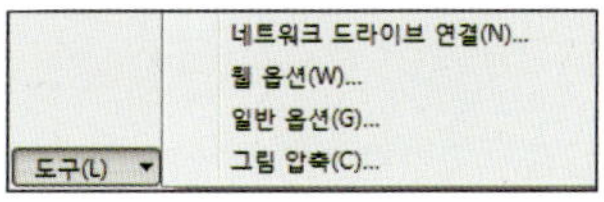

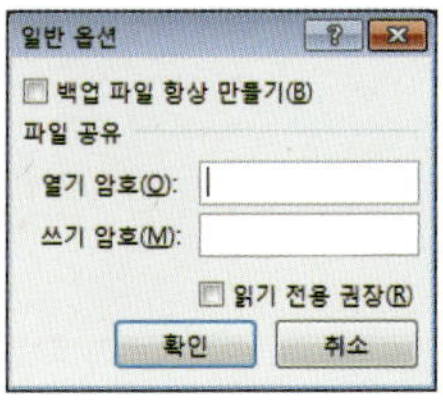

실 무 활 용

구매 품의서의 셀 잠그고 시트 보호하기

2007 | 2010 | 2013

▪ **실습 파일** 엑셀\2장\실습\구매품의서.xlsx ▪ **완성 파일** 엑셀\2장\완성\구매품의서_완성.xlsx

특정 셀이나 범위를 잠그고 시트 보호하기를 설정하면 잠근 셀이나 범위를 마음대로 편집할 수 없어 데이터를 보호할 수 있습니다. 셀 잠금과 시트 보호하기 기능은 둘 중 하나만 따로 쓰는 기능이 아닌 순차적으로 실행해야 효과를 발휘하는 기능입니다. 전체 셀을 잠그고 상황에 따라 수정해야 하는 셀만 잠금을 해제한 후 시트 보호하기를 설정하면 견적서나 품의서 같이 폼이 정해진 문서의 변형을 막을 수 있습니다.

01 셀 전체 잠그기

① **[A1:A20] 영역**을 범위로 지정합니다. ② 마우스 오른쪽 버튼을 클릭하고 **[셀 서식]**을 선택해서 셀 서식 대화상자를 불러옵니다.

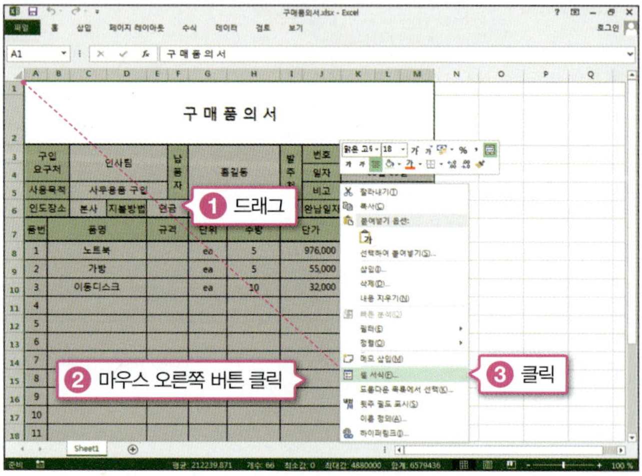

02 전체 셀 잠금 해제하기

① 셀 서식 대화상자에서 **[보호]** 탭을 선택하고 ② **[잠금]**을 클릭해서 체크 표시를 해제합니다. ③ **[확인]**을 클릭하면 선택한 영역의 잠금을 해제합니다.

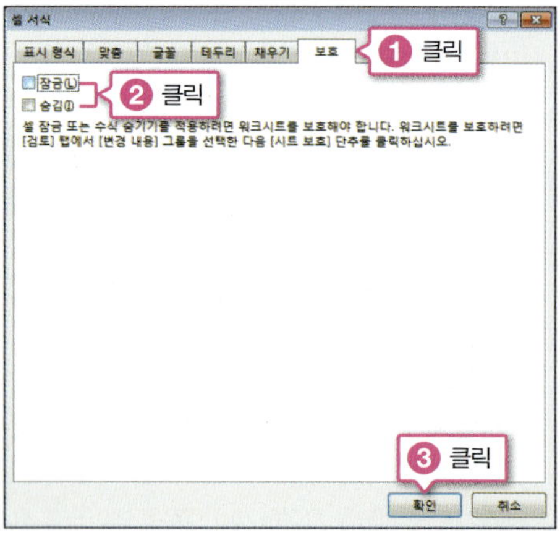

03 일부 셀 잠그기

① **[H6] 셀**을 선택하고 ②③ Ctrl 을 누른 상태로 **[K6] 셀**을 클릭하고 **[K8:K19] 영역**을 드래그해서 범위에 추가합니다. ④ 범위에서 마우스 오른쪽 버튼을 클릭하고 ⑤ **[셀 서식]**을 선택합니다. ⑥ 셀 서식 대화상자의 [보호] 탭에서 **[잠금]**에 체크 표시한 후 ⑦ **[확인]**을 클릭해서 선택한 영역을 잠급니다.

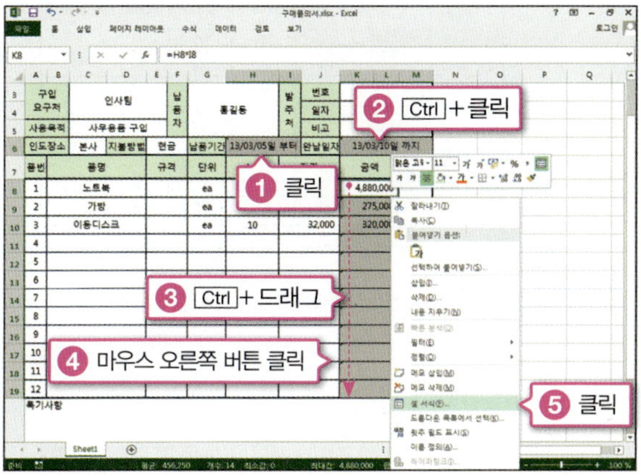

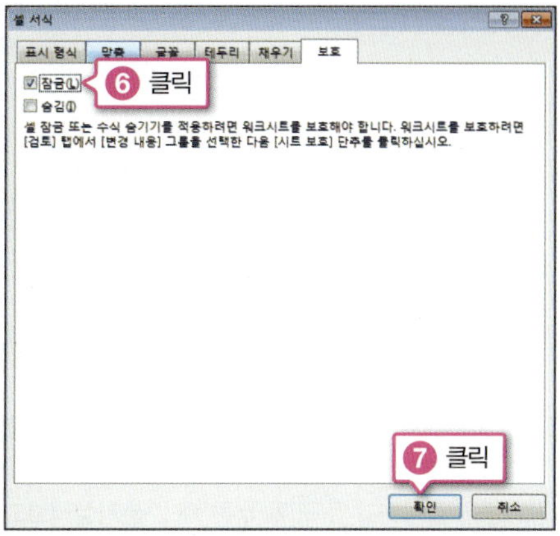

04 시트 보호하기

① 임의의 셀을 선택하고 ② [검토] 탭－[변경 내용] 그룹에서 [**시트 보호**]를 클릭합니다. ③ 시트 보호 대화상자에서 **[확인]**을 클릭합니다.

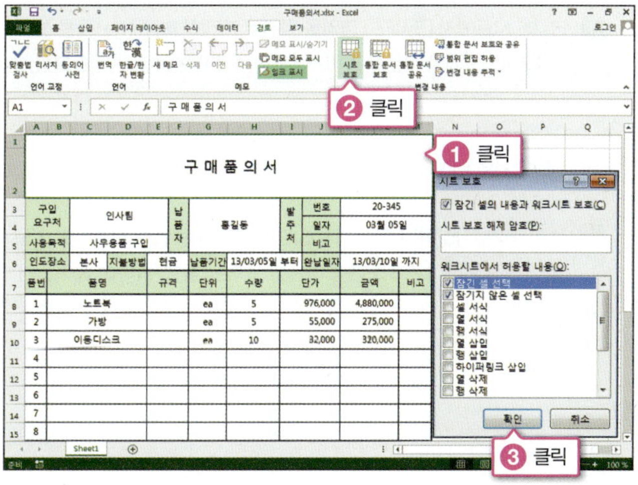

05 잠긴 셀 확인하기

셀 잠금을 설정한 **납품기간**, **완납일자**, **단가** 셀은 데이터를 수정할 수 없습니다. 데이터를 수정하려고 하면 경고 메시지가 나타납니다.

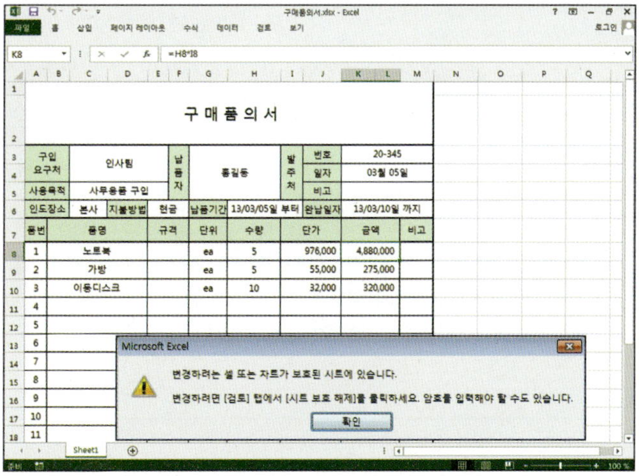

혼자해보기 | 매출 실적표에서 시트 이름 바꾸기 및 그림 복사하기

- 실습 파일 엑셀\2장\실습\분기매출실적.xlsx
- 완성 파일 엑셀\2장\완성\분기매출실적_완성.xlsx

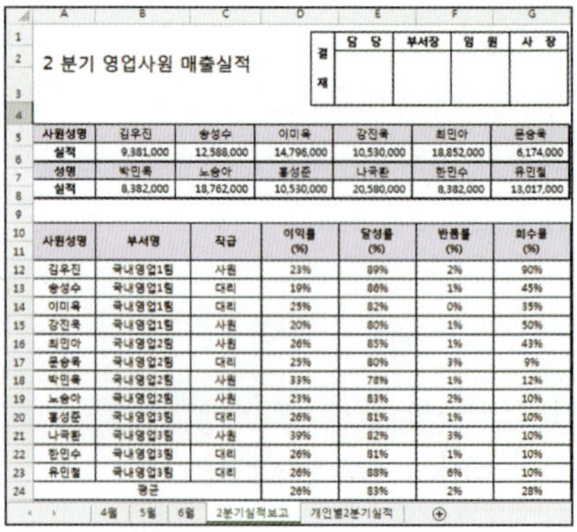

2 분기 영업사원 매출실적

결재	담 당	부서장	임 원	사 장

사원성명	김우진	송성수	이미옥	강진욱	최민아	문승욱
실적	9,381,000	12,588,000	14,796,000	10,530,000	18,852,000	6,174,000
성명	박민욱	노승아	홍성준	나국환	한민수	유민철
실적	8,382,000	18,762,000	10,530,000	20,580,000	8,382,000	13,017,000

사원성명	부서명	직급	이익률 (%)	달성률 (%)	반품률 (%)	회수율 (%)
김우진	국내영업1팀	사원	23%	89%	2%	90%
송성수	국내영업1팀	대리	19%	86%	1%	45%
이미옥	국내영업1팀	대리	25%	82%	0%	35%
강진욱	국내영업1팀	사원	20%	80%	1%	50%
최민아	국내영업2팀	사원	26%	85%	1%	43%
문승욱	국내영업2팀	대리	25%	80%	3%	9%
박민욱	국내영업2팀	사원	33%	78%	1%	12%
노승아	국내영업2팀	사원	23%	83%	2%	10%
홍성준	국내영업3팀	대리	26%	81%	1%	10%
나국환	국내영업3팀	사원	39%	82%	3%	10%
한민수	국내영업3팀	대리	26%	81%	1%	10%
유민철	국내영업3팀	대리	26%	88%	6%	10%
평균			26%	83%	2%	28%

2분기 매출 실적 보고서에서 각 시트의 이름을 지정하고 시트 전체의 글꼴을 지정한 다음 결재양식을 그림으로 복사합니다.

1. [Sheet1]~[Sheet3] 시트의 이름을 **4월, 5월, 6월**로 지정합니다.

2. **[4월] 시트 탭**을 클릭하고 Shift를 누른 채 **[2분기실적보고]** 시트 탭을 클릭합니다. **[셀 전체 선택]** 버튼을 클릭하고, [홈] 탭-[글꼴] 그룹에서 글꼴을 **[맑은 고딕]**으로 지정합니다. 임의의 셀을 클릭해서 범위를 해제합니다.

3. [결재] 시트에서 **[B4:F5] 영역**을 범위로 지정하고 Ctrl+C를 눌러 복사합니다. [2분기실적보고] 시트에서 **[D2] 셀**을 선택하고 마우스 오른쪽 버튼을 클릭한 후 [선택하여 붙여넣기]-**[그림]**을 선택합니다. 결재양식의 위치와 크기를 보기 좋게 조절합니다.

4. **[결재] 시트 탭**에서 마우스 오른쪽 버튼을 클릭하고 **[삭제]**를 선택하여 시트를 삭제합니다.

5. [개인별2분기실적] 시트에서 **[A3:G6] 영역**을 범위로 지정하고 Ctrl+C를 눌러 복사합니다. [2분기실적보고] 시트에서 **[A5] 셀**을 선택하고 마우스 오른쪽 버튼을 클릭한 후 [선택하여 붙여넣기]-**[연결된 그림]**을 선택합니다. 위치와 크기를 보기 좋게 조절합니다.

동영상으로 한번 더

혼자 실습하기 힘든 부분은 동영상 강좌를 통해 풀이 과정을 확인하세요.
한빛미디어 홈페이지에서 동영상을 다운로드하거나 스마트폰으로 QR 코드를 찍어 동영상을 확인할 수 있습니다.
유튜브에서도 확인할 수 있습니다.
http://youtu.be/NEzX-Ad9ZKo

회사통엑셀파포2013

SECTION

04 창 관리하기

기 능 실 습 | 새 창을 띄워 나란히 정렬하기

2007 | 2010 | **2013**

▪ **실습 파일** 엑셀\2장\실습\경력증명서.xlsx

[보기] 탭-[창] 그룹에 있는 기능을 숙지한다면 창을 쉽게 다룰 수 있으며 여러 문서를 띄워 놓고 작업하더라도 문서 간 이동을 자유롭게 할 수 있습니다. 특히 엑셀 2013은 새로운 엑셀 파일을 열 때마다 새 창을 띄워 보여주기 때문에 다중 모니터를 사용하는 사용자에게 좀더 편리합니다. 하지만 하나의 엑셀 파일에 있는 두 개 이상의 워크시트를 보면서 작업해야 할 경우에는 하나의 워크시트를 클릭하면 다른 워크시트 내용은 보이지 않으므로 동시에 두 개 이상의 워크시트를 띄워놓고 보기가 일반적으로 불가능한 상황입니다. 이럴 때는 현재 작업 중인 문서를 하나 더 띄우고 정렬 기능을 이용해서 각각의 워크시트를 동시에 보면서 작업할 수 있습니다.

01 새 창 띄우고 나란히 보기

① [보기] 탭-[창] 그룹에서 [**새 창**]을 클릭해서 작업 중인 문서를 새 창에 띄웁니다. ② [보기] 탭-[창] 그룹에서 [**나란히 보기**]를 클릭합니다. 작업창 두 개가 정렬됩니다.

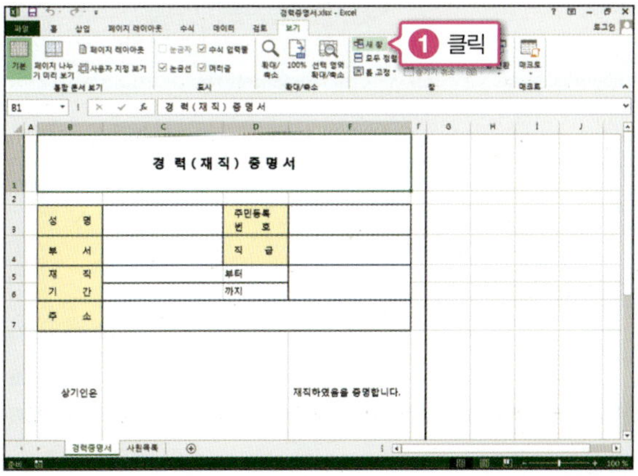

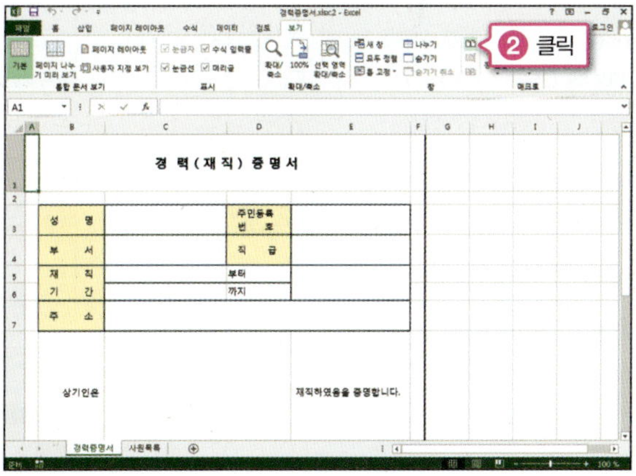

TIP [창] 그룹에서 [창 전환]을 클릭하면 [경력증명서:1], [경력증명서:2]의 두 개 문서가 열려 있는 것을 확인할수 있습니다.

02 나란히 정렬하기

오른쪽 창에서 **[사원목록] 시트 탭**을 클릭하면 [경력증명서] 시트와 [사원목록] 시트를 비교하면서 작업할 수 있습니다.

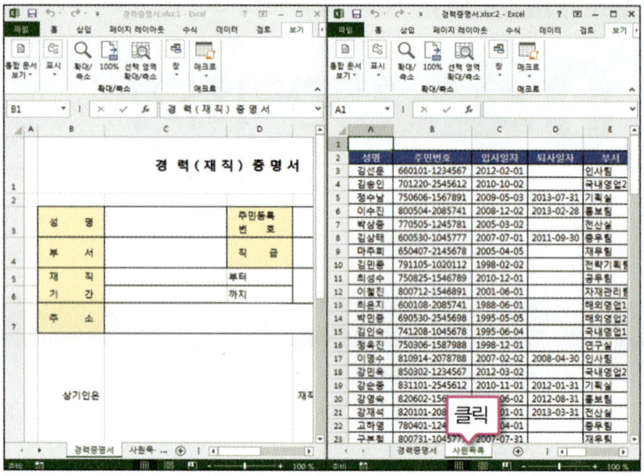

TIP 엑셀 환경이나 모니터 해상도(사이즈)에 따라 세로 또는 가로 창이 열립니다.

03 창 정렬 변경하기

① [보기] 탭–[창] 그룹에서 **[모두 정렬]**을 클릭합니다. ② 창 정렬 대화상자에서 **[가로]**를 선택한 후 ③ **[확인]**을 클릭하면 작업창 두 개가 가로로 정렬됩니다.

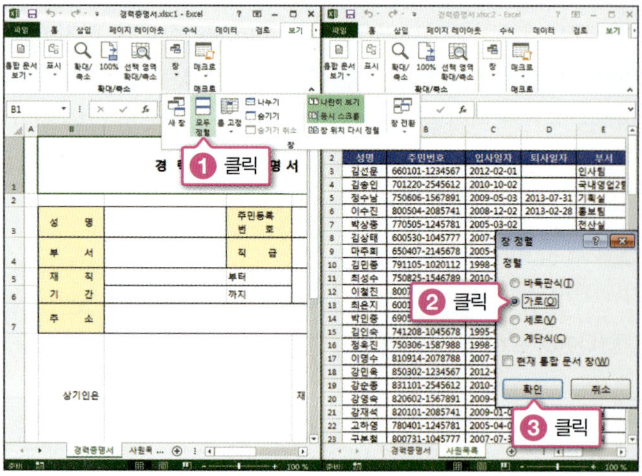

TIP 창이 가로 정렬이 된 경우 창 정렬 대화상자에서 [세로]를 선택하면 창이 세로로 정렬됩니다.

04 정렬된 창 닫기

위쪽 창의 오른쪽 스크롤바를 드래그하면 위/아래 문서가 동시에 스크롤되어, 두 문서를 비교하기에 유용합니다. [닫기]를 클릭해 창 하나를 닫을 수 있습니다.

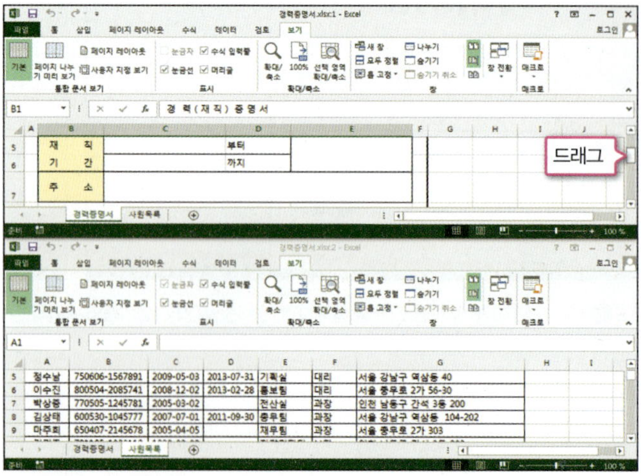

TIP [보기] 탭–[창] 그룹에서 [동시 스크롤]을 클릭하면 동시 스크롤이 해제됩니다.

기능 실습 틀 고정 및 창 나누기

2007 | 2010 | 2013

▪ **실습 파일** 엑셀\2장\실습\프로젝트일정.xlsx

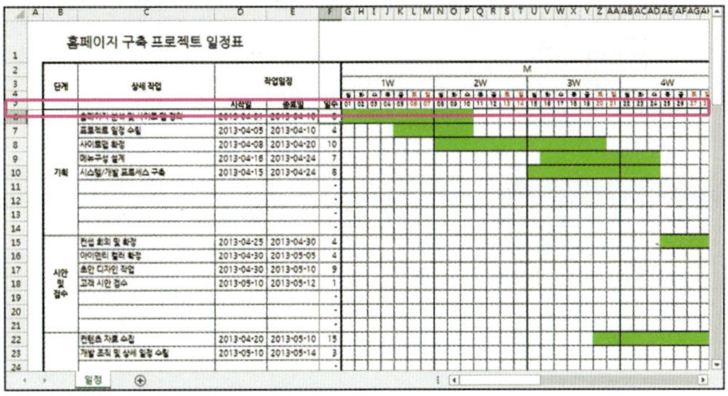

워크시트에 많은 양의 데이터가 입력된 경우 제목 행이나 제목 열과 같은 특정 셀을 고정시켜 두면 편리합니다. 틀 고정 기능을 사용하면 화면 이동과 관계없이 고정된 셀이 항상 나타나므로 행이나 열 제목을 쉽게 파악할 수 있습니다.

01 틀 고정하기

① **[F6] 셀**을 선택합니다. ② [보기] 탭–[창] 그룹에서 [**틀 고정**]을 클릭한 후 ③ **[틀 고정]**을 선택합니다.

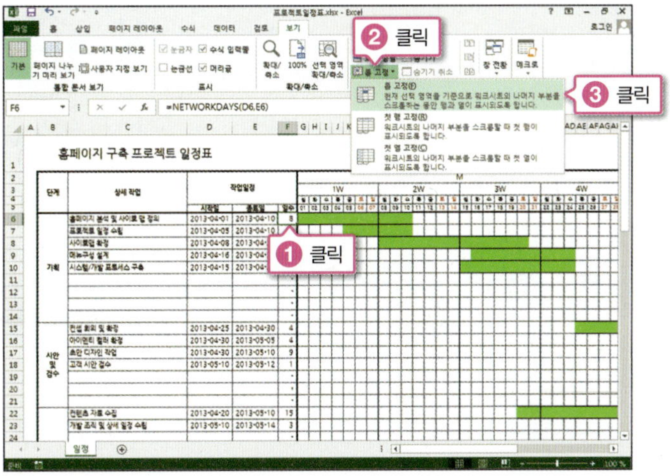

02 틀 고정 취소하기

틀 고정을 하면 셀 포인터를 기준으로 위쪽과 왼쪽에 있는 셀이 고정됩니다. 화면을 이동하면 [F6] 셀의 위쪽인 1~5행, 왼쪽인 A~E열은 계속해서 나타납니다. ① 임의의 셀을 선택하고 ② [보기] 탭–[창] 그룹에서 [**틀 고정**]을 클릭한 후 ③ **[틀 고정 취소]**를 선택합니다.

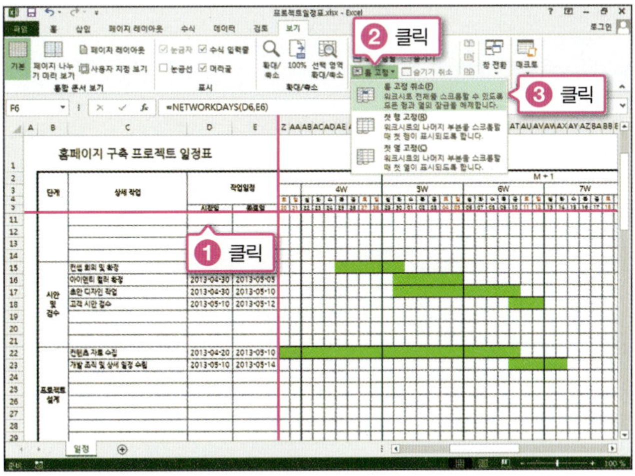

03 창 나누기

① **[G1] 셀**을 선택하고 ② [보기] 탭–[창] 그룹에서 [**나누기**]를 클릭합니다. G열을 기준으로 왼쪽과 오른쪽으로 개별적인 두 개의 창으로 나눠집니다. 오른쪽 창의 스크롤바를 이동하면 왼쪽 창과 별개로 이동할 수 있습니다.

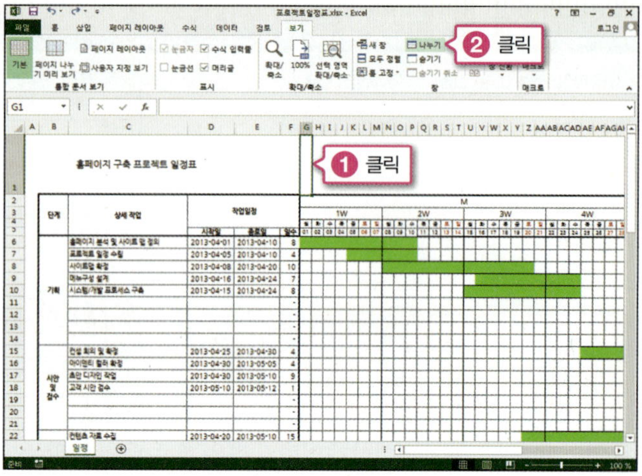

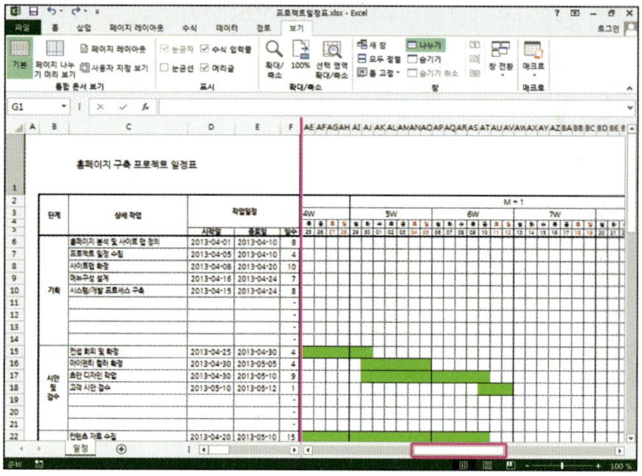

TIP [보기] 탭–[창] 그룹에서 [나누기]를 다시 한 번 클릭하면 창 나누기가 취소됩니다.

CHAPTER

03

실무 데이터 편집하기

EXCEL 2013

SECTION

01 데이터 입력하기

기능설명 엑셀에서 데이터 입력하기

2007 | 2010 | 2013

문자 입력하기

문자 데이터는 한글, 영문, 일본어, 한자, 특수문자와 같이 계산할 수 없는 데이터를 말하며 숫자와 문자를 혼용해도 문자로 취급합니다. 문자 데이터는 기본적으로 왼쪽 정렬되며 열 너비보다 문자 길이가 길면 오른쪽 셀을 넘어서 표시되고, 오른쪽 셀에 데이터가 있으면 셀 너비만큼만 화면에 표시됩니다. 숫자 데이터를 문자 데이터처럼 취급하려면 숫자 앞에 '(아포스트로피)를 입력합니다.

숫자 입력하기

수치 데이터는 숫자, 날짜, 시간과 같이 계산할 수 있는 데이터를 말하며 기본적으로 오른쪽 정렬됩니다. 수치 데이터는 통화(₩$), 백분율(%), 양수와 음수(+−), 소수점(.), 콤마(,), 괄호(( ))같은 기호와도 함께 사용할 수 있습니다. 숫자를 12자리 이상 입력하면 지수 형태로 표시되며, 16자리 이상 입력하면 나머지 자릿수는 0으로 채워집니다. 또한 숫자 길이가 열 너비보다 길면 #으로 표시됩니다. 숫자 데이터 중 분수를 표현하려면 0을 입력한 후 한 칸 띄고 원하는 값을 입력합니다. 예를 들어 **0 1/4**를 입력하면 셀에는 1/4로 표시되고 수식 입력줄에는 0.25로 나타납니다.

날짜/시간 입력하기

엑셀에서 날짜나 시간은 정해진 형식에 맞춰 입력해야 합니다. 날짜를 입력할 때는 슬래시(/)나 하이픈(−)을 구분 기호로 사용하고(년−월−일 또는 년/월/일), 시간은 콜론(:)을 구분 기호로 입력합니다(시:분:초). 시간을 입력한 후 한 칸을 띄우고 AM이나 PM을 입력하면 12시간 제로 표시되고 입력하지 않으면 24시간 제로 표시됩니다.

한자/ 특수문자 입력하기

한자를 입력할 때는 한글을 입력한 후 [한자]를 누르거나 [검토] 탭−[언어] 그룹에서 한글/한자 변환 기능을 이용합니다. 한자를 한글로 변환할 때도 같은 방법으로 [한자]를 누르거나 한글/한자 변환 기능을 이용합니다. 특수문자를 입력할 때는 [삽입] 탭−[기호] 그룹에서 **[Ω 기호]**를 클릭하고 기호 대화상자에서 글꼴과 하위 집합 목록을 선택하여 다양한 특수문자를 삽입할 수 있습니다.

실무활용 | 문자, 숫자, 날짜, 시간 입력하여 세미나 참석자 명단 완성하기 2007 | 2010 | 2013

- **실습 파일** 엑셀\3장\실습\세미나참석명단.xlsx
- **완성 파일** 엑셀\3장\완성\세미나참석명단_완성.xlsx

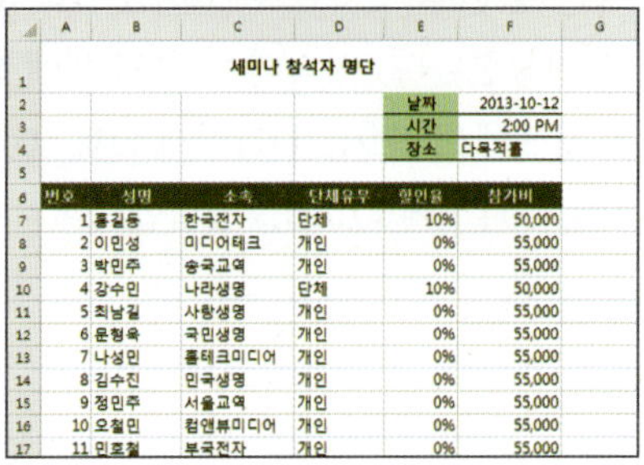

셀에 입력하는 데이터에 따라 입력하는 형식과 지정 서식, 사용하는 기호 등이 모두 다릅니다. 데이터를 입력하고 [Enter]나 [Tab]을 누르면 데이터 입력이 완료되고, [ESC]를 누르면 입력이 취소됩니다. 한 셀에 여러 줄의 데이터를 입력할 때는 [Alt]+[Enter]를 눌러 줄 바꿈합니다. 여기에서는 문자, 숫자, 날짜, 시간의 데이터를 입력하여 세미나 참석자 명단을 완성해봅시다.

01 날짜 입력한 후 열 너비 조정하기

① **[F2] 셀**을 선택한 후 **2013-10-12**을 입력하고 [Enter]를 누릅니다. 날짜 데이터의 길이가 열 너비보다 길어서 셀은 **####**과 같은 형식으로 채워집니다. ② F열 머리글의 경계를 오른쪽으로 드래그해서 [F2] 셀의 데이터가 보이도록 F열의 폭을 넓힙니다.

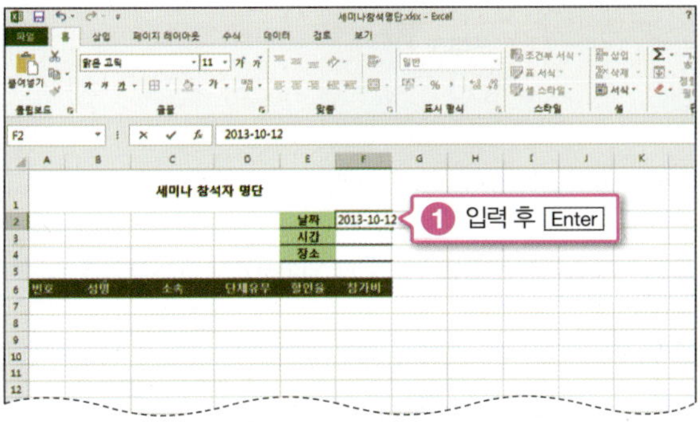

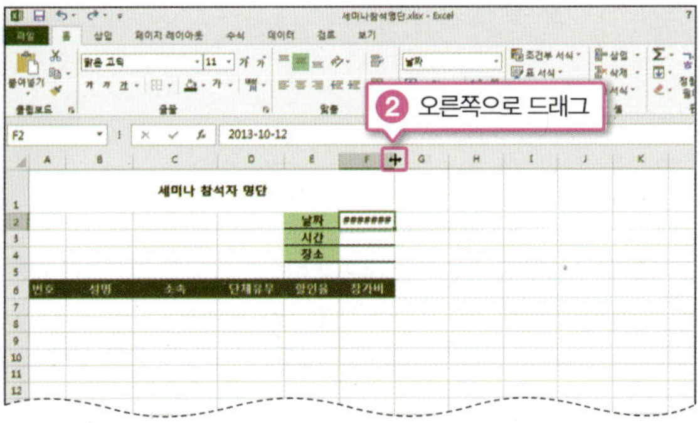

TIP 열 머리글의 경계를 더블클릭하면 입력된 데이터 길이에 맞게 셀 너비가 자동으로 조절됩니다.

02 시간, 문자 입력하기

① [F3] 셀에 **2:00 pm**을 입력하고 ② [F4] 셀에는 **다목적 홀**을 입력하고 [Enter]를 누릅니다.

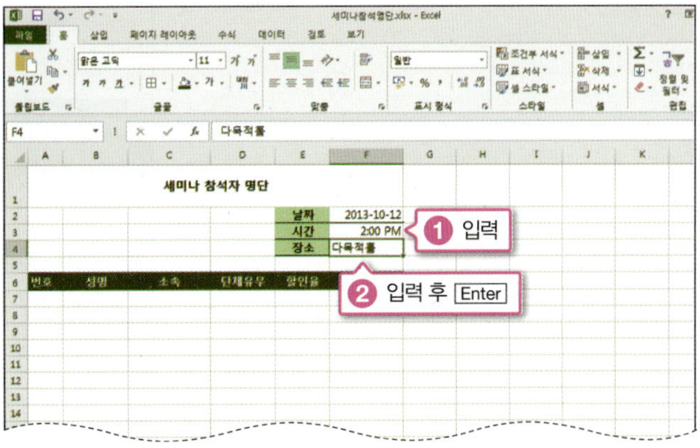

TIP [Ctrl]+[;]을 누르면 컴퓨터에 설정된 현재 날짜가 자동으로 입력됩니다. [Ctrl]+[Shift]+[;]을 누르면 현재 시각이 자동으로 입력됩니다.

03 참석자 입력하기

[A7] 셀에 1을 입력한 후 [Tab]을 눌러 [B7] 셀로 이동합니다. 계속해서 [B7] 셀에 **홍길동**, [C7] 셀에 **한국전자**, [D7] 셀에 **단체**, [E7] 셀에 **10%**, [F7] 셀에 **50,000**을 입력합니다.

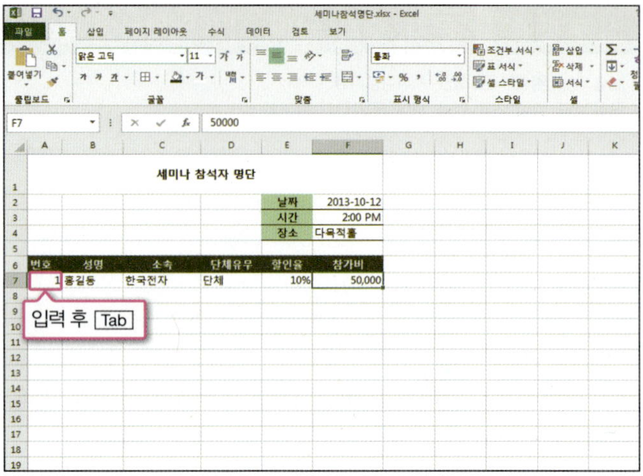

TIP 데이터를 입력하고 [Enter]를 누르면 아래쪽 셀로 이동하고 [Tab]을 누르면 오른쪽 셀로 이동합니다.

04 참석자 셀에 데이터 채우기

① **[A8:F21] 영역**을 범위로 지정한 다음 ② **[A8] 셀**부터 내용을 입력하고 [Tab]을 누르면서 나머지 셀을 채웁니다. 범위를 지정하고 [Tab]을 누르면 왼쪽 위에 있는 셀부터 오른쪽 셀로 이동합니다. 행의 마지막 셀에서 [Tab]을 누르면 다음 행 처음 셀로 이동합니다.

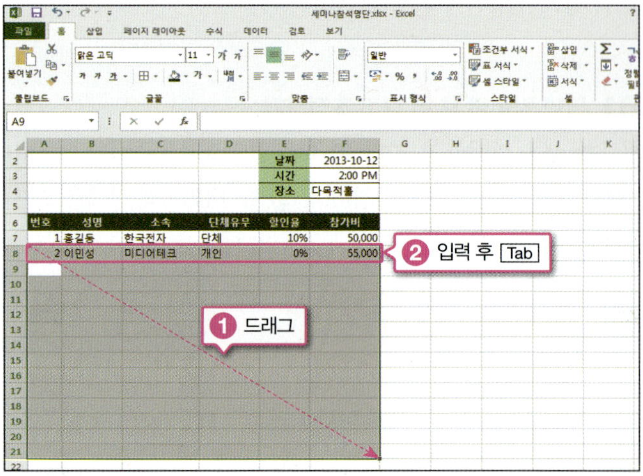

TIP 같은 열에 입력된 내용과 비슷한 글자를 입력하면 자동으로 나머지 글자가 완성됩니다. 이때 입력하고자 하는 내용과 일치하면 [Enter]나 [Tab]을 누르고, 그렇지 않으면 무시하고 나머지 글자를 입력합니다.

05 참석자 명단 완성하기

다음과 같이 데이터를 모두 입력해서 세미나 참석자 명단을 완성합니다.

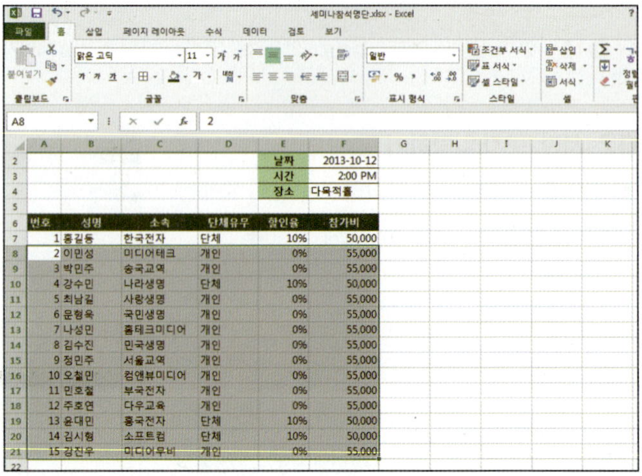

실무활용 ## 한자, 특수문자 입력하여 고객카드 완성하기

2007 | 2010 | 2013

- **실습 파일** 엑셀\3장\실습\고객카드.xlsx
- **완성 파일** 엑셀\3장\완성\고객카드_완성.xlsx

데이터를 입력할 때는 한글 뿐 아니라 한자, 특수문자를 사용하는 경우가 많습니다. 이번에는 한자나 특수문자 등을 입력하여 고객카드를 완성해보겠습니다.

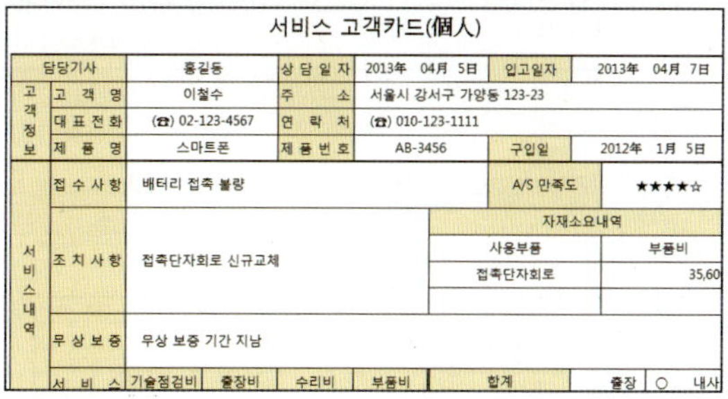

01 한자키를 이용해 단어를 한자로 변환하기

① **[A1] 셀**을 더블클릭하면 셀이 편집 상태로 바뀌면서 마우스 커서가 깜빡입니다. ② 텍스트 중 **개인**을 드래그하여 선택하고 한자를 누릅니다. ③ 한글/한자 변환 대화상자에서 **[個人]**을 선택하고 ④ **[변환]**을 클릭하여 한자로 변환합니다. ⑤ Enter를 눌러 변환을 편집을 마칩니다.

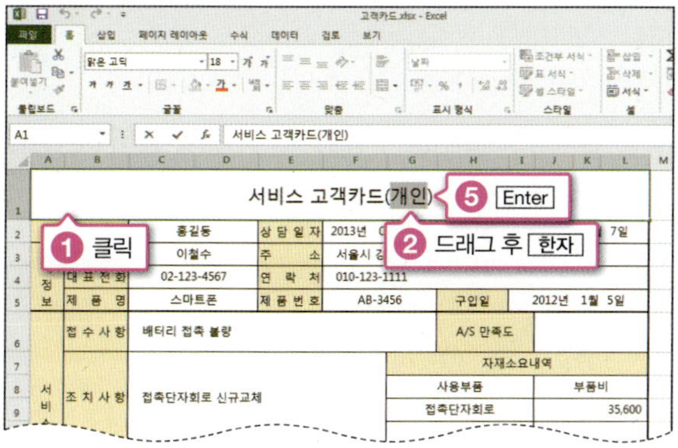

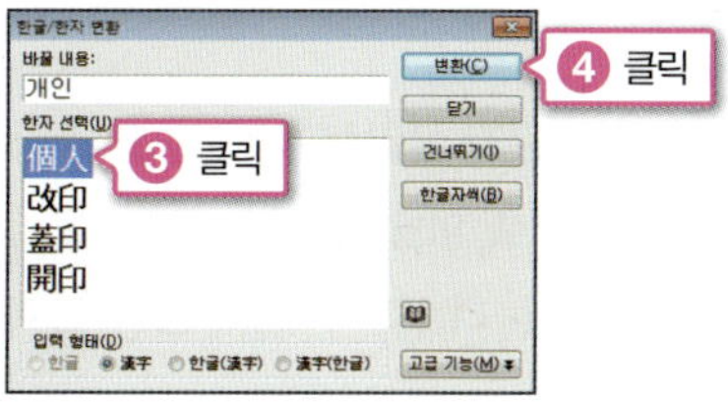

02 여러 범위를 지정하여 한자 변환하기

① Ctrl을 누른 상태에서 **[F2] 셀, [I2] 셀, [I5] 셀**을 선택합니다. ② [검토] 탭–[언어] 그룹에서 [**한글/한자 변환**]을 클릭합니다. ③ 한글/한자 변환 대화상자에서 **[年]**을 선택한 후 ④ **[변환]**을 클릭하여 한자를 변환합니다. ⑤⑥⑦⑧ 같은 방법으로 **[月]**, **[日]**을 순서대로 변환합니다. ⑨ 한자 변환이 모두 끝났다는 메시지가 나타나면 **[확인]**을 클릭해서 변환을 마칩니다.

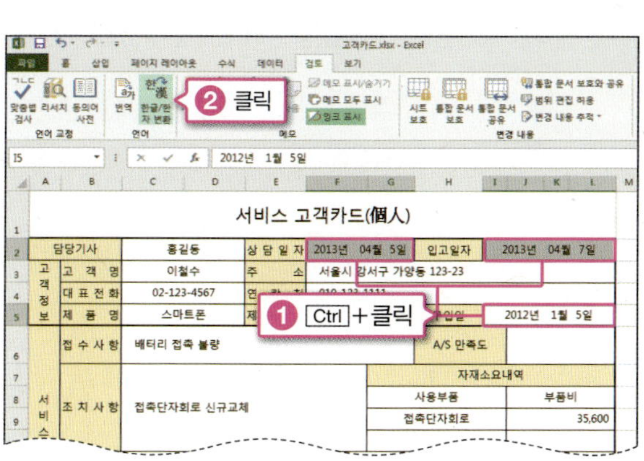

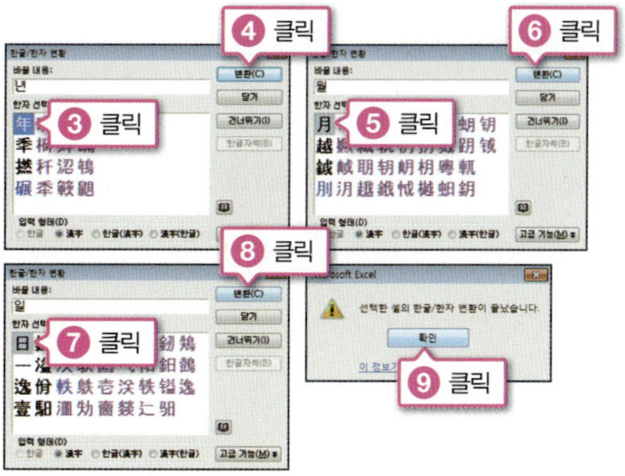

03 자동 고침 옵션 사용해 특수문자 변환하기

① **[F4] 셀**을 더블클릭합니다. ② 전화번호 앞에 **((tel))**을 입력하고 [Enter]를 누르면 **(☎)**로 자동 변환됩니다.

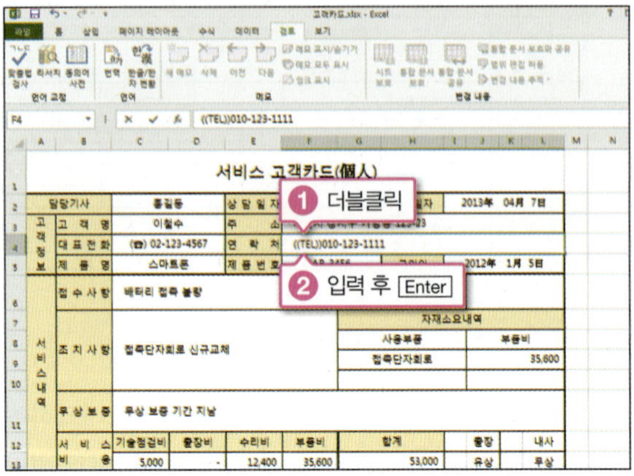

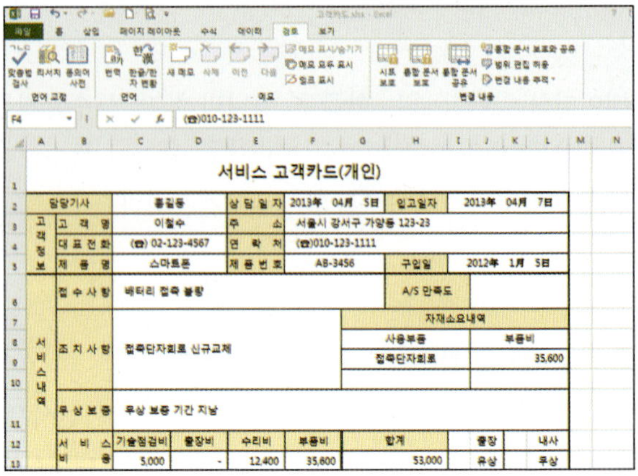

TIP [파일] 탭에서 [옵션]을 선택하고 [언어 교정] 항목에서 [자동 고침 옵션]을 클릭하면 자동 고침 기능을 설정할 수 있습니다. 자동 옵션에서는 특정한 문구를 기호로 변환하거나 대/소문자를 자동으로 고칠 수 있습니다.

04 한자 키를 이용해 특수 문자 삽입하기

① [Ctrl]을 누른 상태로 **[K12] 셀, [I13] 셀**을 선택합니다. ② ㅁ을 입력하고 [한자]를 누릅니다. ③ [↓]을 눌러 **[9. ○]**를 선택하고 ④ [Ctrl]+[Enter]를 눌러 선택한 셀에 ○를 입력합니다.

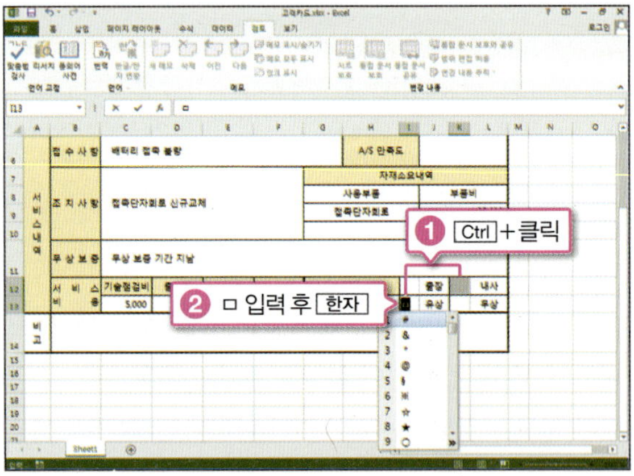

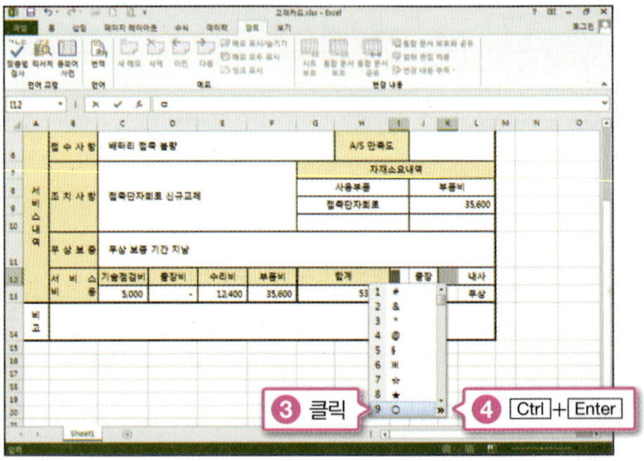

TIP 여러 셀을 선택하고 데이터를 입력한 후 [Ctrl]+[Enter]를 누르면 선택한 셀에 동일한 내용을 한 번에 입력할 수 있습니다.

05 여러 가지 기호 삽입하기

① **[J6] 셀**을 선택하고 ② [삽입] 탭-[기호] 그룹에서 [Ω **기호**]를 클릭합니다. ③ 기호 대화상자의 하위 집합 옵션에서 **[기타 기호]**를 선택하고 ④ ★★★★☆를 순서대로 더블클릭해서 입력합니다. ⑤ **[닫기]**를 클릭하고 ⑥ Enter 를 누릅니다.

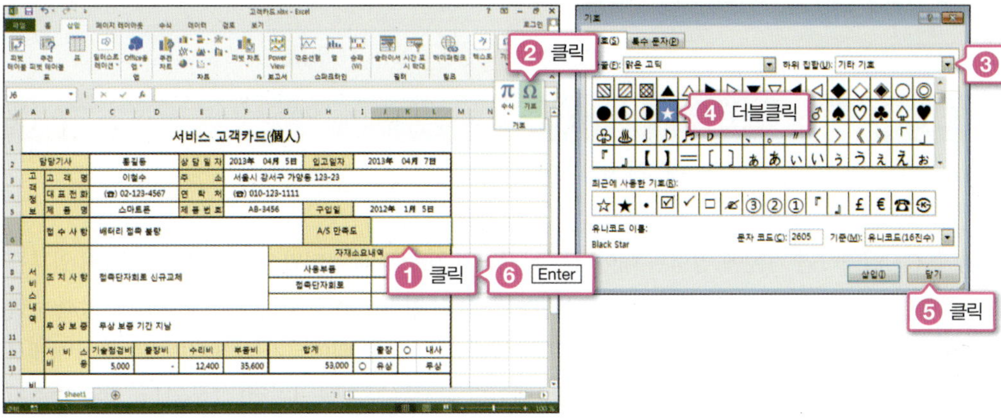

TIP 하위 집단이 보이지 않을 때는 오른쪽 아래 있는 기준 옵션을 [유니코드(16진수)]로 바꿉니다.

실무활용 EXCEL NOTE **특수문자 입력하기**

특수문자 입력하기

한글 자음을 입력한 후 한자 를 눌러서 특수문자를 입력할 수 있습니다. 자음을 입력한 후 한자 를 누르면 특수문자 목록이 나타납니다. 여기서 원하는 특수문자를 선택하거나 특수문자 옆에 있는 숫자를 입력합니다.

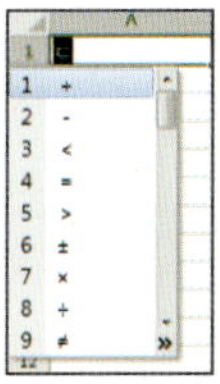	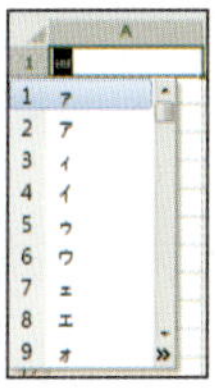	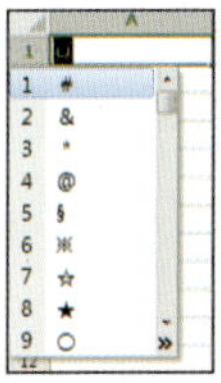	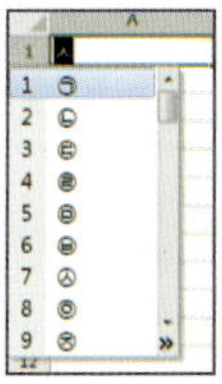	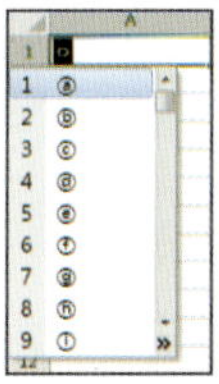
ㄷ+ 한자	ㄹ+ 한자	ㅁ+ 한자	ㅅ+ 한자	ㅇ+ 한자

일본어, 외국자모 입력하기

한글 쌍자음을 입력한 후 한자 를 누르면 일본어(가타카나, 히라가나)와 다양한 외국 자모를 입력할 수 있습니다. 한자 +한글 자음을 입력한 후 한자 를 누르면 문자 목록이 나타납니다. 여기서 원하는 문자를 선택하거나 문자 옆에 있는 숫자를 입력합니다.

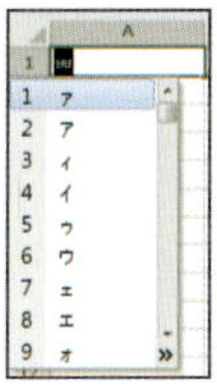	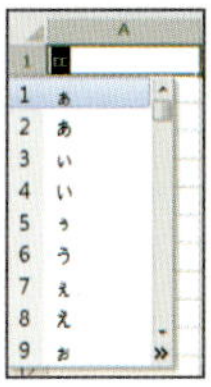	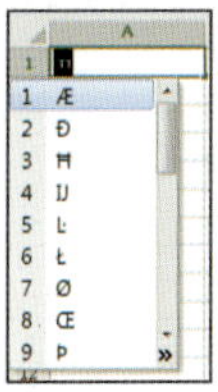	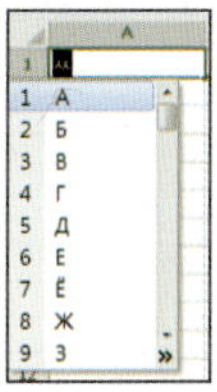
ㅃ+ 한자	ㄸ+ 한자	ㄲ+ 한자	ㅆ+ 한자

SECTION

02 데이터 편집하기

기능실습 데이터 수정하고 삭제하기

2007 | 2010 | 2013

- 실습 파일 엑셀\3장\실습\대출금상환.xlsx
- 완성 파일 엑셀\3장\완성\대출금상환_완성.xlsx

셀을 선택하고 데이터를 입력하면 기존에 입력된 데이터는 삭제되고 새로운 데이터만 남습니다. 데이터의 일부를 수정하려면 수식 입력줄을 이용하거나 셀을 더블클릭, 또는 F2를 눌러 편집 상태로 만든 뒤에 내용을 수정해야 합니다. 데이터를 삭제할 때도 셀을 선택하고 Delete를 누르면 셀에 있는 모든 데이터가 삭제되며, 편집 상태에서 Delete를 누르면 커서 오른쪽에 있는 데이터가 삭제됩니다. 데이터 삭제는 [홈] 탭-[편집] 그룹의 [**지우기**]로 지울 수도 있습니다.

01 데이터 수정하기

① **[A4] 셀**을 더블클릭하여 ② 데이터를 **10,000,000**으로 수정한 후 Enter를 누릅니다. ③ 수식 입력줄을 이용하거나 F2를 눌러 [B4] 셀은 **6.5%**, [A6] 셀을 **상환회차**로 수정합니다.

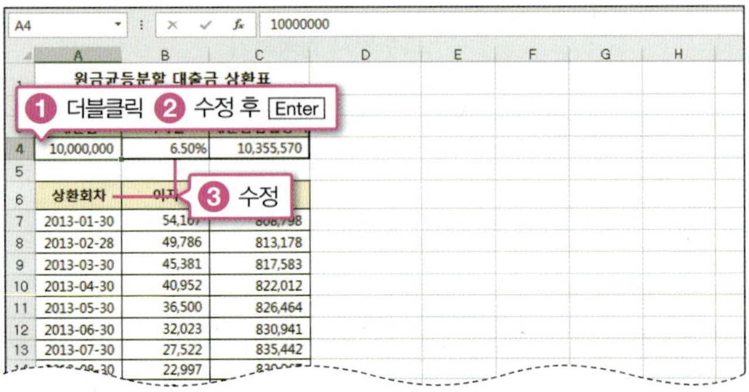

	A	B	C
4	10,000,000	6.50%	10,355,570
6	상환회차		
8	2013-02-28	49,786	813,178
9	2013-03-30	45,381	817,583
10	2013-04-30	40,952	822,012
11	2013-05-30	36,500	826,464
12	2013-06-30	32,023	830,941
13	2013-07-30	27,522	835,442

02 셀에 숫자 입력하여 채우기

① **[A7:A18] 영역**에 순서대로 1, 2, 3, 4, 5, 6, 7, 8, 9, 10, 11, 12를 입력하고 Enter를 누릅니다. ② 기존 셀에 날짜 서식이 적용되어 있어서 숫자를 입력해도 날짜 형식으로 표시됩니다.

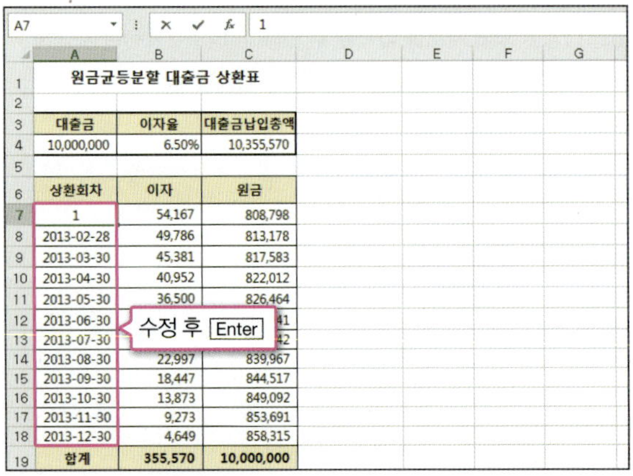

	A	B	C
3	대출금	이자율	대출금납입총액
4	10,000,000	6.50%	10,355,570
6	상환회차	이자	원금
7	1	54,167	808,798
8	2013-02-28	49,786	813,178
9	2013-03-30	45,381	817,583
10	2013-04-30	40,952	822,012
11	2013-05-30	36,500	826,464
12	2013-06-30		41
13	2013-07-30		42
14	2013-08-30	22,997	839,967
15	2013-09-30	18,447	844,517
16	2013-10-30	13,873	849,092
17	2013-11-30	9,273	853,691
18	2013-12-30	4,649	858,315
19	합계	355,570	10,000,000

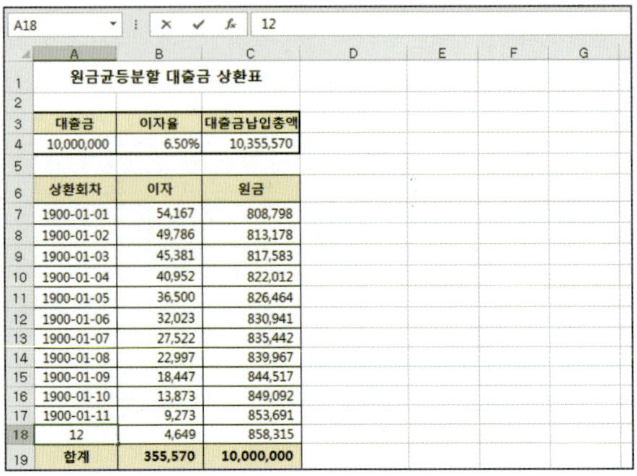

	A	B	C
3	대출금	이자율	대출금납입총액
4	10,000,000	6.50%	10,355,570
6	상환회차	이자	원금
7	1900-01-01	54,167	808,798
8	1900-01-02	49,786	813,178
9	1900-01-03	45,381	817,583
10	1900-01-04	40,952	822,012
11	1900-01-05	36,500	826,464
12	1900-01-06	32,023	830,941
13	1900-01-07	27,522	835,442
14	1900-01-08	22,997	839,967
15	1900-01-09	18,447	844,517
16	1900-01-10	13,873	849,092
17	1900-01-11	9,273	853,691
18	12	4,649	858,315
19	합계	355,570	10,000,000

03 서식 지우기

① [A7:A18] 영역을 드래그하여 범위로 지정한 다음 ② [홈] 탭–[편집] 그룹에서 [**지우기**]를 클릭하고 ③ **[서식 지우기]**를 선택합니다. 범위에 적용된 날짜 서식이 지워져서 숫자만 나타납니다.

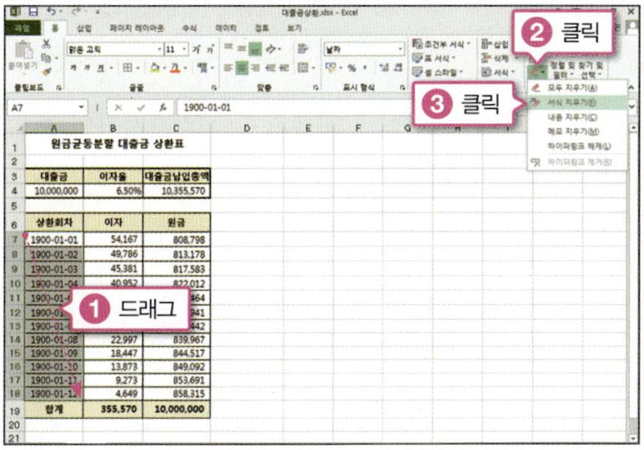

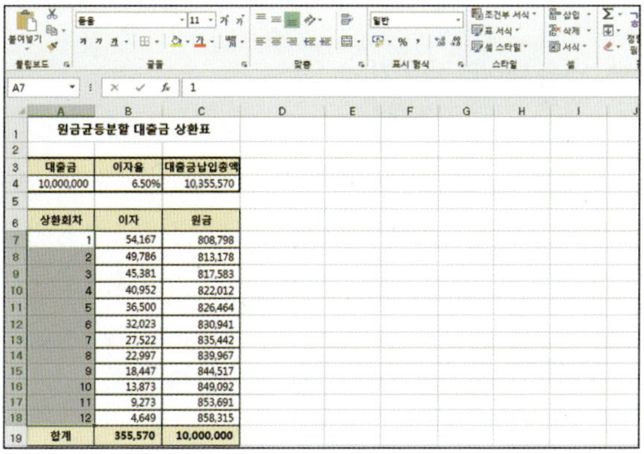

TIP 지우기 옵션

[**지우기**]에는 모두 지우기, 서식 지우기, 내용 지우기, 메모 지우기, 하이퍼링크 해제 등이 있습니다. 메뉴를 선택하여 필요한 항목의 전체 또는 일부를 지울 수 있습니다.

04 테두리 그리기 및 데이터 가운데 정렬하기

① [홈] 탭–[글꼴] 그룹에서 [**테두리 목록**]을 클릭하고 ② **[모든 테두리]**를 선택해서 선택한 범위에 테두리를 그립니다. ③ [맞춤] 그룹에서 [**가운데 맞춤**]을 클릭해서 데이터를 가운데로 정렬합니다.

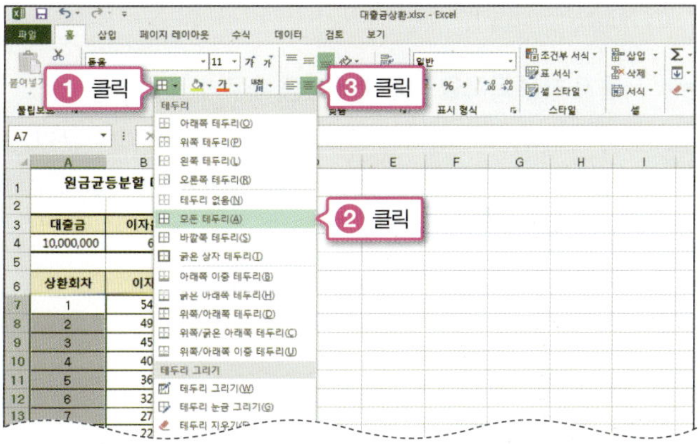

실무활용 EXCEL NOTE **찾기 및 바꾸기 기능으로 데이터 검색, 수정, 삭제하기**

여러 데이터를 일괄 수정하거나 필요한 데이터를 검색할 때는 찾기 및 바꾸기 기능을 이용합니다. [홈] 탭–[편집] 그룹에서 **[찾기 및 선택]**을 클릭하거나 Ctrl+F를 누르면 찾기 및 바꾸기 대화상자가 나타납니다. 대화상자에서 [찾기] 탭을 선택하면 원하는 내용을 검색할 수 있고 [바꾸기] 탭을 선택하면 특정한 내용을 찾아서 원하는 내용으로 일괄 수정할 수 있습니다.

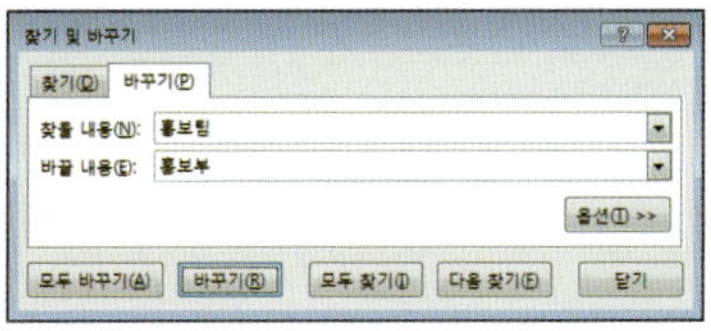

검색할 때 유용한 와일드카드 문자

필요한 데이터의 정확한 문구를 모르는 상태에서 검색할 때 와일드카드 문자인 별표(*)나 물음표(?)를 사용하면 효과적입니다. 별표(*)는 다수 문자를, 물음표(?)는 한 개의 문자를 대체합니다. 예를 들어 "서울*"을 입력하면 서울, 서울시, 서울특별시 등이 검색되며 "영업?팀"을 입력하면 영업1팀, 영업2팀, 영업3팀 등이 검색됩니다.

기능설명 | 채우기 핸들로 데이터 채우기 2007 | 2010 | 2013

연속적인 데이터나 일정한 규칙이 있는 데이터를 채울 때는 채우기 핸들을 이용합니다. 같은 데이터를 똑같이 채울 수도 있지만 숫자 데이터는 증감시키면서 채울 수도 있습니다.

연속 데이터 채우기

셀 포인터 오른쪽 아래에 점을 **채우기 핸들**이라고 부릅니다. 마우스 포인터를 채우기 핸들로 가져가면 + 십자가 모양으로 바뀌며 이때 채우기 핸들을 드래그하면 데이터를 채울 수 있습니다. 숫자 데이터는 1씩 증가하고 문자와 숫자가 혼합된 데이터일 때도 숫자만 1씩 증가합니다. 또한 숫자 데이터의 두 셀을 범위로 설정하고 드래그하면 두 셀의 차이만큼 데이터가 증가합니다.

	A	B	C	D	E	F
1	채우기 과정			채운 결과		
2	문자	숫자	문자+숫자	문자	숫자	문자+숫자
3	엑셀	2013	기획1안	엑셀	2013	기획1안
4				엑셀	2013	기획2안
5				엑셀	2013	기획3안
6				엑셀	2013	기획4안
7				엑셀	2013	기획5안
8				엑셀	2013	기획6안
9				엑셀	2013	기획7안
10				엑셀	2013	기획8안
11		엑셀	2013	기획8안		
12						

TIP 숫자를 1, 2, 3, 4··· 형식으로 1씩 더하면서 채워야 한다면 Ctrl을 누른 상태에서 채우기 핸들을 드래그하면 됩니다.

사용자 지정 목록을 이용해서 자동 채우기

월, 화, 수, 목, 금, 토, 일과 같은 요일이나 1사분기, 2사분기, 3사분기, 4사분기와 같이 데이터는 무한대로 늘어나는 것이 아니라, 시작과 끝 값이 정해진 상태에서 반복되도록 해야 합니다. 이런 데이터는 사용자 지정 목록에 등록해두면 편리합니다.

	A	B	C	D
1	년	분기	월	요일
2	계사	1사분기	5월	월
3	갑오	2사분기	6월	화
4	을미	3사분기	7월	수
5	병신	4사분기	8월	목
6	정유	1사분기	9월	금
7	무술	2사분기	10월	토
8	기해	3사분기	11월	일
9	경자	4사분기	12월	월

TIP 증감하면서 값을 채우는 것이 아니라 똑같은 값을 채우고 싶을 때는 Ctrl을 누른 상태에서 드래그하면 됩니다.

실무활용 연간 생산 현황표에서 채우기 핸들로 데이터 채우기 2007 | 2010 | 2013

- **실습 파일** 엑셀\3장\실습\연간생산현황표.xlsx
- **완성 파일** 엑셀\3장\완성\연간생산현황표_완성.xlsx

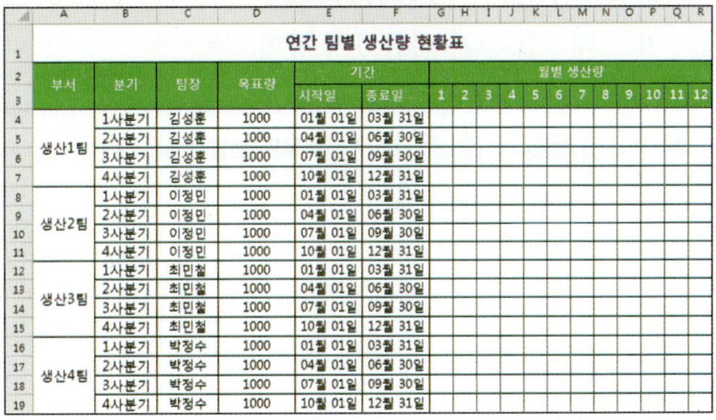

연간 팀별 생산량 현황표

부서	분기	팀장	목표량	기간 시작일	기간 종료일	1	2	3	4	5	6	7	8	9	10	11	12
생산1팀	1사분기	김성훈	1000	01월 01일	03월 31일												
	2사분기	김성훈	1000	04월 01일	06월 30일												
	3사분기	김성훈	1000	07월 01일	09월 30일												
	4사분기	김성훈	1000	10월 01일	12월 31일												
생산2팀	1사분기	이정민	1000	01월 01일	03월 31일												
	2사분기	이정민	1000	04월 01일	06월 30일												
	3사분기	이정민	1000	07월 01일	09월 30일												
	4사분기	이정민	1000	10월 01일	12월 31일												
생산3팀	1사분기	최민철	1000	01월 01일	03월 31일												
	2사분기	최민철	1000	04월 01일	06월 30일												
	3사분기	최민철	1000	07월 01일	09월 30일												
	4사분기	최민철	1000	10월 01일	12월 31일												
생산4팀	1사분기	박정수	1000	01월 01일	03월 31일												
	2사분기	박정수	1000	04월 01일	06월 30일												
	3사분기	박정수	1000	07월 01일	09월 30일												
	4사분기	박정수	1000	10월 01일	12월 31일												

연간생산 현황표에서 부서, 분기, 팀장명, 목표량, 기간, 1~12월을 채우기 핸들을 사용하여 데이터를 채워보겠습니다.

01 문자+숫자 데이터 채우기

① **[A4] 셀**을 선택하고 ② [채우기 핸들]을 **[A19] 셀**까지 드래그합니다. 문자는 그대로 있고 숫자만 1씩 증가하므로 생산1팀~생산4팀이 채워집니다.

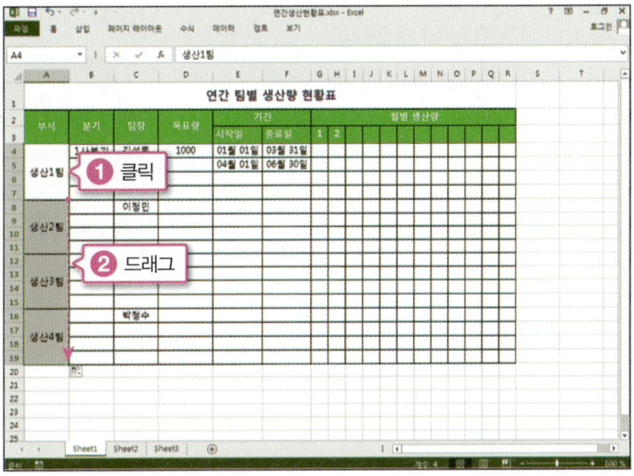

TIP Ctrl을 누른 상태로 채우기 핸들을 드래그하면 숫자 데이터가 증가하지 않고 동일한 내용이 복사됩니다.

02 사용자 지정 목록 데이터 채우기

① **[B4] 셀**을 선택하고 ② [채우기 핸들]을 **[B19] 셀**까지 드래그합니다. 1사분기~4사분기까지 반복해서 데이터가 채워집니다.

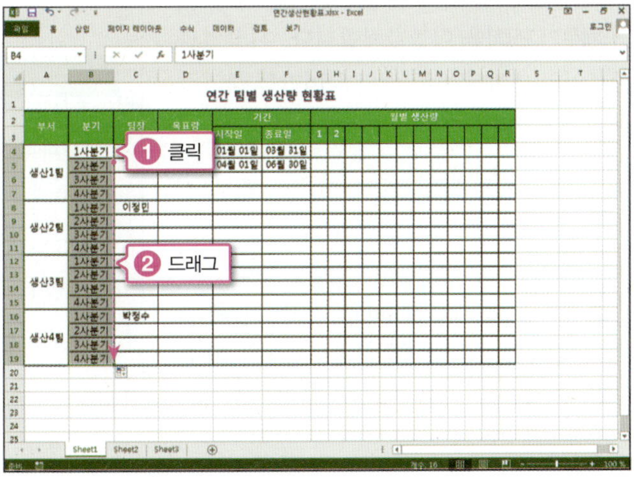

TIP 사용자 지정 목록에 있는 1월~12월, 월요일~일요일, 1사분기~4사분기와 같은 데이터는 무한대로 늘어나면서 채워지는 것이 아니라 시작과 끝 값이 정해진 상태에서 반복됩니다.

03 문자 채우기

① [C4] 셀을 선택하고 ② [⊞채우기 핸들]을 [C7] 셀까지 드래그합니다. 마찬가지 방법으로 [C8] 셀을 [C11] 셀까지, [C12] 셀을 [C15] 셀까지, [C16] 셀을 [C19] 셀까지 [⊞채우기 핸들]을 드래그하여 데이터를 채웁니다.

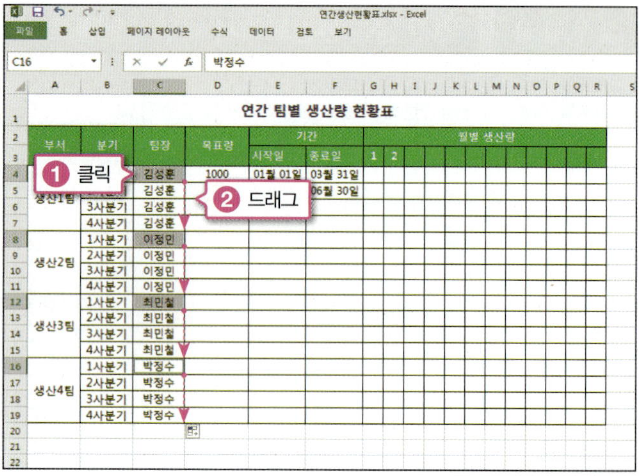

TIP 문자로만 이루어진 데이터를 채우기 핸들로 드래그하면 내용이 변하지 않고 동일한 내용이 복사됩니다.

04 숫자 채우기

① [D4] 셀을 선택하고 ② [⊞채우기 핸들]을 더블클릭하여 목표량을 채웁니다.

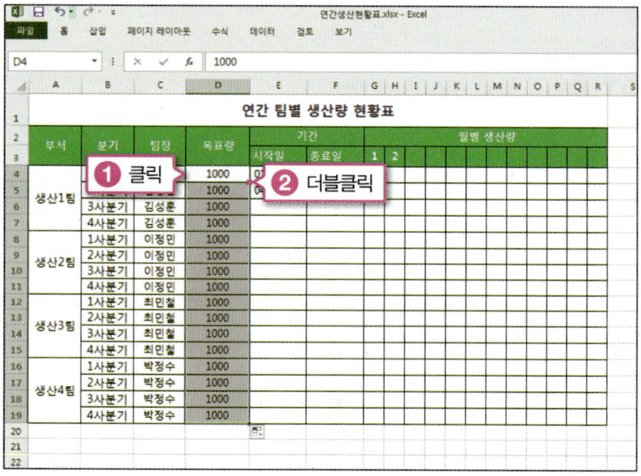

TIP 숫자로만 이루어진 데이터를 채우기 핸들로 드래그하면 내용이 변하지 않고 동일한 내용이 복사됩니다.

05 날짜 채우기

① [E4:F5] 영역을 범위로 지정하고 ② [F5] 셀의 [⊞채우기 핸들]을 더블클릭합니다. 시작일과 종료일의 데이터가 두 셀의 차이만큼 증가하여 채워집니다.

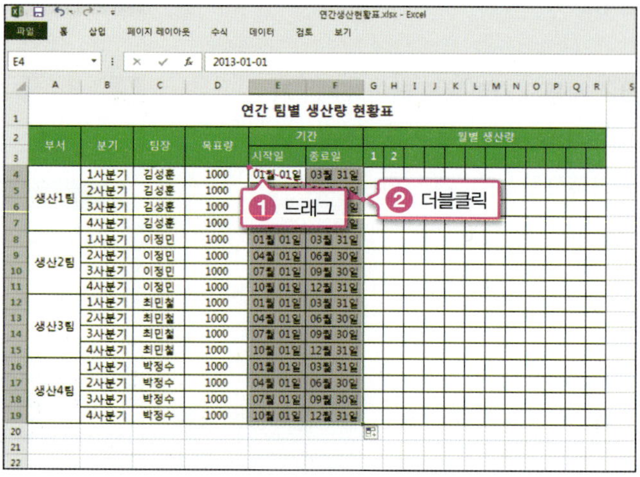

TIP 날짜는 숫자 데이터이므로 채우기 핸들을 드래그하면 데이터가 1씩 증가합니다. 두 셀의 범위를 지정하면 두 셀의 차이만큼 데이터가 증가합니다.

06 연속으로 숫자 채우기

① [G3] 셀에서 [H3] 셀까지 드래그해서 범위로 지정합니다. ② [채우기 핸들]을 [R3] 셀까지 드래그해서 번호를 채웁니다. ③ [자동 채우기 옵션]을 선택하고 ④ [서식 없이 채우기]를 클릭합니다.

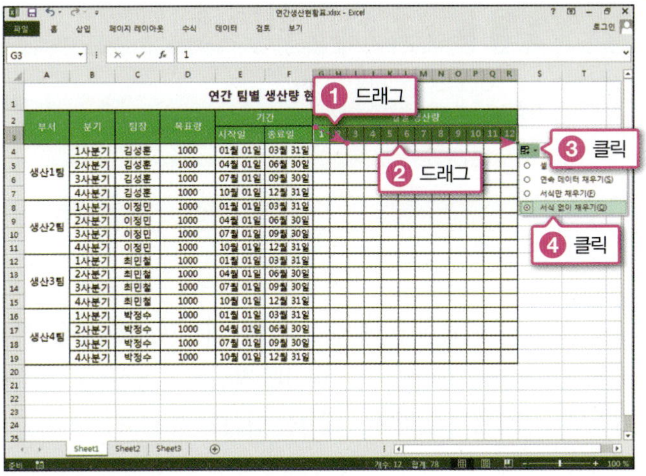

TIP 숫자 데이터인 두 셀을 범위로 지정하고 채우기 핸들을 드래그하면 두 셀 값의 차이만큼 데이터가 증감하면서 채워집니다. 이때 두 셀의 차이에 관계없이 1씩 증가하면서 채우고 싶을 때는 Ctrl을 누른 상태에서 채우기 핸들을 드래그합니다.

실무활용 EXCEL NOTE 자동 채우기 옵션

채우기 핸들을 드래그해서 셀을 채우면 마지막 셀 아래쪽에 [자동 채우기 옵션]이 나타납니다. 자동 채우기 옵션을 이용하면 셀 복사, 연속 데이터 채우기, 서식만 채우기, 서식 없이 채우기 중에서 선택하여 데이터를 채울 수 있습니다.

	A	B	C	D	E	F
1	옵션	셀 복사	연속 데이터 채우기	서식만 채우기	서식 없이 채우기	빠른채우기
2	원본데이터	생산 1팀	생산 1팀	생산 1팀	생산 1팀	생산
3	채운결과	생산 1팀	생산 2팀		생산 2팀	생산
4		생산 1팀	생산 3팀		생산 3팀	생산
5		생산 1팀	생산 4팀		생산 4팀	생산
6		생산 1팀	생산 5팀		생산 5팀	생산

① **셀 복사** : 값과 서식을 그대로 채우기

② **연속 데이터 채우기** : 숫자 값은 1씩 증가, 서식은 그대로 채우기

③ **서식만 채우기** : 값은 무시하고 서식만 그대로 채우기

④ **서식 없이 채우기** : 숫자 값은 1씩 증가, 서식은 무시

⑤ **빠른 채우기** : 옆 셀의 데이터 패턴을 참조해서 데이터 채우기, 서식은 무시

빠른 채우기 및 사용자 지정 목록을 이용해서 자동 채우기

2007 | 2010 | 2013

- **실습 파일** 엑셀\3장\실습\상품입고목록표.xlsx
- **완성 파일** 엑셀\3장\완성\상품입고목록표_완성.xlsx

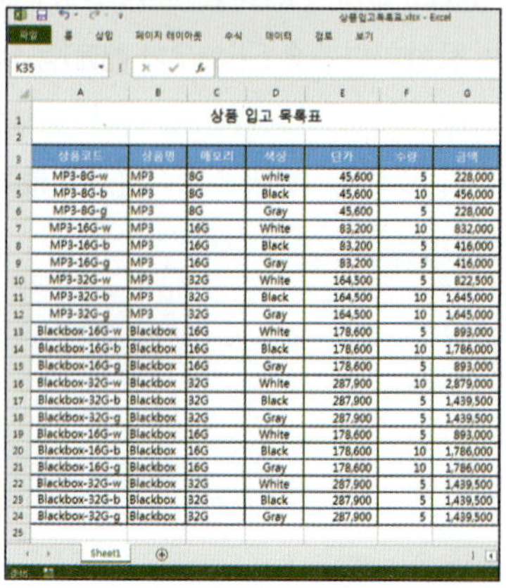

빠른 채우기는 엑셀 2013에 새로 추가된 기능으로 한 셀에 있는 데이터를 여러 개의 열로 분할해야 하는 데이터 작업에 유용합니다. 일반적으로 데이터에서 사용자가 입력하는 패턴을 인식할 경우 작동하고, 그에 따라 나머지 데이터를 채웁니다.

01 빠른 채우기로 한 셀에 있는 데이터를 여러 셀로 분할 입력하기

① **[B4] 셀**을 선택하고 **[MP3]**를 입력합니다. ② **[B4:B24] 영역**을 범위로 지정하고 ③ [홈] 탭–[편집] 그룹에서 [**채우기**]를 선택한 후 ④ **[빠른 채우기]**를 클릭합니다. **[B4:B24] 영역**에서 상품명만 나눠서 반복해서 채웁니다.

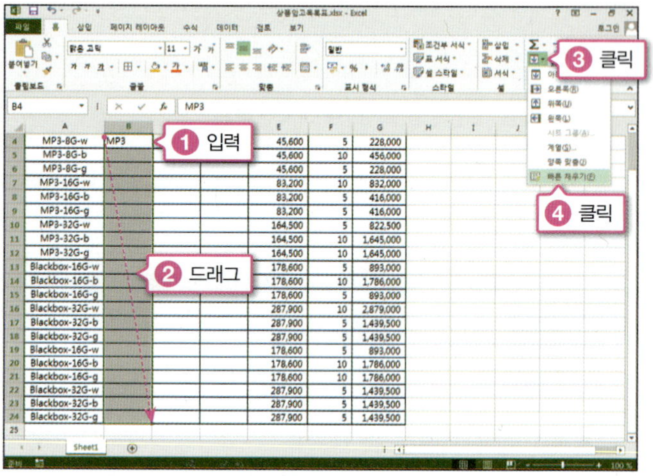

TIP 빠른 채우기 기능은 데이터에 일관성이 있는 경우에 가장 적합합니다. 여기서는 제품명에 입력된 데이터의 패턴을 분석하여 상품, 메모리 용량, 색상에서 상품 이름만 빠른 채우기로 채웁니다.

02 단축키를 이용해 빠른 데이터를 여러 셀로 분할 입력하기

① **[C4] 셀**을 선택하고 **8G**를 입력합니다. ② **[C4:C24] 영역**까지 범위를 지정하고 ③ Ctrl+E를 눌러 메모리 용량을 반복해서 채웁니다.

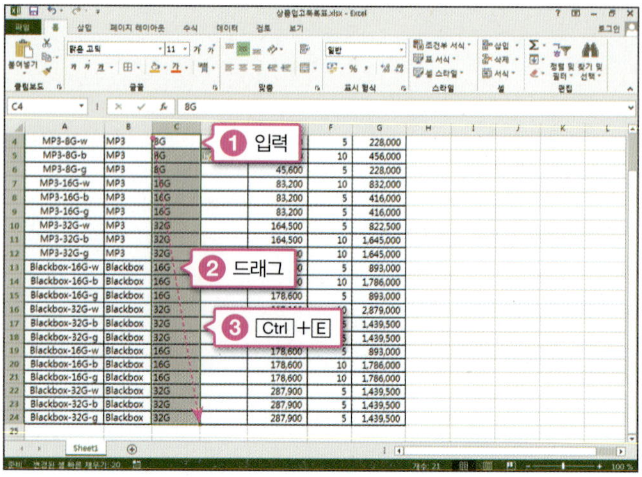

TIP [빠른 채우기 옵션]에서 빠른 채우기 추천 목록을 제안하거나, 빠른 채우기 실행 취소 등을 할 수 있습니다.

03 사용자 지정 목록에 추가하기

① [파일] 탭을 클릭하고 **[옵션]**을 선택합니다. ② Excel 옵션 대화상자에서 **[고급]** 항목을 선택하고 ③ 일반 영역의 **[사용자 지정 목록 편집]**을 클릭합니다.

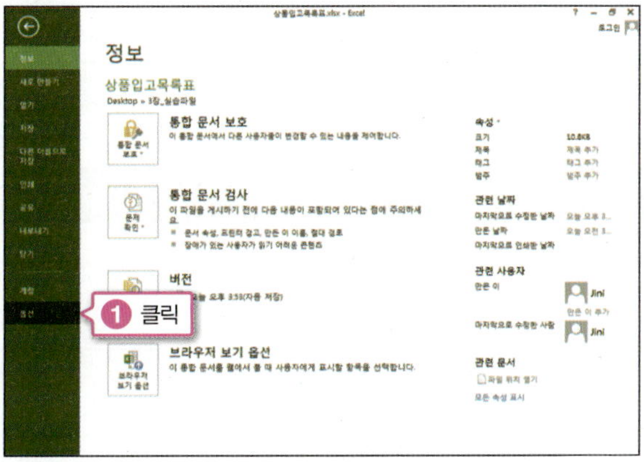

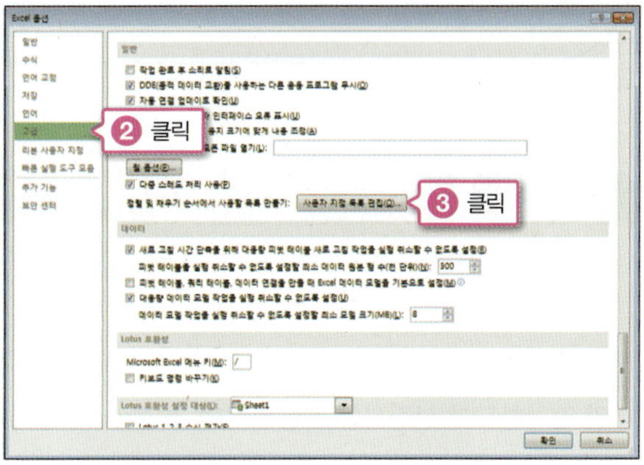

04 사용자 지정 목록 추가하기

① 사용자 지정 목록 대화상자의 **[목록]** 항목에 White, Black, Gray를 Enter를 눌러 구분해서 입력합니다. ② **[추가]**를 클릭해서 사용자 지정 목록에 등록하고 ③ **[확인]**을 클릭합니다. Excel 옵션 대화상자에서 [확인]을 클릭해서 대화상자를 닫습니다.

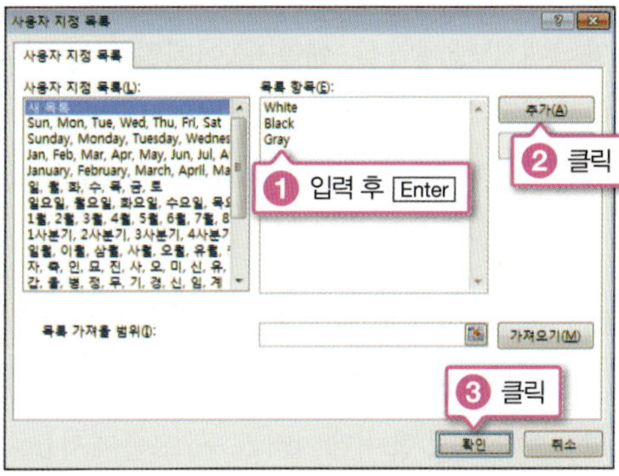

TIP 목록 항목을 입력할 때 각 항목 사이는 Enter나 콤마(,)로 구분합니다.

05 사용자 지정 목록에 추가한 내용으로 셀 채우기

① **[D4] 셀**을 선택하고 [채우기 핸들]을 **[D24] 셀**까지 드래그합니다. 사용자 지정 목록에 추가한 순서대로 셀이 채워집니다.

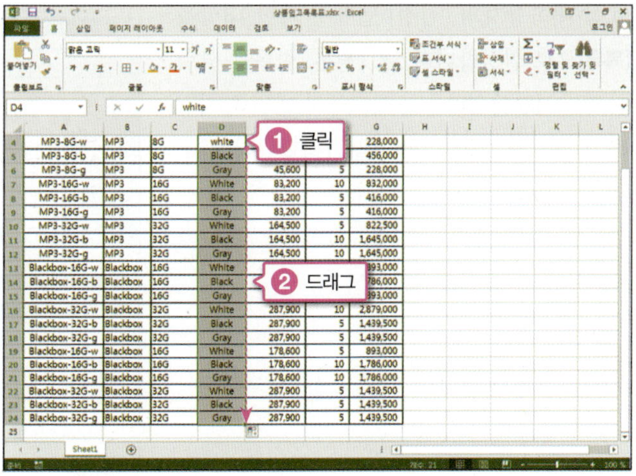

SECTION

03 데이터 유효성 검사하기

기능실습 데이터 유효성 검사 설정하기 2007 | 2010 | 2013

▪ **실습 파일** 엑셀\3장\실습\주간회의실예약표.xlsx ▪ **완성 파일** 엑셀\3장\완성\주간회의실예약표_완성.xlsx

데이터 유효성 검사는 자동으로 오류를 검색하여 셀에 유효한 데이터만 입력하도록 설정하는 기능입니다. 또한 이미 입력된 데이터에도 데이터 유효성 검사를 설정해 놓으면 잘못 입력되거나 유효하지 않은 셀을 찾아서 오류 표시를 할 수 있습니다. 주간 회의실 예약표 양식에 맞게 예약실, 예약자, 이메일주소, 인원, 예약일, 시작시간, 종료시간 셀에 데이터 유효성 검사를 설정하고 데이터를 입력해보겠습니다.

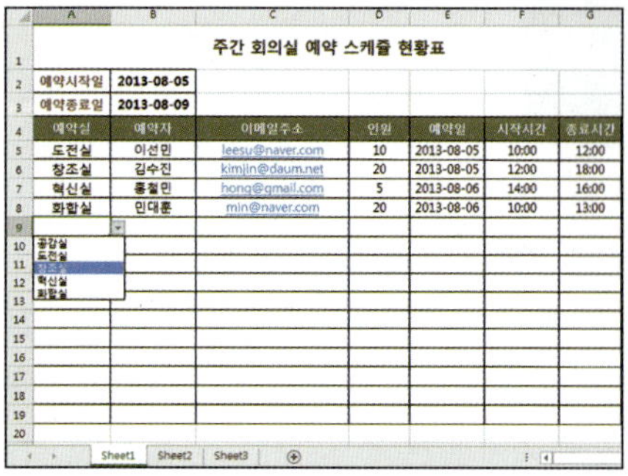

01 목록으로 데이터 유효성 검사 설정하기

① **[A5:A19] 영역**을 드래그해서 범위로 지정하고 ② [데이터] 탭–[데이터 도구] 그룹에서 **[데이터 유효성 검사]**를 클릭합니다. ③ 데이터 유효성 대화상자의 [설정] 탭에서 제한 대상을 **[목록]**으로 설정합니다. ④ [원본] 항목을 클릭한 후 ⑤ **[I5:I9] 영역**을 드래그해서 범위로 지정해 내용을 채우고 ⑥ **[확인]**을 클릭합니다.

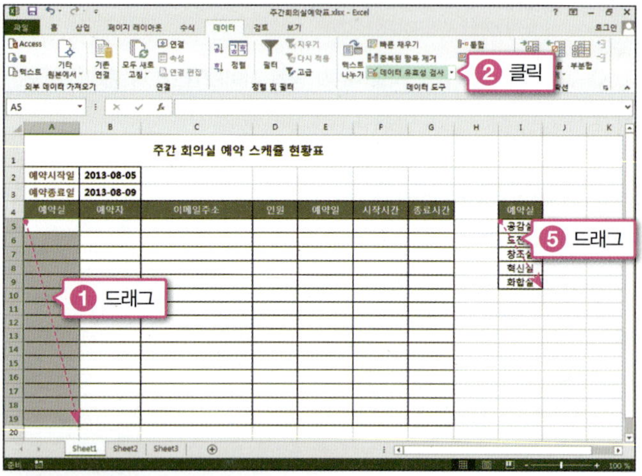

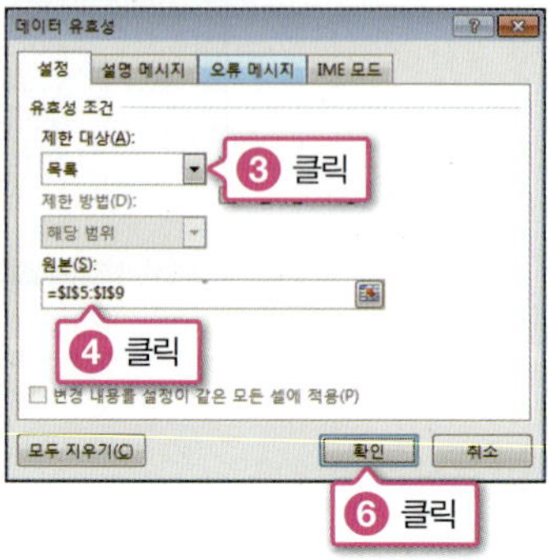

TIP 원본 항목은 [공감실,도전실,창조실,혁신실,화합실]과 같이 각 데이터의 구분을 콤마(,)로 직접 입력해도 됩니다.

02 IME 모드 한글로 설정하기

① [B5:B19] **영역**을 범위로 지정하고 ② [**데이터 유효성 검사**]를 클릭합니다. ③ 데이터 유효성 대화상자에서 **[IME 모드] 탭**을 클릭하고 ④ 입력기 모드를 **[한글]**로 설정한 후 ⑤ **[확인]**을 클릭합니다.

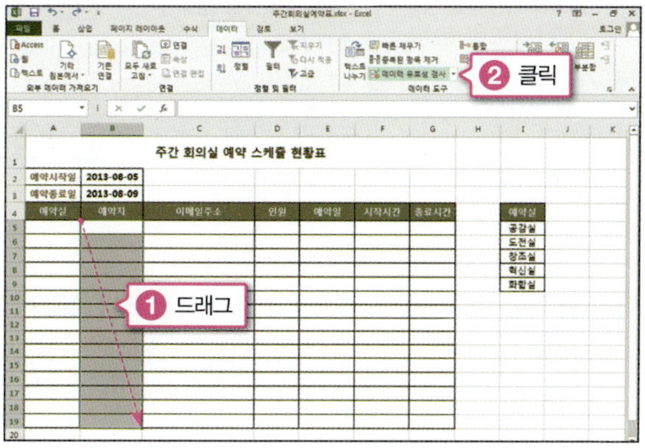

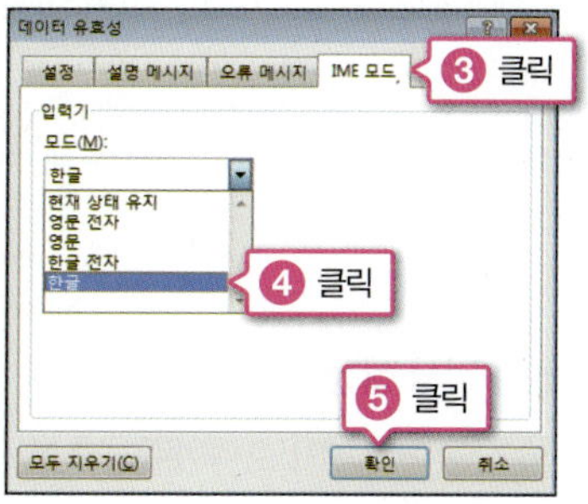

TIP 입력기 모드를 설정한 셀은 [한/영]을 눌러 한글과 영문을 바꿀 필요 없이 설정한 형식이 기본 모드로 설정됩니다.

03 IME 모드 영문으로 설정하기

① [C5:C19] **영역**을 범위로 지정하고 ② [**데이터 유효성 검사**]를 클릭합니다. ③ 데이터 유효성 대화상자에서 **[IME 모드] 탭**을 클릭하고 ④ 입력기 모드를 **[영문]**을 설정한 후 ⑤ **[확인]**을 클릭합니다.

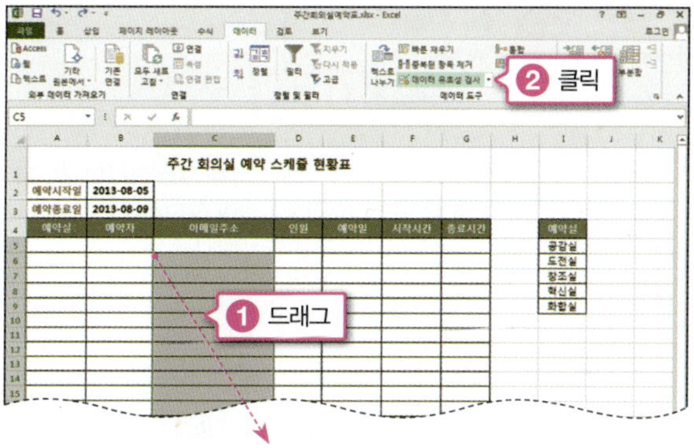

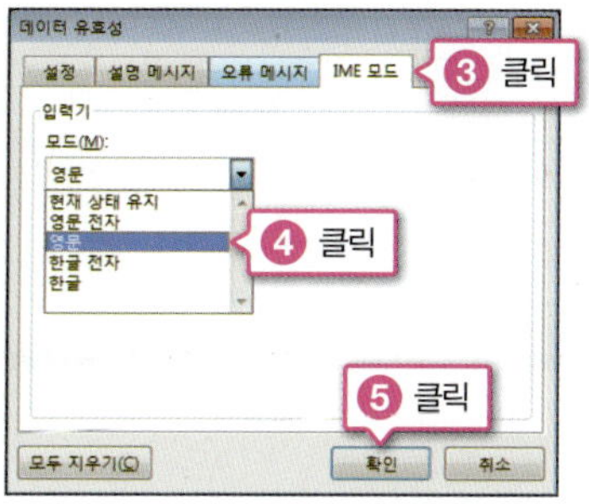

04 정수로 데이터 유효성 검사 설정하기

① [D5:D19] **영역**을 범위로 지정하고 ② [**데이터 유효성 검사**]를 클릭합니다. ③ 데이터 유효성 대화상자의 **[설정] 탭**을 클릭하고 ④ 제한 대상을 **[정수]**, 제한 방법을 **[해당 범위]**, ⑤ 최소값을 2, 최대값을 20으로 설정합니다.

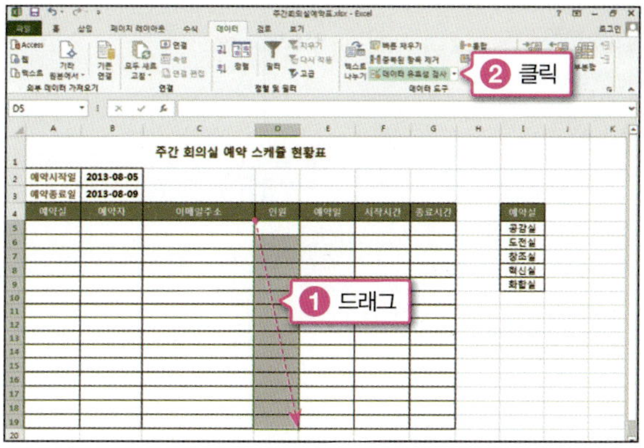

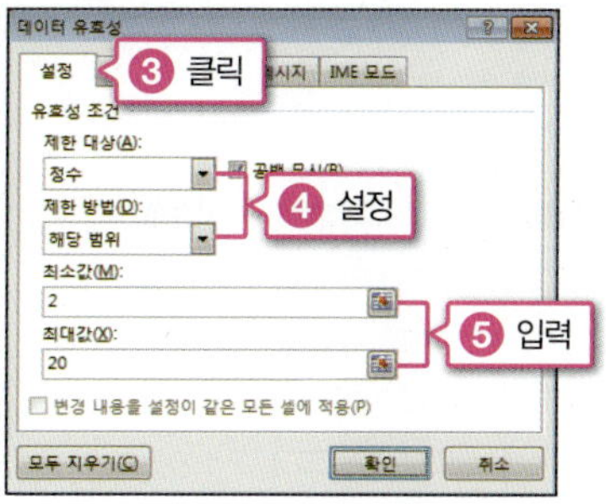

TIP [설정] 탭에서 설정한 사항은 입력할 때 제한 조건이며 각 셀마다 서로 다른 조건을 설정할 수 있습니다.

05 데이터 값의 설명 메시지 입력하기

인원에 유효한 데이터 값을 설명하기 위한 메시지를 입력하겠습니다. ① 데이터 유효성 대화상자에서 **[설명 메시지] 탭**을 클릭하고 ② 제목에 **인원**, 설명 메시지에 **인원은 최소 2명 최대 20명**을 입력하고 ③ **[확인]**을 클릭합니다.

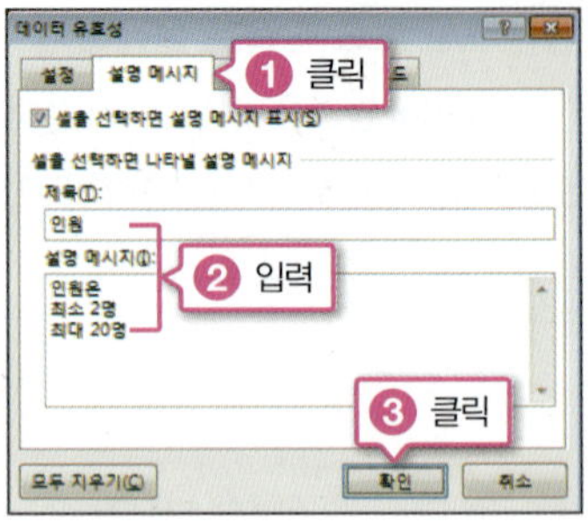

TIP 유효성 검사에서 설정한 유효 값 이외의 값을 입력했을 때 나타나는 오류 메시지는 [오류 메시지] 탭에 입력합니다.

06 날짜로 데이터 유효성 검사 설정하기

① **[E5:E19] 영역**을 범위로 지정하고 ② [**데이터 유효성 검사**]를 클릭합니다. ③ 데이터 유효성 대화상자의 **[설정] 탭**을 클릭하고 ④ 제한 대상을 **[날짜]**, 제한 방법을 **[해당 범위]**로 선택하고 ⑤⑥ 시작 날짜를 **[B2] 셀**을 선택하고 F4를 누르고, ⑦⑧ 끝 날짜에 **[B3] 셀**을 선택하고 F4를 누릅니다. ⑨ **[확인]**을 클릭합니다.

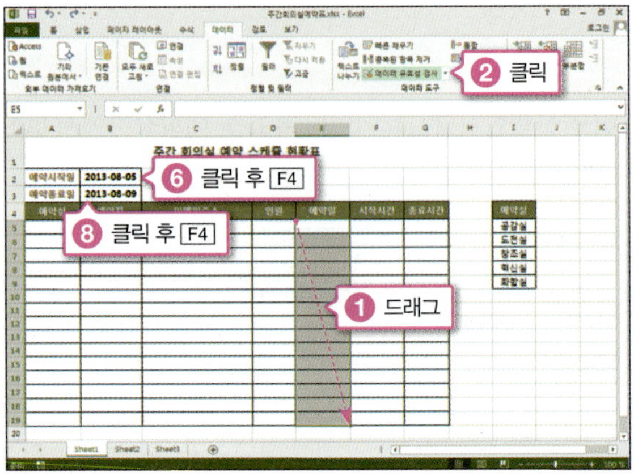

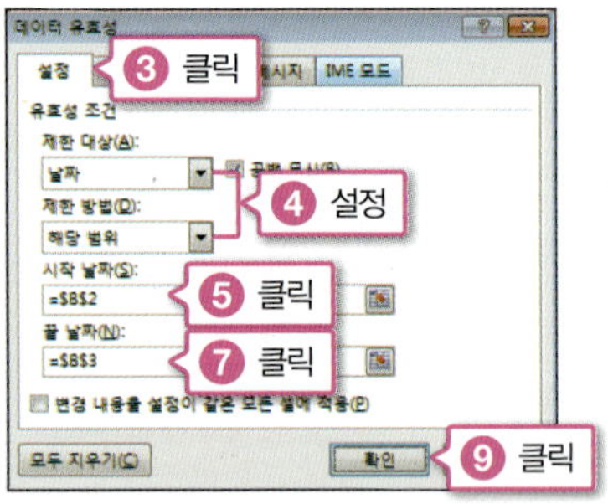

TIP 시작 날짜 : =B2, 끝 날짜 : =B3 셀을 지정하고 F4를 눌러 =$B$2,=$B$3 절대 참조 유형으로 바뀝니다. 절대 참조에 대한 자세한 내용은 Chapter 05를 참고합니다.

07 시간으로 데이터 유효성 검사 설정하기

① **[F5:F19] 영역**을 범위로 지정하고 ② [**데이터 유효성 검사**]를 클릭합니다. ③ 데이터 유효성 대화상자의 [설정] 탭에서 제한 대상을 **[시간]**, 제한 방법을 **[해당 범위]**, ④ 시작 시간을 **09:00**, 종료 시간에 **16:00**을 입력하고 ⑤ **[확인]**을 클릭합니다.

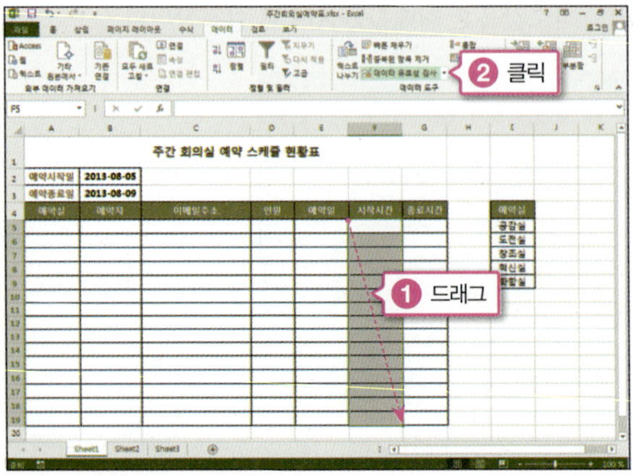

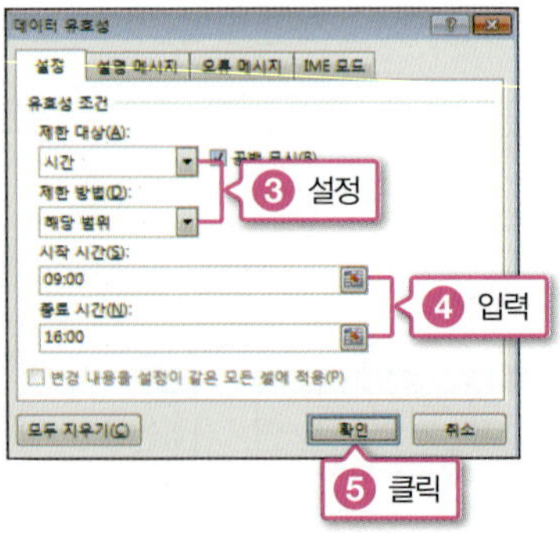

08 시간으로 데이터 유효성 검사 설정하기

① **[G5:G19] 영역**을 범위로 지정하고 ② **[데이터 유효성 검사]**를 클릭합니다. ③ 데이터 유효성 대화상자의 [설정] 탭에서 제한 대상을 **[시간]**, 제한 방법을 **[해당 범위]**, ④ 시작 시간을 클릭한 후 ⑤ **[F5] 셀**을 클릭하고 ⑥ 이어서 **+ "1:00:00"**을 입력하여 **=F5+"1:00:00"**수식을 완성합니다. ⑦ 종료 시간에 **18:00**을 입력하고 ⑧ **[확인]**을 클릭합니다.

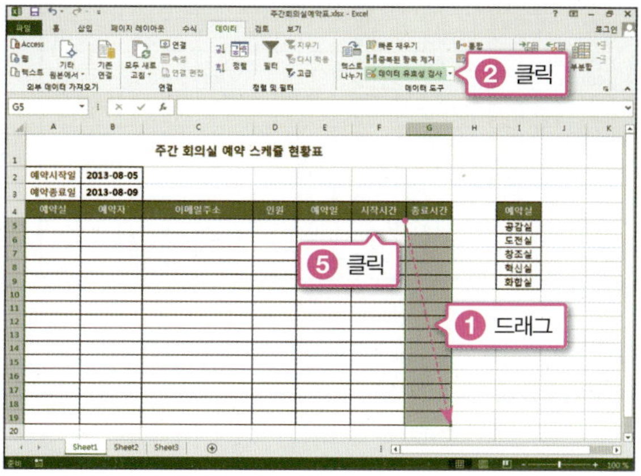

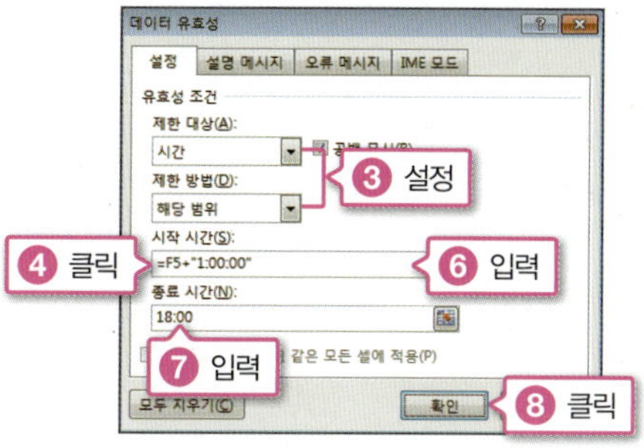

TIP 종료 시간은 시작 시간의 한 시간 이후부터 입력 가능하므로 [=F5+"1:00:00"]를 입력합니다. 수식에 대한 자세한 내용은 Chapter 05 참고합니다.

09 유효성 검사 완성하기

유효성 검사를 모두 설정했습니다. **예약실**은 목록 상자에서 선택하거나 직접 입력하고, **예약자**와 **이메일 주소**는 한/영을 누르지 않아도 각각 한글과 영문으로 입력됩니다. **인원**은 2~20명 사이로 입력하고, **예약일**은 예약 시작일로부터 종료일까지 입력합니다. **시작시간**은 09:00~16:00까지 입력하고, **종료시간**은 **시작시간**으로부터 1시간 뒤부터 18:00까지 입력합니다. 각각의 설정한 데이터 값을 벗어나 입력하면 다음과 같은 오류 경고창이 나타납니다.

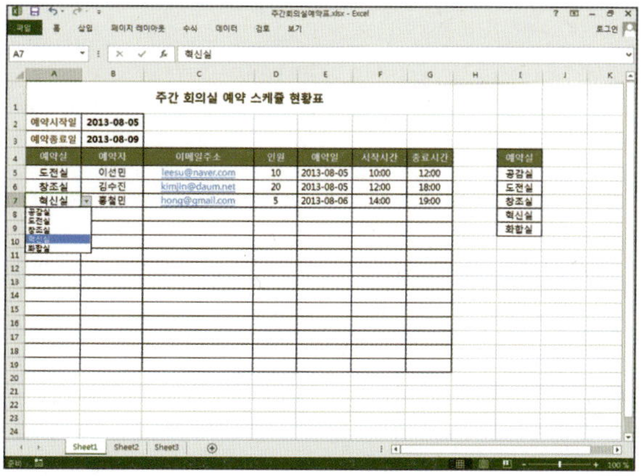

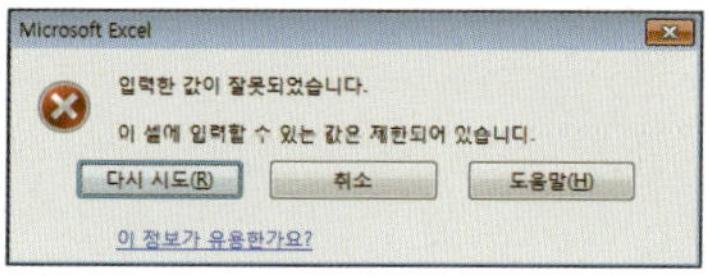

TIP [홈] 탭-[편집] 그룹에서 [찾기 및 선택]을 클릭한 후 [데이터 유효성 검사]를 선택하면 유효성 검사 기능이 설정된 셀 또는 범위를 찾을 수 있습니다.

혼자해보기 | 유효성 검사로 오류 데이터 찾기

- 실습 파일 엑셀\3장\실습\배송일지.xlsx
- 완성 파일 엑셀\3장\완성\배송일지_완성.xlsx

배송일지

운송장번호	고객명	배송지	요금부담	배송료	물품가격	배송일	배송시간
5008-02-101	홍길동	서울	선불	10,000	1,050,000	07월 02일	4:00 PM
5008-02-102	김성미	부산	선불	5,000	75,000	07월 02일	10:30 AM
5008-02-103	홍성길	서울	선물	2,000	100,000	07월 02일	1:00 PM
5008-02-104	박상훈	인천	선불	5,500	55,000	07월 02일	2:00 PM
5008-02-05	이미영	경기	착불	4,500	100,000	07월 02일	11:20 AM
5008-02-106	최수미	충남	선불	6,500	35,000	07월 02일	2:20 PM
5008-02-107	강미영	전남	선불	6,000	55,000	07월 02일	5:00 PM
5008-02-108	송수근	제주	할불	12,000	80,000	07월 02일	12:30 PM
5008-02-109	김남국	서울	착불	3,000	200,000	07월 02일	3:40 PM
5008-02-110	방성일	서울	선물	2,500	15,000	07월 02일	4:30 PM
5008-02-10	이민정	인천	선불	5,500	45,000	07월 03일	2:00 PM
5008-02-112	박나림	경기	착불	4,500	321,000	07월 03일	11:20 AM
5008-02-113	문수성	충남	선불	6,500	345,600	07월 03일	2:20 PM
5008-02-114	오영욱	전남	선불	6,000	2,145,600	07월 03일	2:00 PM
5008-02-15	나경민	제주	할불	18,000	45,000	07월 03일	11:20 AM
5008-02-116	전민석	서울	착불	3,000	100,000	07월 03일	2:20 PM
5008-02-117	김선욱	광주	선불	5,000	250,000	07월 03일	5:00 PM

배송 정보를 관리하는 배송일지에서 운송장번호, 요금부담, 배송료에 유효성 검사를 설정하고 잘못된 데이터가 있는지 검사합니다.

1. [A4:A20] **영역**을 범위로 지정하고 [데이터] 탭-[데이터 도구] 그룹에 있는 **[데이터 유효성 검사]**를 클릭합니다. 제한 대상을 **[텍스트 길이]**로, 제한 방법은 **[=]**으로 설정하고, 길이는 11로 입력합니다.

2. [D4:D20] **영역**을 범위로 지정하고 [데이터] 탭-[데이터 도구] 그룹에 있는 **[데이터 유효성 검사]**를 클릭합니다. 제한 대상을 **[목록]**으로, 원본은 **선불,착불**로 입력합니다.

3. [E4:E20] **영역**을 범위로 지정하고 [데이터] 탭-[데이터 도구] 그룹에 있는 **[데이터 유효성 검사]**를 클릭합니다. 제한 대상을 **[정수]**로, 제한 방법은 **[<=]**, 최대값에 15000을 입력합니다.

4. [A4:E20] **영역**을 범위로 지정하고 [데이터] 탭-[데이터 도구] 그룹에 있는 **[데이터 유효성 검사]**의 더보기 버튼을 클릭하여 **[잘못된 데이터]**를 선택해 오류 데이터를 찾습니다.

동영상으로 한번 더

혼자 실습하기 힘든 부분은 동영상 강좌를 통해 풀이 과정을 확인하세요.
한빛미디어 홈페이지에서 동영상을 다운로드하거나 스마트폰으로 QR 코드를 찍어 동영상을 확인할 수 있습니다.
유튜브에서도 확인할 수 있습니다.
http://youtu.be/HUAuxHOQG8Q

회사통엑셀파포2013

CHAPTER

04

엑셀 문서 꾸미기 및 인쇄하기

EXCEL 2013

SECTION

01 표 서식, 셀 스타일, 테마 사용하기

기능설명 표 기능 살펴보기

2007 | 2010 | 2013

표 서식이나 셀 스타일 기능을 이용하면 작성한 문서를 다양한 스타일로 손쉽게 꾸밀 수 있습니다. 스타일 갤러리에서 원하는 형태를 선택하면 서식이 적용됩니다. 일일이 서식을 지정할 필요가 없고 디자인도 깔끔해서 문서 서식을 지정할 때 유용합니다. 특히 표 서식은 표로 변환된 영역에 행과 열을 추가하면 기존 스타일이 자동으로 지정되어 편리하게 사용할 수 있습니다.

표 구조 살펴보기

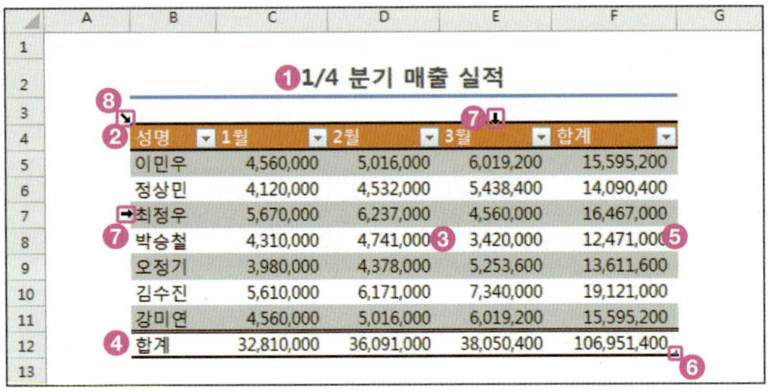

① **표 영역** : 표의 전체 범위입니다.

② **열 머리글** : 표의 첫 번째 행에 해당되는 열 머리글입니다.

③ **데이터 영역** : 표의 열 머리글과 요약 행을 제외한 데이터 전체 범위입니다.

④ **요약 행** : 표의 마지막 행에 해당하는 요약 행으로 열의 합계, 평균, 개수, 최대, 최솟값 등을 자동으로 계산합니다.

⑤ **계산 열** : 표 안의 데이터와 수식을 이용하여 계산된 열입니다.

⑥ **표 크기 조정 핸들** : 표 오른쪽 맨 아래에 있는 핸들을 드래그해서 표 크기를 줄이거나 늘릴 수 있습니다.

⑦ **행/열 범위 지정** : 표 안에서 열의 왼쪽이나 제목 행의 위쪽으로 마우스를 이동하여 마우스 포인터 모양이 ➡⬇으로 변할 때 클릭하면 제목을 제외한 행 전체 또는 열 전체를 선택할 수 있습니다.

⑧ **전체 범위 지정** : 표 첫번째 셀의 행 머리글로 마우스를 이동하여 마우스 포인터 모양이 ↘일 때 클릭하면 제목 행을 제외한 전체 데이터 영역이 선택됩니다. 이때 마우스로 한 번 더 클릭하면 제목을 포함한 표 영역 전체가 선택됩니다.

표 서식과 셀 스타일 그리고 테마 변경하기

2007 | 2010 | 2013

- **실습 파일** 엑셀\4장\실습\인사고과표.xlsx
- **완성 파일** 엑셀\4장\완성\인사고과표_완성.xlsx

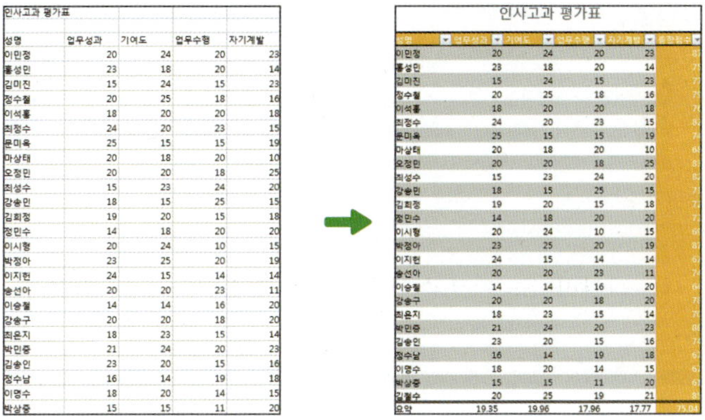

인사고과 평가표

성명	업무성과	기여도	업무수행	자기계발
이민정	20	24	20	23
홍성민	23	18	20	14
김미진	15	24	15	23
정수철	20	25	18	16
이석홍	18	20	20	18
최정수	24	20	23	15
문미옥	25	15	15	19
마상태	20	18	20	10
오정민	20	20	18	25
최성수	15	23	24	20
강송민	18	15	25	15
김희정	19	20	15	18
정민수	14	18	20	20
이시형	20	24	10	15
박정아	23	25	20	19
이지헌	24	15	14	14
송선아	20	20	23	11
이승철	14	14	16	20
강송구	20	20	18	20
최은지	18	23	15	14
박민중	21	24	20	23
김송인	23	20	15	16
정수남	16	14	19	18
이명수	18	20	14	15
박상중	15	15	11	20

인사고과 데이터에 표 서식과 셀 스타일을 적용하여 빠르게 채우기 색, 글꼴 크기 등을 서식에 적용해보겠습니다. 그리고 테마를 변경해 표 서식과 셀 스타일에 적용된 테마 색, 글꼴, 효과 등을 바꿔보겠습니다.

01 빠른 분석 도구로 표 적용하기

① **[A3] 셀**을 선택하고 Ctrl+A를 눌러 전체 범위를 지정합니다. ② **[빠른 분석]**을 클릭합니다. ③④ [표]–**[표]**를 선택하여 지정한 범위에 표 서식을 적용합니다.

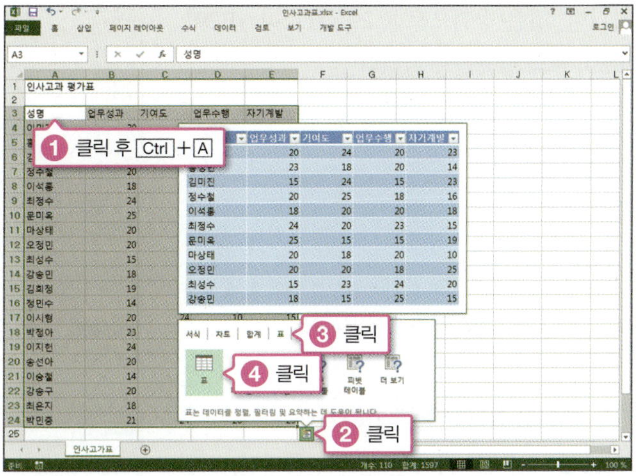

TIP 빠른 분석 도구는 엑셀 2013에서 새로 추가된 기능으로 한두 단계만으로 데이터를 표나 차트로 변환할 수 있고 조건부 서식, 스파크라인 등을 적용할 수 있습니다. 이외에도 [홈] 탭–[스타일] 그룹의 [표 서식]에서 표로 변환할 수 있습니다. 표 서식을 적용할 범위에 병합된 셀이 있으면 자동으로 병합이 해제됩니다.

02 표 스타일과 옵션 변경하기

① 표에서 임의의 셀을 클릭합니다. ② [디자인] 탭–[표 스타일 옵션] 그룹에서 **[요약 행]**, **[마지막 열]**을 추가로 체크하고 ③ **[필터 단추]**를 클릭해서 체크를 해제하여 스타일 옵션을 변경합니다. ④ **[표 스타일 목록 자세히]**를 클릭한 후 ⑤ 보통 영역의 **[표 스타일 보통 19]**를 선택해서 스타일을 변경합니다.

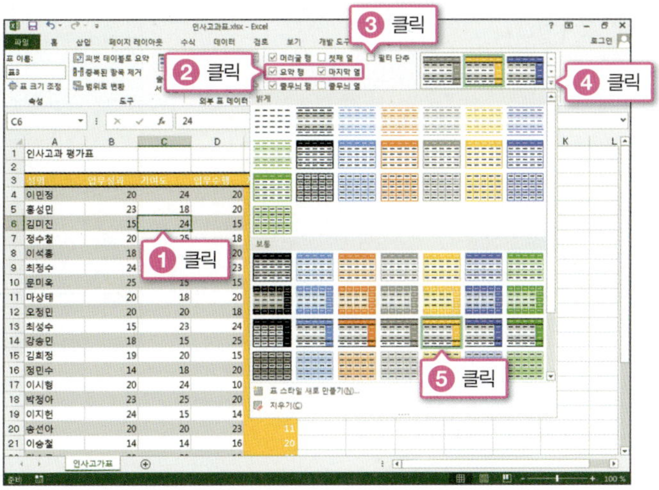

TIP 표 서식 스타일이 적용된 머리글 행의 [필터]를 이용하면 데이터를 빠르게 필터링하거나 정렬할 수 있습니다. 필터 기능은 Chapter 09에서 자세히 다룹니다.

03 합계열 추가하기

① [F3] 셀에 **종합점수**를 입력한 후 Enter를 누릅니다. 자동으로 표 구조가 오른쪽으로 확장됩니다. ② [홈] 탭–[편집] 그룹에서 [**Σ자동 합계**]를 클릭합니다. ③ [F4] 셀에 합계를 구할 함수 **=SUM(표1[@[업무성과]:[자기계발]])**가 나타나면 Enter를 눌러 전체 열의 합계를 구하는 셀을 만듭니다.

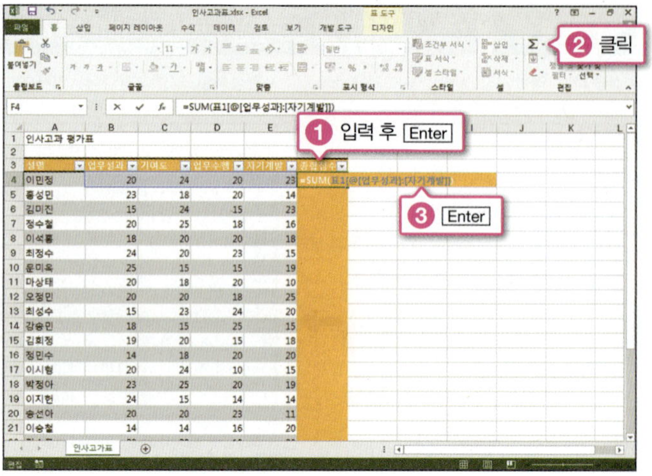

TIP =SUM(표1[@[업무성과]:[자기계발]]) 수식은 구조적 참조로 표1의 업무성과~자기계발까지 행(@)의 합계(SUM)를 구합니다.

04 요약행에서 합계 구하기

① **[B29] 셀**을 선택하고 ② [요약 목록]을 클릭한 후 ③ **[평균]**을 선택해서 열의 평균을 구합니다. 같은 방법으로 [C29], [D29], [E29], [F29] 셀의 평균을 구합니다.

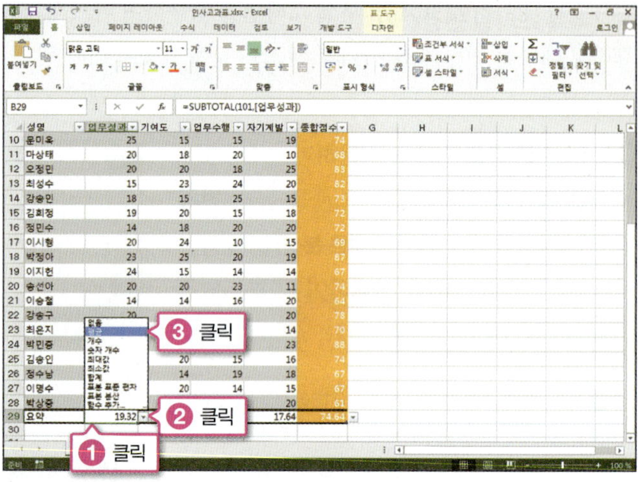

TIP 요약행은 표의 마지막 행으로 열의 합계, 평균, 개수, 최대, 최솟값 등을 자동으로 계산합니다.

05 데이터 입력할 행 추가하기

[F28] 셀을 선택한 다음 Tab을 누릅니다. 범위의 마지막 셀에서 Tab을 누르면 자동으로 행이 추가됩니다.

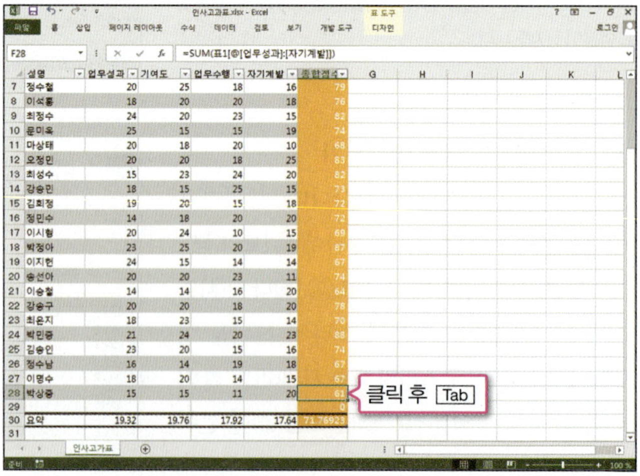

06 추가된 셀에 데이터 입력하기

추가된 셀의 [A29:E29] 영역에 각각 **김철수, 20, 25, 19, 21**을 입력합니다.

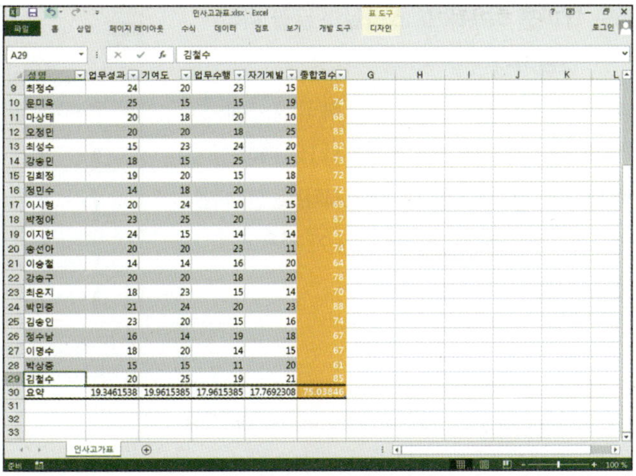

07 제목 스타일 변경하기

① **[A1:F1] 영역**을 범위로 지정하고 ② [홈] 탭-[맞춤] 그룹에서 [**병합하고 가운데 맞춤**]을 클릭합니다. ③ [스타일] 그룹에서 [**셀 스타일**]을 클릭한 후 ④ 제목 및 머리글 영역의 **[제목]**을 선택해서 스타일을 변경합니다.

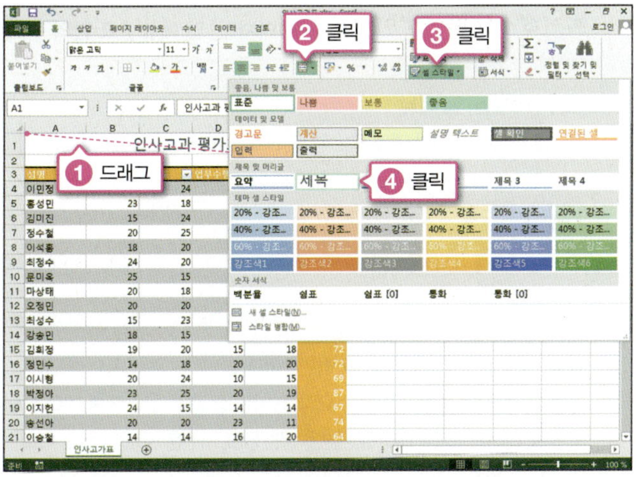

TIP 셀 스타일에서 [표준]을 선택하면 셀 무늬나 글자색, 데이터 형식 등이 모두 표준 표시 형식으로 변경됩니다.

08 셀 스타일 변경하기

① **[B30:F30] 영역**을 범위로 지정한 다음 ② [스타일] 그룹에서 [**셀 스타일**]을 클릭합니다. ③ 숫자 서식 영역에서 **[쉼표]**를 선택합니다.

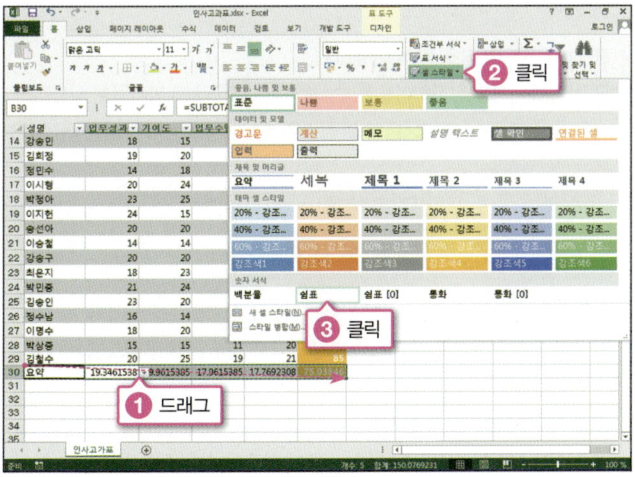

TIP 숫자 서식에서 [쉼표]와 [쉼표[0]]은 둘 다 천 단위로 쉼표를 표시하지만 [쉼표]는 소수 둘째 자리까지 표시하고 [쉼표[0]]은 정수로 표시합니다.

09 테마를 이용해 표 스타일과 글꼴 서식 변경하기

① 표에서 임의의 셀을 선택하고 ② [페이지 레이아웃] 탭–[테마] 그룹에서 [**테마**]를 클릭합니다. ③ 스크롤을 내려 **[시차]**를 선택합니다. 표 스타일과 글꼴 서식 등이 자동으로 변경됩니다.

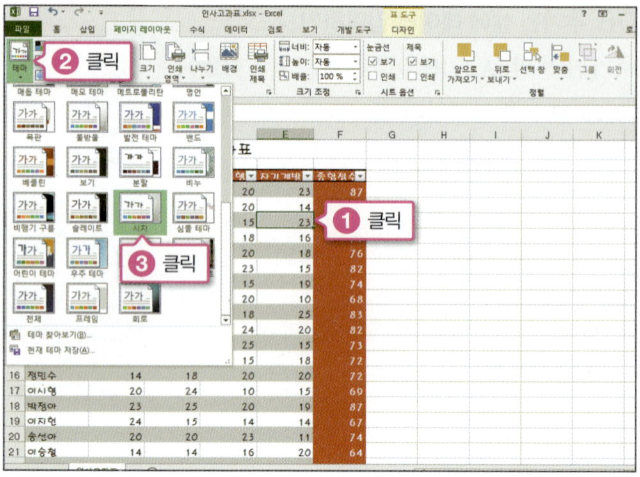

TIP 테마란 오피스 문서 성격에 맞게 전체에 통일된 디자인을 구성하는 것으로 문서에 일관된 색상이나 효과, 글꼴 등이 지정되어 문서 전체의 통일감을 줄 수 있습니다.

실무활용 EXCEL NOTE [표 도구〉디자인] 탭 메뉴 / 표 안의 구조적 참조 방식 / 표 데이터 변환

[표 도구〉디자인] 탭 메뉴

표 영역을 선택하면 리본 메뉴 오른쪽에 [표 도구〉디자인] 탭이 나타납니다. 표와 관련된 명령어가 모여 있는 리본 메뉴입니다.

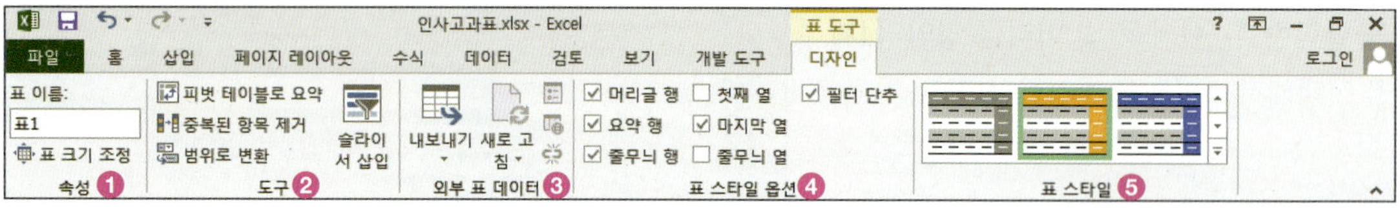

① **속성** : 표 이름을 정의하거나 표 범위를 조정합니다.

② **도구** : 표 서식을 피벗 테이블로 요약, 중복된 항목을 제거, 표를 데이터 범위로 변환합니다.

③ **외부 표 데이터** : 외부 데이터 원본을 연결한 표 서식을 SharePoint 목록으로 내보내서 사이트를 사용하는 다른 사용자와 공유합니다.

④ **표 스타일 옵션** : 머리글 행, 요약 행, 행/열 줄 무늬 옵션을 설정합니다.

⑤ **표 스타일** : 표 스타일을 바꿀 수 있습니다.

표 안의 구조적 참조 방식 이해하기

표 안의 데이터를 참조하여 만든 수식은 대괄호([])와 열 머리글을 사용하는 구조적 참조 방식을 사용합니다. 구조적 참조는 일반적으로 사용하는 A1, B$1, $A$2 등의 셀 참조를 수식에서 사용하지 않는 대신에 표 이름과 행, 열 머리글을 참조하는 방식입니다.

구조적 참조	일반 셀 참조
=SUM(매출표[1사분기])	=SUM(B4:B10)
매출표의 1사분기 열의 합계를 계산	[B4]~[B10] 셀까지 합계 계산

위와 같이 구조적 참조를 사용하면 수식의 이해가 쉽고 표 안에 데이터가 수정, 추가, 삭제된다 하더라도 구조적 참조 안에 수식을 수정할 필요 없이 자동으로 셀 참조가 조정되기 때문에 일반 셀 참조에 비해 매우 유용합니다.

표를 데이터 범위로 변환하기

표 서식을 적용하면 표 안에 행이나 열은 삭제할 수 있지만 일부 셀은 삭제할 수 없습니다. 부득이하게 일부 셀을 삭제해야 할 때, 셀을 병합할 때, 표 디자인이 마음에 들지 않을 때, 구조적 참조를 사용하지 않고 일반 셀 참조를 사용할 때는 표를 다시 데이터 범위로 바꿔야 합니다. 표 영역을 선택하고 [표 도구 디자인] 탭의 [도구] 그룹에서 **[범위로 변환]**을 클릭하거나 마우스 오른쪽 버튼을 클릭하고 [테이블]–**[범위로 변환]**을 선택하면 표가 데이터 범위로 바뀝니다.

SECTION

02 기본 서식 지정하기

실무활용 견적서에 글꼴과 맞춤 서식 지정하기

2007 | 2010 | 2013

- **실습 파일** 엑셀\4장\실습\견적서.1xlsx
- **완성 파일** 엑셀\4장\완성\견적서1_완성.xlsx

문자를 꾸밀 때는 글꼴, 크기, 스타일 색 등을 조절하거나 셀에 입력된 데이터의 쓰기 방향, 회전 방향, 병합, 줄 바꿈 등을 설정합니다. 이러한 요소들은 [홈] 탭의 [글꼴]이나 [맞춤] 그룹에서 설정할 수 있으며 표시 형식도 설정할 수 있습니다. 각각의 서식을 지정하여 견적서를 완성해보겠습니다.

01 셀 병합하고 가운데 맞추기

①②③④ **[B4:P4], [I6:I10], [G12:L13], [M12:P13] 영역**을 범위로 지정합니다. ⑤ [홈] 탭-[맞춤] 그룹에서 [**병합하고 가운데 맞춤**]을 클릭합니다. 이웃한 셀들이 하나로 병합되고 텍스트는 가운데 정렬됩니다.

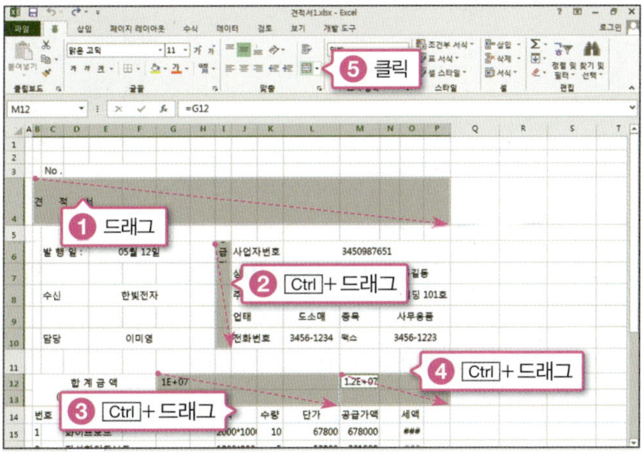

02 셀 전체 병합하기

① **[B14:C24] 영역**을 범위로 지정하고 Ctrl을 누른 채 **[D14:H24], [I14:J24], [M14:N25], [O14:P25] 셀**을 범위로 지정합니다. ② [홈] 탭-[맞춤] 그룹에서 병합하고 가운데 맞춤의 [**목록**]을 클릭하고 ③ [**전체 병합**]을 선택합니다. 전체 병합은 지정된 셀 범위를 각각 행 단위로 병합합니다.

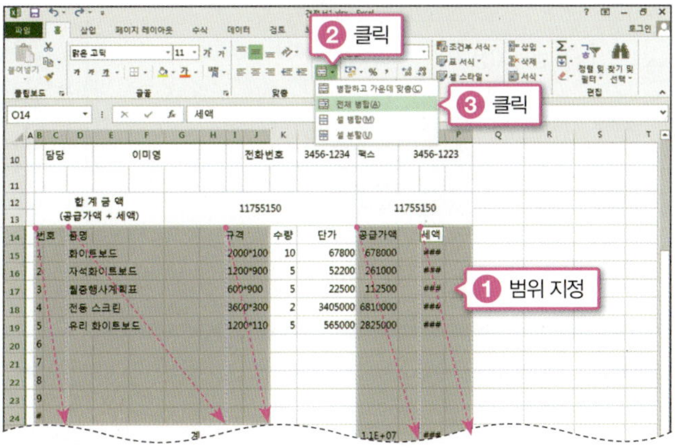

03 글꼴 서식 지정하기

① **[B4] 셀**을 선택합니다. ② [홈] 탭–[글꼴] 그룹에서 글꼴 크기를 **[18]**로 설정하고 ③ **[가 굵게]**를 클릭해서 글자 크기를 키우고 굵게 표시합니다.

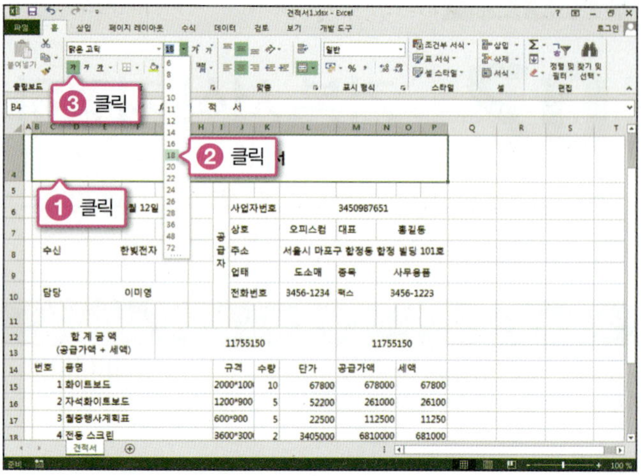

TIP 셀을 선택한 후 마우스 오른쪽 버튼을 클릭하면 나타나는 서식 미니 도구 모음에서도 원하는 서식을 지정할 수 있습니다.

04 셀에 가운데 맞춤 서식 지정하기

①② **[B14:P14], [B15:B24] 영역**을 범위로 지정합니다. ③ [홈] 탭–[맞춤] 그룹에서 **[가운데 맞춤]**을 클릭해서 가운데 정렬합니다.

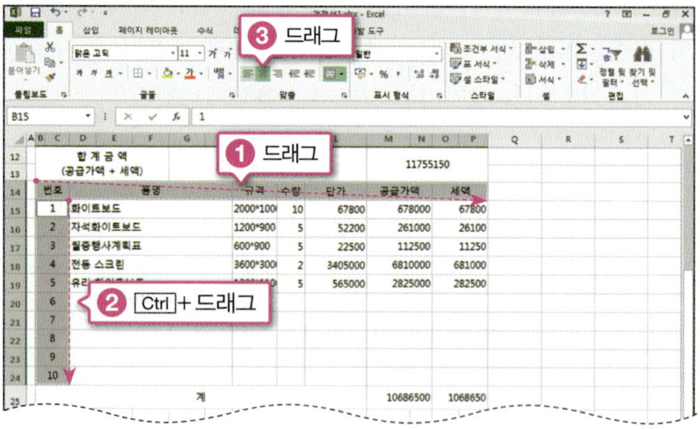

05 텍스트 서식 지정하기

① **[C6:C10], [J6:J10] 영역**과 **[M7], [M9], [M10] 셀**을 범위로 지정합니다. ② [홈] 탭–[맞춤] 그룹에서 **[대화상자 표시]**를 클릭합니다. ③ 셀 서식 대화상자가 나타나면 **[맞춤]** 탭을 클릭하고 ④ 텍스트 맞춤 가로에서 **[균등 분할(들여쓰기)]**을 선택하고 ⑤ **[확인]**을 클릭합니다. 내용이 셀에 가득 차게 양쪽으로 분할됩니다.

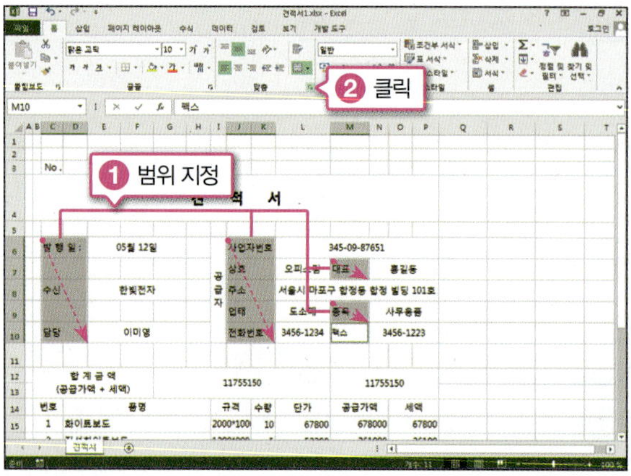

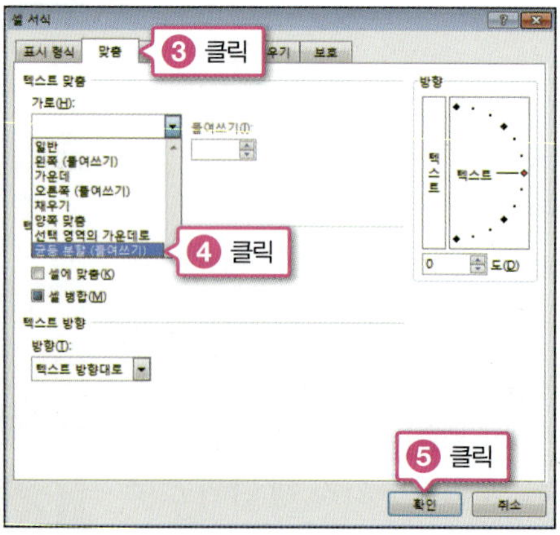

TIP 글꼴과 맞춤 옵션을 상세하게 지정하려면 [대화상자 표시]를 클릭해서 셀 서식 대화상자를 불러오거나 단축키 Ctrl+1을 누릅니다.

06 셀 맞춤 서식 지정하기

① [셀 전체 선택]을 클릭하고 ② [홈] 탭–[맞춤] 그룹에서 [대화상자 표시]를 클릭합니다. ③ [맞춤] 탭의 텍스트 조정 영역에서 **[셀에 맞춤]**을 체크하고 ④ **[확인]**을 클릭합니다. **주소, 규격**처럼 셀의 너비보다 텍스트 길이가 긴 경우 셀에 맞춰 글자 크기가 조정됩니다.

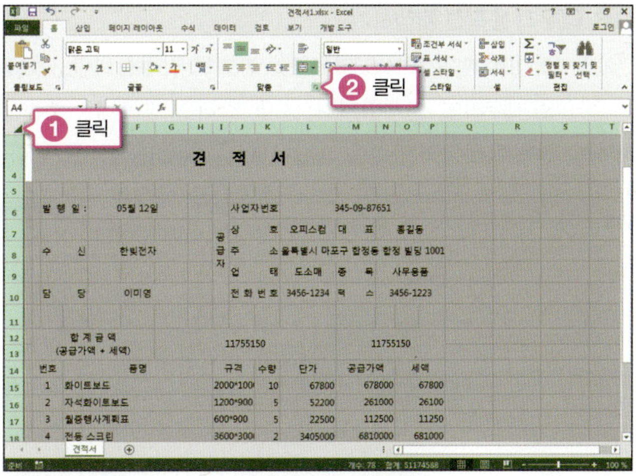

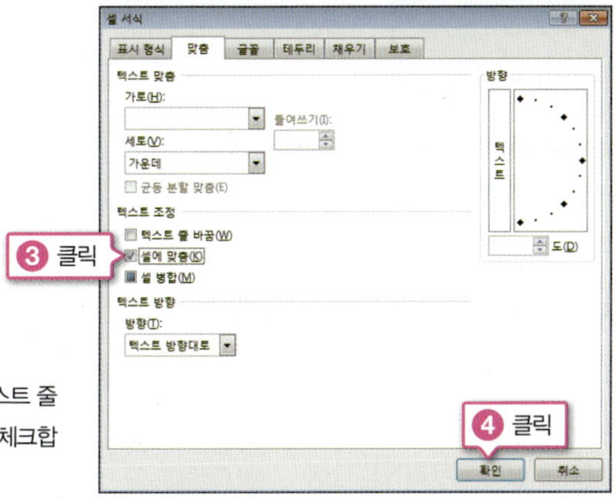

TIP [셀에 맞춤]에 체크 표시가 안 될 경우 [텍스트 줄 바꿈]에 체크 표시를 해제한 다음, 다시 [셀에 맞춤]에 체크합니다.

07 테두리 지정하기

① [C3:D3], [C6:E6], [C8:E8], [C10:E10] 영역을 범위로 지정합니다. ② [홈] 탭–[글꼴] 그룹에서 [테두리의 목록]을 클릭하고 ③ **[아래쪽 테두리]**를 선택해서 각 선택 영역 아래쪽에 테두리를 그립니다.

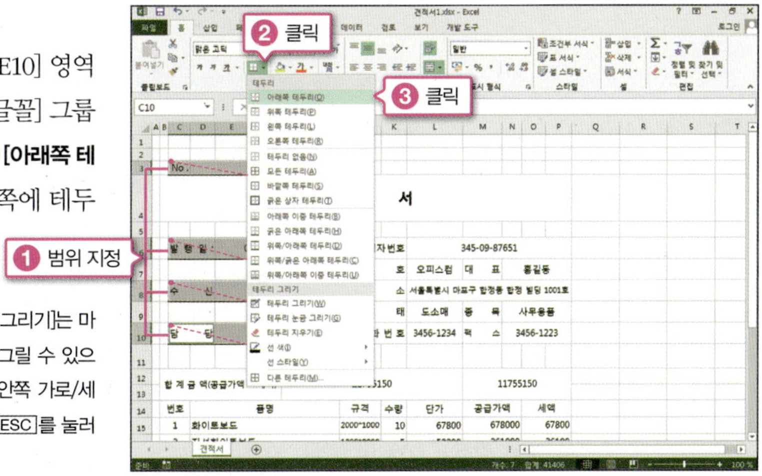

TIP 테두리 그리기 항목에서 [테두리 그리기]는 마우스로 드래그한 범위의 바깥쪽 가로/세로 선만 그릴 수 있으며 [테두리 눈금 그리기]는 드래그한 범위의 안쪽 가로/세로 선까지 그려 줍니다. 테두리를 그린 다음에는 ESC를 눌러 테두리 그리기를 해제합니다.

08 테두리 윤곽선 지정하기

① **[I6:N10], [B12:N12], [B14:O25] 영역**을 범위로 지정합니다. ② [홈] 탭-[글꼴] 그룹에서 **[⊞ 테두리의 목록]**을 클릭하고 ③ **[다른 테두리]**를 선택합니다. ④⑤ 스타일 항목에서 중간 굵기의 테두리를 선택해 윤곽선을 그립니다. ⑥⑦ 실선을 선택해 테두리 안쪽을 그립니다. ⑧ **[확인]**을 클릭합니다.

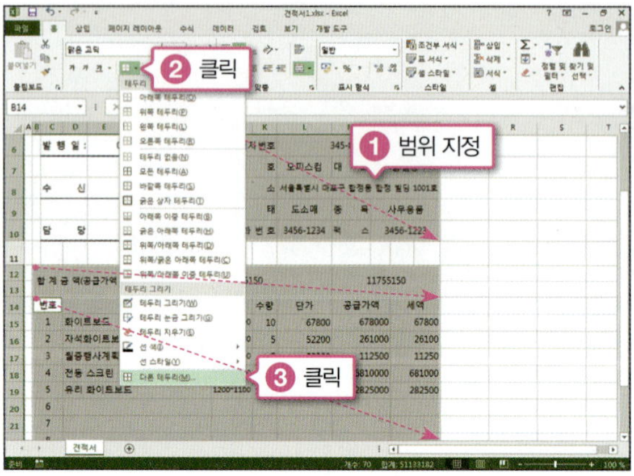

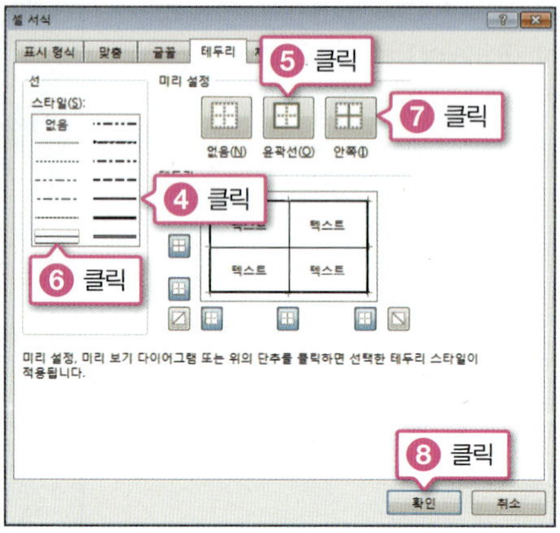

TIP 셀이 병합되면 병합된 셀의 첫 행과 열이 셀 이름으로 지정됩니다. 셀 이름은 이름 상자에서 확인할 수 있습니다.

09 테두리 윤곽선 지정하기

① [B2:P11], [B14:O14] 영역을 범위로 지정한 후 [홈] 탭-[글꼴] 그룹에서 **[⊞ 테두리의 목록]**을 클릭합니다. ② **[굵은 상자 테두리]**를 선택해서 윤곽선을 그립니다.

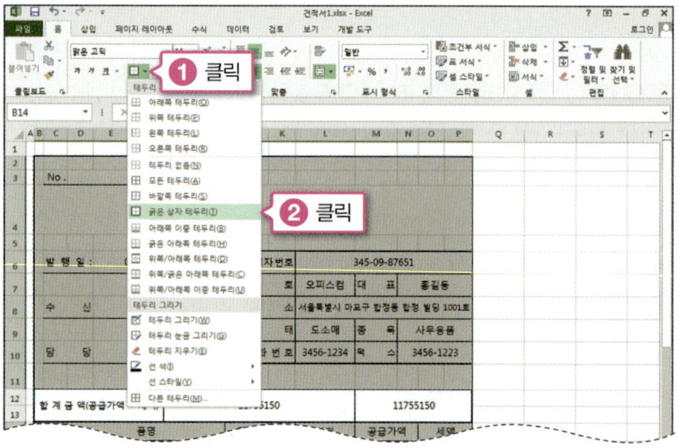

10 셀에 채우기 색 지정하기

① [J6:J10], [M7], [M9:M10], [B12], [B14:O14] 영역을 범위로 지정합니다. ② [홈] 탭-[글꼴] 그룹에서 **[채우기 색 목록]**을 클릭하고 ③ 테마 색에서 **[녹색, 강조 6, 60% 더 밝게]**를 선택해서 셀에 색을 채웁니다.

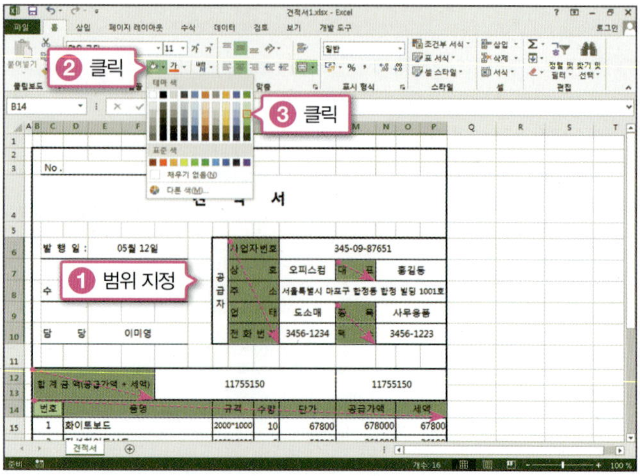

실무활용 | 표시 형식 그룹에서 서식 지정하기 2007 | 2010 | 2013

- **실습 파일** 엑셀\4장\실습\견적서2.xlsx
- **완성 파일** 엑셀\4장\완성\견적서2_완성.xlsx

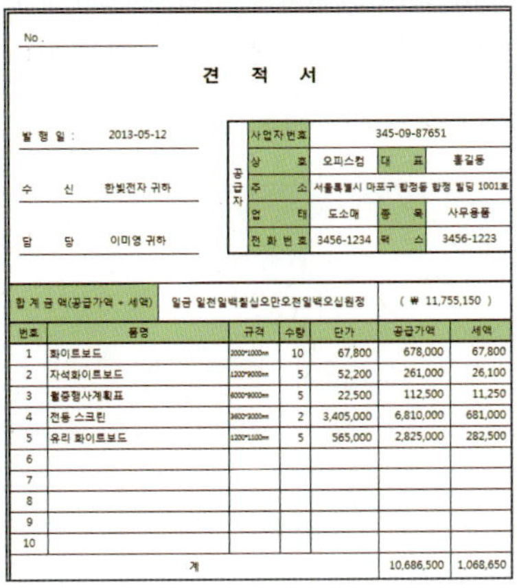

No.

견 적 서

발 행 일 : 2013-05-12

수 신 한빛전자 귀하

담 당 이미영 귀하

공급자			
사업자번호	345-09-87651		
상 호	오피스컴	대 표	홍길동
주 소	서울특별시 마포구 합정동 합정 빌딩 1001호		
업 태	도소매	종 목	사무용품
전 화 번 호	3456-1234	팩 스	3456-1223

합 계 금 액(공급가액 + 세액) 일금 일천일백칠십오만오천일백오십원정 (₩ 11,755,150)

번호	품명	규격	수량	단가	공급가액	세액
1	화이트보드	2000*1000mm	10	67,800	678,000	67,800
2	자석화이트보드	1200*9000mm	5	52,200	261,000	26,100
3	월중행사계획표	6000*9000mm	5	22,500	112,500	11,250
4	전동 스크린	3600*3000mm	2	3,405,000	6,810,000	681,000
5	유리 화이트보드	1200*1100mm	5	565,000	2,825,000	282,500
6						
7						
8						
9						
10						
계					10,686,500	1,068,650

셀에 입력된 문자와 수치 데이터를 화면에 어떻게 나타낼지 결정하는 것이 표시 형식입니다. 표시 형식에는 숫자, 통화, 회계, 날짜, 시간, 문자, 사용자 지정 형식이 있습니다. 견적서에 입력된 각각의 데이터에 맞는 표시 형식과 사용자 지정 형식을 지정해보겠습니다.

01 날짜 표시 형식 지정하기

① **[E6] 셀**을 선택합니다. ② [홈] 탭–[표시 형식] 그룹에서 [**표시 형식 목록**]을 클릭하고 ③ **[간단한 날짜]**를 선택해서 날짜 형식을 년–월–일 형태로 바꿉니다.

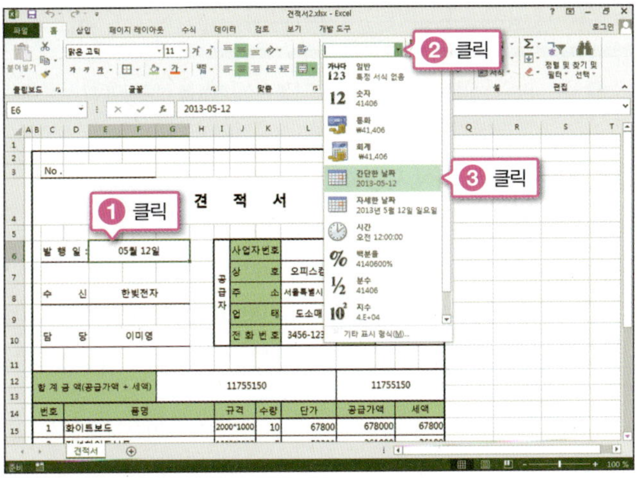

02 숫자 표시 형식 지정하기

①② **[K15:O24]**, **[M25:O25] 영역**을 범위로 지정합니다. ③ [홈] 탭–[표시 형식] 그룹에서 [**쉼표**]를 클릭해서 숫자 세 자리마다 구분 기호로 쉼표를 넣습니다.

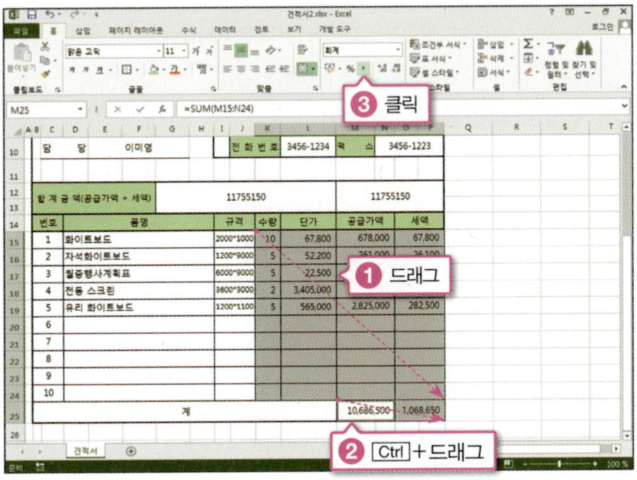

03 임의의 텍스트 서식 지정하기

① **[E8], [E10] 셀**을 선택한 후 Ctrl+1을 눌러 셀 서식 대화상자를 불러옵니다. ② [표시 형식] 탭의 범주 목록에서 **[사용자 지정]**을 선택하고 ③ 형식 입력란에 **@ 귀하**를 입력한 후 ④ **[확인]**을 클릭합니다. 셀에 입력한 내용에 귀하가 자동으로 입력되도록 서식을 적용합니다.

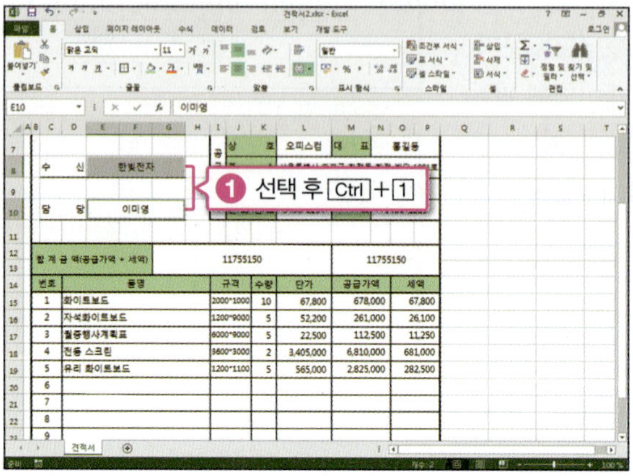

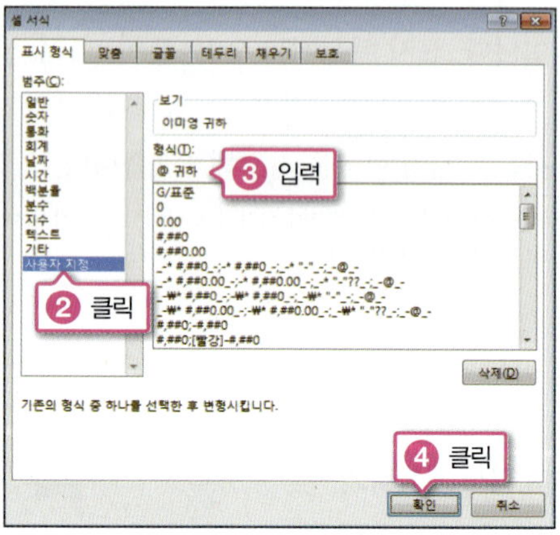

TIP 마우스 오른쪽 버튼을 클릭하고 [셀 서식] 메뉴를 선택하여 셀 서식 대화상자를 불러올 수도 있습니다.

04 임의의 숫자 서식 지정하기

[L6] 셀을 선택하고 Ctrl+1을 눌러 셀 서식 대화상자를 불러옵니다. ① **03**번 과정과 같이 **[사용자 지정]**을 선택하고 ② 형식 입력란에 **000-00-00000**을 입력하고 ③ **[확인]** 클릭해서 서식을 적용합니다.

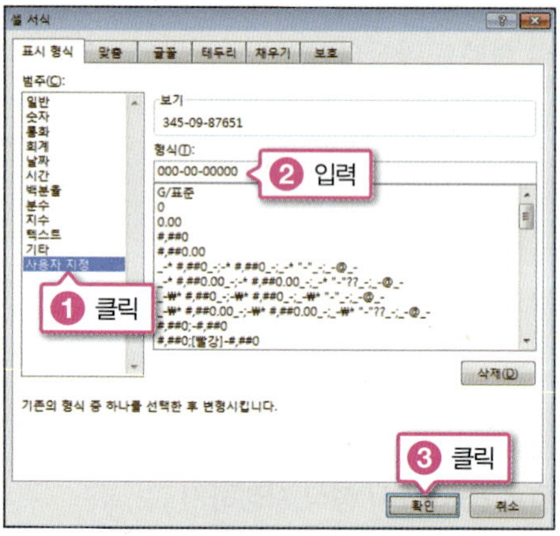

TIP 0은 유효한 자릿수가 아니더라도 숫자의 자릿수를 맞추는 기호로 000-00-00000은 사업자번호를 3자-2자-5자 형식으로 표시합니다.

05 임의의 통화 서식 지정하기

[M12] 셀을 선택하고 Ctrl+1을 눌러 셀 서식 대화상자를 불러옵니다. ① **03**번 과정과 같이 **[사용자 지정]**을 선택하고 ② 형식 입력란에 **(₩ #,##0)**를 입력합니다. ③ **[확인]**을 클릭해서 서식을 적용합니다.

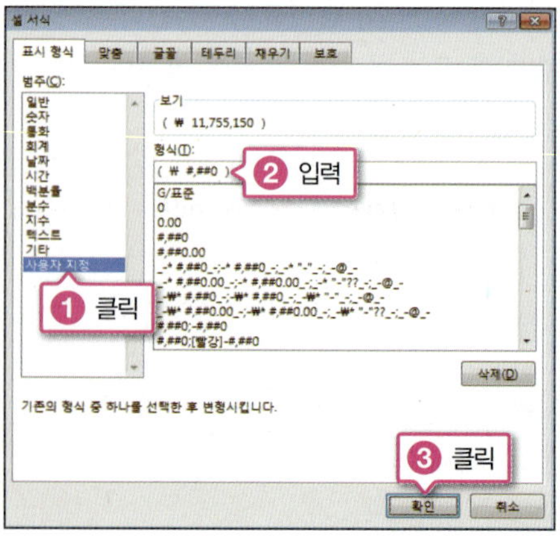

TIP #은 유효한 자릿수의 숫자를 표시하는 기호입니다. (₩ #,##0)는 괄호 안에 통화 기호를 표시하고 천 단위마다 콤마를 표시합니다. 사용자 형식 코드가 #,###이면 입력한 값이 0일 경우 화면에 아무것도 표시하지 않는데 비해, #,##0은 0도 화면에 표시합니다.

06 숫자(한글) 서식 지정하기

[G12] 셀을 선택하고 Ctrl+1을 눌러 셀 서식 대화상자를 불러옵니다. ① **[기타]**를 선택하고 ② 형식에서 **[숫자(한글)]**을 선택합니다.

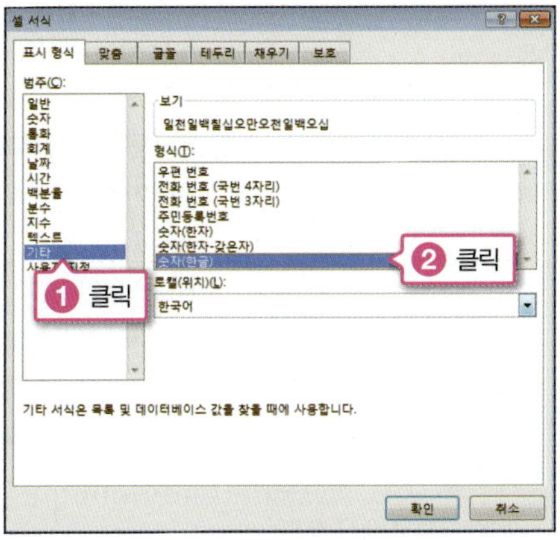

TIP 숫자(한글) 서식은 숫자를 입력하면 한글로 표시해 주는 서식입니다. 만약 기타 형식에 [우편번호]에서부터 [숫자(한글)] 형식이 표시되지 않으면 아래 로컬(위치) 목록 버튼을 클릭하여 [한국어]로 변경합니다.

07 숫자(한글) 서식 지정하기

① 다시 범주 목록에서 **[사용자 지정]**을 선택합니다. ② 형식 입력란에 입력된 서식 코드 맨 앞에 **일금**을, 맨 뒤에 **원정**을 입력한 후 ③ **[확인]**을 클릭해서 숫자(한글) 서식을 수정해서 적용합니다. 숫자가 한글로 표기되며 앞에 일금, 뒤에 원정이 붙습니다.

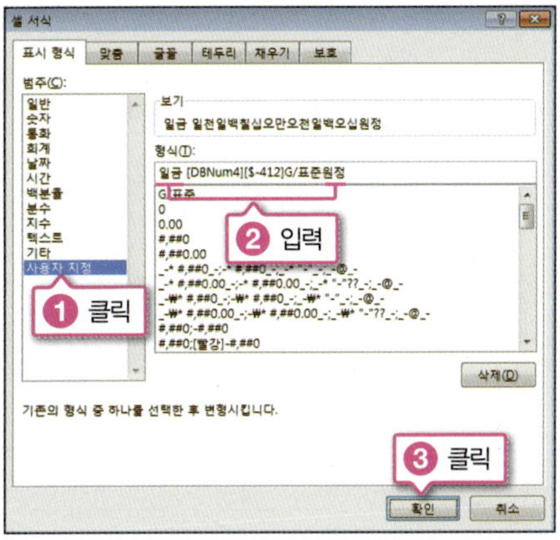

08 단위 문자 서식 지정하기

① **[I15:I19] 영역**을 범위로 지정하고 Ctrl+1을 눌러 셀 서식 대화상자를 불러옵니다. ② **[사용자 지정]**을 선택하고 ③ 형식 입력란에 **@**를 입력합니다. ④ ㄹ+한자를 눌러 ㎜를 선택하여 **@㎜**를 완성한 다음 ⑤ **[확인]**을 클릭해서 서식을 적용합니다.

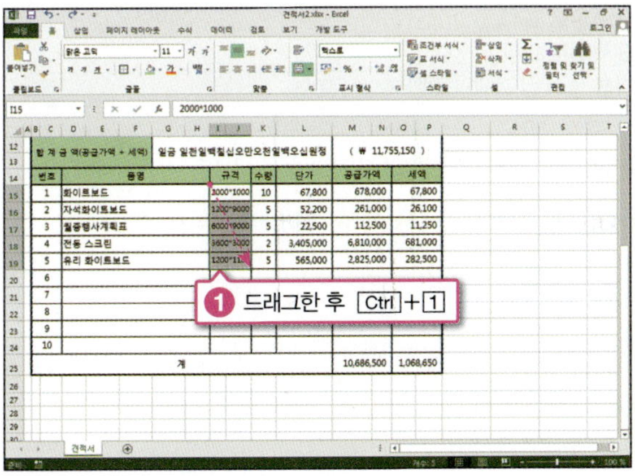

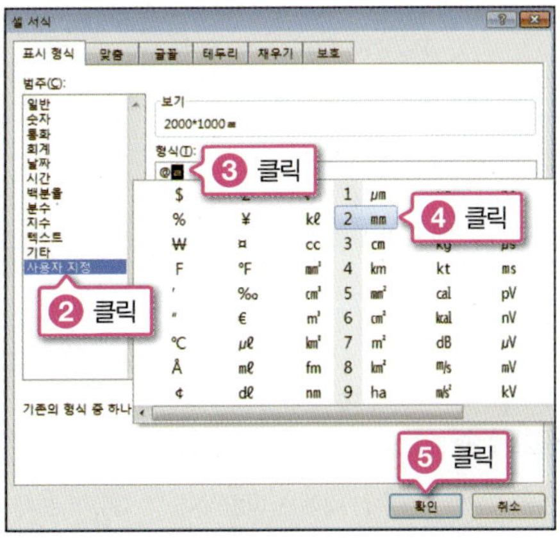

TIP ㄹ+한자를 누르면 단위 문자를 삽입할 수 있습니다.

실무활용 EXCEL NOTE

표시 형식과 사용자 지정

△ 표시 형식 도구

① **표시 형식 지정 목록** : 일반, 숫자, 통화, 회계 등의 다양한 표시 형식을 지정합니다.
② **통화 기호** : 원화(₩), 달러($), 엔화(￥)를 지정하고 숫자 세 자리마다 쉼표를 표시합니다.
③ **백분율 스타일** : 숫자에 100을 곱한 후 % 기호를 붙입니다.
④ **쉼표 스타일** : 숫자 세 자리마다 구분 기호로 쉼표(,)를 표시합니다.
⑤ **소수부의 자릿수 늘림** : 소수부 이하 자릿수를 한 자리씩 늘립니다.
⑥ **소수부의 자릿수 줄임** : 소수부 이하 자릿수를 반올림하며 한 자리씩 줄입니다.
⑦ **셀 서식 대화상자 표시** : 셀 서식 대화상자를 활성화합니다.

사용자 지정 서식 코드

셀 서식 대화상자에서 지정하고 싶은 형식을 찾을 수 없을 때는 사용자가 직접 서식을 입력합니다. 사용자 지정 형식은 한 번에 4개까지 지정할 수 있으며, 기본적으로 양수, 음수, 0, 문자 형식을 세미콜론(;)으로 구분하여 다음과 같이 표현합니다.

양수 형식 ; 음수 형식 ; 0 ; 문자 형식

사용자 지정 형식을 만들 때는 다음과 같이 데이터 형식별로 약속된 기호가 있습니다.

데이터 형식	서식 기호	기능
숫자	#	유효한 숫자를 표시하는 기호(무효한 0은 표시하지 않음)
	0	숫자를 표시하는 기호(무효한 0을 표시하여 자릿수를 맞춤)
	?	숫자를 표시하는 기호(무효한 0을 공백으로 표시하여 자릿수를 맞춤)
	%	백분율을 표시
	.	소수점을 표시
	,	숫자 세 자리마다 구분 기호
	₩,$,￥	통화 유형 기호
문자	@	문자를 대표하는 형식으로 문자에 특정 문자를 표시하고 싶을 때 사용
날짜	YY/YYYY	연도를 두 자리 또는 네 자리로 표시
	M/MM/MMMM	월을 1~12 또는 01~12로 표시(영문으로 표시)
	D/DD	일을 1~31 또는 01~31로 표시
	DDD/DDDD	요일을 영문 세 자리 또는 영문으로 표시(예: Mon 또는 Monday)
	AAA/AAAA	요일을 한글 한 자리 또는 한글로 표시(예: 월 또는 월요일)
	H/HH	시간을 0~23 또는 00~23으로 표시
	M/MM	분을 0~59 또는 00~59로 표시
	S/SS	초를 0~59 또는 00~59로 표시
기타	*	* 기호 뒤에 특수문자를 셀의 빈 여백만큼 반복해서 표시

사용자 서식에서는 조건이나 색을 지정할 수도 있으며 조건이나 색을 대괄호([ ])에 입력합니다. 입력 가능한 색상은 [검정], [파랑], [녹청], [녹색], [자홍], [빨강], [흰색], [노랑]으로 8가지가 있으며 색상을 맨 앞에 입력합니다.

[조건]형식;[조건]형식

[색][조건]형식;[색][조건]형식

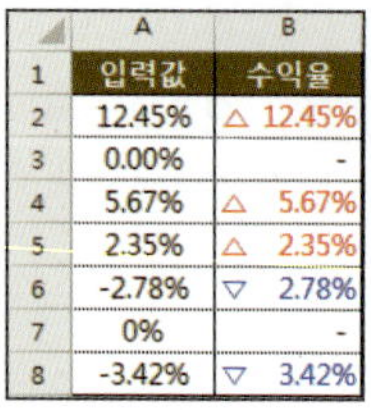

	A	B
1	입력값	수익율
2	12.45%	△ 12.45%
3	0.00%	-
4	5.67%	△ 5.67%
5	2.35%	△ 2.35%
6	-2.78%	▽ 2.78%
7	0%	-
8	-3.42%	▽ 3.42%

사용자 형식 코드 등락률 : **[빨강]△* 0.00%;[파랑]▽* 0.00%;"－"**

양수일 때에는 빨강색에 △ 소수부 첫째 자리 백분율로 표시;
음수일 때에는 파란색에 ▽ 소수부 첫째 자리 백분율로 표시;
0 일 때에는 – 기호로 표시
△기호와 0.00% 사이의 빈 여백만큼 공백을 반복해서 표시(*)

실 무 활 용 EXCEL NOTE

사용자 지정 형식 알아보기

실습 파일 엑셀\4장\실습\사용자지정표시형식.xlsx **완성 파일** 엑셀\4장\완성\사용자지정표시형식_완성.xlsx

천 단위 또는 백만 단위로 표시하기

자릿수가 큰 숫자는 셀 공간을 많이 차지하기도 하고 데이터를 읽기도 불편합니다. 이럴 때는 세 자리씩 잘라서 표시할 수 있습니다.

입력값	천단위	백단위
34,500,000	34,500	35
14,500,000	14,500	15
35,600,000	35,600	36
24,900,000	24,900	25
57,800,000	57,800	58

사용자 형식 코드 단위(천원) : #,##0,

사용자 형식 코드 금액(백만원) : #,##0,,

누적 시간 표시하기

시간 형식은 주로 시:분:초 형태의 h:m:s 형식을 사용합니다. 시간 형식에서 24시간이 넘어서는 누적 시간을 표시할 때는 대괄호와 함께 h, m, s 기호를 사용합니다. 다음과 같이 출근시간부터 퇴근시간까지 걸린 시간(=출근시간-퇴근시간)을 표시하려면 결과 값 셀 서식을 [h], [m], [s]로 지정합니다.

출근시간	퇴근시간	누적(시)	누적(분)	누적(초)
2013-01-12 09:00 AM	2013-01-12 06:00 PM	9	540	32400
2013-01-12 10:00 AM	2013-01-12 09:00 PM	11	660	39600
2013-01-12 02:20 PM	2013-01-13 02:20 PM	24	1440	86400
2013-01-13 03:00 PM	2013-01-15 03:00 AM	36	2160	129600
2013-01-14 08:40 AM	2013-01-15 12:40 AM	16	960	57600

사용자 지정 형식 누적 시간 : [h]

사용자 지정 형식 누적 분 : [m]

사용자 지정 형식 누적 초 : [s]

요일 표시하기

날짜는 년-월-일 형태의 yyyy-mm-dd 형식을 사용합니다. 날짜 형식에서 요일을 표시할 때는 d, a기호를 사용합니다.

날짜	요일(ddd)	요일(dddd)	요일(aaa)	요일(aaaa)
2013-08-05	Mon	Monday	월	월요일
2013-08-06	Tue	Tuesday	화	화요일
2013-08-07	Wed	Wednesday	수	수요일
2013-08-08	Thu	Thursday	목	목요일
2013-08-09	Fri	Friday	금	금요일

사용자 지정 형식 영어 요일 약자 : ddd

사용자 지정 형식 영어 요일 : dddd

사용자 지정 형식 한글 요일 약자 : aaa

사용자 지정 형식 한글 요일 : aaaa

숫자를 한글, 한자로 표시하는 형식 코드

형식 코드	설명	표시 형식
[DBNum1][$-412]G/표준	한자로 표시	一千二百五十万
[DBNum2][$-412]G/표준	한자 갖은자 표시	壹阡貳百伍拾萬
[DBNum3][$-412]G/표준	단위만 한자로 표시	千 百 十万
[DBNum4][$-412]G/표준	한글로 표시	일천이백오십만

SECTION

03 조건부 서식 지정하기

실무활용 셀 강조, 상/하위 규칙 및 수식으로 조건부 서식 지정하기

2007 | 2010 | 2013

- 실습 파일 엑셀\4장\실습\신입사원평가표.xlsx
- 완성 파일 엑셀\4장\완성\신입사원평가표_완성.xlsx

신입사원 평가표

이름	성별	서류심사	직무검사	토론면접	최종면접	총점	평균
이민욱	남자	56	88	95	65	304	76.0
나경민	남자	44	72	75	95	286	71.5
박철문	남자	23	66	65	78	232	58.0
홍나영	여자	22	85	80	95	282	70.5
이정훈	남자	50	65	90	75	280	70.0
전소라	여자	65	95	90	75	325	81.3
강인주	여자	98	78	40	90	306	76.5
최나림	여자	95	95	100	97	387	96.8
송경훈	남자	78	75	46	85	284	71.0
송선아	여자	95	75	70	98	338	84.5
민주아	여자	89	90	78	78	335	83.8
오정욱	남자	45	40	50	80	215	53.8
이승철	남자	70	85	78	72	305	76.3
김철수	남자	40	98	95	66	299	74.8
김세진	여자	75	78	95	85	333	83.3
허정순	여자	56	80	70	65	271	67.8
박태국	남자	45	65	85	95	290	72.5
이훈정	남자	75	95	85	100	355	88.8
김미영	여자	85	89	70	89	333	83.3

셀 강조 규칙은 지정한 데이터 범위에서 비교 연산자를 기준으로 조건에 맞는 셀을 찾아 사용자가 지정한 셀 서식을 적용하는 것이며, 상위/하위 규칙은 지정한 데이터 범위에서 셀 값을 기준으로 상위 값 또는 하위 값을 찾아 지정한 서식을 적용하는 것입니다. 신입사원 평가표에서 평가 점수를 기준으로 셀 강조, 상/하위 규칙을 지정해보겠습니다.

01 빠른 분석 도구로 조건부 서식 지정하기

성별이 여로 시작하는 셀을 강조하겠습니다. ① **[B4:B22] 영역**을 범위로 지정한 후 ② [빠른 분석]을 클릭합니다. ③④ [서식]–**[텍스트 포함]**을 선택해서 서식을 지정할 대화상자를 활성화합니다.

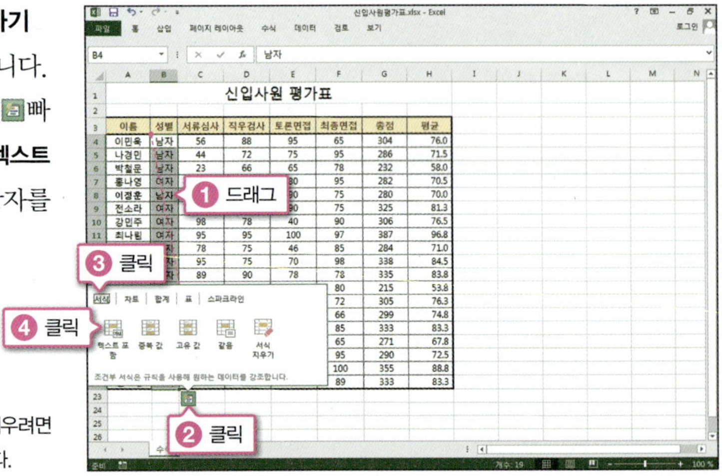

TIP 조건부 서식이 적용된 조건부 서식을 지우려면 [빠른 분석]에서 [서식]–[서식 지우기]을 선택합니다.

02 텍스트를 포함하는 셀 서식 지정하기

텍스트 포함 대화상자가 나타나면 ① 서식을 지정할 셀 값으로 **여**를 입력하고 ② 적용할 서식 목록에서 **[빨강 텍스트]**를 선택합니다. ③ **[확인]**을 클릭해서 성별에 **여**가 포함된 셀에 서식을 적용합니다.

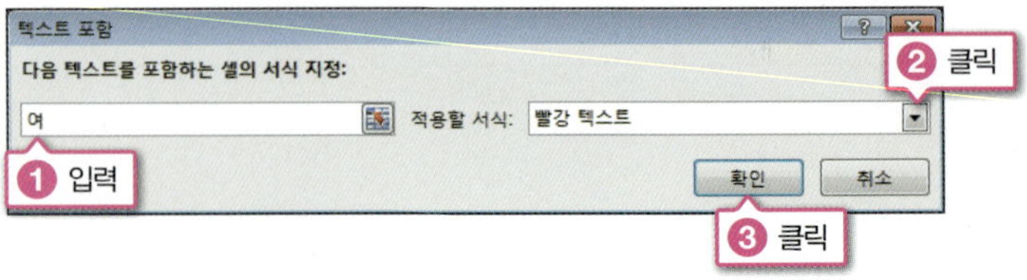

TIP 적용할 서식에서 [사용자 지정 서식]을 선택하면 셀 서식을 직접 지정할 수 있습니다.

03 리본 메뉴에서 셀 강조 규칙 지정하기

점수가 70점보다 높은 셀을 강조해보겠습니다. ① **[C4:F22] 영역**을 범위로 지정합니다. ② [홈] 탭–[스타일] 그룹에서 [**조건부 서식**]을 클릭하고 ③ **[셀 강조 규칙]–[기타 규칙]**을 선택합니다. ④ 새 서식 규칙 대화상자에서 **[다음을 포함하는 셀만 서식 지정]**을 선택하고 ⑤ 규칙을 **[셀 값], [>], [70]**으로 설정합니다. ⑥ **[서식]**을 클릭해서 셀 서식 대화상자를 불러옵니다.

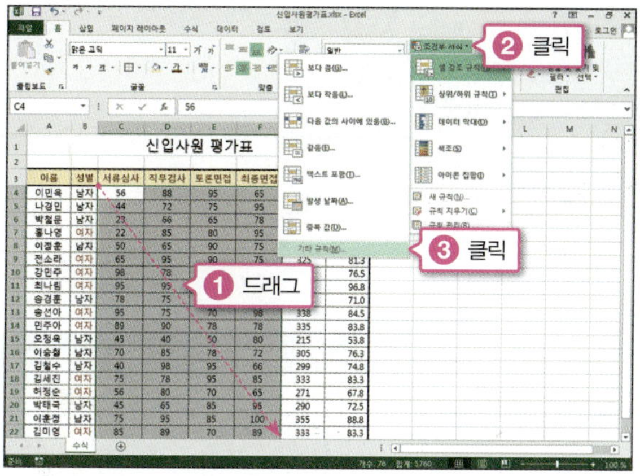

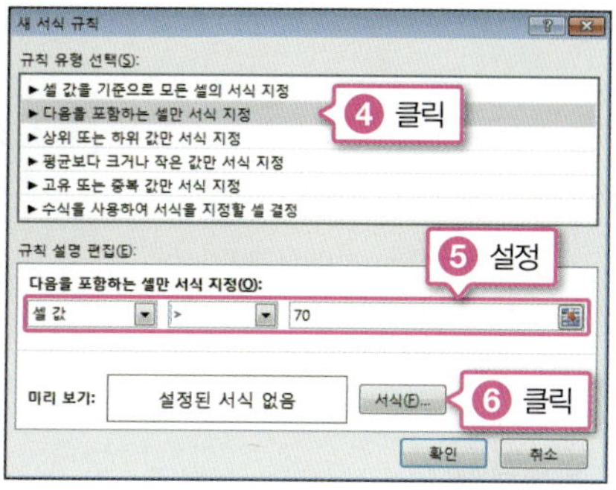

04 글꼴 스타일 지정하기

① 셀 서식 대화상자에서 **[글꼴] 탭**을 클릭하고 ② 글꼴 스타일을 **[굵게]**, ③ 색을 **[파랑]**으로 설정합니다. ④ **[확인]**을 클릭하고 새 서식 규칙 대화상자에서도 [확인]을 클릭해 대화상자를 닫습니다. 이 글꼴 스타일은 셀 값이 70보다 큰 셀에 서식이 적용됩니다.

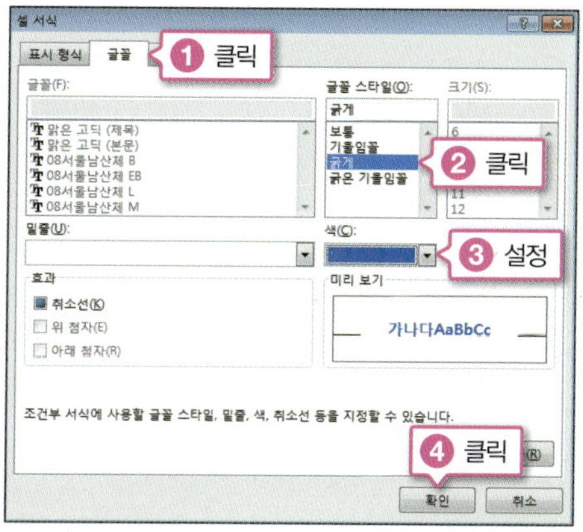

05 상위/하위 규칙 지정하기

총점이 상위 30%에 해당하는 셀을 강조해보겠습니다. ① **[G4:G22] 영역**을 범위로 지정합니다. ② [홈] 탭–[스타일] 그룹에서 [**조건부 서식**]을 클릭하고 ③ **[상위/하위 규칙]–[상위 10%]**를 선택합니다. ④ 상위 10% 대화상자가 나타나면 셀 서식 지정 입력란에 **30**을 입력하고 ⑤ 적용할 서식에서 **[진한 노랑 텍스트가 있는 노랑 채우기]**를 선택합니다. ⑥ **[확인]**을 클릭해서 상위 30%에 해당하는 총점에 서식을 적용합니다.

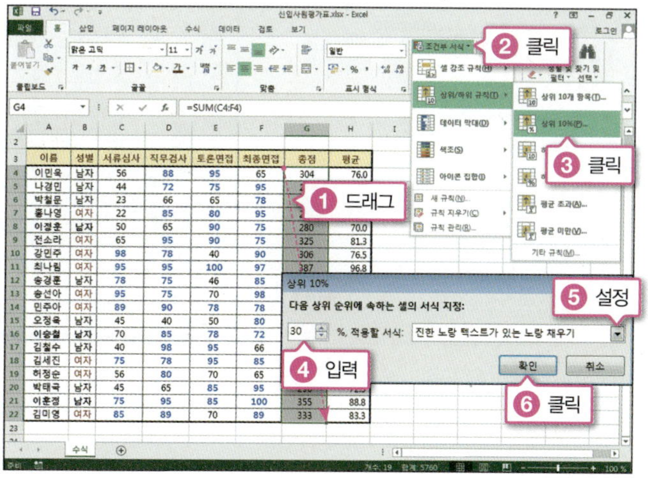

06 수식으로 조건부 서식 지정하기

평균이 80점 이상인 행 전체에 색을 지정해보겠습니다. ① **[A4:H22] 영역**을 범위로 지정합니다. ② [홈] 탭–[스타일] 그룹에서 **[조건부 서식]**을 클릭하고 ③ **[새 규칙]**을 선택합니다.

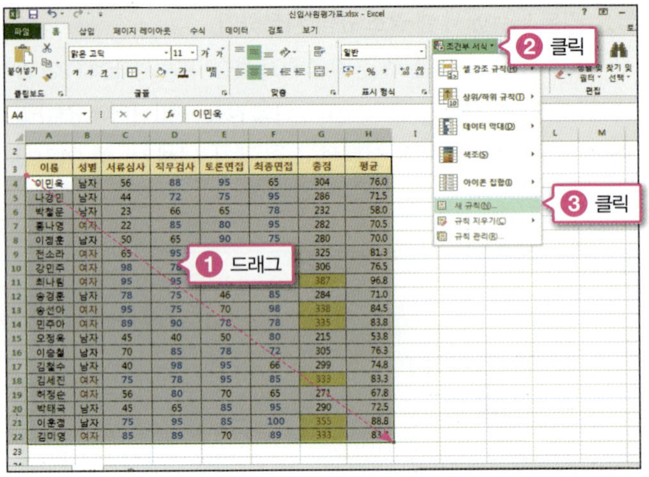

TIP 조건부 서식을 수정 또는 삭제하려면 [홈] 탭–[스타일] 그룹에서 [조건부 서식]–[규칙 관리]를 선택합니다.

07 새 서식 규칙 입력하기

① 규칙 유형 선택 항목에서 **[수식을 사용하여 서식을 지정할 셀 결정]**을 선택하고 ② 평균이 80점 이상인 행 전체에 서식을 적용하기 위해 수식 입력란에 **=$H4>=80**을 입력합니다. ③ **[서식]**을 클릭합니다.

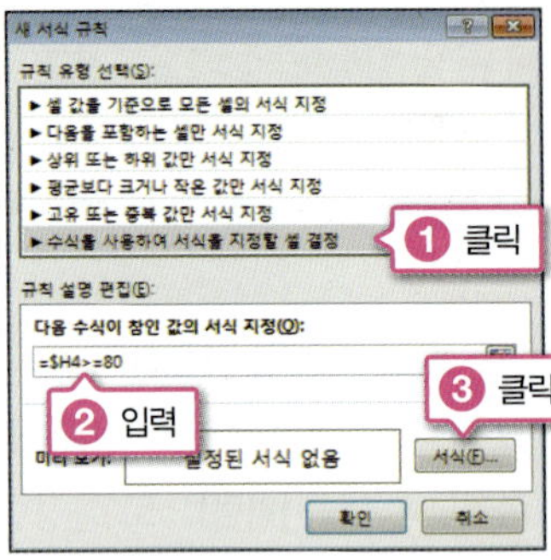

08 서식 스타일 지정하기

① 셀 서식 대화상자가 나타나면 **[채우기] 탭**을 클릭하고 ② 적당한 채우기 색을 지정한 다음 ③ **[확인]**을 클릭하고 새 서식 규칙 대화상자에서도 [확인]을 클릭합니다. 평균 점수가 80이상인 경우 행 전체에 채우기 색이 적용됩니다.

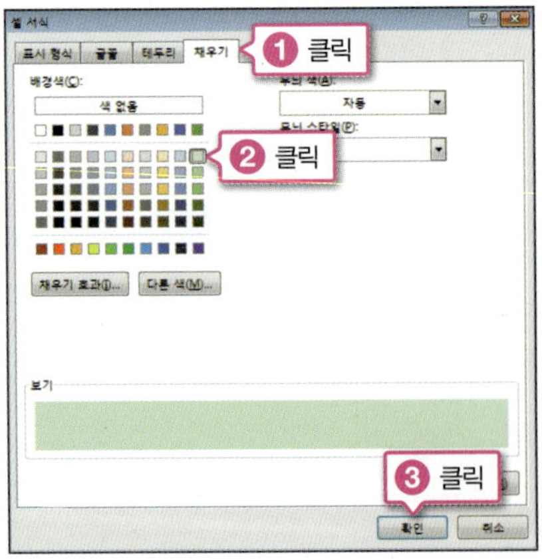

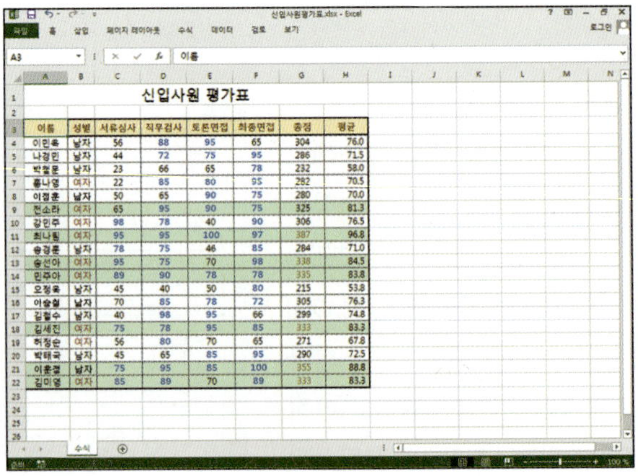

실 무 활 용
EXCEL NOTE

조건부 서식 규칙 관리자 살펴보기

[홈] 탭–[스타일] 그룹에서 [조건부 서식]–[규칙 관리]를 클릭해서 나타나는 조건부 서식 규칙 관리자 대화상자에서 규칙 목록을 편집하거나 새로운 규칙을 만들 수 있습니다.

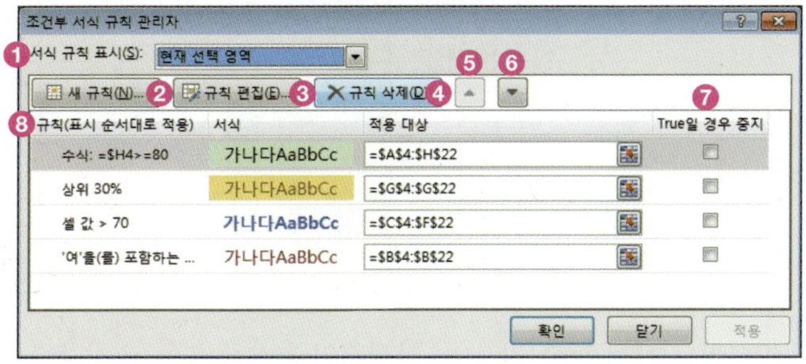

① **서식 규칙 표시** : 서식 규칙을 설정해 놓은 대상(현재 선택 영역, 현재 시트, 시트2, 시트3…)을 선택합니다.

② **새 규칙** : 새로운 조건부 서식을 만듭니다.

③ **규칙 편집** : 선택한 조건부 서식을 편집합니다.

④ **규칙 삭제** : 선택한 조건부 서식을 삭제합니다.

⑤ ▲ : 선택한 규칙의 우선순위를 위쪽으로 이동합니다.

⑥ ▼ : 선택한 규칙의 우선순위를 아래쪽으로 이동합니다.

⑦ **True일 경우 중지** : 여러 개의 조건부 서식 규칙을 지원하지 않는 엑셀 2007 이전 버전과의 호환성을 위해 확인란에 체크하면 이전 버전으로 저장 시 규칙 평가를 중지합니다.

⑧ **규칙** : 조건부 서식이 적용된 규칙이 표시되며 위에 있을수록 우선순위가 높습니다. 둘 이상의 조건부 서식이 True로 평가될 때는 규칙이 충돌할 수도 있습니다. 이럴 때 우선순위가 높은 규칙만 적용됩니다.

실무활용 막대와 색조를 이용해 펀드 수익률 데이터 시각화하기 2007 | 2010 | 2013

- **실습 파일** 엑셀\4장\실습\펀드수익률.xlsx
- **완성 파일** 엑셀\4장\완성\펀드수익률_완성.xlsx

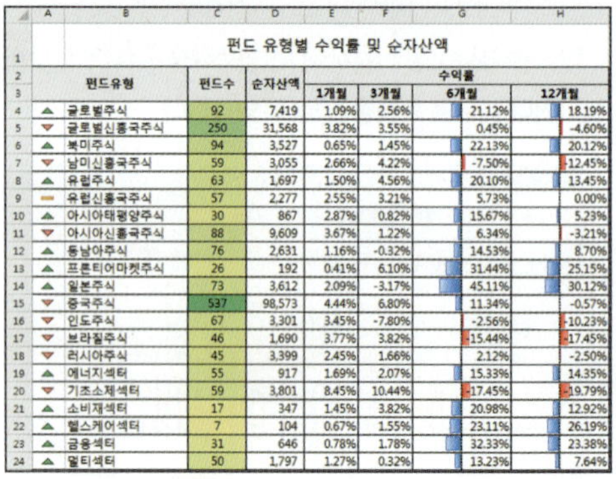

펀드 유형별 수익률 및 순자산액

펀드유형	펀드수	순자산액	수익률 1개월	수익률 3개월	수익률 6개월	수익률 12개월
글로벌주식	92	7,419	1.09%	2.56%	21.12%	18.19%
글로벌신흥국주식	250	31,568	3.82%	3.55%	0.45%	-4.60%
북미주식	94	3,527	0.65%	1.45%	22.13%	20.12%
남미신흥국주식	59	3,055	2.66%	4.22%	-7.50%	-12.45%
유럽주식	63	1,697	1.50%	4.56%	20.10%	13.45%
유럽신흥국주식	57	2,277	2.55%	3.21%	5.73%	0.00%
아시아태평양주식	30	867	2.87%	0.82%	15.67%	5.23%
아시아신흥국주식	88	9,609	3.67%	1.22%	6.34%	-3.21%
동남아주식	76	2,631	1.16%	-0.32%	14.53%	8.70%
프론티어마켓주식	26	192	0.41%	6.10%	31.44%	25.15%
일본주식	73	3,612	2.09%	-3.17%	45.11%	30.12%
중국주식	537	98,573	4.44%	6.80%	11.34%	-0.57%
인도주식	67	3,301	3.45%	-7.80%	-2.56%	-10.23%
브라질주식	46	1,690	3.77%	3.82%	-15.44%	-17.45%
러시아주식	45	3,399	2.45%	1.66%	2.12%	-2.50%
에너지섹터	55	917	1.69%	2.07%	15.33%	14.35%
기초소재섹터	59	3,801	8.45%	10.44%	-17.45%	-19.79%
소비재섹터	17	347	1.45%	3.82%	20.98%	12.92%
헬스케어섹터	7	104	0.67%	1.55%	23.11%	26.19%
금융섹터	31	646	0.78%	1.78%	32.33%	23.38%
멀티섹터	50	1,797	1.27%	0.32%	13.23%	7.64%

데이터 막대와 색조, 아이콘 집합을 사용하면 데이터를 시각화할 수 있으며, 전체적인 추세를 한눈에 전달할 수 있습니다. 셀 값에 따른 막대 길이, 색의 진하기, 아이콘의 형태 등으로 데이터 값을 비교해서 지정할 수 있습니다. 펀드 수익률 표에서 수익률을 막대와 색조, 아이콘으로 시각화 시켜보도록 하겠습니다.

01 색조 적용하기

펀드 수에 색조를 적용해보겠습니다. ① **[C4:C24] 영역**을 범위로 지정합니다. ② [홈] 탭-[스타일] 그룹에서 **[조건부 서식]**을 클릭하고 ③ [색조]-**[녹색-노랑 색조]**를 선택합니다. 큰 값일수록 녹색, 작은 값일수록 노랑에 가깝게 표현됩니다.

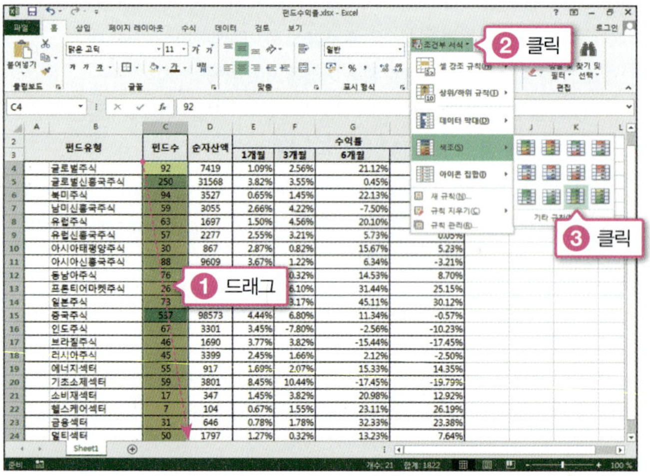

02 데이터 막대 적용하기

① **[G4:H24] 영역**을 범위로 지정합니다. ② [홈] 탭-[스타일] 그룹에서 **[조건부 서식]**을 클릭하고 ③ **[데이터 막대]**의 그라데이션 채우기 영역에서 **[연한 파랑 데이터 막대]**를 선택합니다. 셀 값에 따라 막대 길이가 다르게 표시됩니다.

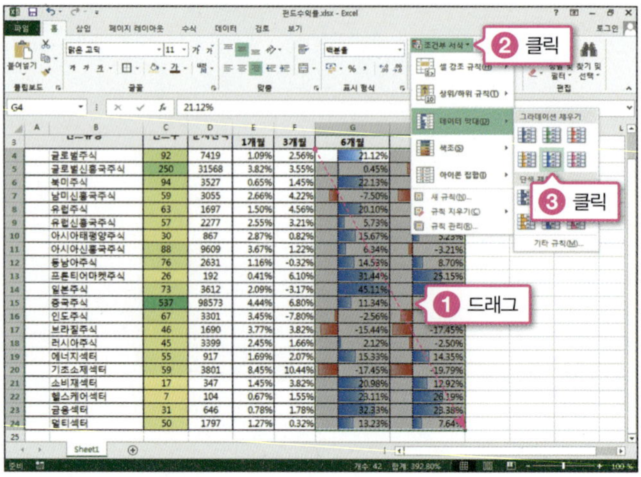

03 데이터 막대 규칙 변경하기

음수와 양수의 막대를 반대 방향으로 표시하겠습니다. ① 범위가 지정된 상태에서 [홈] 탭–[스타일] 그룹에서 [**조건부 서식]**을 클릭하고 ② **[규칙 관리]**를 선택합니다. ③ 조건부 서식 규칙 관리자 대화상자에서 **[데이터 막대]** 규칙을 선택하고 ④ **[규칙 편집]**을 클릭합니다.

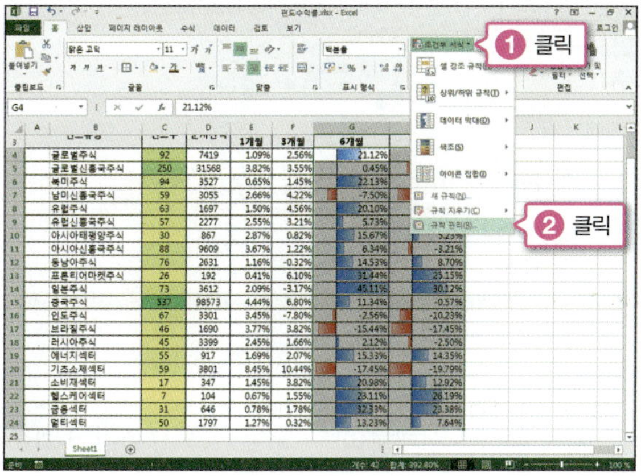

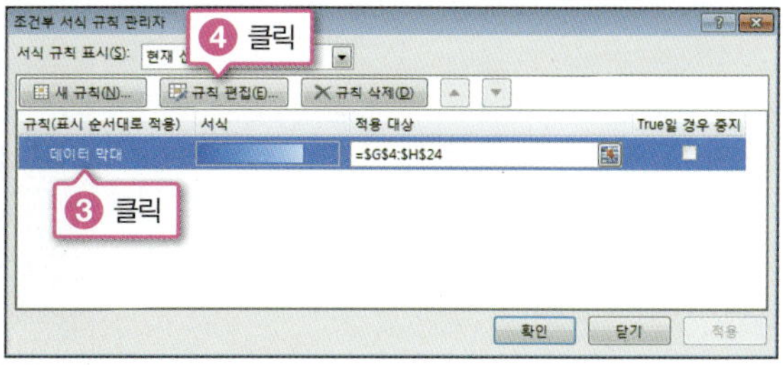

04 데이터 막대 서식 규칙 편집하기

① 규칙 설명 편집 영역에서 최소값을 **[숫자]**, **[-1]**로, 최대값을 **[숫자]**, **[1]**로, ② 막대 방향을 **[오른쪽에서 왼쪽]**으로 설정합니다. ③ **[확인]**을 클릭해서 대화상자를 모두 닫습니다. 양수는 최대값 1, 음수는 최소값 -1을 기준으로 막대의 길이가 조정되고 막대의 방향이 오른쪽에서 왼쪽으로 변경됩니다.

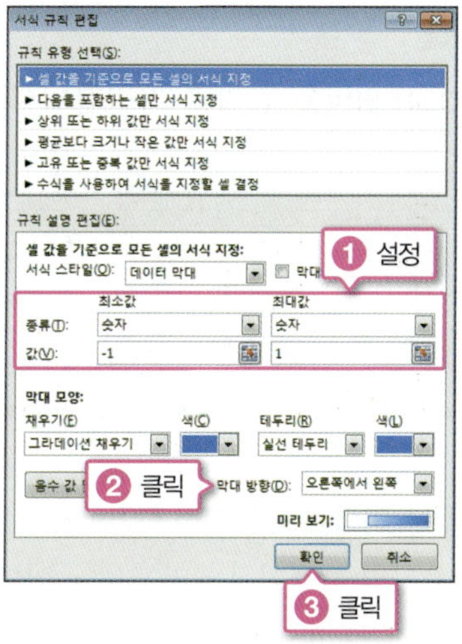

TIP [음수 값 및 축(N)...]을 클릭하여 음수 값을 표시할 색 설정 및 데이터 막대의 축 위치를 지정할 수 있습니다.

05 수식 복사하기

① [A4] 셀에 **=H4**를 입력한 후 ② [A4] 셀의 [**채우기 핸들**]을 더블클릭하여 수식을 복사합니다.

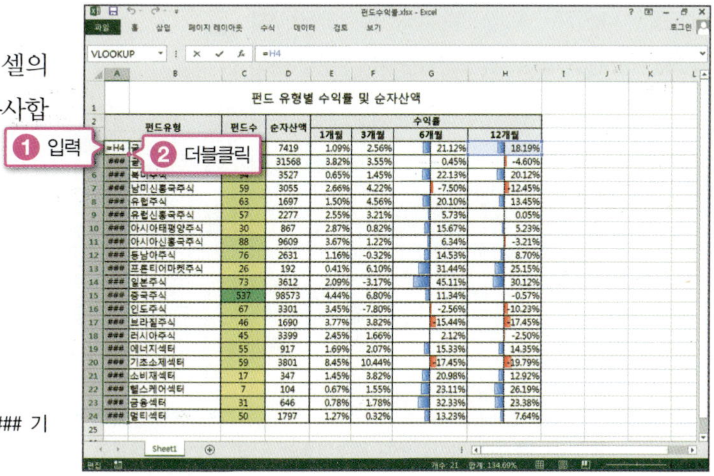

TIP 셀 너비가 표시될 데이터보다 작으면 #### 기호가 표시됩니다.

06 아이콘 적용하기

① **[A4:A24] 영역**을 범위로 지정한 후 ② [홈] 탭–[스타일] 그룹에서 [**조건부 서식**]을 클릭합니다. ③ [아이콘 집합]–**[삼각형 3개]**를 선택해서 값에 따라 아이콘을 표시합니다.

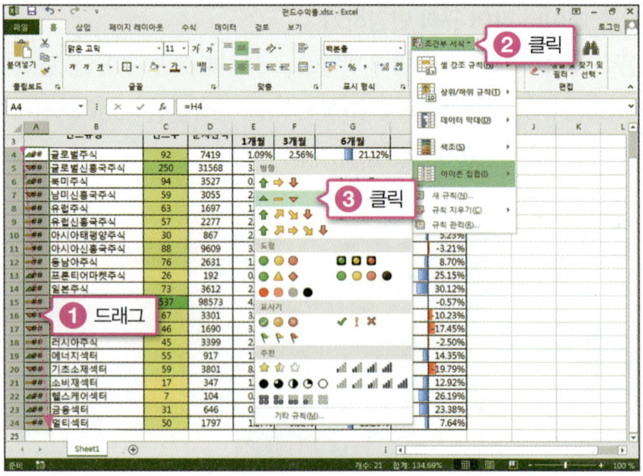

07 아이콘 집합 규칙 변경하기

① [홈] 탭–[스타일] 그룹에서 [**조건부 서식**]을 클릭하고 ② **[규칙 관리]**를 선택합니다. ③ 조건부 서식 규칙 관리자 대화상자에서 **[아이콘 집합]** 규칙을 선택하고 ④ **[규칙 편집]**을 클릭합니다.

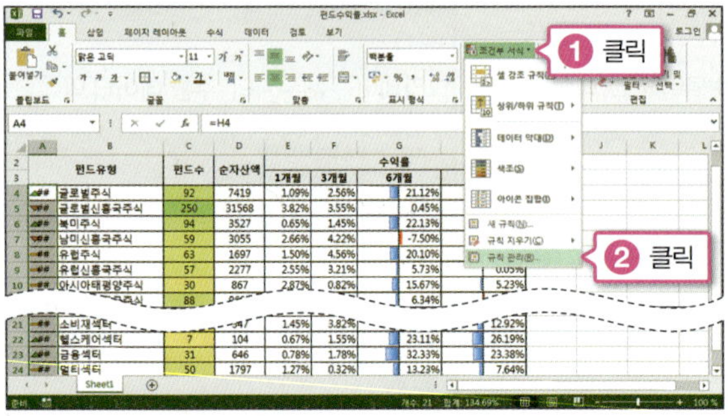

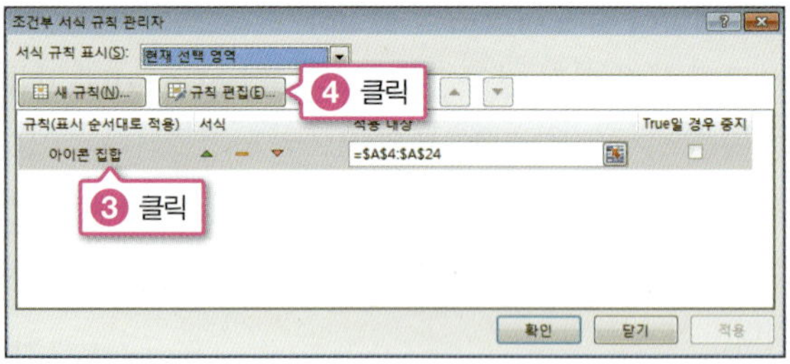

08 아이콘 집합 규칙 편집하기

① 규칙 설명 편집 영역에서 ▲ 아이콘 값에 **[>], [0], [숫자]**를, − 아이콘 값에는 **[>=], [0], [숫자]**를 설정합니다. ② **[확인]**을 클릭하여 대화상자를 닫습니다. 셀 값이 0초과면 ▲, 0이면 −, 0미만이면 ▼ 아이콘이 표시됩니다.

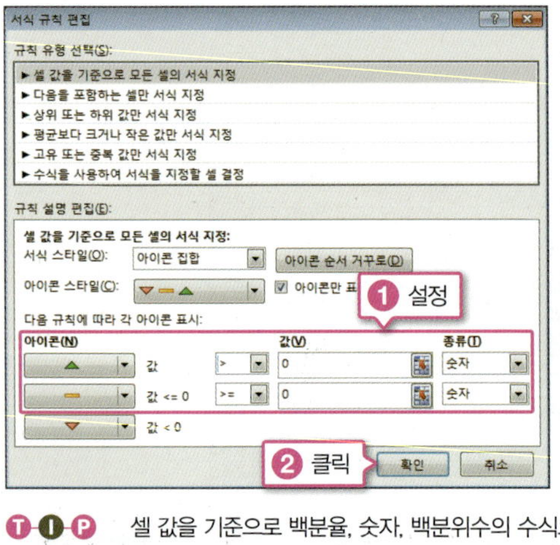

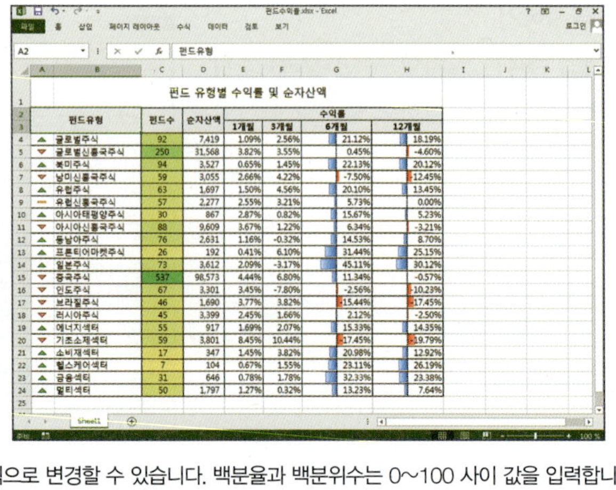

TIP 셀 값을 기준으로 백분율, 숫자, 백분위수의 수식으로 변경할 수 있습니다. 백분율과 백분위수는 0~100 사이 값을 입력합니다.

혼자해보기 | 조건부 서식과 사용자 지정 표시 형식 지정하기

- **실습 파일** 엑셀\4장\실습\매출월보.xlsx
- **완성 파일** 엑셀\4장\완성\매출월보_완성.xlsx

영업사원별 매출월보

(단위 : 천원, %)

성명	매출목표	실적			달성률 (%)	반품률 (%)
		매출금액	반품액	총매출액		
김민철	300,000	350,000	20,000	330,000	116.67%	5.71%
강민욱	250,000	225,000	5,000	220,000	90.00%	2.22%
이민규	250,000	150,000	10,000	140,000	60.00%	6.67%
한상민	230,000	180,000	7,000	173,000	78.26%	3.89%
김진철	210,000	160,000	1,000	159,000	76.19%	0.63%
최상호	200,000	280,000	10,000	270,000	140.00%	3.57%
민재철	170,000	130,000	35,000	95,000	76.47%	26.92%
이남길	160,000	120,000	4,000	116,000	75.00%	3.33%
전은철	160,000	100,000	2,000	98,000	62.50%	2.00%
홍규만	150,000	150,000	15,000	135,000	100.00%	10.00%
김유진	150,000	100,000	20,000	80,000	66.67%	20.00%
문길중	150,000	270,000	3,000	267,000	180.00%	1.11%
홍철민	140,000	130,000	30,000	100,000	92.86%	23.08%
박은옥	100,000	80,000	6,000	74,000	80.00%	7.50%

사원별 월 매출 실적을 기록한 표에서 아래 조건에 맞게 표시 형식과 조건부 서식을 지정해봅니다.

1. **매출목표**와 **실적**(B5:E18)은 천 단위마다 쉼표를 지정하고, 천 단위까지 표시되도록 사용자 지정 표시 형식을 지정합니다.
   사용자 지정 표시 형식(Ctrl+1) : #,##0,_-

2. **달성률**과 **반품률**(F5:G18)은 0.00%로 표시되도록 사용자 지정 표시 형식을 지정합니다.
   사용자 지정 표시 형식(Ctrl+1) : 0.00%_-

3. **달성률**(F5:F18)은 [홈] 탭-[스타일] 그룹에서 **[조건부 서식]**을 클릭하고 [데이터 막대]-그라데이션 채우기의 **[주황 데이터 막대]**를 선택합니다.

4. **반품률**(G5:G18)은 [홈] 탭-[스타일] 그룹에서 **[조건부 서식]**을 클릭하고 [아이콘 집합]-방향의 **[별 3개]**를 선택합니다.

5. **반품률**(G5:G18)의 규칙을 [홈] 탭-[스타일] 그룹에서 **[조건부 서식]**을 클릭하고 **[규칙 관리]**를 선택하여 다음과 같이 규칙을 수정합니다.

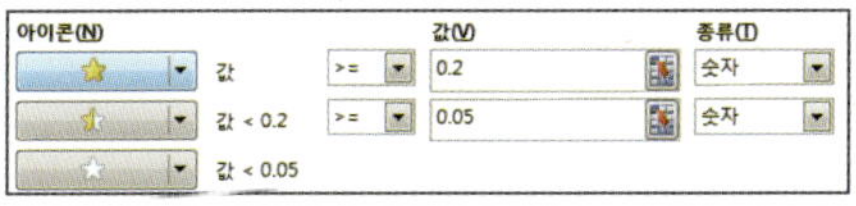

6. 데이터 전체 범위(A5:G18)에서 **달성률**이 100% 이상인 경우 글꼴 색을 빨강, 스타일 굵게가 행 전체에 적용되도록 수식으로 조건부 서식을 지정합니다. [홈] 탭-[스타일] 그룹에서 **[조건부 서식]**을 클릭하고 **[새 규칙]**을 선택합니다.

7. 새 서식 규칙 대화상자에서 **[수식을 사용하여 서식을 지정할 셀 결정]**을 선택합니다. 수식 입력란에 **=$F5>=100%**를 입력합니다. **[서식]**을 클릭하여 글꼴을 **[빨강]**, **[굵게]**로 지정하고 **[확인]**을 눌러 대화상자 닫습니다.

8. 전체 데이터를 보기 좋게 [홈] 탭-[글꼴], [맞춤] 그룹에서 글꼴, 채우기 색, 테두리, 병합 등을 지정합니다.

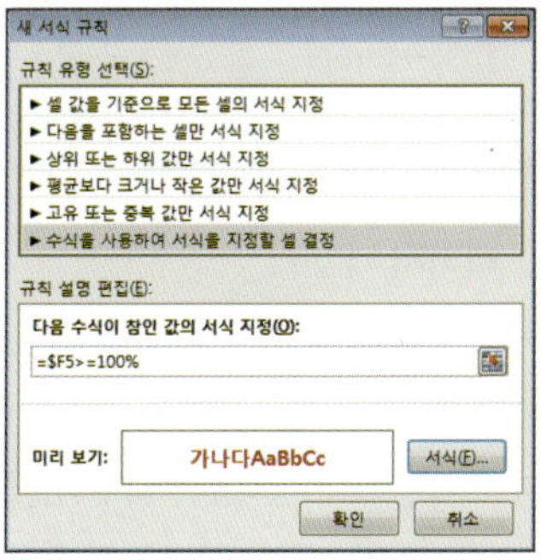

동영상으로 한번 더

혼자 실습하기 힘든 부분은 동영상 강좌를 통해 풀이 과정을 확인하세요. 한빛미디어 홈페이지에서 동영상을 다운로드하거나 스마트폰으로 QR 코드를 찍어 동영상을 확인할 수 있습니다.
유튜브에서도 확인할 수 있습니다.
http://youtu.be/RNDR-9Uzw1o

회사통엑셀파포2013

SECTION

04 페이지 레이아웃 설정 및 인쇄하기

기능실습 페이지 레이아웃 설정하기

2007 | 2010 | 2013

▪ 실습 파일 엑셀\4장\실습\제안실적.xlsx ▪ 완성 파일 엑셀\4장\완성\제안실적_완성.xlsx

엑셀에서 작성한 내용을 인쇄하려면 페이지 레이아웃을 정해야 합니다. 엑셀은 작업 영역이 워낙 넓어 페이지 구분을 정확히 알 수 없습니다. 따라서 인쇄 전에 꼭 여백, 용지 방향, 크기, 인쇄 영역 등을 설정하는 것이 좋습니다.

01 여백 설정 및 인쇄 배율 지정하기

작성한 문서를 한 페이지에 인쇄하도록 여백과 인쇄 배율을 설정해보겠습니다. ① 상태 표시줄에서 **[페이지 레이아웃]**을 클릭하면 데이터가 여러 페이지로 분리됩니다. ② [페이지 레이아웃] 탭-[페이지 설정] 그룹에서 **[여백]**을 클릭하고 ③ **[좁게]**를 선택해서 여백을 줄입니다. ④ 인쇄 배율을 지정하려면 [페이지 레이아웃] 탭-[크기 조정] 그룹에서 [너비]를 **[1페이지]**로 선택합니다. 인쇄 배율이 조절되어 문서가 한 페이지에 인쇄됩니다.

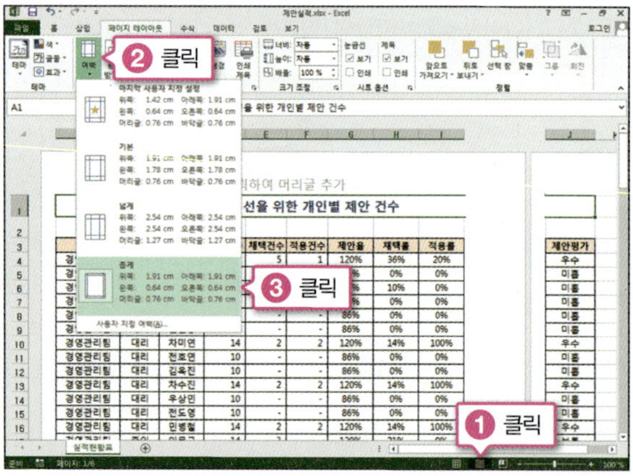

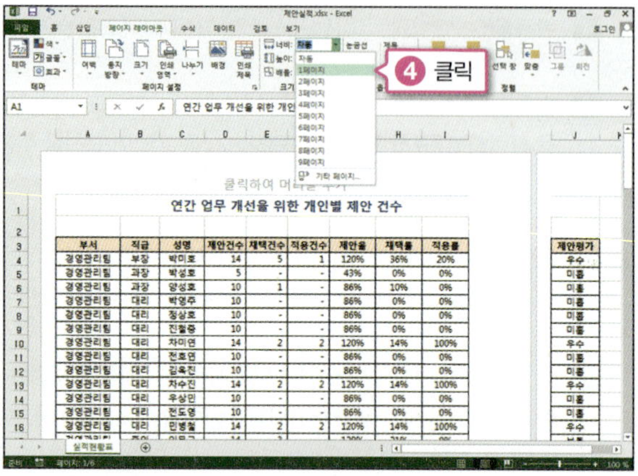

02 페이지 나누기

부서별로 페이지를 나누겠습니다. ① **[A24] 셀**을 선택합니다. ② [페이지 레이아웃] 탭-[페이지 설정] 그룹에서 **[나누기]**를 클릭한 후 ③ **[페이지 나누기 삽입]**을 선택합니다. 선택한 셀부터 다음 페이지로 바뀝니다.

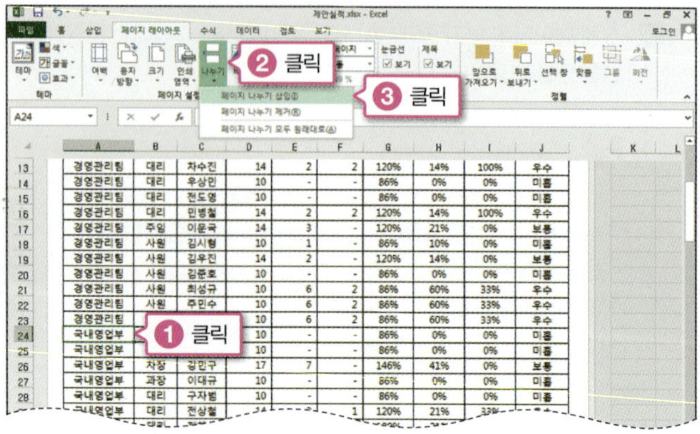

TIP 페이지를 잘못 나눴을 경우 페이지 나눈 셀을 선택하고 [페이지 나누기 제거]나 [페이지 나누기 모두 원래대로]를 실행합니다.

03 페이지 나누기

위와 같은 방법으로 각 부서가 시작되는 셀([A43], [A72], [A89] 셀)을 선택하고 **[페이지 나누기 삽입]**을 실행해서 부서별로 페이지를 나눕니다.

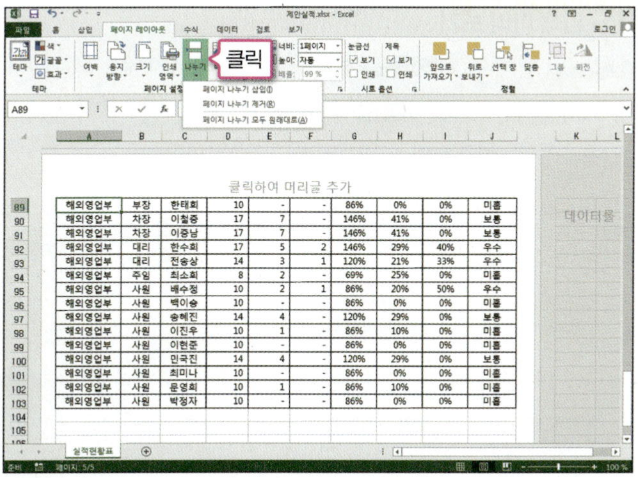

04 인쇄 제목 지정하기

① **[A1] 셀**을 선택합니다. ② [페이지 레이아웃] 탭–[페이지 설정] 그룹에서 **[인쇄 제목]**을 클릭합니다. ③ 페이지 설정 대화상자가 나타나면 **반복할 행**의 입력란을 클릭한 후 ④ 워크시트의 1~3행을 드래그하고 ⑤ **[확인]**을 클릭합니다. 각 페이지를 인쇄할 때마다 반복 설정한 행이 제목으로 인쇄됩니다.

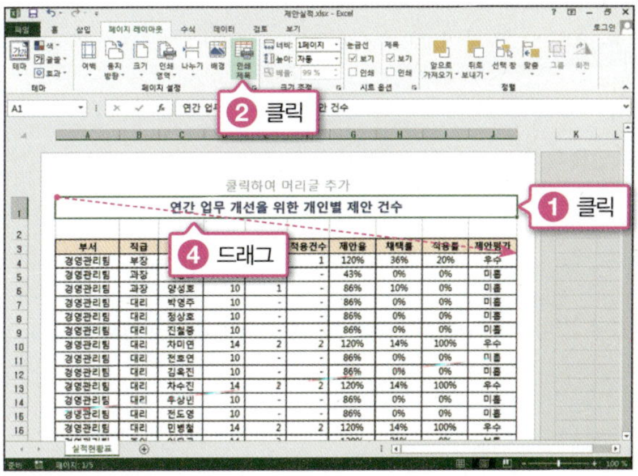

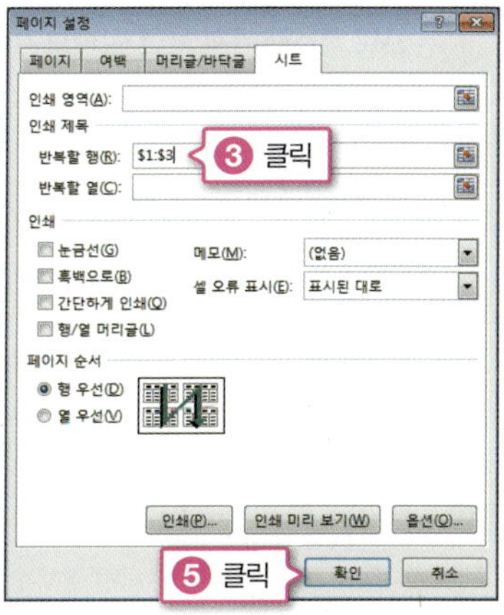

실무활용 EXCEL NOTE

페이지 설정 대화상자의 시트 탭 살펴보기

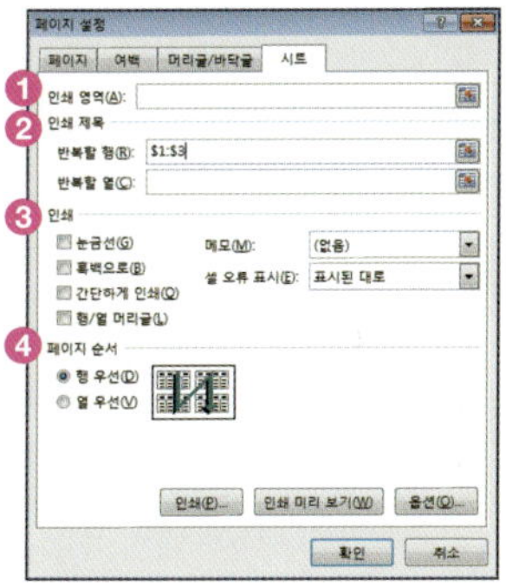

① **인쇄 영역** : 일부 데이터만 인쇄하려면 인쇄할 데이터의 범위를 지정합니다.

② **인쇄 제목** : 페이지마다 반복될 행 제목 또는 열 제목의 범위를 지정합니다.

③ **인쇄** : 워크시트에 셀 눈금선과 행/열 머리글을 인쇄할지, 흑백으로 인쇄할지, 워크시트 내에 테두리를 표시할지, 셀 채우기 색/도형/그림 등을 포함할지, 간단하게 인쇄할지, 메모나 셀 오류 표시를 인쇄할지 선택합니다.

④ **페이지 순서** : 페이지의 인쇄 순서를 행 방향 또는 열 방향으로 지정합니다.

05 인쇄 미리 보기

① [파일] 탭에서 ② **[인쇄]**를 선택하면 백스테이지에 인쇄 관련 메뉴와 미리 보기가 나타납니다. ③ 백스테이지 미리 보기에서 [3 /5 **이동]**을 클릭해 다른 페이지를 볼 수 있습니다. ④ [**확대]**를 클릭해서 미리 보기 화면을 확대/축소할 수 있습니다.

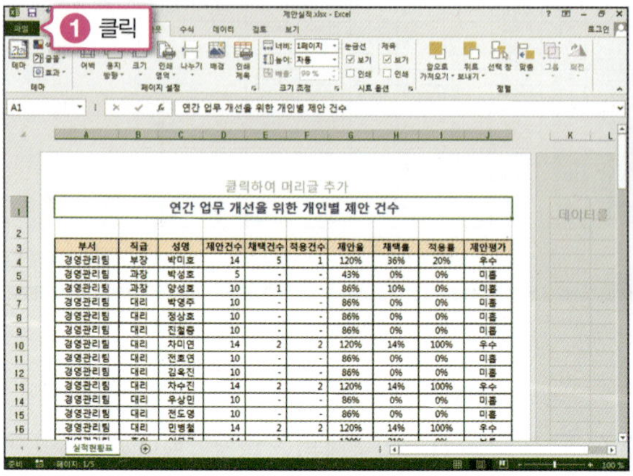

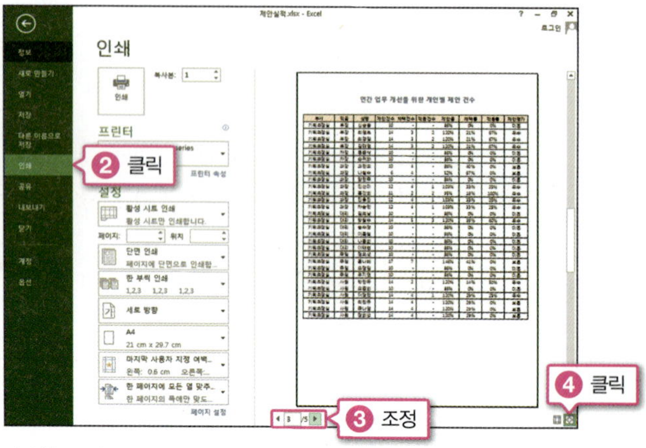

TIP 백스테이지 미리 보기에서 [여백 표시]를 클릭한 후 여백 표시 선을 드래그하여 여백을 조절할 수 있습니다.

실무활용 EXCEL NOTE　인쇄 백스테이지 화면 살펴보기

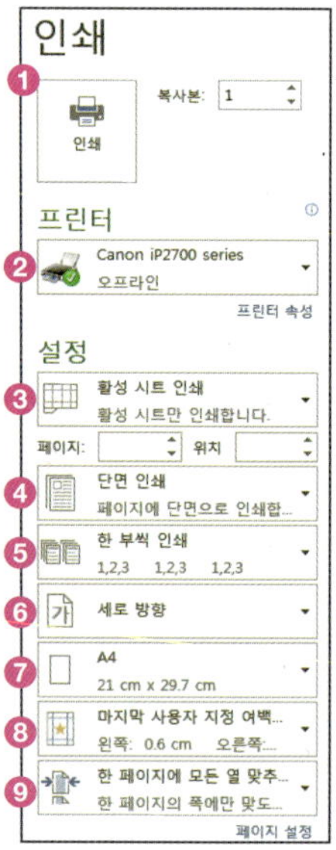

인쇄 영역

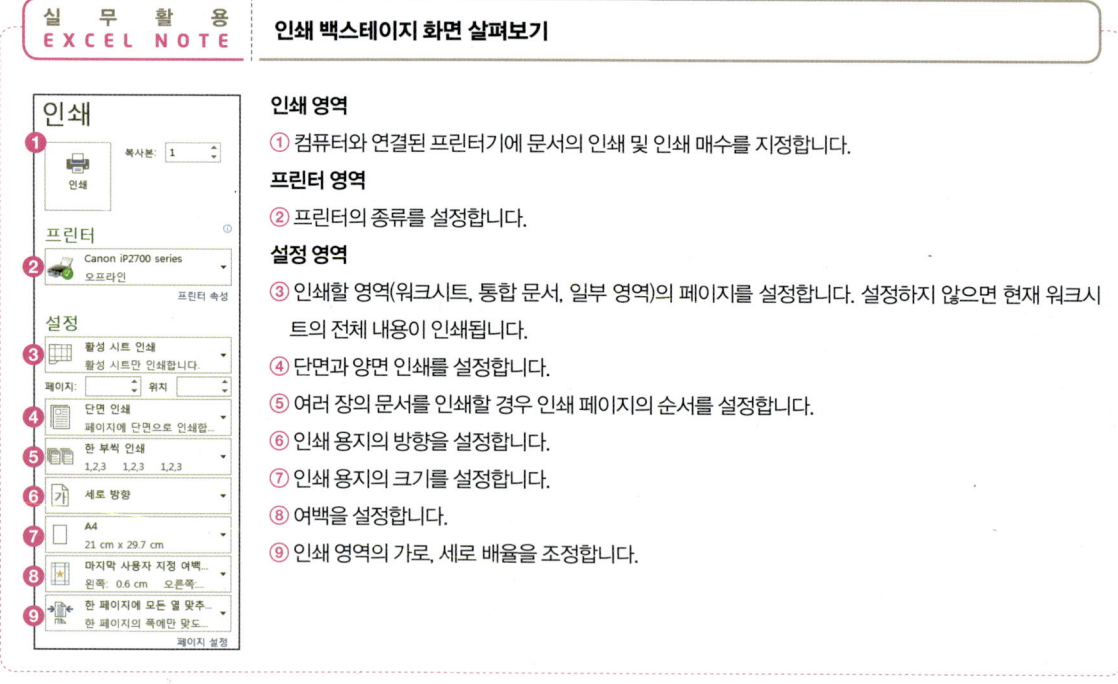

① 컴퓨터와 연결된 프린터기에 문서의 인쇄 및 인쇄 매수를 지정합니다.

프린터 영역

② 프린터의 종류를 설정합니다.

설정 영역

③ 인쇄할 영역(워크시트, 통합 문서, 일부 영역)의 페이지를 설정합니다. 설정하지 않으면 현재 워크시트의 전체 내용이 인쇄됩니다.

④ 단면과 양면 인쇄를 설정합니다.

⑤ 여러 장의 문서를 인쇄할 경우 인쇄 페이지의 순서를 설정합니다.

⑥ 인쇄 용지의 방향을 설정합니다.

⑦ 인쇄 용지의 크기를 설정합니다.

⑧ 여백을 설정합니다.

⑨ 인쇄 영역의 가로, 세로 배율을 조정합니다.

실 무 활 용 | 재직증명서에 머리글/바닥글 설정하기 2007 | 2010 | 2013

- **실습 파일** 엑셀\4장\실습\재직증명서.xlsx
- **완성 파일** 엑셀\4장\완성\재직증명서_완성.xlsx
- **그림 파일** 엑셀\4장\실습\배경로고.png

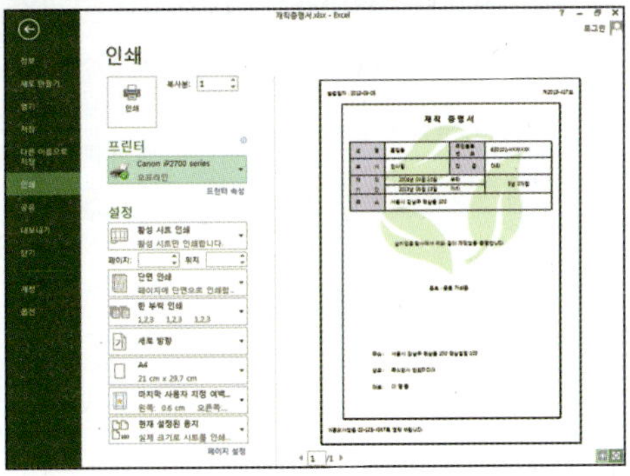

각 페이지마다 페이지 번호를 표기하거나 파일 이름을 인쇄하려면 머리글/바닥글을 추가합니다. [머리글/바닥글 도구〉디자인] 탭에서 설정할 수 있으며 페이지 설정과 머리글/바닥글 설정이 모두 끝나면 최종적으로 확인한 후 인쇄를 시작합니다. 재직 증명서에 배경 그림을 넣고, 머리글과 바닥글을 설정해보겠습니다.

01 머리글 설정하기

① 하단의 상태 표시줄에서 **[페이지 레이아웃]**을 클릭한 후 ② **머리글 왼쪽 영역**을 클릭합니다. ③ **발급일자 :** 를 입력한 후 ④ [디자인] 탭-[머리글/바닥글 요소] 그룹에서 **[현재 날짜]**를 클릭해서 날짜를 표기합니다. ⑤ 머리글 오른쪽 영역을 클릭하고 ⑥ 문서 서식 번호인 **제2013-417호**를 입력합니다.

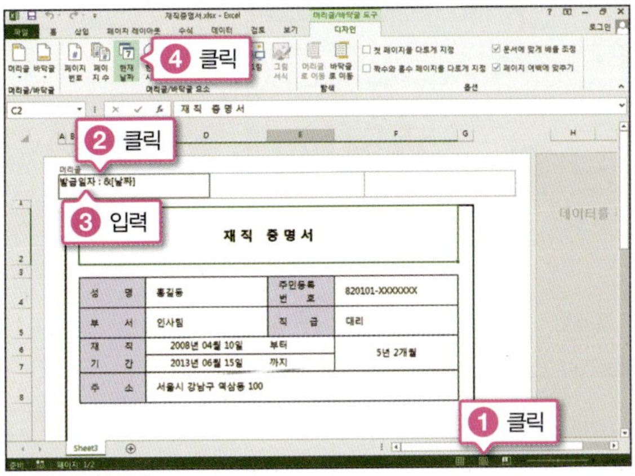

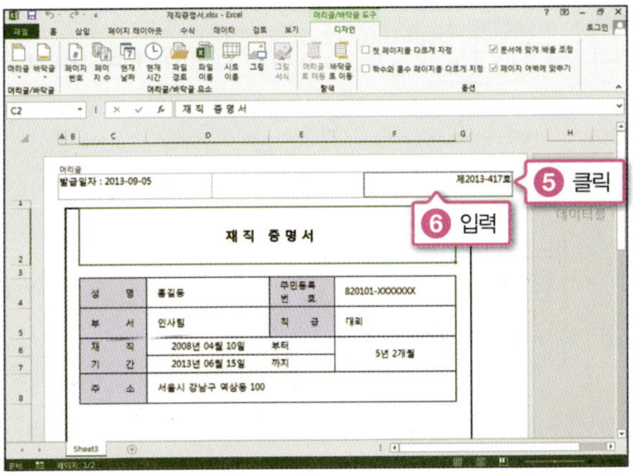

02 페이지에 배경 그림 삽입하기

① 머리글 가운데 영역을 클릭하고 ② [디자인] 탭-[머리글/바닥글 요소] 그룹에서 **[그림]**을 클릭합니다. ③ 그림 삽입창의 파일에서 **[찾아보기]**를 클릭합니다.

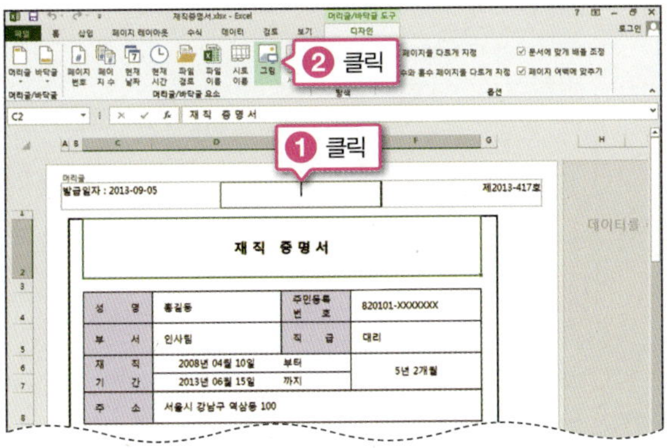

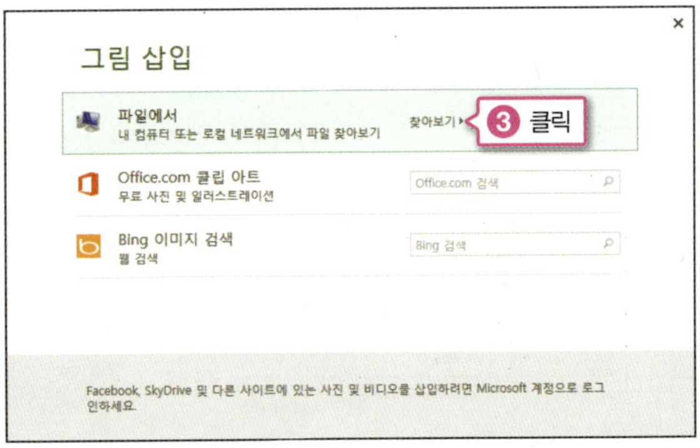

03 페이지에 배경 그림 삽입하기

① **배경로고.png(엑셀\4장\실습)** 파일을 선택하고 ② **[삽입]**을 클릭하여 그림을 불러옵니다. ③ 머리글 가운데 영역에 **&그림**이라는 텍스트가 나타나면 & 앞에 커서를 두고 Enter를 여러 번 누릅니다. 그림이 가운데로 배치됩니다.

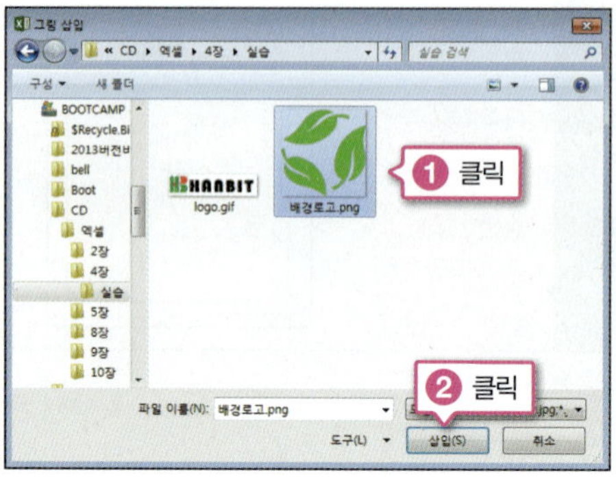

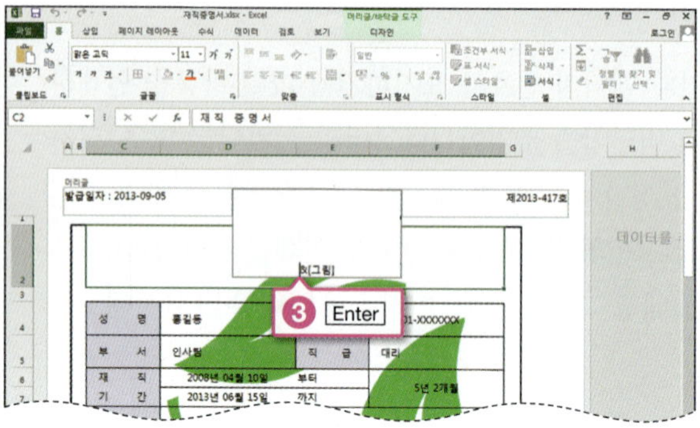

04 삽입한 그림 서식 변경하기

① [디자인] 탭-[머리글/바닥글 요소] 그룹에서 **[그림 서식]**을 클릭합니다. ② 그림 서식 대화상자가 나타나면 [그림] 탭의 이미지 조절 영역에서 색을 **[희미하게]**로 설정한 후 ③ **[확인]**을 클릭합니다.

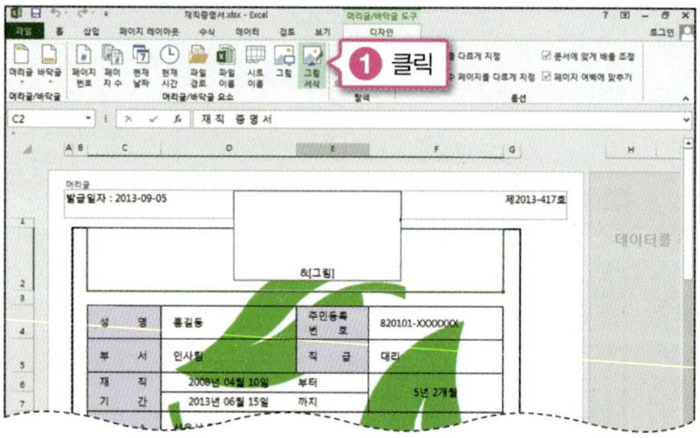

05 바닥글로 이동 후 바닥글 설정하기

① [디자인] 탭-[탐색] 그룹에서 **[바닥글로 이동]**을 클릭해서 바닥글로 이동합니다. ② 바닥글 왼쪽 영역을 클릭하고 **※문의사항은 02-123-4567로 연락 바랍니다.**를 입력합니다.

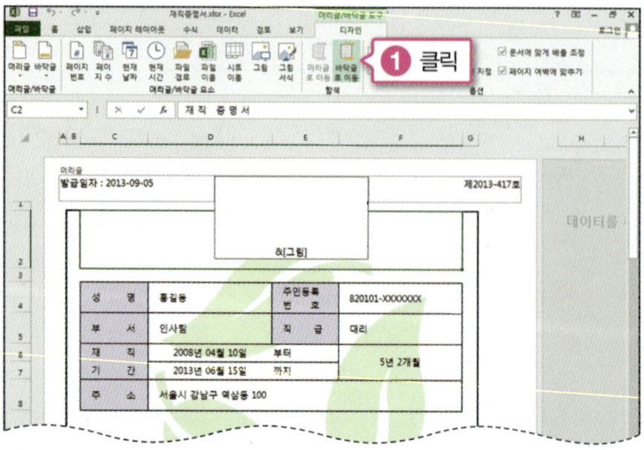

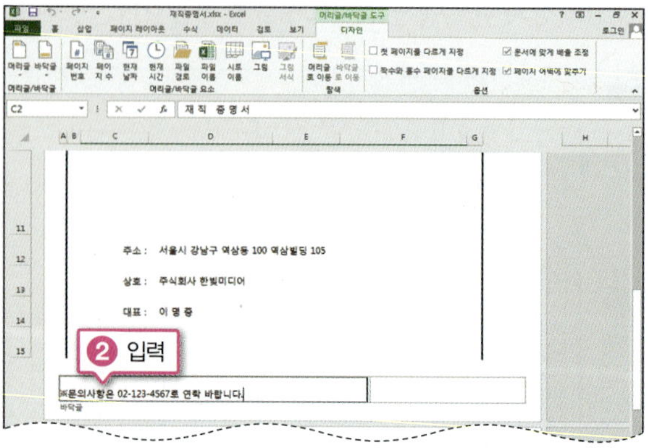

TIP [머리글/바닥글 도구〉디자인] 탭은 머리글 또는 바닥글 영역을 클릭한 상태에서만 나타납니다.

06 왼쪽으로 치우친 문서 여백 조절하기

왼쪽으로 치우친 문서에서 여백을 조절하여 가운데로 배치하겠습니다. ① 임의의 셀을 선택하고 ② [페이지 레이아웃] 탭–[페이지 설정] 그룹에서 **[페이지 설정]**을 클릭합니다. ③ **[여백] 탭**을 클릭하고 ④ 페이지 가운데 맞춤 영역에서 **[가로]**, **[세로]**를 모두 체크합니다. ⑤ **[인쇄 미리 보기]**를 클릭합니다.

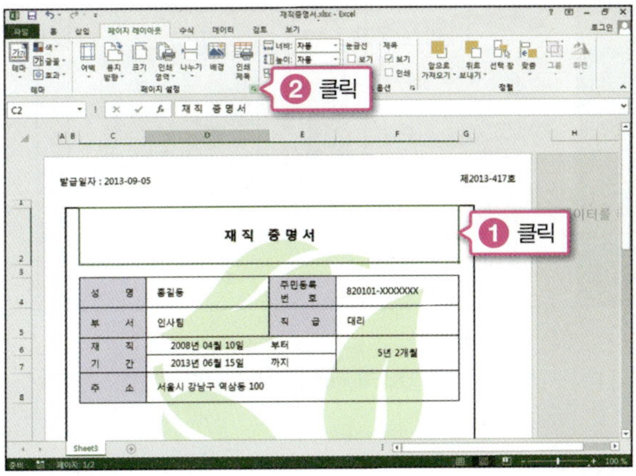

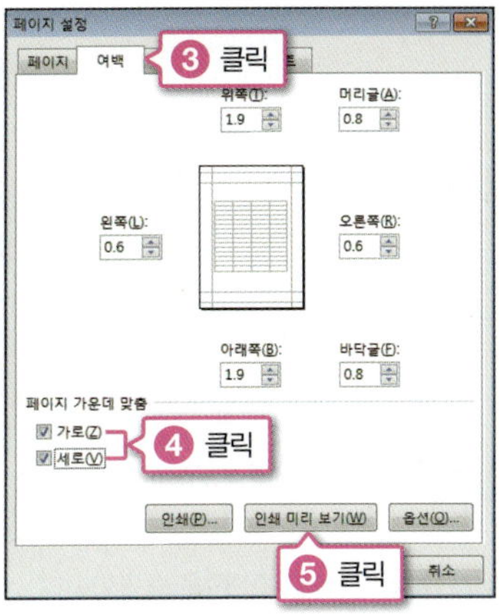

07 인쇄 미리 보기 화면에서 여백 조절하기

백스테이지 인쇄 미리 보기 화면에서 해당 문서가 한 페이지에 인쇄 되도록 여백을 조절해 보겠습니다. ① **[여백 표시]**를 클릭한 후 ② 상단의 **여백 표시 선**을 위로 드래그하여 재직 증명서가 한 페이지에 인쇄되도록 여백을 조절합니다.

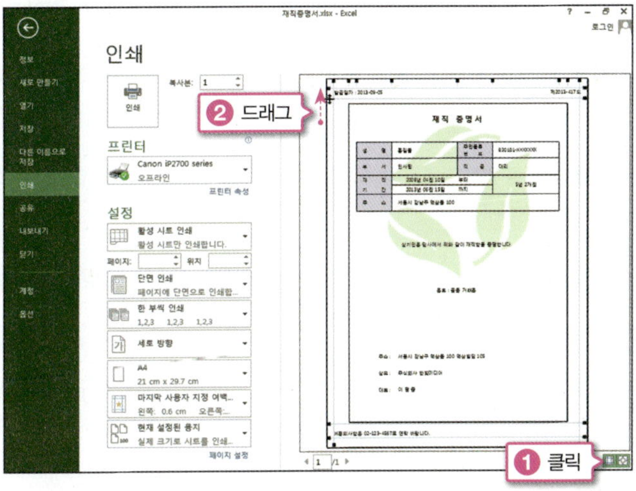

혼자해보기 | 배경 및 로고 인쇄하기

- **실습 파일** 엑셀\4장\실습\미수금현황.xlsx
- **완성 파일** 엑셀\4장\완성\미수금현황_완성.xlsx
- **그림 파일** 엑셀\4장\실습\logo.gif

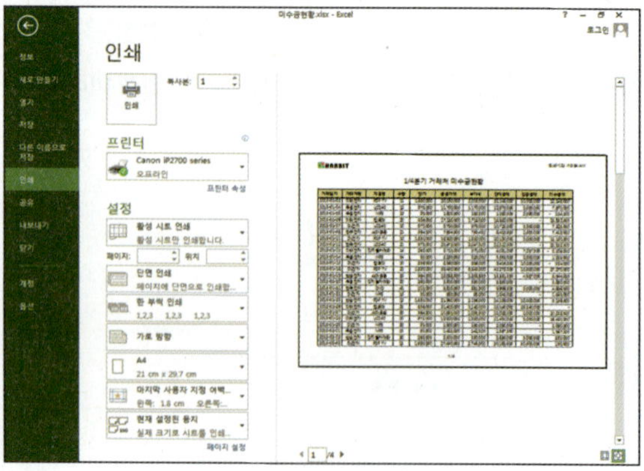

거래처 입금 현황문서에서 용지와 인쇄 제목을 지정하고, 회사 로고와 페이지 번호를 머리글/바닥글에서 설정합니다.

1 하단 상태 표시줄에서 **[페이지 레이아웃]**을 클릭합니다.

2 [페이지 레이아웃] 탭–[페이지 설정] 그룹에서 [용지 방향]을 **[가로]**로 선택합니다.

3 [페이지 레이아웃] 탭–[페이지 설정] 그룹에서 **[인쇄 제목]**을 클릭합니다. 페이지 설정 대화상자에서 반복할 행란을 클릭하고 2행을 드래그하고 **[확인]**을 클릭합니다. 각 페이지를 인쇄할 때마다 반복 설정한 행이 제목으로 인쇄됩니다.

4 머리글 왼쪽 영역을 선택하고 [디자인] 탭–[머리글/바닥글 요소] 그룹에서 **[그림]**을 클릭해서 logo.gif(엑셀\4장\실습) 파일을 불러옵니다.

5 머리글 오른쪽 영역을 선택하고 **인쇄시간 :**을 입력하고 [머리글/바닥글 도구〉디자인] 탭의 [머리글/바닥글 요소] 그룹에서 **[현재 시간]**을 선택합니다.

6 바닥글로 가운데 영역으로 이동합니다. [머리글/바닥글 도구〉디자인] 탭–[머리글/바닥글 요소] 그룹에서 **[페이지 번호]**를 클릭하고 / 입력한 후 **[페이지 수]**를 클릭합니다. 바닥글이 [페이지 번호/전체 페이지 수] 형식으로 표기됩니다.

7 [파일] 탭에서 **[인쇄]**를 선택하고 백스테이지에서 앞서 설정한 머리글과 바닥글, 인쇄 제목 등이 제대로 나타나는 확인해봅니다.

동영상으로 한번 더

혼자 실습하기 힘든 부분은 동영상 강좌를 통해 풀이 과정을 확인하세요.
한빛미디어 홈페이지에서 동영상을 다운로드하거나 스마트폰으로 QR 코드를 찍어 동영상을 확인할 수 있습니다.
유튜브에서도 확인할 수 있습니다.
http://youtu.be/o3UYh-DIv6g

회사통엑셀파포2013

CHAPTER

05

엑셀 수식 만들기

EXCEL 2013

SECTION

01 수식 입력과 연산자 이해하기

기능설명 수식의 구조 알아보기

2007 | 2010 | 2013

- 실습 파일 엑셀\5장\실습\수식_참조.xlsx ([수식] 시트)
- 완성 파일 엑셀\5장\완성\수식_참조_완성.xlsx

엑셀에서는 데이터를 입력할 때 등호(=)를 입력하면 수식으로 받아들이며, 계산한 결과 값이 셀에 표시됩니다. 수식은 등호(=)를 입력하고 연산자, 피연산자, 함수 등을 조합하여 만듭니다. 피연산자는 숫자일 수도 있지만 셀 주소가 될 수도 있습니다. 연산자는 산술, 문자, 비교 연산자로 데이터를 계산하라는 명령 기호입니다.

피연산자 사용하기

=	피연산자	연산자	피연산자
① 등호	② 숫자 또는 셀 주소	③ 산술, 문자, 비교 연산자 등	④ 숫자 또는 셀 주소

수식에 사용하는 피연산자는 숫자를 쓸 수도 있지만 셀 주소를 쓸 수도 있습니다. 셀 주소를 피연산자로 사용하면 셀 값이 변경되었을 때 수식에 따른 결과 값이 자동으로 바뀌므로 수식의 오류를 수정하는 번거로움을 줄일 수 있어 편리합니다.

수식을 입력하면 셀에는 수식 결과 값이 표시되고 수식 입력줄에는 수식이 표시됩니다. 만약 수식을 잘못 입력하면 해당 셀에 수식 오류가 표시됩니다.

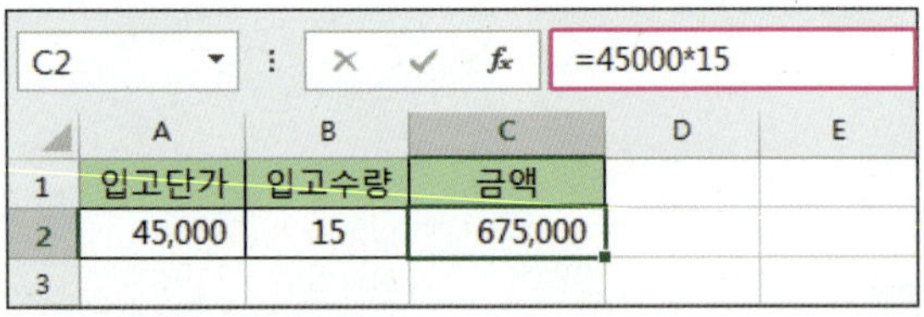

△ 피연산자로 숫자를 사용

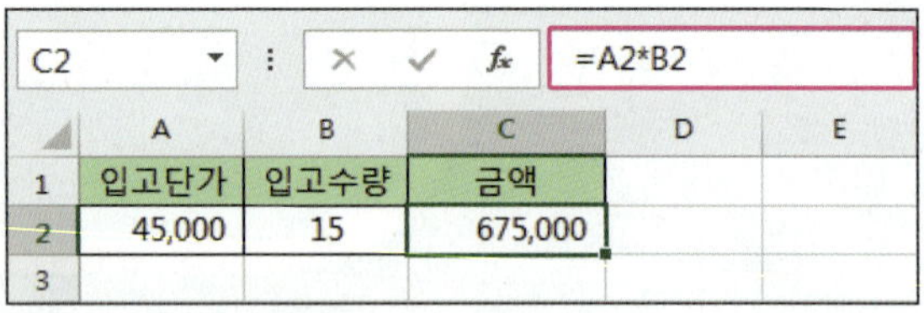

△ 피연산자로 셀 주소를 사용

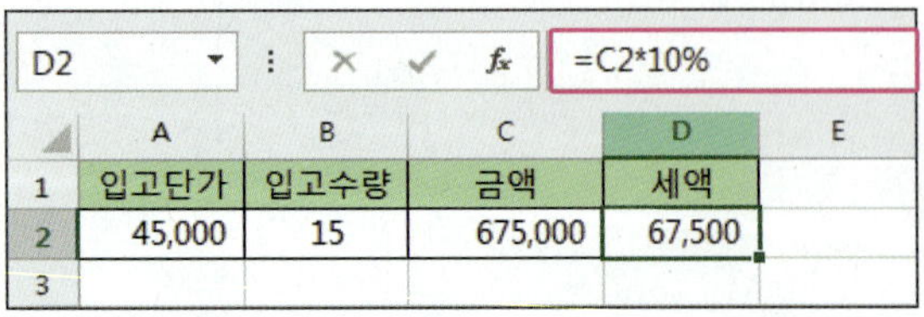

D2
=C2*10%
A B C D E
1 입고단가 입고수량 금액 세액
2 45,000 15 675,000 67,500
3

△ 피연산자로 셀 주소와 숫자를 사용

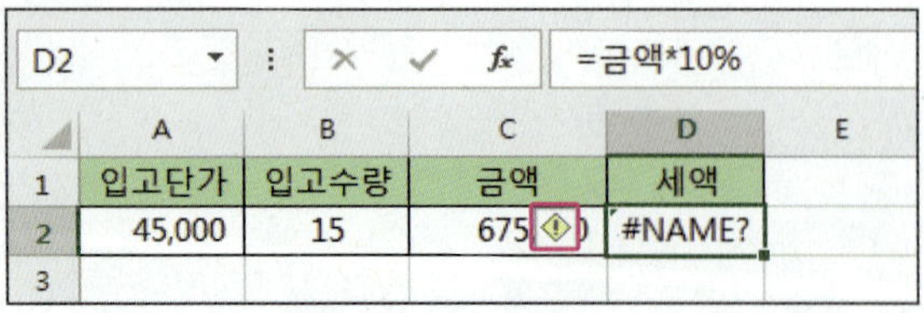

△ 피연산자의 잘못된 사용으로 수식 오류

연산자 종류와 우선순위

연산자는 크게 산술, 비교, 문자, 참조 연산자로 나눌 수 있습니다. 산술, 문자, 참조 연산자는 수식에 직접 사용하지만 비교 연산자는 True, False 값을 결과로 표시하기 때문에 함수식에 주로 쓰입니다.

① **산술 연산자** : 더하기, 빼기, 곱하기와 같은 기본적인 수학 연산을 수행합니다.

기능	백분율	거듭제곱	곱하기	나누기	더하기	빼기
연산자	%	^	*	/	+	−

② **문자 연결 연산자** : 문자열을 여러 개로 연결해서 하나로 만듭니다.

기능	연결
연산자	&

③ **비교 연산자** : 두 값을 비교하여 참 또는 거짓으로 결과 값이 나타납니다.

기능	같다	크다	크거나 같다	작다	작거나 같다	같지 않다
연산자	=	〉	〉=	〈	〈=	〈〉

각 연산자 사이의 우선순위는 다음과 같으며 우선순위가 같은 연산자는 왼쪽에 있는 연산자를 먼저 계산합니다. 연산자 우선순위를 바꾸려면 괄호()를 씁니다. 괄호 연산자 안에 있는 수식을 가장 먼저 계산합니다.

산술 연산자	→	문자 연결 연산자	→	비교 연산자
① (−(음수), %, ^, *, /, +, −)		② (&)		③ (=, 〈, 〉, 〈=, 〉=, 〈〉)

실 무 활 용 | 판매현황표에 수식 입력하고 복사하기

2007 | 2010 | 2013

- **실습 파일** 엑셀\5장\실습\판매현황.xlsx
- **완성 파일** 엑셀\5장\완성\판매현황_완성.xlsx

간단한 수식만 사용하더라도 문서 작성이 훨씬 수월해집니다. 판매현황과 같은 문서에서 1분기 목표량, 판매금액, 달성률을 하나하나 계산해서 결과 값을 입력하려면 여간 번거로운 일이 아닙니다. 하나의 셀에 수식을 입력해서 결과 값을 구하고 채우기 핸들로 나머지 셀에 간단하게 수식을 적용할 수 있습니다.

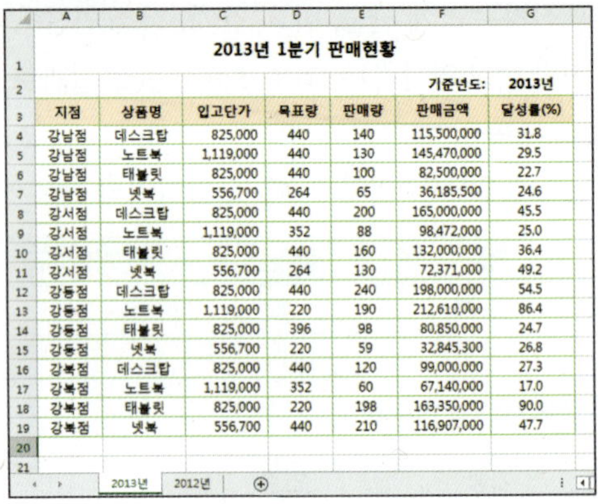

2013년 1분기 판매현황

					기준년도:	2013년
지점	상품명	입고단가	목표량	판매량	판매금액	달성률(%)
강남점	데스크탑	825,000	440	140	115,500,000	31.8
강남점	노트북	1,119,000	440	130	145,470,000	29.5
강남점	태블릿	825,000	440	100	82,500,000	22.7
강남점	넷북	556,700	264	65	36,185,500	24.6
강서점	데스크탑	825,000	440	200	165,000,000	45.5
강서점	노트북	1,119,000	352	88	98,472,000	25.0
강서점	태블릿	825,000	440	160	132,000,000	36.4
강서점	넷북	556,700	264	130	72,371,000	49.2
강동점	데스크탑	825,000	440	240	198,000,000	54.5
강동점	노트북	1,119,000	220	190	212,610,000	86.4
강동점	태블릿	825,000	396	98	80,850,000	24.7
강동점	넷북	556,700	220	59	32,845,300	26.8
강북점	데스크탑	825,000	440	120	99,000,000	27.3
강북점	노트북	1,119,000	352	60	67,140,000	17.0
강북점	태블릿	825,000	220	198	163,350,000	90.0
강북점	넷북	556,700	440	210	116,907,000	47.7

01 수식의 피연산자로 셀 주소 사용하기

기준년도인 [G2] 셀과 제목 문자열을 연결하는 수식을 작성하겠습니다. ① **[A1] 셀**을 선택하고 ② **=G2&" 1분기 판매현황"**을 입력한 후 Enter를 누릅니다.

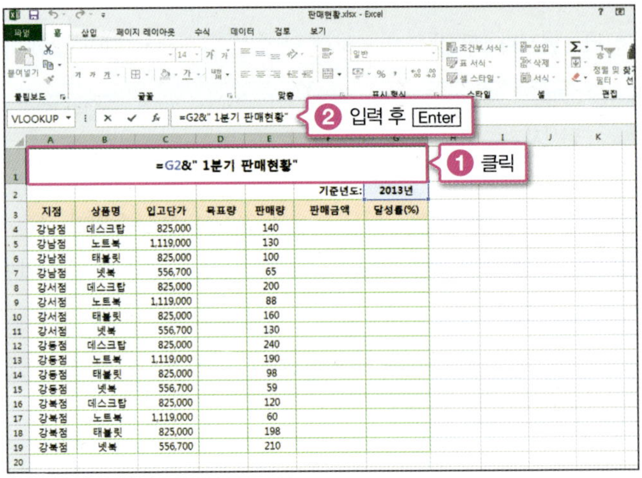

02 수식의 피연산자로 다른 셀 참조하기

[2012년] 시트를 참조하여 지점별 2013년 목표량을 구하겠습니다. ① 목표량을 표기할 **[D4] 셀**을 선택하고 ② 등호 =를 입력합니다.

T-I-P 다른 시트에 있는 셀을 참조할 때는 **시트이름!셀주소** 형식으로 입력하며 외부 통합 문서를 참조할 때는 **[통합문서이름.xlsx]시트이름!셀주소** 형식으로 입력합니다.

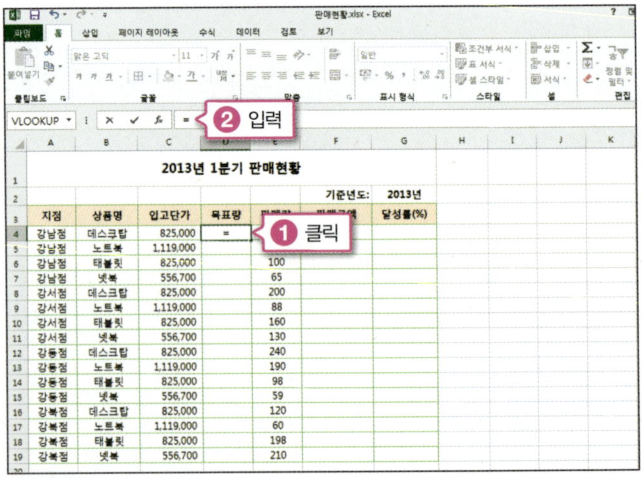

목표량 구하기=2012년 판매수량*1.1

03 수식의 피연산자로 다른 셀 참조하기

① 2012년 판매량이 있는 **[2012년] 시트 탭**을 클릭합니다. ② [2012년] 시트의 수식 입력줄에 **='2012년'!C4*1.1**을 입력하고 Enter 를 누릅니다.

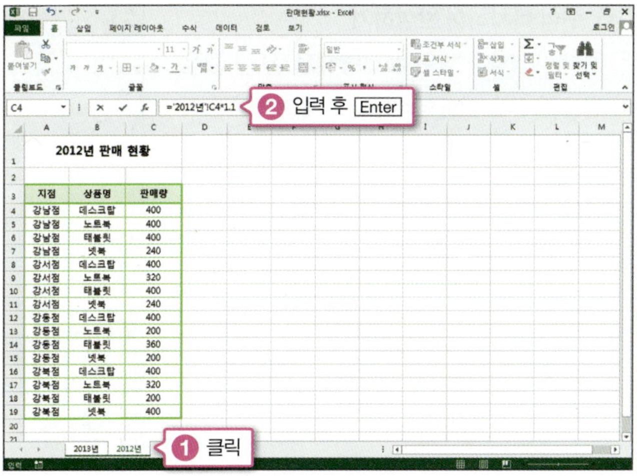

04 수식 복사하기

[D4] 셀을 선택하고 [채우기 핸들]을 **[D19] 셀**까지 드래그하여 수식을 복사하거나 더블클릭합니다.

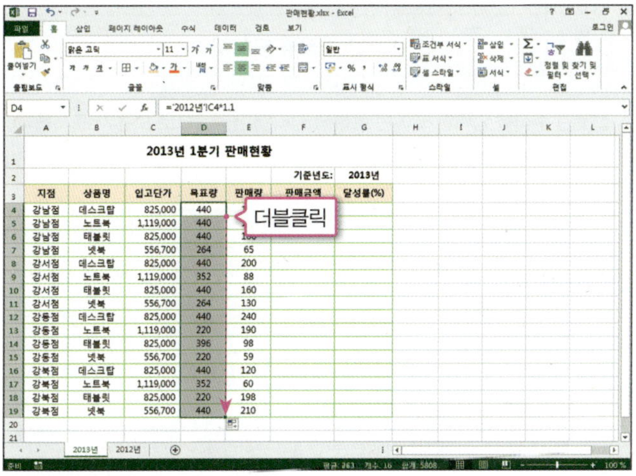

05 곱하기 연산자를 이용해 판매 금액과 달성률 구하기

① **[2013년] 시트**를 클릭합니다. ② **[F4] 셀**을 선택하고 ③ 수식 입력줄에 **=C4*E4**를 입력한 후 Enter 를 눌러 **판매금액**을 구합니다. ④ 다시 **[G4] 셀**을 선택하고 ⑤ **=E4/D4*100**을 입력하고 Enter 를 눌러 **달성률**을 구합니다.

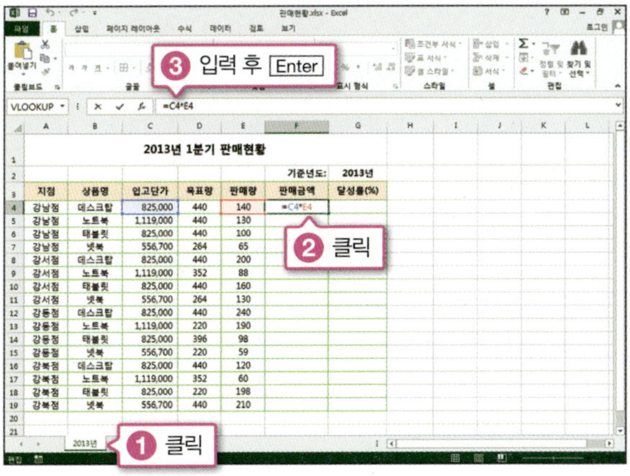

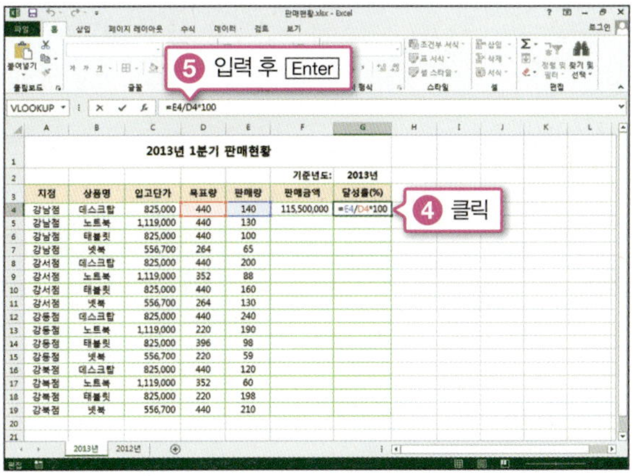

판매금액=입고단가*판매량, 달성률=판매량/목표량*100

06 수식 복사하여 완성하기

① **[F4:G4] 영역**을 범위로 선택하고 ② [채우기 핸들]을 **[F19:G19] 영역**까지 드래그하여 수식을 복사하거나 더블클릭합니다.

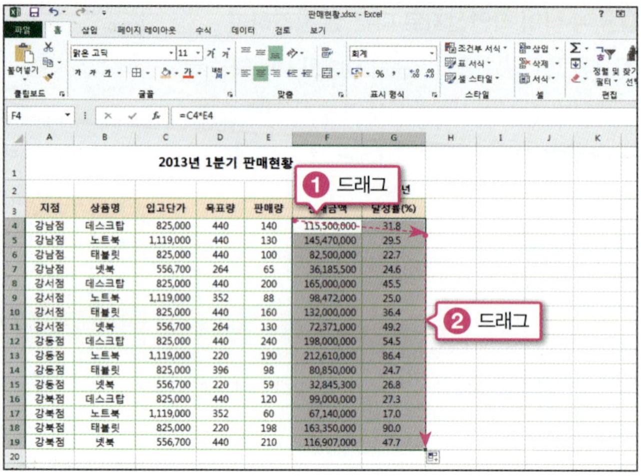

실무활용 EXCEL NOTE

수식 오류 메시지

잘못된 수식을 입력한 셀에는 초록색 삼각형[#NAME?]으로 오류가 표시됩니다. 초록색 삼각형 옆으로 마우스를 가져가면 [수식 오류 검사] 버튼이 나타나고 오류 검사 버튼을 클릭하면 오류를 해결할 수 있는 방법이 나타납니다.

오류 메시지	의미
#### 오류	열 너비가 충분하지 않을 때, 음수 날짜 또는 시간을 사용했을 때, 계산한 결과 값 자릿수가 엑셀에서 지원하는 숫자 범위를 넘었을 때입니다.
#DIV/0!	숫자를 0으로 나눴습니다.
#N/A	데이터가 없거나 VLOOKUP, LOOKUP, HLOOKUP, MATCH 함수에서 인수가 부적절합니다.
#NAME?	잘못된 이름을 사용했습니다.
#NULL!	교차하지 않는 두 영역의 논리곱을 지정했습니다.
#NUM!	수식이나 함수가 잘못되었거나 숫자가 범위를 벗어났습니다.
#REF!	유효하지 않은 셀을 참조했습니다.
#VALUE!	인수나 피연산자 형식이 잘못되었습니다.

SECTION

02 셀 참조 이해하기

기능설명 셀 참조 유형 살펴보기

2007 | 2010 | 2013

- **실습 파일** 엑셀\5장\실습\수식_참조.xlsx ([상대참조]~[혼합참조] 시트) - **완성 파일** 엑셀\5장\완성\수식_참조_완성.xlsx

수식에서 셀을 참조하는 방식은 크게 상대 참조, 절대 참조, 혼합 참조 세 가지로 나눌 수 있습니다. 수식을 입력하는 위치에 따라 피연산자로 사용한 셀 주소가 바뀌면 상대 참조, 수식을 입력하는 위치가 어디건 상관없이 피연산자로 사용한 셀 주소가 고정되면 절대 참조, 상대 참조와 절대 참조를 섞어서 사용하면 혼합 참조입니다.

상대 참조

상대 참조는 열 머리글과 행 머리글을 참조해서 만든 일반적인 셀 주소 형식입니다. A1 또는 C2 형태로 수식을 입력한 후 복사하면 셀 위치에 따라 참조한 셀 주소도 바뀝니다. 수식을 아래로 복사하면 행 머리글이 증가하고, 오른쪽으로 복사하면 열 머리글이 증가합니다.

E2 =B2*C2+D2

	A	B	C	D	E
1	출장지역	출장일수	출장비(일)	교통비	출장경비
2	부산	3	50,000	98,000	248,000
3	광주	2	50,000	80,000	180,000
4	제주	1	50,000	140,000	190,000
5	부산	4	50,000	98,000	298,000
6	대구	2	50,000	92,000	192,000
7					

[E2] 셀=B2*C2+D2
[E3] 셀=B3*C3+D3
[E4] 셀=B4*C4+D4
[E5] 셀=B5*C5+D5
[E6] 셀=B6*C6+D6

절대 참조

절대 참조는 열 머리글과 행 머리글 앞에 $(달러) 기호를 붙여서 $A$1 또는 $C$2 형태로 입력합니다. 절대 참조를 사용한 수식을 복사하더라도 셀 위치에 관계없이 참조한 셀 주소가 일정하게 유지됩니다.

E4 =$E$1+3

	A	B	C	D	E
1				주문일	2013-04-05
2					
3	상품명	수량	단가	금액	출고예정일
4	볼펜	5	1,500	7,500	2013-04-08
5	A4용지	10	4,500	45,000	2013-04-08
6	종이컵	10	2,800	28,000	2013-04-08
7	커피믹스	5	6,900	34,500	2013-04-08
8	녹차티백	5	4,500	22,500	2013-04-08
9					

[E4] 셀=$E$1+3
[E5] 셀=$E$1+3
[E6] 셀=$E$1+3
[E7] 셀=$E$1+3
[E8] 셀=$E$1+3

혼합 참조

혼합 참조는 열 또는 행 중 한 군데만 $를 붙여서 A$1 또는 $C2 형태로 입력합니다. 혼합 참조를 사용하면 셀 위치에 따라 $가 붙은 행(열)은 고정되고 열(행)만 바뀝니다.

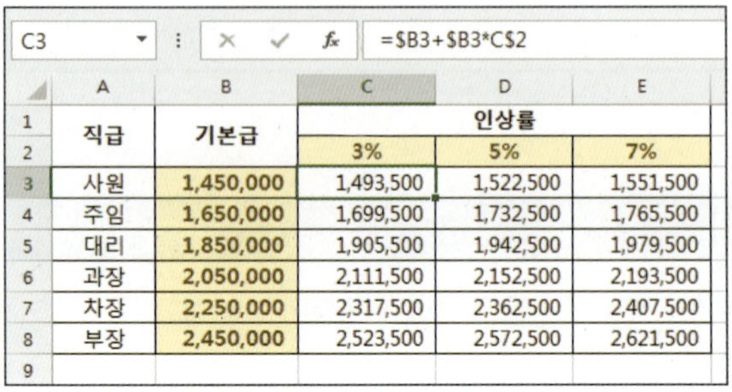

C3 =$B3+$B3*C$2

	A	B	C	D	E
1	직급	기본급	인상률		
2			3%	5%	7%
3	사원	1,450,000	1,493,500	1,522,500	1,551,500
4	주임	1,650,000	1,699,500	1,732,500	1,765,500
5	대리	1,850,000	1,905,500	1,942,500	1,979,500
6	과장	2,050,000	2,111,500	2,152,500	2,193,500
7	차장	2,250,000	2,317,500	2,362,500	2,407,500
8	부장	2,450,000	2,523,500	2,572,500	2,621,500
9					

[C3] 셀=$B3+$B3*C$2
[C4] 셀=$B4+$B4*C$2
[C5] 셀=$B5+$B5*C$2
[C6] 셀=$B6+$B6*C$2
[C7] 셀=$B7+$B7*C$2
[C8] 셀=$B8+$B8*C$2

[C3] 셀=$B3+$B3*C$2　[D3] 셀=$B3+$B3*D$2　[E3] 셀=$B3+$B3*E$2

[C3] 셀에 **=$B3+$B3*C$2**를 입력한 다음 오른쪽으로 수식을 복사하면 B열은 고정되고 C열의 열 이름이 바뀝니다. 수식을 아래로 복사하면 C열의 행 번호는 고정되고, B열의 행 번호는 바뀝니다.

실무활용 EXCEL NOTE

상대, 절대, 혼합 참조 유형을 빠르게 변경하기

참조 영역을 고정할 때는 $ 기호를 직접 입력할 수도 있지만 [F4]를 눌러 자동으로 참조 영역을 붙일 수도 있습니다. [F4]를 누를 때마다 셀 참조 유형이 상대 참조 → 절대 참조 → 혼합 참조… 순서로 빠르게 변경됩니다.

상대 참조		절대 참조		행 절대 참조		열 절대 참조		상대 참조
A1	→ [F4]	$A$1	→ [F4]	A$1	→ [F4]	$A1	→ [F4]	A1 … 반복

실무활용 셀 참조 이용하여 연월차 정산표 계산하기

2007 | 2010 | 2013

- **실습 파일** 엑셀\5장\실습\연월차정산표.xlsx
- **완성 파일** 엑셀\5장\완성\연월차정산표_완성.xlsx

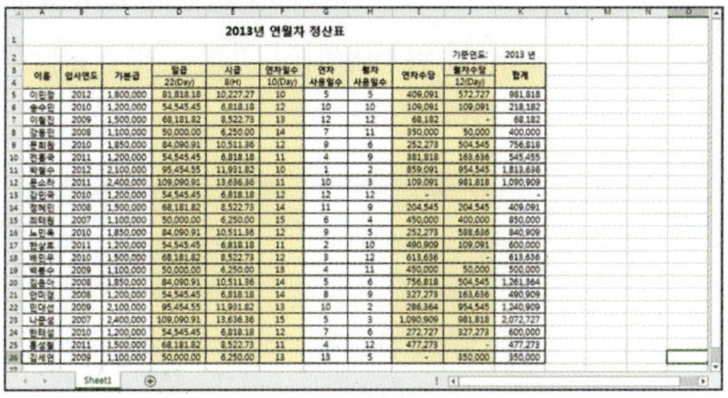

휴가 규정에 따른 연월차 정산표를 작성하려고 할 때, 회사마다 다른 부분도 있고 공통적인 부분도 있어 참조 유형을 적절하게 사용해야 합니다. 대개 연차는 입사 1년이 지나면 연차가 10일 발생하고 해마다 1일씩 늘어납니다. 연월차 정산표에서 기본급을 기준으로 일일 급여, 시간당 급여, 연차일수, 연차수당, 월차수당을 계산하면서 절대, 상대, 혼합 참조의 사용법을 알아보겠습니다.

01 혼합 참조를 이용해 수식 완성하기

일급은 기본급을 한 달 평균 근무일(D4)로 나누어 구합니다. ① **[D5] 셀**을 선택하고 **등호(=)**를 입력합니다. ② **[C5] 셀**을 선택하고 **나누기 연산자(/)**를 입력합니다.

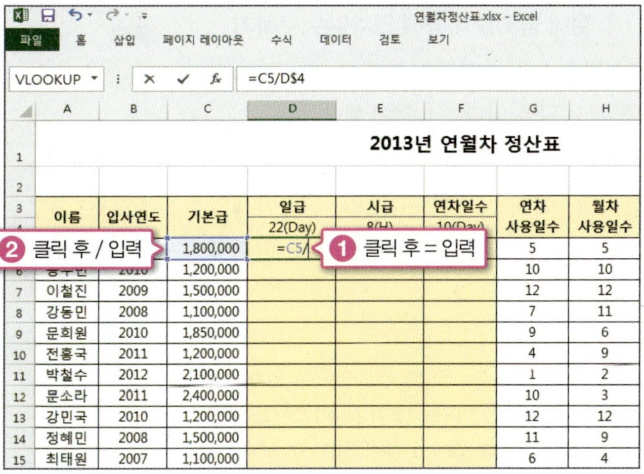

02 혼합 참조를 이용해 수식 완성하기

[D4] 셀을 선택하고 F4를 2번 눌러 혼합 참조로 바꾼 후 Enter를 누릅니다. **=C5/D$4** 수식이 완성됩니다.

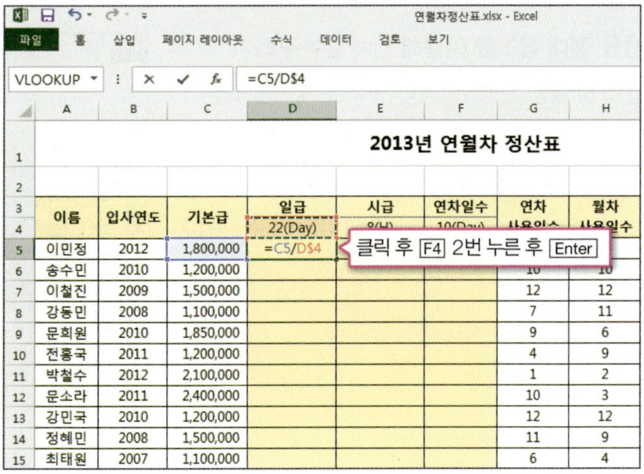

TIP 수식에서 셀 참조를 변경하려 할 때 셀 주소를 직접 입력할 수 있지만 F4를 눌러 참조할 셀을 상대, 절대, 혼합 참조 순으로 변경할 수 있습니다.

03 수식 복사하여 일급 및 시급 계산하기

① **[D5] 셀**을 선택하고 ② [⊞채우기 핸들]을 **[E5] 셀**까지 드래그합니다. ③ [E5] 셀에서 **[E26] 셀**까지 드래그하여 수식을 복사합니다. 셀 위치에 따라 기본급이나 일급은 바뀌고, 월 평균 근무 일수나 일일 근무 시간의 행은 고정되고, 열 이름이 바뀝니다.

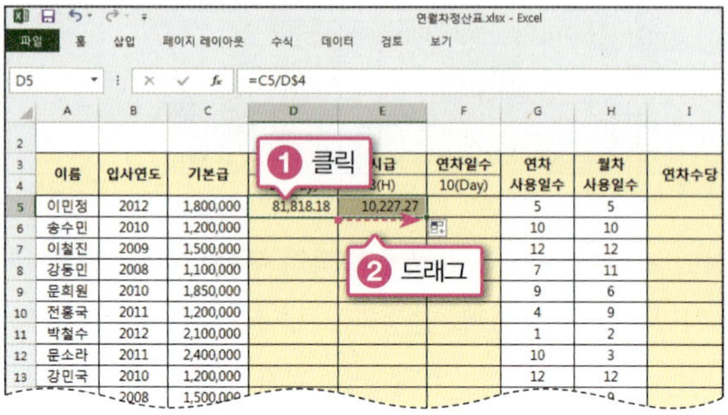

일급 : =기본급/월평균근무일수(22일) : =C5/D$4

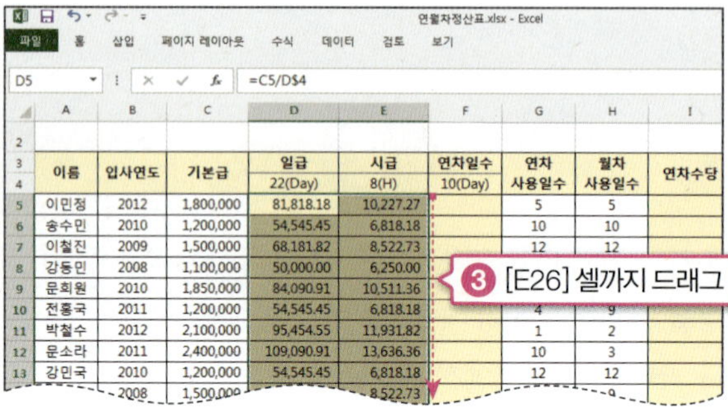

시급 : =일급/일일근무시간(8시간) : =D5/E$4

04 절대 참조를 이용해 연차일수 구하기

연차일수는 기준연도(K2)에서 입사연도(B5)를 빼서 구합니다. ① **[F5] 셀**을 선택하고 ② **=$K$2-B5-1+$F$4**를 입력한 후 Enter 를 누릅니다. 이때 기준연도(K2)와 연차발생일수(F4)는 고정 값이므로 절대 참조로 입력해야 합니다.

TIP 연차일수=기준연도-입사연도-1+연차발생일수(10)입니다. 1을 빼는 이유는 1년이 지나야 연차일수가 발생하기 때문이고, 연차발생일수는 입사한지 1년이 지나면 10일이 생깁니다.

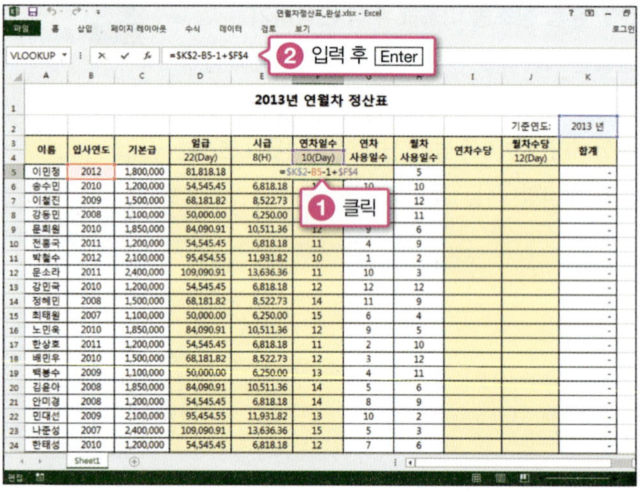

05 절대 참조를 이용해 연차일수 구하기

① **[F5] 셀**을 선택하고 ② [⊞채우기 핸들]을 더블클릭하거나 **[F26] 셀**까지 드래그하여 수식을 복사합니다. 셀 위치에 따라 입사연도는 바뀌고 기준연도(K2)와 연차발생일수(F4)는 변하지 않은 채 복사됩니다.

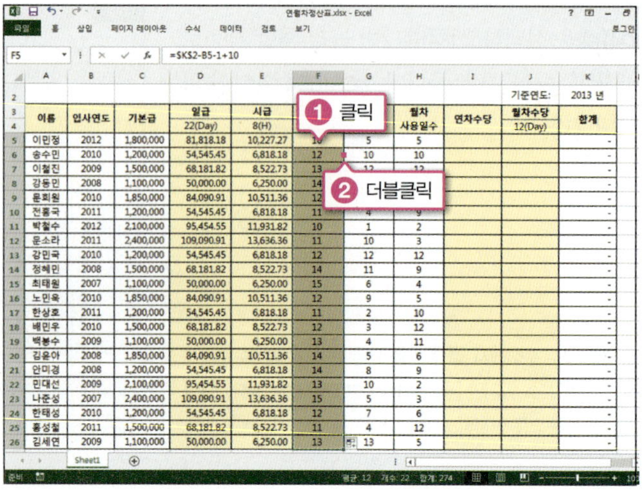

06 연차수당 구하기

연차수당은 연차일수(F5)에서 연차사용일수(G5)를 뺀 후 일일급여(D5)를 곱합니다. ① **[I5] 셀**을 선택하고 ② **=(F5−G5)*D5**를 입력한 후 [Enter]를 눌러 연차수당을 구합니다.

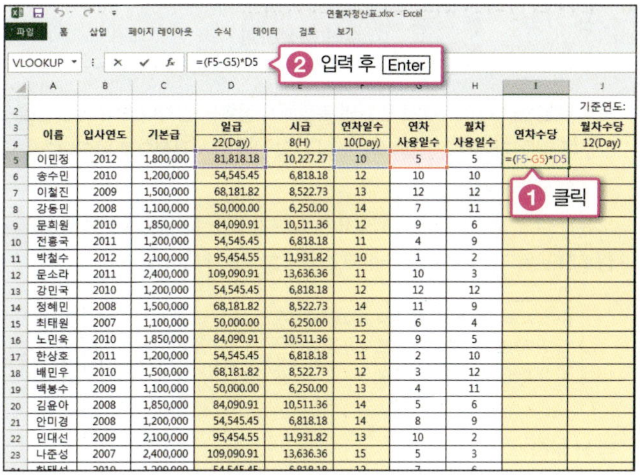

연차수당=(연차일수−연차사용일수)*일급

07 월차수당 구하기

월차수당은 월차일수(J4)에서 월차사용일수(H5)를 뺀 후 일일급여(D5)를 곱합니다. ① **[J5] 셀**을 선택하고 ② **=($J$4−H5)*D5**를 입력한 후 [Enter]를 눌러 월차수당을 구합니다.

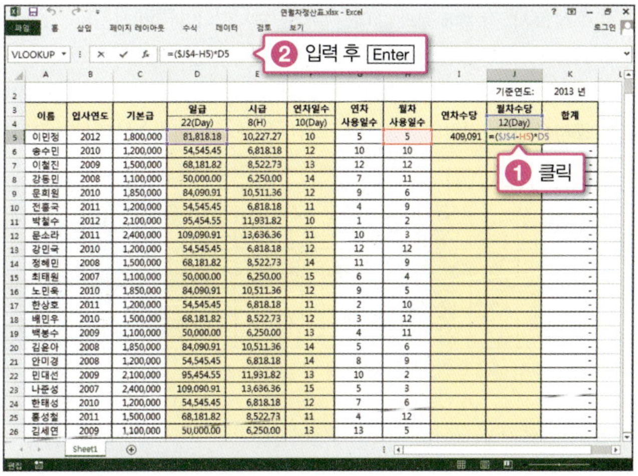

월차수당=(월차일수−월차사용일수)*일급

08 수식 복사하여 연차 및 월차 계산하기

① **[I5:J5] 영역**을 범위로 지정하고 [채우기 핸들]을 **[I26:J26] 영역**까지 드래그하여 수식을 복사하거나 더블클릭합니다. 연차수당은 셀 위치에 따라 수식이 변합니다. 월차수당은 월차일수는 셀이 고정되고 나머지 수식은 셀 위치에 따라 변합니다.

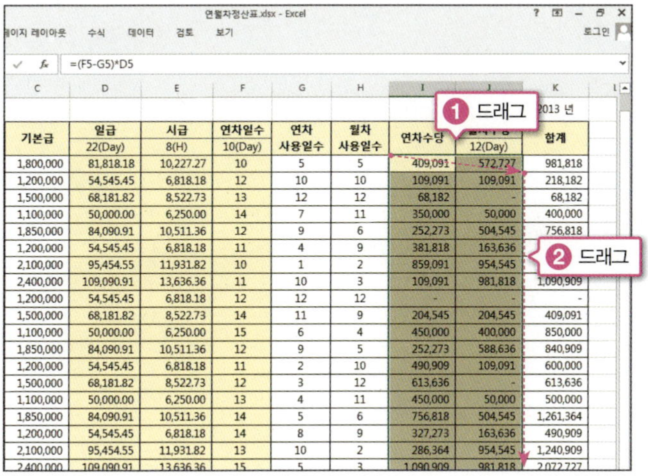

실 무 활 용 EXCEL NOTE

수식 분석하기

여러 셀을 참조하여 수식을 만들면 복잡해서 정확도 검사나 오류의 원인을 찾기가 어려울 수 있습니다. 이럴 때 [수식] 탭의 [수식 분석] 그룹에 있는 기능을 활용합니다. 수식 간의 관계를 시각적으로 나타내거나 추적해서 수식 검사를 쉽게 할 수 있습니다.

오류가 없는 셀에는 파란색 화살표가, 오류가 있는 셀에는 빨간색 화살표가 나타납니다. 다른 워크시트나 통합 문서에서 선택한 셀을 참조하면 워크시트 아이콘과 함께 검은색 화살표가 나타납니다.

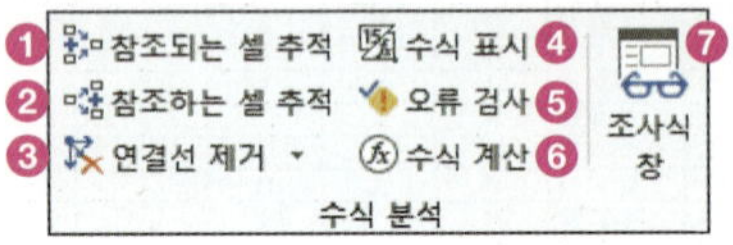

수식 분석

① **참조되는 셀 추적** : 선택한 셀에서 참조하는 셀을 추적하여 연결선을 표시합니다.

② **참조하는 셀 추적** : 선택한 셀을 참조하는 셀을 추적하여 연결선으로 표시합니다.

③ **연결선 제거** : 셀과 셀의 관계를 나타내는 연결선을 제거합니다.

④ **수식 표시** : 각 셀에 결과 값 대신 수식을 표시합니다(Ctrl+~).

⑤ **오류 검사** : 수식에서 발생하는 일반 오류를 검사합니다.

⑥ **수식 계산** : 수식 계산 대화상자에서 하나하나 디버그하면서 수식을 계산합니다.

⑦ **조사식 창** : 변경된 특정 셀 값을 조사식 창을 사용하여 수식 계산과 결과를 모니터링합니다.

	A	B	C	D	E	F	G	H	I	J	K
3	이름	입사연도	기본급	일급	시급	연차일수	연차 사용일수	월차 사용일수	연차수당	월차수당	합계
4				22(Day)	8(H)	10(Day)				12(Day)	
5	이민정	2012	1,800,000	81,818.18	10,227.27	10	5	5	409,091	572,727	981,818
6	송수민	2010	1,200,000	54,545.45	6,818.18	12	10	10	109,091	109,091	218,182
7	이철진	2009	1,500,000	68,181.82	8,522.73	13	12	12	68,182	-	68,182
8	강동민	2008	1,100,000	50,000.00	6,250.00	14	7	11	350,000	50,000	400,000
9	문희원	2010	1,850,000	84,090.91	10,511.36	12	9	6	252,273	504,545	756,818
10	전홍국	2011	1,200,000	54,545.45	6,818.18	11	4	9	381,818	163,636	545,455
11	박철수	2012	2,100,000	95,454.55	11,931.82	10	1	2	859,091	954,545	1,813,636
12	문소라	2011	2,400,000	109,090.91	13,636.36	11	10	3	109,091	981,818	1,090,909
13	강민국	2010	1,200,000	54,545.45	6,818.18	12	12	12	-	-	-

△ 일급 수식 셀에서 참조되는 셀 추적

	A	B	C	D	E	F	G	H	I	J	K
3	이름	입사연도	기본급	일급	시급	연차일수	연차 사용일수	월차 사용일수	연차수당	월차수당	합계
4				22(Day)	8(H)	10(Day)				12(Day)	
5	이민정	2012	1,800,000	81,818.18	10,227.27	10	5	5	409,091	572,727	981,818
6	송수민	2010	1,200,000	54,545.45	6,818.18	12	10	10	109,091	109,091	218,182
7	이철진	2009	1,500,000	68,181.82	8,522.73	13	12	12	68,182	-	68,182
8	강동민	2008	1,100,000	50,000.00	6,250.00	14	7	11	350,000	50,000	400,000
9	문희원	2010	1,850,000	84,090.91	10,511.36	12	9	6	252,273	504,545	756,818
10	전홍국	2011	1,200,000	54,545.45	6,818.18	11	4	9	381,818	163,636	545,455
11	박철수	2012	2,100,000	95,454.55	11,931.82	10	1	2	859,091	954,545	1,813,636
12	문소라	2011	2,400,000	109,090.91	13,636.36	11	10	3	109,091	981,818	1,090,909
13	강민국	2010	1,200,000	54,545.45	6,818.18	12	12	12	-	-	-

△ 월차일수를 참조하는 셀 추적

혼자해보기 | 셀 이름을 정의하여 상품 환율표 만들기

- **실습 파일** 엑셀\5장\실습\환율표.xlsx
- **완성 파일** 엑셀\5장\완성\환율표_완성.xlsx

	A	B	C	D	E
1	상품가 고시환율표				
2					
3	원	₩ 1,115.50			
4	위안	¥ 6.12			
5	엔	¥ 96.68			
6					
7	제품	소비자가 (USD)	한국 (KRW)	중국 (CNY)	일본 (JPY)
8	백팩	$ 120.99	134,964.35	740.46	11,697.31
9	숄더백	$ 199.00	221,984.50	1,217.88	19,239.32
10	토트백	$ 250.00	278,875.00	1,530.00	24,170.00
11	서류가방	$ 189.00	210,829.50	1,156.68	18,272.52
12	노트북가방	$ 145.00	161,747.50	887.40	14,018.60
13	파우치	$ 99.00	110,434.50	605.88	9,571.32
14	여행가방	$ 450.00	501,975.00	2,754.00	43,506.00
15	크로스백	$ 230.00	256,565.00	1,407.60	22,236.40
16	지갑	$ 189.00	210,829.50	1,156.68	18,272.52

환율은 서로 다른 통화의 교환 비율입니다. 달러로 책정된 상품의 소비자가를 한국, 중국, 일본의 통화로 환산 했을 때 각각의 가격이 얼마인지 계산하려고 합니다. 원화, 위안화, 엔화의 환율을 셀 이름으로 정의하여 환율표를 완성합니다.

1 [A3:B5] **영역**까지 범위를 지정한 다음 [수식] 탭–[정의된 이름] 그룹에서 **[선택 영역에서 만들기]**를 클릭합니다.

2 선택 영역에서 이름 만들기 대화 상자에서 **[왼쪽 열]**에 체크 한 다음 **[확인]**을 클릭해서 **원**, **위안**, **엔**으로 셀 이름을 정의합니다.

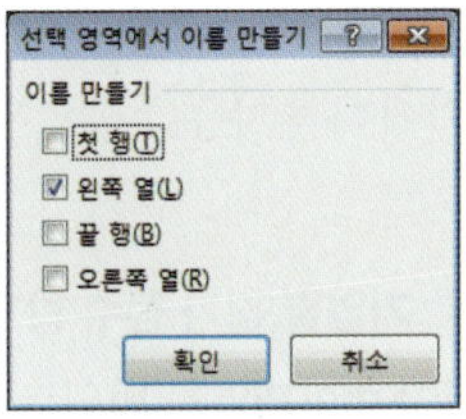

3 제품의 소비자가를 원화, 위안화, 엔화로 환산했을 때 가격을 계산하려면 [B3], [B4], [B5] 셀을 절대 참조해서 수식을 만들어야 합니다. 하지만 여기서는 정의된 이름으로 수식을 만듭니다.

[C8] 셀 수식	[D8] 셀 수식	[E8] 셀 수식
=B8*원	=B8*위안	=B8*엔

4 [C8:E8] **영역**까지 범위를 지정한 다음, [채우기 핸들]을 더블클릭하여 수식을 복사합니다.

동영상으로 한번 더

혼자 실습하기 힘든 부분은 동영상 강좌를 통해 풀이 과정을 확인하세요.
한빛미디어 홈페이지에서 동영상을 다운로드하거나 스마트폰으로 QR 코드를 찍어 동영상을 확인할 수 있습니다.
유튜브에서도 확인할 수 있습니다.
http://youtu.be/uKzA8-OGF84

회사통엑셀파포2013

SECTION

03 자동 합계 구하기

실무활용 자동 합계 기능 이용해 기업평가표 완성하기

2007 | 2010 | 2013

- **실습 파일** 엑셀\5장\실습\기업평가표.xlsx
- **완성 파일** 엑셀\5장\완성\기업평가표_완성.xlsx

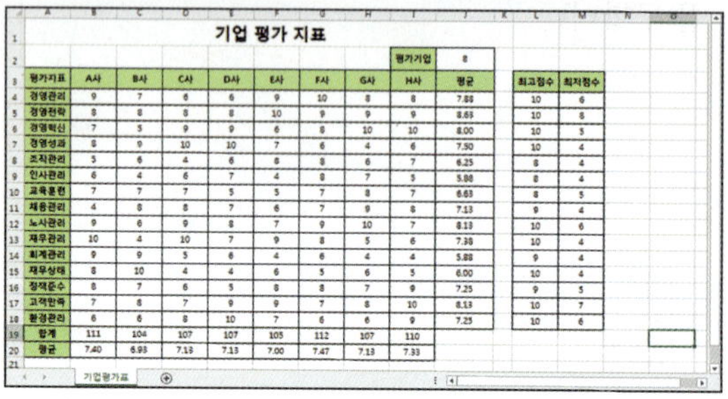

자동 수식 도구는 [홈] 탭–[편집] 그룹과 [수식] 탭–[함수 라이브러리] 그룹에 있습니다. [Σ자동 합계]를 클릭하면 셀에는 SUM 함수가 입력됩니다. 이 때 합계를 구할 범위를 드래그하고 Enter 를 누르면 합계가 계산됩니다. 합계 이외에 다른 자동 수식을 구할 경우 자동 합계 옆에 [Σ·자동 합계 더보기]를 클릭하여 원하는 수식을 선택합니다.

01 기업별 평가 점수 합계 구하기

① **[B19:I19] 영역**을 범위로 지정한 다음 ② [홈] 탭–[편집] 그룹에서 **[Σ자동 합계]**를 클릭합니다. 열 방향으로 기업의 평가 점수 합계가 계산됩니다.

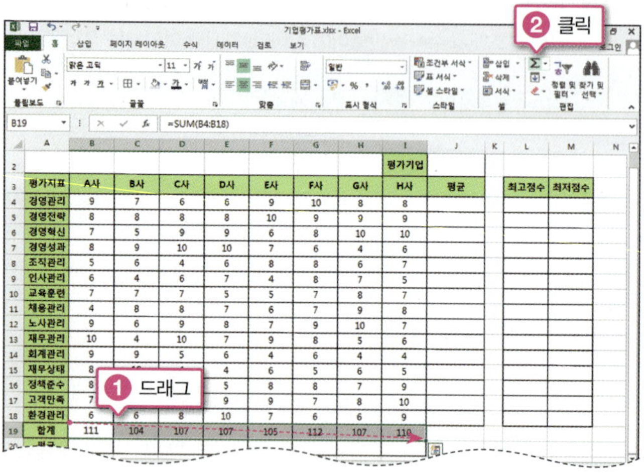

02 평가지표 항목별 평균 구하기

① **[J4:J18] 영역**을 범위로 지정하고 ② [홈] 탭–[편집] 그룹에서 **[Σ·자동 합계 더보기]**를 클릭합니다. ③ **[평균]**을 선택해 평가지표 항목별로 평균을 구합니다.

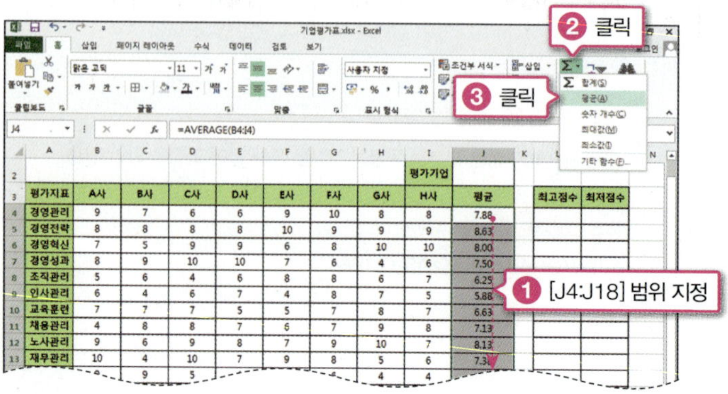

03 기업별 평가지표 평균 구하기

① **[B20] 셀**을 선택합니다. ② [홈] 탭-[편집] 그룹에서 **[Σ 자동 합계]** 더보기 버튼을 클릭하고 ③ **[평균]**을 선택합니다. ④ **[B20] 셀**에 **=AVERAGE(B4:B19)**가 입력되면 **[B4:B18] 영역**을 범위로 지정하고 Enter를 누릅니다. ⑤ **[B20] 셀**의 [채우기 핸들]을 **[I20] 셀**까지 드래그해서 수식을 복사하여 기업별 평가지표의 평균을 구합니다.

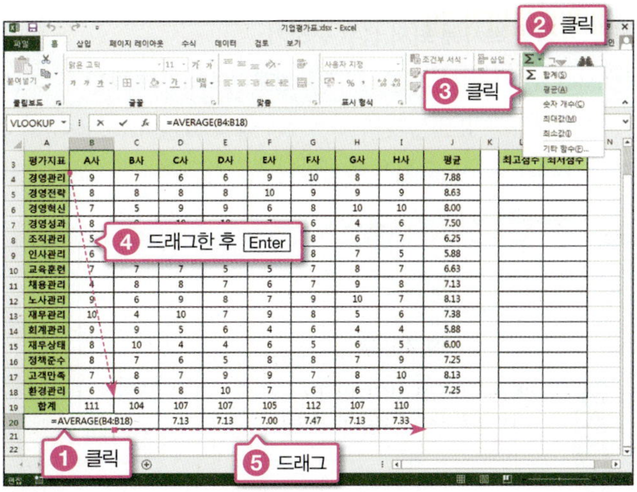

04 평가기업 수 구하기

① **[J2] 셀**을 선택하고 ② **[Σ 자동 합계]** 더보기 버튼을 클릭한 후 ③ **[숫자 개수]**를 선택합니다. ④ **[J2] 셀**에 **=COUNT( )**가 입력되면 **[B4:I4] 영역**을 범위로 지정하고 Enter를 눌러 평가기업 수를 구합니다.

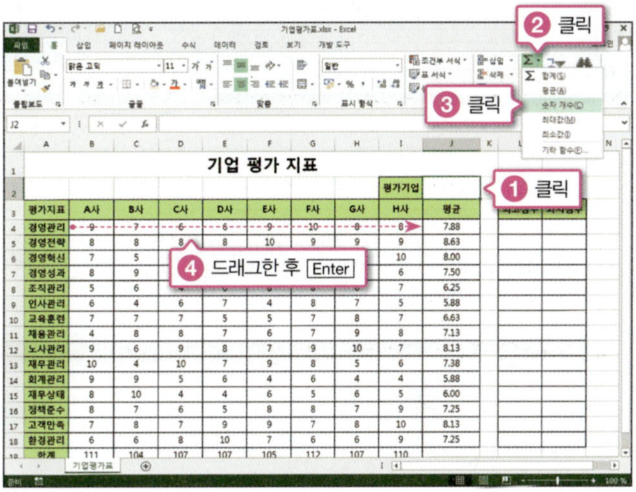

05 경영관리 평가 항목의 최고 점수 구하기

① **[L4] 셀**을 선택하고 ② **[Σ 자동 합계 더보기]**를 클릭한 후 ③ **[최대값]**을 선택합니다. ④ **[B4:I4] 영역**을 범위로 지정하고 Enter를 눌러 경영관리 평가 항목의 최고 점수를 구합니다.

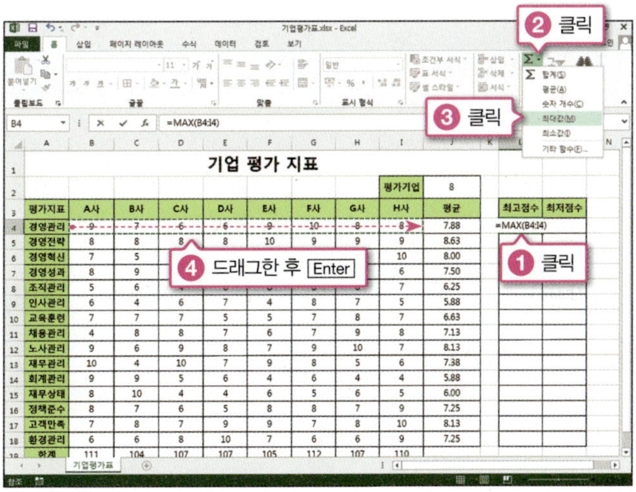

06 수식을 복사해 최저 점수 구하기

① **[M4] 셀**을 선택하고 ② **[Σ· 자동 합계 더보기]**를 클릭한 후 ③ **[최소값]**을 선택합니다. ④ **[B4:I4] 영역**을 범위로 지정하여 경영관리 평가 항목의 최저 점수를 구합니다. ⑤ **[L4:M4] 영역**을 범위로 지정하고 ⑥ [✚채우기 핸들]을 **[M18] 셀**까지 드래그하여 수식을 복사합니다.

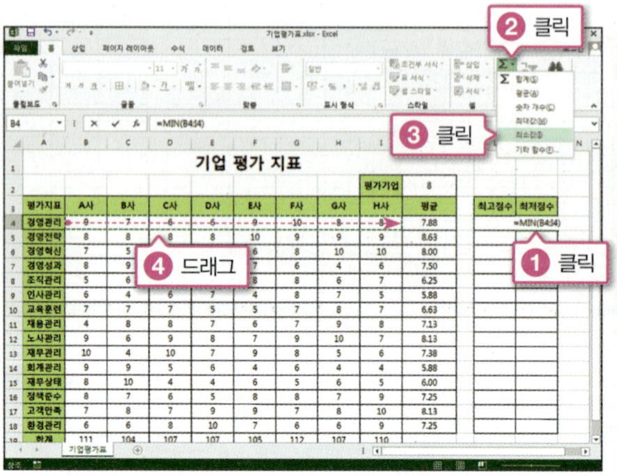

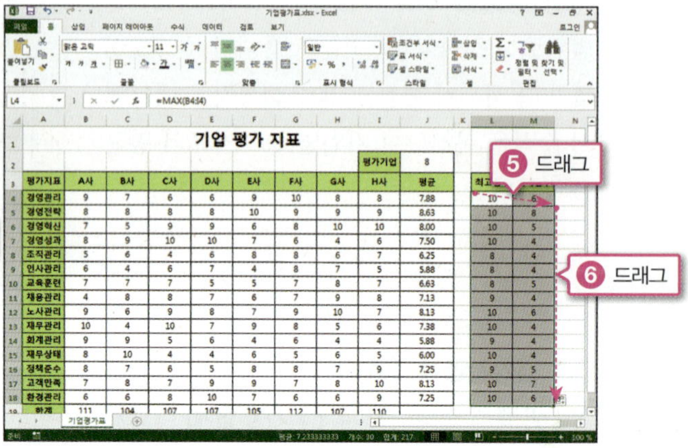

실무활용 EXCEL NOTE **상태 표시줄에 합계, 평균, 개수, 최대값, 최소값 나타내기**

상태 표시줄에서 마우스 오른쪽 버튼을 클릭하고 합계, 평균, 개수, 최대값, 최소값 중 상태 표시줄에 나타낼 항목에 체크합니다. 특정 셀을 범위로 지정하면 체크한 항목이 상태 표시줄에 나타납니다.

△ 일급 수식 셀에서 참조되는 셀 추적

CHAPTER

06

복잡한 수식을 끝내는 기본 함수

SECTION 01

기초 함수 살펴보기
SUM, AVERAGE, MAX, MIN

기능설명 **함수식 알아보기** 2007 | 2010 | 2013

함수는 계산에 필요한 값을 받아 내부적으로 미리 만들어 놓은 수식에 대입하여 계산한 결과 값을 반환해 주는 계산식입니다. 복잡하고 어려운 수식을 만들 필요 없이 사용자가 편리하게 엑셀에서 미리 만들어 놓은 함수를 사용해서 수식을 만들면 됩니다.

함수의 형식

함수는 일반 수식과 마찬가지로 처음 시작할 때는 등호(=)로 시작하며 함수 이름을 입력하고 괄호 안에 각각의 함수에 따른 형식으로 인수를 입력합니다.

함수의 기본 형식은 다음과 같습니다.

=함수명(인수1, 인수2, 인수3,…,인수n)

- **함수명** : 엑셀에서 제공하는 함수 이름을 입력합니다.
- **괄호** : 각 함수의 인수를 입력합니다.
- **인수**: 함수의 결과를 구하는 데 필요한 값입니다(데이터, 셀 주소, 논리값, 수식, 함수식 등).
- **쉼표** : 인수와 인수를 구분하는 기호입니다.

함수의 종류

엑셀은 340개가 넘는 함수를 제공합니다. 각 함수는 재무, 논리, 텍스트, 날짜 및 시간, 찾기/참조, 수학/삼각, 통계, 공학, 큐브, 정보의 함수로 나뉩니다. 사용하려는 함수명을 정확히 알면 상관 없지만, 함수명이 헷갈릴 때는 해당 범주만 알아도 쉽게 찾을 수 있습니다.

범주	설명
재무	이자, 이율, 불입금, 수익률, 감가상각 등의 재무 계산을 하는 함수
논리	조건에 따른 논리값 True, False를 반환하는 함수
텍스트	문자열을 추출, 변환, 결합하는 함수
날짜/시간	날짜와 시간을 계산하는 함수
찾기/참조 영역	셀 값 검색, 셀의 주소, 행 번호, 열 번호 반환, 참조 영역을 알려주는 함수
수학/삼각	합계, 절댓값, 자릿수 조절, 싸인, 코사인, 탄젠트 등을 계산하는 함수
통계	평균, 산술 평균, 개수, 최대, 최소, 표준편차, 분산 등을 계산하는 함수

데이터베이스	데이터베이스 목록을 기준으로 합계, 평균, 개수, 최대, 최소, 표준편차, 분산 등을 계산하는 함수
정보	셀의 위치, 운영체제 정보, 수식 오류에 대한 정보를 알려주는 함수
공학	2진수, 8진수, 16진수, 제곱근 등을 계산하는 공학용 함수
큐브	관계형 데이터 베이스 SQL Server Analysis Services(분석 서비스)와 연동하는 함수

기초 함수

기초 함수에는 합계를 계산하는 Sum 함수, 평균을 계산하는 AVERAGE 함수, 최댓값을 찾아주는 MAX 함수, 최솟값을 찾아주는 MIN 함수가 있습니다. 계산 결과 값은 모두 다르지만 함수식의 형식은 모두 같습니다.

함수 범주	수학삼각/통계
함수 형식	=SUM(Number1, Number2,…) =AVERAGE(Number1, Number2,…) =MAX(Number1, Number2,…) =MIN(Number1, Number2,…)
인수	합계, 평균, 최댓값, 최솟값을 계산할 숫자 데이터 또는 셀 주소 또는 데이터 범위를 입력합니다.

기초 함수를 사용하여 판매현황표 완성하기

- **실습 파일** 엑셀\6장\실습\판매현황_기초함수.xlsx
- **완성 파일** 엑셀\6장\완성\판매현황_기초함수_완성.xlsx

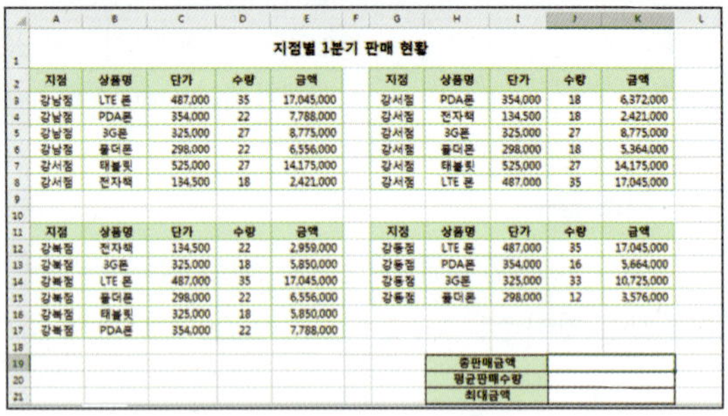

함수를 사용하려면 직접 입력하거나 함수 마법사를 이용합니다. 자주 사용하는 함수라면 직접 입력하는 것이 빠르겠지만 모든 함수를 외워서 사용하기에는 한계가 있습니다. 이럴 때 함수 마법사를 사용하면 유용합니다.

01 함수 마법사로 합계 구하기

① **[J19] 셀**을 선택하고 ② 수식 입력줄에서 [**함수 삽입**]을 클릭합니다. ③ 함수 마법사 대화상자의 범주 선택 목록에서 [**수학/삼각**]을 선택하고 ④ 함수 선택 영역에서 [**SUM**]을 선택한 후 ⑤ [**확인**]을 클릭합니다.

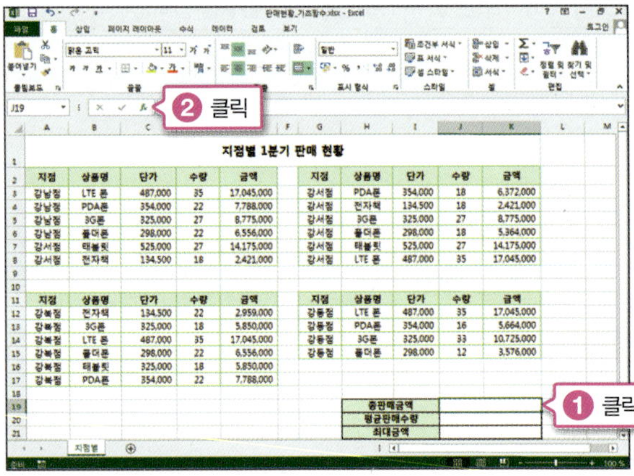

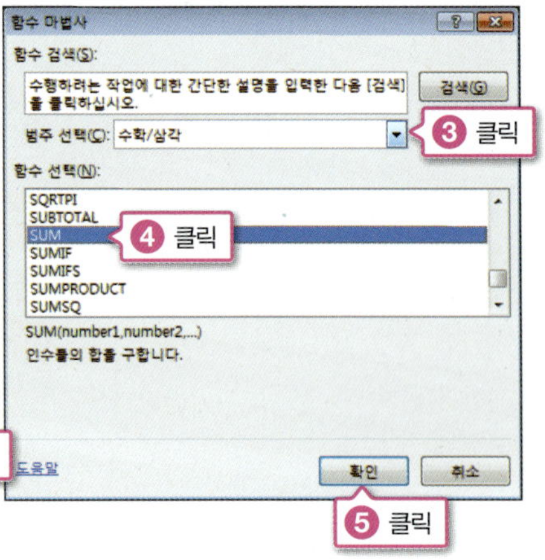

02 수식 완성하여 모든 셀의 합계 구하기

① 함수 인수 대화상자에서 Number1의 입력란을 클릭하고 ② **[E3:E8] 영역**을 드래그하여 범위로 지정합니다. ③ 같은 방법으로 Number2란에는 ④ **[E12:E17] 영역** ⑤ Number3란에는 ⑥ **[K3:K8] 영역** ⑦ Number4란에는 ⑧ **[K12:K15] 영역**을 범위로 지정합니다. ⑨ [**확인**]을 클릭해서 범위로 지정한 모든 셀의 합계를 구합니다.

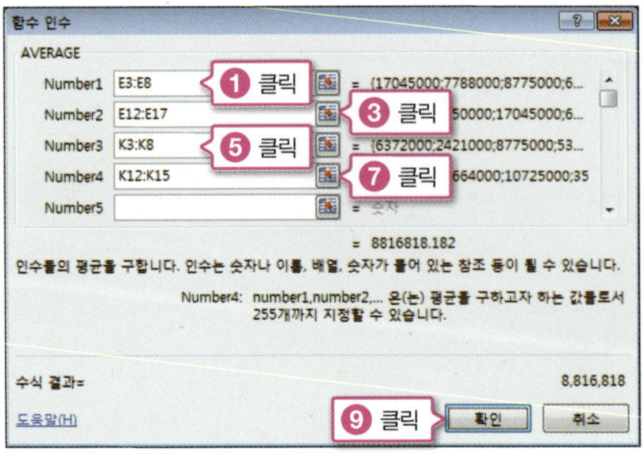

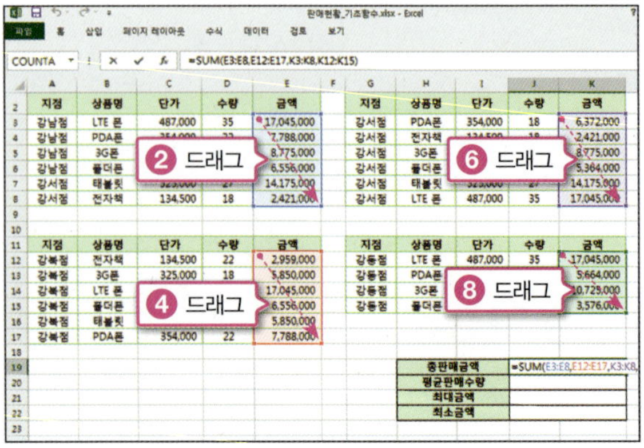

완성수식 =SUM(E3:E8,E12:E17,K3:K8,K12:K15)

03 함수 검색으로 평균 구하기

① [J20] 셀을 선택한 후 ② [fx 함수 삽입]을 클릭합니다. ③ 함수 마법사 대화상자에서 함수 검색에 **평균**을 입력하고 ④ [**검색**]을 클릭합니다. ⑤ 함수 선택 상자에서 [**AVERAGE**]를 선택하고 ⑥ [**확인**]을 클릭합니다.

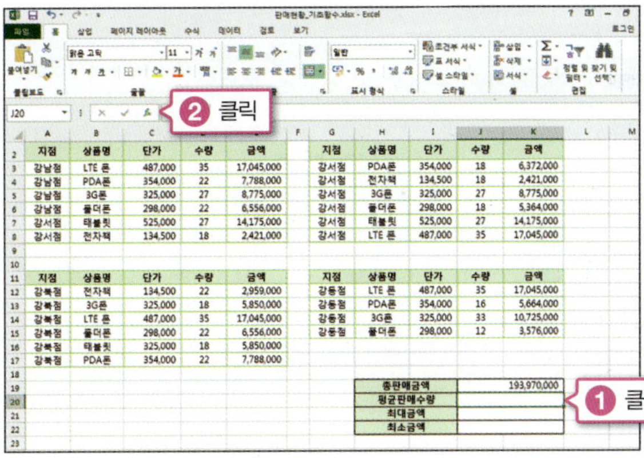

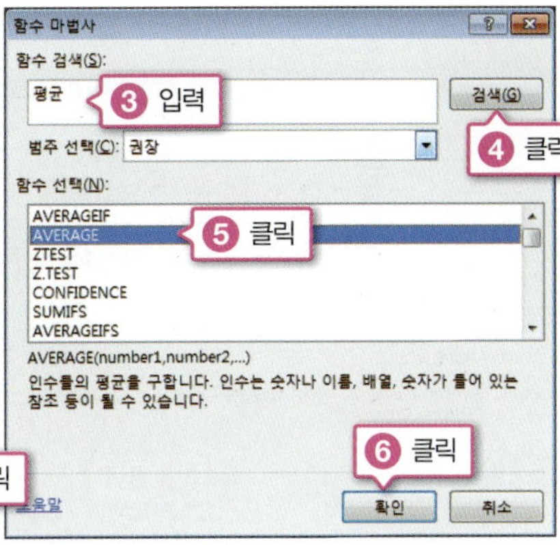

04 함수 인수를 이용해 평균 구하기

① 함수 인수 대화상자에서 Number1란에 [**D3:D8**] **영역**을, Number2란에 [**D12:D17**] **영역**을, Number3란에 [**J3:J8**]을, Number4란에 [**J12:J15**] **영역**을 범위로 지정합니다. ② [**확인**]을 클릭해서 입력한 범위의 평균을 구합니다.

TIP 셀과 셀 사이에 콜론(:)을 입력하면 앞에 있는 셀부터 뒤에 있는 셀까지의 범위를 의미합니다.

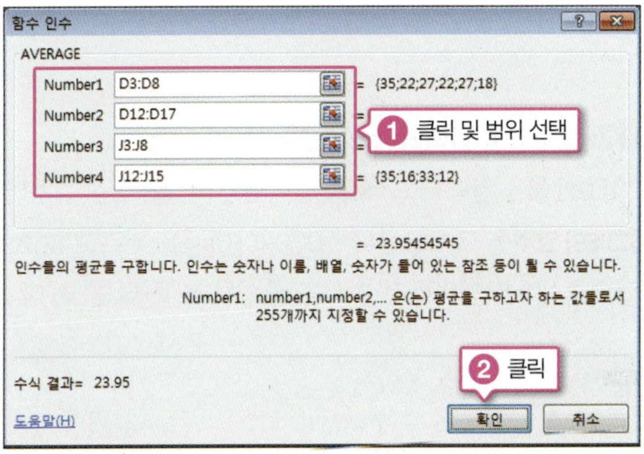

05 수식 탭 메뉴를 사용하여 최댓값 구하기

① [**J21**] **셀**을 선택합니다. ② [수식] 탭–[함수 라이브러리] 그룹에서 [**기타 함수**]를 클릭하고 ③ [통계]–[**MAX**]를 선택합니다.

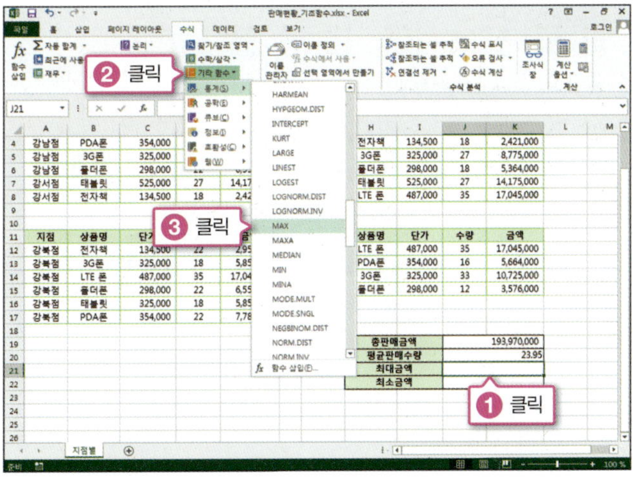

완성수식 = AVERAGE(D3:D8,D12:D17,J3:J8,J12:J15)

06 함수 인수를 이용해 최댓값 구하기

① 함수 인수 대화상자가 나타나면 Number1란에 **[E3:E8] 영역**, Number2란에 **[E12:E17] 영역**, Number3란에 **[K3:K8] 영역**, Number4란에 **[K12:K15] 영역**을 범위로 지정합니다. ② **[확인]**을 클릭해서 선택한 범위에서 최댓값을 구합니다.

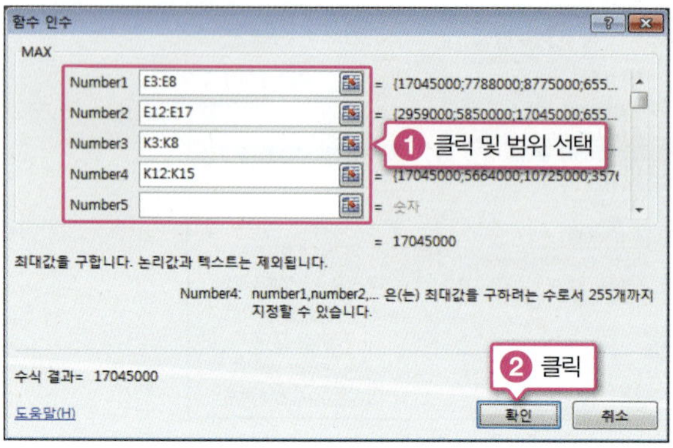

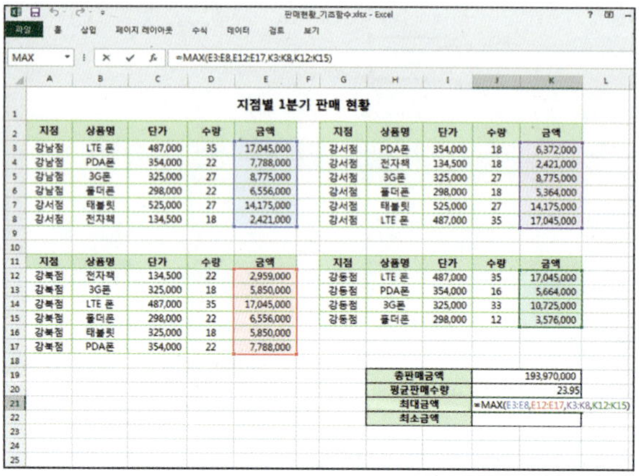

완성수식 : = MAX(E3:E8,E12:E17, K3:K8,K12:K15)

07 함수식을 입력하여 최솟값 구하기

① **[J22] 셀**을 선택하고 **=M**을 입력합니다. ② 수식 자동 완성 목록 상자에서 **[MIN]**을 선택하고 Tab 을 누릅니다. ③ **[E3:E8] 영역**을 드래그한 후 ④⑤⑥ Ctrl 을 누르고 **[E12:E17]**, **[K3:K8]**, **[K12:K15] 영역**을 각각 드래그합니다. ⑦ 수식 입력줄에)를 입력해서 수식을 완성하고 Enter 를 눌러 최솟값을 구합니다.

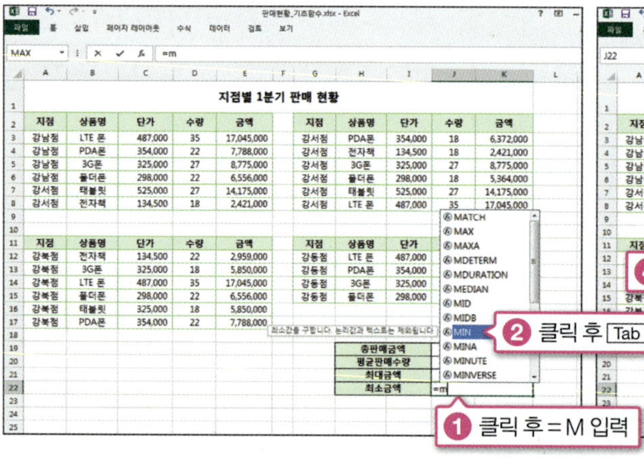

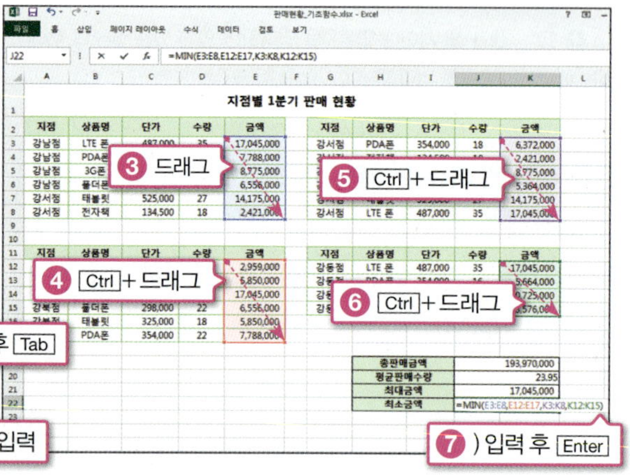

완성 수식 = MIN(E3:E8,E12:E17, K3:K8,K12:K15)

SECTION 02

실무에서 자주 사용하는 기본 함수 1

IF, TODAY

기능 설명 | **함수식 알아보기** 2007 | 2010 | 2013

엑셀 함수 중 IF 함수는 사용 빈도가 높은 함수입니다. 간단한 논리 구조에 따른 결과 값을 표시할 수 있어 실무에서도 많이 쓰입니다. 또한, TODAY 함수도 실무에서 자주 사용되는데, 날짜를 입력하는 시트를 작성할 때 매번 업데이트할 필요가 없어 매우 편리합니다.

조건에 따라 결과가 달라지는 IF 함수

IF 함수는 사용자가 만든 판단 기준에 맞는 조건식에 따라 참 값, 또는 거짓 값으로 구분할 때 사용하는 함수입니다. 조건이 여러 개일 때는 다른 함수와 중첩해서 쓸 수 있습니다.

함수 범주	논리
함수 형식	=IF(조건식, 조건식이 참일 때의 결과 값, 거짓일 때의 결과 값)

오늘 날짜를 표시하는 TODAY 함수

TODAY 함수는 현재 컴퓨터에 설정된 오늘 날짜를 표시하는 함수입니다. 기안서, 견적서, 품의서 등을 작성할 때 TODAY 함수를 사용해서 빠르게 오늘 날짜를 표시할 수 있습니다.

함수 범주	날짜 함수
함수 형식	=TODAY( )

실무활용 | 상품의 재고 유무에 따라 추가 주문량 구하기

2007 | 2010 | 2013

- **실습 파일** 엑셀\6장\실습\입출고현황_IF.xlsx
- **완성 파일** 엑셀\6장\완성\입출고현황_IF_완성.xlsx

상품 입출고 관리대장

오늘날짜 : 2013-05-10

상품명	이월재고	입고량	출고량	현재재고	추가주문 유무	추가주문 수량	총수량
캐쥬얼 백팩 14	87	100	50	137	무	0	137
캐쥬얼 백팩 15.6	50	100	20	130	무	0	130
하드 백팩 14	40	100	40	100	무	0	100
하드 백팩 15.6	50	100	50	100	무	0	100
파우치 11	10	100	45	65	무	0	65
파우치 13.3	20	100	55	65	무	0	65
파우치 15.4	40	100	30	110	무	0	110
크로스백 11.6	30	100	130	0	유	30	30
크로스백 14	20	100	100	20	유	30	50
크로스백 15.6	15	100	80	35	무	0	35
메신저백 10	42	100	40	102	무	0	102
메신저백 14	5	100	50	55	무	0	55
메신저백 15.6	10	100	70	40	무	0	40
숄더백 13.4	15	100	100	15	유	30	45
숄더백 14	20	100	120	0	유	30	30
숄더백 15.4	25	100	120	5	유	30	35
서류가방 13	20	100	100	20	유	30	50
서류가방 14	5	100	105	0	유	30	30
여행가방 20	55	100	55	100	무	0	100
여행가방 24	40	100	20	120	무	0	120
여행가방 25	45	100	140	5	유	30	35
여행가방 32	67	100	160	7	유	30	37

상품 입출고 관리대장에는 상품별 이월수량, 입/출고 수량, 현재 재고의 수량이 표시되어 있습니다. 이 관리대장에서 IF 함수를 사용하여 추가 주문량을 구해보겠습니다.

01 오늘 날짜 표시하기

① **[H2] 셀**을 선택하고 ② 수식 입력줄에 함수식 **=TODAY()**를 입력합니다.

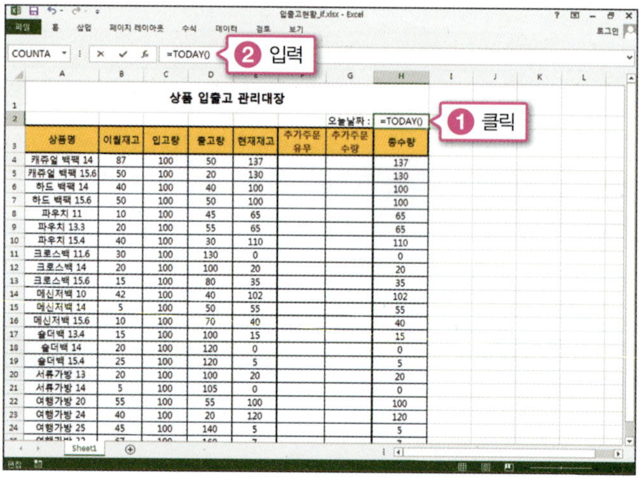

TIP TODAY 함수는 오늘 날짜를 표시하는 함수이므로 현재 문서를 저장한 다음 며칠 후에 문서를 열어 보면 며칠 전에 저장한 날짜가 아닌 오늘 날짜가 표시됩니다. 만약 날짜를 고정하려면 직접 날짜를 입력하거나 Ctrl+;을 입력해 오늘 날짜를 고정해두는 것이 좋습니다.

02 추가 주문 유무 표시하기

현재 재고가 30개 미만이면 추가 주문을 해야 하므로 **유**, 아니면 **무**로 표시하겠습니다. ① **[F4] 셀**을 선택합니다. ② [수식] 탭-[함수 라이브러리] 그룹에서 **[논리]**를 클릭하고 ③ **[IF]**를 선택합니다.

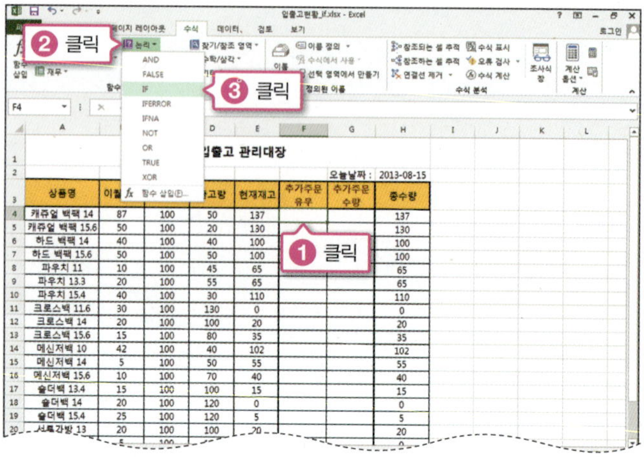

03 함수식 입력하기

① 함수 인수 대화상자가 나타나면 Logical_test(조건)에 **E4<30**을, Value_if_true(참 값)에 **유**, Value_if_false(거짓 값)에 **무**를 입력하고 ② **[확인]**을 클릭합니다.

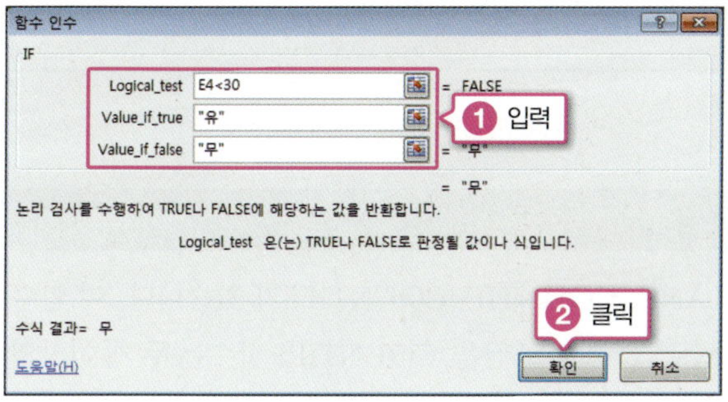

함수식 : = IF(E4<30, "유", "무")

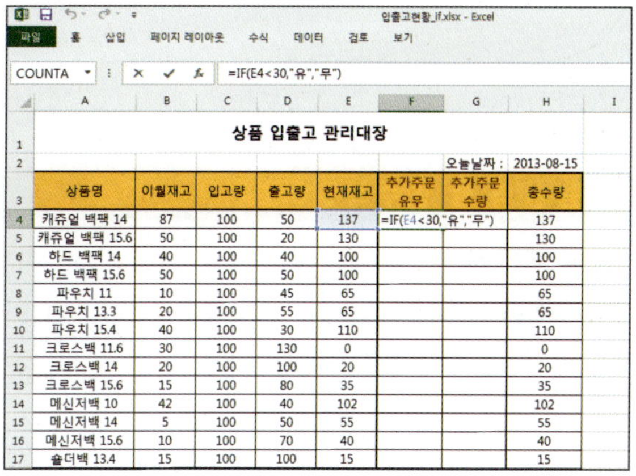

04 추가 주문량 표시하기

① **[G4] 셀**을 선택하고 ② 수식 입력줄에 함수식 **=IF(F4="유",30,0)**을 입력합니다. 해당 함수식은 추가 주문 유무(F4)에 따라 추가 주문량 30개가 발생할지 안 할지 결정하는 함수식입니다.

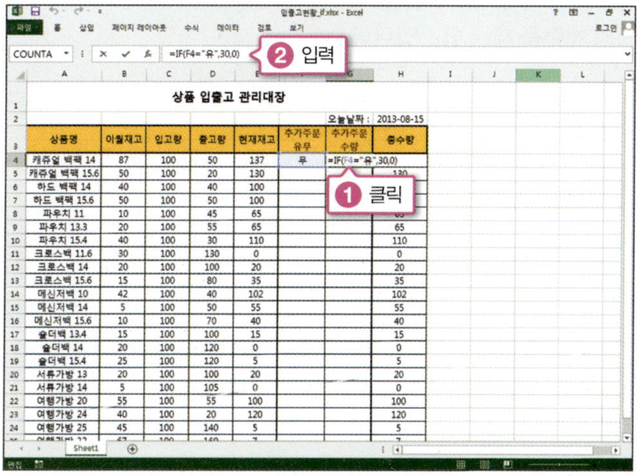

TIP 참 값이나 거짓 값이 숫자 데이터일 경우에는 큰따옴표("")를 사용하지 않습니다. 큰따옴표를 사용할 경우 문자 데이터로 인식되어 합계, 평균 등을 계산할 수 없습니다.

05 수식 복사해 추가 주문량 채우기

① **[F4:G4] 영역**을 범위로 지정하고 ② [G4] 셀의 [**채우기 핸들**]을 더블클릭해서 수식을 복사합니다. 수식과 함께 굵은 테두리도 복사됩니다. ③ [자동 채우기 옵션]에서 **[서식 없이 채우기]**를 선택해 테두리 굵은 선을 제거합니다.

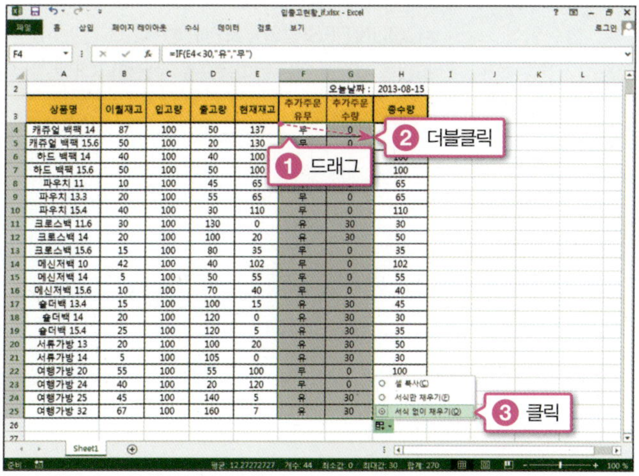

TIP 자동 채우기 옵션에서 [셀 복사]는 서식과 수식을 복사하고, [서식만 채우기]는 서식만 복사하고, [서식 없이 채우기]는 수식만 복사합니다.

SECTION

03 실무에서 자주 사용하는 기본 함수 2

COUNT, COUNTA, COUNTBALNK, COUNTIF

기능설명 | 함수식 알아보기

2007 | 2010 | 2013

개수를 세는 함수에는 COUNT, COUNTA, COUNTBLANK, COUNTIF, COUNTIFS가 있습니다. 이 함수들은 조건을 지정할 수 있는데, 그 중에서도 COUNTIF 함수는 한 개의 조건을, COUNTIFS 함수는 두 개 이상의 조건을 처리할 수 있어 실무에서 사용하기 좋습니다.

개수를 세는 COUNT, COUNTA, COUNTBLANK 함수

COUNT는 숫자가 입력된 셀의 개수, COUNTA는 공백을 제외한 모든 데이터의 개수, COUNTBLANK는 빈 셀의 개수를 세는 함수입니다.

함수 범주	통계
함수 형식	=COUNT(셀 또는 범위, 셀 또는 범위,…) =COUNTA(셀 또는 범위, 셀 또는 범위,…) =COUNTBLANK(셀의 범위)

조건에 맞는 셀의 개수를 세는 COUNTIF, COUNTIFS 함수

COUNTIF는 조건에 만족하는 셀의 개수를 세는 함수입니다.

함수 범주	통계
함수 형식	=COUNTIF(범위, 조건) =COUNTIFS(범위1, 조건1, 범위2, 조건2,…) 조건을 지정할 때는 큰따옴표를 사용합니다(예. ">=90").

실무활용 워크샵 참가 신청자 명단표에서 참석자 인원수 구하기 2007 | 2010 | 2013

- **실습 파일** 엑셀\6장\실습\워크샵참가명단_COUNT.xlsx
- **완성 파일** 엑셀\6장\완성\워크샵참가명단_COUNT_완성.xlsx

워크샵 참가 신청자 명단

번호	이름	부서명	직급	성별	참석확인	참가비
1	전철민	재무팀	과장	남	유	10,000
2	최은지	해외영업1팀	부장	여	유	10,000
3	김경옥	해외영업2팀	부장	여	유	10,000
4	홍성형	국내영업1팀	부장	남		10,000
5	정세라	해외영업1팀	부장	여		
6	송미라	해외영업2팀	부장	여	유	10,000
7	최송철	전산실	과장	남	유	10,000
8	민홍라	국내영업2팀	사원	여	유	10,000
9	구서라	국내영업1팀	부장	여		10,000
10	조종환	연구실	과장	남	유	
11	박민중	해외영업2팀	차장	남		10,000
12	김인숙	국내영업1팀	부장	여	유	10,000
13	김난영	국내영업1팀	부장	여	유	10,000
14	박철수	자재관리팀	차장	남		
15	정홍수	해외영업1팀	부장	남	유	10,000
16	김만중	연구실	과장	남	유	10,000
17	전상철	전략기획팀	부장	남		10,000
18	정미옥	해외영업2팀	부장	여	유	10,000
19	손미라	전산실	과장	여		
20	송구영	국내영업1팀	부장	남	유	10,000
21	민대홍	국내영업1팀	부장	남	유	10,000
22	송철민	연구실	과장	남	유	10,000
23	이동섭	해외영업1팀	부장	남		10,000

	인원수
확인	19
미확인	10

	인원수
납입	24
미납	5

	인원수
남	16
여	13

총인원수	29

워크샵 참가 신청자 명단에서 참석자 인원을 확인하고 참가비를 납입한 인원을 파악합니다. 그리고 워크샵에 참석하는 남녀 성비의 인원을 파악할 수 있는 표를 COUNT, COUNTA, COUNTBLANK, COUNTIF 함수를 사용하여 구합니다.

01 참석 확인 인원수 파악하기

워크샵에 참가한다고 확인한 인원수를 파악하겠습니다. ① **[J5] 셀**을 선택하고 ② [수식] 탭-[함수 라이브러리] 그룹에서 **[기타 함수]**를 클릭하고 ③ [통계]-**[COUNTA]**를 선택합니다.

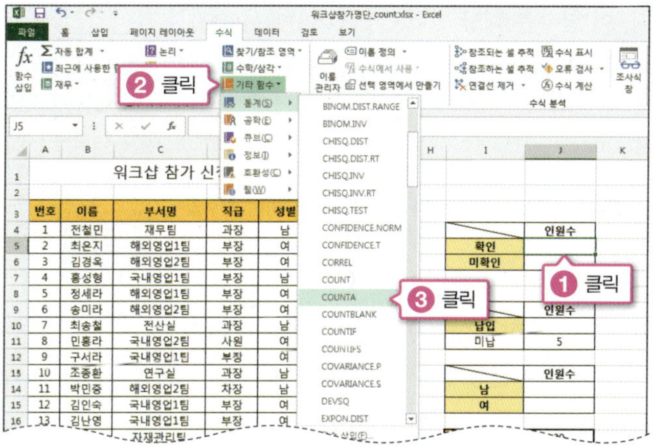

TIP COUNTA는 공백을 제외한 셀의 개수를 구하는 함수입니다.

02 참석 확인 인원수 파악하기

① 함수 인수 대화상자에서 데이터를 구할 범위로 Value1에 **F4:F32**를 입력하고 ② **[확인]**을 클릭합니다. 수식 입력줄에 **=COUNTA(F4:F32)**가 입력됩니다.

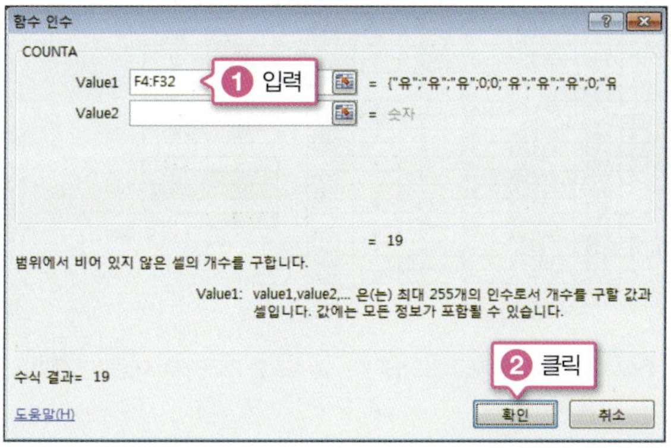

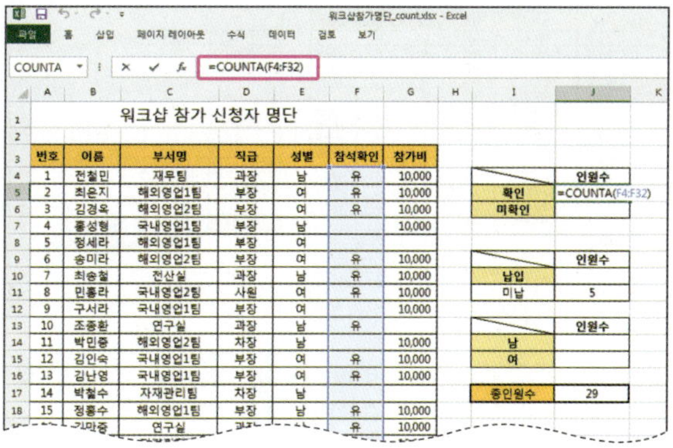

03 참석 미확인 인원수 파악하기

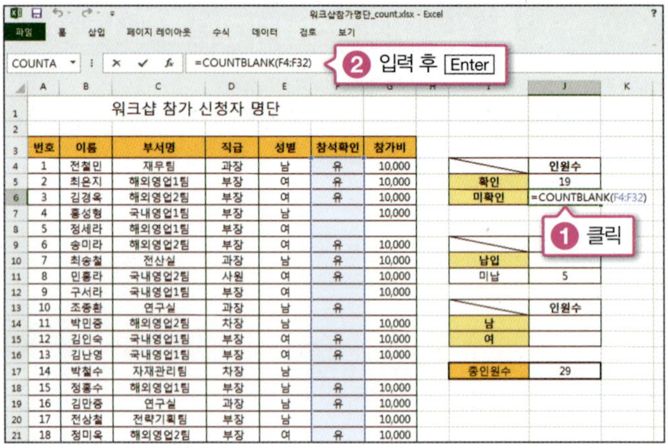

워크샵 참가를 확인하지 못한 인원수를 구하겠습니다. ① **[J6] 셀**을 선택하고 ② 수식 입력줄에 **=COUNTBLANK(F4:F32)**를 입력한 후 Enter를 누릅니다. 이 함수는 해당 범위(F4:F32)에서 빈 셀의 개수를 구합니다.

TIP COUNTBLANK는 빈 셀의 개수를 구하는 함수입니다.

04 워크샵 참가비를 납입한 인원수 구하기

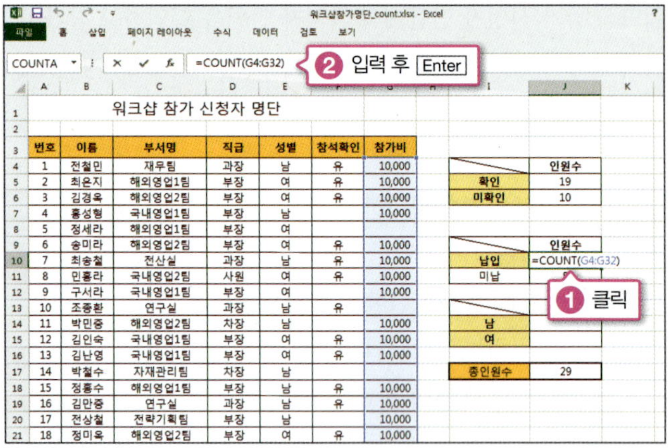

워크샵 참가비를 납입한 인원수를 구하겠습니다. ① **[J10] 셀**을 선택하고 ② 수식 입력줄에 **=COUNT(G4:G32)**를 입력한 후 Enter를 누릅니다. 이 함수는 해당 범위(G4~G32)에서 숫자 데이터가 있는 셀의 개수를 구합니다.

TIP COUNT는 숫자 셀의 개수를 구하는 함수입니다.

05 워크샵 참가 신청자의 남녀 인원수 구하기

워크샵 참가 신청자에서 남녀의 인원수를 구하겠습니다. ① **[J14] 셀**을 선택하고 ② 수식 입력줄에 **=COUNTIF(E4:E32,"=남")**을 입력한 후 Enter를 누릅니다. 이 함수는 해당 범위(E4~E32)에서 조건(=남)을 만족하는 셀의 개수를 구합니다. ③ **[J15] 셀**을 선택하고 ④ 수식 입력줄에 **=COUNTIF(E4:E32,"=여")**를 입력한 후 Enter를 누릅니다. 이 함수는 해당 범위(E4~E32)에서 조건(=여)을 만족하는 셀의 개수를 구합니다.

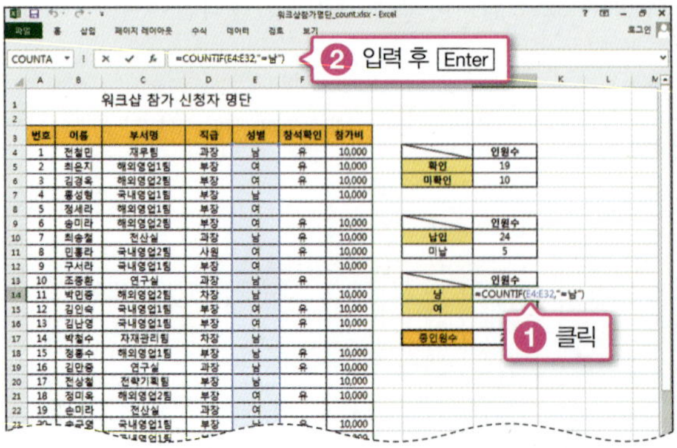

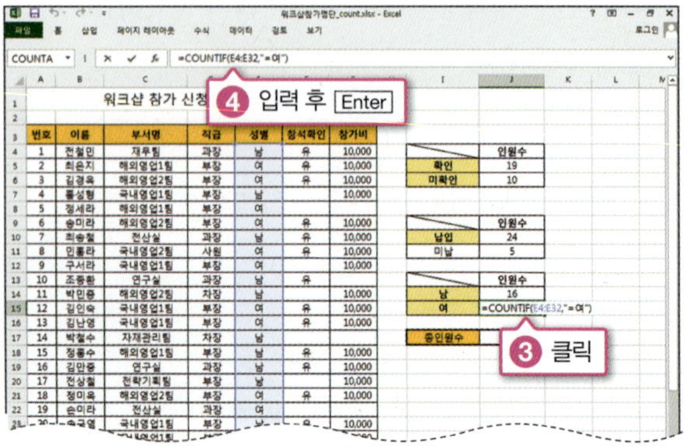

TIP 조건("=남" 혹은 "=여")을 직접 입력하는 대신 조건이 입력된 셀 주소(J14, J15)를 지정해도 됩니다. 셀 주소를 조건으로 지정하면 큰따옴표는 사용하지 않습니다(=COUNTIF(E4:E32,J14)).

SECTION

04 실무에서 자주 사용하는 기본 함수 3
RANK.EQ, RANK.AVG

기능설명 **함수식 알아보기** 2007 | 2010 | 2013

RANK 함수는 숫자를 이용하여 순위를 계산하는 함수입니다. 경기 기록이나 점수 등의 순위를 구할 때 매우 유용합니다. 순위는 큰 값에서 작은 값 순으로 계산하는 내림차순과 작은 값에서 큰 값 순으로 계산하는 오름차순이 있습니다. RANK 함수는 2010 버전에서 두 가지로 분리되었는데, 여기에서는 두 가지로 분리된 RANK 함수에 대해서 알아보겠습니다.

순위를 구하는 RANK.AVG, RANK.EQ 함수

RANK.EQ 함수는 범위에서 특정 데이터의 순위를 구하는 통계 함수로 동순위가 나올 경우 동순위를 표시합니다. RANK.AVG 함수는 동순위가 나올 경우 순위의 구간 평균값을 순위로 나타냅니다.

함수 범주	통계 함수
함수 형식	=RANK.EQ(순위를 구하려는 수, 범위, 순위 결정 방법) =RANK.AVG(순위를 구하려는 수, 범위, 순위 결정 방법) 순위 결정 방법에 0을 입력하거나 생략하면 내림차순으로, 1을 입력하면 오름차순으로 순위를 구합니다.

실무활용 기업평가표에서 순위 구하기

2007 | 2010 | 2013

- 실습 파일 엑셀\6장\실습\기업평가표_RANK.xlsx
- 완성 파일 엑셀\6장\완성\기업평가표_RANK_완성.xlsx

기업 평가 지표

평가지표	A사	B사	C사	D사	E사	F사	G사	H사	I사	평균	평가항목 순위
경영관리	9	7	6	6	9	10	8	8	8	7.89	4
경영전략	8	8	8	8	10	9	9	9	9	8.67	1
경영혁신	7	5	9	9	6	8	10	10	10	8.22	3
경영성과	8	9	10	10	7	6	4	6	4	7.11	8
조직관리	5	6	4	6	8	8	6	7	6	6.22	12
인사관리	6	4	6	7	4	8	7	5	7	6.00	13
교육훈련	7	7	7	5	5	7	8	7	8	6.78	11
채용관리	4	8	8	7	6	7	9	8	9	7.33	6
노사관리	9	6	9	8	7	9	10	7	10	8.33	2
재무관리	10	4	10	7	9	8	5	6	5	7.11	8
회계관리	9	9	5	6	4	6	4	4	4	5.67	15
재무상태	8	10	4	4	6	5	6	5	6	6.00	13
정책준수	8	7	6	5	8	8	7	9	7	7.22	7
고객만족	7	8	7	9	9	7	6	10	6	7.67	5
환경관리	6	6	8	10	7	6	6	9	6	7.11	8
합계	111	104	107	107	105	112	105	110	105		
평균	7.40	6.93	7.13	7.13	7.00	7.47	7.00	7.33	7.00		
기업 지표순위	8	1	5.5	5.5	3	9	3	7	3		

기업의 평가 지표를 참조하여 평가 지표 순위와 기업 순위를 RANK.EQ, RANK.AVG 함수를 사용하여 구합니다.

01 RANK.AVG 함수 선택하기

① **[L4] 셀**을 선택하고 ② [수식] 탭-[함수 라이브러리] 그룹에서 [**기타 함수**]를 클릭합니다. ③ [통계]-**[RANK.AVG]**를 선택합니다.

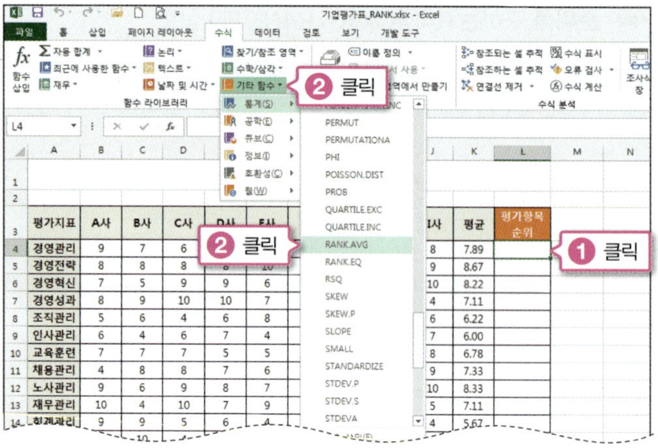

02 평가 지표 항목의 평균값을 기준으로 내림차순 순위 구하기

① 함수 인수 대화상자에서 Number(순위를 구할 셀)에 **K4**를, Ref(순위를 구할 때 참조할 범위)에 **$K$4:$K$18**을, Order(오름차순/내림차순)에 **0**을 입력합니다. ② **[확인]**을 클릭해서 수식 **=RANK.EQ(K4,$K$4:$K$18,0)**을 완성합니다.

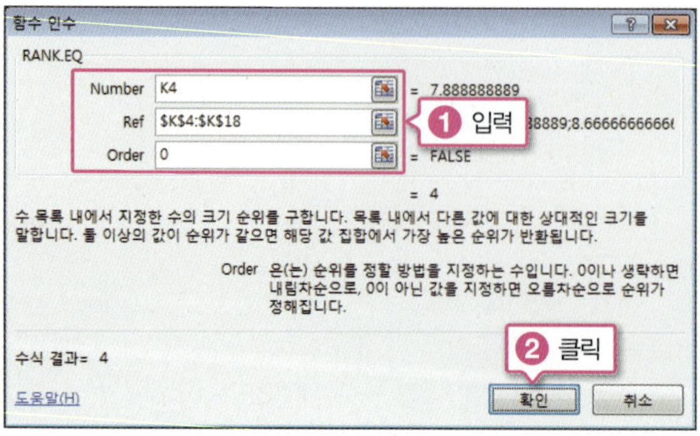

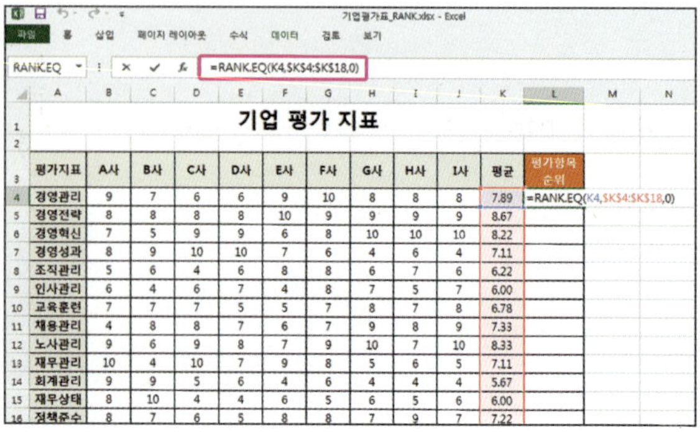

03 수식 복사하기

[L4] 셀의 [채우기 핸들]을 **[L18] 셀**까지 드래그하여 수식을 복사합니다.

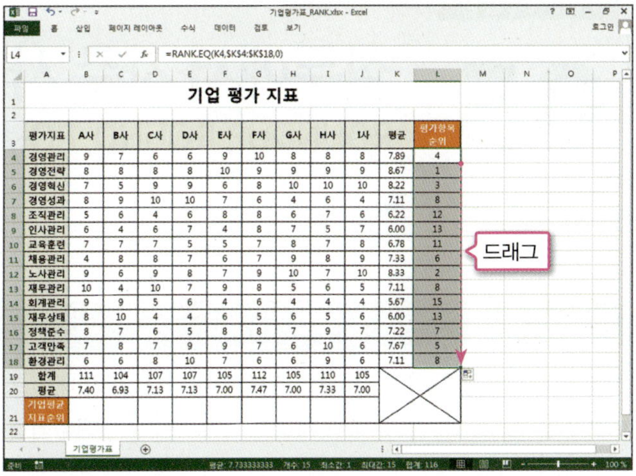

TIP 평가 항목 순위에서 동순위 8위가 3명이므로 8순위의 다음은 11로 표시됩니다. Order에 0을 입력하거나 생략하면 내림차순으로 순위가 표시됩니다.

04 기업 평가 점수의 합계를 기준으로 오름차순으로 순위 구하기

① **[B21] 셀**을 선택하고 ② 수식 입력줄에 **=RANK.AVG(B19,$B$19:$J$19,1)**을 입력한 후 Enter를 누릅니다. 이제 특정 셀(B19)이 범위(B19:J19)에서 몇 위인지 오름차순으로 순위를 구합니다. ③ [B21] 셀의 [채우기 핸들]을 **[J21] 셀**까지 드래그하여 수식을 복사합니다.

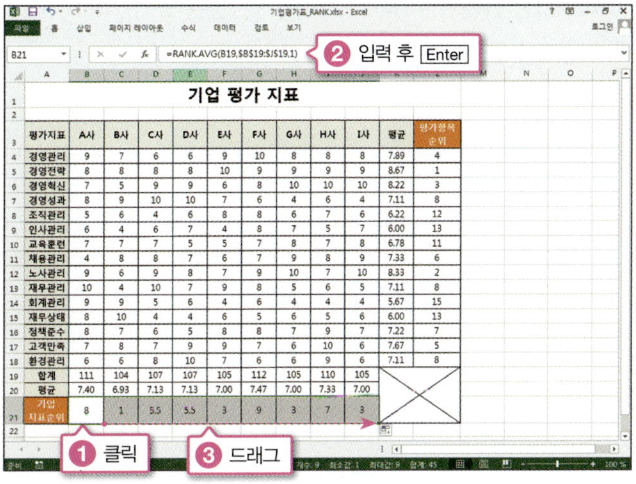

TIP RANK.AVG는 순위를 구하는 함수로 동순위가 나올 경우 순위의 구간 평균값을 순위로 나타냅니다. 기업 지표 순위에서 1위 다음 동순위 2위가 3명이므로 순위를 2로 표시하지 않고 동순위 3명(2위, 3위, 4위)의 평균인 3위가 표시됩니다. Order에 1을 입력하면 오름차순으로 순위가 표시됩니다.

엑셀 2007에 추가된 AVERAGEIF, SUMIFS, COUNTIFS 함수, 2010에 추가된 RANK.EQ, RANK.AVG 함수, 2013에 추가된 FORMULATEXT 함수 등은 엑셀 97 ~2003 통합 문서로 저장한 다음 엑셀 2007 이전 버전에서 파일을 열면 #NAME? 오류가 나타납니다.

SECTION

05 실무에서 자주 사용하는 기본 함수 4

ROUNDUP, ROUND, ROUNDDOWN

기능설명 함수식 알아보기

2007 | 2010 | 2013

집계된 결과의 값을 기준 위치에서 반올림하거나 올림, 내림으로 처리해야 한다면 ROUND 함수를 사용합니다. ROUND 함수는 올림 및 내림 처리로 자릿수를 조정해주기 때문에 소수점이 표시된 값을 일목요연하게 정리할 때 매우 유용합니다.

반올림, 올림, 내림하는 ROUND, ROUNDUP, ROUNDDOWN 함수

ROUND는 반올림(4이하는 내리고 5이상은 올림), ROUNDUP은 무조건 올림, ROUNDDOWN은 무조건 내림하는 함수입니다.

함수 범주	수학/삼각
함수 형식	=ROUND(반올림할 수 또는 수식, 반올림할 자릿수) =ROUNDUP(올림할 수 또는 수식, 올림할 자릿수) =ROUNDDOWN(내림할 수 또는 수식, 내림할 자릿수) 자릿수는 0을 기준으로 1, 2, 3,… 같이 양수를 지정하면 소수 이하로 자릿수를 조정하고, -1, -2, -3,… 같이 음수를 지정하면 소수점 이상으로 자릿수를 조정합니다.

실무활용 소비자 만족도 비교표에서 데이터 반올림, 내림, 올림하기 2007 | 2010 | 2013

- **실습 파일** 엑셀\6장\실습\만족도비교_ROUND.xlsx
- **완성 파일** 엑셀\6장\완성\만족도비교_ROUND_완성.xlsx

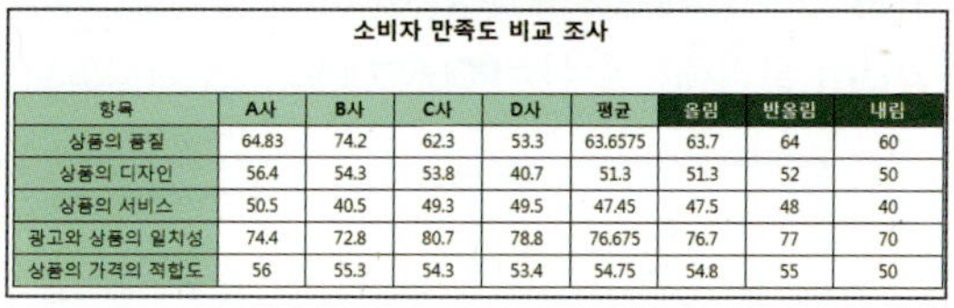

소비자 만족도 비교 조사

항목	A사	B사	C사	D사	평균	올림	반올림	내림
상품의 품질	64.83	74.2	62.3	53.3	63.6575	63.7	64	60
상품의 디자인	56.4	54.3	53.8	40.7	51.3	51.3	52	50
상품의 서비스	50.5	40.5	49.3	49.5	47.45	47.5	48	40
광고와 상품의 일치성	74.4	72.8	80.7	78.8	76.675	76.7	77	70
상품의 가격의 적합도	56	55.3	54.3	53.4	54.75	54.8	55	50

각 제조사의 제품에 관한 소비자 만족도 조사 결과표에서 항목별 평균을 구하고, 그 결과를 ROUND, ROUNDDOWN, ROUNDUP 함수로 반올림, 올림, 내림합니다.

01 항목별 평균 구하기

① **[F4] 셀**을 선택합니다. ② 수식 입력줄에 **=AVERAGE(B4:E4)**를 입력하고 Enter를 눌러 평균을 구합니다. ③ [F4] 셀의 **[채우기 핸들]**을 더블클릭하여 수식을 복사합니다.

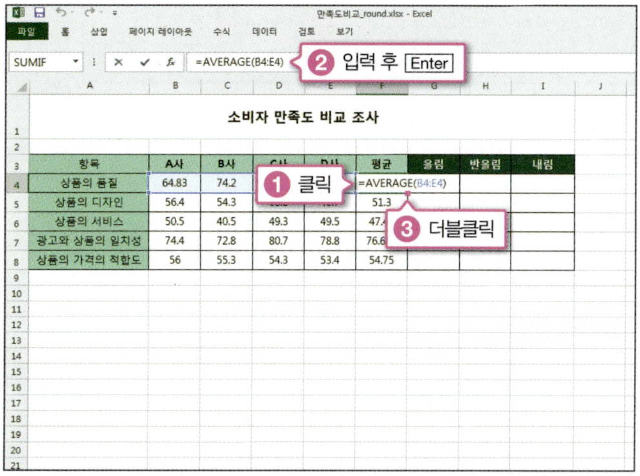

02 평균값을 올림하여 소수 첫째자리로 표시하기

① **[G4] 셀**을 선택하고 ② [수식] 탭–[함수 라이브러리] 그룹에서 **[수학/삼각]**을 클릭하고 **[ROUNDUP]**을 선택합니다.

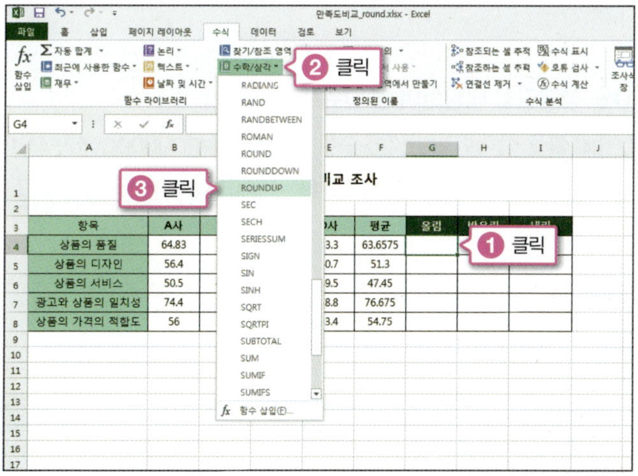

03 수식 완성해 올림 값 표시하기

① 함수 인수 대화상자에서 Number(올림할 수)에 **F4**를, Num_digits(반올림할 자릿수)에 **1**을 입력합니다. ② **[확인]**을 클릭해서 수식 **=ROUNDUP(F4,1)**을 완성합니다.

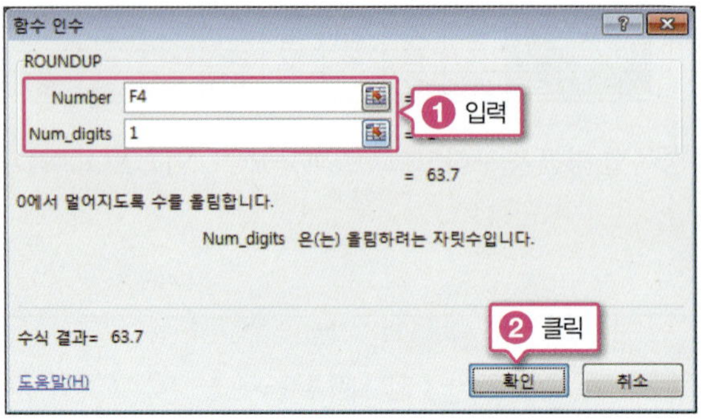

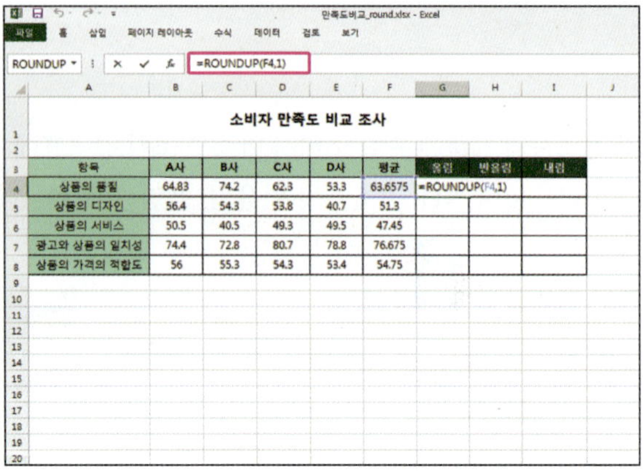

TIP 반올림할 수는 평균 값, 올림할 자릿수는 소수 둘째 자리에서 올림하여 소수 첫째 자리까지 표시하기 위해 1을 입력합니다.

04 평균값을 반올림하여 정수로 표시하기

① **[H4] 셀**을 선택하고 ② 수식 입력줄에 **=ROUND(F4,0)**를 입력한 후 Enter를 누릅니다.

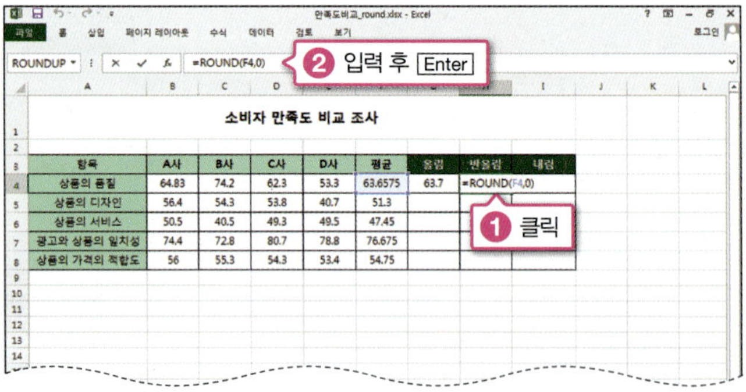

TIP ROUND는 데이터를 반올림(4 이하는 내림, 5 이상은 올림)합니다. 반올림할 수는 평균 값, 반올림할 자릿수는 소수 첫째자리에서 반올림해서 정수까지 표시하기 위해 0을 입력합니다.

05 평균값을 내림하여 십 단위로 표시하기

① **[I4] 셀**을 선택합니다. ② 수식 입력줄에 **=ROUNDDOWN(F4,-1)**을 입력한 후 Enter를 눌러 1 단위에서 내림한 평균 값을 구합니다. ③ **[G4:I4] 영역**을 드래그해 범위로 지정하고 ④ [G4] 셀의 **[채우기 핸들]**을 더블클릭해 수식을 복사합니다.

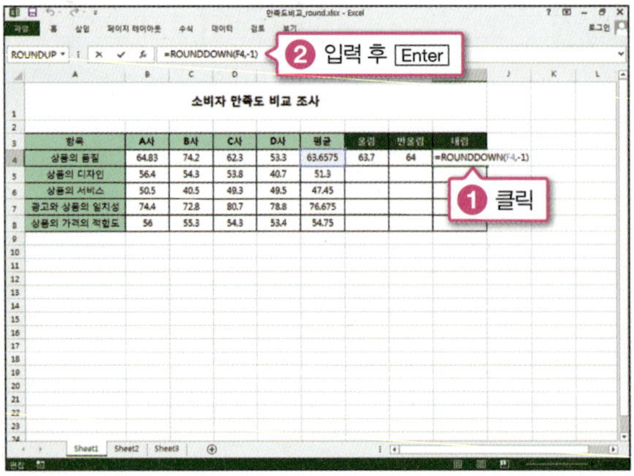

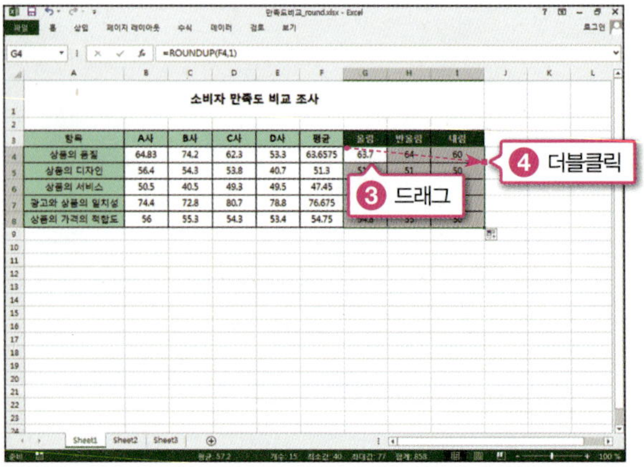

TIP 내림할 수는 평균 값, 내림할 자릿수는 1원 단위에서 내림해서 10원 단위까지 표현하기 위해 -1을 입력합니다.

SECTION

06 실무에서 자주 사용하는 기본 함수 5

SUMIF, SUMIFS

기능설명 **함수식 알아보기** 2007 | 2010 | 2013

SUM 함수는 엑셀 함수 중 가장 기초적인 함수로 셀의 합을 구하는 함수입니다. 여기에 IF 함수를 붙인 SUMIF 함수는 조건에 맞는 셀의 합계만 구할 수 있습니다.

조건에 맞는 셀의 합계를 구하는 SUMIF, SUMIFS 함수

SUMIF는 조건에 만족하는 셀의 합계를, SUMIFS는 다중 조건에 만족하는 셀의 합계를 구하는 함수입니다.

함수 범주	수학/삼각
함수 형식	=SUMIF(조건을 검사할 범위, 조건, 합계를 계산할 범위) =SUMIFS(합계를 계산할 범위, 조건을 검사할 범위1, 조건1, 조건을 검사할 범위2, 조건2,…)

실무활용 | 주간 판매 현황표에서 조건에 맞는 셀의 합계 구하기 2007 | 2010 | 2013

- **실습 파일** 엑셀\6장\실습\주간판매현황.xlsx
- **완성 파일** 엑셀\6장\완성\주간판매현황_완성.xlsx

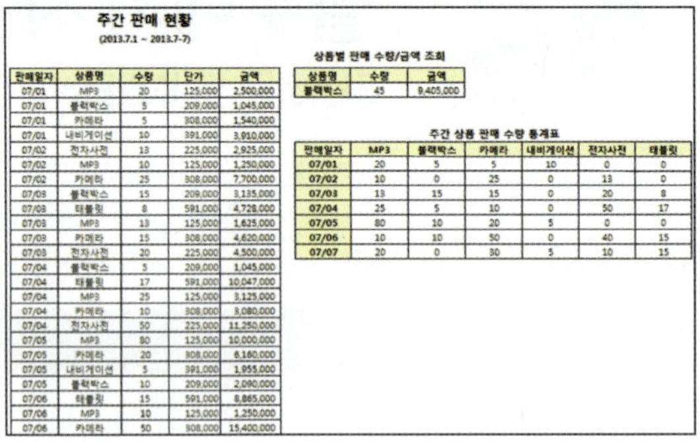

주간 판매 현황표에서 SUMIF와 데이터 유효성 검사를 통해 상품별 수량과 금액의 합계 조회할 수 있습니다. SUMIFS로 일자, 상품별 수량의 합계를 구하는 통계표를 완성합니다.

01 데이터 유효성 검사로 상품 목록 지정하기

① **[G5] 셀**을 선택합니다. ② [데이터] 탭–[데이터도구] 그룹에서 [**데이터 유효성 검사**]를 클릭합니다. ③ 데이터 유효성 대화상자의 [설정] 탭에서 제한 대상을 **[목록]**으로 선택합니다. ④ 원본의 입력란을 클릭하고 ⑤ 엑셀 시트의 **[H9:M9] 영역**을 드래그한 후 ⑥ **[확인]**을 클릭합니다.

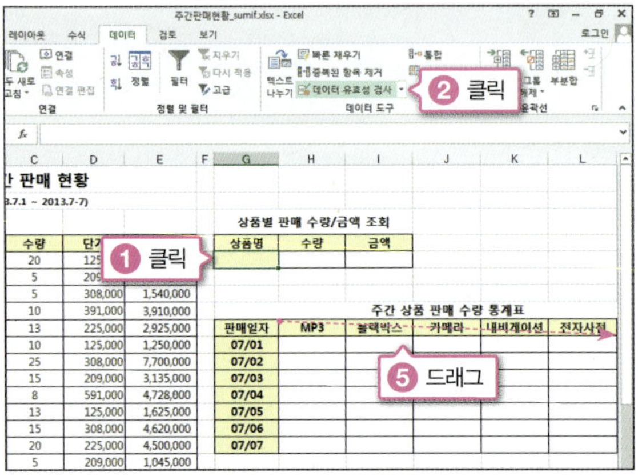

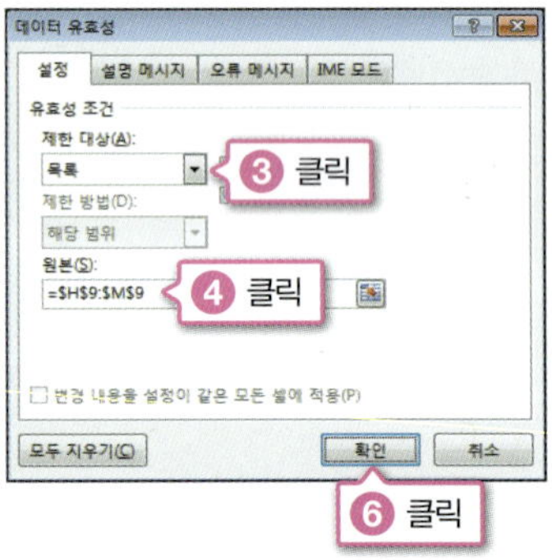

TIP 데이터 유효성 검사의 자세한 내용은 Chapter 03을 참고합니다.

02 상품별 수량과 금액의 합계 구하기

① **[H5] 셀**을 선택합니다. ② [수식] 탭–[함수 라이브러리] 그룹에서 [**수학/삼각**]을 클릭하고 ③ **[SUMIF]**를 선택합니다.

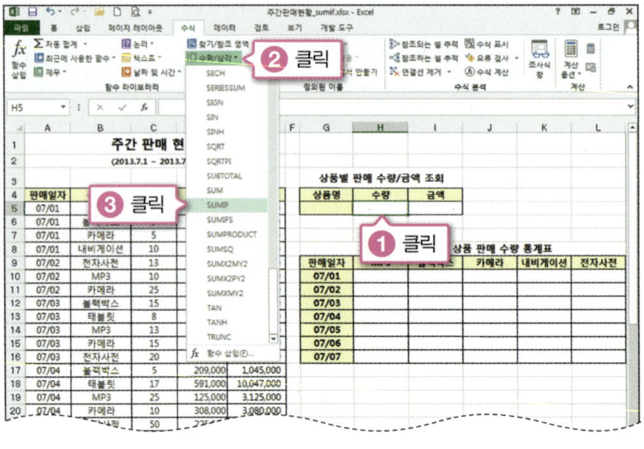

TIP SUMIF는 조건에 만족하는 셀의 합계를 구하는 함수입니다.

03 수식 완성해 상품별 수량 합계 구하기

① 함수 인수 대화상자에서 Range(범위)에 **B5:B36**을, Criteria(조건)에 **G5**를, Sum_range(합계 범위)에 **C5:C36**을 입력하고 ② **[확인]**을 클릭해서 수식 **=SUMIF(B5:B36,G5,C5:C36)**을 완성합니다.

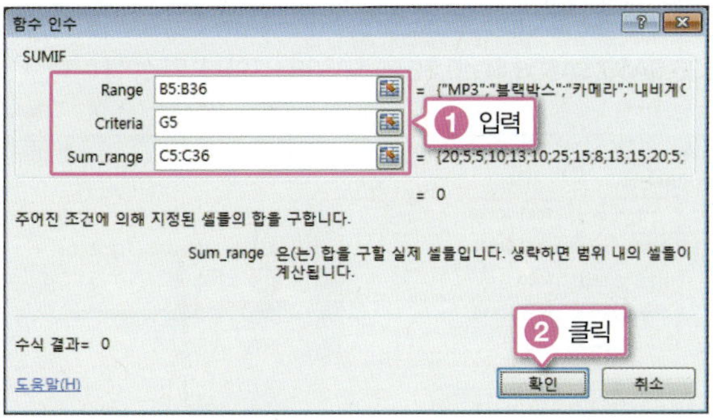

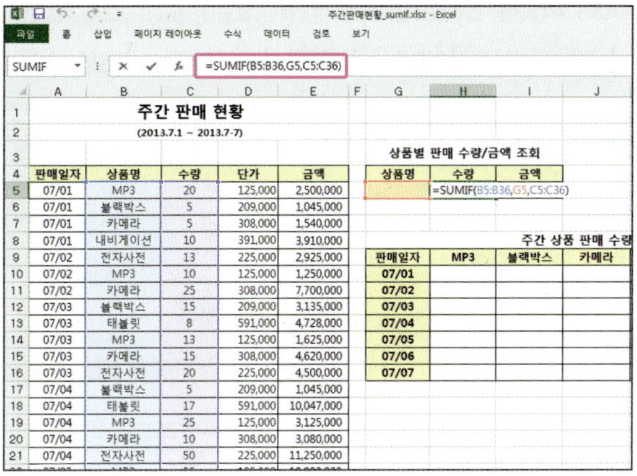

TIP Criteria(조건)에 "=MP3"를 입력하면 상품이 고정되므로, [G5] 셀을 지정하여 조건이 바뀌게 합니다.

04 상품별 판매 금액 합계 구하기

① **[I5] 셀**을 선택하여 ② 수식 입력줄에 수식 **=SUMIF(B5:B36,G5,E5:E36)**을 입력합니다.

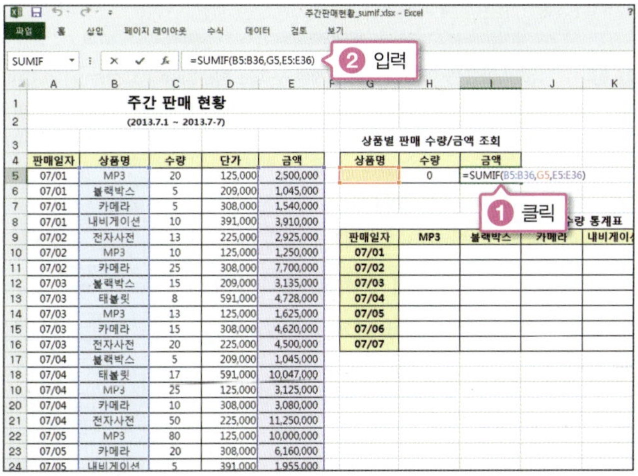

05 상품 목록 조회하여 수량 및 금액 조회하기

상품 목록 상자에서 조회하고 싶은 상품명을 선택하면 수량과 금액의 소계가 나타납니다.

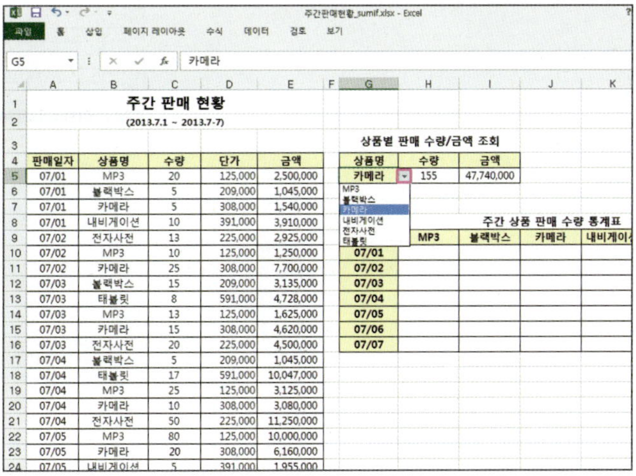

06 일자, 상품별 수량 합계 구하기

① **[H10] 셀**을 선택합니다. ② [수식] 탭–[함수 라이브러리] 그룹에서 **[수학/삼각]**을 클릭하고 ③ **[SUMIFS]**를 선택합니다. ④ 함수 인수 대화상자의 Sum_range(합계 범위)에 **$C$5:$C$36**, Criteria_range1(조건1 범위)에 **$A$5:$A$36**, Criteria1(조건1)에 **$G10**, Criteria_range2(조건2 범위)에 **$B$5:$B$36**, Criteria2(조건2)에 **H$9**를 입력합니다. ⑤ **[확인]**을 클릭해서 수식 **=SUMIFS($C$5:$C$36,$A$5:$A$36,$G10,$B$5:$B$36,H$9)**를 완성합니다.

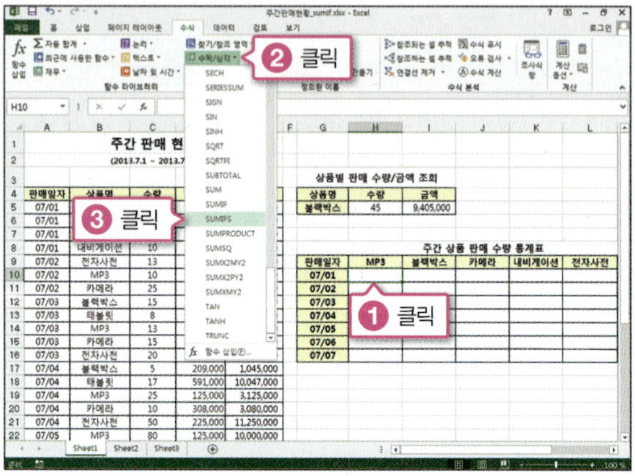

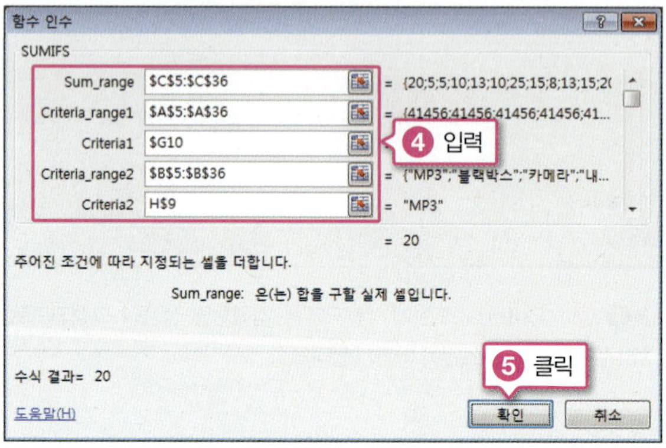

TIP SUMIFS는 다중 조건의 합계를 구하는 함수입니다. Criteria1과 Criteria2에 혼합 참조를 지정하여 수식을 복사할 때 조건1($G10)은 열 방향이 고정이고, 행 방향으로 바뀝니다. 조건2(H$9)는 열 방향은 바뀌고, 행 방향은 고정입니다.

07 수식 복사하여 완성하기

① **[H10] 셀**을 선택하고 ② [채우기 핸들]을 **[H16] 셀**까지 드래그하여 수식을 복사합니다. ③ [H10:H16] 영역의 범위가 지정되어 있는 상태에서 [H16] 셀의 [채우기 핸들]을 **[M16] 셀**까지 드래그합니다.

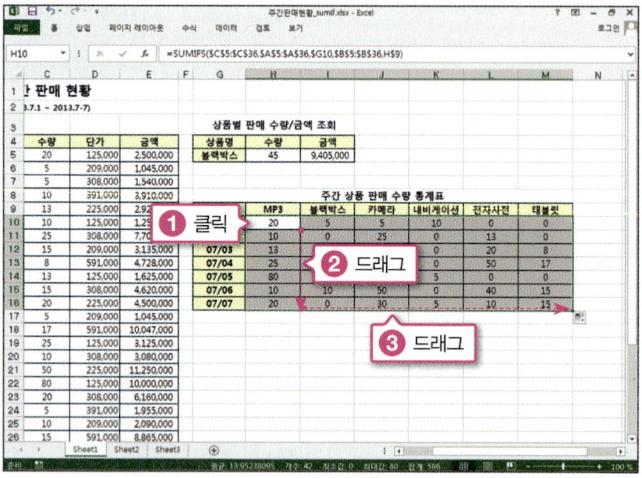

SECTION

07 함수 중첩하기

실무활용 함수를 중첩하여 업무 제안 집계표 만들기

2007 | 2010 | 2013

- 실습 파일 엑셀\6장\실습\업무제안집계표.xlsx
- 완성 파일 엑셀\6장\완성\업무제안집계표_완성.xlsx

부서별 상반기 업무제안 집계표

부서명	1월	2월	3월	4월	5월	6월	합계	업무제안건수 (월평균)	함수식 표시하기	우수제안포상금 (평균초과)
인사팀	2	2	5	4	3	8	24	4	=ROUND(AVERAGE(B4:G4),1)	-
재무팀	5	3	3	6	3	11	31	5.2	=ROUND(AVERAGE(B5:G5),1)	500,000
경리팀	3	2	2	3	1	5	16	2.7	=ROUND(AVERAGE(B6:G6),1)	-
영업1팀	4	2	1	2	5	2	16	2.7	=ROUND(AVERAGE(B7:G7),1)	-
영업2팀	2	2	5	4	3	8	24	4	=ROUND(AVERAGE(B8:G8),1)	-
영업3팀	8	6	3	10	4	3	34	5.7	=ROUND(AVERAGE(B9:G9),1)	500,000
공정팀	10	10	13	11	10	2	56	9.3	=ROUND(AVERAGE(B10:G10),1)	500,000
자재팀	10	9	8	7	6	10	50	8.3	=ROUND(AVERAGE(B11:G11),1)	500,000
기획팀	5	6	6	7	9	5	38	6.3	=ROUND(AVERAGE(B12:G12),1)	500,000
관리팀	5	2	1	2	5	6	21	3.5	=ROUND(AVERAGE(B13:G13),1)	-
총무팀	3	3	3	2	3	5	19	3.2	=ROUND(AVERAGE(B14:G14),1)	-

함수는 단독으로도 사용하지만 두 개 이상의 함수를 중첩해서 사용하기도 합니다. 부서별 업무 향상을 위한 제안 건수를 집계한 표에서 함수의 인수로 또 다른 함수를 사용하는 함수 중첩을 사용해보겠습니다. 상반기 월평균 업무제안건수를 구한 수식을 확인한 후 ROUND 함수를 사용하여 소수 둘째 자리에서 반올림합니다. 그리고 부서별로 전체 평균보다 많이 제안한 부서에는 50만 원의 포상금을 지급합니다.

01 수식을 텍스트로 표시하기

월평균 업무제안건수에는 각 부서별 상반기 평균제안건수를 계산한 수식이 들어 있습니다. 이 수식을 텍스트로 표시해보겠습니다. ① **[J4] 셀**을 선택하여 수식 입력줄에 ② **=FORMULATEXT(I4)**를 입력합니다. ③ **[J4] 셀**의 [채우기 핸들]을 더블클릭하여 수식을 복사합니다. 그러면 AVERAGE 함수식이 텍스트로 표시됩니다.

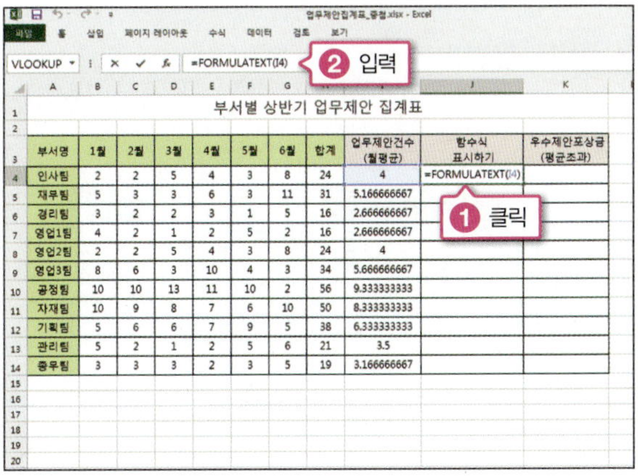

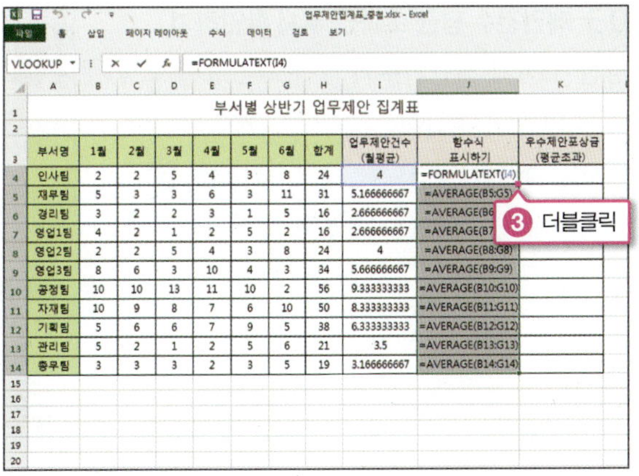

TIP FORMULATEXT 함수는 수식을 텍스트로 변환하는 함수로 엑셀 2013 버전에서 신규로 추가된 함수입니다. 사용 방법은 FORMULATEXT(수식)입니다.

02 상반기 제안건수 평균을 반올림하여 소수 첫째 자리 표시하기

AVERAGE 함수를 사용하여 상반기 평균 제안 건수를 구한 수식을 수정하겠습니다. ① **[I4] 셀**을 선택하고 ② 수식 입력줄에서 수식을 **=ROUND(AVERAGE(B4:G4),1)**로 수정합니다. ③ [I4] 셀의 [**채우기 핸들**]을 더블클릭하여 수식을 복사합니다. 그러면 업무제안 평균 건수를 소수 둘째 자리에서 반올림하여 소수 첫째 자리까지 표시할 수 있습니다.

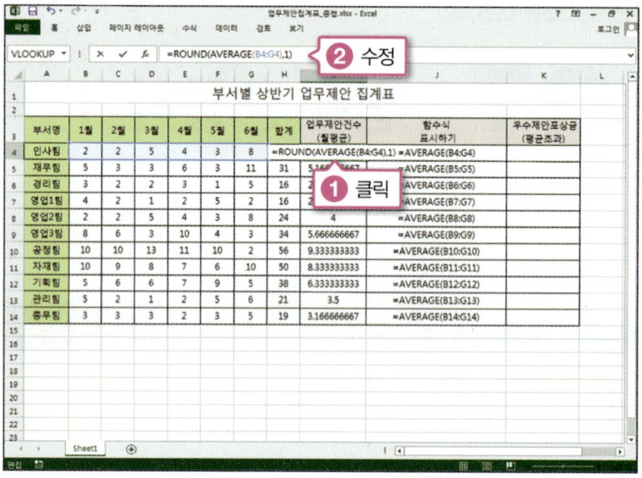

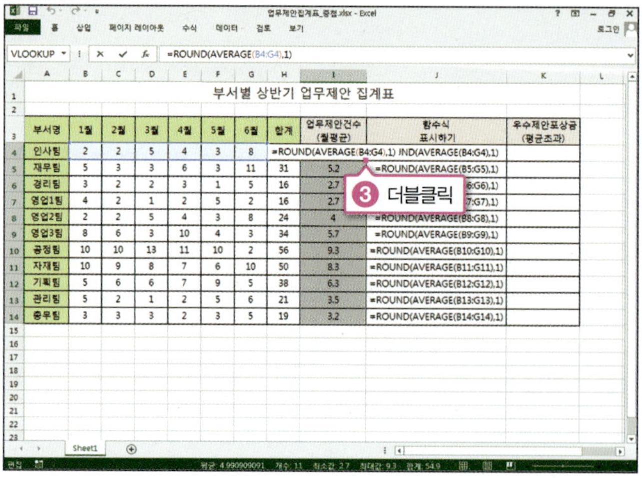

완성 수식 : =ROUND(AVERAGE(B4:G4),1)

03 제안건수 평균 초과인 부서 확인하기

상반기 전체 제안건수의 평균보다 크면 포상금 50만 원을 지급하는 수식을 구하겠습니다. ① **[K4] 셀**을 선택합니다. ② [수식] 탭-[함수 라이브러리] 그룹에서 [**논리**]를 클릭하고 ③ **[IF]**를 선택합니다.

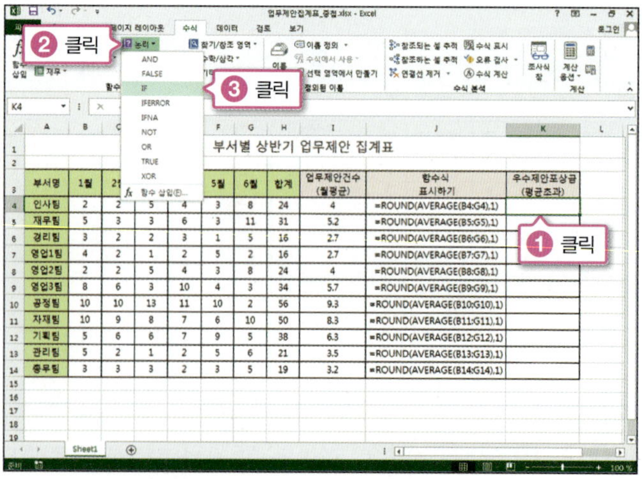

04 포상금 지급할 부서를 구할 함수식 입력하기

① 함수 인수 대화상자의 Logical_test(조건)에 **AVERAGE($H$4:$H$14)<H4**를, Value_if_true(참 값)에 **500000**을 Value_if_false(거짓 값)에 **0**을 입력하고 ② **[확인]**을 클릭합니다. 수식 **=IF(AVERAGE($H$4:$H$14)<H4,500000,0)**를 완성합니다.

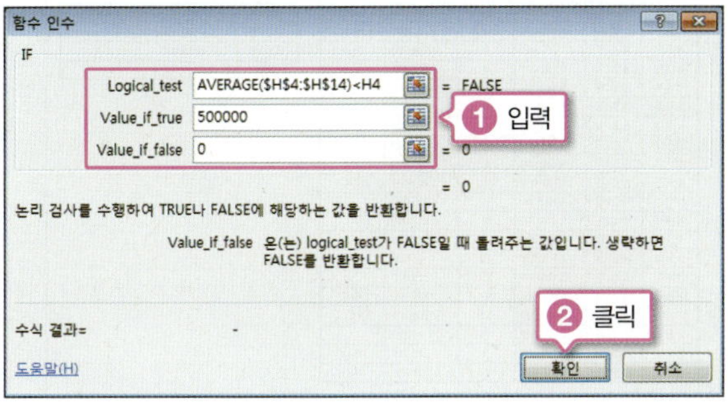

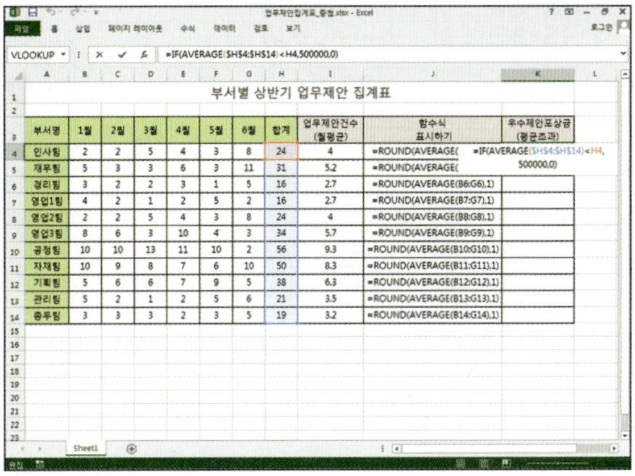

TIP 위 식은 [H4] 셀이 부서별 전체 제안 건수의 평균보다 크면(AVERAGE($H$4:$H$14)<H4), 포상금 50만 원을 표시하고, 그렇지 않으면 0을 표시합니다.

완성 수식 : =IF(AVERAGE($H$4:$H$14)<H4,500000,0)

05 수식 복사하여 완성하기

[K4] 셀의 [**채우기 핸들**]을 더블클릭하여 수식을 복사합니다.

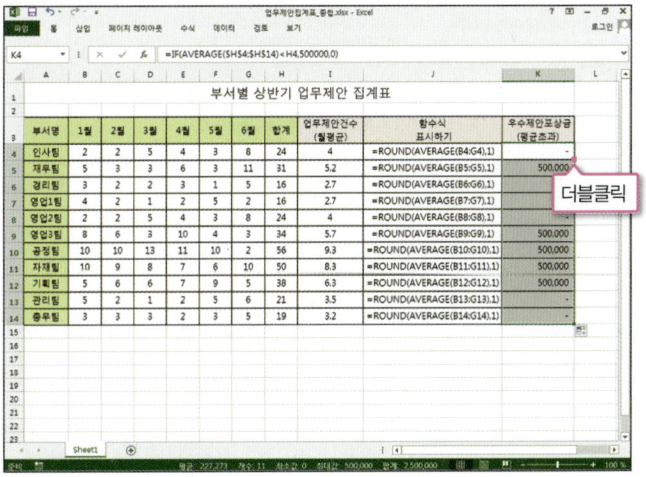

혼자해보기 | 영업실적현황 완성하기

▪ **실습 파일** 엑셀\6장\실습\영업실적표.xlsx

개인별 판매 실적표

인원수	

성명	부서	실적금액	순위	성과금	실적평가
김성철	영업1팀	3,560,000			
이병욱	영업3팀	13,000,000			
서기린	영업2팀	11,400,000			
유태현	영업1팀	5,660,000			
박민우	영업3팀	5,780,000			
김태성	영업2팀	8,910,000			
남진섭	영업3팀	6,780,000			
강은철	영업1팀	3,450,000			
최진우	영업2팀	5,120,000			
황욱진	영업3팀	12,100,000			
김진섭	영업1팀	4,300,000			
박태수	영업2팀	3,220,000			
이민호	영업1팀	2,450,000			
문호철	영업3팀	1,340,000			
전남주	영업2팀	3,110,000			
홍순민	영업1팀	5,660,000			
이나영	영업3팀	4,520,000			
나은미	영업1팀	1,980,000			
민호철	영업2팀	7,210,000			
송수영	영업1팀	5,110,000			

부서	성과금합계	우수사원인원수
영업1팀		
영업2팀		
영업3팀		
합계		

▶

▪ **완성 파일** 엑셀\6장\완성\영업실적표_완성.xlsx

개인별 판매 실적표

인원수	20

성명	부서	실적금액	순위	성과금	실적평가
김성철	영업1팀	3,560,000	14	178,000	
이병욱	영업3팀	13,000,000	1	1,300,000	우수
서기린	영업2팀	11,400,000	3	1,140,000	우수
유태현	영업1팀	5,660,000	8	566,000	우수
박민우	영업3팀	5,780,000	7	578,000	우수
김태성	영업2팀	8,910,000	4	891,000	우수
남진섭	영업3팀	6,780,000	6	678,000	우수
강은철	영업1팀	3,450,000	15	172,500	
최진우	영업2팀	5,120,000	10	512,000	우수
황욱진	영업3팀	12,100,000	2	1,210,000	우수
김진섭	영업1팀	4,300,000	13	215,000	
박태수	영업2팀	3,220,000	16	161,000	
이민호	영업1팀	2,450,000	18	122,500	
문호철	영업3팀	1,340,000	20	67,000	
전남주	영업2팀	3,110,000	17	155,500	
홍순민	영업1팀	5,660,000	8	566,000	우수
이나영	영업3팀	4,520,000	12	226,000	
나은미	영업1팀	1,980,000	19	99,000	
민호철	영업2팀	7,210,000	5	721,000	우수
송수영	영업1팀	5,110,000	11	511,000	우수

부서	성과금합계	우수사원인원수
영업1팀	2,430,000	3
영업2팀	3,580,500	5
영업3팀	4,059,000	5
합계	10,069,500	13

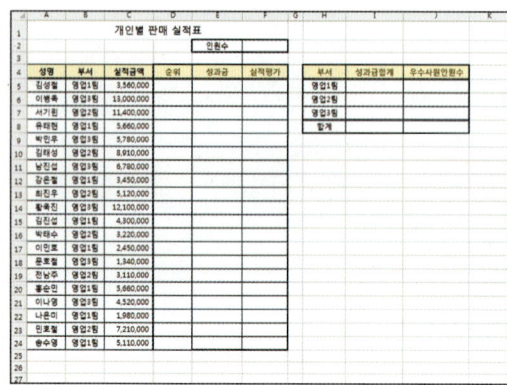

개인별 영업 실적표에서 다음 지시사항에 따라 인원수, 순위, 성과금, 실적평가, 부서별 성과금의 합계, 우수사원 인원수를 구합니다.

1 인원수(F2)는 COUNTA 함수를 이용하여 영업사원수를 구합니다.

완성수식 : **=COUNTA(A5:A24)**

2 순위(D5:D24)는 RANK.EQ 함수를 이용하여 실적금액을 기준으로 내림차순으로 순위를 구합니다.

완성수식 : **=RANK.EQ(C5,$C$5:$C$24,0)**

3 성과금(E5:E24)은 IF 함수를 이용하여 실적금액이 5백만 원 이상이면 실적금액의 10%, 아니면 실적금액의 5%를 구합니다.

완성수식 : **=IF(C5>=5000000,C5*10%,C5*5%)**

4 실적평가(F5:F24)는 IF 함수를 이용하여 실적금액이 5백만 원 이상이면 우수, 아니면 공백으로 표시합니다.

완성수식 : **=IF(C5>=5000000,"우수"," ")**

5 성과금의 합계(I5:I7)는 SUMIF 함수를 이용하여 부서별 성과금의 합계를 구합니다.

완성수식 : **=SUMIF($B$5:$B$24,H5,$E$5:$E$24)**

6 우수사원인원수(J5:J7)는 COUNTIFS 함수를 이용하여 부서별로 우수사원의 인원수를 구합니다.

완성수식 : **=COUNTIFS($B$5:$B$24,H5,F5:F24,"=우수")**

7 성과금의 합계(I8), 우수사원 인원수의 합계(J8)는 SUM 함수를 이용하여 구합니다.

완성수식 : **=SUM(I5:I7), =SUM(J5:J7)**

CHAPTER

07

업무의 효율을 높이는 다양한 실무 함수 다루기

EXCEL 2013

SECTION

01 논리 함수

기능설명 | 논리 함수 살펴보기

2007 | 2010 | 2013

논리 함수는 조건을 만족시키면 참 값을 반환하고 조건을 만족시키지 못하면 거짓 값을 반환하는 함수로 IF 함수가 대표적입니다. IF 함수는 단독으로 쓰이기도 하지만 주로 다른 함수와 중첩해서 사용합니다.

여러 조건에 맞는 값을 구하는 IF 함수의 중첩

IF 함수의 형식은 IF(Logical_test, Value_if_true, Value_if_FALSE)입니다. 조건이 하나일 때는 IF 함수를 하나만 사용하고 조건이 여러 개일 때는 IF 함수를 중첩해서 사용합니다. 예를 들면, 점수가 90점 이상이면 A등급, 70점 이상이면 B등급, 70점 미만이면 C등급을 주는 경우 다음과 같은 문장으로 옮길 수 있습니다.

= 만약 (점수가 90점 이상이면 A등급, 만약 점수가 70점 이상이면 B등급, 70점 미만이면 C등급을 준다.)

이것을 함수식으로 표현하면 다음과 같습니다. 점수 자리에는 셀 주소를 입력합니다.

=IF(점수>=90, "A등급", IF(점수>=70, "B등급", "C등급")

=IF(점수>=90,	"A등급",	IF(점수>=70,	"B등급",	"C등급")
조건식①	참 값①	거짓 값①		
		조건식②	참 값②	거짓 값②

이와 같이 IF 함수는 조건에 따라 64개까지 중첩해서 사용할 수 있습니다.

여러 항목에 대한 조건이 맞는지 판단하는 AND, OR, NOT 함수

수식에 조건을 지정하다 보면 여러 조건을 지정한 후 비교해야 할 경우가 있습니다. 이럴 때는 AND, OR, NOT 함수를 사용합니다. AND 함수는 여러 조건을 모두 만족할 때 참 값을, OR 함수는 여러 조건 중의 하나라도 만족하면 참 값을, NOT 함수는 조건을 만족하지 않을 때 참 값을 반환합니다. AND, OR 함수의 조건은 255개까지 지정할 수 있습니다.

함수 범주	논리 함수
함수 형식	=AND(조건1, 조건2,…) =OR(조건1, 조건2,…) =NOT(조건)

셀이나 수식에 오류가 있는지 검사하는 IFERROR 함수

IFERROR 함수에서 오류를 판단하는 기준은 수식이나 셀에 오류 값이 있는 지입니다. 즉 검사하는 셀 값이 #NAME?, #VALUE!, #DIV/0!,#NUM!, #NULL!, #N/A, #REF!이거나 오류 값을 참조하고 있을 때 오류가 있다고 판단합니다.

함수 범주	논리 함수
함수 형식	=IFERROR(오류가 있는지 없는지 검사할 셀이나 수식, 오류가 있을 때에 반환할 오류 메시지)

실무활용 | 중첩 IF 함수로 고객 관리하기

2007 | 2010 | 2013

- **실습 파일** 엑셀\7장\실습\고객관리_논리.xlsx
- **완성 파일** 엑셀\7장\완성\고객관리_논리_완성.xlsx

IF 함수를 중첩하면 여러 조건에 따른 결과 값을 나타낼 수 있습니다. 고객 관리표에서 IF 함수를 중첩하여 사용 금액이 1,000만 원 이상이면 골드, 500만 원 이상이면 실버, 300만 원 이상이면 브론즈, 300만 원 미만이면 일반으로 등급을 표시합니다. 등급별로 골드는 사용 금액의 1%, 실버는 0.5%, 브론즈는 0.3%의 포인트를 적립하겠습니다.

고객 관리 및 포인트 지급

성명	사용금액	회원분류	포인트
강세진	1,298,700	일반	1,299
김숙자	10,940,000	골드	109,400
박서라	5,800,000	실버	29,000
박수지	1,200,000	일반	1,200
박홍철	5,600,000	실버	28,000
이진우	2,400,000	일반	2,400
홍나라	5,600,000	실버	28,000
홍진민	9,800,000	실버	49,000
강소리	3,412,700	브론즈	10,238
김수라	9,845,000	실버	49,225
박시현	4,500,000	브론즈	13,500
이민정	1,200,000	일반	1,200
이진중	4,800,000	브론즈	14,400
홍성형	20,140,000	골드	201,400
김미진	22,650,000	골드	226,500
김미현	2,180,000	일반	2,180
김소라	3,450,000	브론즈	10,350
김옥희	2,356,700	일반	2,357
박민국	2,900,000	일반	2,900
박철수	8,900,000	실버	44,500
이세현	15,600,000	골드	156,000
홍국진	4,500,000	브론즈	13,500
홍수진	7,800,000	실버	39,000
이시형	5,600,000	실버	28,000

01 IF 함수를 중첩하여 고객 등급 구하기

사용 금액에 따른 등급을 표시하겠습니다. ① 등급을 표시할 **[C4] 셀**을 선택합니다. ② [수식] 탭-[함수 라이브러리] 그룹에서 **[논리]**를 클릭하고 ③ **[IF]**를 선택합니다.

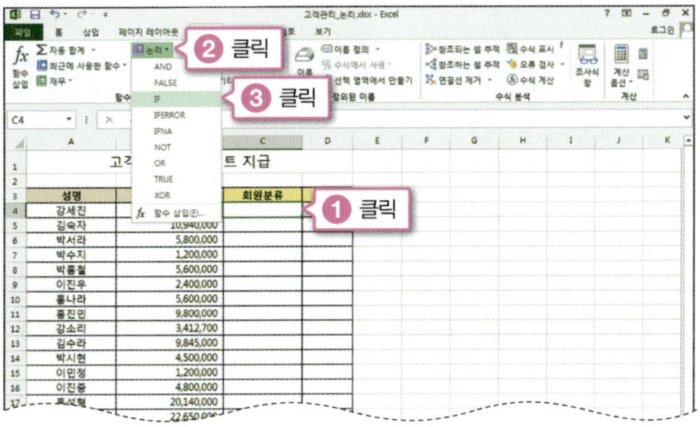

02 골드 등급 조건식 입력하기

① 함수 인수 대화상자에서 Logical_test에 **B4>=10000000**, Value_if_true에 **골드**를 입력하고 ② Value_if_false 입력란을 클릭한 다음 ③ 이름 상자의 **[IF]**를 클릭합니다.

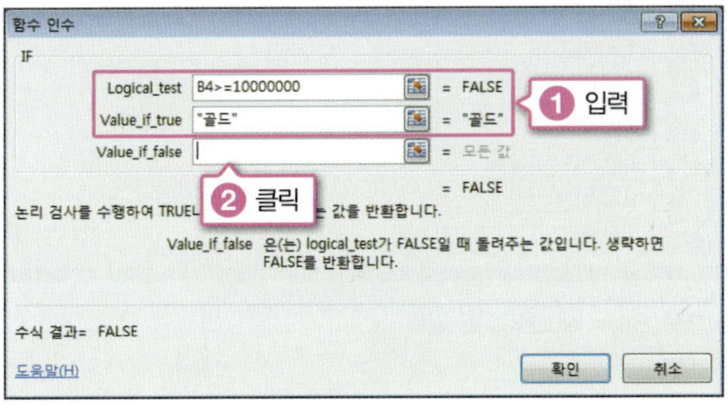

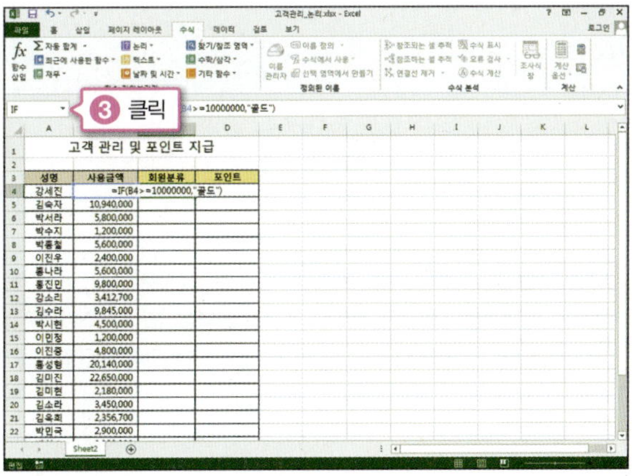

- Logical_test(**조건식**) : 사용 금액이 1,000만 원 이상인지를 판단하는 조건식으로 [B4>=10000000]을 입력
- Value_if_true(**참 값**) : 사용 금액이 1,000만 원 이상이면 골드이므로 [골드]를 입력
- Value_if_false(**거짓 값**) : 첫 번째 조건이 거짓인 경우, 두 번째 조건으로 IF 함수를 중첩하기 위해 이름 상자에서 [IF]를 클릭

03 실버 등급 조건식 입력하기

① 새로운 함수 인수 대화상자에서 Logical_test에 **B4>=5000000**, Value_if_true에 **실버**를 입력하고 ② Value_if_false 입력란을 클릭한 다음 ③ 이름 상자의 **[IF]**를 클릭합니다.

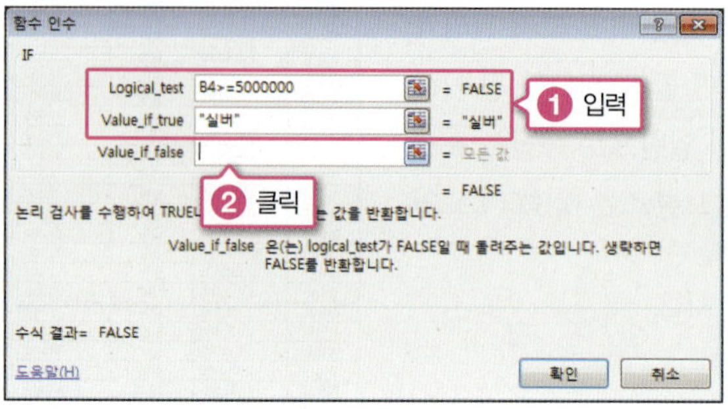

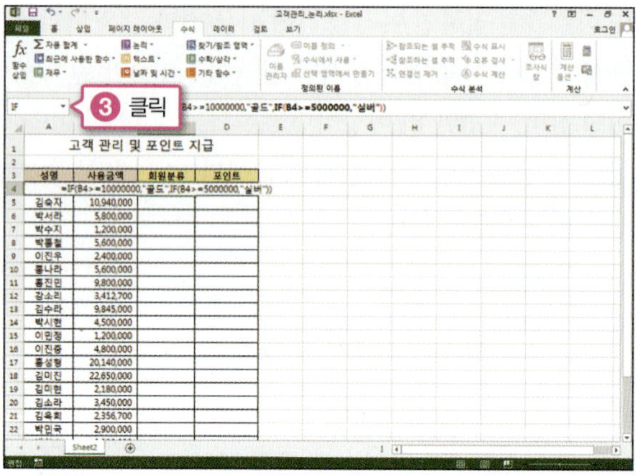

- Logical_test(**조건식**) : 사용 금액이 500만 원 이상인지를 판단하는 조건식으로 [B4>=5000000]을 입력
- Value_if_true(**참 값**) : 사용 금액이 500만 원 이상이면 실버이므로 [실버]를 입력
- Value_if_false(**거짓 값**) : 첫 번째 조건이 거짓인 경우, 두 번째 조건으로 IF 함수를 중첩하기 위해 이름 상자에서 [IF] 클릭

04 일반 등급 조건식 입력하기

① 새로운 함수 인수 대화상자에서 Logical_test에 **B4>=3000000**, Value_if_true에 **브론즈**, Value_if_false에 **일반**을 입력한 다음 ② **[확인]**을 클릭해서 수식 **=IF(B4>=10000000, "골드",IF(B4>=5000000, "실버",IF(B4>=3000000,"브론즈", "일반"))**을 완성합니다.

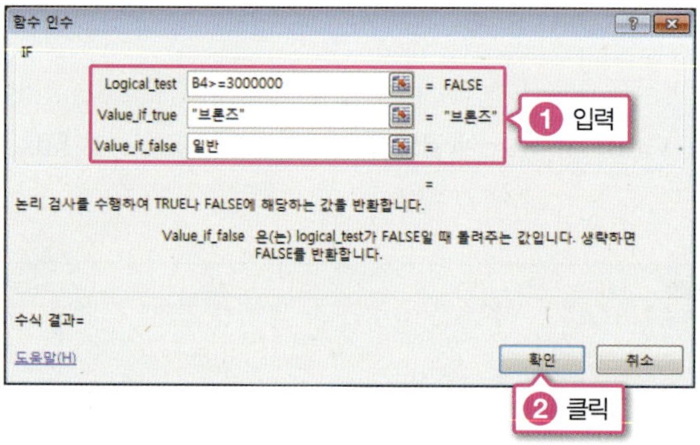

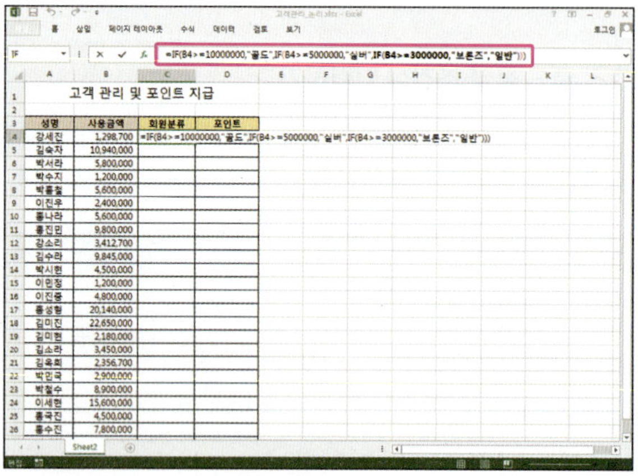

- Logical_test(**조건식**) : 사용 금액이 300만 원 이상인지를 판단하는 조건식으로 [B4>=3000000]을 입력
- Value_if_true(**참 값**) : 사용 금액이 300만 원 이상이면 브론즈이므로 [브론즈]를 입력
- Value_if_false : 사용 금액이 300만 원 미만이면 일반이므로 [일반]을 입력

05 IF를 중첩하여 고객 등급별 포인트 구하기

고객 등급에 따라 골드는 사용 금액의 1%, 실버는 0.5%, 브론즈는 0.3%, 일반은 0.1%를 포인트를 표시하겠습니다. ① **[D4] 셀**을 선택하고 ② 수식 입력줄에 수식 **=IF(C4="골드",B4*1%,IF(C4="실버",B4*0.5%,IF(C4="브론즈",B4*0.3%,B4*0.1%)))**을 입력합니다.

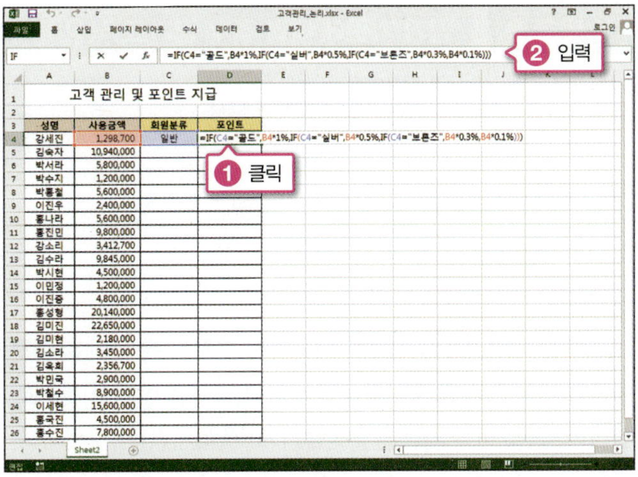

06 수식 복사하여 완성하기

① **[C4:D4] 영역**을 범위로 지정한 후 ② [D4] 셀의 [**채우기 핸들**]을 더블클릭하여 나머지 셀에 수식을 복사합니다.

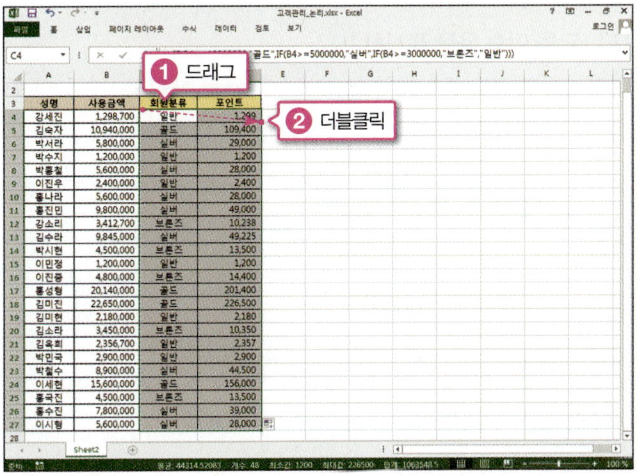

TIP IF 중첩 함수는 함수 인수 대화상자를 이용하면 쉽게 수식을 완성할 수 있지만 여러 함수를 중첩하여 사용하는 경우가 많으므로 직접 수식을 입력해보는 것도 좋습니다. 함수를 중첩해서 사용할 경우 중첩한 함수의 개수만큼 수식의 마지막 괄호의 개수를 맞춰야 합니다.

실 무 활 용 | 평가 기준에 따라 직무 평가표 작성하기

2007 | 2010 | 2013

- **실습 파일** 엑셀\7장\실습\직무교육평가표_논리.xlsx
- **완성 파일** 엑셀\7장\완성\직무교육평가표_논리_완성.xlsx

직무 교육 평가표

성명	중간평가 (25)	과제1 (25)	과제2 (25)	최종평가 (25)	총점	1	2	3	4	5	출석시간 (40H)	교육이수	교육점수
송수민	20	24	24	18	86	8	8	5	6	8	35	이수	1
이민정	25	12	25	23	85	8	7	3	8	8	34	이수	1
육혜민	17	18	22	20	77	8	7	2	7	8	32	이수	1
김희정	15	26	25	21	87	8	6	3	8	7	32	이수	1
이상숙	15	20	5	25	65	8	5	2	7	6	28		0
최철민	25	21	5	23	74	8	5	3	6	6	28	이수	1
민철수	23	12	20	15	70	8	8	1	6	8	31	이수	1
이철희	15	23	15	14	67	8	8	2	5	7	30		0
김수진	14	19	5	10	48	8	5	3	7	5	28		0
전미옥	10	16	25	25	76		6	8	8	6	28	이수	1

IF, AND, OR, NOT 함수를 이용하여 직무 교육 평가표를 작성해보겠습니다. 직무 교육 평가표에 입력된 평가 항목을 바탕으로 평가 기준을 통과하면 교육을 이수한 것으로 표시하고 이수 유무에 따라 교육 점수를 계산해야 합니다. 교육 이수 기준은 출석률이 80%(32시간) 이상이거나, 평가 총점이 70점 이상이면 이수, 교육 점수는 교육을 이수하지 못하면 0점, 각 평가 기준 모두 20점 이상이면 2점, 아니면 1점을 줍니다.

01 교육 이수 유무 표시하기

IF와 OR 함수를 중첩해서 교육 이수 유무를 파악하겠습니다. ① **[M4] 셀**을 선택하고 ② [수식] 탭–[함수 라이브러리] 그룹에서 [**논리**]를 클릭한 후 ③ **[IF]**를 선택해서 함수 인수 대화상자를 불러옵니다.

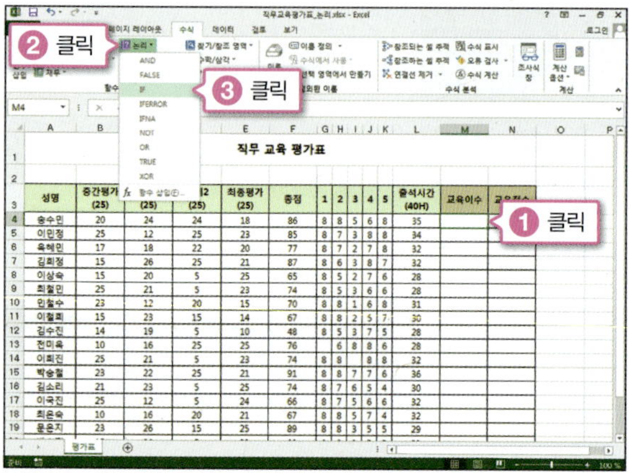

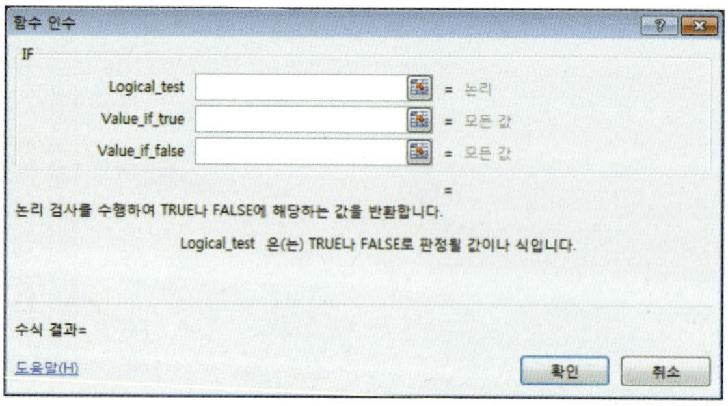

02 OR 함수 중첩하기

두 가지 중 하나만 만족해도 되므로 조건식에 OR 함수를 중첩합니다. ① IF 함수 인수 대화상자가 나타난 상태에서 수식 입력줄에 있는 [**함수 삽입**]을 클릭해서 함수 인수 대화상자를 닫습니다. ② [수식]–[함수 라이브러리] 그룹에서 [**논리**]를 클릭하고 ③ **[OR]**을 선택합니다.

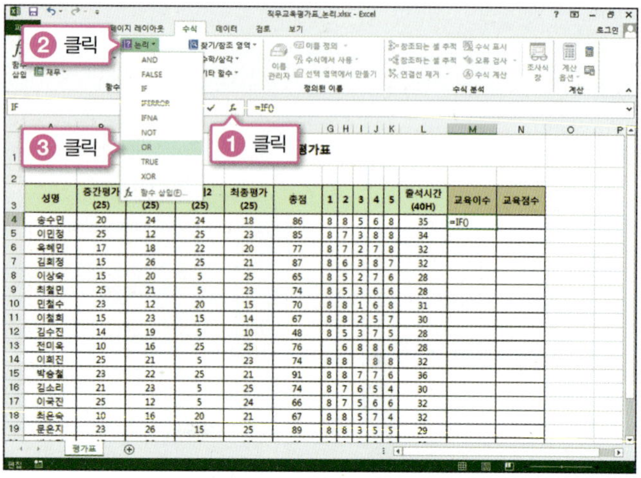

03 OR 중첩 함수 수식 입력하기

① OR 함수 인수 대화상자에서 Logical1에 **L4>=32**, Logical2에 **F4>=70**을 입력합니다. ② IF 함수 인수 대화상자로 돌아가기 위해 수식 입력줄의 IF 부분을 클릭합니다.

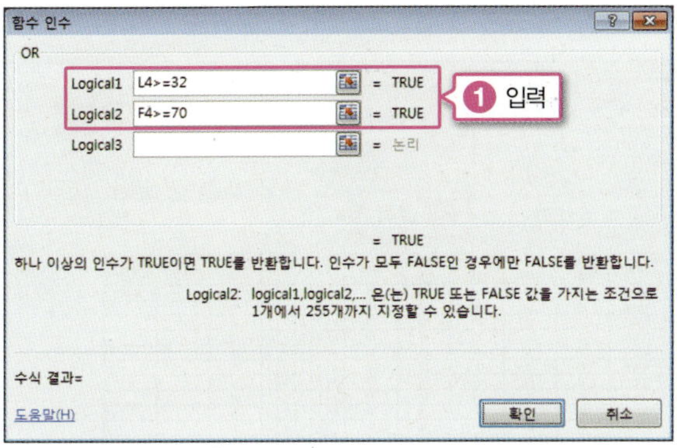

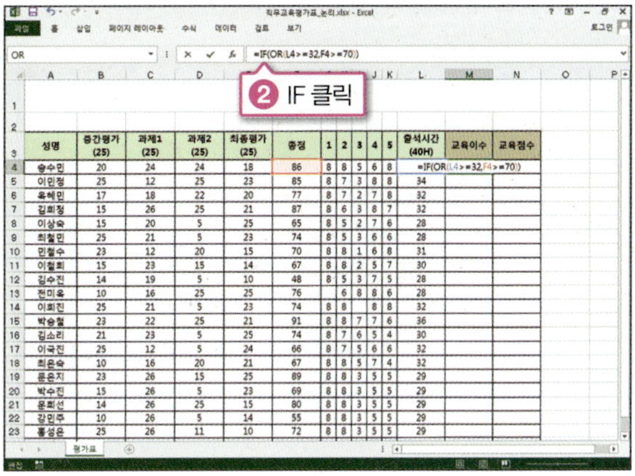

- Logical1(조건1) : 출석 시간이 32시간 이상인지를 판단하는 조건
- Logical2(조건2) : 평가 총점이 70점 이상인지를 판단하는 조건

04 중첩 함수 수식 완성하기

IF 함수 인수 대화상자가 나타나면 Logical_test에 OR 함수 수식이 입력된 것을 확인할 수 있습니다. ① Value_if_true에 **이수**, Value_if_false에 **""**를 입력한 다음 ② **[확인]**을 클릭합니다. 수식 **=IF(OR(L4>=32,F4>=70),"이수","")**을 완성합니다.

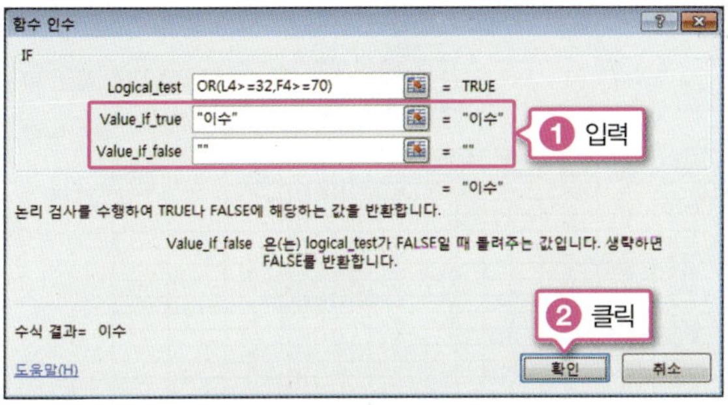

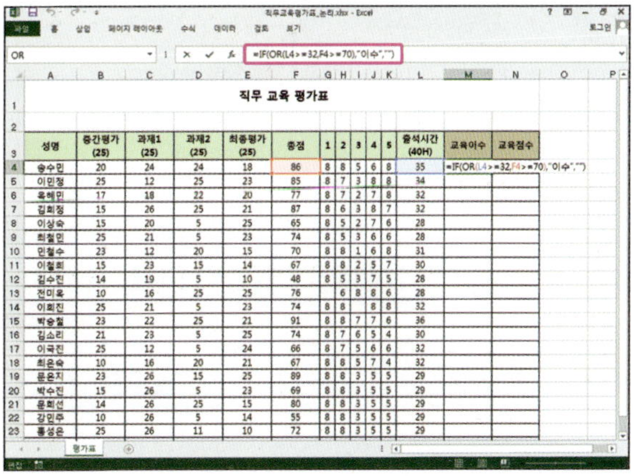

- Logical_test : 출석 시간이 32시간 이상이거나, 평가 총점이 70점 이상인 조건
- Value_if_true : 조건 결과가 참이면 "이수" 표기
- Value_if_false : 조건 결과가 거짓이면 공란으로 비우기

05 교육 점수 계산하기

IF, AND, NOT 함수로 교육 점수를 구하겠습니다. ① **[N4] 셀**을 선택합니다. ② [수식]-[함수 라이브러리] 그룹에서 [**논리**]를 클릭하고 ③ **[IF]**를 선택합니다.

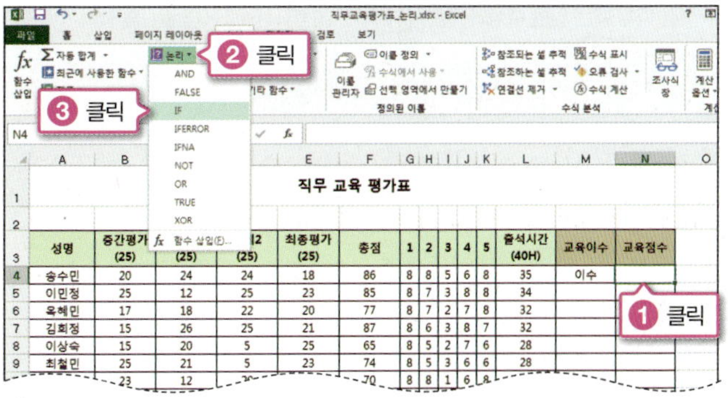

06 IF 중첩 함수 수식 입력하기

① 함수 인수 대화상자의 Logical_test에 **NOT(M4="이수")**, Value_if_true에 **0**, Value_if_false에 **IF(**를 입력합니다. ② AND 함수를 중첩하기 위해 수식 입력줄에서 [**함수 삽입**]을 클릭합니다. ③ [수식]-[함수 라이브러리] 그룹에서 [**논리**]를 클릭하고 ④ [**AND**]를 선택합니다.

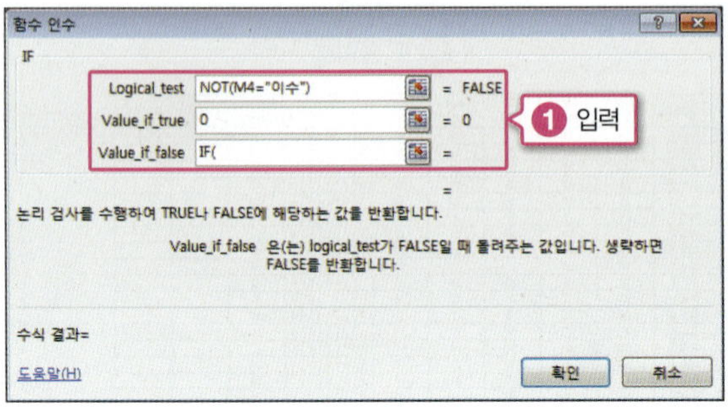

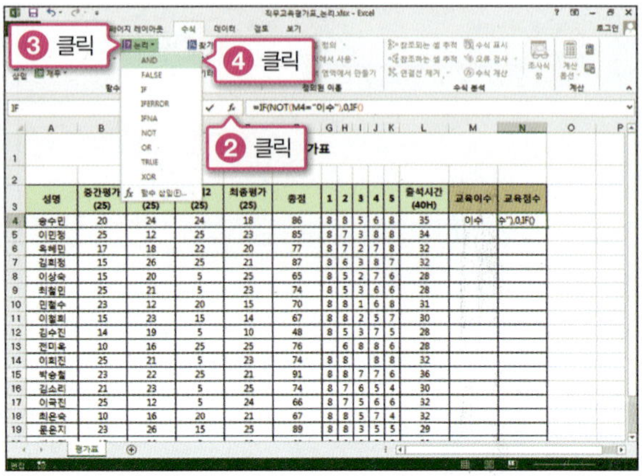

07 AND 중첩 함수 수식 입력하기

① AND 함수 인수 대화상자에서 Logical1에 **B4:E4>=20**을 입력합니다. ② IF 함수 인수 대화상자로 돌아가기 위해 수식 입력줄에서 두 번째 중첩 함수인 **IF**를 클릭합니다.

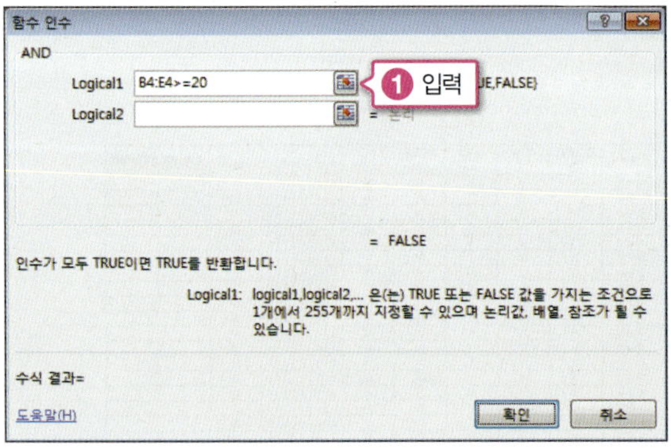

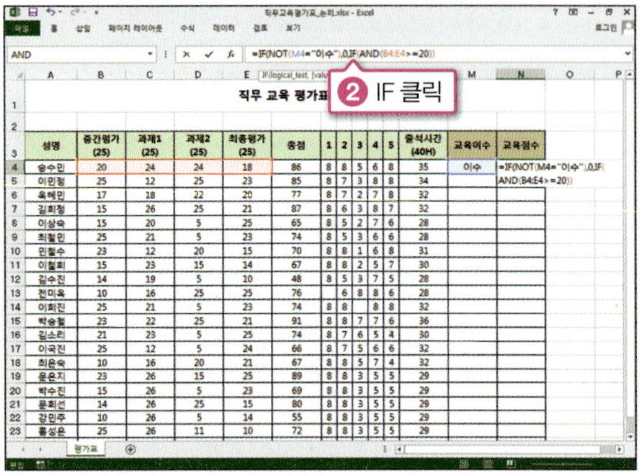

TIP 하나의 셀이 아닌 셀의 범위를 비교하는 조건을 수식으로 만들고자 할 경우 배열 수식을 사용합니다. 만약 위의 수식에서 배열 수식으로 작성하지 않으면 다음과 같이 Logical1~Logical4에 각 항목에 대한 조건을 각각 입력(AND(B4>=20C4>=20,D4>=20,E4>=20))해야 합니다. 배열 수식을 마칠 때는 일반 수식과 구분하기 위해 Ctrl+Shift+Enter를 눌러 수식을 완성하며 수식의 앞과 뒤에는 중괄호({ })가 나타납니다.

08 중첩 함수 수식 완성하기

IF 함수 인수 대화상자에서 Logical_test에 AND 함수 수식이 입력된 것을 확인할 수 있습니다. ① Value_if_true에 **2**, Value_if_false에 **1**을 입력한 다음 ② 수식 입력줄의 수식 끝에 **)**를 입력하여 IF 중첩 함수의 괄호 개수를 맞춥니다. ③ Ctrl + Shift 를 누른 상태에서 **[확인]**을 클릭해 수식 **{=IF(NOT(M4="이수"),0,IF(AND(B4:E4>=20),2,1))}**을 완성합니다.

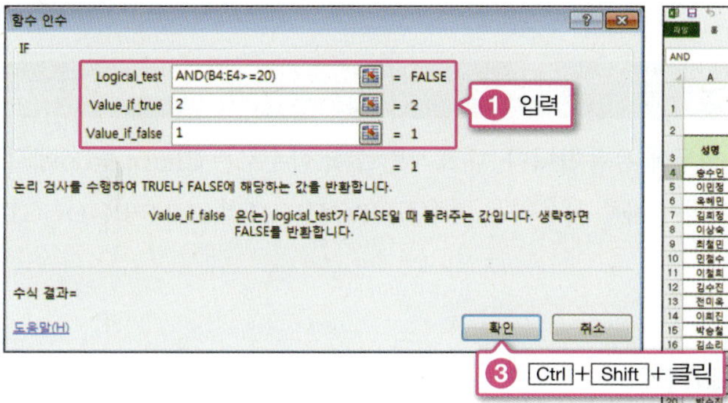

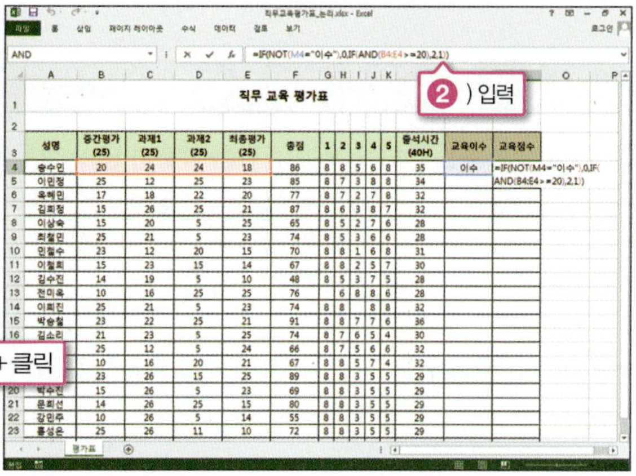

TIP Logical_test(조건)에 [B4] 셀부터 [E4] 셀의 각 값들이 20점 이상인지를 판단하려면 배열 수식으로 마쳐야 합니다. 위와 같이 입력하고 배열 수식으로 완성하려면 Ctrl + Shift 를 누른 상태에서 Enter 를 누르거나 [확인]을 클릭합니다.

09 수식 복사하여 완성하기

① **[M4:N4] 영역**을 범위로 지정하고 ② **[채우기 핸들]**을 더블클릭하여 수식을 복사하여 완성합니다.

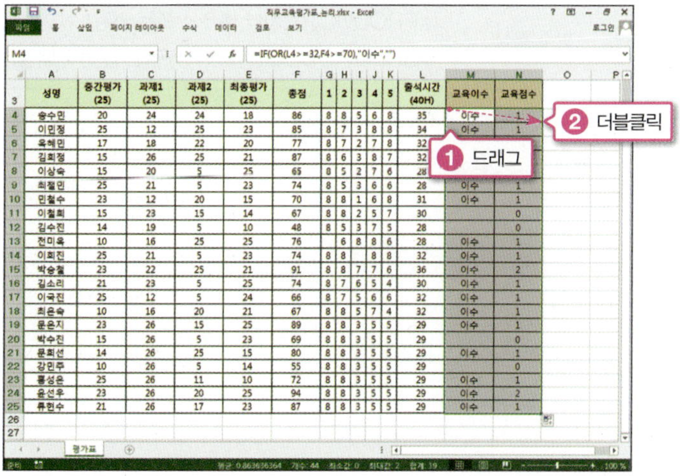

SECTION

02 수학/삼각 함수

기능설명 | 수학/삼각 함수 살펴보기 2007 | 2010 | 2013

수학/삼각 함수는 수와 연산에 관련한 함수가 많아 실무에 유용합니다. 대표적인 수학 함수로는 Chapter 06에서 살펴본 SUM과 ROUND 계열의 함수가 있으며, 그 외에 자주 사용하는 함수로 PRODUCT와 SUMPRODUCT 함수가 있습니다.

여러 값을 곱하는 PRODUCT, 곱하고 더하는 SUMPRODUCT 함수

PRODUCT 함수는 숫자들의 곱을 구할 때 사용합니다. 일반적으로 간단한 곱셈은 곱셈 연산자(*)를 사용하지만, 곱할 숫자가 연속적으로 많다면 PRODUCT 함수를 사용하는 것이 편리합니다. SUMPRODUCT 함수는 배열 또는 범위에서 서로 대응되는 같은 행에 있는 셀과 셀끼리 값을 곱하고 곱한 값들을 더합니다.

함수 범주	수학/삼각 함수
함수 형식	=PRODUCT(숫자나 셀 주소 또는 범위1, 숫자나 셀 주소 또는 범위2, 숫자나 셀 주소 또는 범위3,…) =SUMPRODUCT(셀 범위 배열1, 셀 범위 배열2, 셀 범위 배열3,…)

실무활용 구매품의서에서 공급가액 구하기

2007 | 2010 | 2013

- **실습 파일** 엑셀\7장\실습\구매품의서_수학삼각.xlsx
- **완성 파일** 엑셀\7장\완성\구매품의서_수학삼각_완성.xlsx

구매품의서에서 3개의 견적 업체를 선정하여 구매 예상 금액을 계산하려고 합니다. 각 업체의 단가와 수량을 일일이 더하고 곱하려면 번거롭고 시간이 소요됩니다. 따라서 SUMPRODUCT 함수를 사용하여 각각 업체의 구매 예상 금액을 구합니다.

01 업체별 구매 예상 금액 계산하기

SUMPRODUCT 함수로 업체별 구매 예상 금액을 계산하겠습니다. ① **[F34] 셀**을 선택하고 ② [수식] 탭 – [함수 라이브러리] 그룹에서 [**수학/삼각**]을 클릭하고 ③ **[SUMPRODUCT]**를 선택합니다.

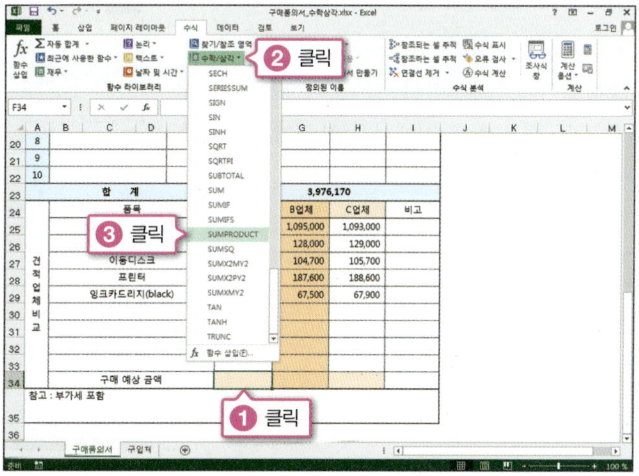

02 SUMPRODUCT 수식 입력하여 완성하기

① 함수 인수 대화상자에서 Array1(대응하여 곱할 범위1)에 **$F$13:$F$17**, Array2(대응하여 곱할 범위2)에 **F25:F29**를 입력하고 ② **[확인]**을 클릭해서 수식 **=SUMPRODUCT($F$13:$F$17,F25:F29)**를 완성합니다.

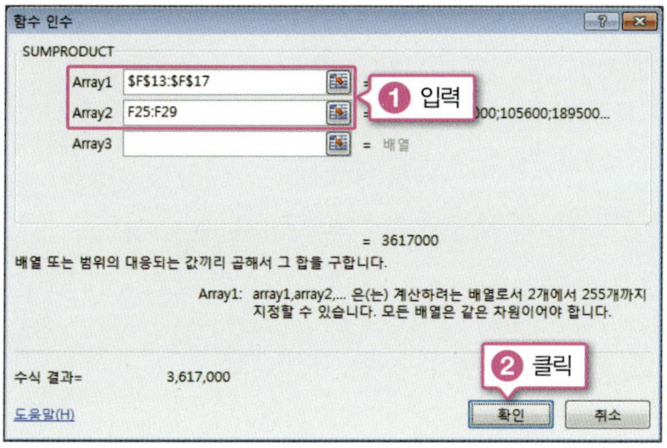

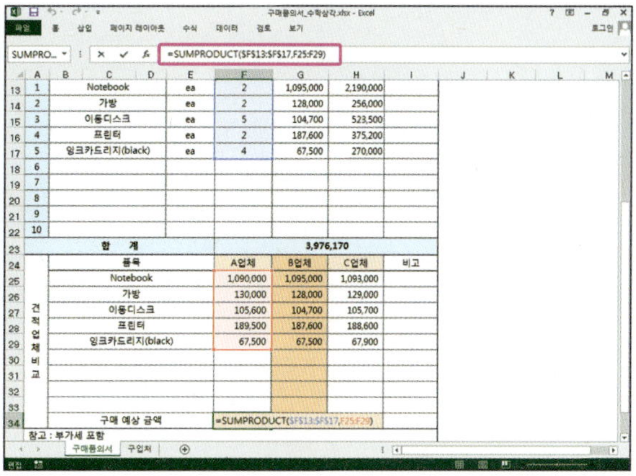

03 부가세 포함하기

금액에는 부가세를 포함해야 하므로 결과 값에 10%를 추가하겠습니다. ① **[F34] 셀**을 선택합니다. ② 수식 입력줄에서 수식의 마지막에 ***1.1**을 추가로 입력한 다음 Enter 를 눌러 수식 **=SUMPRODUCT($F$13:$F$17,F25:F29)*1.1**을 완성합니다.

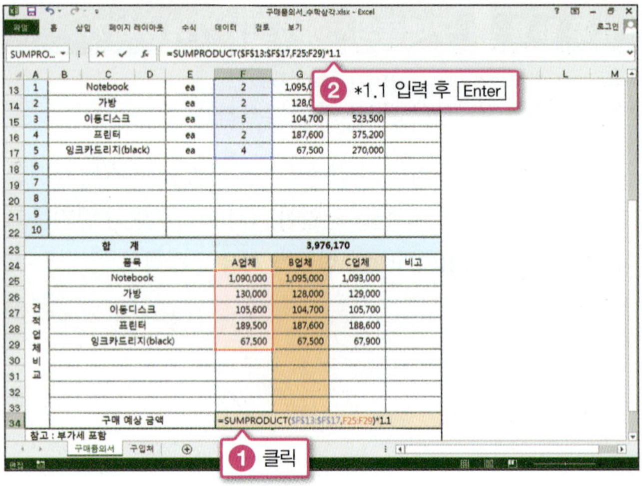

04 수식 복사하여 완성하기

① **[F34] 셀**을 선택하고 ② [채우기 핸들]을 **[H34] 셀**까지 드래그하여 수식을 복사합니다. ③ [자동 채우기 옵션]에서 **[서식 없이 채우기]**를 선택합니다.

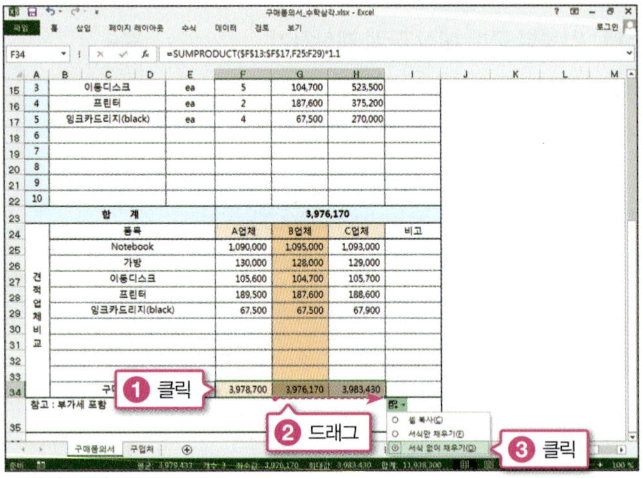

SECTION

03 찾기/참조 함수

기능 설명 찾기/참조 함수 살펴보기

2007 | 2010 | 2013

찾기/참조 함수로는 VLOOKUP, HLOOKUP, ROW, COLUMN 등의 함수가 있습니다. 특히 VLOOKUP과 HLOOKUP 함수는 사용 방법이나 기능이 비슷해서 헷갈릴 수 있으므로 검색 방향 등을 명확하게 기억해야 합니다.

원하는 값을 찾고 싶을 때는 VLOOKUP과 HLOOKUP 함수

VLOOKUP 함수는 목록 범위의 첫 번째 열에서 세로(Vertical) 방향으로 검색하면서 원하는 값을 추출하며, HLOOKUP 함수는 목록 범위의 첫 번째 행에서 가로(Horizontal) 방향으로 검색하면서 원하는 값을 추출합니다.

함수 범주	찾기/참조 함수
함수 형식	=VLOOKUP(데이터 범위에서 찾을 값, 데이터를 검색하고 참조할 범위, 범위에서 추출할 열, 옵션) =HLOOKUP(데이터 범위에서 찾을 값, 데이터를 검색하고 참조할 범위, 범위에서 추출할 행, 옵션) ※ 옵션은 정확하게 일치하는 값을 찾을지, 근사 값을 찾을지에 대한 선택으로 FALSE나 TRUE를 입력합니다. – TRUE : 근사 값을 찾음(데이터 목록의 첫 번째 열 또는 행의 값이 오름차순으로 정렬되어 있어야 함) – FALSE : 정확하게 일치하는 값을 찾음

목록 값을 번호로 검색하는 CHOOSE, 행/열 번호를 알려 주는 ROW와 COLUMN 함수

CHOOSE 함수는 인덱스 번호에 따라 원하는 목록을 직접 입력하여 인덱스 값에 따른 목록을 찾습니다. 인덱스 번호는 반드시 1~254까지의 숫자로 입력해야 합니다. ROW와 COLUMN 함수는 현재 셀의 행 번호와 열 번호를 알려 주는 함수입니다. 현재 셀의 번호를 알고 싶다면 ROW 함수를 인수 없이 사용하고, 특정 셀의 번호를 알고 싶다면 인수에 셀 주소를 입력합니다.

함수 범주	찾기/참조 함수
함수 형식	=CHOOSE(색인 값, 목록1, 목록2, 목록3,…) =ROW(셀 주소) =COLUMN(셀 주소) ROW나 COLUMN 함수의 인수를 생략하면 현재 위치의 셀 번호를 반환함

셀이나 수식에 오류가 있는지 검사하는 IFERROR 함수

IFERROR 함수에서 오류가 있는지 없는지를 판단하는 기준은 수식이나 오류 값이 있는지 없는지 입니다.

함수 범주	논리 함수
함수 형식	=IFERROR(오류가 있는지 없는지 검사할 셀이나 수식, 오류가 있을 때에 반환할 오류 메시지)

실무활용 매입매출장에서 지점명과 전화번호 찾기 2007 | 2010 | 2013

- **실습 파일** 엑셀\7장\실습\매입매출장_찾기참조.xlsx
- **완성 파일** 엑셀\7장\완성\매입매출장_찾기참조_완성.xlsx

매입매출장은 일자별로 상품이 입고되고나 출고될 때 매입, 매출 단가가 다르므로 각각의 단가를 찾아 기록하는 표입니다. 매입매출장에서 ROW 함수를 이용하여 번호를 자동으로 입력하고, VLOOKUP 함수로 상품 코드를 입력하면 [테이블] 시트의 상품 코드 테이블을 참조하여 상품명, 매입단가, 매출단가가 자동으로 입력되게 합니다. 마지막으로 HLOOKUP 함수로 수량에 따른 할인율을 [테이블] 시트의 할인율 테이블을 참조하여 입력합니다.

01 행 번호 입력하기

자동으로 행 번호를 입력하겠습니다. ① **[A3] 셀**을 선택하고 ② 수식 입력줄에 있는 수식을 **=ROW( )-2**로 수정한 다음 Enter 를 누릅니다. ③ [A3] 셀의 [**채우기 핸들**]을 더블클릭하여 수식을 복사합니다.

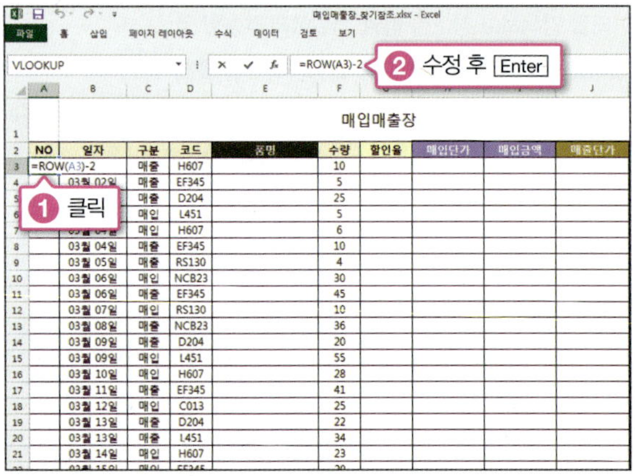

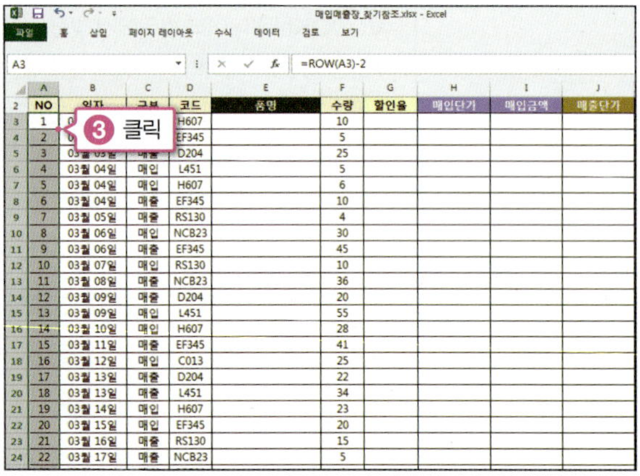

TIP ROW( )함수는 현재 셀의 행 번호를 알려줍니다. [A3] 셀의 행 번호는 3이지만 3행부터 처음 시작하므로 2를 빼서 1번으로 입력합니다. ROW( ) 함수를 사용해서 일련번호를 입력하면 특정 행을 삭제해도 일련번호가 자동으로 정리되므로 편리합니다.

02 코드, 할인율 테이블 이름 정의하기

함수식 작성 시 데이터 범위를 셀 주소로 참조하는 대신 이름으로 정의하여 사용하겠습니다. ① [테이블] 시트 탭에서 **[A4:D12] 영역**을 범위로 지정합니다. ② 이름 상자에 **상품표**를 입력하고 Enter 를 눌러 셀 범위에 이름을 정의합니다.

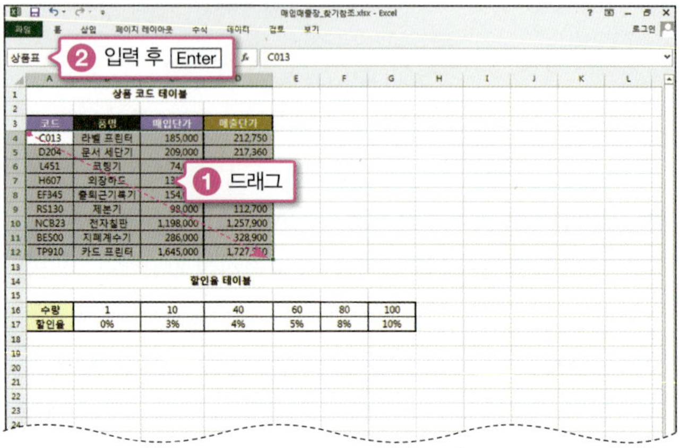

03 셀 이름 정의하기

① 계속해서 **[B16:G17] 영역**을 범위로 지정합니다. ② 이름 상자에 **할인표**를 입력하고 [Enter]를 눌러 이름을 정의합니다.

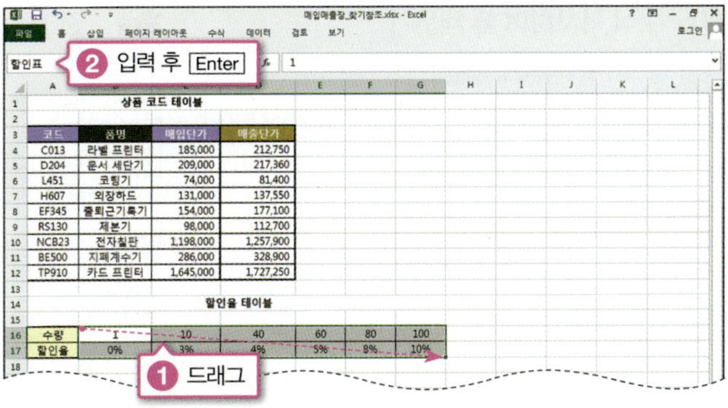

04 VLOOKUP 함수로 상품명 입력하기

① **[매입매출장] 시트 탭**을 클릭하고 ② **[E3] 셀**을 선택합니다. ③ [수식] 탭–[함수 라이브러리] 그룹에서 **[찾기/참조영역]**을 클릭하고 ④ **[VLOOKUP]**을 선택합니다.

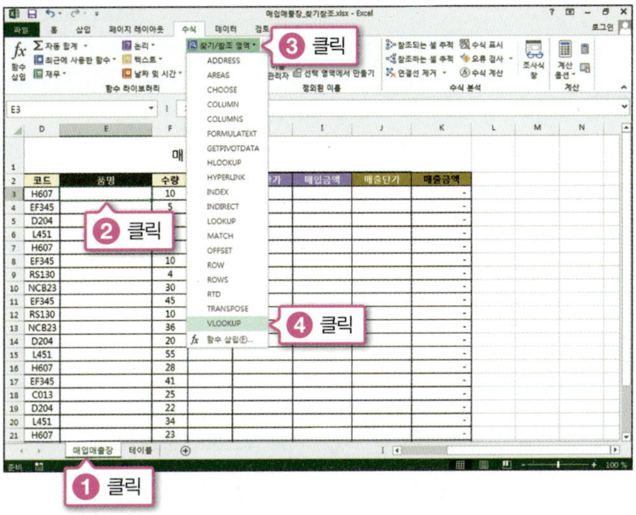

05 VLOOKUP 수식 입력하기

① Lookup_value(찾을 값)에 **D3**, Table_array(범위)에 **상품표**, Col Index_num(추출할 열)에 **2**, Range_lookup(옵션)에 **FALSE**를 입력한 다음 ② **[확인]**을 클릭합니다. 수식 **=VLOOKUP(D3,상품표,2,FALSE)**을 완성합니다.

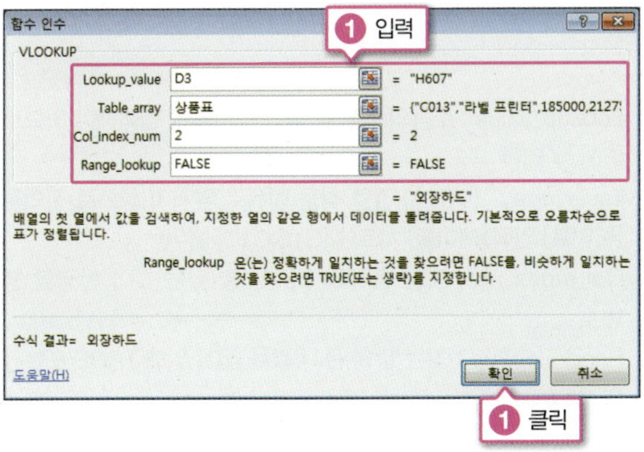

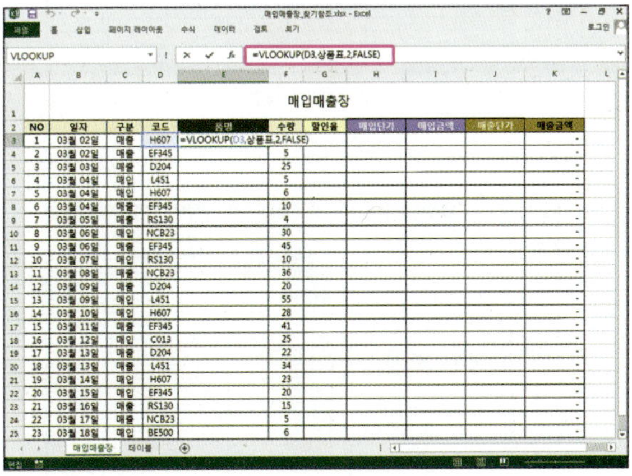

· Lookup_value : 상품 코드를 찾아 지점명을 입력해야 하므로 [D3] 셀 입력
· Table_array : [D3] 셀 값을 찾을 범위로 앞서 이름으로 정의한 [상품표] 입력([테이블] 시트에 [A4:D12] 영역)
· Col_index_no : 지점 범위에서 [D3] 셀 값을 찾아 반영할 열 번호
· Range_lookup : 찾는 값과 정확하게 일치하는 값을 찾기 위해서 FALSE 또는 0을 입력하고 근사값을 찾을 때는 TRUE 또는 1을 입력

06 수식 복사하여 셀 채우기

[E3] 셀의 [채우기 핸들]을 더블클릭해 수식을 복사합니다. [E3:E26] 영역의 셀 값이 채워집니다.

07 HLOOKUP 함수로 할인율 표시하기

① **[G3] 셀**을 선택하고 ② 수식 입력줄에 **=HLOOKUP**을 입력한 후 Ctrl+A를 눌러 함수 인수 대화상자를 불러옵니다. ③ Lookup_value에 **F3**, Table_array에 **할인표**, Row_Index_num에 **2**, Range_lookup에 **TRUE**를 입력한 다음 ④ [확인]을 클릭합니다. 수식 **=HLOOKUP(F3,할인표,2,TRUE)**을 완성합니다. ⑤ [G3] 셀의 **[채우기 핸들]**을 더블클릭하여 수식을 복사합니다.

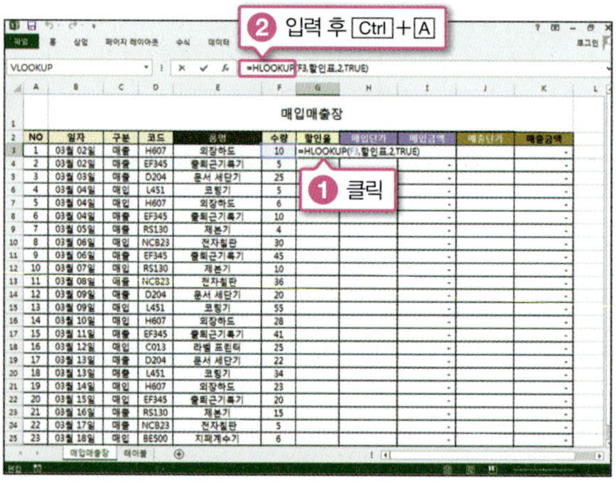

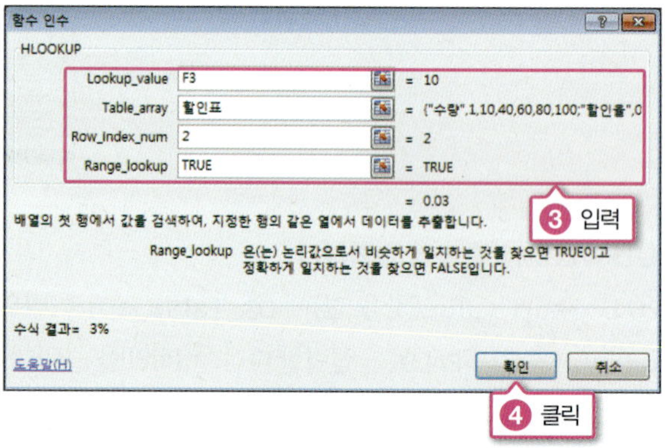

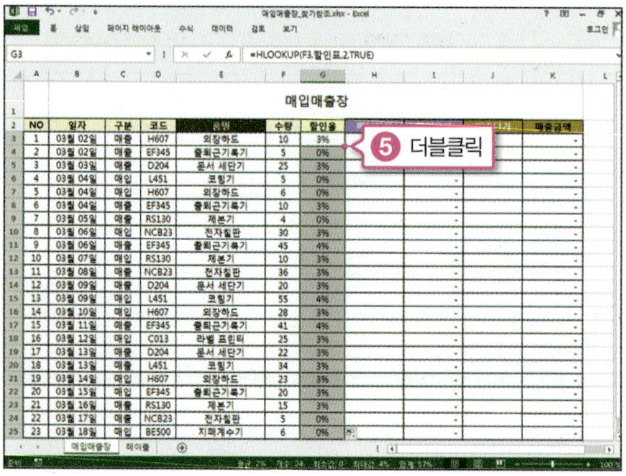

- Lookup_value : 수량의 범위를 찾아 할인율을 입력해야 하므로 [F3] 셀 입력
- Table_array : [D3] 셀 값을 찾을 범위로 앞서 이름으로 정의한 [할인표] 입력([테이블] 시트에 [B16:G17] 범위)
- Col_index_no : 지점 범위에서 [F3] 셀 값을 찾아 반영할 행 번호
- Range_lookup : 찾는 값과 근사 값을 찾기 위해 TRUE 또는 1일 입력

TIP VLOOKUP 함수와 HLOOKUP 함수의 사용 방법과 기능은 유사합니다. VLOOKUP 함수는 첫 행에서 원하는 값을 찾아 지정한 열에 있는 값을 반환하고, HLOOKUP 함수는 첫 열에서 원하는 값을 찾아 지정한 행에 있는 값을 반환합니다.

08 매입단가 표시하기

IF, VLOOKUP 함수를 이용하여 구분 항목에서 매입이면 매입단가를, 매출이면 매출단가를 표시해보겠습니다. ① **[H3] 셀**을 선택하고 ② 수식 입력줄에 수식 **=IF(C3="매입",VLOOKUP(D3,상품표,3,FALSE)," ")**을 입력한 후 Enter를 누릅니다. ③ [H3] 셀의 [**채우기 핸들**]을 더블클릭하여 수식을 복사합니다.

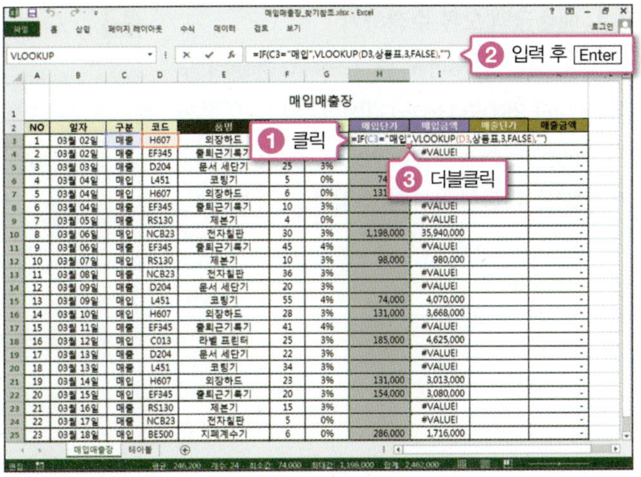

09 수식 복사해 매출단가 표시하기

① **[J3] 셀**을 선택하고 ② 수식 입력줄에 수식 **=IF(C3="매출",VLOOKUP(D3,상품표,4,FALSE), " ")**를 입력하고 Enter를 누릅니다.

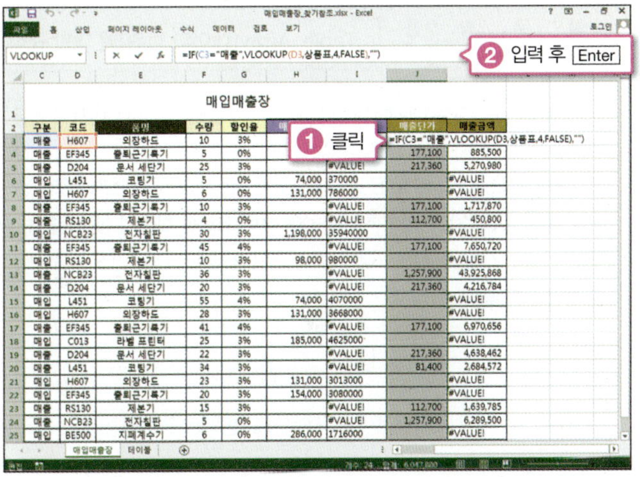

10 매입금액 오류 수정하기

IFERROR 함수를 사용하여 매입과 매출금액에 #VALUE! 오류를 수정해보겠습니다. ① **[I3] 셀**을 선택하고 ② 수식 입력줄의 수식을 **=IFERROR(F3*H3," ")**로 수정한 후 Enter를 누릅니다. ③ [I3] 셀의 [**채우기 핸들**]을 더블클릭하여 수식을 복사합니다. F3*H3 수식에 오류가 있으면 공백으로 표시됩니다.

TIP IFERROR 함수는 수식에 오류가 있는지 검사하여 오류가 있을 때 반환할 오류 메시지를 입력합니다.

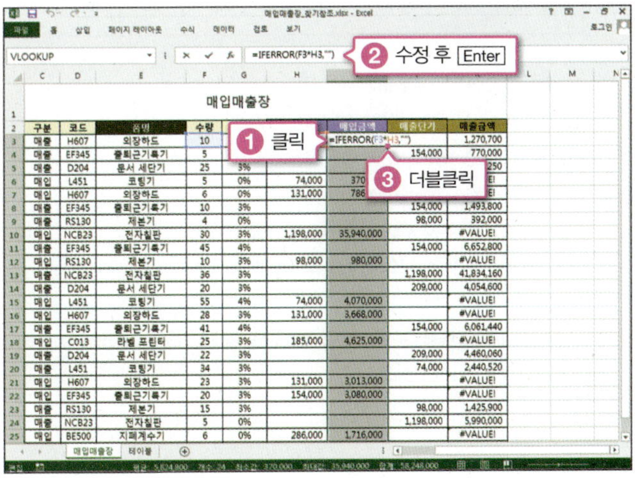

11 매출금액 오류 수정하기

① [K3] 셀을 선택하고 ② 수식 입력줄의 수식을 =IFERROR(J3*(1−G3)*F3,“ ”)로 수정한 후 Enter 를 누릅니다. ③ [J3] 셀의 [채우기 핸들]을 더블클릭하여 수식을 복사합니다. J3*(1−G3)*F3 수식에 오류가 있으면 공백으로 표시됩니다.

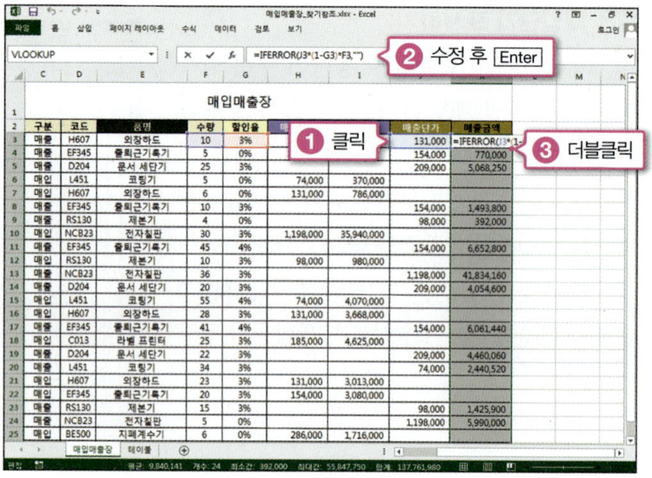

실무활용 EXCEL NOTE

Table_Array(데이터 범위)에 대한 규칙과 에러

VLOOKUP, HLOOKUP 함수에서 사용하는 Table_array는 다음과 같은 규칙으로 작성합니다.

① 찾는 값(Lookup_value)은 반드시 Table_array의 첫 번째 행(열)에 있어야 합니다. 예를 들어 VLOOKUP 함수를 이용하여 상품 코드를 찾아서 상품명을 반환하려고 합니다. 이때 Table_array는 [A2:E11] 영역을 범위로 지정하면 안 되고 [B2:E11] 영역을 범위로 지정해야 합니다.

	A	B	C	D	E	F
1						
2	일자	코드	품명	매입단가	매출단가	
3	03/04	C013	라벨 프린터	185,000	212,750	
4	03/04	D204	문서 세단기	209,000	217,360	
5	03/05	L451	코팅기	74,000	81,400	
6	03/05	H607	외장하드	131,000	137,550	
7	03/07	EF345	출퇴근기록기	154,000	177,100	
8	03/07	RS130	제본기	98,000	112,700	
9	03/10	NCB23	전자칠판	1,198,000	1,257,900	
10	03/15	BE500	지폐계수기	286,000	328,900	
11	03/17	TP910	카드 프린터	1,645,000	1,727,250	
12						

② Table_array의 첫 번째 열(행)에서 근사값을 찾을 경우에는 반드시 오름차순으로 정렬되어 있어야 합니다.

	A	B	C	D	E	F	G
1							
2	수량	1	10	40	60	80	100
3	할인율	0%	3%	4%	5%	8%	10%
4							

1 : 수량이 1~9 사이에 할인율은 0%

10 : 수량이 10~39 사이에 할인율은 0%

40 : 수량이 40~59 사이에 할인율은 0%

60 : 수량이 60~79 사이에 할인율은 0%

80 : 수량이 80~99 사이에 할인율은 0%

100 : 수량이 100 이상은 할인율은 10%

③ VLOOKUP이나 HLOOKUP 함수를 사용할 때 원하는 값을 찾지 못하면 해당 셀에 #N/A 오류가 나타납니다.

	A	B
15		
16	코드	품명
17	C013	라벨 프린터
18	H600	#N/A
19	L451	코팅기
20	BE500	지폐계수기
21	TP91	#N/A
22		

코드	품명	매입단가	매출단가
C013	라벨 프린터	185,000	212,750
D204	문서 세단기	209,000	217,360
L451	코팅기	74,000	81,400
H607	외장하드	131,000	137,550
EF345	출퇴근기록기	154,000	177,100
RS130	제본기	98,000	112,700
NCB23	전자칠판	1,198,000	1,257,900
BE500	지폐계수기	286,000	328,900
TP910	카드 프린터	1,645,000	1,727,250

H600 코드와 TP91 코드를 상품표에서 찾을 수 없으므로 #N/A로 오류가 표시됩니다.

SECTION

04 텍스트 함수

기능설명 텍스트 함수 살펴보기 2007 | 2010 | 2013

텍스트 함수는 문자열에서 일부 글자만 추출하거나 서로 다른 문자열을 조합하여 셀 서식을 지정할 때 사용합니다.

일부 글자를 추출하는 LEFT, RIGHT, MID 함수

LEFT, RIHGT, MID는 문자열에서 글자의 일부를 추출하는 함수입니다. 왼쪽에서 추출하려면 LEFT 함수, 오른에서 추출하려면 RIGHT 함수, 문자열 중간에 있는 글자 일부를 추출하려면 MID 함수를 사용합니다.

함수 범주	텍스트 함수
함수 형식	=LEFT(문자열 또는 셀 주소, 추출할 문자의 수) =MID(문자열 또는 셀 주소, 추출할 시작 위치, 추출할 문자의 수) =RIGHT(문자열 또는 셀 주소, 추출할 문자의 수)

일부 글자의 위치를 찾는 FIND 함수

FIND 함수는 글자 일부의 시작 위치를 찾아주는 함수입니다. 위치를 찾지 못했을 경우에는 #VALUE! 오류가 표시됩니다.

함수 범주	텍스트 함수
함수 형식	=LEFT(찾을 문자, 문자열, 시작 위치) 시작 위치 생략 시에는 찾기 시작할 문자의 시작 위치는 1입니다.

같은 문자를 반복하여 표시하는 REPT 함수

REPT 함수는 주어진 텍스트를 주어진 횟수만큼 반복하여 셀에 표시하는 함수입니다. 반복적으로 표시되는 텍스트에 시각적인 효과를 주고 싶을 때 사용합니다. 반복 횟수가 음수일 경우 #VALUE! 오류가 표시됩니다.

함수 범주	텍스트 함수
함수 형식	=REPT(반복할 문자, 반복 횟수)

서식을 지정하는 TEXT, 텍스트를 숫자로 바꾸는 VALUE 함수

TEXT 함수는 셀 값의 표시 형식을 지정하는 함수입니다. 일반적으로 셀 서식에서 지정한 표시 형식은 화면에 보이는 형식일 뿐 실제 데이터 형식에는 변화를 주지 않지만, TEXT 함수에서 표시 형식을 지정하면 데이터 형식이 텍스트로 바뀝니다. VALUE 함수는 LEFT, RIGHT, MID 함수로 추출한 숫자처럼 보이는 문자 데이터를 숫자로 바꿀 때 사용합니다.

함수 범주	텍스트 함수
함수 형식	=TEXT(사용자 지정 형식을 지정할 값, 사용자 지정 형식) =VALUE(숫자처럼 보이지만 문자인 텍스트 또는 셀 주소)

실무활용 회원명부에서 개인 정보 암호화하기 2007 | 2010 | 2013

- **실습 파일** 엑셀\7장\실습\회원명부_텍스트.xlsx
- **완성 파일** 엑셀\7장\완성\회원명부_텍스트_완성.xlsx

회원 명부

이메일 주소	이름	주민번호
moon@naver.com	문송신	731248-1345789
abcd@daum.net	김나영	701220-2545612
lee56@gmail.com	이민우	560708-1045678
choi@hotmail.com	최은지	020108-3085741
kimmoon@naver.com	김철수	550712-1546891
jungsu@daum.net	김희정	760720-2099887
namon@gmail.com	나문숙	600530-1045777
sky88@naver.com	이하늘	650407-2145678
minho@daum.net	백민호	690530-2545698
zerozero@gmail.com	박영희	770505-1245781
jujusong@hotmail.com	송선주	781212-2014335
minchul@naver.com	최민철	791105-1020112
moonsola@daum.net	문소라	010504-4085741
jerryn@gmail.com	정지수	000914-3078788
kangsuhee@naver.com	강문희	840103-1058456
hyun700@daum.net	지현철	580715-1356789
hong1004@gmail.com	홍기호	801009-1045897
minwook@hotmail.com	이민욱	021106-4567891
jeonmi@naver.com	전영미	010607-4546789
sungsuchoi@daum.net	최성수	550825-1546789

회원명부(암호화)

이름	주민번호	성별	아이디
문O신	731248-1******	남	moon
김O영	701220-2******	여	abcd
이O우	560708-1******	남	lee56
최O지	020108-3******	남	choi
김O수	550712-1******	남	kimmoon
김O정	760720-2******	여	jungsu
나O숙	600530-1******	남	namon
이O늘	650407-2******	여	sky88
백O호	690530-2******	여	minho
박O희	770505-1******	남	zerozero
송O주	781212-2******	여	jujusong
최O철	791105-1******	남	minchul
문O라	010504-4******	여	moonsola
정O수	000914-3******	남	jerryn
강O희	840103-1******	남	kangsuhee
지O철	580715-1******	남	hyun700
홍O호	801009-1******	남	hong1004
이O욱	021106-4******	여	minwook
전O미	010607-4******	여	jeonmi
최O수	550825-1******	남	sungsuchoi

회원명부에서 주민번호와 이름, 이메일 주소와 같은 개인 신상 정보를 보호하기 위해 주민번호는 앞 8자리, 이름은 첫 글자와 마지막 글자, 이메일 주소는 아이디만 추출합니다. 그리고 주민번호의 7번째 자리에서 1자를 추출하여 남자와 여자를 구분합니다. 사용하는 함수는 LEFT, MID, RIGHT, REPT, FIND, CHOOSE 함수입니다.

01 주민번호 불러올 수식 입력하기

LEFT 함수로 주민번호 앞 6자리를 추출하겠습니다. ① **[F4] 셀**을 선택합니다. ② [수식] 탭–[함수 라이브러리] 그룹에서 [**텍스트**]를 클릭하고 ③ **[LEFT]**를 선택합니다.

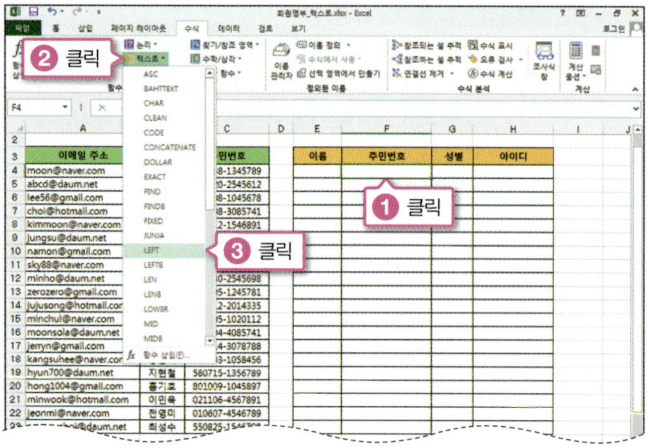

02 TEXT 수식 입력해 주민번호 불러오기

① 함수 인수 대화상자에서 Text에 **C4**, Num_chars에 **8**을 입력하고 ② **[확인]**을 클릭합니다. 수식 **=LEFT(C4,8)**을 완성합니다.

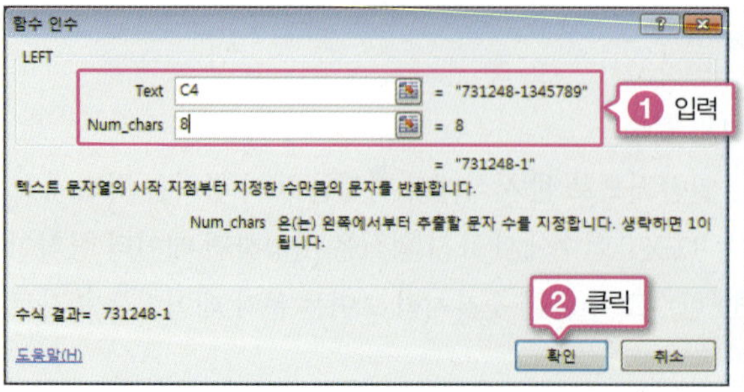

- Text : 주민번호가 있는 셀 주소 [C4] 셀을 저장
- Num_chars : 주민번호에서 왼쪽 8자를 추출하므로 8 입력

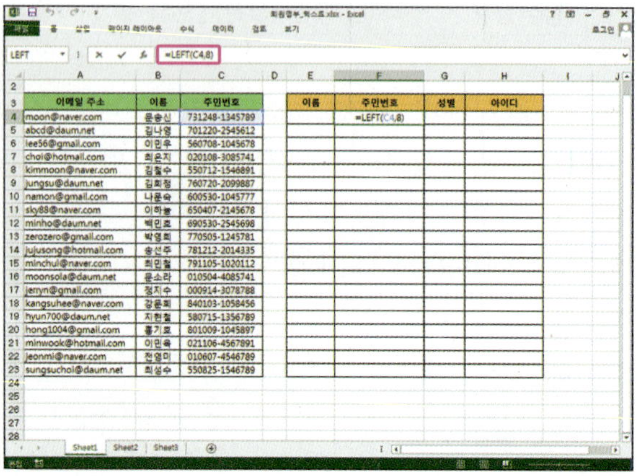

03 주민번호의 뒷자리 숫자 암호화하기

① **[F4] 셀**을 선택합니다. ② 수식 입력줄에 **&REPT("*",6)**를 추가 입력하고 Enter를 누릅니다. **=LEFT(C4,8)&REPT("*",6)**을 완성합니다.

REPT("*",6) : 주민번호의 나머지 자리를 암호화하기 위해 "*"를 6회 반복해서 표시

04 이름 암호화하기

LEFT와 RIGHT 함수를 이용해 이름의 첫 자와 마지막 자를 추출하겠습니다.

① **[E4] 셀**을 선택하고 ② 수식 입력줄에 수식 **=LEFT(B4,1)&"O"&RIGHT(B4,1)**을 입력한 후 Enter를 누릅니다. 이름(B4)의 첫 자와 마지막 자를 추출합니다.

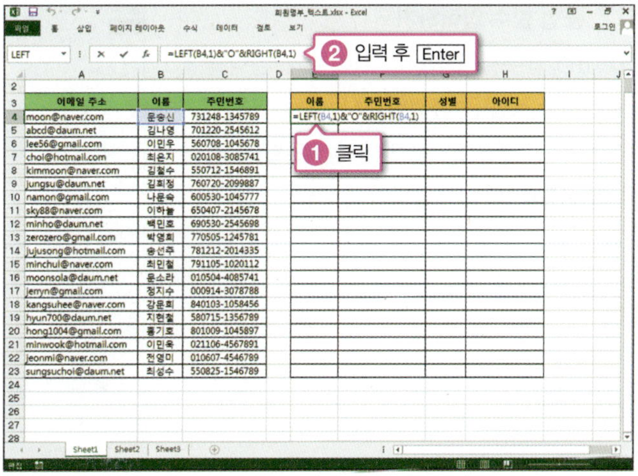

05 아이디 추출하기

이메일 주소에서 아이디를 추출하겠습니다.

① **[H4] 셀**을 선택하고 ② 수식 입력줄에 수식 **=LEFT(A4,FIND("@",A4)-1)**를 입력한 후 Enter를 누릅니다. 이메일 주소(A4)에서 **@**의 위치를 찾아 아이디를 추출합니다.

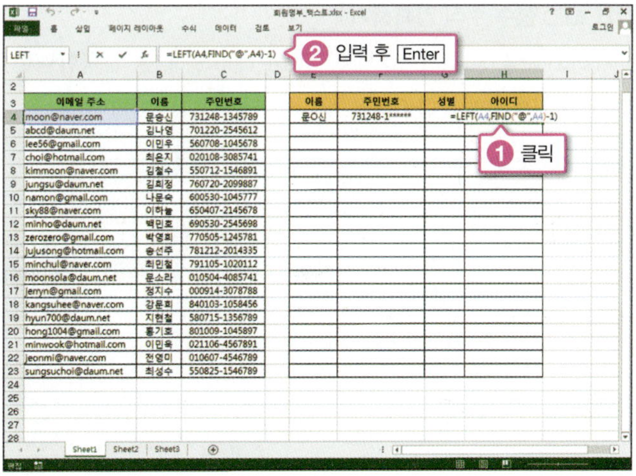

FIND("@",A4)-1 : 이메일 주소에서 @ 위치를 검색해서 @ 위치 전까지 추출해야 하므로 1을 빼줍니다.

06 성별 표시하기

주민번호에서 성별을 추출하여 남, 여로 표시해보겠습니다. ① **[G4] 셀**을 선택합니다. ② [수식] 탭-[함수 라이브러리] 그룹에서 **[찾기/참조 영역]**을 클릭하고 ③ **[CHOOSE]**를 선택합니다.

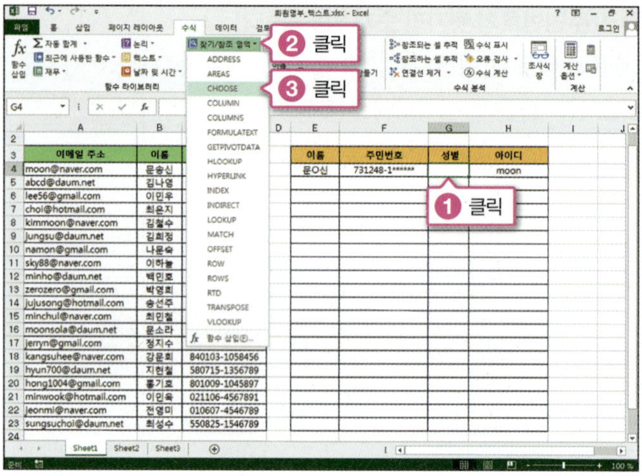

07 중첩 함수 입력하기

① MID 함수를 중첩하기 위해 수식 입력줄에서 [**함수 삽입**]을 클릭합니다. ② [수식] 탭-함수 라이브러리] 그룹에서 [**텍스트**]를 클릭하고 ③ **[MID]**를 선택합니다.

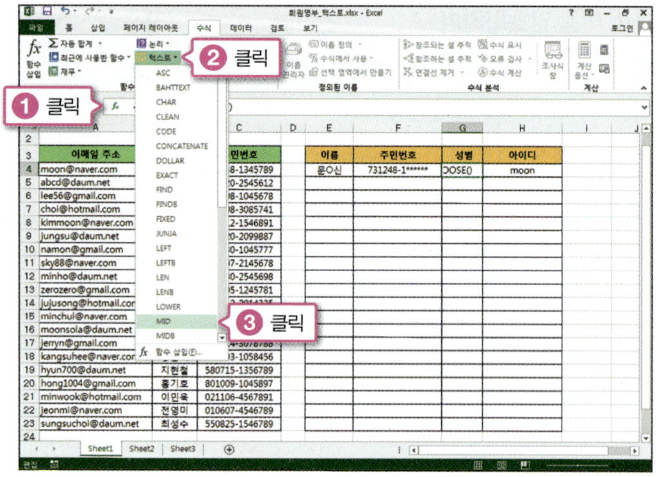

08 MID 함수 수식 입력하기

① Text에 **F4**, Start_num에 **8**, Num_chars에 **1**을 입력합니다. ② CHOOSE 함수 인수 대화상자로 돌아가기 위해 수식 입력줄에서 **CHOOSE** 텍스트 부분을 클릭합니다.

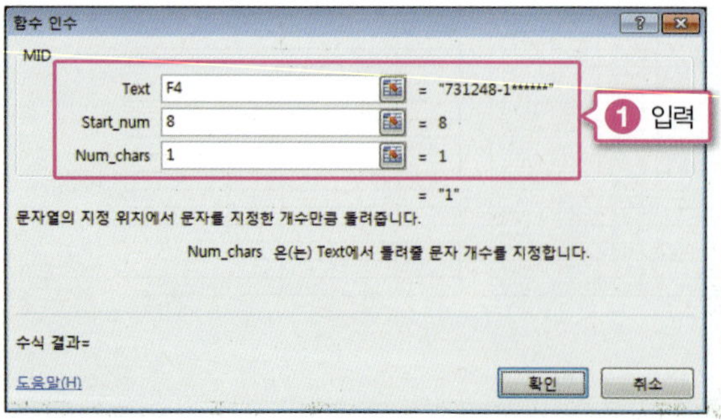

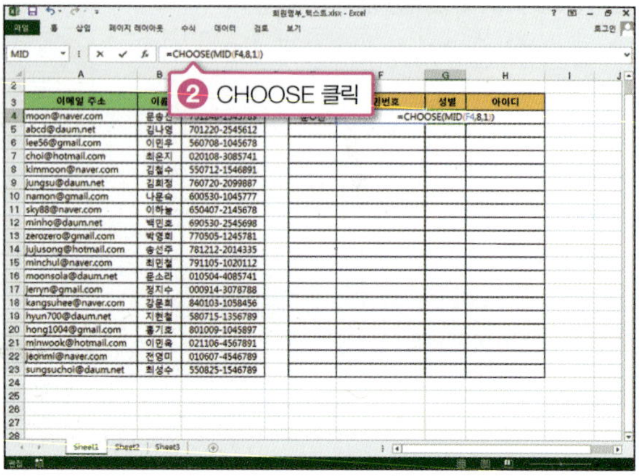

· Text : 주민번호가 있는 [F4]를 셀 주소 지정
· Start_num : 주민번호에서 추출할 시작 위치로 8 입력
· Num_chars : 시작 위치부터 추출할 문자 개수로 1 입력

09 CHOOSE 함수 수식 입력하기

주민번호의 8번째 자리에 첫 글자가 1이나 3이면 남자이고, 2 또는 4이면 여자이므로 ① Value1에 **남**, Value2에 **여**, Value3에 **남**, Value4에 **여**를 입력한 다음 ② **[확인]**을 클릭합니다. 수식 **=CHOOSE(MID(F4,8,1),"남","여","남","여")**를 완성합니다.

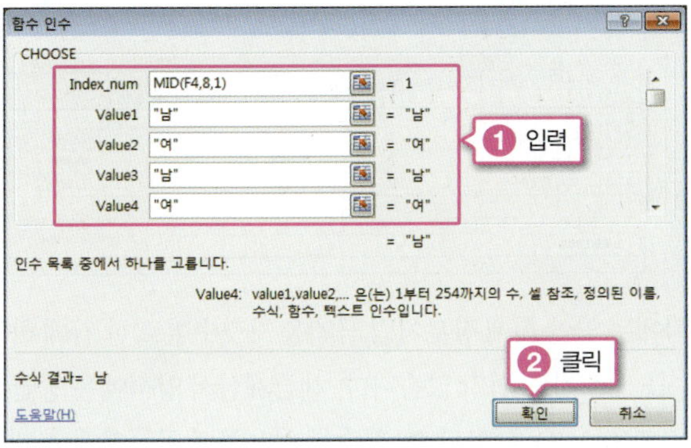

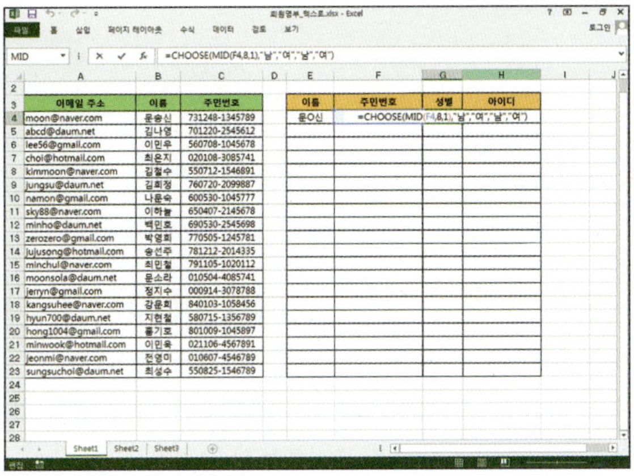

TIP MID 함수로 추출한 1, 2, 3, 4는 문자입니다. 이 값을 가지고 연산을 하거나 숫자와 비교 연산을 할 경우에 숫자 타입으로 변환해야 합니다. CHOOSE 함수는 내부적으로 문자를 숫자로 변환하므로 큰 문제가 없지만 IF 함수나 그 밖에 함수를 사용할 경우에는 Value 함수(VALUE(MID(D3,8,1)))를 사용하여 문자를 숫자로 변환해야 수식의 오류를 줄일 수 있습니다.

10 수식 복사하여 완성하기

[E4:H4] 영역을 범위로 지정한 후 [H4] 셀의 [채우기 핸들]을 **[H23] 셀**까지 드래그하여 수식을 복사합니다.

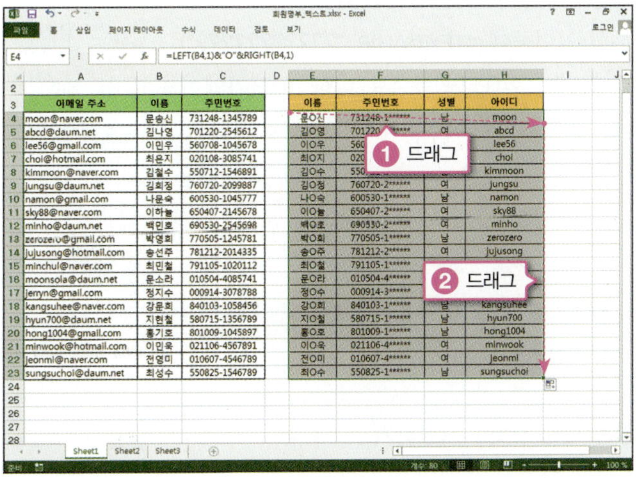

TIP 회원명부에서 이메일 주소, 이름, 주민번호를 숨기려면 A~C열의 머리글에서 마우스 오른쪽 버튼을 클릭한 다음 [숨기기]를 선택합니다.

세금계산서의 금액을 자릿수별로 입력하기

- **실습 파일** 엑셀\7장\실습\세금계산서.xlsx
- **완성 파일** 엑셀\7장\완성\세금계산서_완성.xlsx

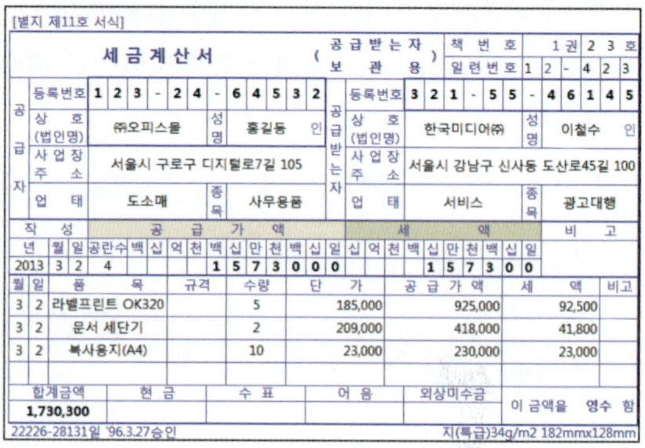
[별지 제11호 서식]
세 금 계 산 서 (공급받는자 보관용)
책 번 호 1 권 2 3 호 / 일 련 번 호 1 2 - 4 2 3
공급자: 등록번호 123-24-64532 / 상호(법인명) ㈜오피스몰 / 성명 홍길동 / 사업장 주소 서울시 구로구 디지털로7길 105 / 업태 도소매 / 종목 사무용품
공급받는자: 등록번호 321-55-46145 / 상호(법인명) 한국미디어㈜ / 성명 이철수 / 사업장 주소 서울시 강남구 신사동 도산로45길 100 / 업태 서비스 / 종목 광고대행
작성 2013 3 2 / 공란수 4 / 공급가액 1 5 7 3 0 0 0 / 세액 1 5 7 3 0 0 / 비고

월	일	품목	규격	수량	단가	공급가액	세액	비고
3	2	라벨프린트 OK320		5	185,000	925,000	92,500	
3	2	문서 세단기		2	209,000	418,000	41,800	
3	2	복사용지(A4)		10	23,000	230,000	23,000	

합계금액 1,730,300 / 현금 / 수표 / 어음 / 외상미수금 / 이 금액을 영수 함
22226-28131일 '96.3.27승인 / 지(특급)34g/m2 182mmx128mm

세금계산서나 교통비 청구서, 거래 명세서, 발주서 등의 양식에는 일반 회계 장부처럼 금액을 자릿수별로 한 칸에 하나씩 입력합니다. 하나하나 입력하는 것은 번거롭고 자릿수를 맞추기도 쉽지 않습니다. 세금계산서 양식에는 공급가액이 최대 11자리이므로 900억까지 표시할 수 있습니다. TEXT, MID, COLUMN 함수를 사용하여 공급가액과 세액을 자릿수별로 한 칸씩 표시해보겠습니다.

01 공급가액 자릿수 고정하기

TEXT 함수로 공급가액의 자릿수를 11자리로 고정하겠습니다. ① **[AH17] 셀**을 선택하고 ② 수식 입력줄에 **=TEXT(AH16, "???????????")**를 입력한 후 Enter를 누릅니다. 공급가액이 11자리로 나타냅니다.

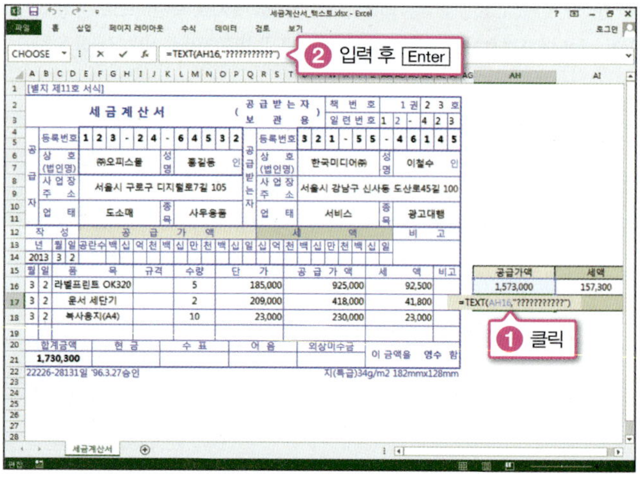

TIP ? 기호로 자릿수를 지정하면 지정한 자릿수보다 부족한 자리를 공백으로 채웁니다.

02 세액 자릿수 고정하기

TEXT 함수로 세액의 자릿수를 10자리로 고정하겠습니다. ① **[AI17] 셀**을 선택하고 ② 수식 입력줄에 **=TEXT(AI16,"??????????")**를 입력한 후 Enter를 누릅니다. 세액이 10자리로 나타냅니다.

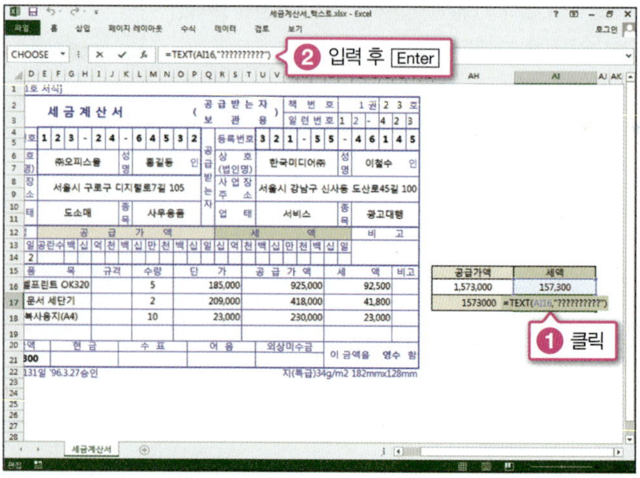

03 공급가액 자릿수별로 입력하기

각 자릿수에 맞게 공급가액을 입력하겠습니다. ① **[G14] 셀**을 선택하고 ② 수식 입력줄에 **=MID**를 입력한 후 Ctrl+A를 눌러 함수 인수 대화상자를 불러옵니다. ③ Text에 **AH17**을 입력하고 F4를 한 번 눌러 셀 주소를 고정합니다. ④ Start_num에 **COLUMN(A1)**, Num_chars에 **1**을 입력한 다음 ⑤ **[확인]**을 클릭합니다. 수식 **=MID($AH$17,COLUMN(A1),1)**을 완성합니다.

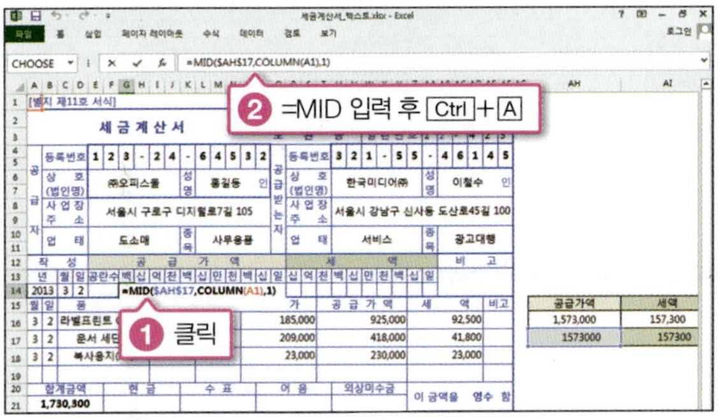

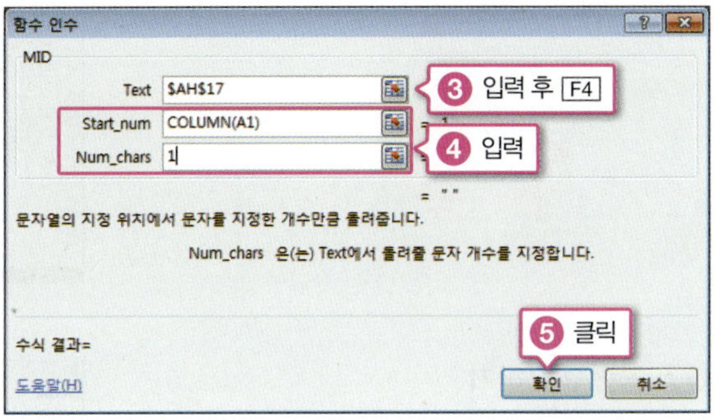

· Text : 문자열로 공급가액이 있는 [AH17] 셀을 지정한 다음 절대 참조
· Start_num : 공급가액에서 추출할 시작 위치로 첫 번째 글자부터 순차적으로 가져오기 위해 COLUMN(A1) 함수를 사용. A열 번호는 1이므로 1부터 1씩 증가
· Num_chars : 시작 위치부터 1개의 문자를 추출하므로 1을 입력

04 수식 복사하기

[G14] 셀의 [채우기 핸들]을 **[Q14] 셀**까지 드래그하여 수식을 복사합니다.

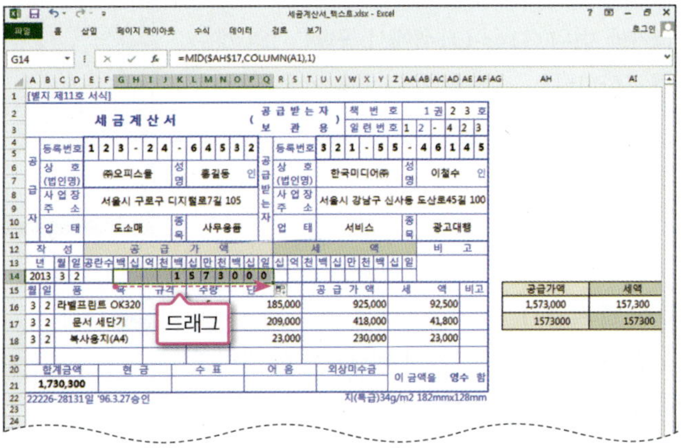

05 세액 자릿수별로 입력하기

각 자릿수에 맞게 세액을 입력하겠습니다. ① **[R14] 셀**을 선택하고 ② 수식 입력줄에 수식 **=MID($AI$17,COLUMN(A1),1)**을 입력한 후 Enter를 누릅니다. 이때 세액(AI17)을 지정하고 A열 번호가 1이므로 COLUMN(A1)의 시작 위치가 1부터 1씩 증가하게 합니다.

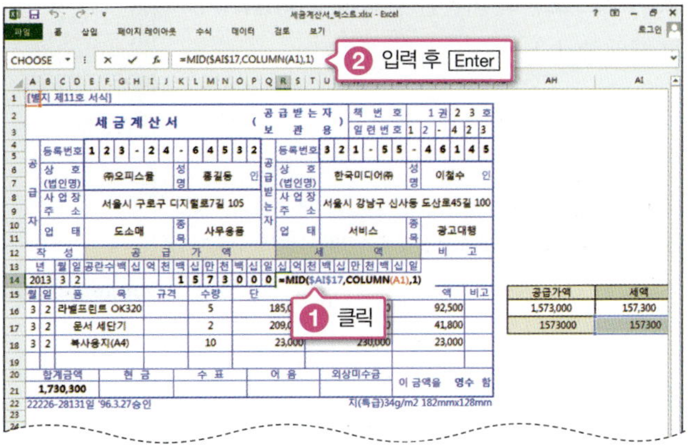

06 수식 복사하기

[R14] 셀의 [⊞채우기 핸들]을 **[AA14] 셀**까지 드래그하여 수식을 복사합니다.

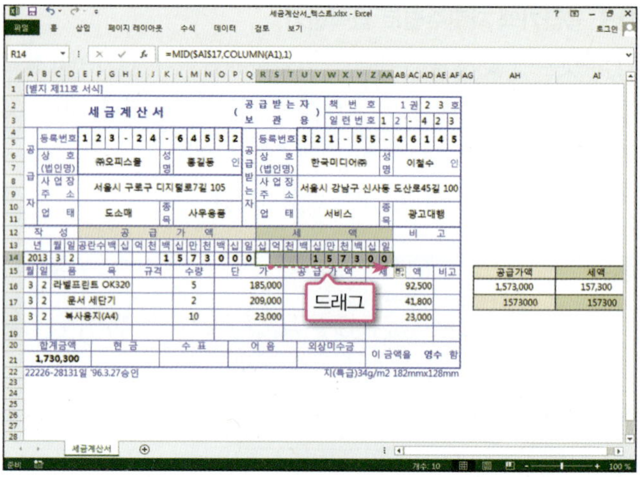

07 공란수 구하기

공급가액이 자릿수에 맞게 입력되고 나머지는 공백으로 채워졌습니다. 이제 공급가액의 공백의 개수를 구하겠습니다. ① **[E14] 셀**을 선택하고 ② 수식 입력줄에 수식 **=COUNTIF(G14:Q14," ")**를 입력한 후 Enter를 누릅니다. 이 수식은 공급가액 범위(G14~Q14)에서 공백(" ")의 개수를 구합니다.

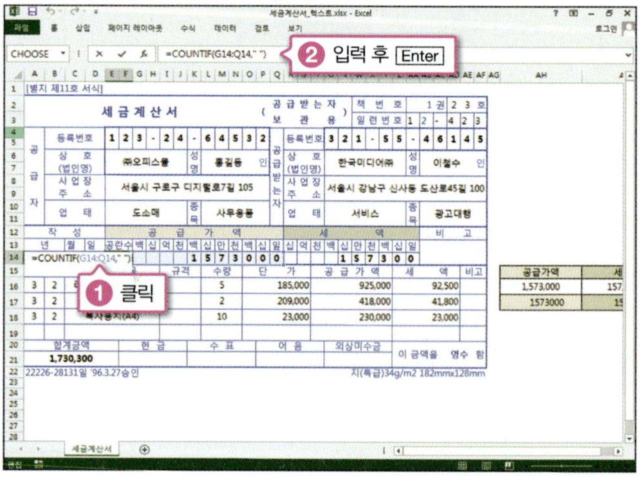

08 열 숨기기

AH열과 AI열은 공급가액과 세액을 한 자리씩 입력하기 위한 참고 자료이므로 화면에서 숨깁니다. ① **[AH:AI] 열 머리글**을 범위로 지정하고 마우스 오른쪽 버튼을 클릭하여 ② **[숨기기]**를 선택합니다.

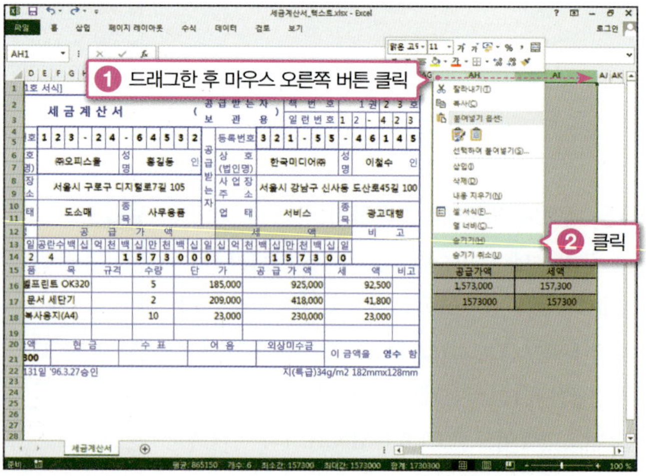

TIP [AH:AI] 열의 숨기기를 취소하려면 [AG:AJ] 열 머리글을 범위로 지정하고 마우스 오른쪽 버튼을 클릭해 [숨기기 취소]를 선택합니다.

SECTION

05 날짜/시간 함수

기능설명 날짜/시간 함수 살펴보기 2007 | 2010 | 2013

날짜/시간 함수에서 자주 사용하는 몇 가지 함수와 인수 형식에 대해서 살펴봅니다. 날짜 및 시간 함수는 두 날짜 사이의 연수, 월수, 일수, 요일을 계산할 때 쓸 수 있는 함수입니다. 날짜 함수를 알아 두면 날짜 계산은 물론 날짜를 입력할 때 생기는 번거로움을 많이 줄일 수 있습니다.

연, 월, 일을 표시하는 YEAR, MONTH, DAY 함수

날짜 데이터는 연, 월, 일로 구분된 것처럼 보이지만 실제로는 1900년 1월 1일을 기준으로 특정 날짜까지 누적해서 숫자로 나타냅니다. 따라서 날짜 데이터에서 연, 월 , 일을 추출하여 다른 셀에서 사용하려면 LEFT, RIGHT, MID 함수가 아닌 YEAR, MONTH, DAY 함수를 사용해야 합니다. 즉 누적된 숫자로 이루어진 오늘 날짜에서 연도를 추출하려면 YEAR, 월을 추출하려면 MONTH, 일수를 추출하려면 DAY 함수를 사용합니다.

함수 범주	날짜 및 시간 함수
함수 형식	=NOW( ) =TODAY( ) =DATE(년, 월, 일) =YEAR(날짜 데이터 또는 날짜를 일수로 누적한 숫자) =MONTH(날짜 데이터 또는 날짜를 일수로 누적한 숫자) =DAY(날짜 데이터 또는 날짜를 일수로 누적한 숫자) NOW와 TODAY 함수는 인수가 없습니다. NOW는 오늘 날짜와 시간을, TODAY는 오늘 날짜를 표시합니다.

날짜 사이의 연, 월, 일 간격을 계산하는 DATEDIF 함수

두 날짜 사이의 간격을 계산하려면 종료 일자에서 시작 일자를 빼면 됩니다. 하지만 두 날짜 사이의 개월 수나 연수를 계산하려면 수식이 조금 복잡해집니다. 하지만 DATEDIF 함수를 사용하면 두 날짜 사이의 연, 월, 일 간격을 간단하게 계산할 수 있습니다. 단 DATEDIF 함수는 함수 마법사나 수식 자동 완성 목록, 도움말에 함수에 대한 설명이 없기 때문에 직접 입력하여 수식을 만들어야 합니다.

<table>
<tr><th>함수 범주</th><th>날짜 및 시간 함수</th></tr>
<tr><td>함수 형식</td><td>=DATEDIF(시작일, 종료일, 옵션)
<table><tr><th>interval</th><th>설명</th></tr><tr><td>y</td><td>두 날짜 사이 경과된 연 수</td></tr><tr><td>m</td><td>두 날짜 사이 경과된 개월 수</td></tr><tr><td>d</td><td>두 날짜 사이 경과된 일 수</td></tr><tr><td>ym</td><td>두 날짜 사이 경과 연도를 제외한 나머지 개월 수</td></tr><tr><td>yd</td><td>두 날짜 사이 경과 연도를 제외한 나머지 일 수</td></tr><tr><td>md</td><td>두 날짜 사이 경과 연도와 개월 수를 제외한 나머지 일 수</td></tr></table></td></tr>
</table>

지정한 날짜의 개월 수를 계산하는 EOMONTH, EDATE 함수

EOMONTH와 EDATE 함수는 업무 계획을 수립할 때나 프로젝트 진행 기간을 개월 단위로 계산하고 싶을 때 사용됩니다. 예를 들면, 1월 2일에 프로젝트를 시작하여 앞으로 6개월 후에 프로젝트가 끝난다면 프로젝트가 종료되는 날짜를 EOMONTH나 EDATE 함수로 계산할 수 있습니다.

EDATE 함수는 날짜의 전이나 후 개월 수를 계산하는 데 비해, EOMONTH 함수는 지정한 날짜의 전이나 후 마지막 날짜를 계산하여 날짜의 일련번호를 반환합니다. 따라서 일련번호를 날짜 형식으로 표시하려면 표시 형식이나 TEXT 함수로 날짜 형식을 지정해야 합니다.

지정한 날짜의 개월 수를 계산하는 EOMONTH와 EDATE 함수의 형식과 인수는 다음과 같습니다.

<table>
<tr><th>함수 범주</th><th>날짜 및 시간 함수</th></tr>
<tr><td>함수 형식</td><td>=EDATE(개월 수를 계산하기 위한 시작일, 전이나 후의 개월 수)
=EOMONTH(개월 수를 계산하기 위한 시작일, 전이나 후의 개월 수)</td></tr>
</table>

요일을 숫자로 표시하는 WEEKDAY 함수

WEEKDAY 함수는 날짜 데이터에서 요일을 숫자로 알려 주는 함수입니다.

<table>
<tr><th>함수 범주</th><th>날짜 및 시간 함수</th></tr>
<tr><td>함수 형식</td><td>=WEEKDAY(날짜 데이터 또는 날짜를 일수로 누적한 숫자, 옵션)

옵션은 1부터 3까지 입력할 수 있으며, 옵션에 따라 다음과 같이 표현합니다.
1 또는 생략: 1(일요일) ~ 7(토요일)
2 : 1(월요일) ~ 7(일요일)
3 : 0(월요일) ~ 6(일요일)</td></tr>
</table>

TIP 날짜 데이터를 셀에 집적 입력할 때는 [년-월-일] 형태로 입력하고, 함수를 사용할 때는 [DATE(년, 월, 일)] 형태로 입력합니다. 또한 날짜 형식 데이터에 요일을 표시하려면 셀 서식의 사용자 지정 형식에 aaa나 aaaa 코드를 지정합니다.

실무활용 퇴직금 정산표에서 퇴직일을 기준으로 근무기간 구하기

2007 | 2010 | 2013

- **실습 파일** 엑셀\7장\실습\퇴직금정산_날짜.xlsx
- **완성 파일** 엑셀\7장\완성\퇴직금정산_날짜_완성.xlsx

여기서는 퇴직금을 중간 정산해보겠습니다. 기준일로부터 퇴직금의 정산일과 근무 기간을 계산할 때는 Datedif, Eomonth 함수를 사용합니다.

2013년 퇴직금 중간 정산

						기준일	2013-12-01
						정산일	2014-01-31
성명	주민번호	생년월일	부서명	평균임금 (1일)	입사일	근무기간	퇴직금
김구영	731248-1345789	1974-01-17	공무팀	85,000	1995-07-04	18년 4개월	46,982,877
홍진국	701220-2545612	1970-12-20	자재관리팀	70,000	1998-12-31	14년 11개월	31,350,411
박성율	800708-1045678	1980-07-08	해외영업1팀	105,600	2004-03-03	9년 8개월	30,898,849
이진중	850108-1085741	1985-01-08	해외영업2팀	78,167	2010-04-01	3년 8개월	8,609,041
이진우	860712-1546891	1986-07-12	국내영업1팀	105,600	2010-12-01	3년 0개월	9,512,679
최시형	850720-1099887	1985-07-20	연구실	62,433	2009-07-02	4년 4개월	8,277,121
오민정	870530-2045777	1987-05-30	해외영업1팀	63,833	2009-01-31	4년 10개월	9,260,205
이세현	810407-2145678	1981-04-07	해외영업2팀	43,800	2005-05-01	8년 7개월	11,289,600
박민국	830530-1545698	1983-05-30	국내영업1팀	53,833	2007-08-30	6년 3개월	10,110,342
김서라	820505-1245781	1982-05-05	연구실	68,333	2005-06-04	8년 5개월	17,422,192
박시현	681212-2014335	1968-12-12	인사팀	44,000	1998-04-03	15년 7개월	20,689,644
최수지	721105-2020112	1972-11-05	국내영업2팀	62,433	2001-01-30	12년 10개월	24,056,504
박홍철	740504-1085741	1974-05-04	기획실	50,433	2001-07-31	12년 4개월	18,678,296
강철수	670914-1078788	1967-09-14	홍보팀	88,333	1988-07-31	25년 4개월	67,186,575
김미진	840103-2058456	1984-01-03	전산실	75,000	2004-07-04	9년 4개월	21,186,986
김소라	580715-2356789	1958-07-15	총무팀	88,333	2007-08-03	6년 3개월	16,785,753
민홍철	801009-1045897	1980-10-09	재무팀	105,600	2008-01-30	5년 10개월	18,504,592
김옥희	781106-2567891	1978-11-06	전략기획팀	125,670	2004-04-02	9년 7개월	36,461,515
강세진	800607-2546789	1980-06-07	공무팀	98,700	2007-05-01	6년 7개월	19,518,263
송소리	850825-1546789	1985-08-25	자재관리팀	56,800	2010-12-31	2년 11개월	4,976,614
강진원	750206-1678910	1975-02-06	해외영업1팀	123,400	2005-09-10	8년 2개월	30,467,967
나원주	801205-2067891	1980-12-05	해외영업2팀	109,000	2007-08-12	6년 3개월	20,632,356
문홍국	740708-1076345	1974-07-08	국내영업1팀	87,600	2005-02-04	8년 9개월	23,198,400

01 연도 추출하기

YEAR 함수를 이용해 현재 날짜에서 연도를 추출하여 제목에 표시하겠습니다. ① **[A1] 셀**을 선택합니다. ② 수식 입력줄에 수식 **=YEAR(H2)&"년 퇴직금 중간 정산"**을 입력하고 Enter를 누릅니다.

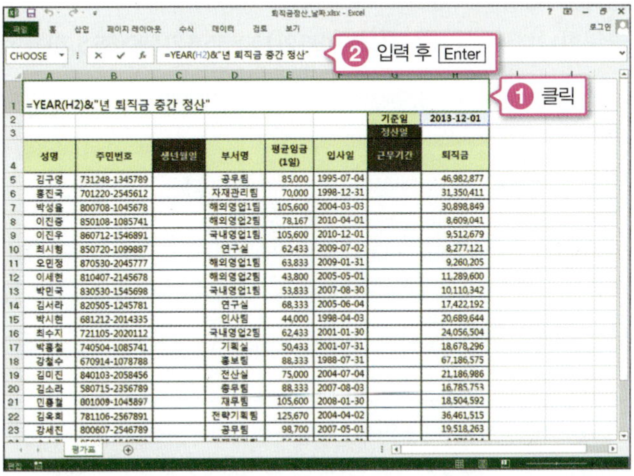

02 퇴직금 정산일 구하기

퇴직금 정산일은 기준일로부터 한 달 뒤 마지막 날로 표시하겠습니다. ① **[H3] 셀**을 선택합니다. ② 수식 입력줄에 수식 **=EOMONTH(H2,1)**을 입력하고 Enter를 누릅니다.

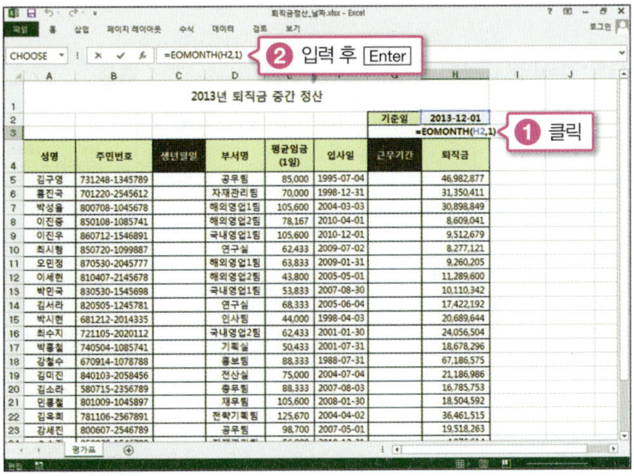

TIP EDATE와 EOMONTH 함수는 지정한 날짜로부터 개월 수를 계산하여 그 결과 값을 누적일 수의 숫자로 반환합니다. 따라서 셀 서식 대화상자의 표시 형식에서 날짜 형식으로 셀 서식을 지정하거나 TEXT 함수를 이용하여 날짜 형식으로 변경하면 됩니다. 여기서는 표시 형식이 날짜로 지정되어 있습니다.

03 생년월일 구하기

주민번호 앞 6자리에서 2자리는 연도, 2자리는 월, 2자리는 일자이므로 LEFT, MID 함수를 이용해 연, 월, 일을 각각 추출하고, 추출한 문자는 DATE 함수를 사용하여 날짜 속성으로 바꾸겠습니다. ① **[C5] 셀**을 선택합니다. ② [수식] 탭-[함수 라이브러리] 그룹에서 **[날짜 및 시간]**을 클릭하고 ③ **[DATE]**를 선택합니다.

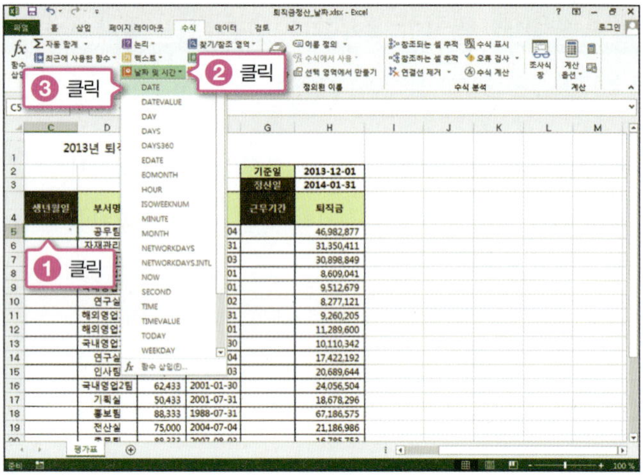

04 DATE 함수 수식 입력하기

① 함수 인수 대화상자의 Year에 **LEFT(B5,2)**, Month에 **MID(B5,3,2)**, Day에 **MID(B5,5,2)**를 입력한 다음 ② [확인]을 클릭합니다. 수식 **=DATE(LEFT(B5,2),MID(B5,3,2),MID(B5,5,2))**를 완성합니다.

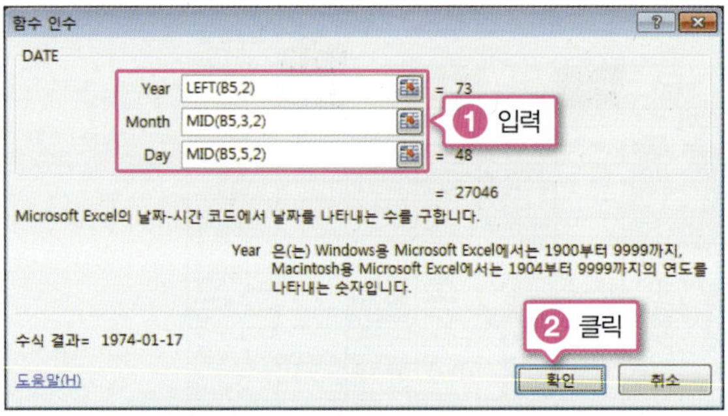

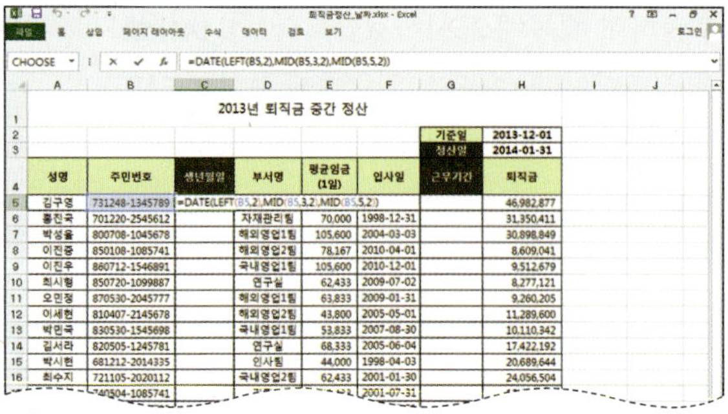

· year : 주민번호(B5)의 왼쪽에서 두 글자를 가져와 연도를 지정
· Month : 주민번호의 세 번째 글자부터 두 글자를 가져와 월로 지정
· Day : 주민번호의 다섯 번째 글자부터 두 글자를 가져와 일로 지정

05 수식 복사하기

[C5] 셀의 [채우기 핸들]을 **[C27] 셀**까지 드래그하여 수식을 복사합니다.

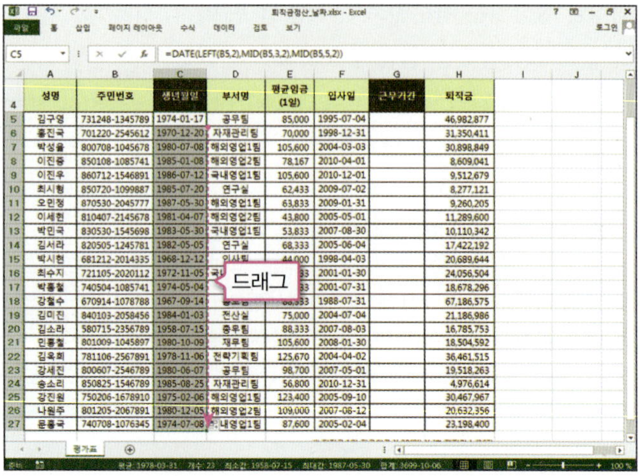

06 근무 기간 구하기

① [G5] 셀을 선택하고 ② 수식 입력줄에 수식 =DATEDIF(F5,$H$2,"y")&"년"&DATEDIF(F5,$H$2,"ym")&"개월"을 입력한 후 [Enter]를 눌러 근무 기간을 계산합니다.

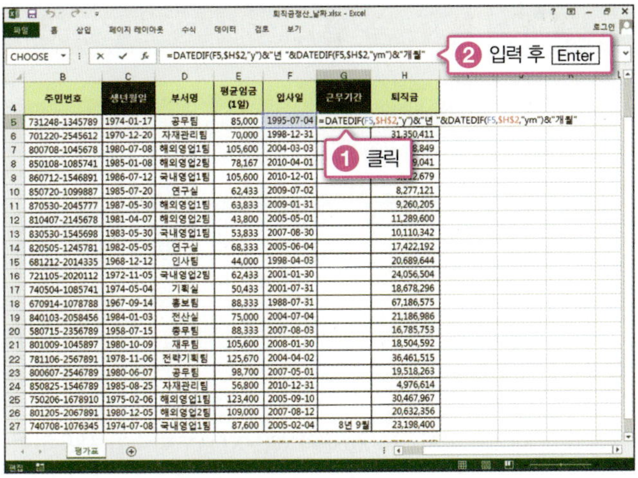

=DATEDIF(F5,$H$2,"Y")&"년" : 입사일(F5)로부터 기준일[$H$2] 셀까지의 경과 연도("Y")를 구한 다음 년과 연결

&DATEDIF(F5,$H$2,"YM")&"개월" : 입사일(F5)로부터 기준일[$H$2] 셀까지의 경과 연도를 제외한 개월 수("YM")를 구한 다음 개월과 연결

실무활용 EXCEL NOTE **수식 입력줄 확장하기**

셀에 입력된 텍스트의 길이가 길거나 수식이 복잡하면 수식 입력줄에 모두 나타나지 않습니다. 이럴 때는 수식 입력줄에 있는 [⌄]을 클릭하거나 수식 입력줄 경계 부분을 드래그해서 수식 입력줄 영역을 조절합니다. 좀더 넓게 수식이나 문자열을 볼 수 있습니다.

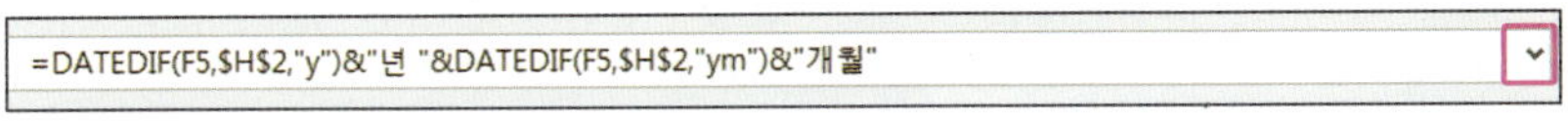

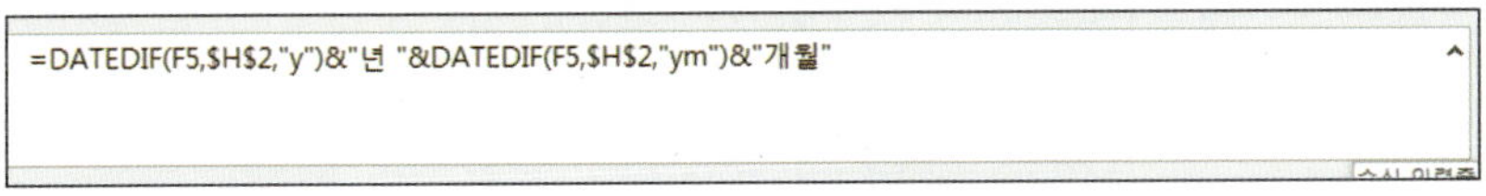

07 수식 복사하기

[G5] 셀의 [+채우기 핸들]을 [G27] 셀까지 드래그하여 수식을 복사합니다.

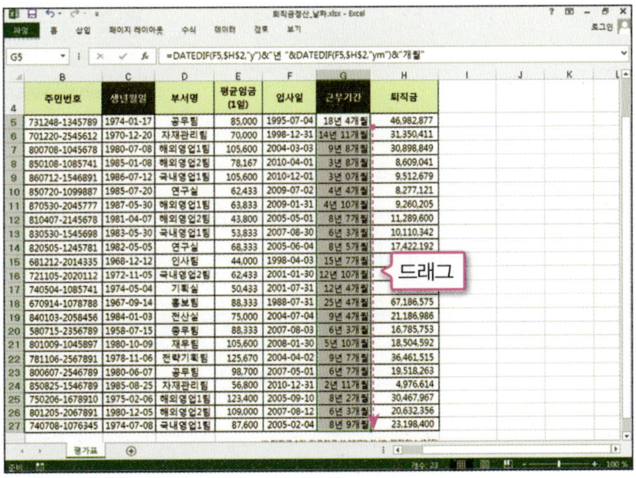

실 무 활 용 | 당직 수당 내역표에서 요일과 당직수당 계산하기

2007 | 2010 | 2013

- **실습 파일** 엑셀\7장\실습\당직수당_날짜.xlsx
- **완성 파일** 엑셀\7장\완성\당직수당_날짜_완성.xlsx

5월 당직 수당 내역표

기간 : 2013.5.1 ~ 2013.5.31

당직일자	요일	성명	부서	당직수당
2013-05-01	水	홍수진	인사팀	30,000
2013-05-02	木	이민욱	전략팀	30,000
2013-05-03	金	박철수	보안팀	30,000
2013-05-04	土	송민중	총무팀	50,000
2013-05-05	日	최훈성	인사팀	50,000
2013-05-06	月	이시형	영업팀	30,000
2013-05-07	火	김진우	홍보팀	30,000
2013-05-08	水	전지혜	기획팀	30,000
2013-05-09	木	조민섭	보안팀	30,000
2013-05-10	金	민태욱	인사팀	30,000
2013-05-11	土	문홍국	총무팀	50,000
2013-05-12	日	정선우	연구팀	50,000
2013-05-13	月	김홍철	전략팀	30,000
2013-05-14	火	홍성우	기획팀	30,000
2013-05-15	水	이지평	연구팀	30,000
2013-05-16	木	김태우	영업팀	30,000
2013-05-17	金	나영호	보안팀	30,000

당직 수당 내역표에서 CHOOSE와 WEEKDAY 함수를 사용하여 한자로 요일을 표시하고, 당직수당을 주중에는 3만 원, 주말에는 5만 원의 수당을 지급하는 함수를 작성해보겠습니다. 조건부 서식으로 토요일과 일요일의 글꼴 색은 빨강으로 지정합니다.

01 한자 요일 표시하기

CHOOSE와 WEEKDAY 함수를 중첩하여 요일을 표시하겠습니다. ① **[B4] 셀**을 선택합니다. ② [수식] 탭–[함수 라이브러리] 그룹에서 [**찾기/참조 영역**]을 클릭하고 ③ **[CHOOSE]**를 선택합니다.

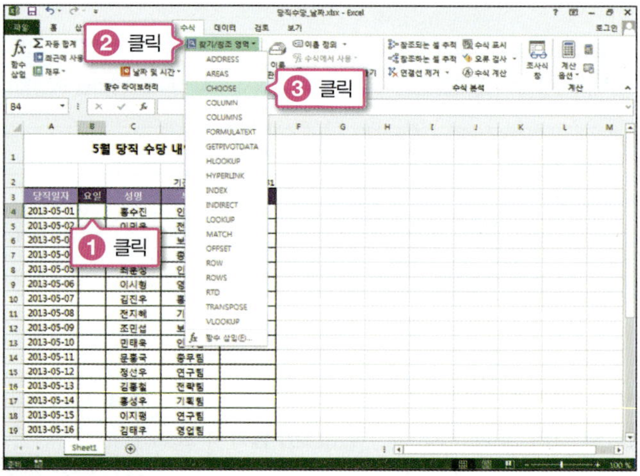

02 WEEKDAY 함수 수식 입력하기

① CHOOSE 함수 인수 대화상자에서 Index_num에 **WEEKDAY( )**를 입력해서 함수를 중첩합니다. ② WEEKDAY 인수를 입력하기 위해 수식 입력줄에서 **WEEKDAY( )** 부분을 클릭합니다.

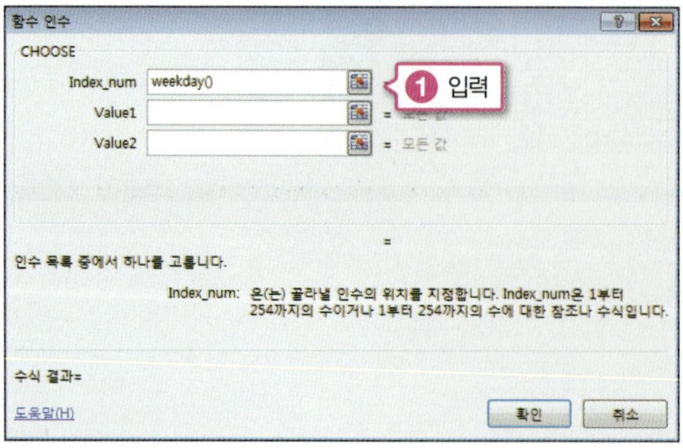

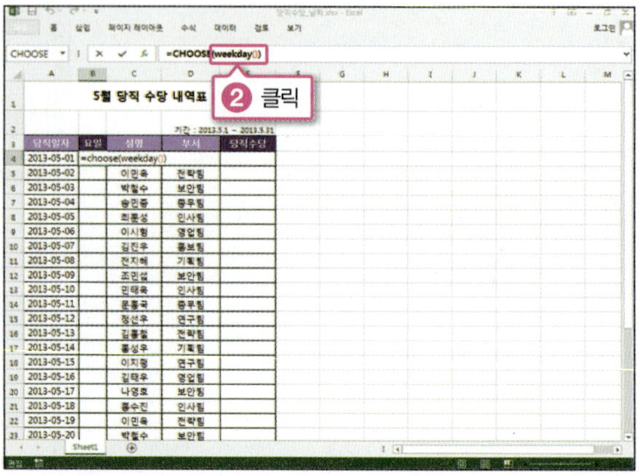

03 WEEKDAY 중첩 함수 수식 입력하기

① WEEKDAY 함수 인수 대화상자에서 Serial_num에 **A4**를 입력하고 ② 수식 입력줄에서 **CHOOSE** 부분을 클릭해서 CHOOSE 함수 인수 대화상자로 돌아갑니다.

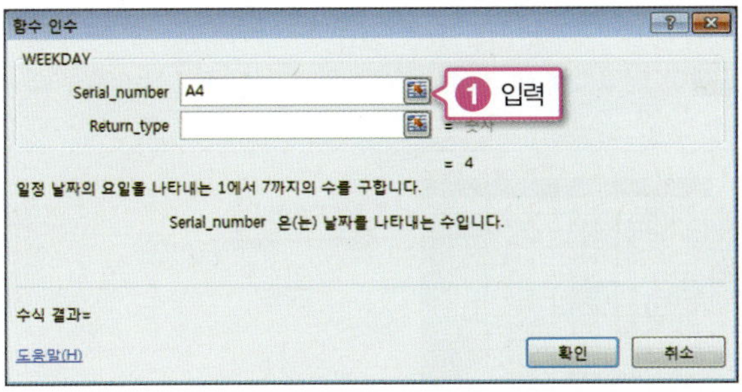

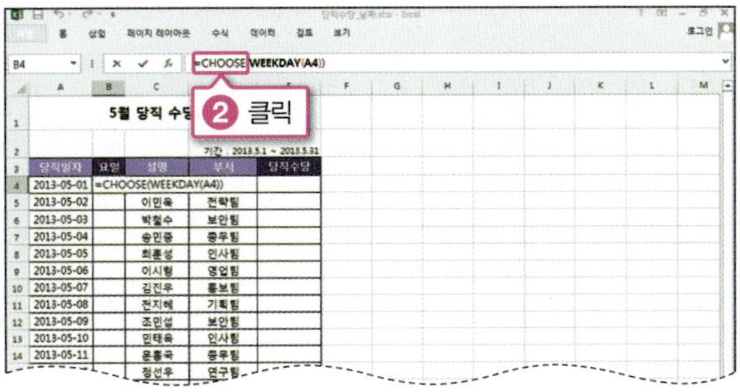

· Serial_number : 요일로 반환하기 위한 날짜로 [A4] 셀을 지정
· Return_type : 숫자로 요일을 반환할 옵션으로 생략하면 1(일요일)~7(토요일)

04 요일 값 수식 입력하기

① CHOOSE 함수 인수 대화상자에서 Value1에 **日**, Value2에 **月**, Value3에 **火**, Value4에 **水**, Value5에 **木**, Value6에 **金**, Value7에 **土**를 입력하고 ② **[확인]**을 클릭합니다. 수식 **=CHOOSE(WEEKDAY(A4),"日","月","火","水","木","金","土")**를 완성합니다.

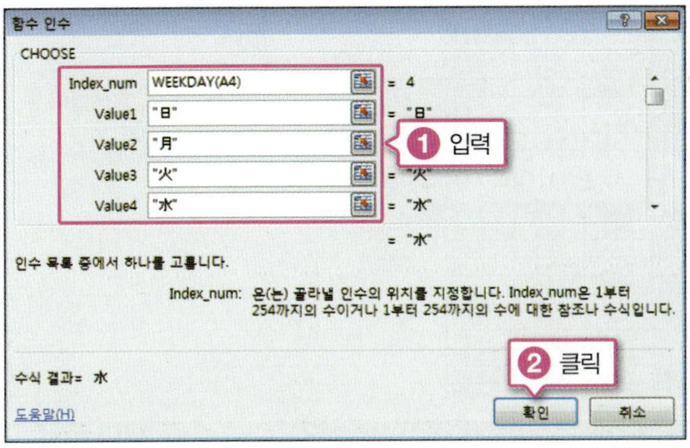

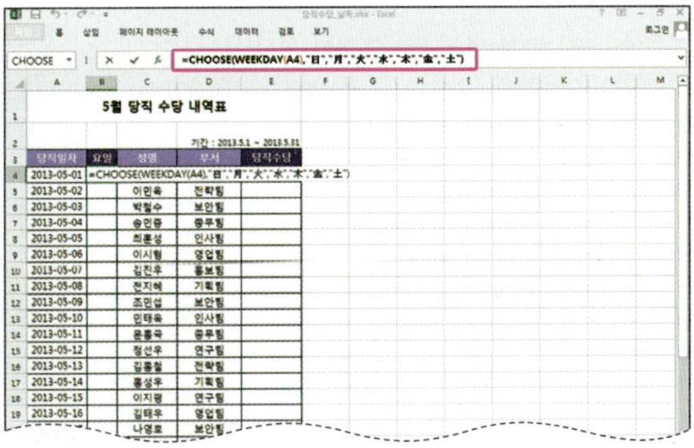

Value1~7 : 요일 값(1~7)에 따라 순서대로 "日", "月", "火", "水", "木", "金", "土"를 반환

05 수식 복사하기

[B4] 셀의 **[+채우기 핸들]**을 더블클릭해서 수식을 복사합니다.

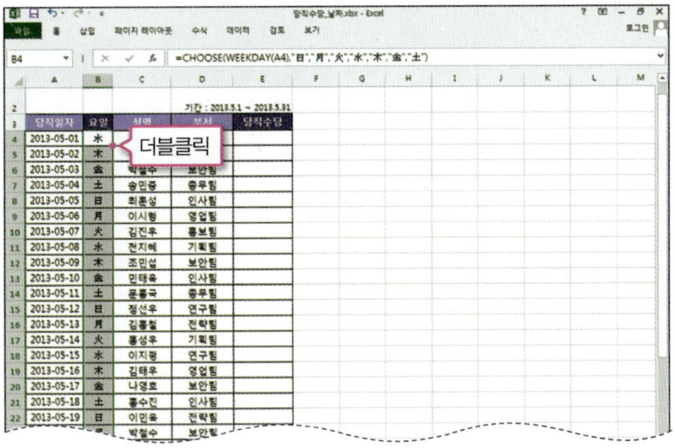

06 당직수당 구하기

주중에는 3만 원, 주말에는 5만 원의 당직수당을 지급하겠습니다. ① **[E4] 셀**을 선택하고 ② 수식 입력줄에 수식 **=IF(OR(WEEKDAY(A4)=1,WEEKDAY(A4)=7),50000,30000)**를 입력한 후 Enter를 누릅니다. ③ [E4] 셀의 **[채우기 핸들]**을 더블클릭하여 수식을 복사합니다.

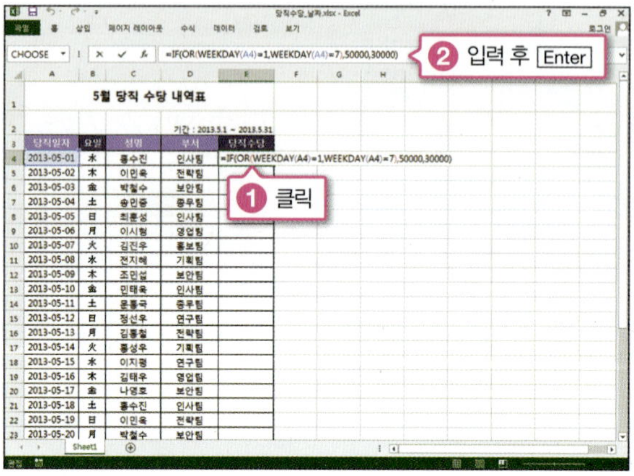

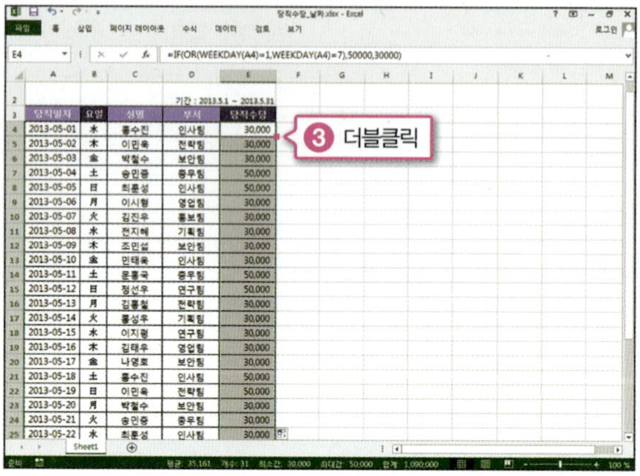

07 조건부 서식 지정하기

수식으로 土, 日에 조건을 지정하겠습니다. ① **[A4:B34] 영역**을 범위로 지정합니다. ② [홈] 탭-[스타일] 그룹에서 **[조건부 서식]**을 클릭하고 ③ **[새 규칙]**을 선택합니다.

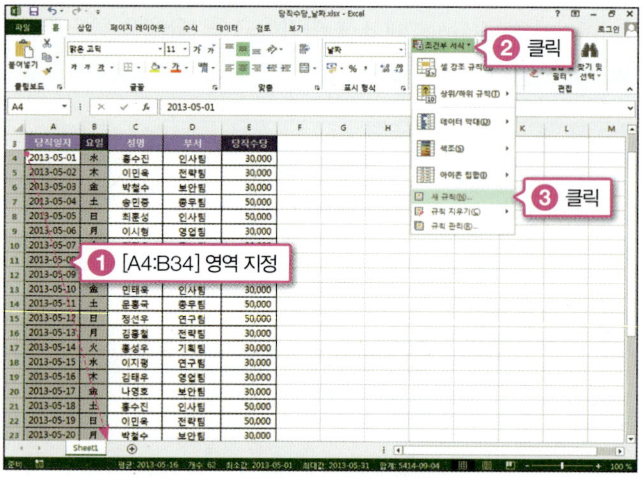

08 새 서식 규칙 입력하기

① 새 서식 규칙 대화상자의 규칙 유형 선택 항목에서 **[수식을 사용하여 서식을 지정할 셀 결정]**을 선택합니다. ② 토요일, 일요일 전체에 서식을 적용하기 위해 수식 입력란에 **=OR($B4="土",$B4="日")**을 입력한 후 ③ **[서식]**을 클릭합니다.

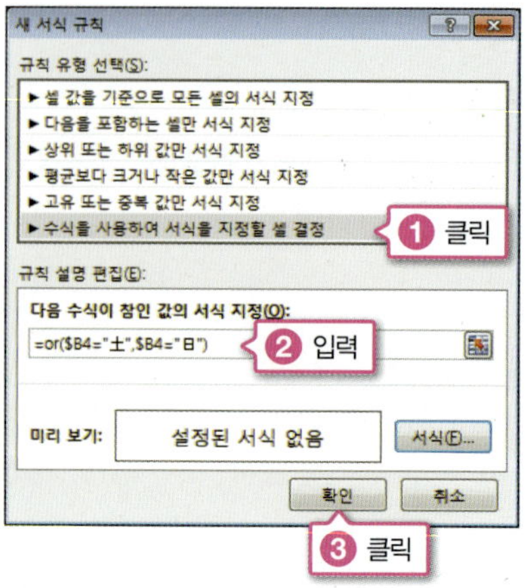

09 셀 서식 설정하기

① 셀 서식 대화상자에서 **[글꼴] 탭**을 클릭하고 ② 색을 **[빨강]**으로 선택하고 ③ **[확인]**을 클릭합니다. 새 서식 규칙 대화상자로 돌아와 다시 [확인]을 클릭합니다.

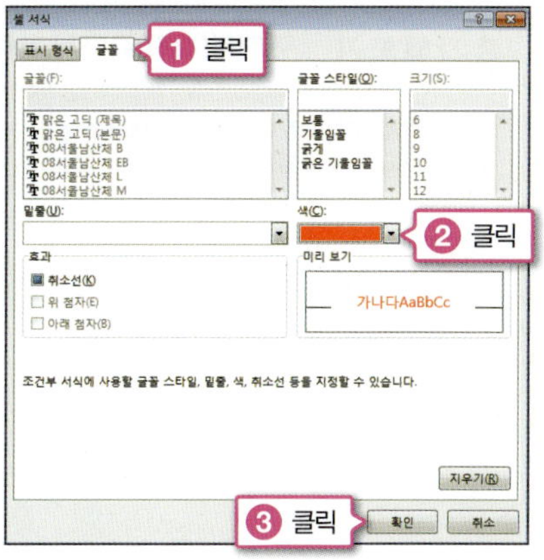

10 당직수당 내역표 완성하기

토요일과 일요일에 글꼴 서식이 빨강으로 지정됩니다.

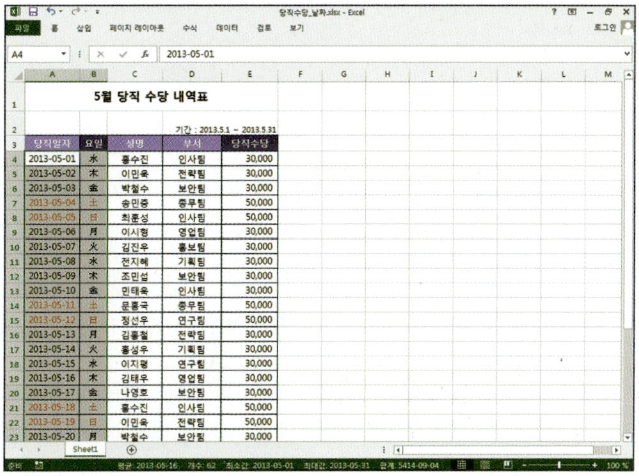

혼자 해보기 | 경력(재직)증명서 조회 화면 완성하기

- **실습 파일** 엑셀\7장\실습\경력증명서.xlsx
- **완성 파일** 엑셀\7장\완성\경력증명서_완성.xlsx

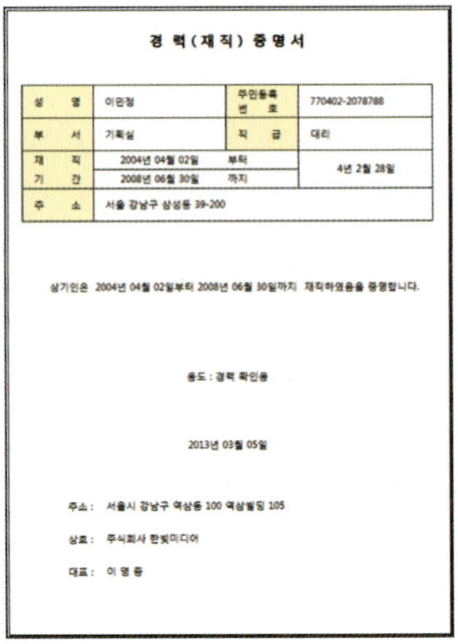

경 력 (재 직) 증 명 서

성 명	이민정	주민등록 번 호	770402-2078788
부 서	기획실	직 급	대리
재 직 기 간	2004년 04월 02일 부터 / 2008년 06월 30일 까지		4년 2월 28일
주 소	서울 강남구 삼성동 39-200		

상기인은 2004년 04월 02일부터 2008년 06월 30일까지 재직하였음을 증명합니다.

용도 : 경력 확인용

2013년 03월 05일

주소 : 서울시 강남구 역삼동 100 역삼빌딩 105

상호 : 주식회사 한빛미디어

대표 : 이 영 동

사원목록을 참조하여 경력(재증) 증명서 조회 화면을 IF, TODAY, DATEDIF, VLOOKUP, TEXT 함수를 사용하여 완성합니다.

1 [사원목록] 시트에 **[A3:A110] 영역**을 범위를 지정하고 이름 상자에 **성명**으로 이름을 정의합니다.

2 [사원목록] 시트에서 **[A3:G110] 영역**을 범위로 지정하고 이름 상자에 **[사원목록]**으로 이름을 정의합니다.

3 [경력증명서] 시트에서 **[C3] 셀**을 선택하고 [데이터] 탭-[데이터 도구] 그룹에서 **[데이터 유효성 검사]**를 클릭합니다. **[설정] 탭**을 클릭하고 제한 대상을 **[목록]**으로 설정합니다. 원본을 클릭하고 **=성명**으로 입력합니다.

4 **[C3] 셀**에서 성명을 선택한 다음 주민등록번호(E3), 부서(C4), 직급(E4), 입사일(C5), 퇴사일(C6), 주소(C7)를 VLOOKUP, IF, TODAY 함수를 사용하여 구합니다. 단 재직 중인 사원은 퇴사일을 오늘 날짜로 표시합니다.

항목	셀 주소	완성 수식
주민등록번호	E3	=VLOOKUP(C3,사원목록,2,FALSE)
부서	C4	=VLOOKUP(C3,사원목록,5,FALSE)
직급	E4	=VLOOKUP(C3,사원목록,6,FALSE)
입사일	C5	=VLOOKUP(C3,사원목록,3,FALSE)
퇴사일	C6	=IF(VLOOKUP(C3,사원목록,4,FALSE)="",TODAY( ),VLOOKUP(C3,사원목록,4,FALSE))
주소	C7	=VLOOKUP(C3,사원목록,7,FALSE)

5 재직기간(E5)은 DATEDIF 함수를 사용하여 0년 0월 0일 형식으로 구합니다.

완성수식 : **=DATEDIF(C5,C6,"y")&"년"&DATEDIF(C5,C6,"ym")&"월"&DATEDIF(C5,C6,"md")&"일"**

6 재직기간(C8)은 입사일(C5)과 퇴사일(C6)을 참조하여 TEXT 함수를 사용하여 구합니다.

완성수식 : **=TEXT(C5,"yyyy년 mm월 dd일부터")&TEXT(C6,"yyyy년 mm월 dd일까지")**

7 오늘 날짜(B10)는 TODAY 함수를 사용하여 구합니다.

완성수식 : =TODAY( )

CHAPTER

08

데이터 흐름이 한눈에 보이는 차트 만들기

EXCEL 2013

SECTION

01 차트의 종류와 삽입 방법

기능설명 | 차트 종류 알아보기

2007 | 2010 | 2013

차트는 일반 텍스트나 표에 비해 데이터 추세나 유형을 한눈에 비교할 수 있어 유용합니다. 직접 차트를 만들어 어떤 데이터를 어떤 차트로 표현하는 것이 좋은지 파악해 봅시다.

엑셀의 차트 종류

엑셀에서 제공하는 차트의 종류는 총 10가지이며, 각 차트는 2차원은 물론 3차원으로 만들 수도 있습니다. 차트는 데이터 내용과 전달하려는 메시지와 목적에 따라 다르게 만들어야 하므로 각 차트의 특징을 잘 알아야 합니다.

종류		설명
	세로 막대형	시간적 추이와 일정 기간 동안 각 항목 간의 데이터를 비교하여 증가 또는 감소를 표시할 때 사용합니다. 2차원/3차원 세로 막대, 원통, 원뿔, 피라미드 형태가 있습니다.
	꺾은선형	일정 기간 동안 데이터가 변하는 추이를 선으로 표시합니다. 두 개 이상의 데이터를 비교하며, 오랜 기간 데이터의 변화 추이를 비교할 때 주로 사용합니다. 막대 차트와 함께 혼합해서 사용하는 경우도 많습니다.
	원형	데이터 전체에서 각 항목의 크기와 비율을 나타냅니다. 원형은 데이터 계열이 하나일 때만 사용하고 도넛은 하나 이상의 데이터 계열을 가질 수 있습니다.
	가로 막대형	일정 기간보다는 각 계열의 항목 값을 비교할 때 사용합니다. 2차원/3차원 가로 막대, 원통, 원뿔, 피라미드 형태가 있습니다.
	영역형	시간 흐름에 따른 데이터 변화를 강조할 때 사용합니다. 항목별로 값의 합계를 표시함으로써 전체와 부분 간의 관계를 나타낼 수 있습니다.
	분산형	분산형과 거품형은 X, Y 좌표에 표식을 나타내어 데이터의 불규칙한 간격이나 분포를 나타낼 때 사용합니다. 주로 과학 데이터에 분석이나 분포에 많이 사용합니다.
	주식형	주식 가격과 거래량의 추이를 나타낼 때 사용합니다. 엑셀에서 주식 차트를 만들려면 차트에 맞는 데이터의 정확한 순서를 구성해야 합니다.
	표면형	두 데이터 집합에서 최적의 조합을 찾을 때 유용합니다. 주로 지도에서 색과 무늬를 다르게 표시한 지형 지도를 그릴 때 사용합니다.
	방사형	각 데이터 계열의 값이 중심으로부터 바깥으로 퍼져 나가는 형태로 각각의 값을 모두 선으로 연결하여 표시합니다. 주로 두 개 이상의 데이터 계열의 대칭 비교를 통하여 정치, 사회 분야의 여론 조사나 스포츠기술 분석 등을 비교할 때 많이 사용합니다.
	콤보형	콤보 차트는 두 종류 이상의 차트를 사용하여 차트에 다른 정보가 있음을 강조할 때 사용합니다.

기 능 실 습 | 추천 차트로 데이터에 적합한 차트 삽입하고 차트 종류 변경하기

2007 | 2010 | 2013

- **실습 파일** 엑셀\8장\실습\관광객추이.xlsx
- **완성 파일** 엑셀\8장\완성\관광객추이_완성.xlsx

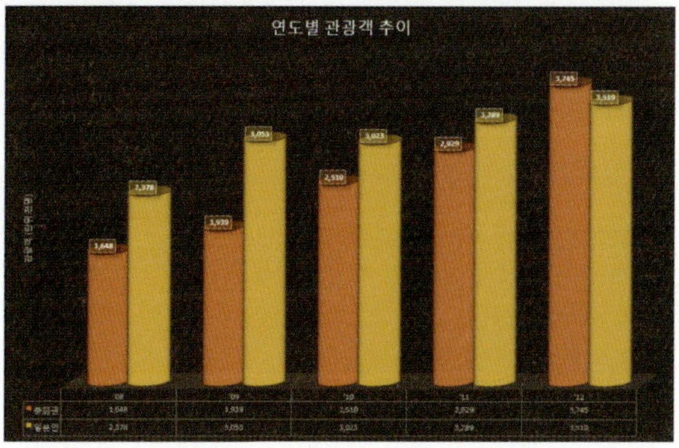

차트는 일반 텍스트나 표에 비해 데이터 추세나 유형을 한눈에 비교할 수 있어 유용합니다. 엑셀 2013에서는 이제 더 이상 Excel의 차트를 검색하여 선택한 차트가 데이터에 적합한지 아닌지 걱정할 필요가 없이 데이터에 알맞은 차트를 빠르게 만들 수 있습니다. 관광객의 추이를 엑셀에서 추천하는 적합한 차트로 삽입하고 레이아웃, 스타일, 종류 등을 변경해 봅니다.

01 추천 차트로 차트 만들기

① 차트로 만들 데이터인 **[A3:F5] 영역**을 범위로 지정합니다. ② [삽입] 탭-[차트] 그룹에서 **[추천 차트]**를 클릭합니다. ③ [추천 차트] 탭의 추천하는 차트 목록에서 **[묶은 가로 막대형]**을 선택하고 ④ **[확인]**을 클릭합니다.

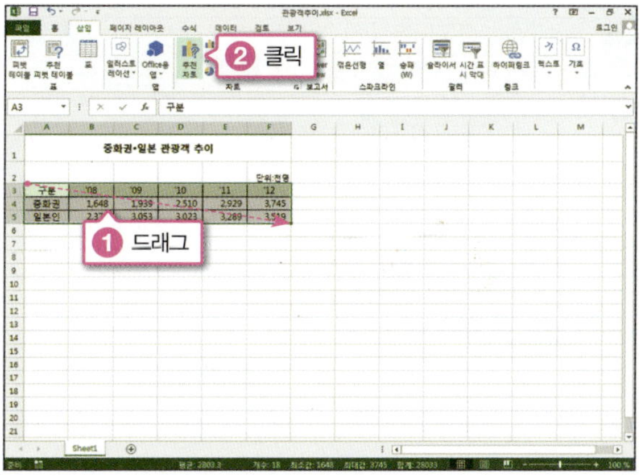

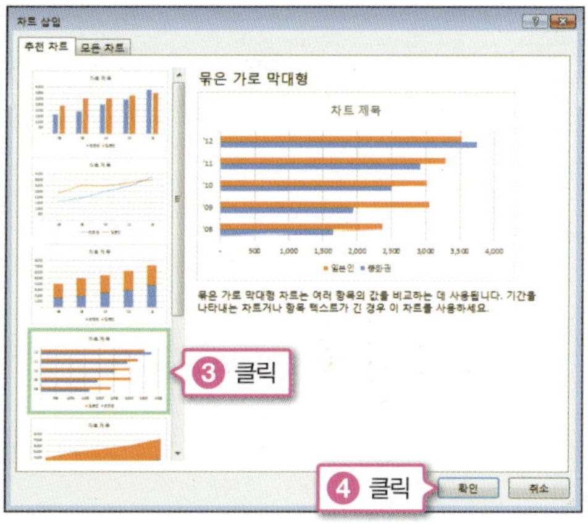

02 차트 크기 조절하기

① 삽입된 차트를 클릭한 후 그림과 같이 [A7] 셀 위치로 이동하고 ② 차트 조절점을 드래그해서 적당한 크기로 조정합니다.

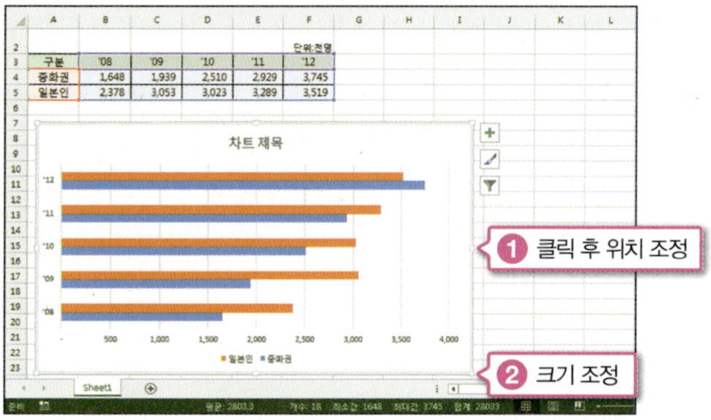

03 차트 종류 변경하기

① 차트 영역을 클릭하고 ② [디자인] 탭–[종류] 그룹에서 [**차트 종류 변경**]을 클릭합니다. ③ 차트 종류 변경 대화상자의 [모든 차트] 탭에서 [세로 막대형] 항목을 클릭하고 ④ **[3차원 묶은 세로 막대형]**을 선택한 후 ⑤ **[확인]**을 클릭합니다.

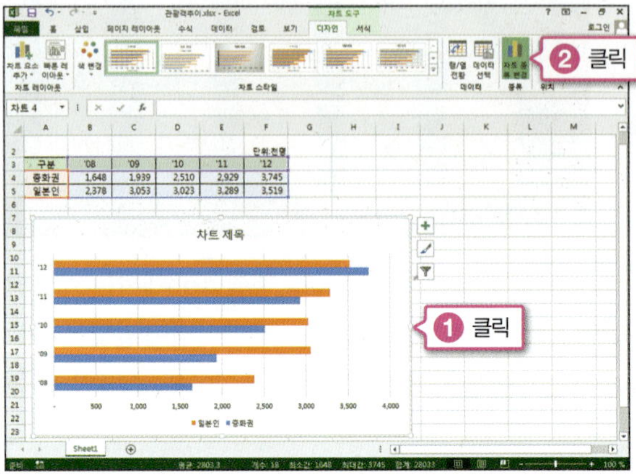

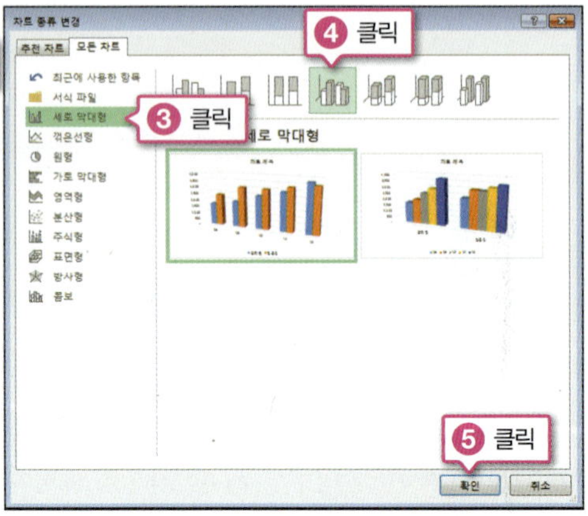

04 차트 레이아웃 변경 및 제목 입력하기

① 차트 영역을 클릭합니다. ② [디자인] 탭–[차트 레이아웃] 그룹에서 [**빠른 레이아웃**]을 클릭하고 ③ **[레이아웃 5]**를 선택합니다. ④ [차트 제목]에 **연도별 관광객 추이**, ⑤ [축 제목]에 **관광객 (단위:천명)**을 입력합니다.

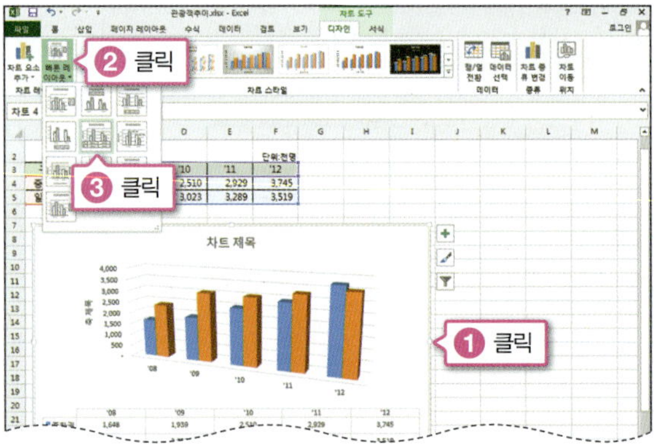

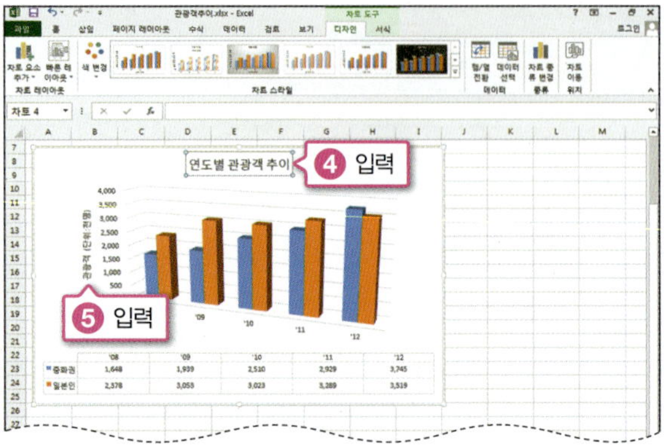

TIP 차트의 각 구성 요소별 서식을 지정하려면 먼저 서식을 지정할 구성 요소를 선택해야 하지만 빠른 레이아웃과 색, 스타일은 다양하게 차트의 서식이 지정되어 있어 빠르게 차트를 변경할 수 있습니다.

05 색 변경하기

① 차트 영역이 선택된 상태에서 [디자인] 탭–[차트 스타일] 그룹에서 [**색 변경**]을 클릭하고 ② **[색 3]**을 선택합니다.

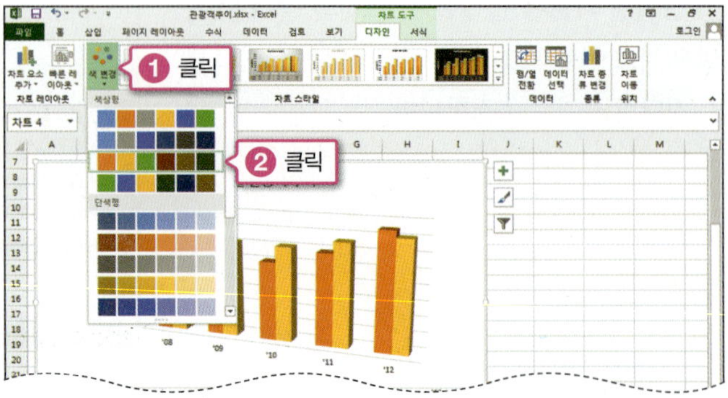

06 차트 스타일 변경하기

① 차트 영역이 선택된 상태에서 [디자인] 탭-[차트 스타일] 그룹에서 [자세히]를 클릭하고 ② [스타일 6]을 선택합니다.

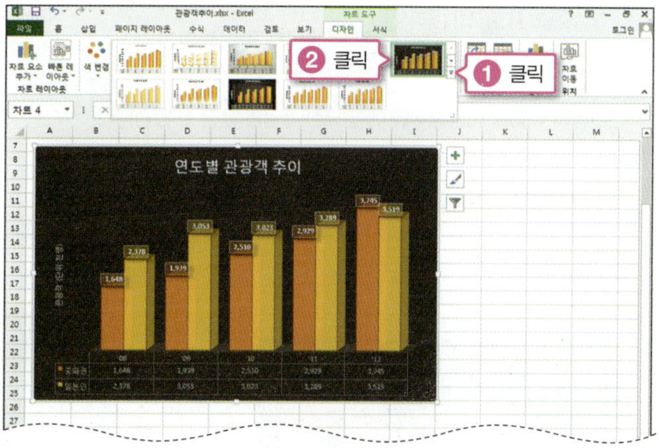

TIP 차트 스타일과 색 변경은 [차트 스타일]에서 변경할 수도 있습니다.

07 세로 막대 모양 변경하기

① 막대 차트 중 **중화권 데이터 계열**을 더블클릭합니다. ② 데이터 계열 서식 작업창의 [계열 옵션]에서 세로 막대 모양의 **[원통형]**을 클릭합니다. ③ **일본인 데이터 계열**을 클릭하고 ④ 세로 막대 모양의 **[원통형]**을 클릭합니다. ⑤ **[닫기]**를 클릭하여 데이터 계열 서식 작업창을 닫습니다.

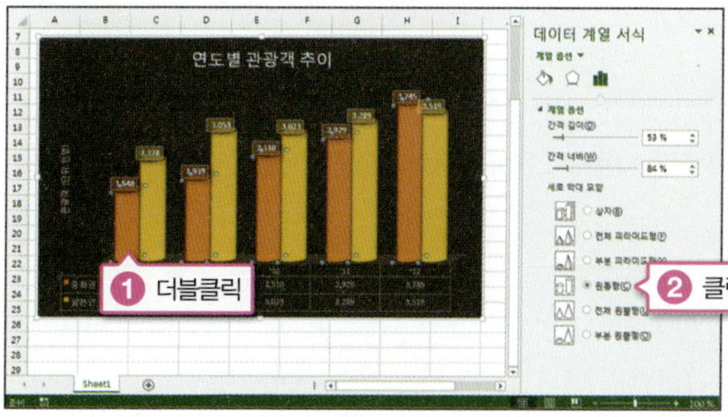

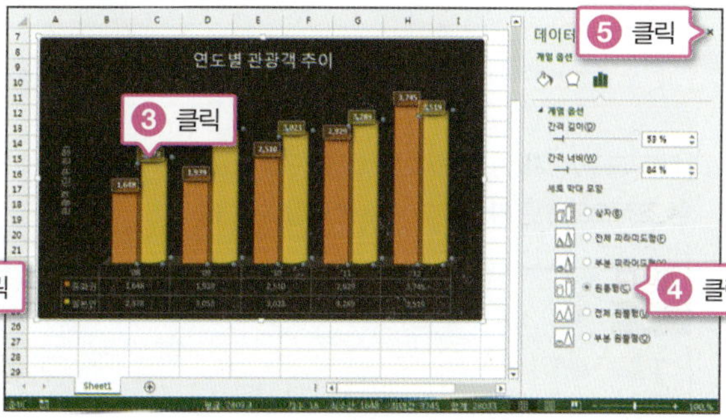

08 차트 이동하기

차트 영역이 선택된 상태에서 ① [디자인] 탭-[위치] 그룹에서 **[차트 이동]**을 클릭합니다. ② 차트 이동 대화상자가 나타나면 **[새 시트]**를 클릭하고 ③ **관광객추이차트**를 입력한 다음 ④ **[확인]**을 클릭합니다. [관광객추이차트] 시트가 삽입되고 [Sheet1] 시트에 있던 차트가 이동됩니다.

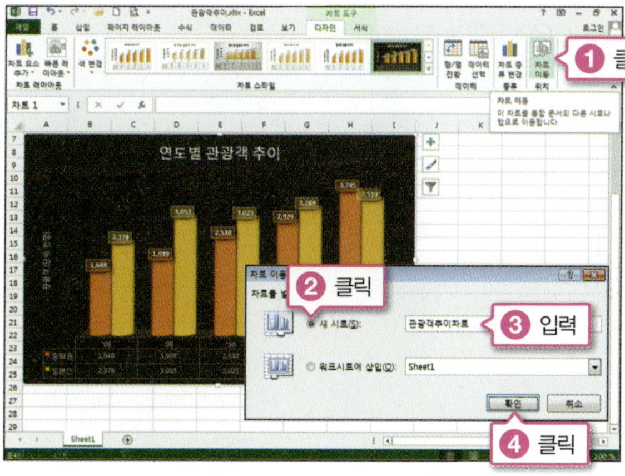

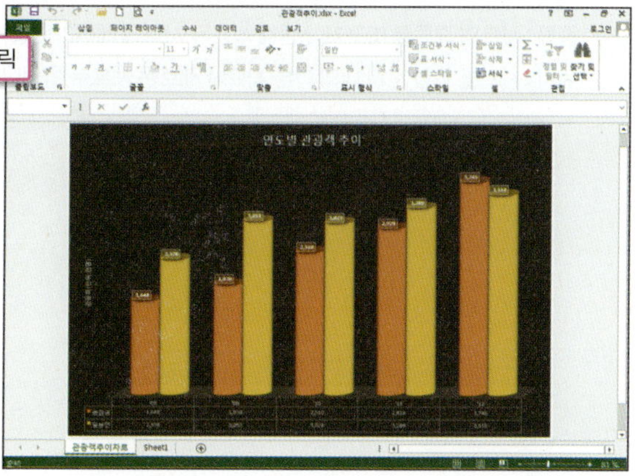

실 무 활 용 EXCEL NOTE

차트 데이터 필터링하기

차트 필터 기능을 이용해 차트에 필요한 계열만 남길 수 있습니다.

본문 따라하기 **08**번 과정에서 차트 영역이 선택된 상태에서 ① [**차트 필터**]를 클릭하고 ② **일본인 데이터 계열**의 체크를 해제하고 ③ [**적용**]을 클릭합니다. ④ 다시 [**차트 필터**]를 클릭하여 차트 필터 작업을 마칩니다. 이제 중화권으로 필터링된 데이터 계열만 표시됩니다.

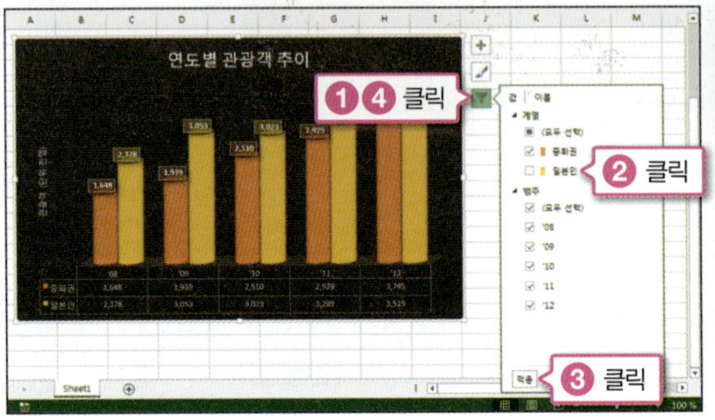

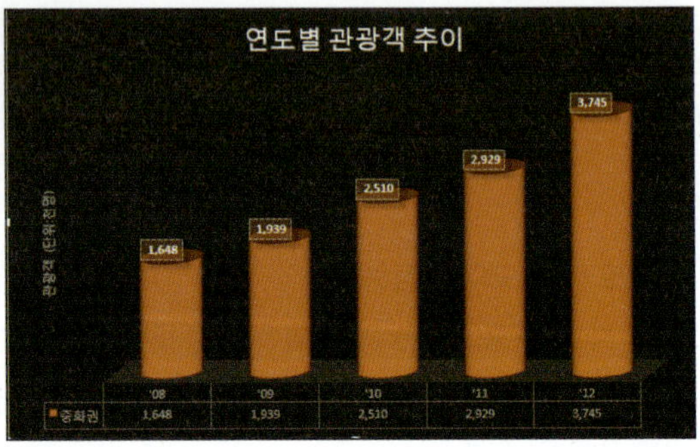

실 무 활 용 EXCEL NOTE

차트 도구의 디자인 탭 살펴보기

[차트 도구>디자인] 탭에서는 차트를 구성하고 있는 각 구성 요소의 서식을 사용자가 원하는 대로 지정해서 편집할 수 있습니다. 간단한 조작으로 전문가 수준의 차트를 만들 수 있습니다

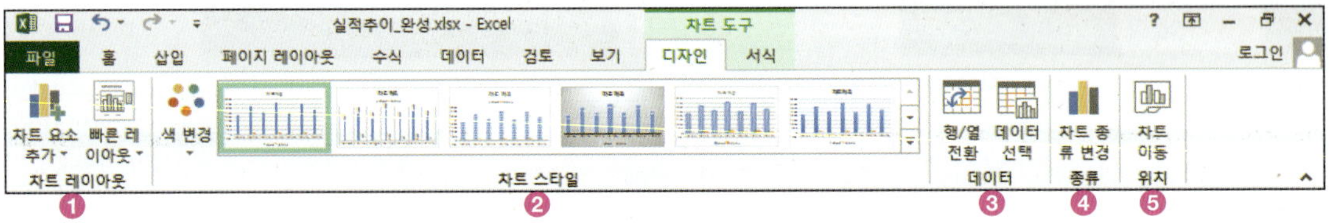

① **차트 레이아웃** : 차트의 구성 요소를 직접 추가하거나, 엑셀에서 제공하는 11가지의 레이아웃을 통해서 현재 차트에 제목, 눈금선, 범례, 데이터 테이블, 데이터 레이블, 세로/가로 축 등의 서식을 빠르게 변경할 수 있습니다.

② **차트 스타일** : 엑셀에서 제공하는 14가지 스타일 중에서 선택할 수 있습니다. 현재 차트의 데이터 계열 색, 차트 영역, 그림 영역 등의 서식을 빠르게 바꿀 수 있습니다.

③ **데이터** : 데이터 계열에서 X축과 Y축을 바꾸거나 차트의 원본 데이터 범위를 바꿀 수 있습니다.

④ **종류** : 차트의 종류를 바꾸거나 현재 적용된 서식과 레이아웃을 다른 차트에 적용할 수 있습니다.

⑤ **위치** : 차트를 통합 문서 내의 다른 시트나 새로운 시트로 옮깁니다.

SECTION

02 차트 구성 요소 및 서식 지정하기

기능설명 차트 구성 요소 살펴보기

2007 | 2010 | 2013

차트의 각 구성 요소들은 차트 안에서 각각 독립적으로 이동, 크기 조절, 수정, 삭제 등이 가능합니다. 차트를 제대로 만들려면 각 구성 요소를 이해하고 있는 것이 좋습니다. 차트의 구성 요소에는 크게 차트 영역, 그림 영역, 제목, 데이터 계열, 축, 범례 등이 있습니다.

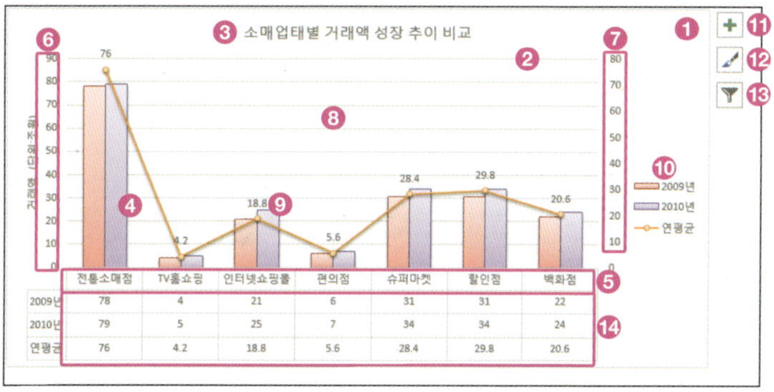

① **차트 영역** : 차트 전체 영역으로 모든 구성 요소를 포함합니다. 차트의 위치, 크기 조절 및 글꼴 조절을 할 수 있습니다.

② **그림 영역** : 차트가 그려지는 영역으로 X축과 Y축을 이루는 사각형 안에 데이터 계열, 항목, 항목 이름, 눈금선, 레이블 등이 포함됩니다.

③ **차트 제목** : 차트 제목을 표시합니다.

④ **데이터 계열/요소** : 데이터 요소나 값을 막대, 영역, 점, 조각 등으로 표시합니다. 각 데이터 계열은 고유한 색이나 무늬를 가집니다.

⑤ **가로(항목) 축** : 데이터 계열의 이름을 표시합니다.

⑥ **세로(값) 축** : 데이터 계열의 값을 표시합니다.

⑦ **보조 세로(값) 축** : 두 번째 세로(값) 축으로 보조적인 데이터 계열의 값을 표시합니다.

⑧ **눈금선** : 데이터 값을 알기 쉽게 가로 축이나 세로축으로 선을 표시합니다.

⑨ **데이터 레이블** : 데이터 계열 또는 요소의 값과 이름을 표시합니다.

⑩ **범례** : 각 데이터 계열이나 항목을 식별하도록 데이터 계열별 이름과 색(무늬)을 표시합니다. 위치를 바꿀 수 있습니다.

⑪ **차트 요소** : 축 제목, 데이터 레이블 등의 차트 요소를 표시하거나 숨깁니다.

⑫ **차트 스타일** : 차트 스타일 및 색 구성표 등의 디자인을 지정합니다.

⑬ **차트 필터** : 데이터 계열과 범주 값의 요소를 필터링하고 이름을 편집합니다.

⑭ **데이터 테이블** : 차트를 그리는 데이터의 원본 데이터를 표시합니다.

실무활용 | 인터넷 사용자 비율이 한눈에 보이는 콤보(이중 축 혼합) 차트 만들기 2007 | 2010 | 2013

- **실습 파일** 엑셀\8장\실습\인터넷사용자비율.xlsx
- **완성 파일** 엑셀\8장\완성\인터넷사용자비율_완성.xlsx

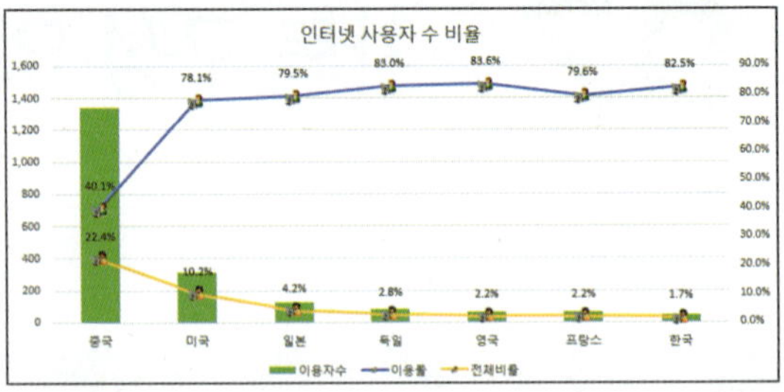

콤보 차트는 두 종류 이상의 차트를 사용하여 차트에 다른 정보가 있음을 강조할 수 있습니다. 데이터 계열별로 서로 다른 유형의 데이터 값을 가지고 있거나 두 계열의 데이터 값의 차이가 클 경우 이중 축(보조 축)을 사용합니다. 국가별 인터넷 사용자 수를 비교하는 표를 참조하여 콤보 차트를 만들어 보겠습니다.

01 콤보 차트 만들기

국가별 이용자 수와 이용률, 전체 비율을 이용해 이중 축 혼합 차트를 만들어보겠습니다. ① 차트로 만들 데이터인 **[B3:E23]** 영역을 범위로 지정합니다. ② [삽입] 탭-[차트] 그룹에서 **[콤보 차트]**를 클릭하고 ③ **[묶은 세로 막대형, 꺾은선형, 보조축]**을 선택합니다. ④ 차트를 [F3] 셀 옆으로 이동하고 크기를 조정합니다.

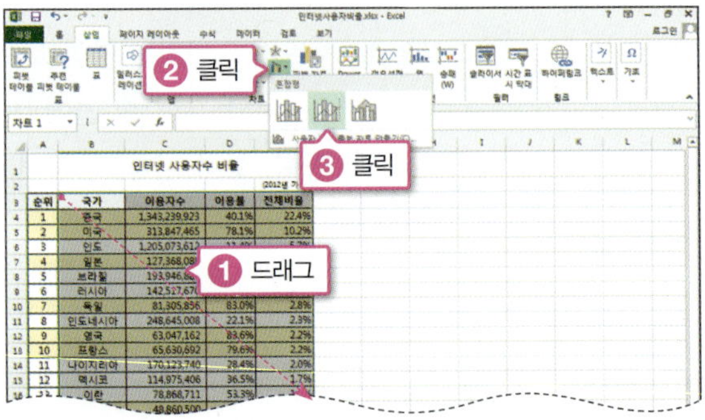

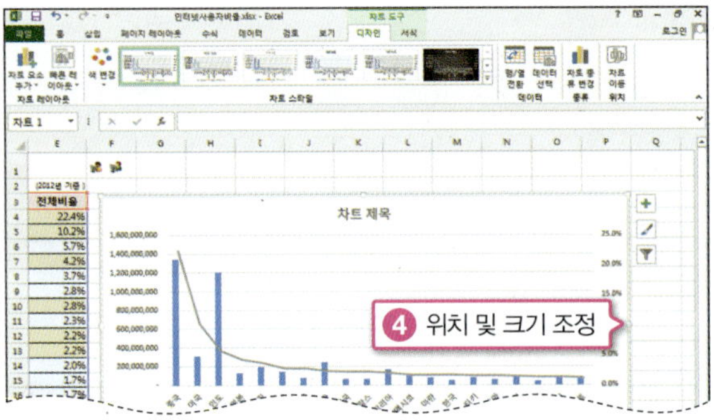

02 차트 종류와 축 변경하기

[이용률] 계열 또한 보조 축과 꺾은선형으로 변경해보겠습니다. ① 차트 영역을 클릭합니다. ② [디자인] 탭-[종류] 그룹에서 **[차트 종류 변경]**을 클릭합니다. ③ 차트 종류 변경 대화상자에서 **이용률**과 **전체비율**의 차트 종류를 **[표식 있는 꺾은선형]**으로 변경하고, ④ **[보조축]**을 체크한 후 ⑤ **[확인]**을 클릭합니다. **이용률**과 **전체비율**이 보조 축을 사용하는 표식이 있는 꺾은선형으로 바뀝니다.

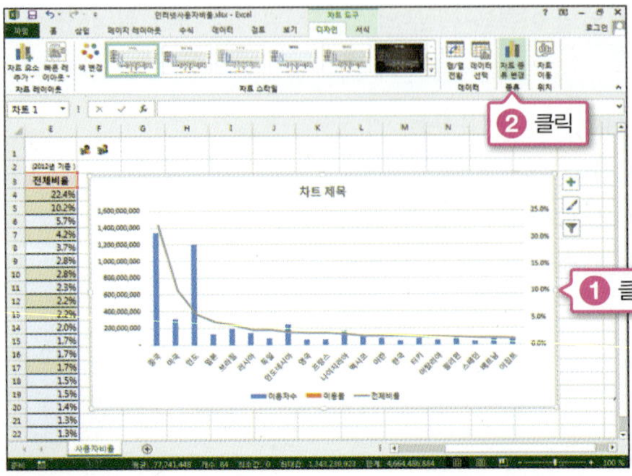

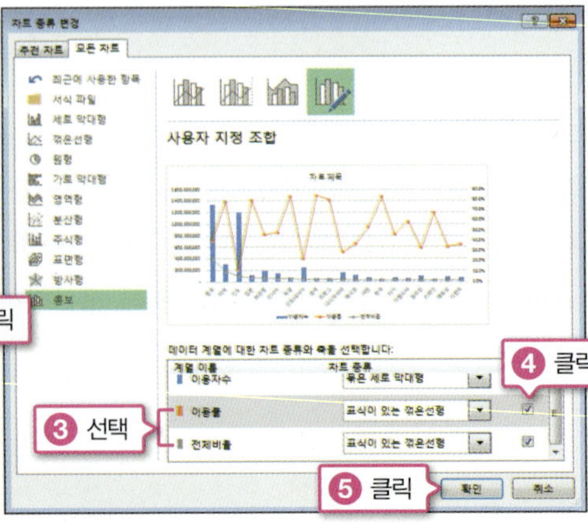

03 차트 데이터 필터링하기

① 차트 영역이 선택된 상태에서 **[차트 필터]**를 클릭합니다. ② 범주에서 **[모두 선택]**을 클릭하여 체크를 해제하고 ③ **[중국]**, **[미국]**, **[일본]**, **[독일]**, **[영국]**, **[프랑스]**, **[한국]**에 체크 표시하고 ④ **[적용]**을 클릭합니다. ⑤ **[차트 필터]**를 클릭하여 차트 필터를 마칩니다. 차트에 선택한 국가 계열이 표시됩니다.

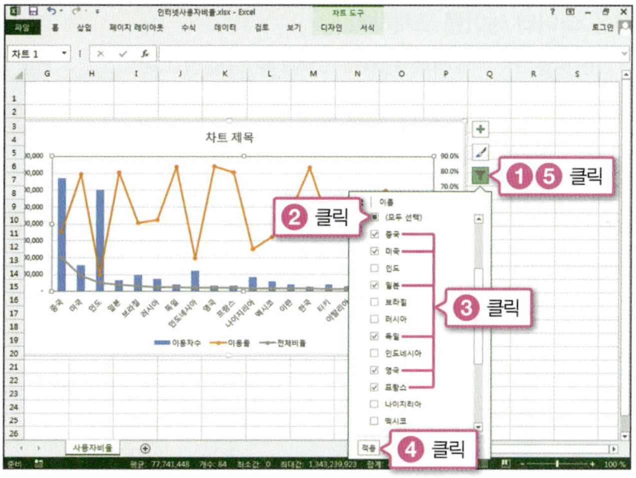

04 차트 색상 변경하기

① 차트 영역이 선택된 상태에서 **[차트 스타일]**을 클릭합니다. ② **[색]**을 클릭하고 ③ 색상형 영역의 **[색 4]**를 선택하고 ④ **[차트 스타일]**을 클릭하여 차트 스타일을 마칩니다. 데이터 계열의 색상이 변경되었습니다.

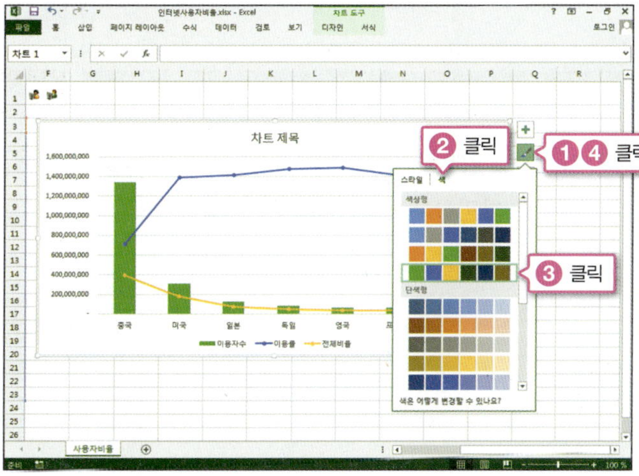

05 그림으로 표식 지정하기

① [F1] 셀의 **[그림]**을 클릭하고 Ctrl+C를 눌러 그림을 복사합니다. ② **[이용률]**의 꺾은선형 데이터 계열을 클릭한 다음 Ctrl+V를 눌러 그림으로 표식을 지정합니다. ③④ 같은 방법으로 [F1] 셀의 **[그림]**을 [전체비율]의 꺾은선형 데이터 계열의 표식을 변경합니다.

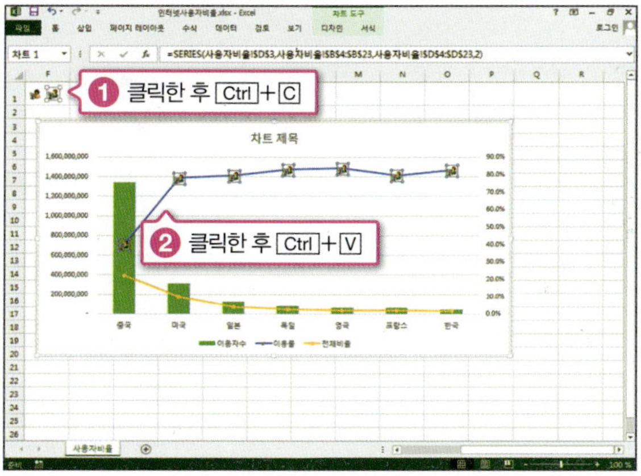

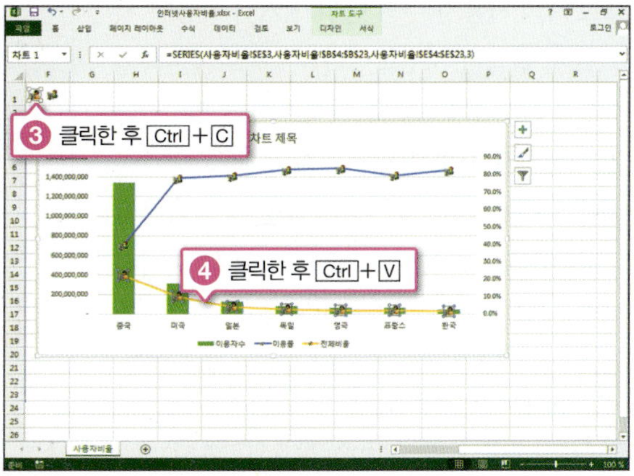

06 데이터 레이블 표시하기

① **[이용률]**의 꺾은선형 데이터 계열을 클릭한 다음 ② [+**차트 요소**]를 클릭합니다. ③ **[데이터 레이블]**을 클릭하고 ④ **[위쪽]**을 선택합니다. ⑤ 같은 방법으로 **[전체비율]**의 꺾은선형 데이터 계열을 클릭하고 ⑥ **[데이터 레이블]**을 클릭하고 ⑦ **[위쪽]**을 선택합니다. ⑧ [+**차트 요소**]를 클릭하여 차트 요소 수정을 마칩니다.

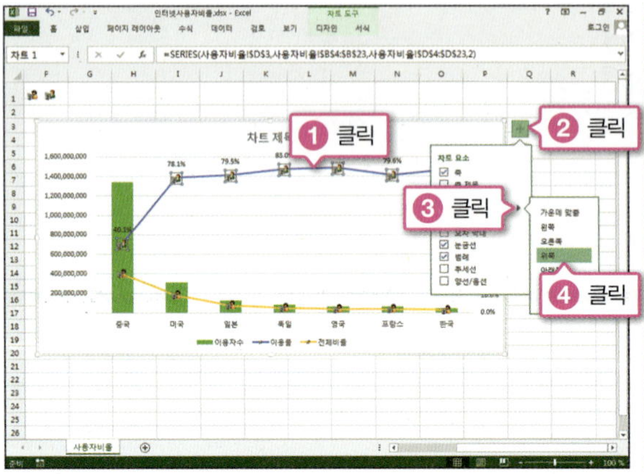

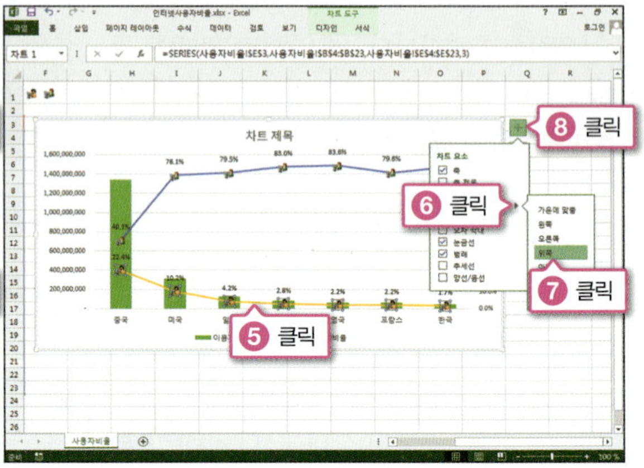

07 차트 제목 입력하기

차트 제목을 클릭하고 **인터넷 사용자 수 비율**을 입력합니다.

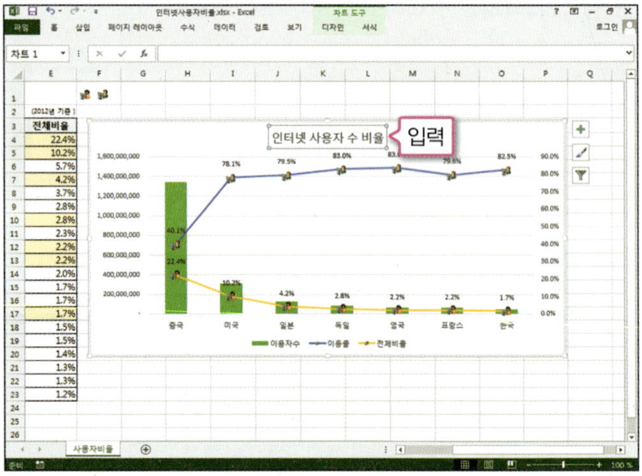

08 세로(값) 축 레이블 표시 형식 지정하기

세로 축의 사용자 수의 단위가 커서 사용자 지정 표시 형식을 지정합니다. ① 세로(값) 축을 더블클릭합니다. ② 축 서식 작업창의 [▾축 옵션]에서 **[표시 형식]**을 클릭합니다. ③ 범주는 **[사용자 지정]**, 서식 코드는 **#,##0,,**을 입력하고 ④ **[추가]**를 클릭합니다. ⑤ [× **닫기**]를 클릭하여 축 서식 작업창을 닫습니다.

TIP 사용자 지정 표시 형식 '#,##0,,'는 백만 자릿수 '0' 6개를 숨기고 나머지 자릿수만 표시합니다. 사용자 지정 표시형식의 자세한 내용은 Chapter 04를 참고합니다.

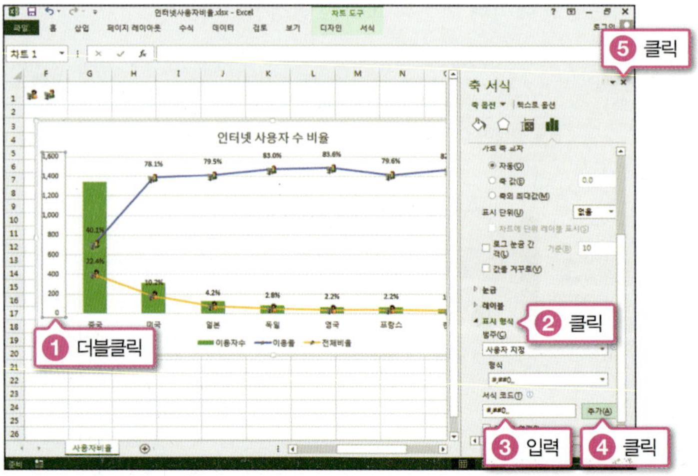

실무활용 | **간트(일정) 차트로 전략 기획 일정표 만들기** 2007 | 2010 | 2013

- **실습 파일** 엑셀\8장\실습\전략기획일정.xlsx
- **완성 파일** 엑셀\8장\완성\전략기획일정_완성.xlsx

간트 차트(Gantt chart)는 프로젝트관리, 일정관리 등에 유용한 차트로 전체 일정을 한눈에 볼 수 있습니다. 여기에서는 전략 기획에 레이아웃 체크의 따른 일정 흐름을 간트 차트로 만들어보겠습니다.

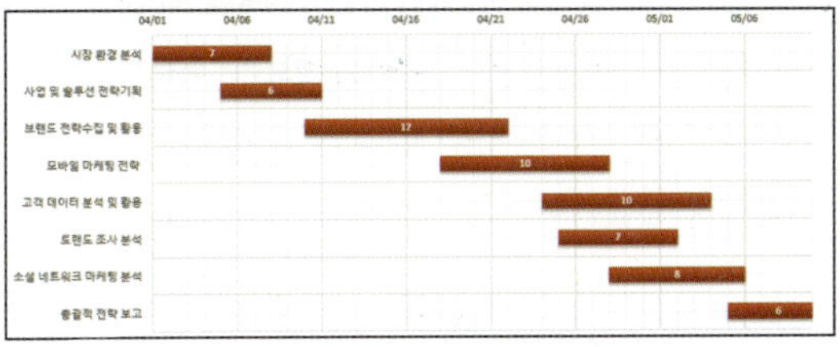

01 누적 가로 막대형 차트 만들기

항목, 시작일, 기간 데이터를 범위로 누적 가로 막대형 차트를 만들어 보겠습니다. ①② 차트로 만들 데이터인 **[A3:B11]**, **[D3:D11] 영역**을 범위로 지정합니다 ③ [삽입] 탭-[차트] 그룹에서 **[가로 막대형 차트]**를 클릭하고 ④ **[누적 가로 막대형]**을 선택합니다. ⑤ [A13] 셀 옆으로 차트 위치를 이동하고 크기를 적당하게 조정합니다.

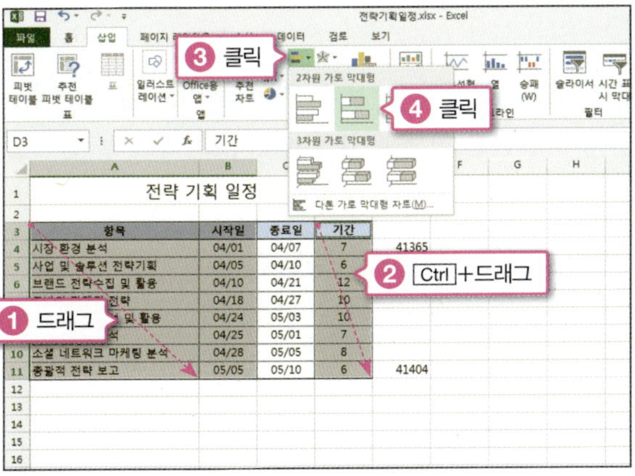

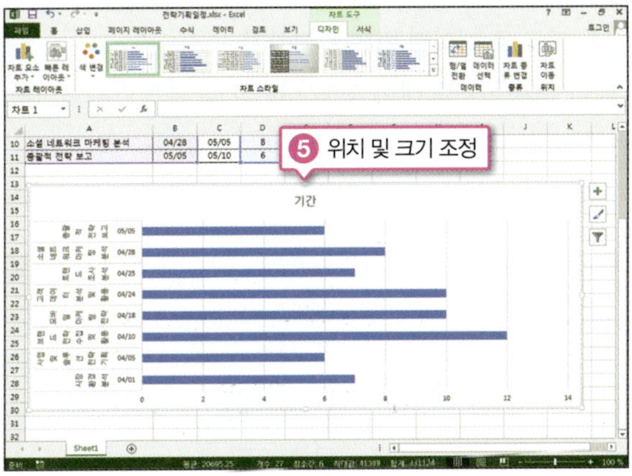

02 데이터 범위 변경하기

시작일과 기간의 데이터 계열이 누적되어 나타나지 않으므로 데이터의 범위를 수정해보겠습니다. ① 차트 영역을 선택하고 ② [디자인] 탭-[데이터] 그룹에서 **[데이터 선택]**을 클릭합니다. ③ 데이터 원본 선택 대화상자가 나타나면 **범례 항목(계열)**에서 **[추가]**를 클릭합니다.

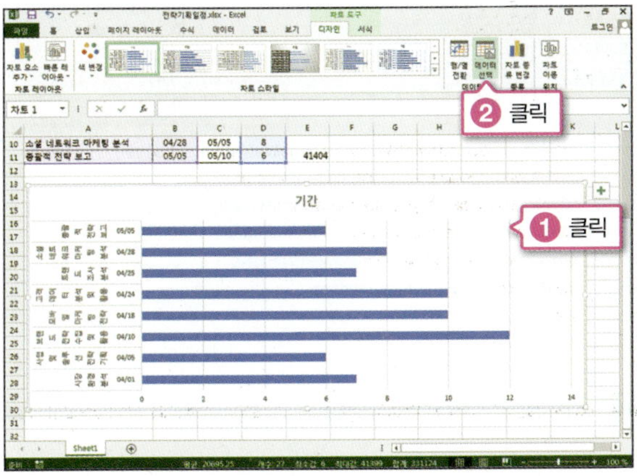

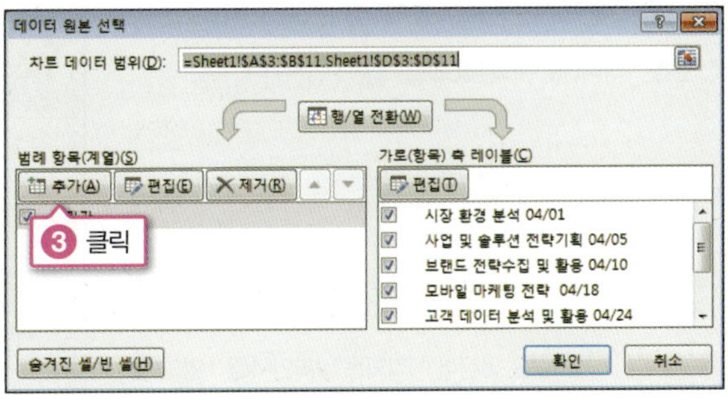

03 데이터 계열 범위 지정하기

① 계열 편집 대화상자가 나타나면 계열 이름에 시작일 이름이 있는 [B3]셀(**=Sheet1!$B$3**)을 클릭합니다. 계열 값은 시작일 데이터 범위인 **=Sheet1!$B$4:$B$11**의 범위를 지정합니다. ② **[확인]**을 클릭하여 창을 닫습니다. ③ 데이터 원본 선택 대화상자의 범례 항목(계열)에서 **[시작일]**을 클릭하고 ④ **[위로 이동]**을 클릭하여 시작일의 순서를 위로 이동시킵니다.

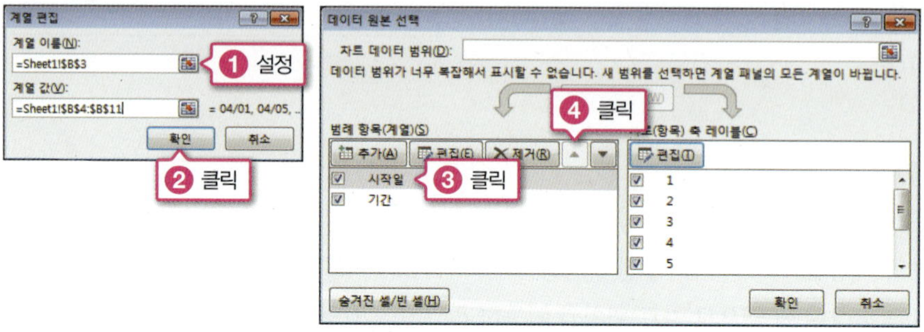

04 가로 축 레이블 범위 지정하기

① 가로(항목) 축 레이블에서 **[편집]**을 클릭합니다. ② 축 레이블 대화상자가 나타나면 축 레이블 범위 항목의 **=Sheet1!$A$4:$A$11**을 지정하고 ③ **[확인]**을 클릭합니다. 데이터 원본 선택 대화상자에서도 [확인]을 클릭합니다.

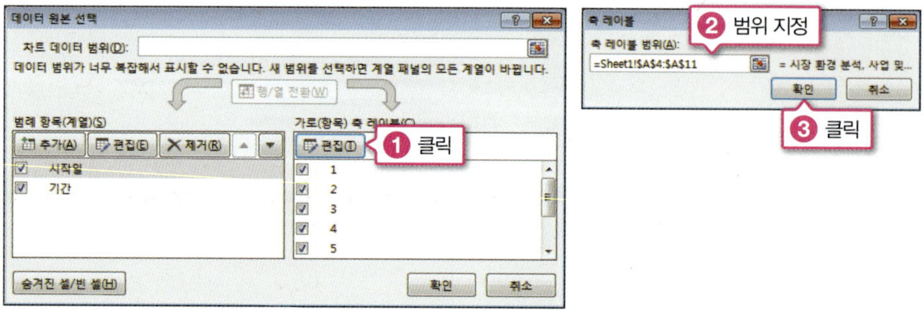

05 가로 축 눈금 조절하기

① 가로(값) 축을 더블클릭합니다. ② 축 서식작업창의 [축 옵션]의 경계 영역에서 최소값을 **41365**, 최대값에 **41404**를 입력합니다.

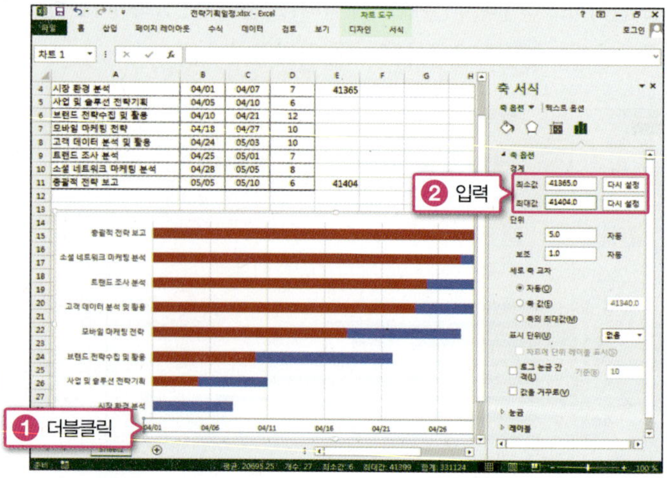

TIP 최소값은 일정이 시작되는 날짜인 4월 1일의 일련번호인 41365, 최대값은 일정이 끝나는 날짜인 5월 10일의 일련번호 41404를 입력합니다.

06 축 위치 뒤집기

① 세로(항목) 축을 더블클릭해 축 서식 작업창을 불러옵니다. ② [축 옵션]의 축 위치 영역에서 ③ [항목을 거꾸로]를 체크 표시하여 세로 축의 위치를 뒤집습니다.

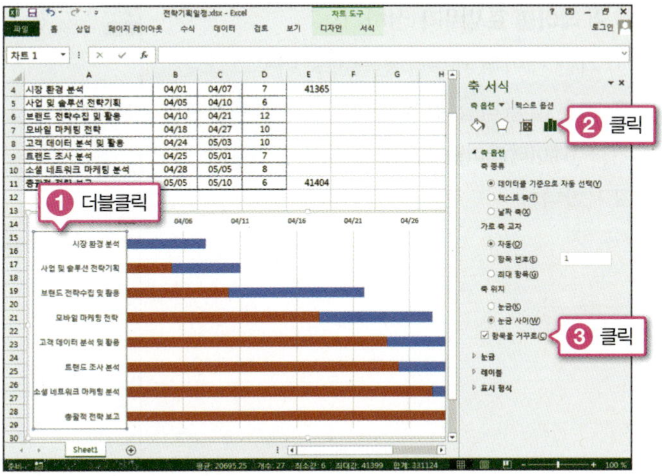

07 시작일 데이터 계열 서식 수정하기

① 시작일 계열을 더블클릭합니다. ② 데이터 계열 서식 작업창에서 [채우기 및 선]을 클릭합니다. ③ 채우기 영역에서 [채우기 없음]을 클릭하고 ④ 테두리 영역에서 [선 없음]을 클릭하여 채우기와 선 색을 없앱니다. ⑤ [닫기]를 클릭하여 데이터 계열 서식 작업창을 닫습니다.

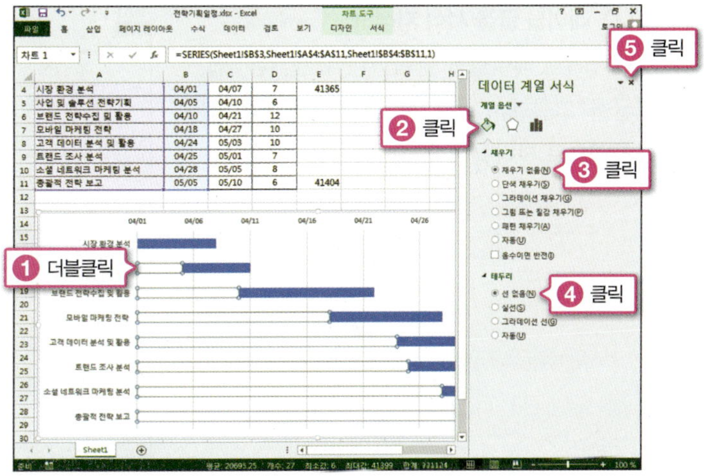

08 눈금선 표시하기

① 차트 영역이 선택된 상태에서 [차트 요소]를 클릭합니다. ② [눈금선]에 체크 표시하고 ③ [기본 주 세로], [기본 주 가로], [기본 부 세로], [기본 부 가로]에 모두 체크 표시하여 눈금선을 표시합니다. ④ 다시 [차트 요소]를 클릭하여 차트 요소 수정을 마칩니다.

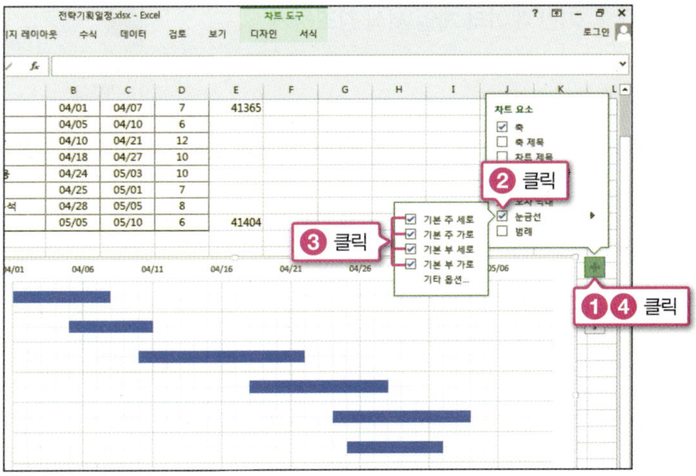

09 레이블 표시하기

① 기간 데이터 계열을 선택하고 마우스 오른쪽 버튼을 클릭합니다. ② [데이터 레이블 추가]-**[데이터 레이블 추가]**를 선택하여 레이블을 표시합니다.

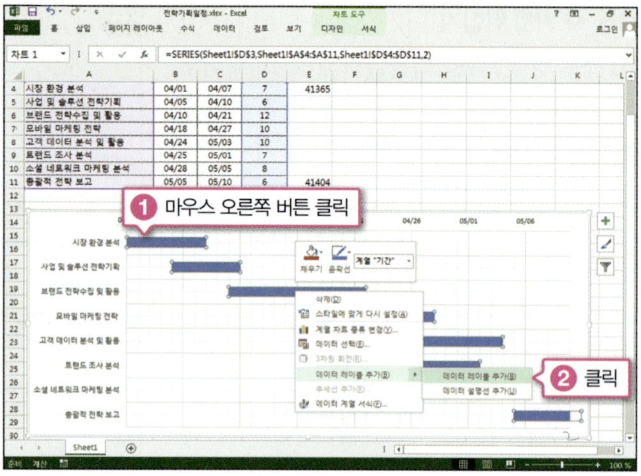

10 레이블 글꼴 서식 지정하기

① 데이터 레이블을 클릭합니다. ② [홈] 탭-[글꼴] 그룹에서 스타일은 **[굵게]**, ③ 글꼴 색은 **[흰색]**으로 지정합니다.

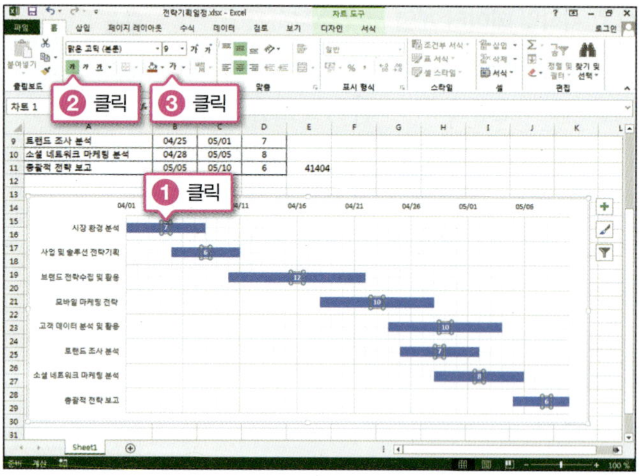

11 기간 데이터 계열 서식 강조하기

① 기간 데이터 계열을 클릭합니다. ② [서식] 탭-[도형 스타일] 그룹에서 **[자세히]**를 클릭하고 ③ **[강한 효과-빨강, 강조2]**를 선택해 차트를 완성합니다.

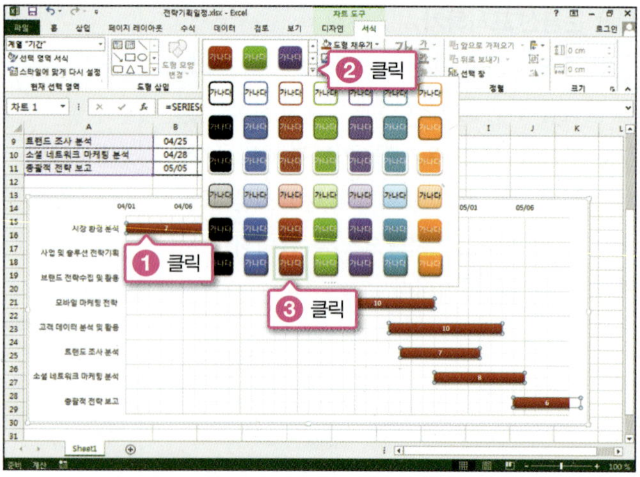

기능실습 도넛 차트 3차원 서식 지정하고 테마 변경하기 2007 | 2010 | 2013

- **실습 파일** 엑셀\8장\실습\시장점유율.xlsx
- **완성 파일** 엑셀\8장\완성\시장점유율_완성.xlsx

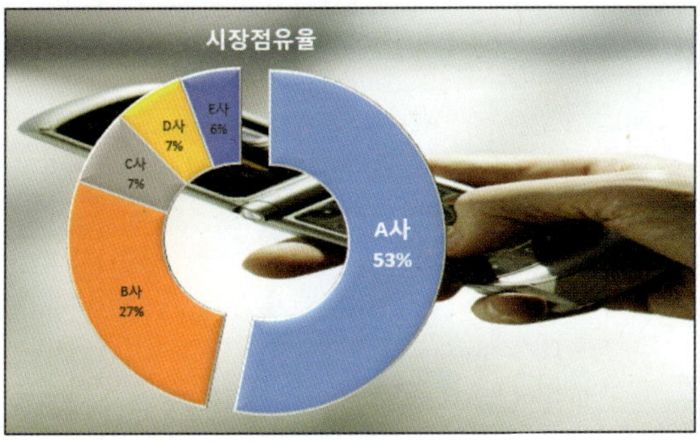

△ office 테마

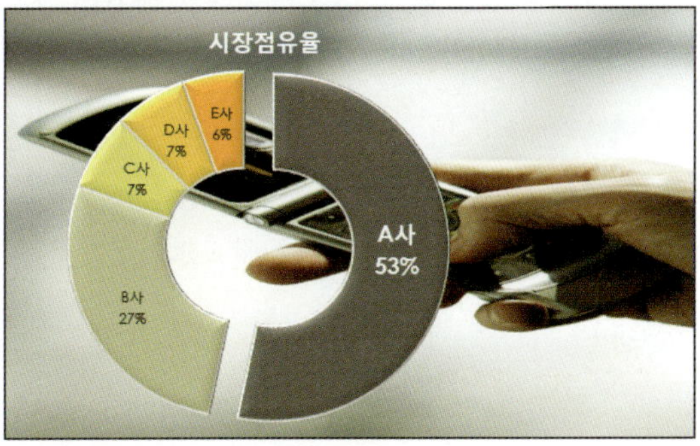

△ 그물 테마

원형 또는 도넛 차트는 전체에 대한 비율을 표현할 때 사용합니다. 원을 나누는 항목은 5~6개가 적당합니다. 항목이 6개를 넘으면 나머지 항목을 기타로 빼서 원형 대 원형 차트, 또는 원형 대 가로 막대 차트로 만드는 것이 좋습니다. 원형 차트는 계열 하나의 구성비를 나타내는 차트이므로 계열이 여러 개일 때는 원형 차트 여러 개를 만들거나 도넛 차트를 만듭니다. 여기에서는 스마트폰의 시장 점유율을 비교하기 위해 도넛 차트를 만들고 차트 서식을 꾸며봅니다. 테마를 변경하여 차트의 색과 효과를 변경해 봅니다.

01 도넛 차트 만들기

①② 차트로 만들 데이터인 **[A3:A8], [C3:C8] 영역**을 범위로 지정합니다. ③ [삽입] 탭-[차트] 그룹에서 **[원형 또는 도넛차트 삽입]**을 클릭하고 ④ 도넛형 영역의 **[도넛형]**을 선택합니다. ⑤ [D3] 셀 옆으로 차트 위치를 이동하고 크기를 적당하게 조정합니다.

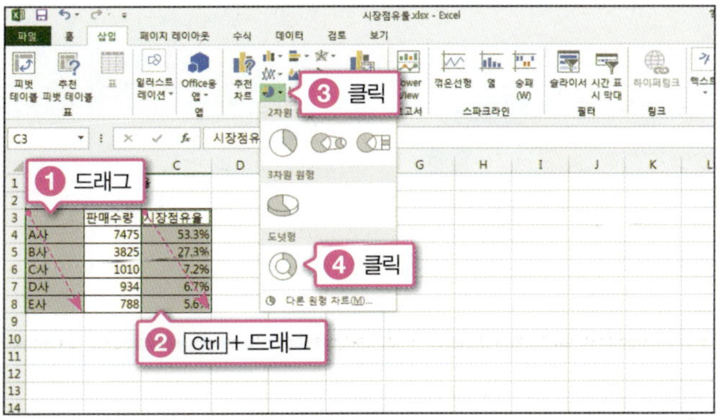

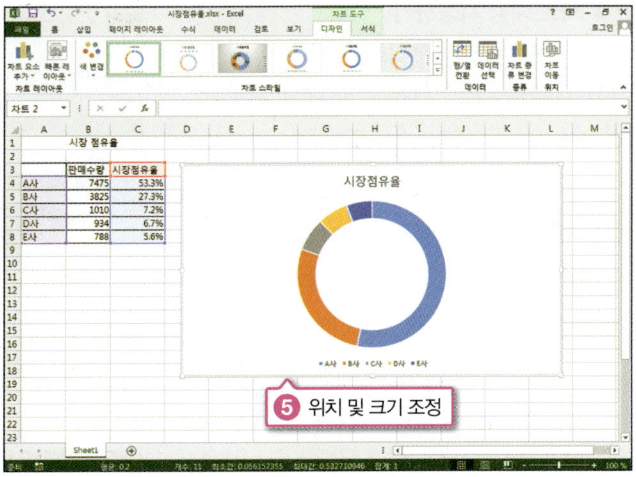

02 차트 레이아웃 변경하기

① 차트 영역을 선택합니다. ② [디자인] 탭－[차트 레이아웃] 그룹에서 [**빠른 레이아웃**]을 클릭하고 ③ **[레이아웃 1]**을 선택합니다.

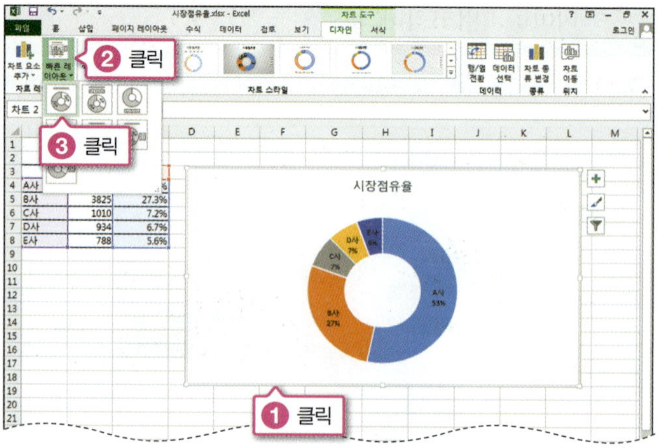

03 3차원 서식과 도넛 구멍 조절하기

① 데이터 계열을 더블클릭합니다. ② 데이터 계열 서식 작업창에서 [**효과**]를 클릭하고 ③ **[3차원 서식]**을 클릭합니다. ④ 위쪽 입체의 너비는 10, 높이는 2를 입력합니다. ⑤ [**계열 옵션**]을 클릭하고 ⑥ 계열 옵션의 도넛 구멍 크기를 [45 %]로 지정합니다.

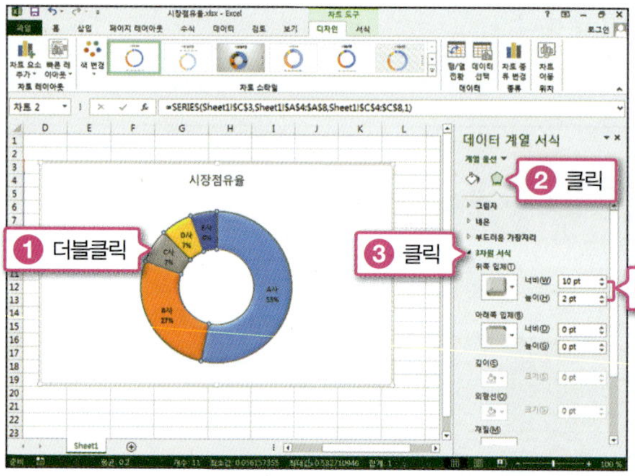

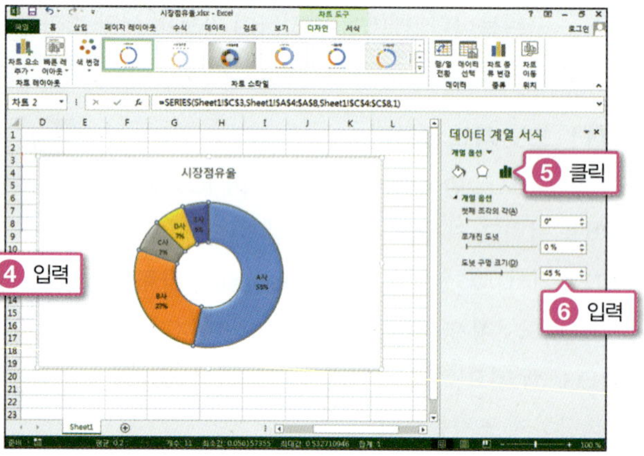

04 차트 배경 지정하기

① 차트 영역을 더블클릭합니다. ② 차트 영역 서식 작업창에서 [**채우기 및 선**]을 클릭하고 ③ 채우기 영역에서 **[그림 또는 질감 채우기]**를 클릭합니다. ④ 다음에서 그림 삽입 영역에서 **[파일]**을 클릭하여 **배경.JPG(엑셀\8장\실습)** 파일을 더블클릭하여 배경을 채웁니다. ⑤ [**닫기**]를 클릭합니다.

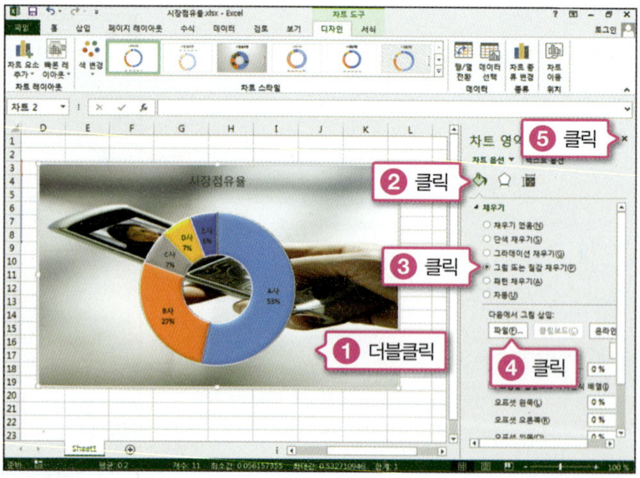

TIP 차트 영역, 그림 영역, 데이터 계열은 색, 그림, 질감 등을 배경으로 채울 수 있습니다. 구성 요소에 그림을 배경으로 채우고 필요 없는 구성 요소를 제거함으로써 차트의 내용을 보다 효과적으로 전달할 수 있습니다.

05 데이터 계열 조각내기

① 원형 차트 데이터 계열을 클릭한 후 ② **[A사]** 항목만 한 번 더 클릭하여 선택한 후 오른쪽을 드래그하여 조각을 분리합니다. ③ [A사] 레이블을 클릭하고 ④ 한 번 더 [A사] 레이블을 클릭합니다. ⑤ [홈] 탭-[글꼴] 그룹에서 글꼴 크기는 **[14]**, 스타일은 **[굵게]**, 글꼴 색은 **[흰색]**으로 설정합니다.

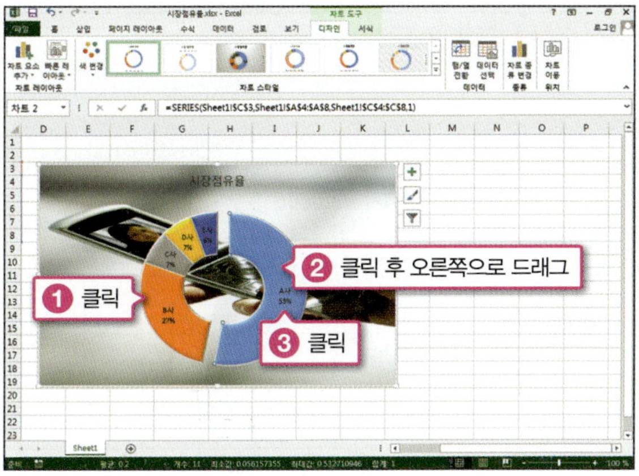

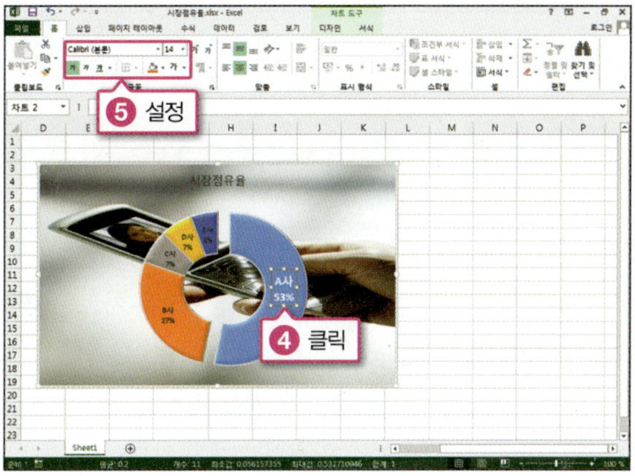

06 차트 제목 서식 설정하기

① 차트 제목을 클릭하고 ② [홈] 탭-[글꼴] 그룹에서 스타일은 **[굵게]**, ③ 글꼴 색은 **[흰색]**으로 지정합니다. ④ 차트의 그림 영역을 클릭하여 크기와 위치를 알맞게 조정합니다.

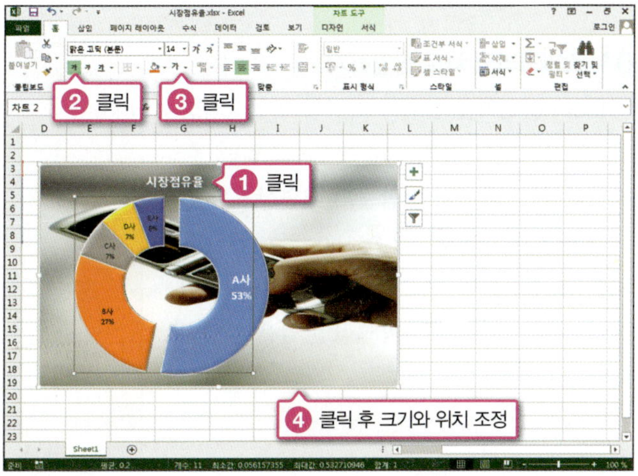

07 테마 지정하기

① 임의의 빈 셀을 선택하고 ② [페이지 레이아웃] 탭-[테마] 그룹에서 [**테마**]를 클릭합니다. ③ Office 영역의 **[그물]**을 선택해서 테마를 변경합니다. 테마에 따라 차트의 색상, 글꼴, 효과가 바뀝니다.

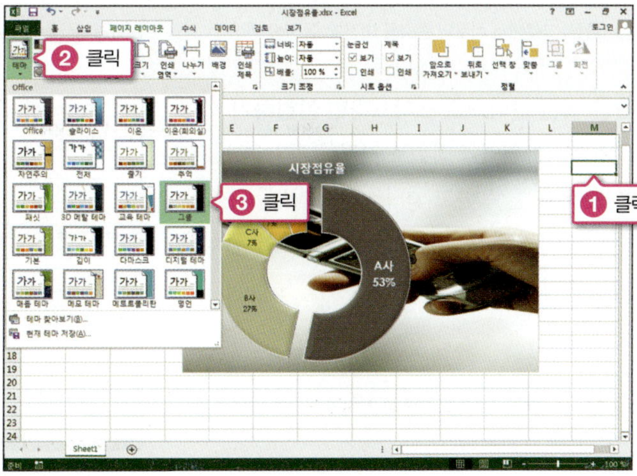

SECTION

03 스파크라인 차트 만들기

실무활용 수익률 추이가 한눈에 보이는 스파크라인 차트 만들기

2007 | 2010 | 2013

- **실습 파일** 엑셀\8장\실습\펀드수익률.xlsx
- **완성 파일** 엑셀\8장\완성\펀드수익률_완성.xlsx

해외 펀드 유형별 실적 추이

(단위:개,억원)

유형	펀드수	순자산액	수익률					추이
			3개월	6개월	9개월	12개월	15개월	
해외주식형	1,946	192,719	3.82%	4.26%	7.84%	4.87%	-0.81%	
해외주식혼합형	136	26,483	0.56%	0.93%	10.47%	9.92%	9.10%	
해외채권혼합형	178	6,611	0.59%	0.59%	3.01%	1.88%	-0.08%	
해외부동산형	48	11,829	-0.23%	-1.08%	9.49%	7.35%	5.16%	
커머더티형	101	3,818	2.65%	0.68%	-11.94%	-10.83%	-10.50%	
해외채권형	270	64,285	0.21%	0.49%	3.86%	1.97%	-0.44%	
수익률비교								

스파크라인 차트는 셀 하나에 삽입되는 작은 차트로 데이터의 추세를 쉽게 분석하고 강조, 비교할 수 있습니다. 해외 펀드의 15개월 수익률 흐름을 선형 스파크라인 차트로, 각 펀드별 수익률 비교는 열 스파크라인 차트로 비교해보겠습니다.

01 스파크라인 차트 삽입하기

① **[D5:H10] 영역**을 범위로 지정합니다. ② [삽입] 탭-[스파크라인] 그룹에서 [**열**]을 클릭합니다. 스파크라인 만들기 대화상자가 나타나면 ③ 데이터 범위에 **D5:H10**, 위치 범위 에 **$D$11:$H$11**을 입력합니다. ④ **[확인]**을 클릭하여 지정한 범위에 스파크라인 열을 삽입합니다.

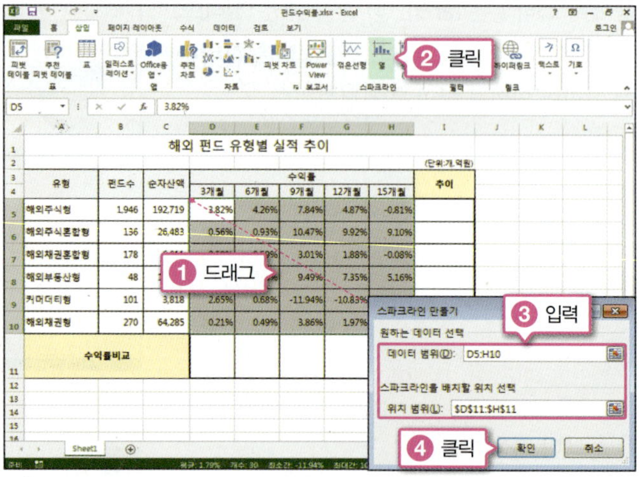

TIP 스파크라인 차트는 [스파크라인 도구〉디자인] 탭-[종류] 그룹에서 차트의 종류를 변경할 수 있습니다.

02 빠른 분석으로 스파크라인 삽입하기

① **[D5:H10] 영역**을 범위로 지정합니다. ② [**빠른 분석**]을 클릭하고 ③ [스파크라인]-**[선]**을 선택하여 지정한 범위에 스파크라인 선형을 삽입합니다.

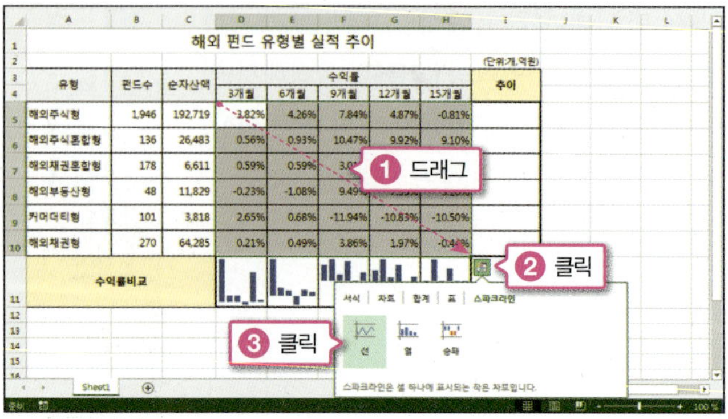

TIP [빠른 분석]은 범위를 지정한 오른쪽 열에 스파크라인 차트를 삽입합니다.

03 스파크라인 차트 강조하기

① **[D11:H11] 영역**을 범위로 지정하고 ② Ctrl을 누르고 **[I5:I10] 영역**을 선택합니다. ③ [디자인] 탭-[표시] 그룹에서 **[높은 점]**, **[낮은 점]**에 체크 표시합니다. 펀드 유형별 실적에 꺾은선형에는 최댓값과 최솟값에 표식으로, 열형은 다른 색으로 표시됩니다.

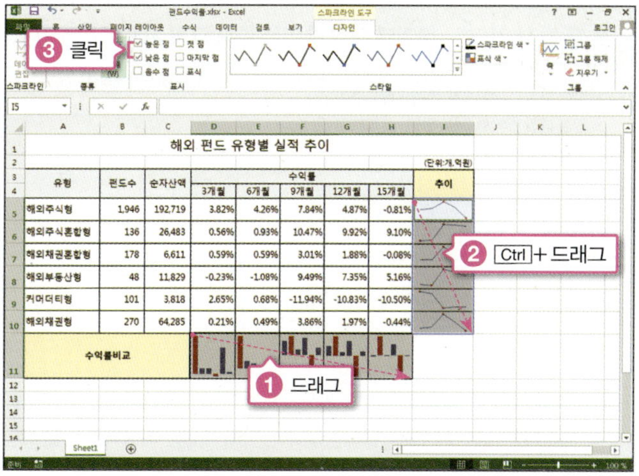

04 열형 차트 스타일 변경하기

① [D11:H11] **영역**을 범위로 지정합니다. ② [디자인] 탭-[스타일] 그룹에서 [**자세히**]를 클릭하고 ③ [**스파크라인 스타일 어둡게 #3**]을 선택해서 스파크라인 차트 스타일을 변경합니다.

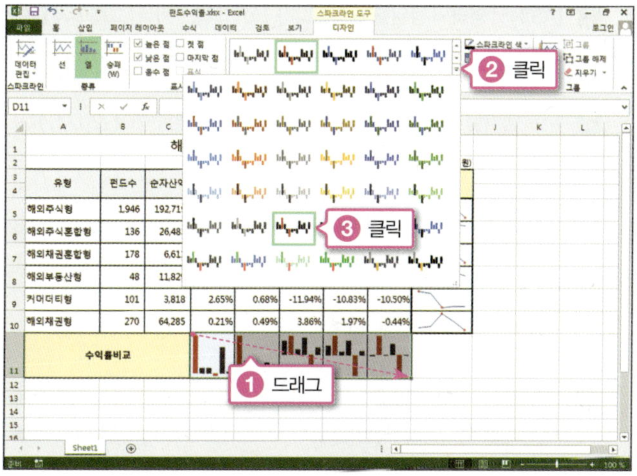

05 선형 차트 표식 색 변경하기

① **[I5:I10] 영역**을 범위로 지정합니다. ② [스타일] 그룹에서 [**표식 색**]을 클릭하고 ③ [높은 점]에서 **[연한 파랑]**을 선택합니다. 최댓값의 표식은 연한 파랑으로 변경됩니다.

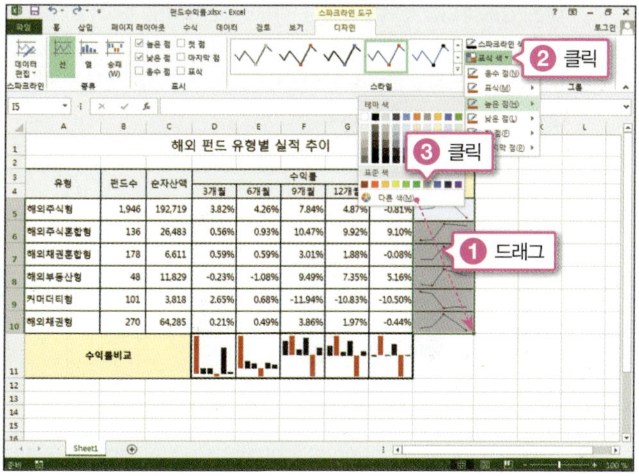

TIP 스파크 라인 차트를 지우려면 [스파크라인 도구〉디자인] 탭-[그룹] 그룹에서 [지우기]를 클릭하여 일부 또는 전체를 지울 수 있습니다.

혼자해보기 분기별 실적 추이를 콤보 그림 차트로 만들기

- **실습 파일** 엑셀\8장\실습\실적추이.xlsx,
- **완성 파일** 엑셀\8장\완성\실적추이_완성.xlsx
- **그림 파일** 건물.png

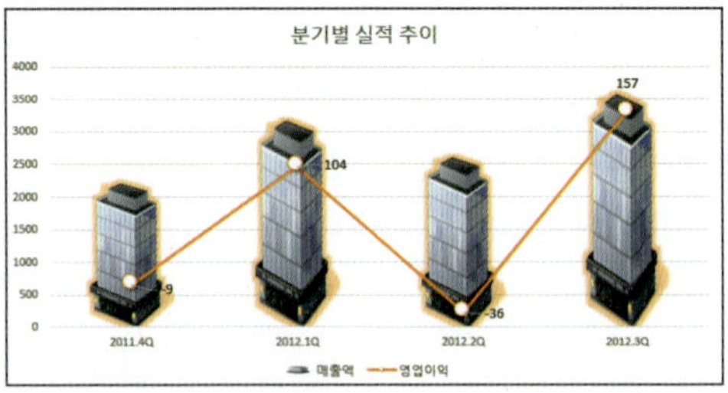

2011년 4분기 ~2013년 2분기까지의 매출실적과 영업이익의 추이를 콤보 차트로 작성하고, 2011년 4분기~2012년 3분기까지의 데이터 요소만 보이도록 필터링합니다. 막대 계열인 매출액은 **건물** 그림으로, 꺾은선형 계열인 영업이익은 **원** 도형으로 변경하고, 일부 계열을 강조합니다.

1. [A3:H5] **영역**의 범위를 지정합니다. [삽입] 탭-[차트] 그룹에서 **[콤보차트]**를 클릭하고 **[묶은 세로 막대형, 꺾은선형, 보조축]**을 선택합니다. 차트 위치와 크기를 적당하게 조절합니다.

2. 차트 영역을 클릭하고 **[차트 필터]**를 클릭하고 범주에서 [2011.4Q], [2012.1Q], [2012.2Q], [2012.3Q]만 보이도록 체크 표시를 합니다.

3. 차트 제목을 **분기별 실적 추이**로 입력하고, 글꼴 크기를 **[16]**으로 설정합니다.

4. **[보조 세로(값) 축]**을 더블클릭하고 축 서식 작업창의 축 옵션에서 [레이블]-[레이블 위치]에서 **[없음]**을 선택하여 보조 세로(값) 축의 레이블 값을 숨깁니다.

5. [매출액] 데이터 계열을 더블클릭합니다. 데이터 계열 서식 작업창에서 **[채우기 및 선]**을 선택하고 [채우기]에서 **[그림 또는 질감 채우기]**를 클릭하고 **[파일]**을 클릭합니다. [**건물**.png(엑셀\8장\실습)] 파일을 더블클릭하여 그림으로 막대를 채웁니다.

6. [매출액] 데이터 계열이 선택된 상태에서 데이터 계열 서식 작업창의 **[효과]**를 클릭합니다. [네온]-[미리 설정]에서 **[주황** 5pt, **네온, 강조색** 2]를 선택하여 그림 막대에 네온 효과를 주고 **[닫기]**를 클릭하여 데이터 계열 서식 작업창을 닫습니다.

7. [I3] 셀에 원 도형을 클릭하고 Ctrl+C를 눌러 도형을 복사합니다. 차트의 [영업 이익] 데이터 계열의 표식을 클릭하고 Ctrl+V를 눌러 표식을 변경합니다.

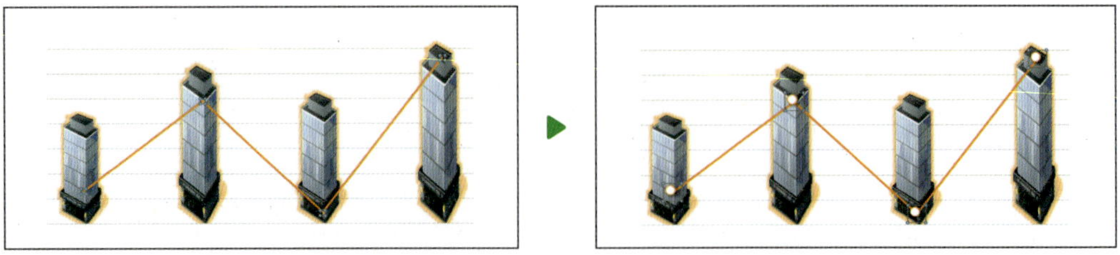

8. **[차트 요소]**를 클릭하고 **[데이터 레이블]**을 선택하여 영업이익의 값을 표시합니다. **[차트요소]**를 클릭하여 차트 요소 수정을 마친 후 각각의 영업이익의 값이 보이도록 위치를 이동합니다.

CHAPTER

09

앞을 내다보는 안목, 데이터 관리/분석

EXCEL 2013

SECTION

01 데이터베이스 작성과 통합하기

기능설명 데이터베이스의 의미와 작성 규칙 알아보기

2007 | 2010 | 2013

데이터베이스의 관리는 단순히 몇몇 자료를 관리하는 것이 아니라 새로운 정보를 창출할 수 있는 기본 자료를 관리하는 것이므로 매우 중요합니다. 하지만 많은 사용자가 데이터베이스 관리의 중요성을 쉽게 간과합니다. 데이터베이스의 의미와 엑셀에서 데이터베이스를 작성하고 관리하기 위한 규칙을 먼저 알아야 데이터베이스 기능을 수월하게 익힐 수 있습니다.

데이터베이스란?

데이터베이스란 방대한 양의 데이터를 특정한 용도에 맞게 체계적으로 정리해 놓은 것을 말합니다. 주소록이나 전화번호부 같은 개인용 데이터베이스부터 직원의 인적 사항을 관리하는 사원 명부, 고객 정보를 관리하는 고객 명부, 거래처 관리를 위한 거래처 관리 대장 같은 회사용 데이터베이스까지 다양한 데이터베이스가 있습니다.

데이터베이스 구성 요소

데이터베이스를 작성하고 관리하려면 데이터를 일정한 형식에 맞춰 분류하고 구분해야 합니다. 데이터베이스는 필드명, 필드, 레코드로 구성됩니다.

NO	일자	구분	코드	품명	수량	할인율
1	01-02	매출	H607	외장하드	10	3%
2	01-04	매출	EF345	출퇴근기록기	5	0%
3	01-04	매입	EF345	출퇴근기록기	100	10%
4	01-05	매입	BE500	지폐계수기	5	0%
5	01-06	매출	D204	문서 세단기	25	3%
6	01-08	매입	L451	코팅기	5	0%
7	01-10	매입	H607	외장하드	6	0%
8	01-12	매출	EF345	출퇴근기록기	10	3%
9	01-14	매출	RS130	제본기	4	0%
10	01-16	매입	NCB23	전자칠판	30	3%
11	01-18	매출	EF345	출퇴근기록기	45	4%
12	01-20	매입	RS130	제본기	10	3%
13	01-22	매출	NCB23	전자칠판	36	3%
14	01-24	매출	D204	문서 세단기	20	3%

① **필드명(Field)** : 각각의 열을 구분할 수 있는 대표 이름으로 '첫 행' 즉, 제목행이 필드명에 해당합니다.

② **필드(Field)** : 필드명 아래로 같은 종류의 데이터가 모여 있는 '열'을 필드라고 합니다.

③ **레코드(Record)** : 제목 행 아래로 각각의 '행'에 나열된 필드와 필드의 데이터 정보를 레코드라고 합니다.

데이터베이스를 작성할 때 주의할 사항(작성 규칙)

데이터베이스로 작성된 자료는 삽입, 삭제, 수정, 검색을 할 수 있어야 하며 자료가 중복되지 않아야 합니다. 따라서 데이터베이스로 관리할 데이터 목록을 작성할 때는 다음과 같은 사항에 주의합니다.

① 필드명은 한 줄로 입력하고, 필드명이 입력된 셀은 병합하지 않아야 합니다.

② 각 셀에 입력한 데이터는 병합하지 않아야 하고, 빈 행이나 열이 없어야 합니다.

③ 셀 하나에는 하나의 정보만 있어야 입력합니다. 외부에서 데이터를 가져왔을 때 셀 하나에 여러 정보가 있으면 텍스트를 나눠서 여러 필드에 입력합니다.

NO	일자	구분	코드/품명	수량	할인율
1	01-02	매출	[illegible]	[illegible]	3%
2	01-04		[illegible]	[illegible]	0%
3	01-04	매입	EF345/출퇴근기록기	100	10%
4	01-05	매입	BE500/지폐계수기	5	0%
5	01-06	매출	D204/문서 세단기	25	3%
6	01-08	매입	L451/코팅기	5	
7	01-10	매입	H607/외장하드	6	
8	01-12	매출	EF345/출퇴근기록기	10	
9	01-14	매출	RS130/제본기	4	
10	01-16	매입	NCB23/ 전자칠판	[illegible]	[illegible]
11	01-18	매출	EF345/출퇴근기록기	[illegible]	[illegible]
12	01-20	매입	RS130/제본기	[illegible]	[illegible]
13	01-22	매출	NCB23/ 전자칠판	36	3%
14	01-24	매출	D204/문서 세단기	20	3%

셀 병합은 없어야 함

빈 행이나 열이 없어야 함

셀 하나에는 한 개 정보만 담겨야 함

△ 잘못 작성된 데이터베이스

NO	일자	구분	코드	품명	수량	할인율
1	01-02	매출	H607	외장하드	10	3%
2	01-04	매출	EF345	출퇴근기록기	5	0%
3	01-04	매입	EF345	출퇴근기록기	100	10%
4	01-05	매입	BE500	지폐계수기	5	0%
5	01-06	매출	D204	문서 세단기	25	3%
6	01-08	매입	L451	코팅기	5	0%
7	01-10	매입	H607	외장하드	6	0%
8	01-12	매출	EF345	출퇴근기록기	10	3%
9	01-14	매출	RS130	제본기	4	0%
10	01-16	매입	NCB23	전자칠판	30	3%
11	01-18	매출	EF345	출퇴근기록기	45	4%
12	01-20	매입	RS130	제본기	10	3%
13	01-22	매출	NCB23	전자칠판	36	3%
14	01-24	매출	D204	문서 세단기	20	3%

△ 바르게 작성된 데이터베이스

실무활용 회원 거래 명부 txt 파일로 데이터베이스 만들기

2007 | 2010 | 2013

- **실습 파일** 엑셀\9장\실습\회원거래명부.txt
- **완성 파일** 엑셀\9장\완성\회원거래명부관리_완성.xlsx

탭으로 구분된 텍스트 파일(*.txt)은 워크시트로 불러와 데이터베이스로 만들 수 있습니다. 거래처, 사업자번호, 대표자, 설립일, 종목, 업태, 전화번호, 주소 등이 탭으로 구분되어 있는 텍스트 파일을 불러와서 데이터베이스로 만들고 중복되는 데이터를 제거합니다.

01 텍스트 파일 가져오기

① 새 통합문서를 열고 [A1] 셀에 **회원 거래 명부**를 입력합니다. ② [데이터] 탭 – [외부 데이터 가져오기] 그룹에서 [**텍스트**]를 클릭합니다. ③ 텍스트 파일 가져오기 대화상자에서 **회원거래명부.txt(엑셀\9장\실습)**를 선택하고 ④ **[가져오기]**를 클릭합니다.

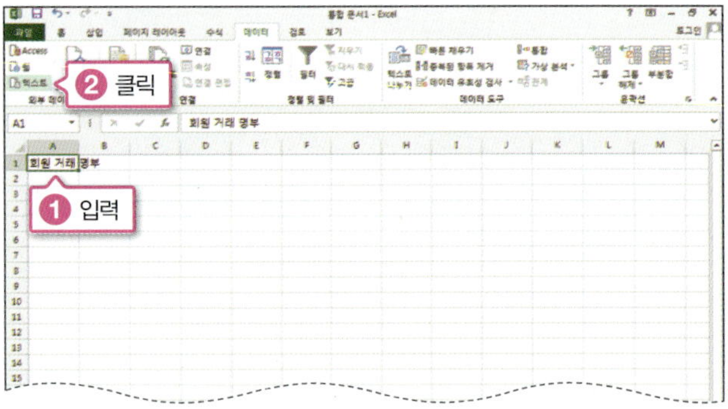

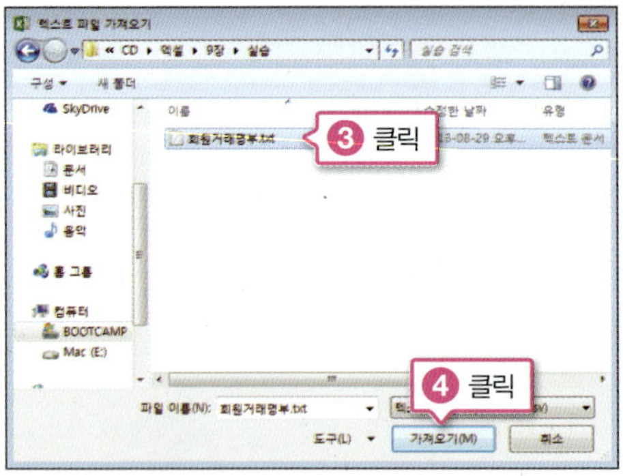

02 원본 데이터 파일 유형 선택하기

텍스트 마법사 1단의 내용을 확인한 후 [다음]을 클릭해 텍스트 마법사 2단계로 넘어갑니다. ① 구분 기호를 **[탭]**으로 선택하고 ② **[다음]**을 클릭합니다.

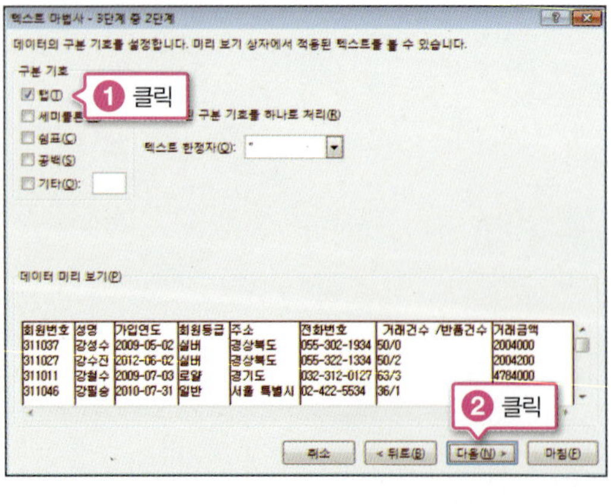

03 원본 텍스트의 데이터 서식 지정하기

① 텍스트 마법사 3단계에서 **데이터 미리 보기** 목록의 세 번째 열인 **가입연도**를 선택하고 ② 열 데이터 서식을 **[날짜]**로 클릭합니다. ③ 다섯 번째 열인 [주소]는 ④ **[열 가져오지 않음(건너뜀)]**을, ⑤ 일곱 번째 열인 [거래건수/반품건수]를 선택하고 ⑥ **[텍스트]**를 클릭한 후 ⑦ **[마침]**을 클릭해서 텍스트 마법사를 완료합니다.

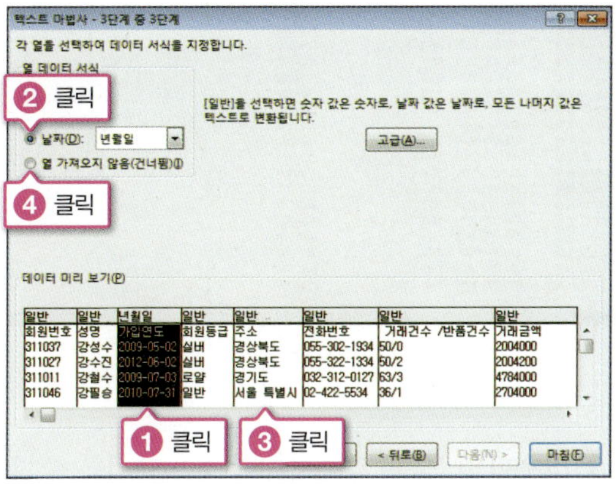

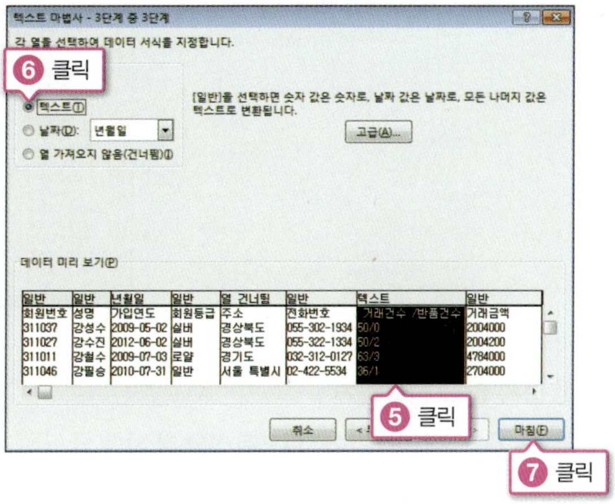

TIP 거래건수/반품건수 데이터는 [숫자/숫자] 형식으로 입력되어 있어서 날짜 형식으로 변환될 수가 있으므로 [텍스트] 형식으로 지정합니다.

04 셀에 데이터 가져오기

① 데이터 가져오기 대화상자가 나타나면 데이터가 들어갈 위치로 **[기존 워크시트]**에서 ② **[A3] 셀**을 클릭해서 지정하고 ③ **[확인]**을 클릭합니다. 그러면 [A3] 셀부터 데이터가 입력됩니다.

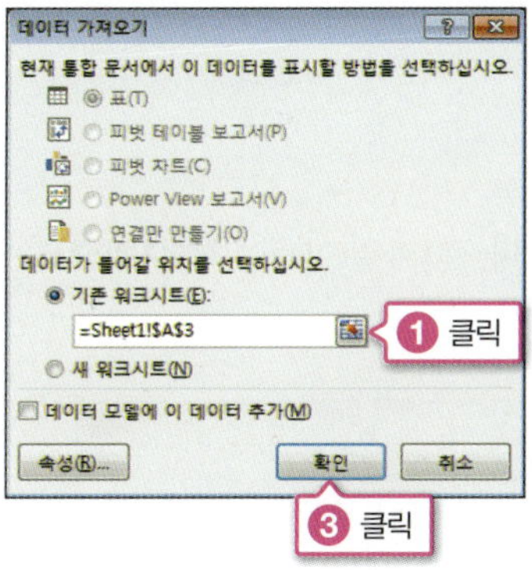

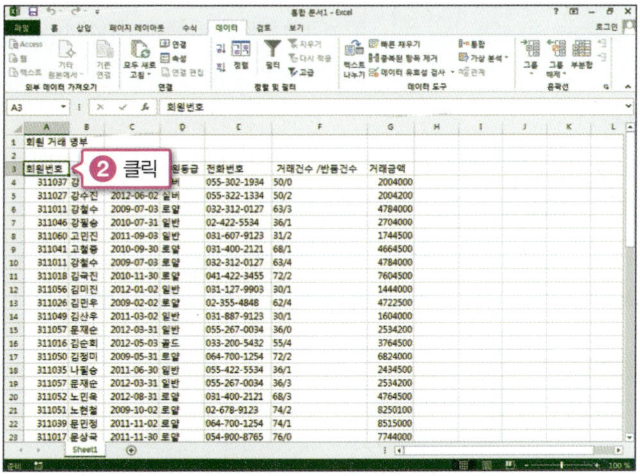

TIP 외부 데이터 연결

텍스트 파일을 워크시트로 가져온 경우 원본 텍스트와 워크시트 텍스트는 연결되어 있습니다. 즉 원본을 수정한 후 [데이터] 탭-[연결] 그룹에서 [모두 새로 고침]을 클릭하면 현재 워크시트에 담긴 텍스트 데이터도 수정됩니다. 원본과 연결을 해제하려면 [데이터] 탭-[연결] 그룹에서 [연결]을 클릭하고 통합 문서 연결 대화상자에서 텍스트 파일의 원본을 선택하고 [제거]를 클릭합니다.

05 중복 항목 제거하기

거래처 관리대장은 데이터를 분석하는 기초 자료이므로 중복 데이터를 제거하겠습니다. ① **[A3] 셀**을 선택한 다음 ② [데이터] 탭-[데이터 도구] 그룹에서 [**중복된 항목 제거**]를 클릭합니다.

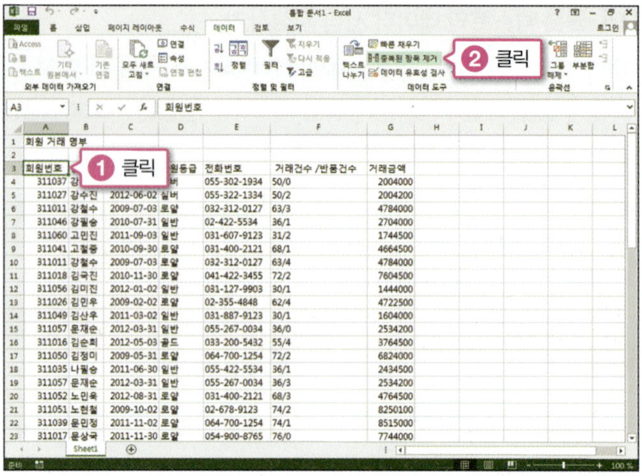

06 제거할 중복 항목 선택하기

① 중복된 항목 제거 대화상자에서 **[모두 선택 취소]**를 클릭하고 ② **[회원번호]**, **[성명]**, **[가입연도]**에 체크 표시를 한 다음 ③ **[확인]**을 클릭합니다. ④ 5개의 중복된 데이터가 제거되었다는 메시지가 나타나면 **[확인]**을 클릭합니다.

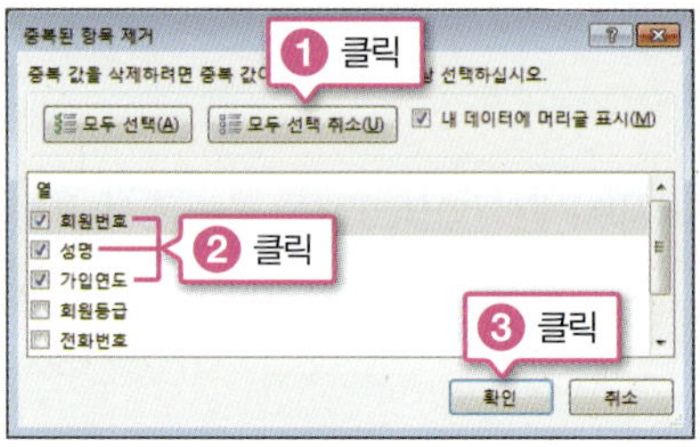

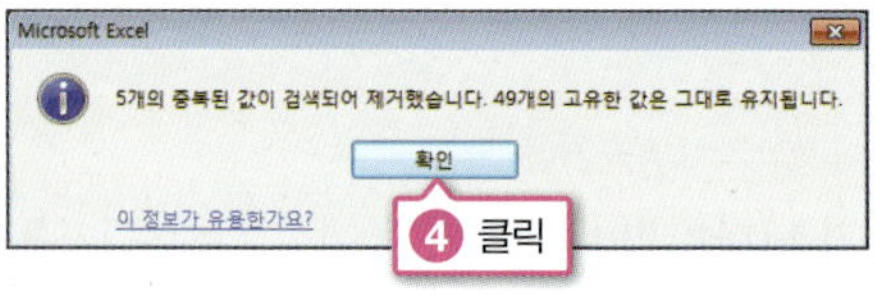

TIP 체크한 항목이 일치하는 레코드가 제거됩니다. 중복된 데이터는 첫 번째 레코드 하나만 남고 두 번째 레코드부터는 삭제됩니다.

07 파일 저장하기

① [파일] 탭-**[다른 이름으로 저장]**을 클릭하고 ② 파일을 저장할 위치를 선택합니다. ③ 파일 이름에 **회원거래명부관리**를 입력한 다음 ④ **[저장]**을 클릭합니다.

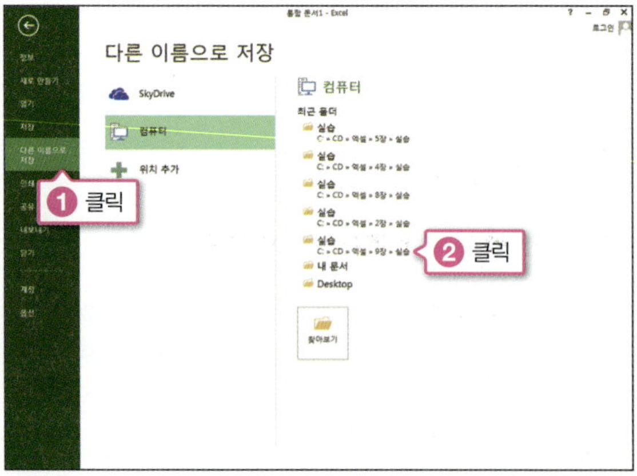

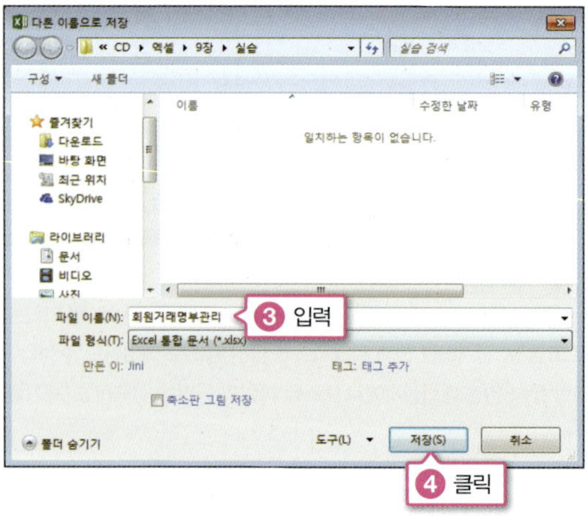

TIP 외부 데이터 연결

외부 데이터와 연결된 엑셀 문서를 열면 리본 메뉴 아래로 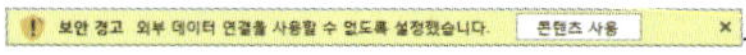 보안 경고창이 나타납니다. 연결된 문서의 데이터를 사용하려면 [콘텐츠 사용]을 클릭합니다.

실무활용 EXCEL NOTE

중복 데이터 처리 방법

중복 데이터를 처리하는 방법에는 여러 가지가 있습니다. 상황에 맞게 선택해서 적당한 방법을 사용합니다.

1. 중복된 항목 제거하기

중복 데이터를 삭제하려면 [데이터] 탭-[데이터 도구] 그룹에서 **[중복된 항목 제거]**를 클릭합니다. 하지만 이 명령을 이용하면 어떤 데이터가 중복되었는지 확인할 수 없습니다.

2. 중복된 항목 표시하기

중복된 데이터가 무엇인지 표시하려면 조건부 서식을 사용하여 중복된 데이터의 셀을 색으로 강조하거나 COUNTIF와 IF 함수를 중첩하여 수식으로 중복 유무를 표시합니다.

① 조건부 서식

중복 데이터의 셀을 강조하려면 데이터 범위를 지정하고 [홈] 탭-[스타일] 그룹에서 **[조건부 서식]**을 선택갑니다. [셀 강조 규칙]-**[중복 값]**을 클릭합니다.

회원번호
311037
311046
311011
311046
311060
311041
311060

△ 중복된 회원번호 셀 강조

② COUNTIF, IF 함수로 중복 유무 표시하기

COUNTIF와 IF 함수를 중첩으로 사용하여 중복 유무를 표시합니다. COUNTIF 함수를 이용해서 해당 데이터와 동일한 데이터가 1개보다 많은지 확인하고 IF 함수로 1개보다 많으면 **[중복]**을 표시하도록 수식을 작성합니다.

	A	B
1	회원번호	중복유무
2	311037	
3	311046	중복
4	311011	
5	311046	중복
6	311060	중복
7	311041	
8	311060	중복

△ =IF(COUNTIF($A$2:$A$8,A2)>1,"중복","")

TIP [중복]으로 표시된 행 전체를 조건부 서식으로 강조하거나 정렬 · 필터 기능으로 중복 데이터만 정리하여 볼 수 있습니다.

혼자해보기 | 회원 거래 명부에서 거래와 반품 건수 텍스트 나누기

- **실습 파일** 엑셀\9장\실습\회원거래명부관리1.xlsx
- **완성 파일** 엑셀\9장\완성\회원거래명부관리1_완성.xlsx

회원 거래 명부

회원번호	성명	가입연도	회원등급	전화번호	거래건수 /반품건수	거래금액
311037	강성수	2009-05-02	실버	055-302-1934	50/0	2,004,000
311027	강수진	2012-06-02	실버	055-322-1334	50/2	2,004,200
311011	강철수	2009-07-03	로얄	032-312-0127	63/3	4,784,000
311046	강필승	2010-07-31	일반	02-422-5534	36/1	2,704,000
311060	고민진	2011-09-03	일반	031-607-9123	31/2	1,744,500
311041	고철중	2010-09-30	로얄	031-400-2121	68/1	4,664,500
311018	김국진	2010-11-30	로얄	041-422-3455	72/2	7,604,500
311056	김미진	2012-01-02	일반	031-127-9903	30/1	1,444,000
311026	김민우	2009-02-02	로얄	02-355-4848	62/4	4,722,500
311049	김산우	2011-03-02	일반	031-887-9123	30/1	1,604,000
311057	문재순	2012-03-31	일반	055-267-0034	36/0	2,534,200
311016	김순희	2012-05-03	골드	033-200-5432	55/4	3,764,500
311050	김정미	2009-05-31	로얄	064-700-1254	72/2	6,824,000
311035	나필승	2011-06-30	일반	055-422-5534	36/1	2,434,500
311052	노민욱	2012-08-31	로얄	031-400-2121	68/3	4,764,500
311051	노현철	2009-10-02	로얄	02-678-9123	74/2	8,250,100
311039	문민정	2011-11-02	로얄	064-700-1254	74/1	8,515,000
311017	문상국	2011-11-30	로얄	054-900-8765	76/0	7,744,000
311045	민대구	2009-01-01	로얄	031-812-0001	73/1	7,494,500

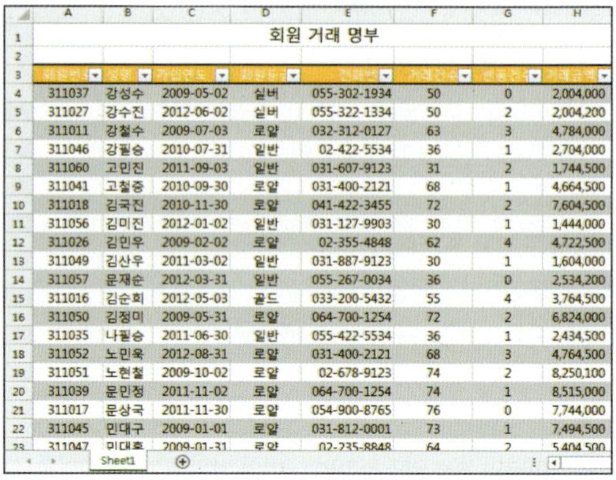

회원 거래 명부

회원번호	성명	가입연도	회원등급	전화번호	거래건수	반품건수	거래금액
311037	강성수	2009-05-02	실버	055-302-1934	50	0	2,004,000
311027	강수진	2012-06-02	실버	055-322-1334	50	2	2,004,200
311011	강철수	2009-07-03	로얄	032-312-0127	63	3	4,784,000
311046	강필승	2010-07-31	일반	02-422-5534	36	1	2,704,000
311060	고민진	2011-09-03	일반	031-607-9123	31	2	1,744,500
311041	고철중	2010-09-30	로얄	031-400-2121	68	1	4,664,500
311018	김국진	2010-11-30	로얄	041-422-3455	72	2	7,604,500
311056	김미진	2012-01-02	일반	031-127-9903	30	1	1,444,000
311026	김민우	2009-02-02	로얄	02-355-4848	62	4	4,722,500
311049	김산우	2011-03-02	일반	031-887-9123	30	1	1,604,000
311057	문재순	2012-03-31	일반	055-267-0034	36	0	2,534,200
311016	김순희	2012-05-03	골드	033-200-5432	55	4	3,764,500
311050	김정미	2009-05-31	로얄	064-700-1254	72	2	6,824,000
311035	나필승	2011-06-30	일반	055-422-5534	36	1	2,434,500
311052	노민욱	2012-08-31	로얄	031-400-2121	68	3	4,764,500
311051	노현철	2009-10-02	로얄	02-678-9123	74	2	8,250,100
311039	문민정	2011-11-02	로얄	064-700-1254	74	1	8,515,000
311017	문상국	2011-11-30	로얄	054-900-8765	76	0	7,744,000
311045	민대구	2009-01-01	로얄	031-812-0001	73	1	7,494,500

회원 거래 데이터베이스에 거래건수와 반품건수 두 가지 정보가 필드 하나에 입력되어 있습니다. [거래건수/반품건수] 필드를 텍스트 나누기 기능으로 [거래건수], [반품건수] 필드로 분리합니다.

1 G열 머리글에서 마우스 오른쪽 버튼을 클릭하고 **[삽입]**을 선택합니다.

2 [F3:F52] **영역**을 범위로 지정한 후 [데이터] 탭–[데이터 도구] 그룹에서 **[텍스트 나누기]**를 클릭합니다. 텍스트 나누기 구분 기호로 기타에 **/**를 입력하여 거래건수와 반품건수 필드로 나눕니다.

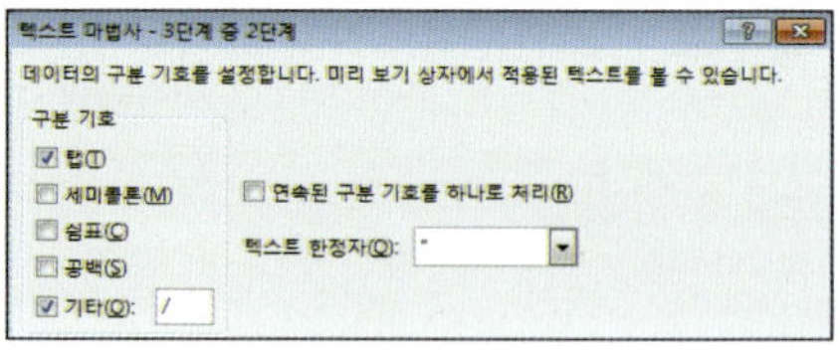

3 [홈] 탭–[스타일] 그룹에서 **[표 서식]**을 클릭하고 **[표 스타일 보통 19]**를 선택하여 표 서식을 적용합니다.

동영상으로 한번 더

혼자 실습하기 힘든 부분은 동영상 강좌를 통해 풀이 과정을 확인하세요.
한빛미디어 홈페이지에서 동영상을 다운로드하거나 스마트폰으로 QR 코드를 찍어 동영상을 확인할 수 있습니다.
유튜브에서도 확인할 수 있습니다.
http://youtu.be/DgNpV94fjP8

회사통엑셀파포2013

실무활용 데이터 통합으로 연간 매출 집계표 만들기 2007 | 2010 | 2013

▪ **실습 파일** 엑셀\9장\실습\매출집계.xlsx ▪ **완성 파일** 엑셀\9장\완성\매출집계_완성.xlsx

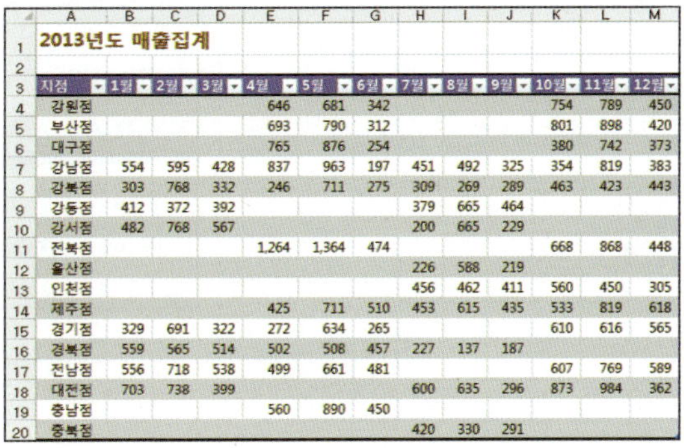

지점	1월	2월	3월	4월	5월	6월	7월	8월	9월	10월	11월	12월
강원점				646	681	342				754	789	450
부산점				693	790	312				801	898	420
대구점				765	876	254				380	742	373
강남점	554	595	428	837	963	197	451	492	325	354	819	383
강북점	303	768	332	246	711	275	309	269	289	463	423	443
강동점	412	372	392				379	665	464			
강서점	482	768	567				200	665	229			
전북점				1,264	1,364	474				668	868	448
울산점							226	588	219			
인천점							456	462	411	560	450	305
제주점				425	711	510	453	615	435	533	819	618
경기점	329	691	322	272	634	265				610	616	565
경북점	559	565	514	502	508	457	227	137	187			
전남점	556	718	538	499	661	481				607	769	589
대전점	703	738	399				600	635	296	873	984	362
충남점				560	890	450						
충북점							420	330	291			

데이터 통합은 데이터 형태가 같지 않더라도 같은 필드명을 사용할 경우 필드 항목을 기준으로 여러 워크시트의 합계, 개수, 평균, 최댓값, 최솟값, 곱, 수치 개수, 표본 표준 편차, 표준 편차, 표본 분산, 분산 등으로 결과를 요약하고 집계할 수 있는 기능입니다. [1분기]~[4분기] 시트를 통합하여 연간 매출 집계표를 만들어 보겠습니다.

01 데이터 통합하기

지점을 기준으로 [1Q]~[4Q] 시트의 판매량을 통합 데이터로 만듭니다. ① [매출집계] 시트에서 **[A3] 셀**을 선택합니다. ② [데이터] 탭 – [데이터 도구] 그룹에서 **[통합]**을 클릭합니다. ③ 통합 대화상자에서 함수 옵션은 **[합계]**를 선택하고 ④ 참조란을 클릭합니다.

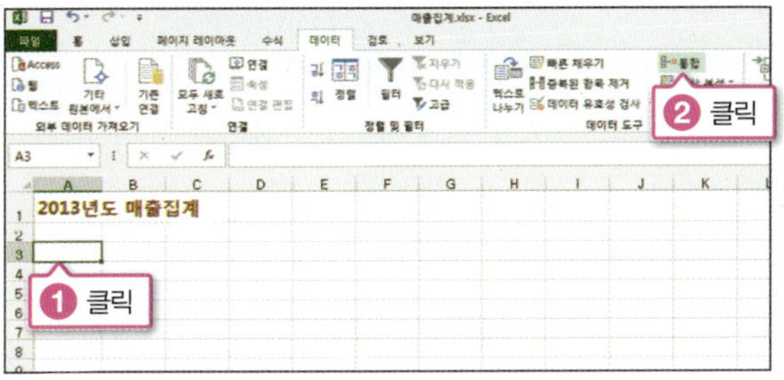

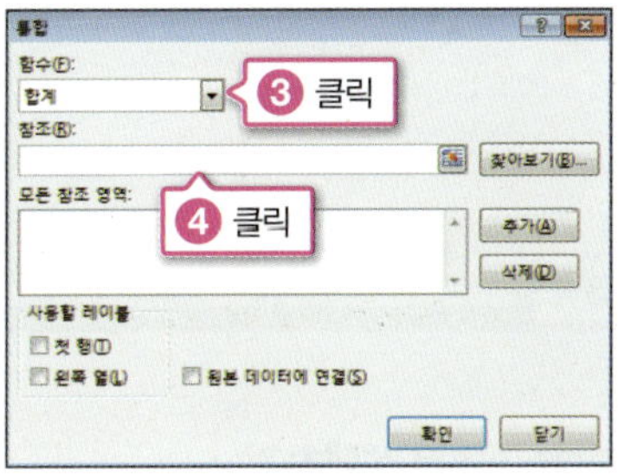

02 1Q 시트에서 통합할 데이터 선택하기

① **[1Q] 시트 탭**을 클릭하고 ② **[A3:D11] 영역**을 범위로 지정한 다음 ③ **[추가]**를 클릭해서 선택한 범위를 모든 참조 영역으로 보냅니다.

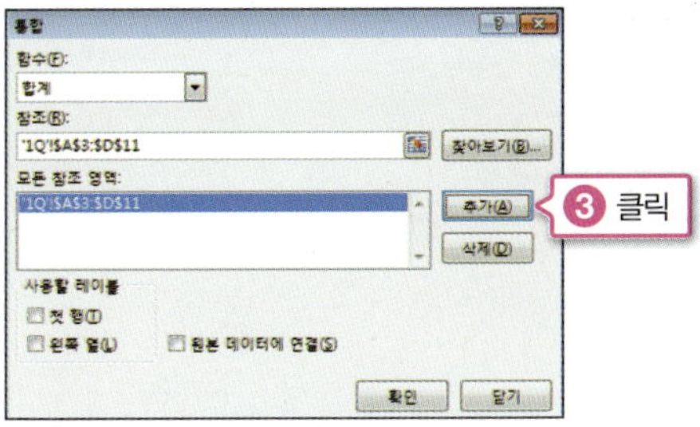

TIP 데이터 통합은 첫 번째 열을 기준으로 여러 데이터를 하나로 합칩니다.

03 2Q 시트에서 통합할 데이터 선택하기

① **[2Q] 시트 탭**을 클릭하고 ② **[A3:D15] 영역**을 범위로 지정한 다음 ③ **[추가]**를 클릭합니다.

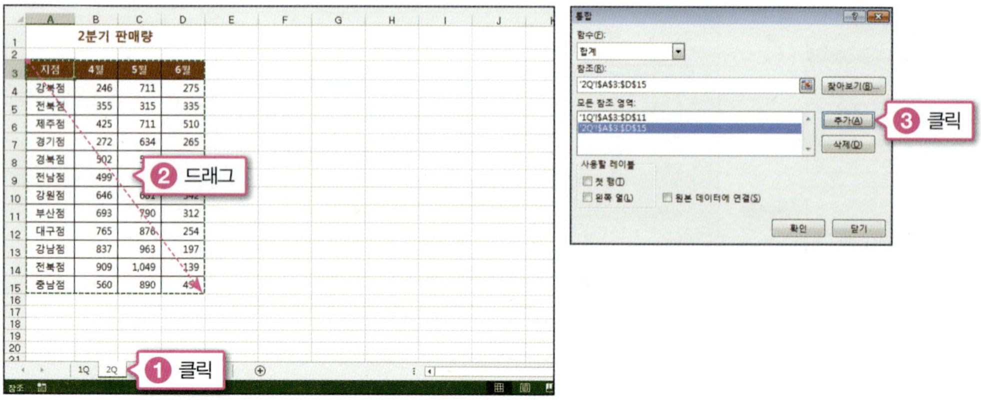

04 3Q 시트에서 통합할 데이터 선택하기

① **[3Q] 시트 탭**을 클릭하고 ② **[A3:D13] 영역**을 범위로 지정한 다음 ③ **[추가]**를 클릭합니다.

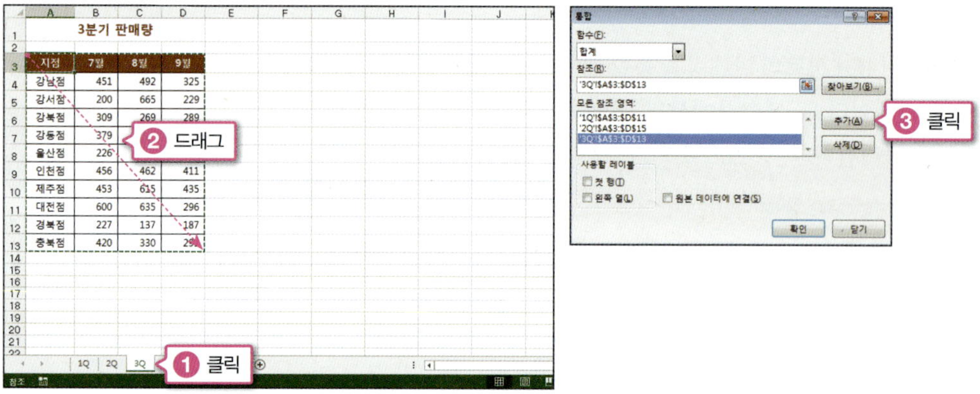

05 4Q 시트에서 통합할 데이터 선택하기

① **[4Q] 시트 탭**을 클릭하고 ② **[A3:D14] 영역**을 범위로 지정한 다음 ③ **[추가]**를 클릭합니다. ④ 사용할 레이블 영역에서 **[첫 행]**과 **[왼쪽 열]**에 체크한 다음 ⑤ **[확인]**을 클릭합니다.

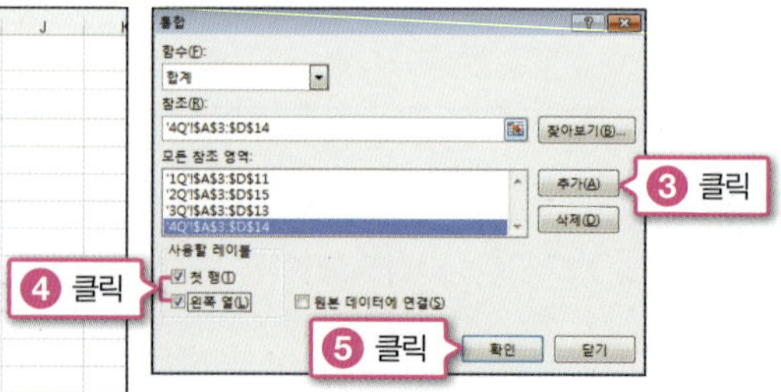

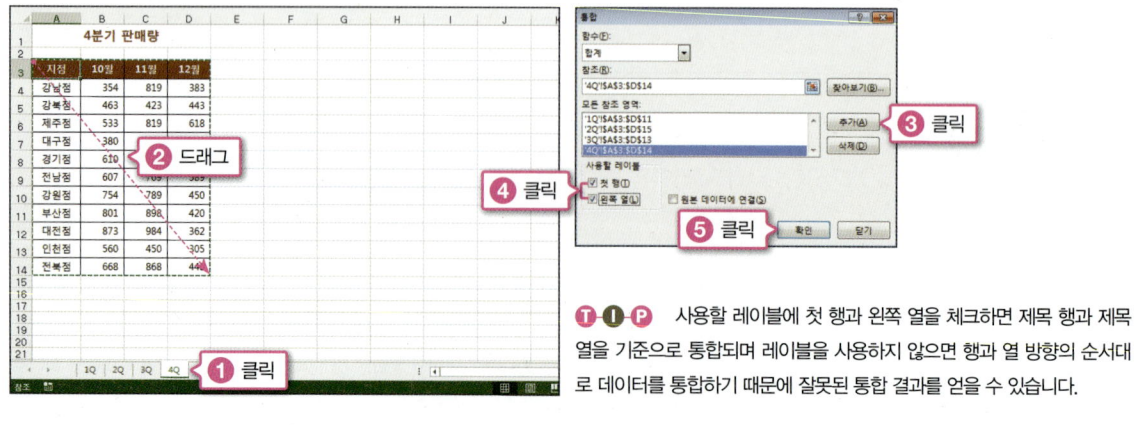

TIP 사용할 레이블에 첫 행과 왼쪽 열을 체크하면 제목 행과 제목 열을 기준으로 통합되며 레이블을 사용하지 않으면 행과 열 방향의 순서대로 데이터를 통합하기 때문에 잘못된 통합 결과를 얻을 수 있습니다.

06 데이트가 입력된 열 너비 조정하기

1분기에서 4분기까지의 데이터가 통합되어 [매출집계] 시트의 [A3] 셀부터 입력됩니다. ① [A3] 셀을 클릭해 **지점**을 입력하고 ② B열과 M열의 너비를 조정합니다.

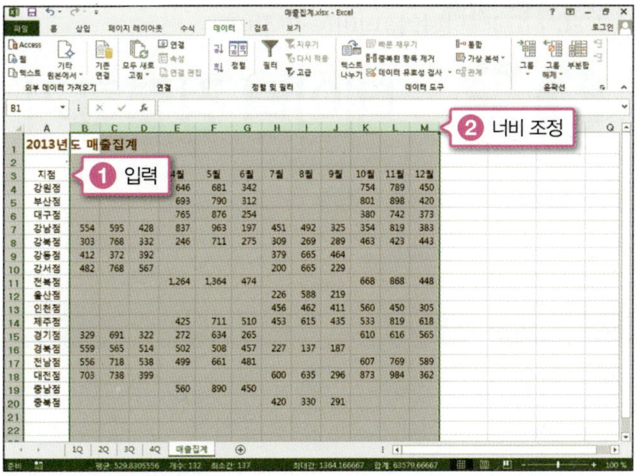

07 표 서식 적용하기

① **[A3:M20] 영역**을 범위로 지정하고 ② [홈] 탭의 [스타일] 그룹에서 **[표 서식]**을 클릭합니다. 원하는 표 스타일을 선택해서 표에 서식을 적용합니다.

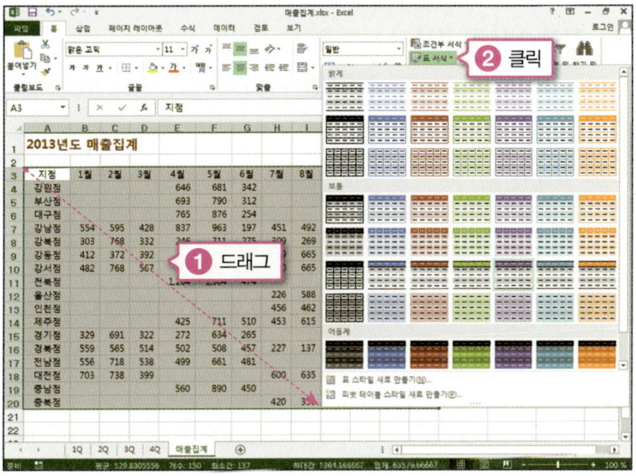

SECTION

02 데이터 정렬하기

기능설명 데이터 정렬 값 알아보기 2007 | 2010 | 2013

데이터베이스란 많은 양의 데이터를 특정한 용도에 맞게 체계적으로 정리해 놓은 것을 말합니다. 텍스트를 나누고, 중복 데이터를 없애고, 데이터를 통합했다면 이제는 데이터를 순서대로 정렬해서 재배열할 수 있어야 합니다. 데이터를 관리하는 데 가장 기초가 되는 데이터 정렬에 대해서 알아보겠습니다.

정렬 순서 및 사용자 지정 정렬

정렬은 오름차순 또는 내림차순으로 정렬할 수 있으며 정렬 기준을 최대 64개까지 지정할 수 있습니다. 오름차순의 순서는 숫자〉문자(특수문자, 영문, 한글)〉논리값〉오류값〉빈 셀 순이며, 내림차순은 오름차순의 역순으로 정렬되지만 빈 셀은 항상 마지막으로 정렬됩니다.

<table>
<tr><th>정렬 값</th><th>설명</th></tr>
<tr><td>숫자</td><td>가장 작은 음수에서 가장 큰 양수의 순으로 정렬</td></tr>
<tr><td>날짜</td><td>가장 이전 날짜에서 가장 최근 날짜의 순서로 정렬</td></tr>
<tr><td>문자
(문자와 숫자가 섞여 있는 경우)</td><td>0–9 (공백) ! " # $ % & ( ) * , . / : ; ? @ [₩] ^ _ ` { | } ~ + 〈 = 〉 A–Z 순을 정렬되며, 사용자가 정렬 옵션 대화상자에서 대/소문자를 구분하도록 기본 정렬 순서를 변경하면 알파벳 문자가 a A–z Z의 순서로 정렬</td></tr>
<tr><td>논리 값</td><td>FALSE가 TRUE 앞에 정렬</td></tr>
<tr><td>오류 값</td><td>#N/A, #VALUE! 등의 오류 값은 정렬 순서가 모두 동일</td></tr>
</table>

이외에도 월, 분기, 직급과 같이 일반적인 정렬 순서가 아닌 경우, 사용자 지정 목록에 입력된 순서대로 정렬할 수 있습니다.

실무활용 업무제안 실적표에서 셀 값을 기준으로 정렬하기

2007 | 2010 | 2013

- **실습 파일** 엑셀\9장\실습\업무제안실적1.xlsx
- **완성 파일** 엑셀\9장\완성\업무제안실적1_완성.xlsx

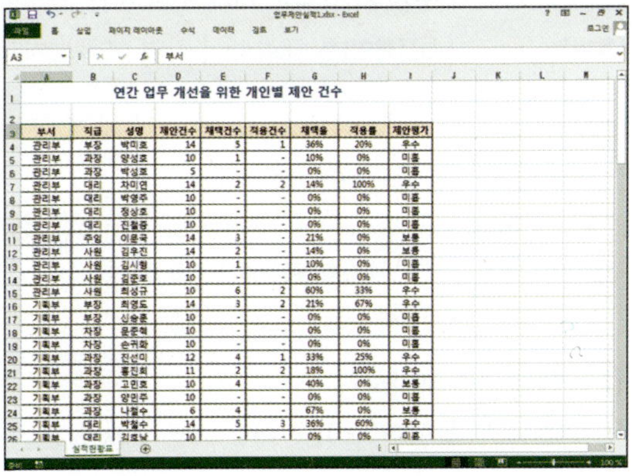

연간 업무 개선을 위한 개인별 제안 실적표에서 부서는 오름차순, 직급은 사용자 지정 목록, 제안건수는 내림차순으로 정렬해보겠습니다.

01 하나의 기준으로 오름차순 정렬하기

① 부서 필드에서 임의의 셀을 선택하고 ② [데이터] 탭–[정렬 및 필터] 그룹에서 [**오름차순**]을 클릭합니다. 부서를 오름차순으로 정렬합니다.

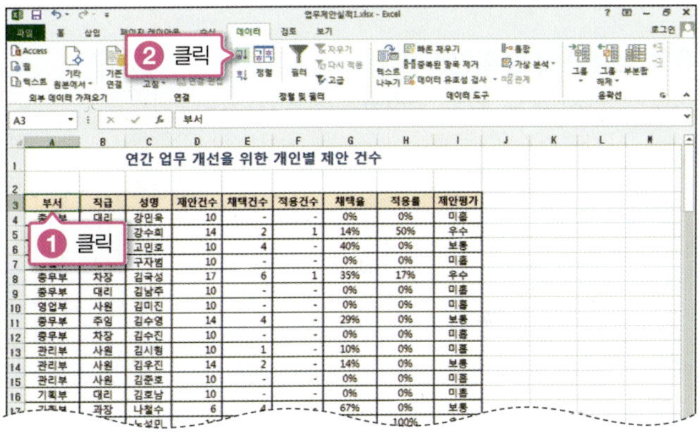

02 여러 기준으로 정렬하기

부서, 직급, 제안건수를 기준으로 정렬하겠습니다. ① 데이터에서 임의의 셀을 선택하고 ② [데이터] 탭–[정렬 및 필터] 그룹에서 [**정렬**]을 클릭합니다. ③ 정렬 기준은 **[부서], [오름차순]**으로 선택하고 ④ **[기준 추가]**를 클릭하여 ⑤ 다음 기준으로 **[직급], [사용자 지정 목록]**을 선택합니다.

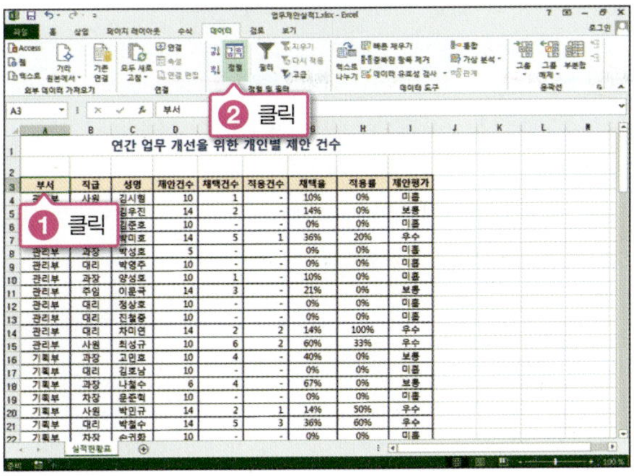

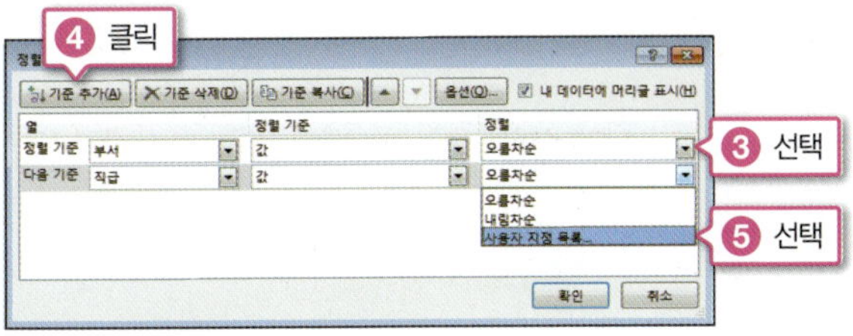

TIP 직급을 일반적인 순서로 정렬하면 과장, 대리, 부장, 사원, 주임, 차장 순으로 정렬됩니다. 따라서 일반적인 정렬 순서가 아닌 월, 요일, 분기, 직급 등으로 정렬하고자 할 경우 [사용자 지정 목록]으로 설정합니다.

03 사용자 지정 목록 입력하기

① 목록 항목에 **부장, 차장, 과장, 대리, 주임, 사원** 순으로 입력한 다음 ② **[추가]**를 누르고 ③ **[확인]**을 클릭하여 정렬 대화상자로 돌아옵니다.

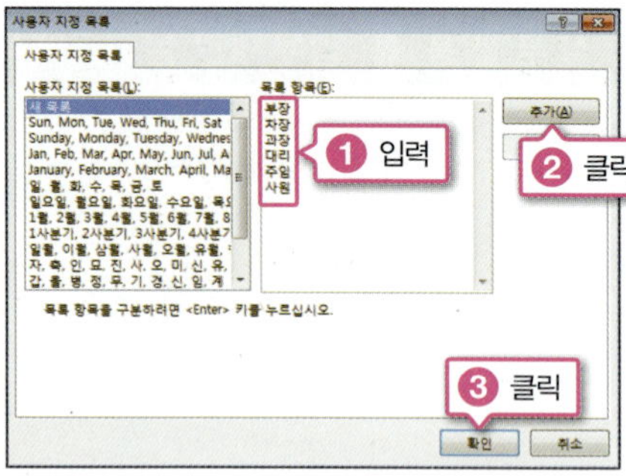

TIP 사용자 지정 목록에 원하는 정렬 순서가 없으면 목록 항목에 콤마(,)나 Enter로 구분하여 항목을 입력하고 [추가]를 클릭하여 목록을 추가합니다.

04 정렬 기준 추가하기

① **[기준 추가]**를 클릭하여 ② 다음 기준에 **[제안건수]**, **[내림차순]**을 선택합니다. ③ **[확인]**을 클릭합니다.

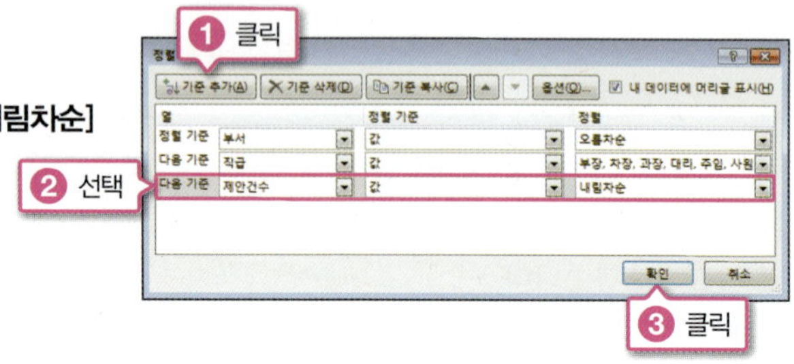

05 정렬된 셀 값 확인하기

다음과 같이 **부서**, **직급**, **제안건수** 순으로 정렬됩니다.

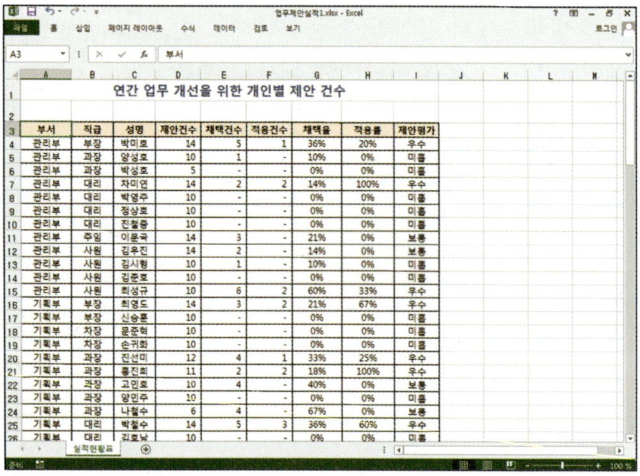

연간 업무 개선을 위한 개인별 제안 건수

부서	직급	성명	제안건수	채택건수	적용건수	채택율	적용률	제안평가
관리부	부장	박미호	14	5	1	36%	20%	우수
관리부	과장	양성호	10	1	-	10%	0%	미흡
관리부	과장	박성호	5	-	-	0%	0%	미흡
관리부	대리	차미연	14	2	2	14%	100%	우수
관리부	대리	박영주	10	-	-	0%	0%	미흡
관리부	대리	정상호	10	-	-	0%	0%	미흡
관리부	대리	진철중	10	-	-	0%	0%	미흡
관리부	주임	이문국	14	3	-	21%	0%	보통
관리부	사원	김우진	14	2	-	14%	0%	보통
관리부	사원	김시형	10	1	-	10%	0%	미흡
관리부	사원	김준호	10	-	-	0%	0%	미흡
관리부	사원	최성규	10	6	2	60%	33%	우수
기획부	부장	최영도	14	3	2	21%	67%	우수
기획부	부장	신승훈	10	-	-	0%	0%	미흡
기획부	차장	문준혁	10	-	-	0%	0%	미흡
기획부	차장	손귀화	10	-	-	0%	0%	미흡
기획부	과장	진선미	12	4	1	33%	25%	우수
기획부	과장	홍진희	11	2	2	18%	100%	우수
기획부	과장	고민호	10	4	-	40%	0%	보통
기획부	과장	양민주	10	-	-	0%	0%	미흡
기획부	과장	나철수	6	4	-	67%	0%	보통
기획부	대리	박철수	14	5	3	36%	60%	우수
기획부	대리	김호남	10	-	-	0%	0%	미흡

실무활용 | 업무제안 실적표에서 서식을 기준으로 정렬하기 2007 | 2010 | 2013

- **실습 파일** 엑셀\9장\실습\업무제안실적2.xlsx
- **완성 파일** 엑셀\9장\완성\업무제안실적2_완성.xlsx

조건부 서식, 셀 색, 글꼴 색, 아이콘 등의 서식이 지정되어 있는 데이터베이스는 이러한 서식을 기준으로 정렬할 수 있습니다. 업무제안 실적표에서 셀 색과 아이콘 순으로 정렬해보겠습니다.

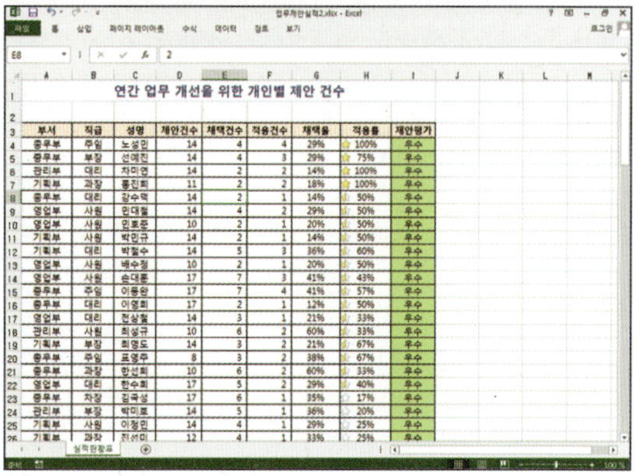

01 셀 채우기 색으로 정렬하기

① **[I4] 셀**을 선택한 후 마우스 오른쪽 버튼을 클릭하고 ② [정렬]에서 **[선택한 셀 색을 맨 위에 넣기]**를 선택합니다. 제안평가 필드에서 연한 녹색 셀 채우기 색이 지정되어 있는 **우수** 데이터가 맨 위에 정렬됩니다.

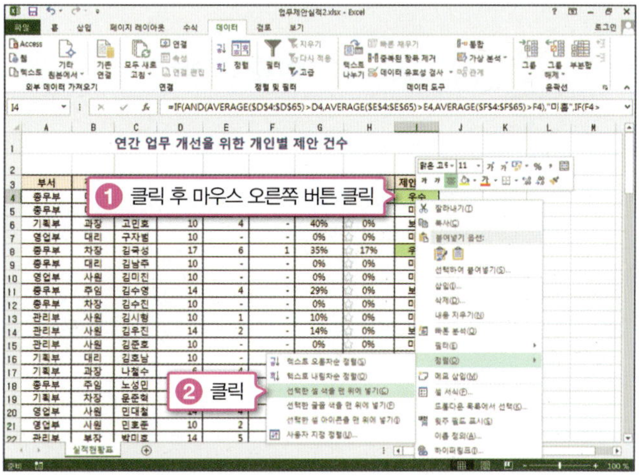

02 셀 아이콘 순으로 정렬하기

① 데이터에서 임의의 셀을 선택하고 ② [데이터] 탭의 [정렬 및 필터] 그룹에서 [**정렬**]을 클릭합니다. ③ **[기준 추가]**를 2번 클릭하고 ④ 다음 기준으로 **[적용률]**, **[셀 아이콘]**, [☆] 아래 다음 기준을 **[적용률]**, **[셀 아이콘]**, [ ]을 선택한 후 ⑤ **[확인]**을 클릭합니다.

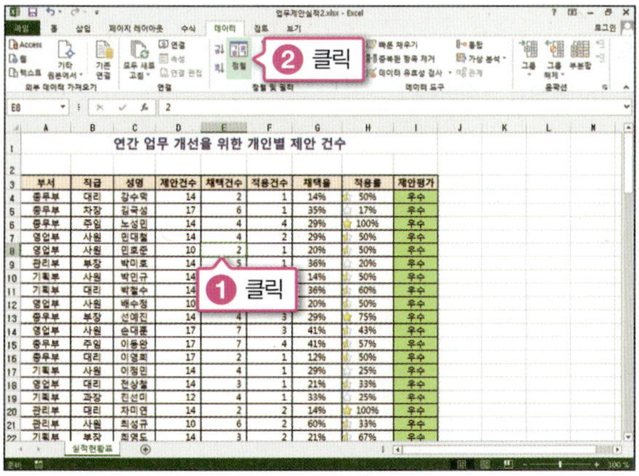

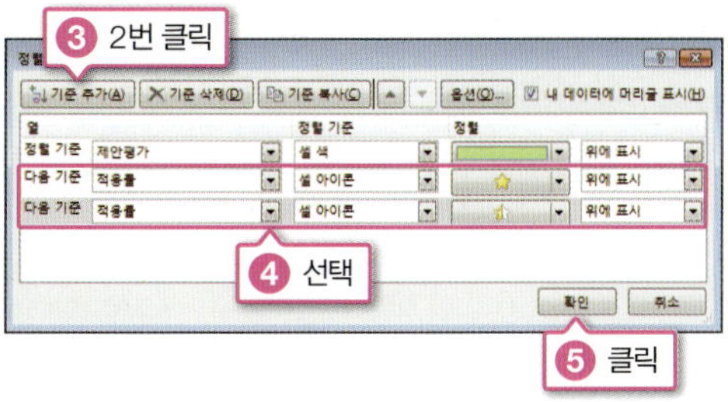

03 정렬된 셀 값 확인하기

제안평가에서 셀 색이 연한 녹색 인 데이터가 제일 위로 오고, 제안평가가 같을 경우에는 **적용률**에 노란색 별 아이콘이 있는 행순으로 정렬됩니다.

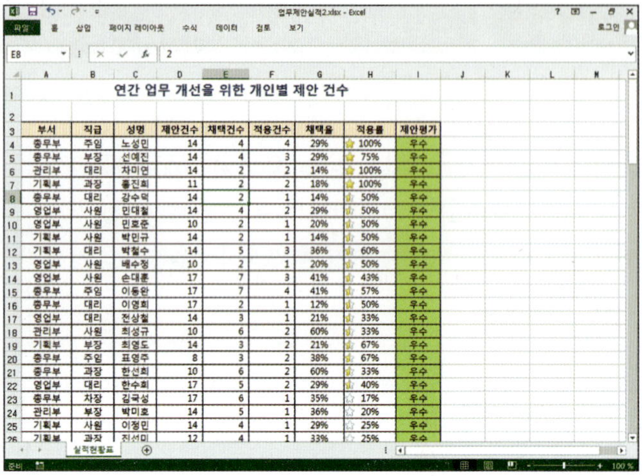

부서	직급	성명	제안건수	채택건수	적용건수	채택율	적용률	제안평가
총무부	주임	노성민	14	4	4	29%	100%	우수
총무부	부장	선예진	14	4	3	29%	75%	우수
관리부	대리	차미연	14	2	2	14%	100%	우수
기획부	과장	홍진희	11	2	2	18%	100%	우수
총무부	대리	강수덕	14	2	1	14%	50%	우수
영업부	사원	민대철	14	4	2	29%	50%	우수
영업부	사원	민호준	10	2	1	20%	50%	우수
기획부	사원	박민규	14	2	1	14%	50%	우수
기획부	대리	박철수	14	5	3	36%	60%	우수
영업부	사원	배수정	10	2	1	20%	50%	우수
영업부	사원	손대훈	17	7	3	41%	43%	우수
총무부	주임	이동완	17	7	4	41%	57%	우수
총무부	대리	이영희	17	2	1	12%	50%	우수
영업부	대리	전상철	14	3	1	21%	33%	우수
관리부	사원	최성규	10	6	2	60%	33%	우수
기획부	부장	최영도	14	3	2	21%	67%	우수
총무부	주임	표영주	8	3	2	38%	67%	우수
총무부	과장	한선희	10	6	2	60%	33%	우수
영업부	대리	한수희	17	5	2	29%	40%	우수
총무부	차장	김국성	17	6	1	35%	17%	우수
관리부	부장	박미호	14	5	1	36%	20%	우수
기획부	사원	이정민	14	4	1	29%	25%	우수
기획부	과장	진선미	12	4	1	33%	25%	우수

실무활용 EXCEL NOTE

정렬 대화상자 살펴보기

두 가지 이상의 기준으로 데이터를 정렬할 때는 정렬 대화상자에서 정렬 필드와 정렬 기준, 정렬 방식을 지정합니다.

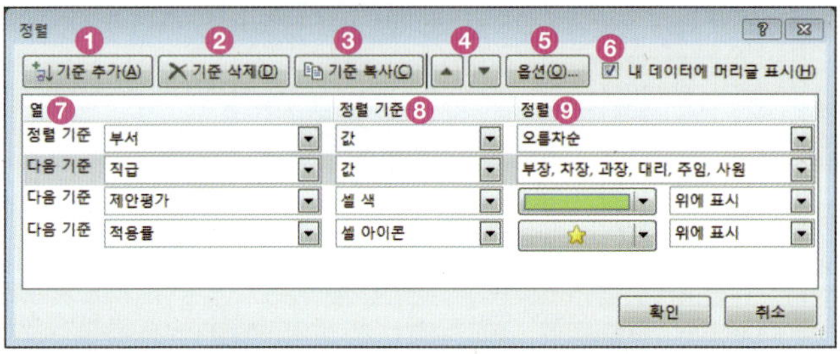

① **기준 추가** : 정렬 기준을 64개까지 추가할 수 있습니다.

② **기준 삭제** : 선택한 정렬 기준을 삭제합니다.

③ **기준 복사** : 선택한 정렬 기준을 복사합니다.

④ **위/아래로 이동** : 정렬 기준의 순서를 위아래로 이동합니다.

⑤ **옵션** : 대소문자 구분 및 정렬 방향을 위/아래 또는 왼쪽/오른쪽 방향으로 지정합니다.

⑥ **내 데이터에 머리글 표시** : 첫 행이 데이터 제목일 경우에는 머리글 표시를 선택하고 첫 행이 제목이 아니면 머리글 표시를 해제합니다.

⑦ **열** : 정렬 기준 필드를 지정합니다.

⑧ **정렬 기준** : 정렬 기준을 데이터 값, 글꼴 색, 셀 색, 셀 아이콘 중 선택합니다.

⑨ **정렬** : 정렬 기준을 내림차순, 오름차순, 사용자 지정, 글꼴 색, 셀 색, 아이콘으로 설정합니다.

SECTION

03 데이터 필터링

기능설명 데이터 필터링 알아보기 2007 | 2010 | 2013

필터링은 지정한 조건에 맞는 데이터를 찾는 기능으로 엑셀에서는 자동 필터와 고급 필터 기능이 있습니다. 필터링 기능으로 추출한 데이터는 복사 삭제, 편집이 가능하며 서식을 지정하여 인쇄할 수 있습니다.

자동 필터

자동 필터를 사용하면 데이터 전체 범위에서 첫 행의 각 제목 필드 옆에 필터 단추가 나타나며 검색하고자 하는 필드에서 필터 단추를 클릭하여 날짜, 문자, 숫자, 셀 서식, 아이콘의 필터 조건을 입력하여 원하는 데이터를 추출할 수 있습니다. 또한 사용자 지정 필터로 직접 두 가지 조건을 지정하여 데이터를 검색할 수도 있습니다. 자동 필터는 여러 필드에 조건을 쉽게 지정할 수 있으며, 모든 조건은 AND 조건으로 필터링됩니다.

고급 필터

고급 필터는 AND 조건뿐만 아니라 OR 조건을 이용하여 보다 복잡하고 다양한 조건으로 데이터를 검색할 수 있습니다.

① 고급 필터는 검색할 조건을 워크시트에 미리 입력해야 합니다.
② 검색한 데이터를 현재 위치 또는 다른 위치로 출력할 수 있습니다.
③ 두 개 이상의 필드를 AND나 OR 조건으로 추출할 수 있습니다.

고급 필터의 조건 지정 규칙

조건을 입력할 때는 필드 이름을 입력하고 필드 이름 아래에 조건을 입력합니다. 이때 조건을 같은 행에 입력하면 AND 조건이 되며, 다른 행에 입력하면 OR 조건이 됩니다. 조건을 지정할 때는 대표 문자(?, *)를 사용할 수 있습니다.

AND 조건 : 같은 행에 조건을 입력합니다.

부서	직급
영업부	과장

부서가 영업부이며 직급이 과장인 레코드를 추출합니다.

OR 조건 : 다른 행에 조건을 입력합니다.

부서	직급
영업부	
	과장

부서가 영업부이거나 직급이 과장인인 레코드를 추출합니다.

AND, OR 복합 조건

직급	실적
과장	>=1000000
대리	>=1000000

직급이 과장이면서 실적이 10000000 이상이거나, 직급이 대리이면서 실적이 10000000 이상인 레코드를 추출합니다.

수식으로 조건 지정하기

수식으로 조건을 만들 때는 조건 필드를 데이터베이스의 필드 이름이 아닌 다른 이름으로 지정하거나 공백으로 표시하며, 조건을 입력한 셀에는 TRUE, FALSE 값이 표시됩니다.

평균실적
FALSE

- **조건 필드 이름** : 조건이 적용될 필드는 **실적**이지만 **평균실적**으로 수정
- **수량 평균 수식** : =D4>=AVERAGE($D$4:$D$20) → 실적이 전체 평균보다 큰 데이터

목록이나 데이터베이스의 부분합을 계산하는 SUBTOTAL 함수

자동 필터나 고급 필터 기능으로 데이터를 검색하고 원하는 데이터를 추출하면 결과에 따라 계산된 수식 값도 매번 달라져야 합니다. 하지만 일반적인 SUM 함수나 COUNT, AVERAGE 함수를 사용하면 데이터의 추출된 결과와 상관없이 전체 데이터의 계산 결과를 표시합니다.

SUBTOTAL 함수를 사용하면 현재 표시되는 데이터의 목록을 가지고 부분합을 계산하므로 자동 필터나 고급 필터에서 자주 사용되는 함수입니다.

함수 범주	수학/삼각 함수
함수 형식	=SUBTOTAL(함수 번호, 범위1, 범위2…) 함수 번호 : 데이터 범위나 목록에서 부분합을 계산할 함수를 1~11, 또는 101~111까지 지정할 수 있습니다. 1~11 : 숨겨진 행의 셀 값을 포함하여 계산(필터 기능 이외에 일부 행 숨기기를 한 경우) 101~111 : 숨겨진 행의 셀 값을 포함하지 않고 계산(필터 기능 이외에 일부 행 숨기기를 한 경우)

fun_num (숨겨진 값 포함)	fun_num (숨겨진 값 무시)	함수 유형	계산
1	101	AVERAGE	평균
2	102	COUNT	수치 개수
3	103	COUNTA	개수
4	104	MAX	최댓값
5	105	MIN	최솟값
6	106	PRODUCT	수치 곱
7	107	STDEV	표본표준편차
8	108	STDEVP	표준편차
9	109	SUM	합계
10	110	VAR	표본분산
11	111	VARP	분산

기능실습 자동 필터로 데이터 추출하고 SUBTOTAL함수로 부분합 계산하기 2007 | 2010 | 2013

- **실습 파일** 엑셀\9장\실습\협력업체1.xlsx
- **완성 파일** 엑셀\9장\완성\협력업체1_완성.xlsx

협력업체 평가표에서 전체 데이터의 평균, 개수가 아닌 조건에 맞는 데이터목록만 가지고 부분합을 계산하기 위해 SUBTOTAL 함수를 사용하여 총점의 평균, 협력업체의 수를 구합니다. 자동필터 기능을 사용하여 날짜, 문자, 숫자, 셀 서식, 아이콘의 필터 조건을 입력하여 원하는 데이터를 추출해보겠습니다.

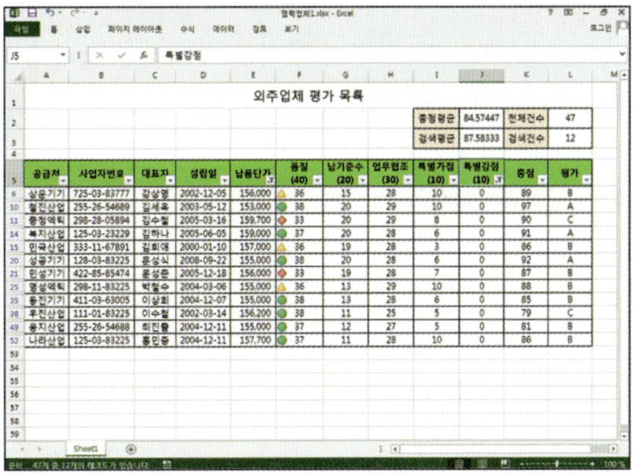

01 SUBTOTAL 함수 계산하기

SUBTOTAL 함수로 평균과 개수를 계산하겠습니다. ① **[J3] 셀**을 선택하고 ② 수식 입력줄에 **=SUBTOTAL(1,K6:K52)**을 ③ **[L3] 셀**을 선택하고 ④ 수식 입력줄에 **=SUBTOTAL(3,A6:A52)**를 입력합니다.

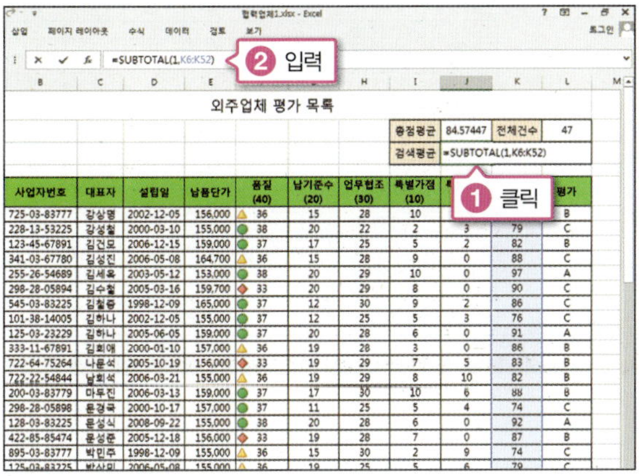

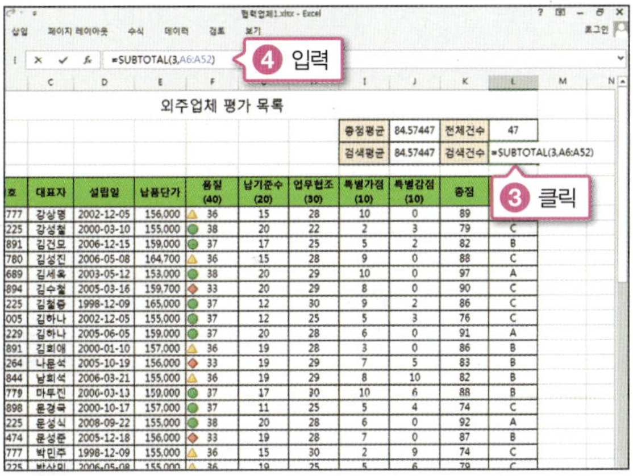

02 자동 필터 표시 및 텍스트 필터 조건으로 필터링하기

평가 필드의 A, B를 추출합니다. ① 데이터에서 임의의 셀을 선택하고 ② [데이터] 탭-[정렬 및 필터] 그룹에서 [**필터**]를 클릭해서 자동 필터를 적용합니다. ③ 평가 필드의 [**필터 단추**]를 클릭하고 ④ 텍스트 필터의 **[모두 선택]**에 체크를 해제합니다. ⑤ **[A], [B]**를 선택하여 체크 표시하고 ⑥ **[확인]**을 클릭합니다.

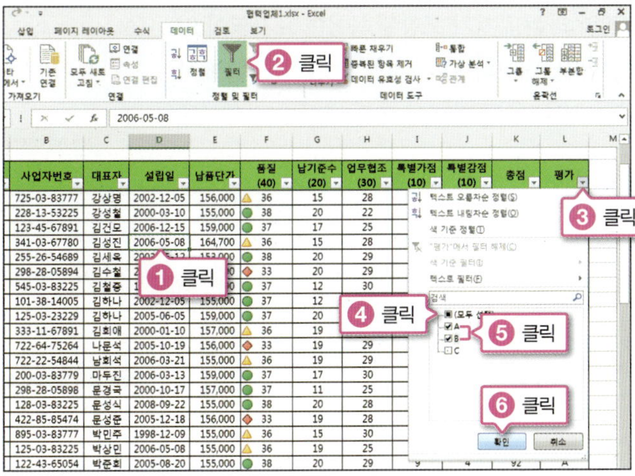

03 A, B 레코드 중 입력한 셀 값 확인하기

평가 필드에는 A, B인 레코드만 표시됩니다. 앞서 SUBTOTAL 함수로 수식을 입력한 [J3], [L3] 셀의 값이 검색된 레코드를 기준으로 다시 계산됩니다.

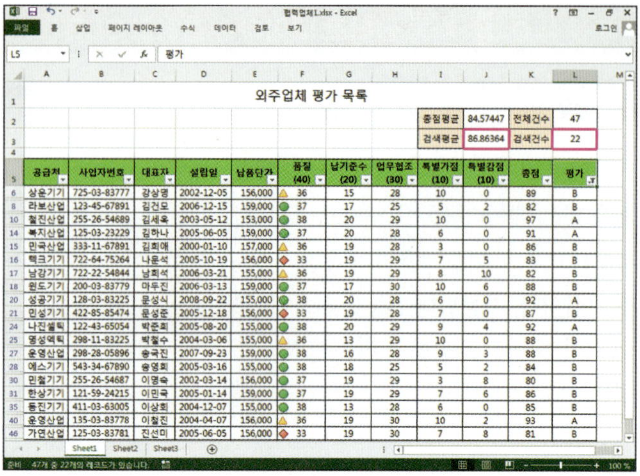

TIP 자동 필터가 ▼면 아무 조건도 지정되지 않은 필드 열이라는 뜻이며, 필터 아이콘이면 현재 필드 열의 조건이 지정되어 있다는 의미입니다.

04 필터 값 중 임의의 문자가 포함된 목록만 표시하기

① 공급처 필드의 [**필터 단추**]를 클릭하고 ② 텍스트 필터 검색란에 **산업**을 입력한 후 ③ [**확인**]을 클릭합니다. 공급처 중 **산업**이라는 문자가 포함된 목록만 표시됩니다.

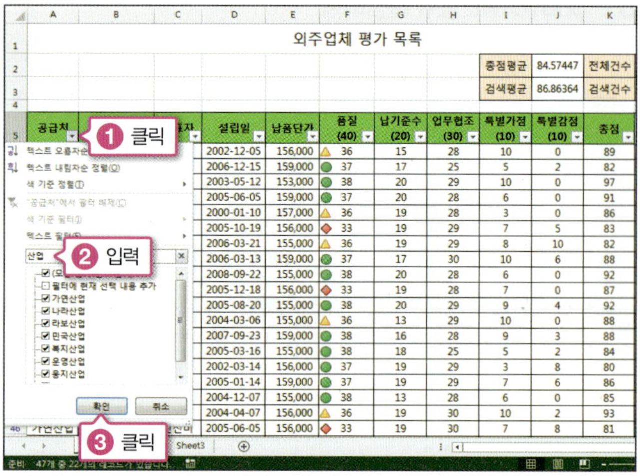

05 모든 데이터 표시하기

현재 시트는 평가가 A 또는 B이면서 공급처가 **산업**이라는 문자가 포함된 목록만 표시되어 있습니다. [데이터] 탭–[정렬 및 필터] 그룹에서 [**지우기**]를 클릭해서 모든 데이터를 표시합니다.

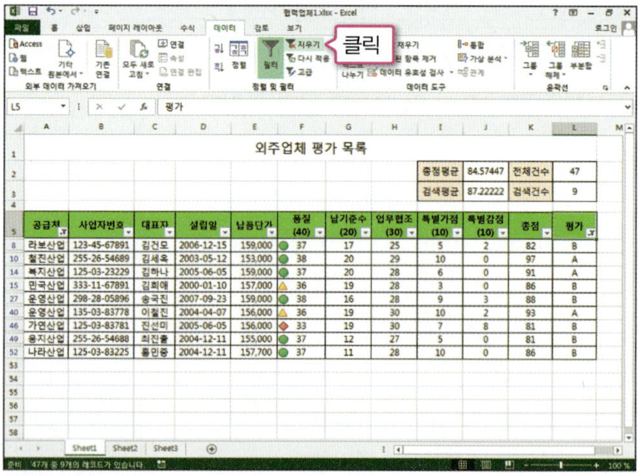

06 날짜 필터 조건으로 필터링 하기

① 설립일 필드의 [▾ **필터 단추**]를 클릭하고 ②③ **[날짜 필터]**에서 **[이전]**을 선택합니다. ④ 사용자 지정 자동 필터 대화상자에서 **[이전]** 조건 입력란에 **2003-1-1**을 입력하고 ⑤ **[확인]**을 클릭해서 2003-1-1일 이전에 설립한 회사를 검색합니다.

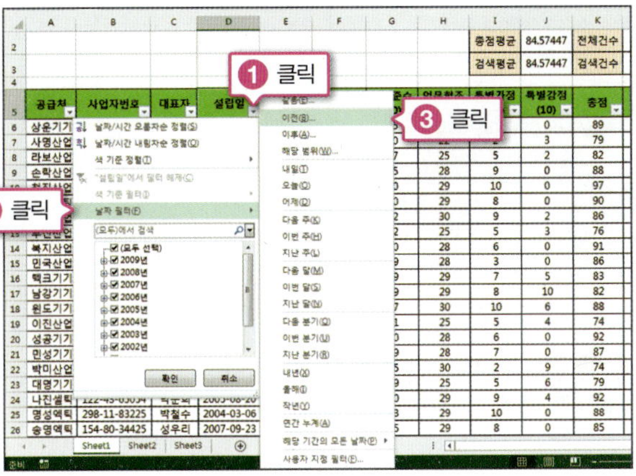

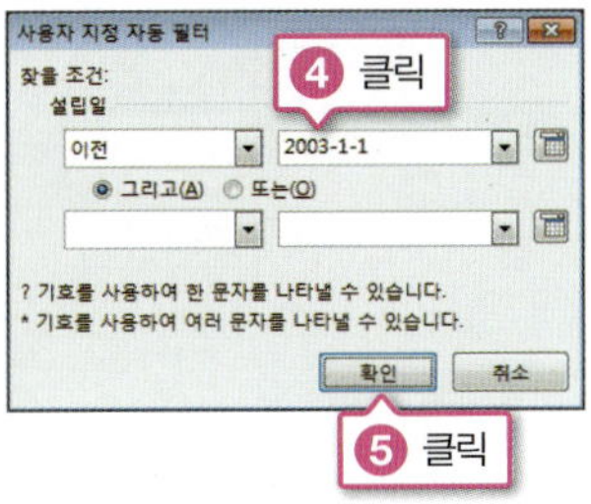

TIP 필드 열의 데이터가 날짜일 경우 이전, 다음 주, 다음 달, 분기, 연도별로 데이터를 검색할 수 있습니다.

07 색 기준 필터 조건으로 필터링하기

① 품질 필드의 [▾ **필터 단추**]를 클릭하고 ②③ **[색 기준 필터]**에서 [● **초록색 원**]을 선택해서 초록색 원 아이콘이 있는 셀을 검색합니다.

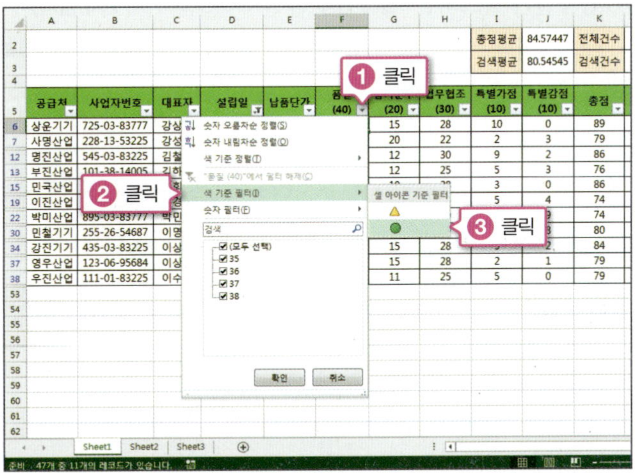

TIP 필드 열의 데이터에 글꼴 색, 셀 색, 아이콘 서식이 지정되어 있으면 색 기준 필터를 조건으로 검색할 수 있습니다.

08 모든 데이터 표시하기

설립일이 2003-1-1일 이전이고 품질이 우수한(●)한 공급처 목록이 표시됩니다. [데이터] 탭-[정렬 및 필터] 그룹에서 [**지우기**]를 클릭해서 모든 데이터를 표시합니다.

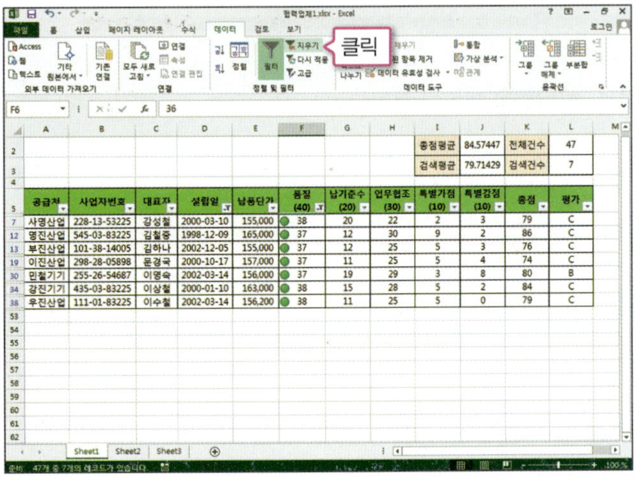

09 특별감점이 없는 공급처 필터링하기

① 특별감점 필드의 [▾ 필터 단추]를 클릭하고 ②③ **[숫자 필터]**에서 **[같음]**을 선택합니다. ④ 사용자 지정 자동 필터 대화상자에서 [=] 조건 입력란에 **0**을 입력하고 ⑤ **[확인]**을 클릭해 특별감점이 없는 공급처를 검색합니다.

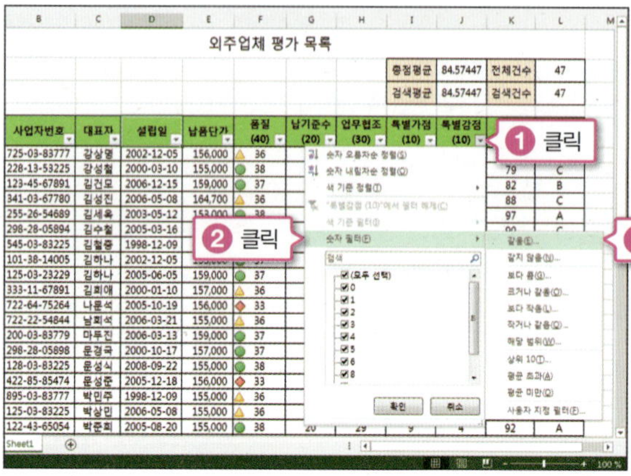

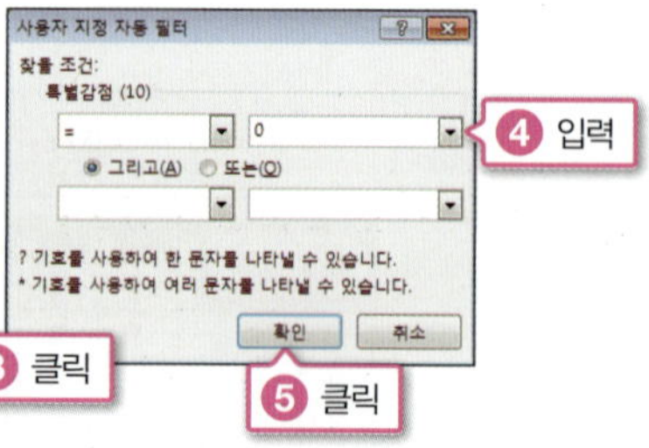

TIP 필드 열의 데이터가 숫자일 경우 같은 값, 이상, 이하, 미만, 초과 등의 값을 검색할 수 있습니다.

10 납품단가가 150,000~160,000점 사이의 공급처 필터링하기

① 납품단가 필드의 [▾ 필터 단추]를 클릭하고 ②③ **[숫자 필터]**에서 **[해당 범위]**를 선택합니다. ④ 사용자 지정 자동 필터 대화상자에서 [>=] 조건 입력란에 **150000**을 입력하고 ⑤ **[그리고(A)]**를 선택한 후 ⑥ [<=] 조건 입력란에 **160000**을 입력합니다. ⑦ **[확인]**을 클릭해서 납품단가가 150,000 이상이고 160,000 이하인 공급처를 검색합니다.

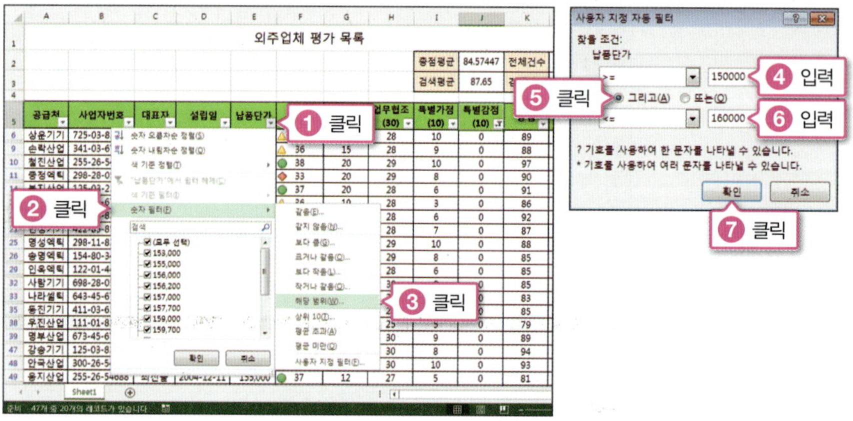

11 필터링한 데이터 확인하기

특별 감점이 없고(0점), 납품단가가 150,000~160,000원 사이 구간의 공급처가 표시됩니다.

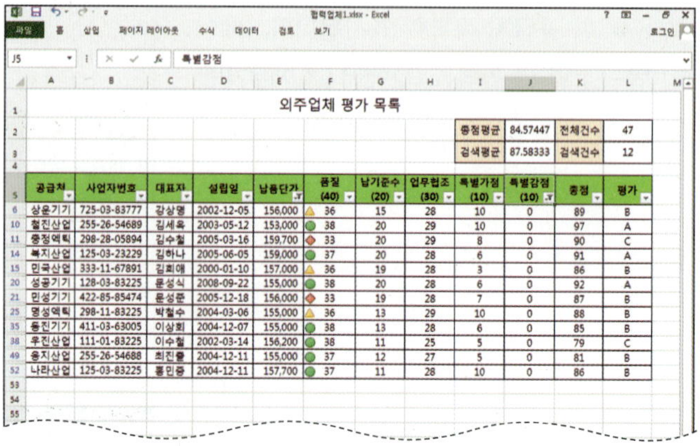

TIP 모든 필터링이 끝난 뒤에 자동 필터를 해제하려면 [데이터] 탭의 [정렬 및 필터] 그룹에서 [필터]를 클릭합니다.

실무활용 협력업체 평가표에서 고급 필터로 복잡한 조건의 데이터 추출하기 2007 | 2010 | 2013

- **실습 파일** 엑셀\9장\실습\협력업체2.xlsx
- **완성 파일** 엑셀\9장\완성\협력업체2_완성.xlsx

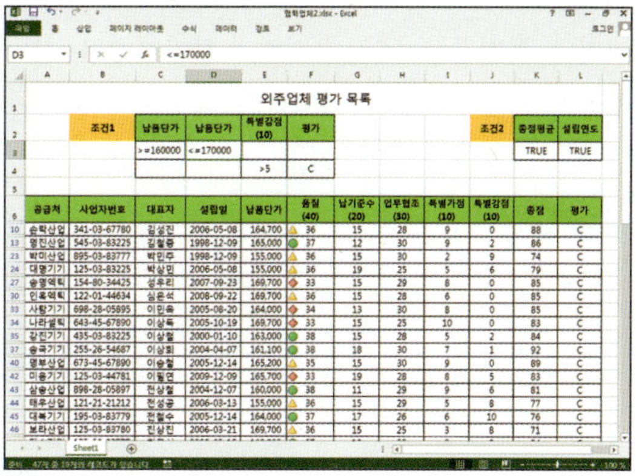

자동 필터 기능은 필드와 필드 사이의 조건을 AND로만 지정할 수 있습니다. 이에 비해 고급 필터 기능은 AND, OR 조건을 다양하게 지정할 수 있습니다. 협력업체 평가표에서 다양한 조건을 입력하고 고급 필터로 데이터를 추출해 보겠습니다.

01 조건을 입력하고 데이터 추출하기

① **[E6] 셀**을 선택하고 Ctrl+C를 눌러 복사하고 ② **[C2], [D2] 셀**을 선택한 후 Ctrl+V를 눌러 복사한 내용을 붙여 넣습니다. ③ **[J6], [L6] 셀**을 각각 선택한 다음 Ctrl+C를 눌러 복사하고, ④ **[E2] 셀**을 선택한 후 Ctrl+V를 눌러 복사한 내용을 붙여 넣습니다. ⑤ **[C3], [D3] 셀**에 각각 **>=160000, <=170000**을 입력하고 ⑥ **[E4], [F4] 셀**에 각각 **>5, C**를 입력합니다.

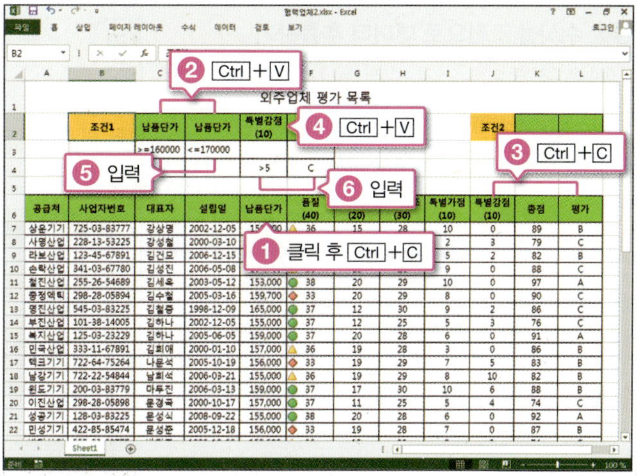

02 고급 필터 이용해 데이터 정렬하기

① 데이터에서 임의의 셀을 선택하고 ② [데이터] 탭의 [정렬 및 필터] 그룹에서 **[고급]**을 클릭합니다. ③ 고급 필터 대화상자에서 목록 범위는 [A6:L53] 영역, 조건 범위는 [C2:F4] 영역을 범위로 지정하여 입력한 후 ④ **[확인]**을 클릭합니다.

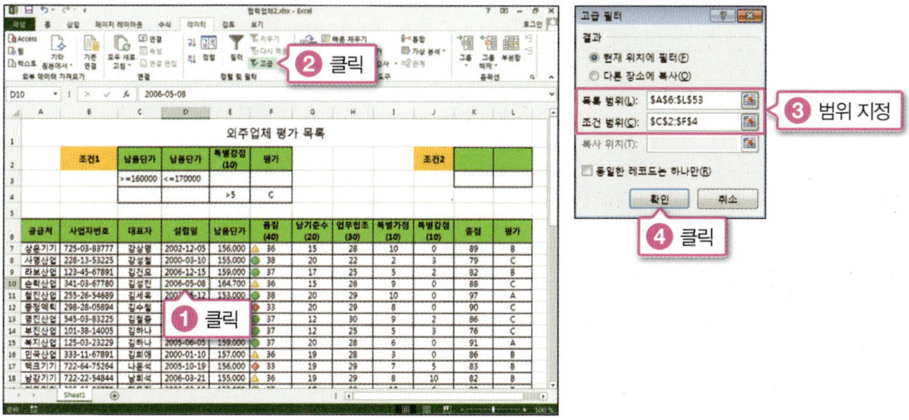

03 모든 데이터 표시하기

납품단가가 160,000 이상이고 170,000 이하이거나, 특별감점이 5점 초과하고 평가가 C인 공급처가 검색됩니다. [데이터] 탭의 [정렬 및 필터] 그룹에서 [**지우기**]를 클릭해서 모든 데이터를 표시합니다.

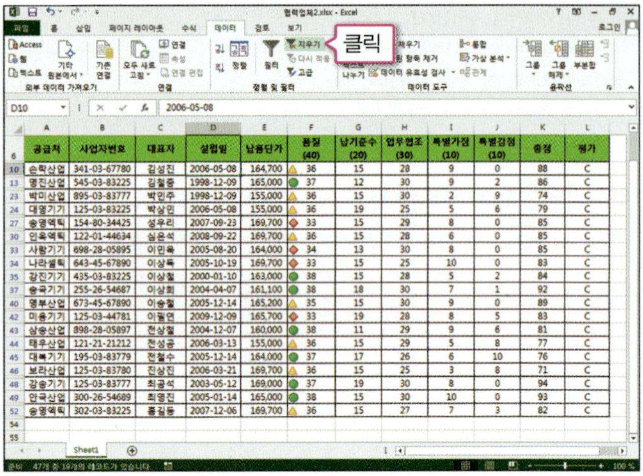

04 수식을 조건으로 데이터 추출하기

수식을 조건으로 추출하겠습니다. ① **[K2] 셀**을 선택해 **총점평균**을 입력하고, ② **[K3] 셀**에는 **=AVERAGE($K$7:$K$53)<K7** 수식을 입력합니다. ③ **[L2] 셀**을 선택해 **설립연도**를 입력하고, ④ **[L3] 셀**에 **=YEAR(D7)<2005** 수식을 입력합니다. 이 수식은 같은 행에 입력했으므로 AND 조건으로 추출됩니다.

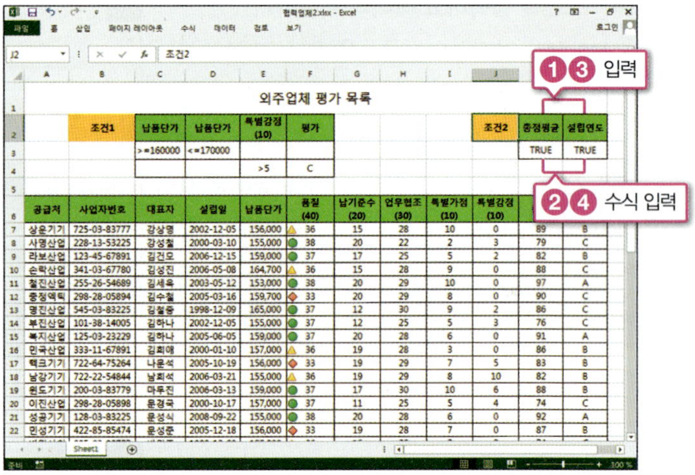

TIP 수식으로 조건을 만들 때는 조건 필드를 데이터베이스 필드 이름이 아닌 다른 이름으로 지정하거나 공백으로 표시하며, 조건을 입력한 셀에는 TRUE, FALSE 값이 표시됩니다.

05 필터 값 복사하기

① 원본 데이터에서 임의의 셀을 선택하고 ② [데이터] 탭의 [정렬 및 필터] 그룹에서 [**고급**]을 클릭합니다. ③ 고급 필터 대화상자에서 **[다른 장소에 복사]**를 선택하고 ④ 목록 범위는 **[A6:L53] 영역**, 조건 범위는 **[K2:L3] 영역**, 복사 위치는 **[A60] 셀**을 지정하여 입력하고 ⑤ **[확인]**을 클릭합니다.

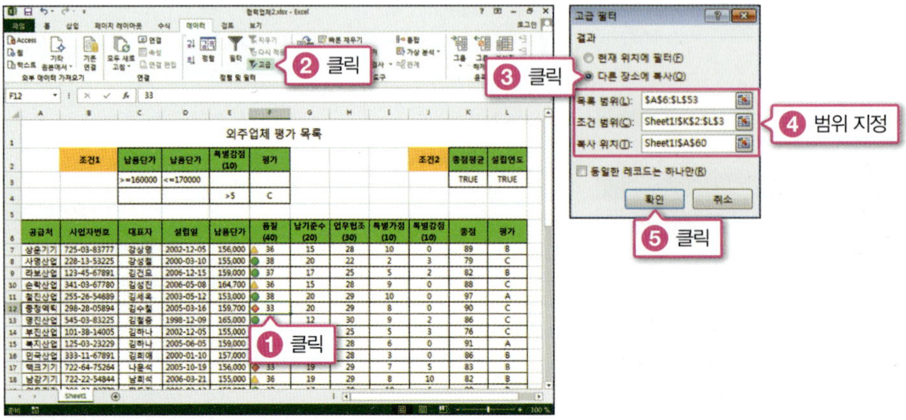

06 데이터 값 확인하기

2005년 이전에 설립하고 총점이 전체 평균보다 큰 데이터가 검색됩니다.

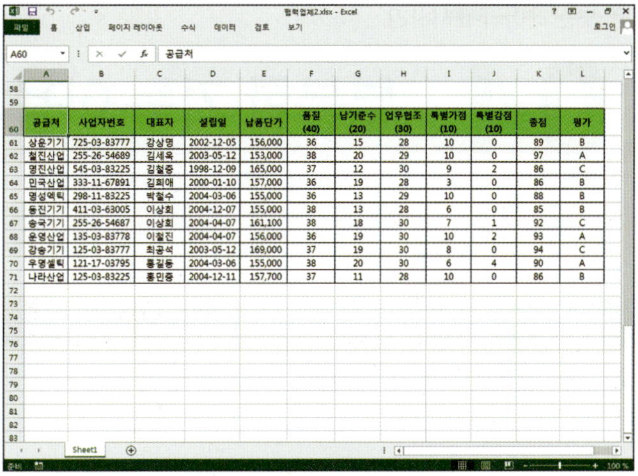

실 무 활 용 EXCEL NOTE

고급 필터 대화상자 살펴보기

고급 필터는 고급 필터 대화상자에서 전체 범위와 조건 범위, 그리고 복사할 위치 등을 지정합니다.

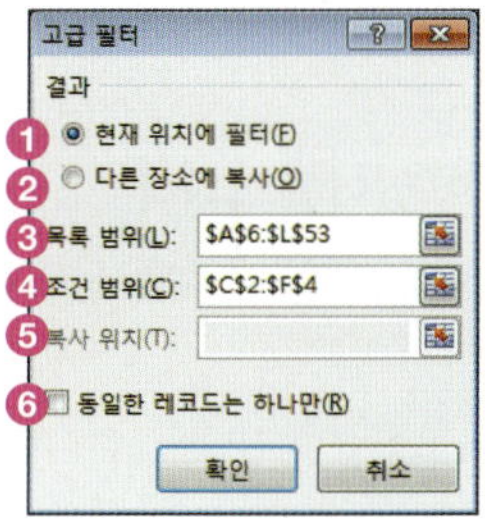

① **현재 위치에 필터** : 추출한 데이터를 원본 데이터 위치에 표시, 원본 데이터를 다시 표시하려면 [데이터] 탭 – [정렬 및 필터] 그룹에서 [지우기]를 선택

② **다른 장소에 복사** : 추출한 데이터를 다른 장소에 복사하여 표시

③ **목록 범위** : 데이터 전체 범위를 지정

④ **조건 범위** : 찾을 조건이 입력된 셀의 범위를 지정

⑤ **복사 위치** : 다른 장소로 복사를 선택한 경우 추출한 데이터를 표시할 위치를 지정

⑥ **동일한 레코드는 하나만** : 중복 레코드가 있는 경우 하나만 표시

SECTION

04 부분합 기능 이용하기

기능설명 부분합 기능 알아보기 2007 | 2010 | 2013

자동으로 특정 필드를 그룹화하여 분류하고, 분류한 각 그룹별로 합계, 평균, 개수 등을 자동으로 계산하는 부분합 기능에 대해서 살펴보겠습니다.

부분합 대화상자 살펴보기

부분합은 데이터 범위의 열 방향에서 특정 항목을 기준으로 데이터별로 그룹화하고 그룹화된 부문별로 합계, 평균, 개수, 최대, 최소, 표준편차, 분산 등을 자동으로 계산하는 기능입니다. 부분합 기능을 이용하면 그룹별 소계와 총계를 쉽게 구할 수 있습니다. 부분합을 작성하려면 반드시 부분합을 구하고자 하는 열 방향의 항목이 정렬되어 있어야 합니다. 정렬되어 있지 않다면 제대로 된 부분합의 결과를 얻을 수 없으므로 주의합니다.

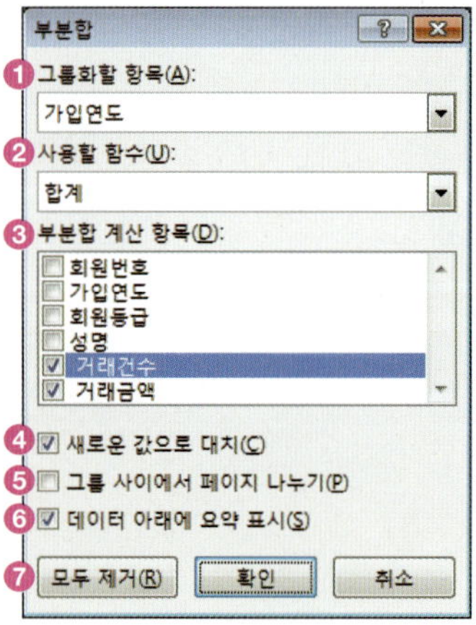

① **그룹화할 항목** : 그룹화할 기준으로 반드시 정렬되어 있어야 합니다.

② **사용할 함수** : 그룹화할 항목의 부분별, 전체 총계에 적용할 함수를 선택합니다.

③ **부분합 계산 항목** : 부분합을 계산할 항목을 선택합니다.

④ **새로운 값으로 대치** : 부분합을 계산한 항목의 값을 새로운 값으로 대치할지 그대로 유지할 것인지 결정합니다.

⑤ **그룹 사이에서 페이지 나누기** : 그룹화할 항목의 부문별 그룹과 그룹 사이에 페이지 나누기를 삽입할지의 유무를 지정합니다.

⑥ **데이터 아래에 요약 표시** : 데이터의 마지막 총계에 대한 요약 결과를 표시할지의 유무를 지정합니다.

⑦ **모두 제거** : 그룹별 윤곽선과 소계 및 총계 등을 모두 제거하여 부분합을 해제하고 원본 데이터 목록을 표시합니다.

실무활용 회원 거래 내역으로 부분합 작성하기

2007 | 2010 | 2013

- **실습 파일** 엑셀\9장\실습\거래내역1.xlsx
- **완성 파일** 엑셀\9장\완성\거래내역1_완성.xlsx

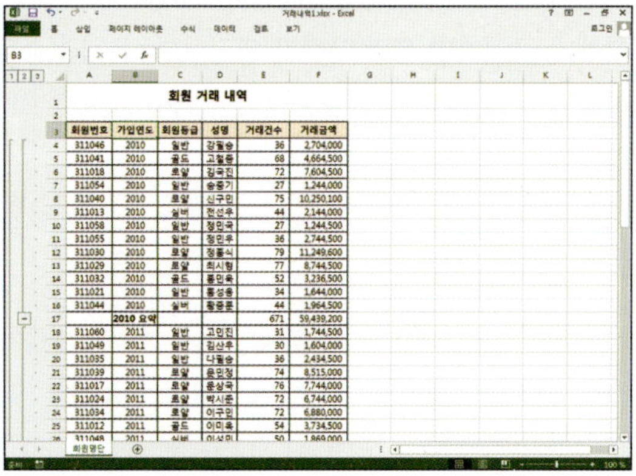

회원 거래 내역표에서 부분합을 작성하기 전에 먼저 부분합을 구하려는 가입연도와 회원등급 필드를 정렬합니다. 그룹화된 부문별로 자동 윤곽선이 표시되면 계산하고자 하는 합계, 평균, 개수, 최대, 최소, 표준편차, 분산 등을 자동으로 계산합니다.

01 가입연도를 오름차순으로 정렬하기

① **[B3] 셀**을 선택합니다. ② [데이터] 탭의 [정렬 및 필터] 그룹에서 [**오름차순**]을 클릭하여 **가입연도**를 오름차순으로 정렬합니다.

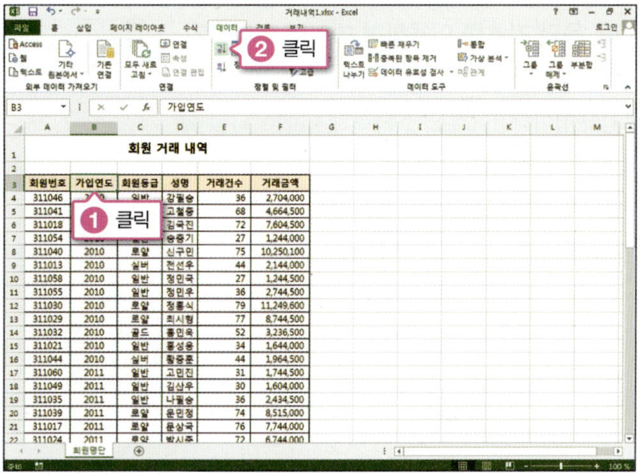

02 부분합 기능으로 가입연도별 거래 건수, 거래 금액 구하기

① 데이터에서 임의의 셀을 선택하고 ② [윤곽선] 그룹에서 [**부분합**]을 클릭합니다. ③ 그룹화할 항목을 **[가입연도]**, 사용할 함수를 **[합계]**, ④ 부분합 계산 항목을 **[거래건수]**, **[거래금액]**으로 설정한 후 ⑤ **[확인]**을 클릭합니다.

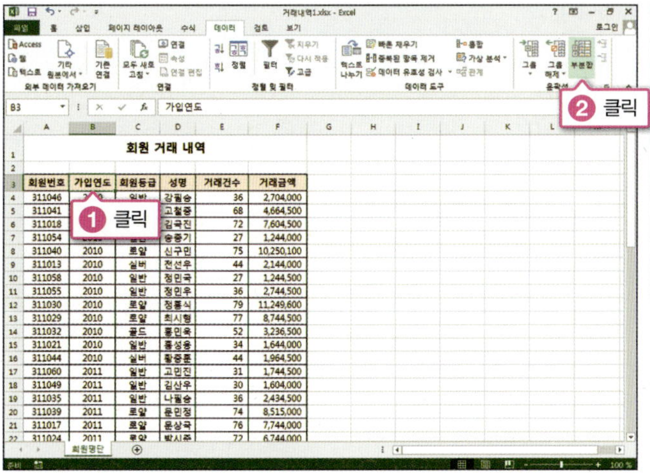

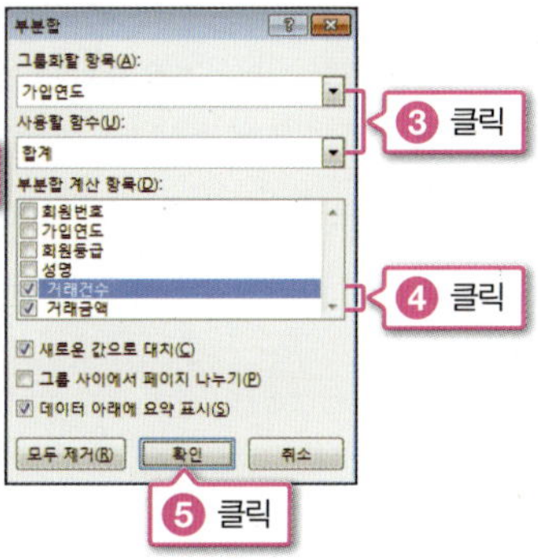

03 윤곽 기호를 이용하여 데이터 요약하기

그림과 같이 가입연도별 **거래건수**, **거래금액**의 합계가 구해지면 윤곽 기호가 생깁니다. 윤곽 기호 중에 2을 클릭해서 부분합 결과만 표시합니다.

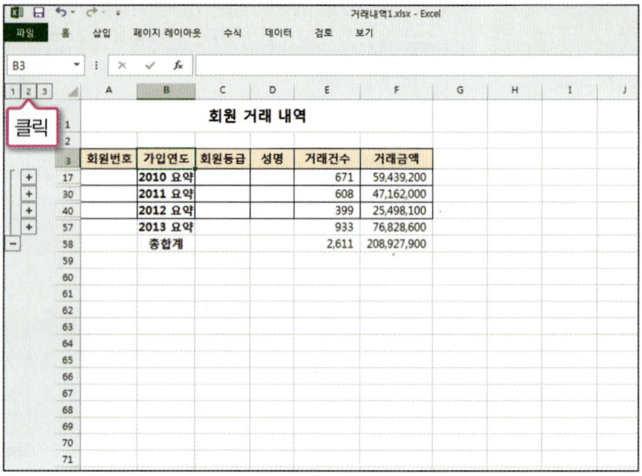

04 윤곽 기호를 이용하여 데이터 확장하기, 축소하기

[+ **확장**]이나 [- **축소**]를 클릭해서 데이터를 확장하거나 축소할 수 있습니다

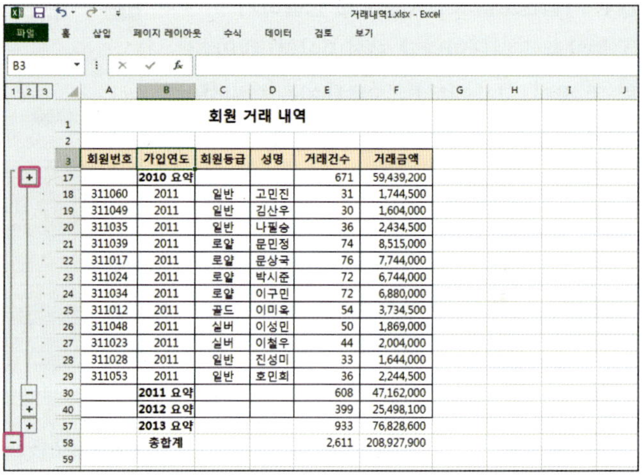

실무활용 EXCEL NOTE

윤곽 기호 자세히 알아보기

윤곽 기호를 이용하면 그룹별로 하위 수준을 숨기거나 표시할 수 있습니다.

1은 전체 결과(총 합계), 2는 소계, 3은 전체 데이터를 표시합니다.

+ : 확장을 클릭하면 숨겨져 있는 하위 수준을 표시합니다.

- : 축소를 클릭하며 하위 수준(그룹)을 숨깁니다.

여러 그룹으로 부분합 작성하기

2007 | 2010 | 2013

- **실습 파일** 엑셀\9장\실습\거래내역2.xlsx
- **완성 파일** 엑셀\9장\완성\거래내역2_완성.xlsx

두 가지 이상의 그룹으로 부분합을 작성하려면 먼저 큰 그룹의 부분합을 작성하고, 다시 두 번째 그룹에 대한 부분합을 작성합니다. 두 번째 그룹을 부분합으로 작성할 때는 '새로운 값으로 대치' 옵션에 체크를 해제합니다.

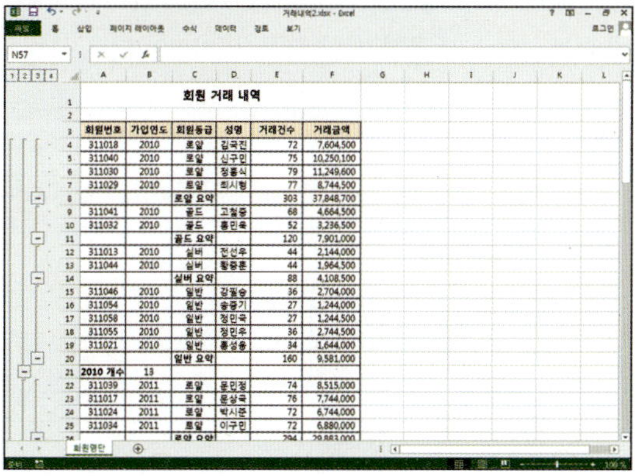

01 부분합 제거 및 데이터 정렬하기

① 데이터에서 임의의 셀을 선택하고 ② [데이터] 탭–[윤곽선] 그룹에서 [**부분합**]을 클릭합니다. ③ 부분합 대화상자에서 [**모두 제거**]를 클릭해서 부분합을 제거합니다.

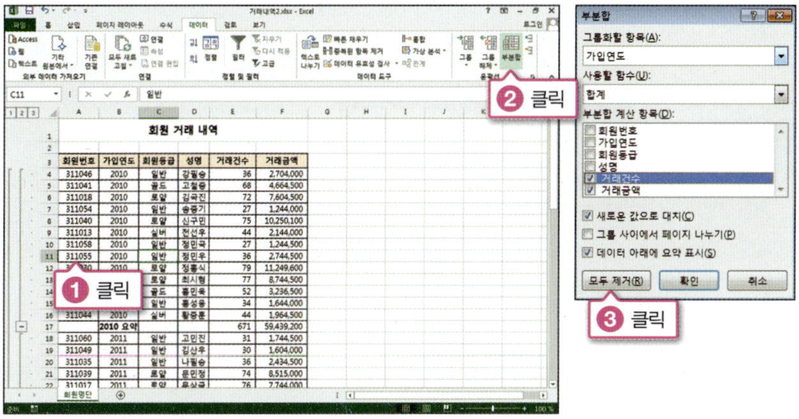

02 부분합을 구할 필드 정렬하기

① [데이터] 탭–[정렬 및 필터] 그룹에서 [**정렬**]을 클릭합니다. ② 정렬 대화상자에서 [**기준 추가**]를 클릭하고 ③ [가입연도]는 [**오름차순**]으로, [회원등급]은 [사용자 지정 목록]을 이용해 [**로열, 골드, 실버, 일반**]의 정렬 조건으로 설정합니다. ④ [**확인**]을 클릭해서 부분합 구할 필드를 정렬합니다.

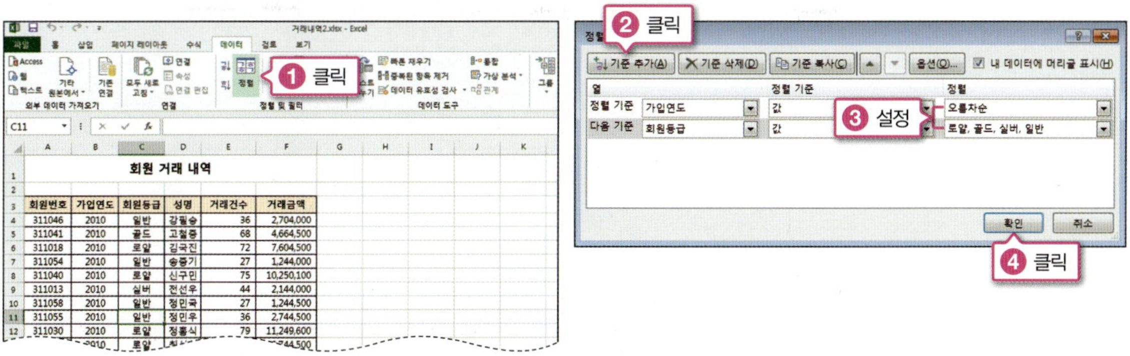

03 다중 부분합 작성하기

① 임의의 셀을 선택하고 ② [윤곽선] 그룹에서 [부분합]을 클릭합니다. ③ 그룹화할 항목을 [가입연도], 사용할 함수를 [개수], 부분합 계산 항목을 [가입연도]로 설정하고 ④ [확인]을 클릭해서 첫 번째 부분합을 구합니다.

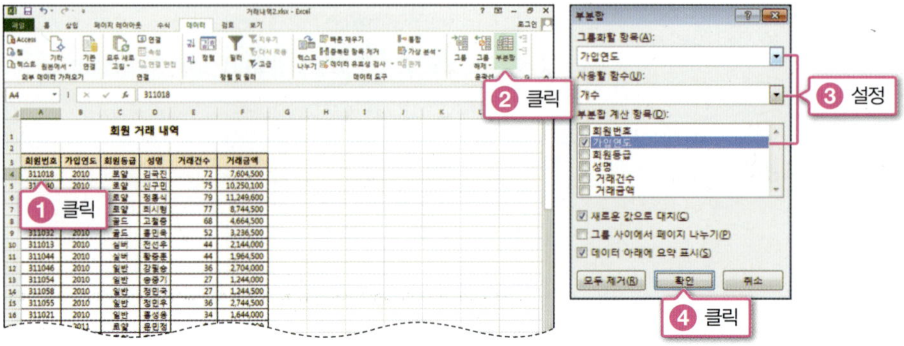

04 다중 부분합 작성하기

① [윤곽선] 그룹에서 [부분합]을 클릭합니다. ② 그룹화할 항목을 [회원등급], 사용할 함수를 [합계], 부분합 계산 할 항목을 [거래건수], [거래금액]으로 설정하고 ③ [새로운 값으로 대치]에 체크를 해제한 다음 ④ [확인]을 클릭해서 두 번째 부분합을 구합니다.

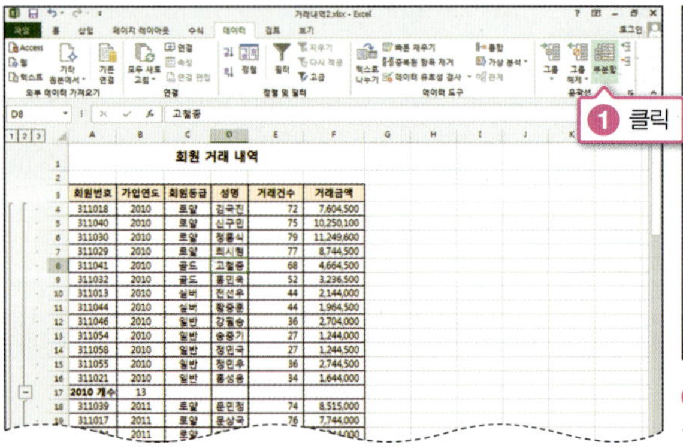

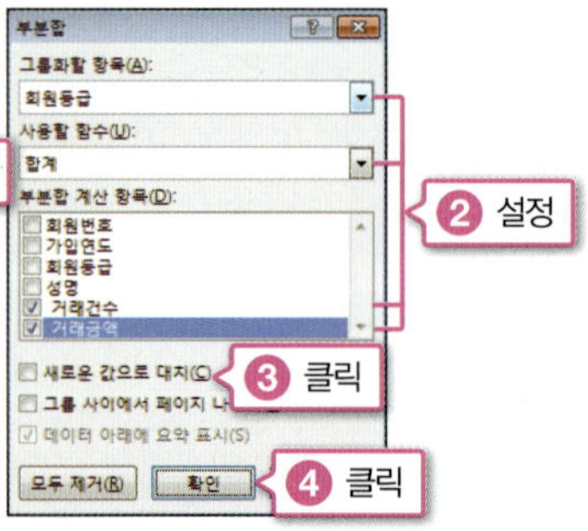

TIP [새로운 값으로 대치]에 체크를 해제해야 여러 그룹으로 부분합을 할 수 있습니다.

05 각 항목별 부분합 확인하기

다음과 같이 가입연도별 인원수와 회원등급별 거래건수와 거래금액의 합계가 나타납니다.

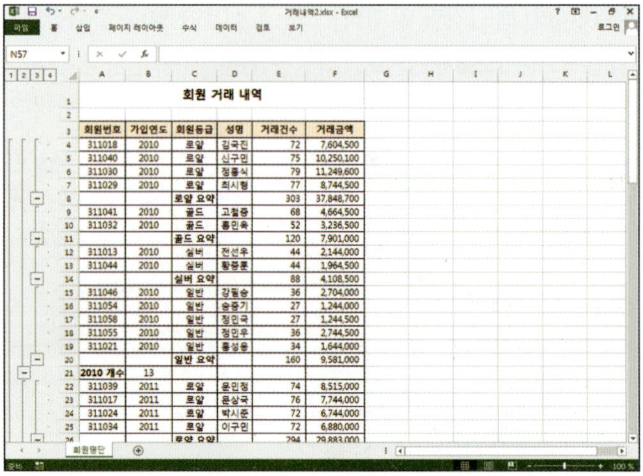

혼자해보기 | 부분합 결과에서 화면에 보이는 셀만 선택하고 복사하기

- **실습 파일** 엑셀\9장\실습\거래내역3.xlsx
- **완성 파일** 엑셀\9장\완성\거래내역3_완성.xlsx

	A	B	C	D
1	연도별거래내역 통계표			
2				
3	가입연도	회원등급	거래건수	거래금액
4		로얄 소계	303	37,848,700
5		골드 소계	120	7,901,000
6		실버 소계	88	4,108,500
7		일반 소계	160	9,581,000
8	2010 소계		671	59,439,200
9		로얄 소계	294	29,883,000
10		골드 소계	54	3,734,500
11		실버 소계	94	3,873,000
12		일반 소계	166	9,671,500
13	2011 소계		608	47,162,000
14		골드 소계	186	13,402,500
15		실버 소계	50	2,004,200
16		일반 소계	163	10,091,400
17	2012 소계		399	25,498,100
18		로얄 소계	293	31,712,600
19		골드 소계	483	36,962,500
20		실버 소계	92	3,895,000
21		일반 소계	65	4,258,500
22	2013 소계		933	76,828,600
23	총합계		2,611	208,927,900

자동 필터는 검색된 일부 데이터를 복사해서 다른 곳으로 붙일 수 있습니다. 하지만 부분합은 일부 축소된 데이터를 복사해서 다른 곳에 붙여 넣으면 숨겨진 하위 수준까지 붙여집니다. 여기서는 부분합을 구한 거래 내역표에서 화면에 보이는 셀만 붙여 넣어봅니다.

1. 윤곽 기호 중에 [3]을 클릭해서 부분합 결과만 표시합니다.

2. 요약된 결과만 표시된 상태에서 [B3:F73] **영역**을 범위로 지정하고 [F5]를 누릅니다. 이동 대화상자에서 **[옵션]**을 클릭합니다. 이동 옵션 대화상자에서 **[화면에 보이는 셀만]**을 선택한 다음 **[확인]**을 클릭하면 화면에 보이는 영역만 범위로 지정됩니다.

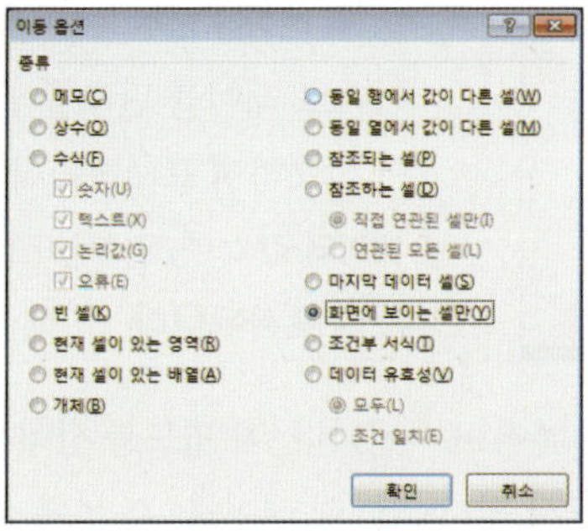

TIP 화면에 보이는 셀 선택 단축키는 [Alt]+[;]입니다.

3. 화면에 보이는 셀만 선택된 상태에서 [Ctrl]+[C]를 눌러 복사한 다음 붙여 넣을 [연도별거래내역통계] 시트의 [A3] **셀**을 선택하고 [Ctrl]+[V]를 누르면 화면에 보이는 영역만 붙여 넣습니다.

4. C열을 삭제하고, [Ctrl]+[H]를 눌러 찾기 및 바꾸기 대화상자에서 [요약]을 **[소계]**로 바꿉니다.

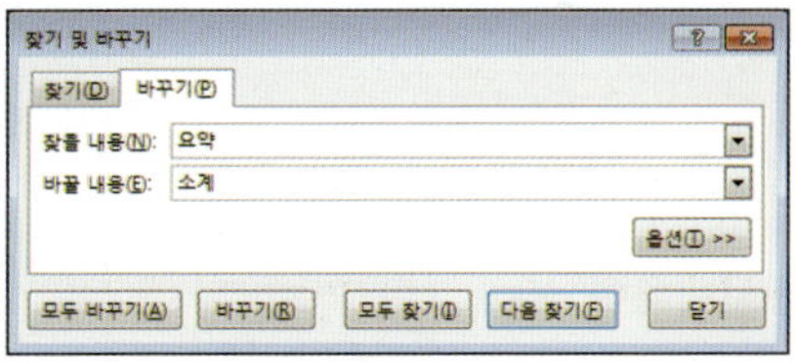

5. [홈] 탭-[글꼴] 그룹에서 전체 테두리를 그립니다.

SECTION

05 피벗 테이블과 피벗 차트

기능설명 피벗 테이블 보고서 살펴보기 2007 | 2010 | 2013

피벗 테이블은 복잡한 데이터를 분석하여 행과 열 방향으로 그룹화된 항목을 정렬, 요약하여 표 형태로 보여줍니다. 방대한 데이터를 빠르게 요약하며, 데이터 수준을 확장/축소하여 원하는 결과만 강조하는 대화형 테이블입니다.

피벗 테이블 레이아웃 살펴보기

피벗 테이블을 만든 오른쪽 피벗 테이블 필드 목록 작업창에서 보고서에 추가할 필드를 보고서 필터, 열 레이블, 행 레이블, 값 목록 상자로 드래그하여 피벗 테이블 레이아웃을 설계합니다.

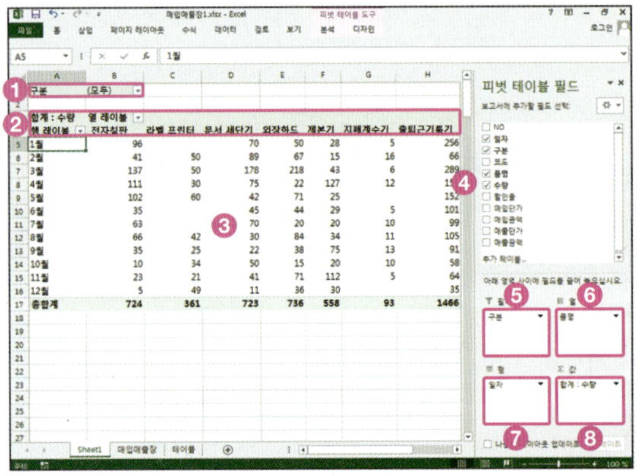

① **필터 단추** : 보고서 필터에 지정한 필드 데이터로 보고서 필터 단추를 클릭해서 필요한 데이터 항목을 선택하면 데이터 영역에 표시되는 요약 정보를 일부 또는 전체를 표시하거나 해제할 수 있습니다.

② **행/열 레이블 단추** : 행/열 레이블에서 지정한 필드 데이터로 레이블 단추를 클릭해서 필요한 데이터 항목만 선택하여 표시하거나 해제할 수 있습니다.

③ **데이터 값** : 행/열 레이블을 분석하여 계산한 데이터 값이 표시됩니다.

④ **보고서에 추가할 필드 선택** : 데이터 범위의 필드 목록이 표시됩니다. 각 필드를 선택하거나 해제해서 피벗 테이블 레이아웃을 설계할 수 있습니다. 각 필드를 보고서 필터, 열, 행 레이블, 값 목록 상자로 드래그해서 피벗 테이블 레이아웃을 설계할 수 있습니다.

⑤ **보고서 필터** : 전체 데이터 영역을 요약할 보고서 필드입니다.

⑥⑦ **열/행 레이블 목록 상자** : 열/행 방향으로 그룹화할 필드입니다.

⑧ **값** : 일반적으로 숫자 값이 들어 있는 필드가 위치하며 열과 행 레이블에서 지정한 필드를 분석하여 소계 및 총계 이외에 평균, 최대, 최소, 개수 등을 계산합니다.

피벗 테이블을 만들기

피벗 테이블을 만들려면 [삽입] 탭-[표] 그룹에 있는 [피벗 테이블]을 선택하여 [피벗 테이블 만들기] 대화상자에서 데이터 범위와 테이블 보고서가 나타날 위치를 지정합니다.

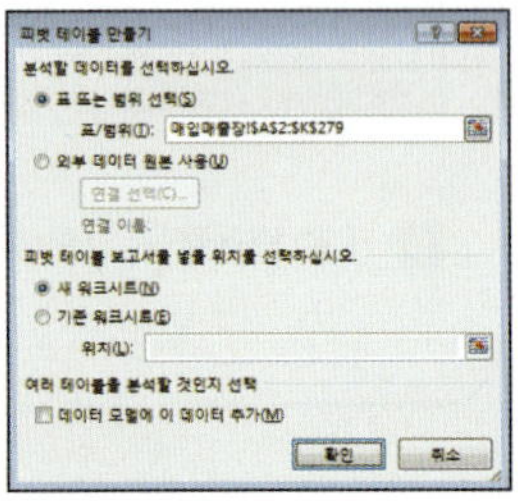

실무활용 매입매출장에서 사용자 지정 피벗 테이블 만들기 2007 | 2010 | 2013

- **실습 파일** 엑셀\9장\실습\매입매출장1.xlsx
- **완성 파일** 엑셀\9장\완성\매입매출장1_완성.xlsx

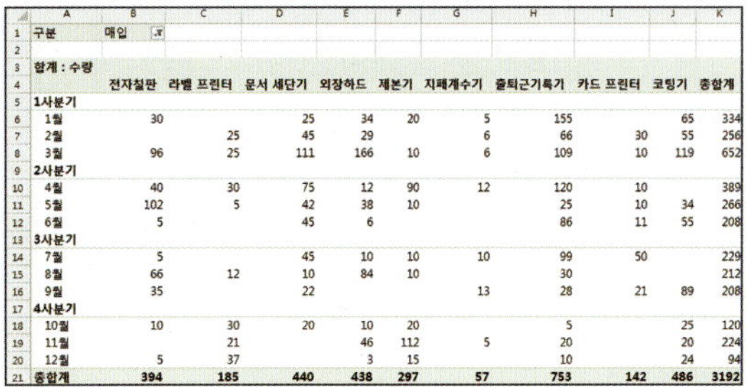

구분	매입									
합계 : 수량										
	전자칠판	라벨 프린터	문서 세단기	외장하드	제본기	지폐계수기	출퇴근기록기	카드 프린터	코팅기	총합계
1사분기										
1월	30		25	34	20	5	155		65	334
2월		25	45	29		6	66	30	55	256
3월	96	25	111	166	10	6	109	10	119	652
2사분기										
4월	40	30	75	12	90	12	120	10		389
5월	102	5	42	38	10		25	10	34	266
6월	5		45	6			86	11	55	208
3사분기										
7월	5		45	10	10	10	99	50		229
8월	66	12	10	84	10		30			212
9월	35		22			13	28	21	89	208
4사분기										
10월	10	30	20	10	20		5		25	120
11월		21		46	112	5	20		20	224
12월	5	37		3	15		10		24	94
총합계	394	185	440	438	297	57	753	142	486	3192

매입매출장에는 일자별로 매입과 매출에 따라 상품명, 수량, 단가, 금액이 나타나 있습니다. 이 데이터를 가지고 일자, 품명, 구분, 수량 필드를 사용하여 피벗 테이블을 만들어 보겠습니다. 그리고 일자는 분기, 월로 다시 한 번 그룹으로 지정하고, 요약된 피벗 테이블의 필드에서 조건을 지정하여 필터링해보겠습니다.

01 피벗 테이블 삽입하기

① 임의의 셀을 선택하고 ② [삽입] 탭–[표] 그룹에서 [**피벗 테이블**]을 클릭합니다. ③ 피벗 테이블 만들기 대화상자에서 **[표 또는 범위 선택]**을 클릭하면 표/범위란에 자동으로 데이터 범위가 지정됩니다. ④ 피벗 테이블 보고서를 넣을 위치로 **[새 워크시트]**를 선택한 다음 ⑤ **[확인]**을 클릭합니다.

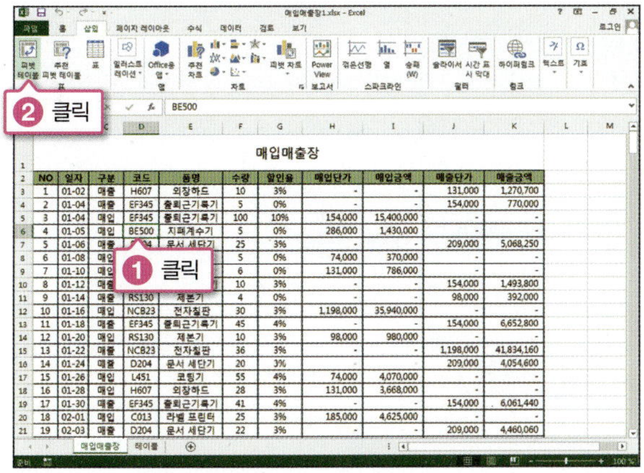

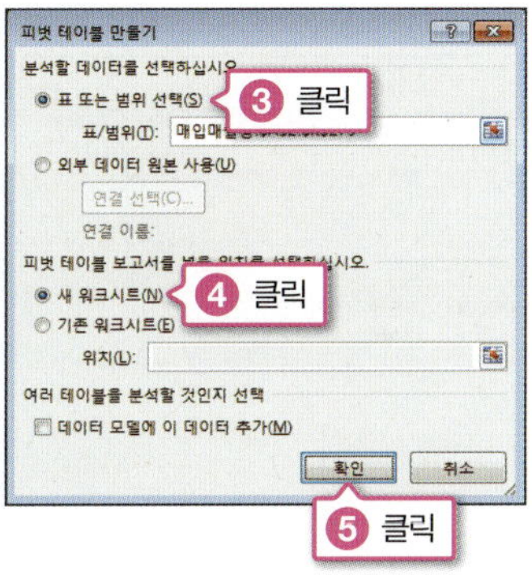

02 보고서에 추가할 필드 선택하기

새로운 시트가 삽입되면서 왼쪽에는 피벗 테이블 레이아웃을 설계할 영역이, 오른쪽에는 피벗 테이블 필드 작업창이 나타납니다. 필드 목록에서 **[일자]**, **[구분]**, **[품명]**, **[수량]**을 선택해서 체크합니다.

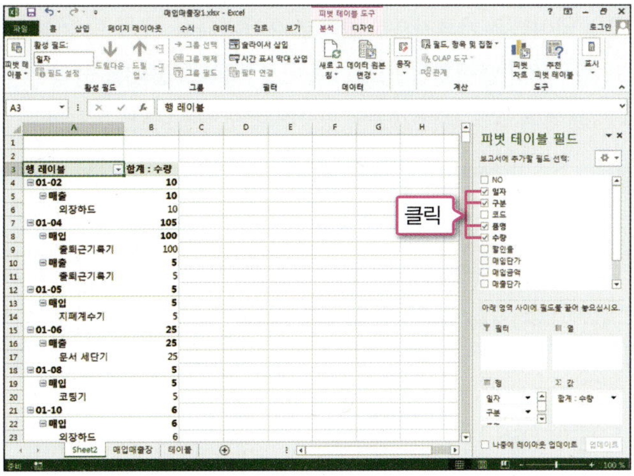

03 피벗 테이블 레이아웃 지정하기

① 행 레이블 영역에 있는 **[구분]**을 보고서 필터 영역으로 ② **[품명]**을 열 레이블 영역으로 드래그하여 옮깁니다.

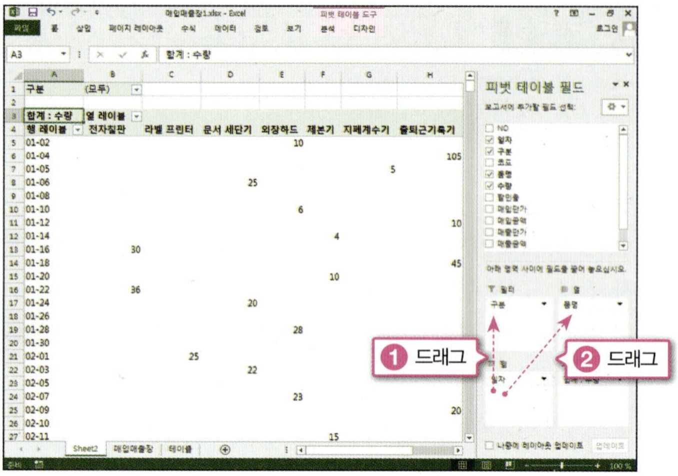

TIP 필터/행/열/Σ값 레이블 영역에 있는 필드를 제거하려면 필드를 클릭한 후 [필드 제거]를 선택합니다.

04 데이터 그룹화하기

날짜와 같은 숫자 데이터는 그룹화할 수 있습니다. ① 행 레이블에서 임의의 셀을 선택합니다. ② [분석] 탭–[그룹] 그룹에서 [**그룹 선택**]을 클릭합니다. ③ 그룹화 대화상자에서 단위를 **[월]**과 **[분기]**로 선택하고 ④ **[확인]**을 클릭해서 월별 분기별 그룹화합니다.

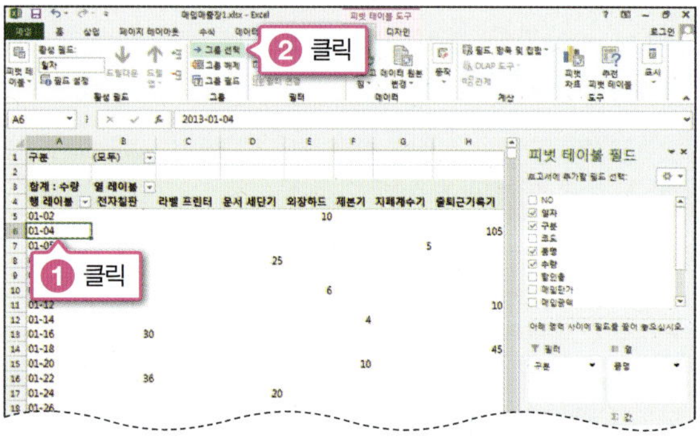

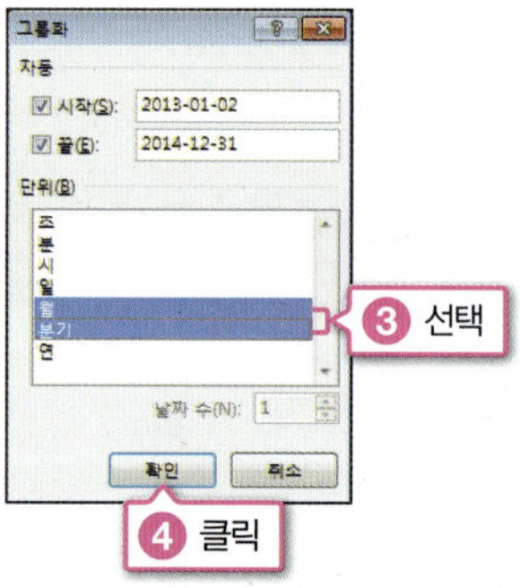

05 값 요약 기준 변경하기

피벗 테이블은 기본적으로 합계로 요약됩니다. ① 요약 기준을 변경하려면 값 영역 필드에서 임의의 셀을 선택하고 ② [분석] 탭–[활성필드] 그룹에서 [**필드 설정**]을 클릭한 후 ③ 값 필드 설정 대화상자에서 **[평균]**을 선택합니다. 값 영역 필드 요약 기준이 평균으로 변경됩니다.

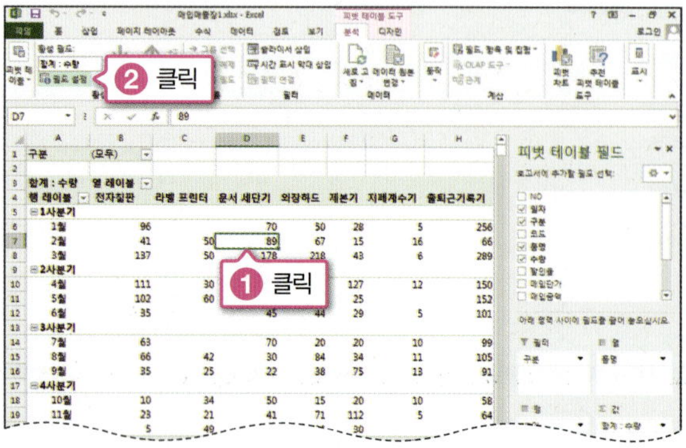

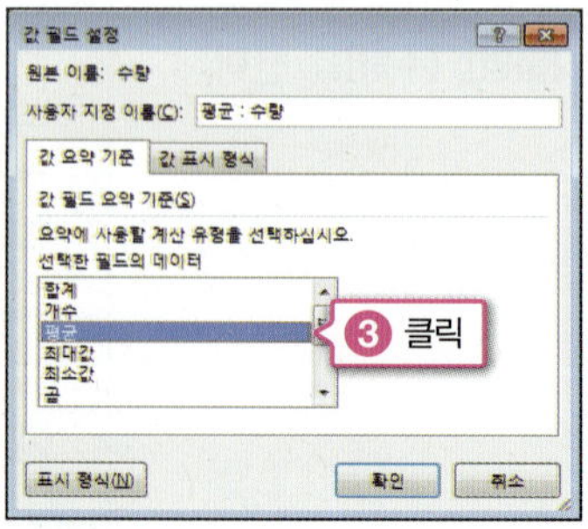

06 필터 목록에서 필터링하기

분기별, 월별, 상품별로 수량의 평균값이 나타납니다. ① [필터 목록]을 클릭하고 ② [매입]을 선택한 후 ③ [확인]을 클릭합니다. 보고서에 매입에 관한 데이터만 나타납니다.

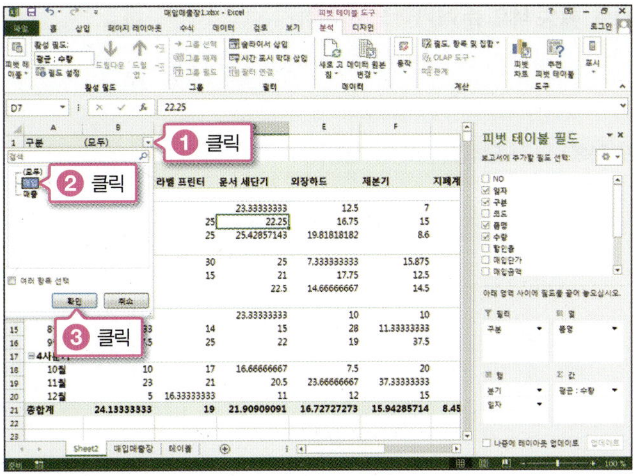

TIP 필터 목록에서 [여러 항목 선택]을 체크하면 필터 목록이 많을 경우 여러 항목을 선택할 수 있습니다.

07 열 레이블 필드에서 필터링하기

① [열 레이블 목록]을 클릭하고 ② [전자칠판]과 [라벨프린터], [제본기]에만 체크 표시하고 ③ [확인]을 클릭해서 전자칠판와 라벨프린터, 제본기 항목만 나타냅니다.

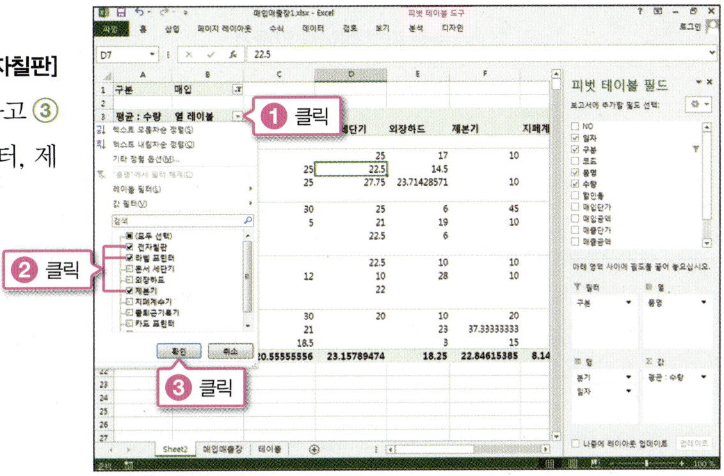

08 행/열 레이블 필드 축소/확장하기

행/열 레이블에 두 개 이상의 필드가 있으면 전체 필드를 축소하거나 확장할 수 있습니다. ① 행 레이블에서 임의의 셀을 선택합니다. ② [분석] 탭-[활성 필드] 그룹에서 [필드 축소]를 클릭해서 필드를 축소합니다. ③ [필드 확장]을 클릭해서 필드를 확장할 수 있습니다.

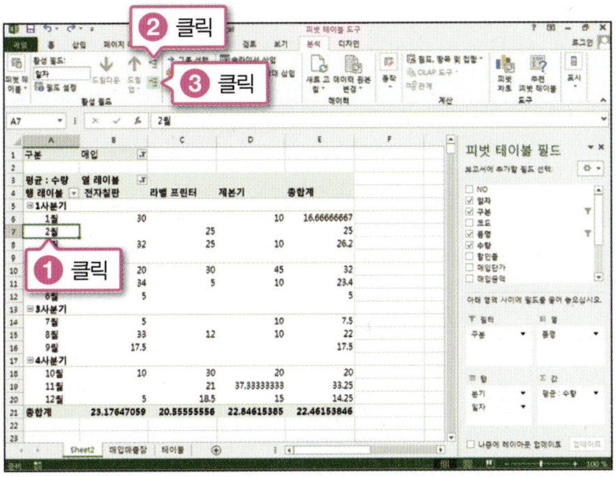

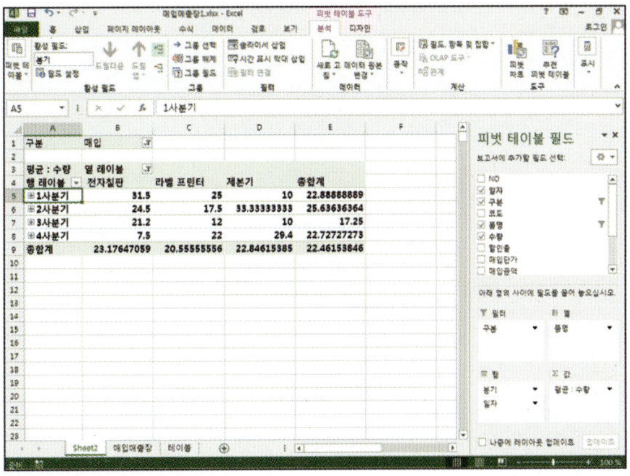

TIP 확장 버튼과 축소 버튼을 클릭해서 일부 하위 레코드를 확장/축소할 수 있습니다.

09 필드 목록 숨기기

피벗 테이블을 완성했으므로 불필요한 창을 숨기겠습니다. [분석] 탭–[표시] 그룹에서 **[필드 목록], [+/– 단추], [필드 머리글]**을 각각 클릭하여 숨깁니다.

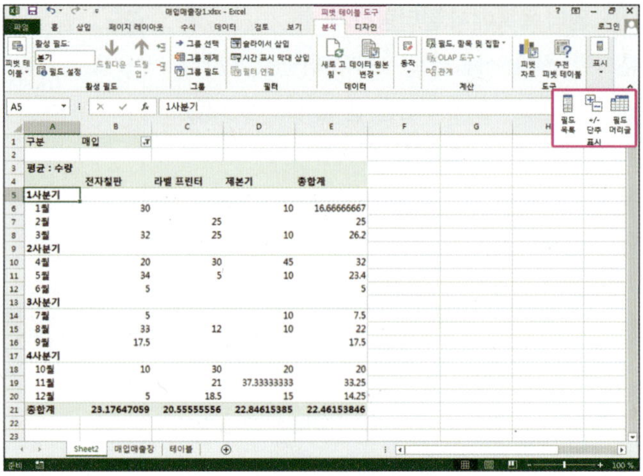

실무활용 EXCEL NOTE 추천 피벗 테이블 만들기

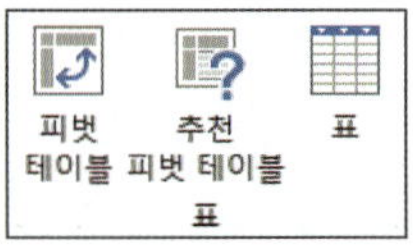

피벗 테이블은 복잡한 데이터를 분석하는 도구지만 내가 가진 데이터를 어떻게 구조화해야 하는지 선택하지 못할 때가 있습니다. 이때에는 추천 피벗 테이블 만들기 기능을 이용하면 편리합니다. 엑셀 2013에서는 [삽입] 탭–[표] 그룹에서 [추천 피벗 테이블]을 사용하면 데이터에 가장 적합한 피벗 테이블 추천하여 빠르게 피벗 테이블을 만들 수 있습니다.

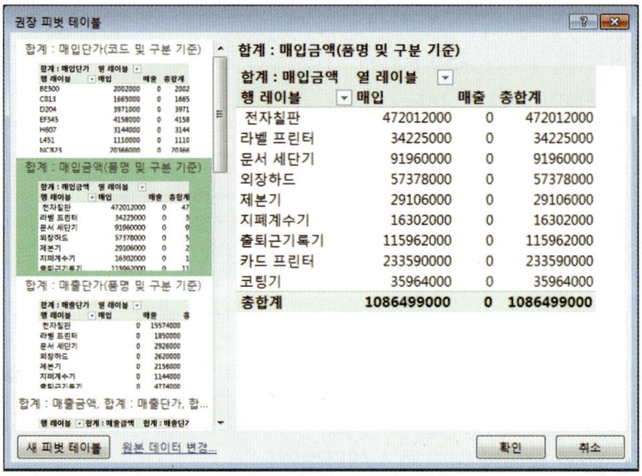

실무활용 매입매출장에서 슬라이서, 시간 표시 막대 삽입/제거하기

2007 | 2010 | 2013

- **실습 파일** 엑셀\9장\실습\매입매출장2.xlsx
- **완성 파일** 엑셀\9장\완성\매입매출장2_완성.xlsx

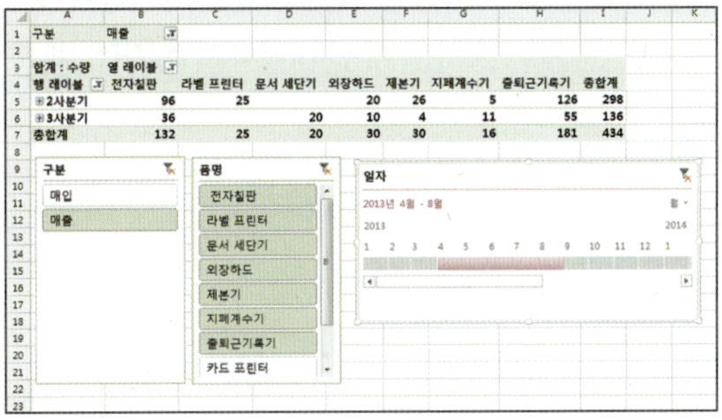

엑셀 2010에 처음 도입된 슬라이서는 피벗 테이블의 데이터 중에서 사용자가 원하는 자료를 필드의 목록 창에서 세분화하고 필터링하여 필요한 내용만 표시합니다. 엑셀 2013의 새로 추가된 시간 표시 막대는 날짜나 시간의 간격을 막대로 표시하여 사용자가 특정 기간의 데이터를 필터링할 수 있습니다.

01 슬라이서 삽입하기

① 피벗 테이블 목록에서 임의의 셀을 선택합니다. ② [분석] 탭–[필터] 그룹에서 [**슬라이서 삽입**]을 클릭하고 슬라이서 삽입 대화상자에서 ③ **[구분]**, **[품명]**에 체크한 후 ④ **[확인]**을 클릭합니다.

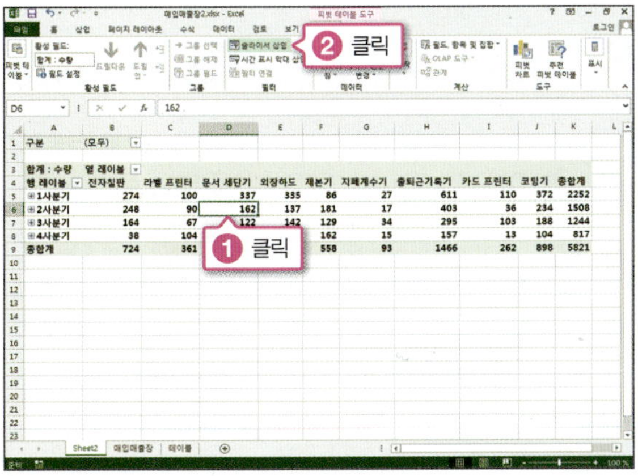

02 슬라이서창 배치 및 필터링하기

① **구분**과 **품명** 슬라이서창을 드래그하여 아래쪽에 적당한 위치에 배치합니다. ② 구분창에서 **[매출]**을 선택하고 ③ 품명창에서 **[전자칠판]**을 선택한 후 ④ Shift를 누른 상태에서 **[출퇴근기록기]**를 선택합니다. 전자칠판~출퇴근기록기 품명의 매출 수량이 표시됩니다.

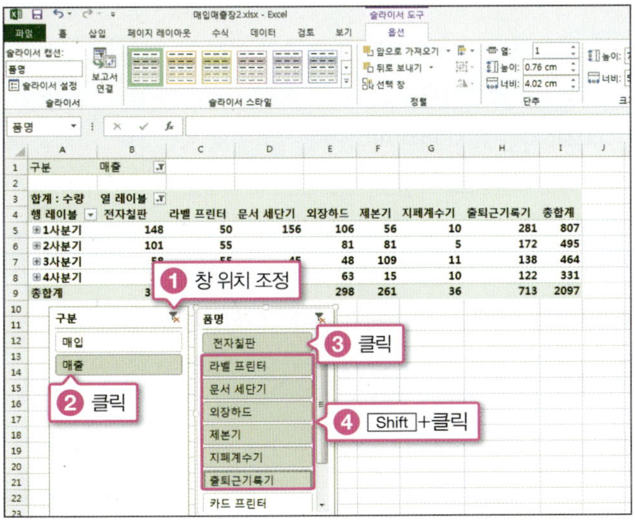

TIP 슬라이서창에서 [필터 지우기] 버튼을 클릭하면 조건이 해제되고 전체 목록이 나타납니다.

03 시간 표시 막대 삽입하기

① 피벗 테이블 목록에서 임의의 셀을 선택합니다. ② [분석] 탭의 [필터] 그룹에서 [**시간 표시 막대 삽입**]을 클릭합니다. ③ 시간 표시 막대 삽입 창에서 **[일자]**에 체크한 후 ④ **[확인]**을 클릭합니다.

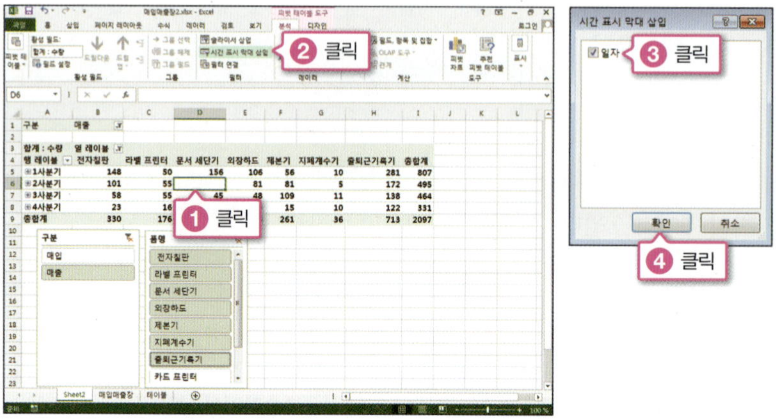

04 시간 표시 막대 창 배치 및 시간 수준 지정하기

① 일자창을 드래그하여 아래쪽에 적당한 위치에 배치합니다. ② 일자창 옆에 표시된 시간 수준[**목록**]을 클릭하고 ③ **[월]**을 선택합니다.

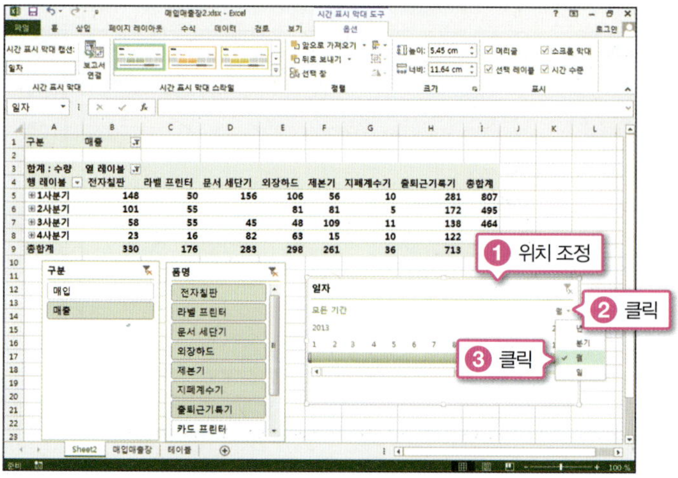

TIP 시간 표시 막대를 사용하면 네 개의 시간 수준(연, 분기, 월 또는 일) 중 하나의 기간을 기준으로 필터링할 수 있습니다.

05 시작 표시 막대의 시작/종료 구간 설정 및 스타일 변경하기

① **[시작]** 시간 표시 막대의 스크롤을 4월로 드래그 하고 ② **[종료]** 시간 막대 스크롤을 8월로 드래합니다. ③④ [옵션] 탭–[시간 표시 막대 스타일] 그룹에서 [**자세히**]를 클릭하여 **[밝게 스타일 4]**를 선택합니다. 시간 막대 도구 스타일이 변경되면서 4월~8월에 출고된 상품의 수량이 표시됩니다.

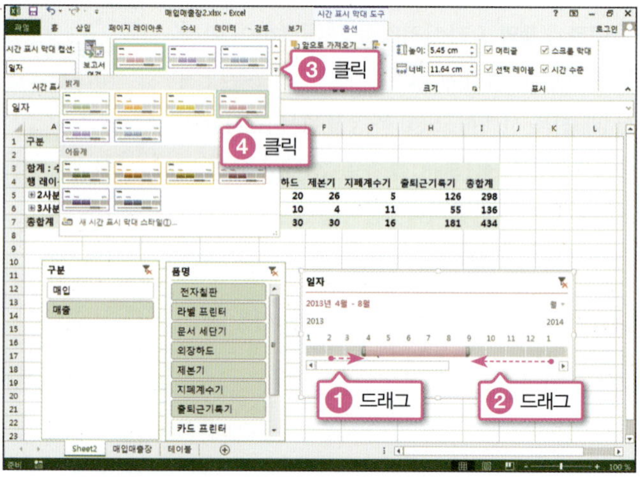

06 슬라이서와 시간 표시 막대 제거하기

① 구분 슬라이서창에서 마우스 오른쪽 버튼을 클릭하고 ② **["구분" 제거]**를 클릭해서 슬라이서창을 닫습니다. 같은 방법으로 품명창을 닫습니다. ③ 일자창에서 마우스 오른쪽 버튼을 클릭하고 ④ **[시간 표시 막대 제거]**를 클릭하여 시간 표시 막대를 제거합니다.

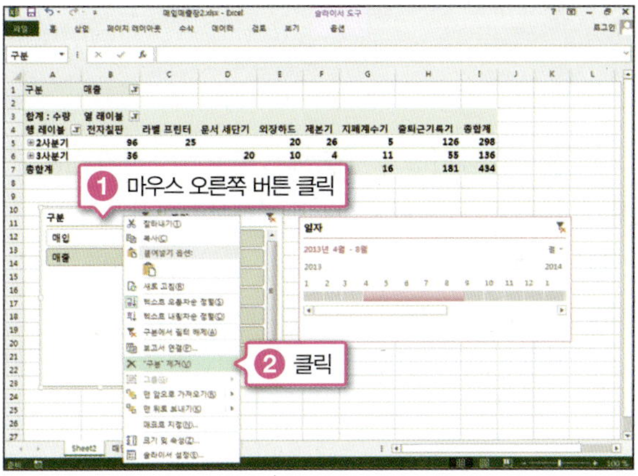

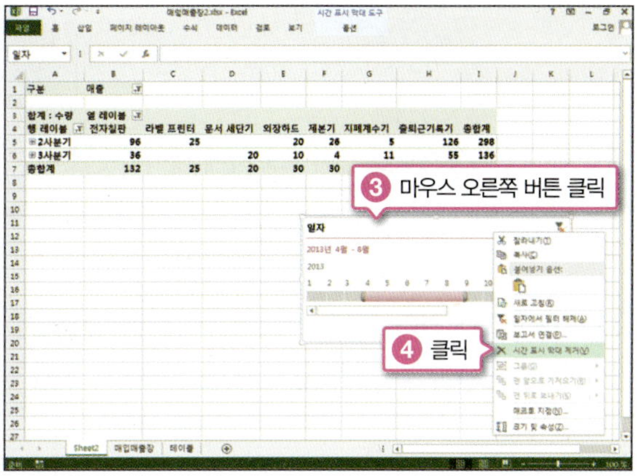

실 무 활 용 EXCEL NOTE

피벗 테이블 도구 모음 살펴보기

[피벗 테이블 도구〉분석] 탭에서는 피벗 차트를 삽입하거나 피벗 테이블의 필드 목록, 정렬, 원본 데이터, 필드 설정 등 세부 사항을 지정할 수 있습니다.

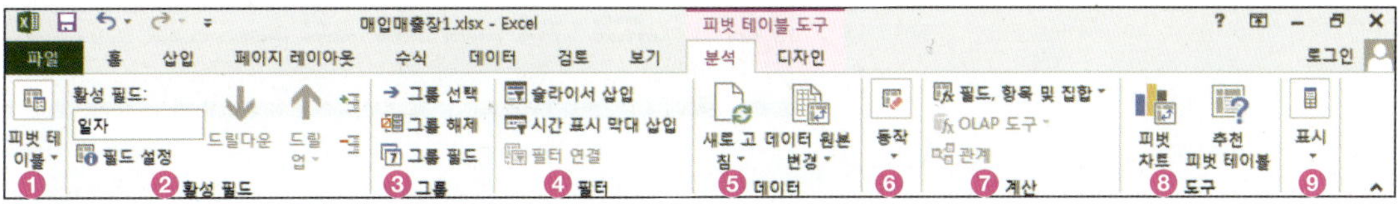

① **피벗 테이블** : 피벗 테이블의 이름이 표시됩니다. 피벗 테이블의 세부 사항을 설정할 수 있는 옵션이 있습니다.

② **활성 필드** : 현재 선택한 필드의 이름이 나타납니다. 각 필드의 세부 사항을 설정할 수 있습니다. 값 필드일 경우 피벗 테이블의 요약 기준 함수를 합계, 평균, 개수 등으로 변경하거나, 행이나 열 방향의 비율에 따른 백분율(%)로 표시합니다.

③ **그룹** : 숫자나 날짜 필드를 단위별로 그룹화하거나 해제합니다.

④ **필터** : 행, 열, 필드 데이터를 정렬합니다. 슬라이서를 삽입하여 필드의 목록을 슬라이서창에 표시하고 필터링합니다.

⑤ **데이터** : 원본 데이터의 범위를 변경할 수 있습니다. 피벗 테이블의 레이아웃을 수정할 경우, 새로 고침을 눌러 피벗 테이블 보고서에 적용합니다.

⑥ **동작** : 피벗 테이블을 지우거나 선택할 수 있으며, 피벗 테이블 전체를 통합 문서의 다른 위치로 옮깁니다.

⑦ **계산** : 계산 필드를 추가할 수 있습니다.

⑧ **도구** : 피벗 테이블을 원본으로 피벗 차트를 만들거나 피벗 테이블에 추가로 계산 필드를 삽입합니다.

⑨ **표시** : 필드 목록창, 필드가 그룹화되어 있을 때 표시되는 +/−, 필드 머리글을 표시하거나 숨깁니다.

실 무 활 용 | 매입매출장에서 피벗 테이블 레이아웃 및 디자인 변경하기

2007 | 2010 | 2013

- 실습 파일 엑셀\9장\실습\매입매출장3.xlsx
- 완성 파일 엑셀\9장\완성\매입매출장3_완성.xlsx

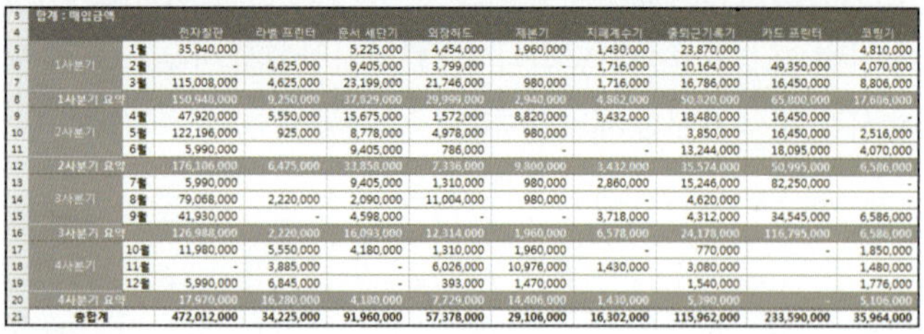

피벗 테이블 기능으로 요약한 보고서에 레이아웃과 서식, 스타일을 적용해서 보고서를 보기 좋고 이해하기 쉽게 꾸밀 수 있습니다. 일자, 품명별 매입 금액이 계산된 피벗 테이블에서 레이아웃과 디자인을 변경해보겠습니다.

01 부분합 표시하기

① [피벗 테이블 도구〉디자인] 탭-[레이아웃] 그룹에서 [부분합]을 클릭하고 ② **[그룹 상단에 모든 부분합 표시]**를 선택합니다.

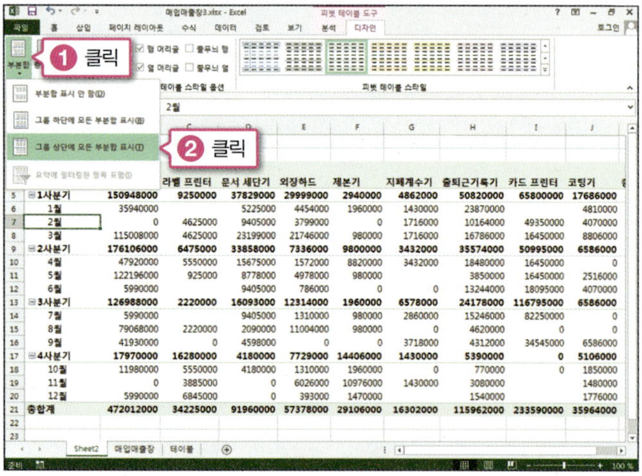

02 열의 총합계만 표시하기

피벗 테이블은 기본적으로 행과 열의 총합계가 표시됩니다. ① [디자인] 탭-[레이아웃] 그룹에서 **[총합계]**를 클릭하고 ② **[열의 총합계만 설정]**을 선택해서 열의 총합계만 표시합니다.

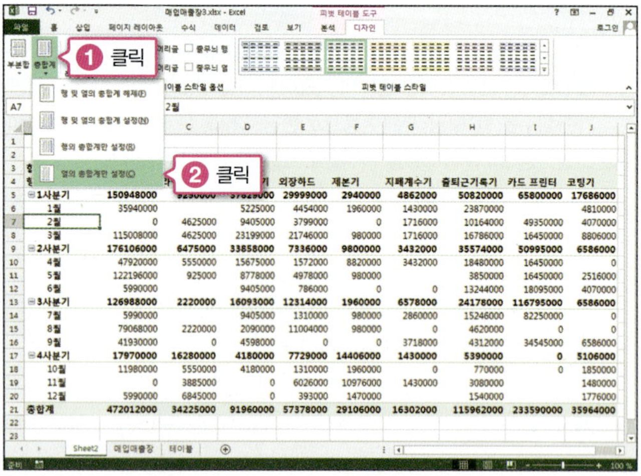

03 피벗 테이블을 개요 형식으로 변경하기

① [디자인] 탭–[레이아웃] 그룹에서 [**보고서 레이아웃**]을 클릭합니다. ② **[개요 형식으로 표시]**와 **[항목 레이블 반복 안함]**을 각각 선택하여 레이아웃을 개요 형식으로 변경합니다.

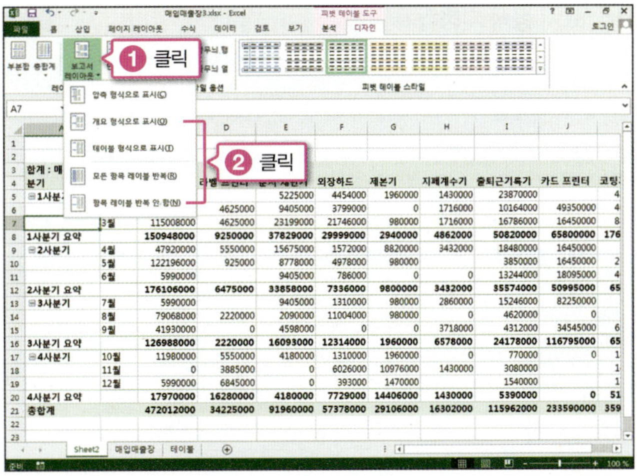

04 피벗 테이블 스타일 변경하기

① [디자인] 탭–[피벗 테이블 스타일 옵션] 그룹에서 **[행 머리글]**, **[줄무늬 행]**, **[열 머리글]**에 체크하여 선택하고 ② [피벗 테이블 스타일] 그룹에서 [**자세히**]를 클릭합니다. ③ 보통 영역의 **[피벗 스타일 보통 1]**을 선택하여 피벗 스타일을 변경합니다.

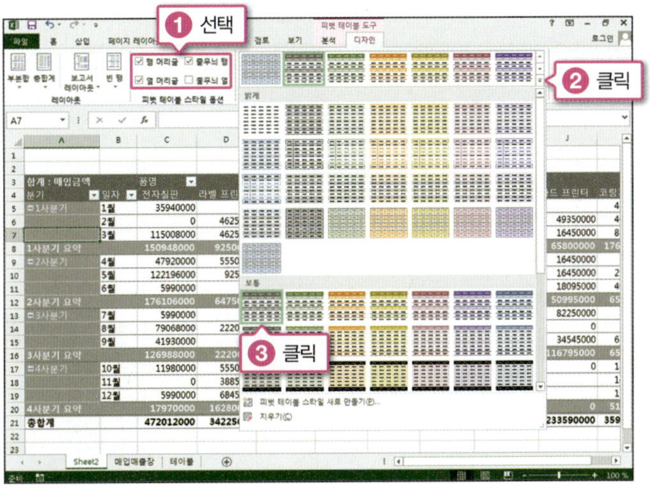

05 셀 병합하기

행/열 레이블에 두 개 이상의 필드가 있는 경우 첫 번째 항목에 대해서 셀 병합을 할 수 있습니다. ① 피벗 테이블 안에 임의의 셀을 선택하고 마우스의 오른쪽 버튼을 클릭하여 ② **[피벗 테이블 옵션]**을 선택합니다. ③ 피벗 테이블 옵션 대화상자에서 [레이아웃 및 서식] 탭의 **[레이블이 있는 셀 병합 및 가운데 맞춤]**에 체크한 후 ④ **[확인]**을 클릭합니다.

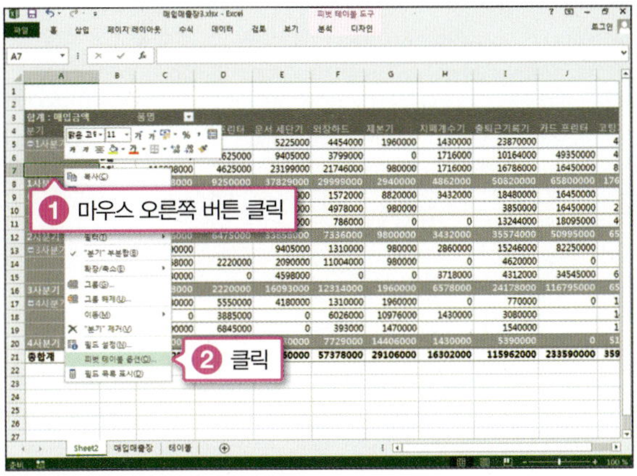

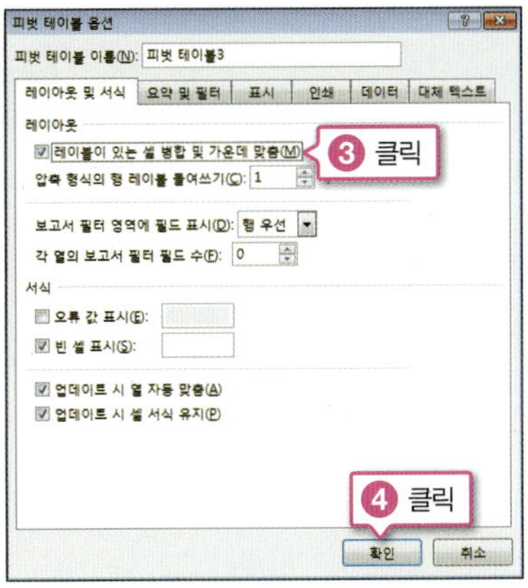

06 표시 형식 지정하기

① 매입금액 필드에 있는 임의의 셀을 선택하고 마우스 오른쪽 버튼을 클릭한 후 ② **[필드 표시 형식]**을 선택합니다. ③ 셀 서식 대화상자의 표시 형식 범주에서 **[회계]**를 선택하고 ④ 기호에 **[없음]**을 선택한 다음 ⑤ **[확인]**을 클릭합니다.

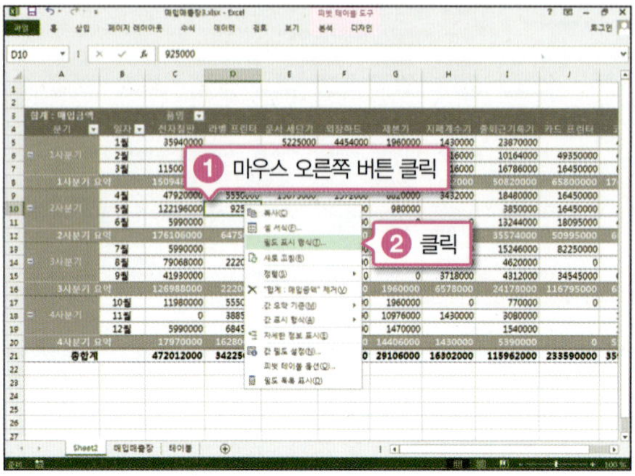

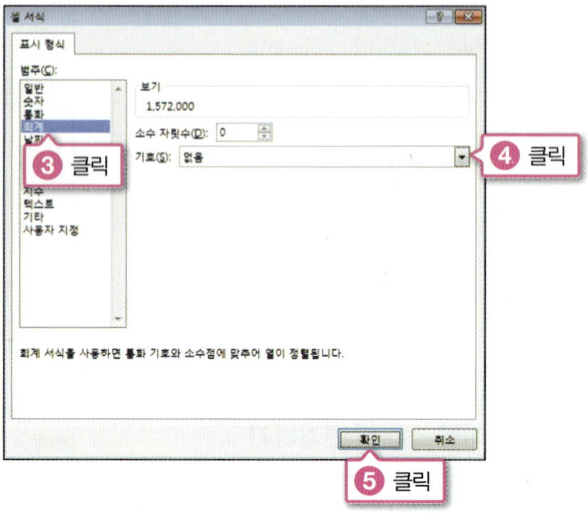

07 피벗 테이블 보고서 완성하기

[분석] 탭–[표시] 그룹에서 **[필드 목록]**, **[+,– 단추]**, **[필드 머리글]**을 각각 클릭하여 숨기면 그림과 같은 피벗 테이블 보고서가 완성됩니다.

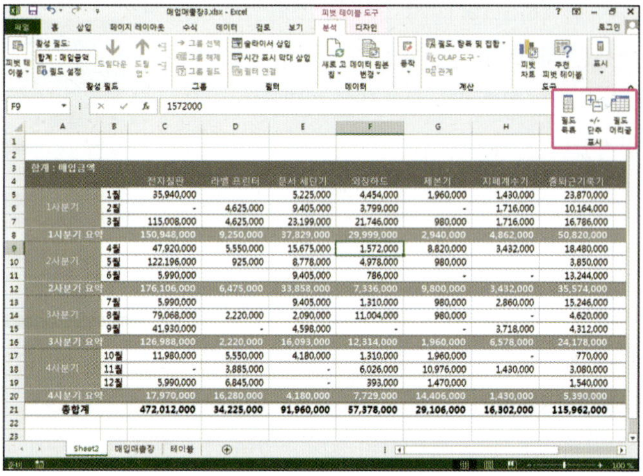

실무활용 매입매출장 피벗 차트 만들기 2007 | 2010 | 2013

- **실습 파일** 엑셀\9장\실습\매입매출장4.xlsx
- **완성 파일** 엑셀\9장\완성\매입매출장4_완성.xlsx

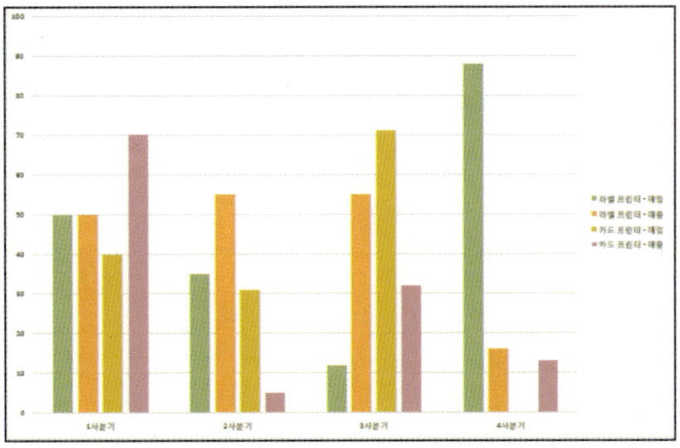

피벗 차트는 표준 차트와 달리 피벗 테이블의 레이아웃이나 표시되는 세부 항목 등이 변경되면 피벗 테이블 차트도 자동으로 갱신되는 대화형 차트입니다.

01 피벗 차트 만들기

① 피벗 테이블에서 임의의 셀을 선택하고 ② [분석] 탭-[도구] 그룹에서 [**피벗 차트**]를 클릭합니다. ③ 차트 삽입 대화상자가 나타나면 세로 막대형 항목에서 **[묶은 세로 막대형]**을 선택합니다. ④ **[확인]**을 클릭해서 차트를 만듭니다.

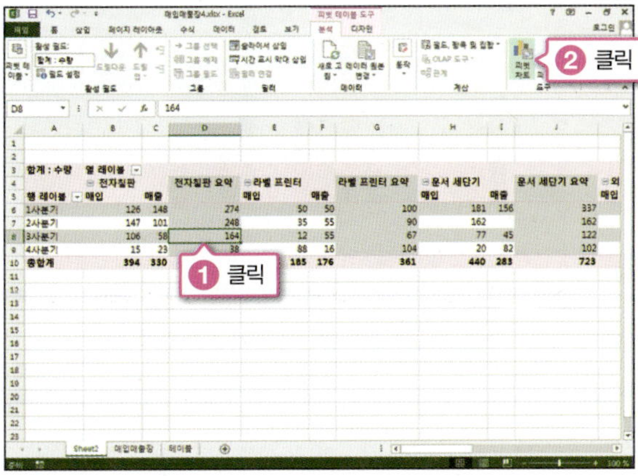

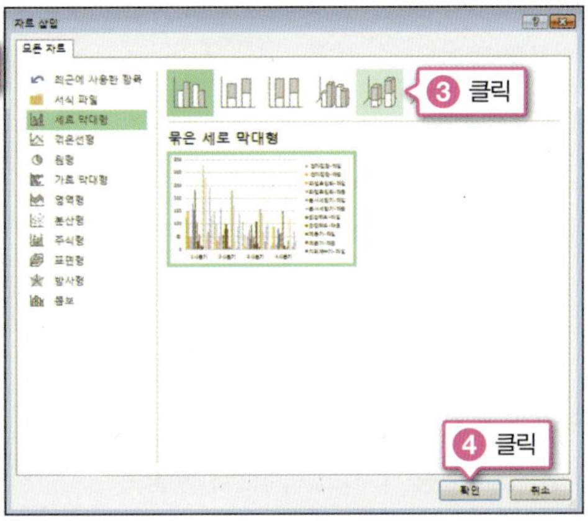

02 피벗 차트를 새 시트로 옮기기

① [디자인] 탭-[위치] 그룹에서 [**차트 이동**]을 클릭합니다. ② 차트 이동 대화상자에서 **[새 시트]**를 선택하고 ③ 시트 이름을 ③ **피벗차트**로 입력한 다음 ④ **[확인]**을 클릭해서 차트를 새 시트로 옮깁니다.

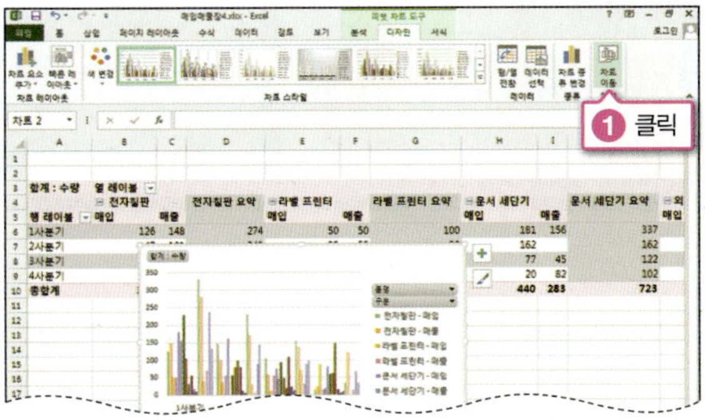

03 필드 버튼으로 필터링하기

① 피벗 차트 시트에서 [**품명 필드 단추**]를 클릭하고 ② **[라벨 프린터]**, **[카드 프린터]**에 체크한 다음 ③ **[확인]**을 클릭합니다. 필터링한 조건으로 차트가 갱신됩니다.

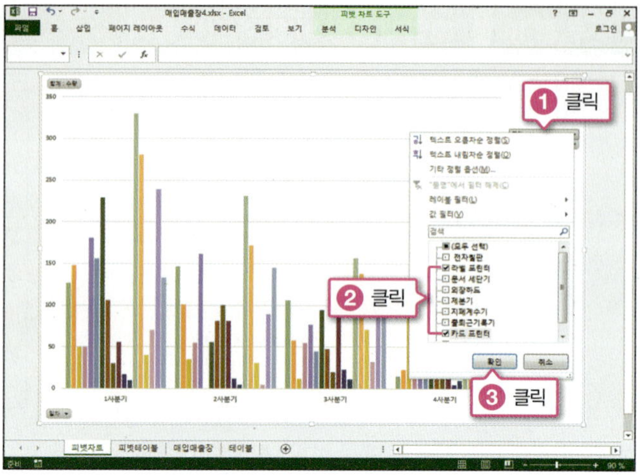

TIP 차트에서 조건을 지정하여 필터링하면 동적으로 연결되어 있는 피벗 테이블도 자동 갱신됩니다.

04 필드 버튼으로 필터링하기

① X 축 위치에 [**일자 필드 단추**]를 클릭하고 ② **[1사분기]**, **[2사분기]**에 체크한 다음 ③ **[확인]**을 클릭합니다. 1~2분기 데이터만 차트로 나타납니다.

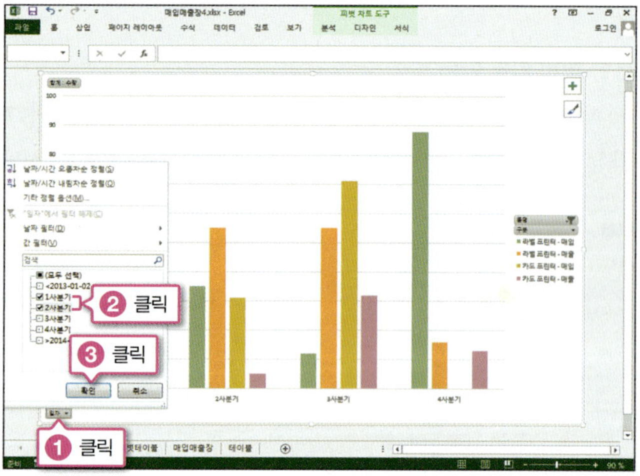

05 필드 버튼 숨기기

① [분석] 탭-[표시/숨기기] 그룹에서 [**필드 단추**]를 클릭하여 ② **[모두 숨기기]**를 선택하면 필드 버튼이 모두 사라집니다.

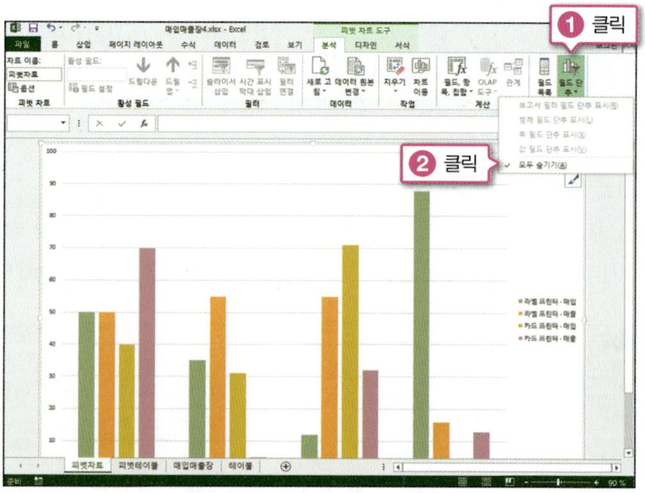

TIP 피벗 차트 도구의 디자인, 레이아웃, 서식 탭과 차트를 편집하는 자세한 내용은 Chapter 08을 참고합니다.

CHAPTER

10

반복 작업을 줄여줄 매크로 다루기

SECTION

01 매크로 기록하기

기능설명 | 매크로 알아보기 2007 | 2010 | 2013

엑셀에서 매크로를 만들기 위해서는 VBA(Visual Basic for Application)를 이용하여 직접 프로그래밍하거나 매크로 기록 도구를 사용해야 합니다. 여기서는 매크로 기록 도구에 대해서 알아보겠습니다.

매크로란?

매크로는 작업의 자동화를 위하여 여러 가지의 명령어들을 하나로 묶어서 마치 하나의 작업을 실행하듯이 일괄 처리할 수 있는 기능을 말합니다. 엑셀은 반복되는 작업을 메뉴나 단추로 만들어 실행할 수 있도록 매크로 기능이 준비되어 있습니다.

매크로 기록 대화상자 살펴보기

매크로를 작성하려면 매크로 기록기를 사용하여 캠코더와 같이 엑셀에서 수행하고 싶은 일련의 작업 과정을 기록하고 VBA(Visual Basic for Application) 프로그래밍 언어 형태로 자동 변환합니다. 이렇게 기록해 놓은 자동 매크로는 사용자가 원할 때마다 바로가기 키나 명령 단추 등을 이용하여 실행할 수 있습니다. 또한 기록된 매크로는 비주얼 베이직 편집기(Visual Basic Editor, VBE)를 통하여 편집할 수 있습니다.

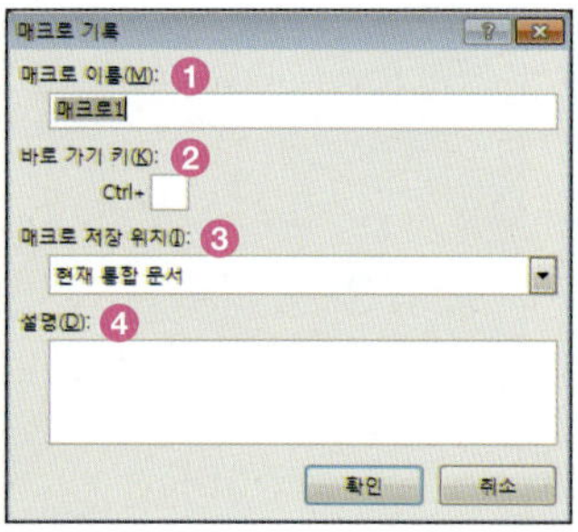

① **매크로 이름** : 기록할 매크로의 이름을 입력합니다. 매크로 이름은 첫 글자가 반드시 문자로 시작하고 공백, 특수문자(!, @, ?, %, & 등), 셀 주소는 사용할 수 없습니다.

② **바로 가기 키** : 매크로를 실행하는 바로 가기 단축키를 설정할 수 있으며, 대소문자를 구별합니다.

③ **매크로 저장 위치** : 자동 매크로가 기록될 위치를 [개인용 통합 문서], [새 통합 문서], [현재 통합 문서] 중에서 선택합니다.

④ **설명** : 매크로에 대한 부연 설명을 입력합니다.

기 능 실 습 | 개발 도구 탭 추가 및 매크로 보안 설정하기 2007 | 2010 | 2013

매크로를 기록하고 실행하려면 매크로와 관련된 명령어들이 모여 있는 [개발 도구] 탭을 추가하고, 매크로 보안 설정을 해야 합니다. 매크로 보안은 매크로를 통해 감염될 수 있는 바이러스로부터 파일을 보호하기 위해 설정하는 기능이므로 매크로가 포함된 통합 문서를 열 때마다 보다 안전하게 매크로를 실행할 수 있도록 보안 기능을 설정하는 방법에 대해서 살펴보겠습니다.

01 리본 메뉴에 [개발 도구] 탭 표시하기

① **[파일]** 탭에서 **[옵션]**을 클릭합니다. ② Excel 옵션 대화상자가 나타나면 **[리본 사용자 지정]** 항목을 선택합니다. ③ 리본 메뉴 사용자 지정 목록에서 **[개발 도구]**에 체크한 후 ④ **[확인]**을 클릭합니다. 이제 리본 메뉴에 [개발 도구] 탭이 표시됩니다.

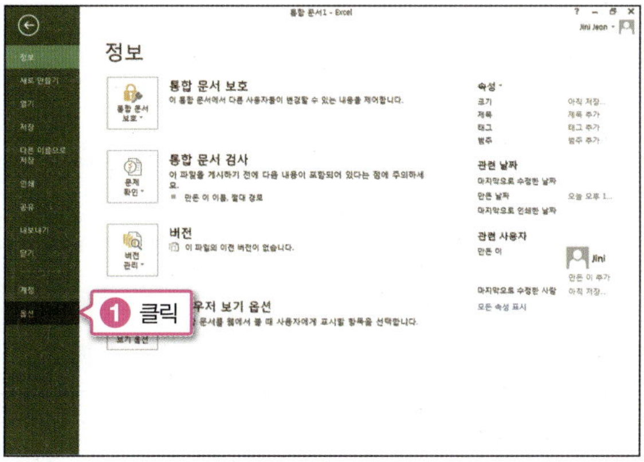

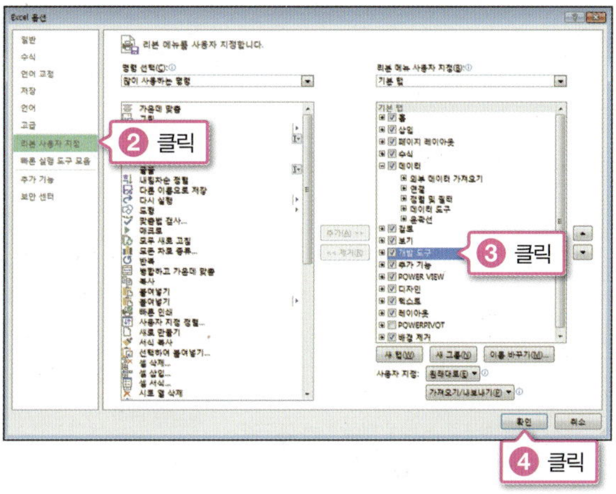

02 매크로 보안 설정하기

① [개발 도구] 탭–[코드] 그룹에서 **[매크로 보안]**을 클릭합니다. ② 보안 센터 대화상자가 나타나면 **[매크로 설정]** 항목을 선택하고 매크로 설정 목록에서 **[모든 매크로 제외(알림 표시)]**에 체크 표시가 되었는지 확인하고 ④ **[확인]**을 클릭합니다.

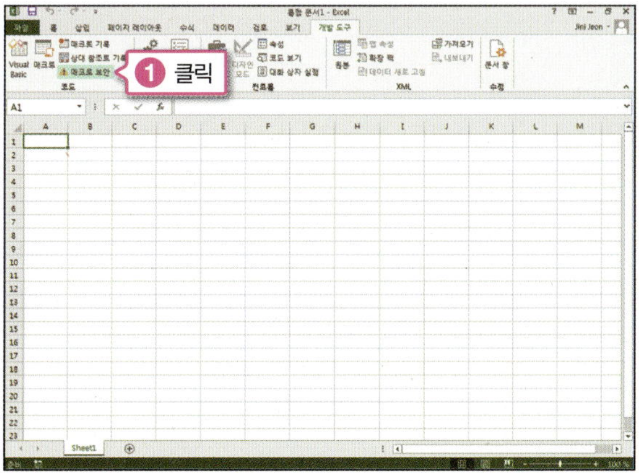

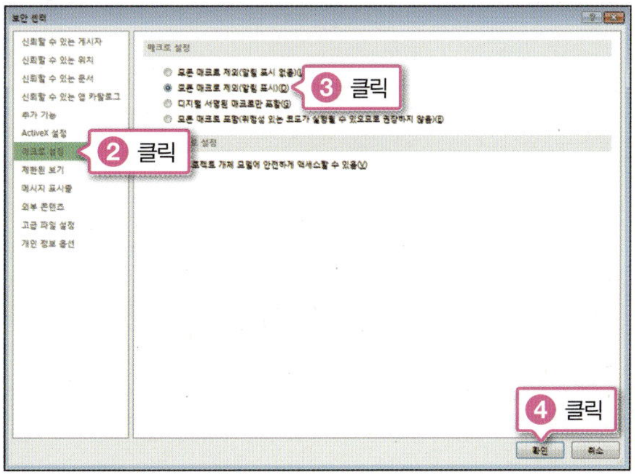

실 무 활 용 EXCEL NOTE

매크로 보안 설정

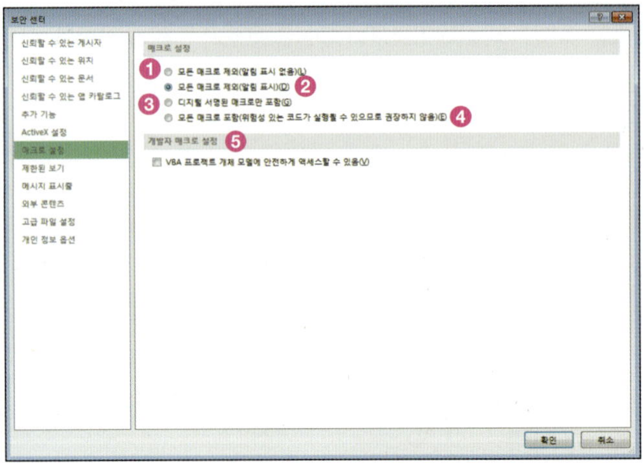

① 모든 매크로 제외(알림 표시 없음)	신뢰할 수 있는 위치에 등록되어 있지 않은 문서의 모든 매크로는 실행할 수 없으며, 보안 경고 알림 메시지도 나타나지 않습니다. 단, 사용자가 신뢰할 수 있는 위치에 등록된 문서의 매크로는 보안 센터 보안 시스템의 확인 없이 매크로를 실행할 수 있습니다.
② 모든 매크로 제외(알림 표시)	매크로 보안의 기본 설정으로 가장 많이 사용하는 보안 센터입니다. 매크로가 포함된 통합 문서를 열 때마다 보안 경고 알림 메시지가 나타나서 사용자로 하여금 현재 문서가 신뢰할 만한 문서인지 아닌지 선택한 후 매크로의 실행 여부를 상황별로 선택합니다.
③ 디지털 서명된 매크로만 포함	매크로가 포함된 문서에 디지털 서명이 있는 경우 매크로를 실행할 수 있습니다. 디지털 서명이 되어 있지 않은 문서의 매크로는 실행할 수 없으며 보안 경고 알림 메시지도 나타나지 않습니다.
④ 모든 매크로 포함(위험성 있는 코드가 실행될 수 있으므로 권장하지 않음)	매크로 보안 경고 없이 모든 매크로가 실행되도록 하는 설정으로 일시적으로 사용할 수 있습니다. 하지만 신뢰할 수 없는 매크로가 포함된 통합 문서일 경우 컴퓨터에 해로운 코드가 포함될 수 있으므로 영구적으로 사용하지 않는 것이 좋습니다.
⑤ 개발자 매크로 설정	개발자 설정 모드로 VBA 프로젝트에서 포함된 ActiveX 개체 모델을 안전하게 액세스할 것인지의 유무를 선택할 수 있습니다.

실무활용 **납품 실적 현황 통합 문서에 매크로 기록하기** 2007 | 2010 | 2013

- **실습 파일** 엑셀\10장\실습\납품실적현황1.xlsx
- **완성 파일** 엑셀\10장\완성\납품실적현황1_매크로_완성.xlsm

상반기 납품 실적표에서 납품월, 제조사, 납품업체, 제품의 부분합 소계를 구하는 매크로를 기록해보겠습니다. 매크로를 기록하기 전에는 명령어의 순서와 흐름을 계획하고 순서에 맞춰 연습한 후 기록을 시작하는 것이 좋습니다.

01 매크로 기록하기

① **[A1] 셀**을 선택합니다. ② [개발 도구] 탭-[코드] 그룹에서 **[매크로 기록]**을 클릭합니다. ③ 매크로 기록 대화상자가 나타나면 매크로 이름에 **[월별부분합]**을 입력하고 ④ 매크로 저장 위치를 **[현재 통합 문서]**로 설정한 다음 ⑤ **[확인]**을 클릭합니다.

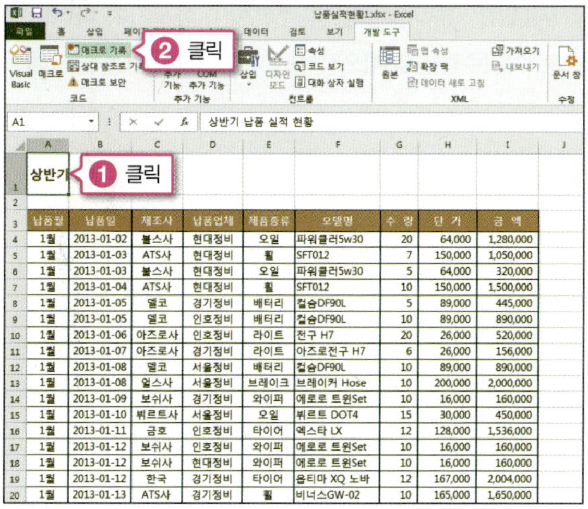

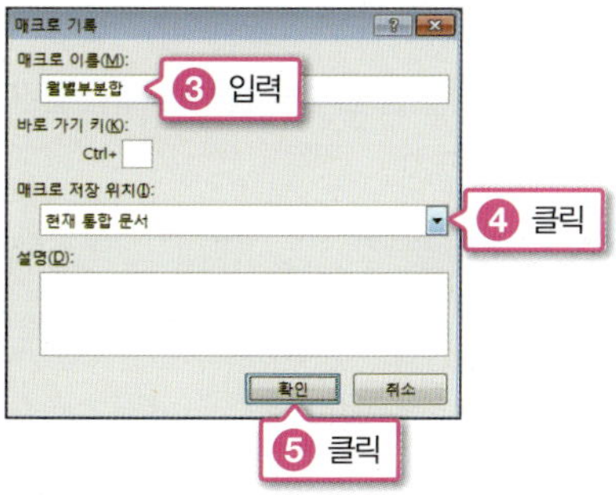

TIP [현재 통합 문서]를 선택하면 작성한 매크로가 현재 통합 문서에서만 적용됩니다.

02 부분합을 구할 필드 데이터 정렬하기

① **[A3] 셀**을 선택한 후 ② [데이터] 탭-[정렬 및 필터] 그룹에서 **[정렬]**을 클릭합니다. ③ 정렬 대화상자에서 **[기준 추가]**를 클릭합니다. ④ 다음과 같이 **[납품월]**과 **[제품종류]** 필드를 설정하고 ⑤ **[확인]**을 클릭해서 부분합을 구할 필드를 정렬합니다.

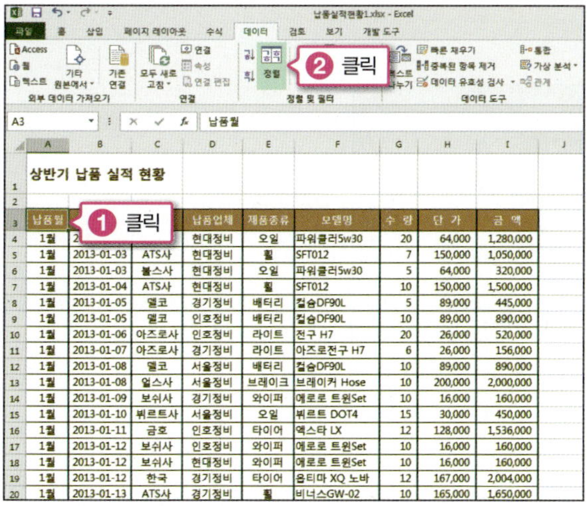

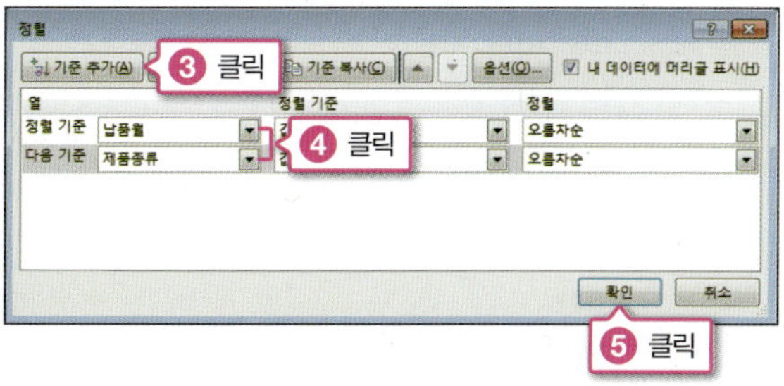

03 부분합을 구하지 않는 열 숨기기

① **B열, C열, D열 머리글**을 드래그해서 범위로 지정하고 ② Ctrl 을 누른 상태로 **F열, H열 머리글**을 선택합니다. ③ Ctrl + 0 을 눌러 선택한 열을 숨깁니다. 마우스 오른쪽 버튼을 눌러 [숨기기]를 선택해도 됩니다.

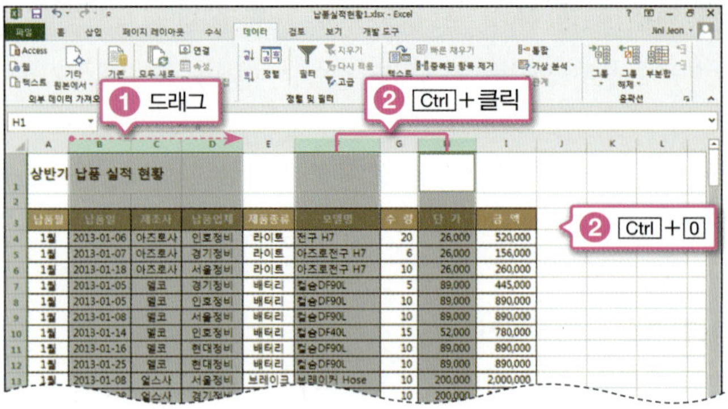

04 다중 부분합 작성하기

① **[A3] 셀**을 선택하고 ② [데이터] 탭–[윤곽선] 그룹에서 **[부분합]**을 클릭합니다. ③ 부분합 대화상자가 나타나면 그룹화할 항목을 **[납품월]**, 사용할 함수를 **[합계]**, 부분합 계산 항목을 **[수량]**, **[금액]**으로 설정하고 ④ **[확인]**을 클릭해서 첫 번째 부분합을 구합니다.

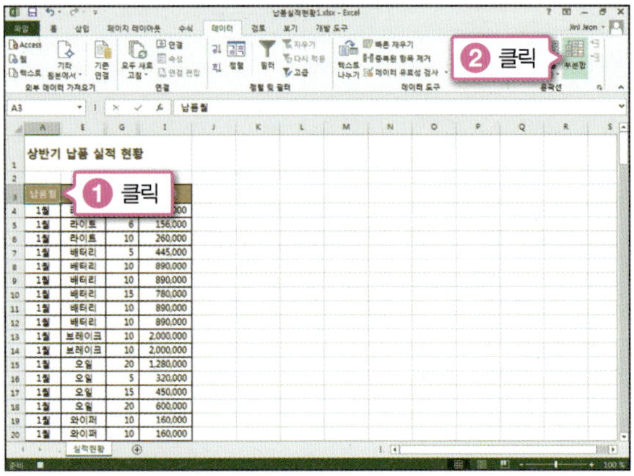

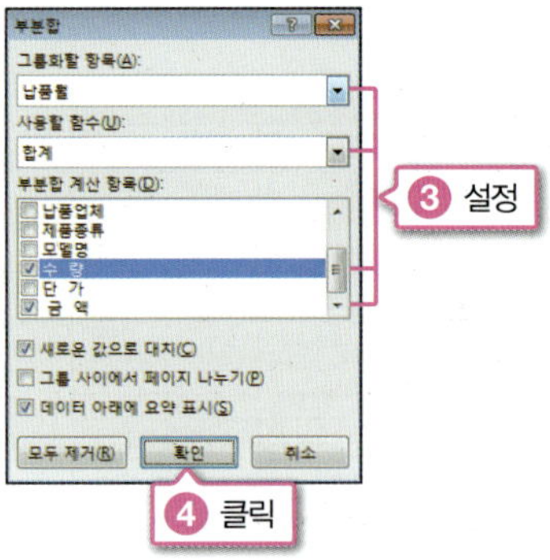

05 다중 부분합 작성하기

① 다시 [윤곽선] 그룹에서 **[부분합]**을 클릭합니다. ② 그룹화할 항목을 **[제품종류]**, 사용할 함수를 **[합계]**, 부분합 계산 항목을 **[수량]**, **[금액]**으로 설정하고 ③ **[새로운 값으로 대치]**에 체크 표시를 해제한 다음 ④ **[확인]**을 클릭해서 두 번째 부분합을 구합니다.

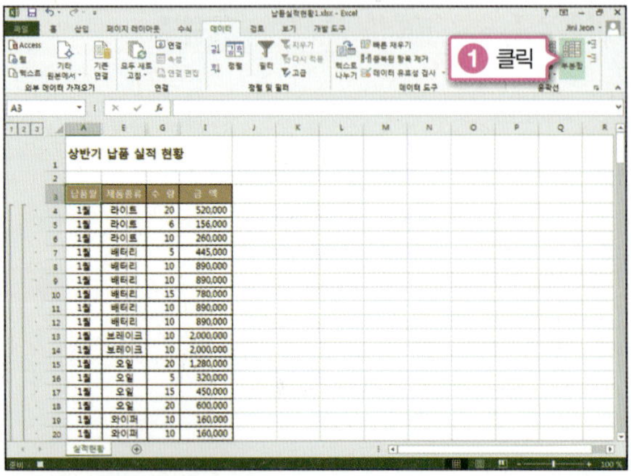

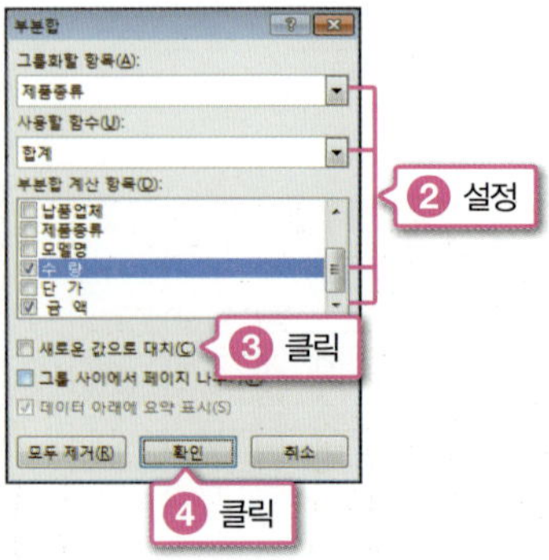

06 부분합 결과에서 화면에 보이는 셀만 선택 및 복사하기

① 윤곽 기호 중에 [3]을 클릭해서 부분합 결과만 표시합니다. ② 요약된 결과만 표시된 상태에서 Ctrl+A를 눌러 전체 범위를 지정합니다. ③ Alt+;를 눌러 화면에 보이는 셀만 선택합니다. ④ Ctrl+C를 눌러 셀을 복사합니다. ⑤ 아래의 [⊕ **새 시트**]를 클릭하여 새 시트를 추가합니다.

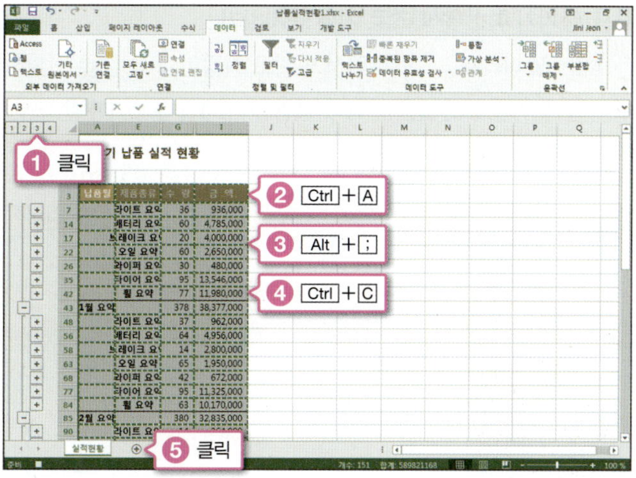

07 복사한 데이터 붙여 넣기

① 새 워크시트의 **[A2] 셀**을 선택하고 Ctrl+V를 눌러 화면에 보이는 영역만 붙여 넣습니다. ② 각각 열 머리글의 경계를 더블클릭하여 열 너비를 조정합니다. ③ 다시 **[A1] 셀**을 선택합니다.

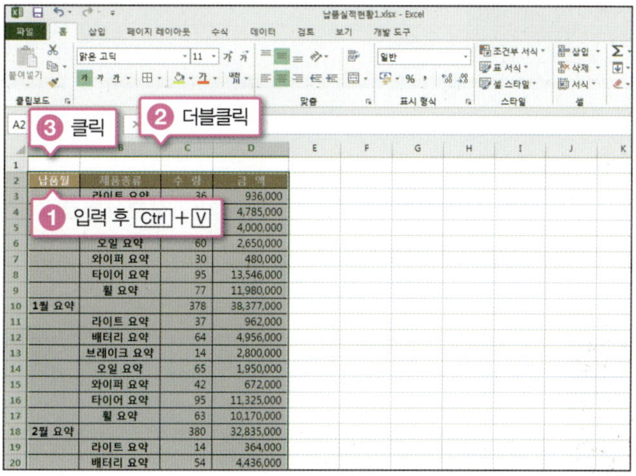

08 부분합 삭제하기

① **[실적현황] 시트**를 선택해 ② **[A3] 셀**을 클릭한 후 ESC를 눌러 복사 모드를 해제합니다. ③ [데이터] 탭-[윤곽선] 그룹에서 [**부분합**]을 클릭합니다. ④ 부분합 대화상자에서 **[모두 제거]**를 클릭해서 부분합을 제거합니다.

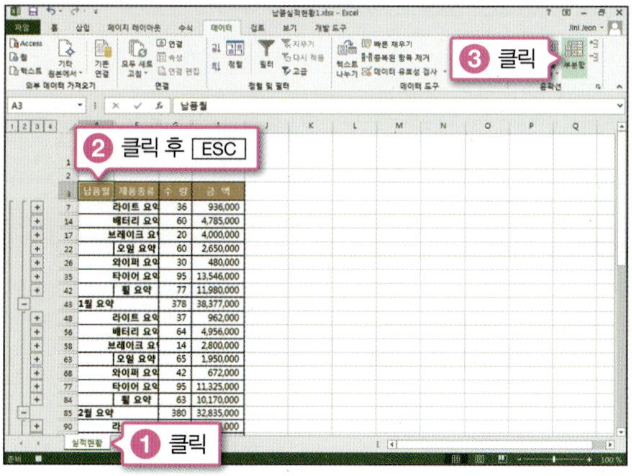

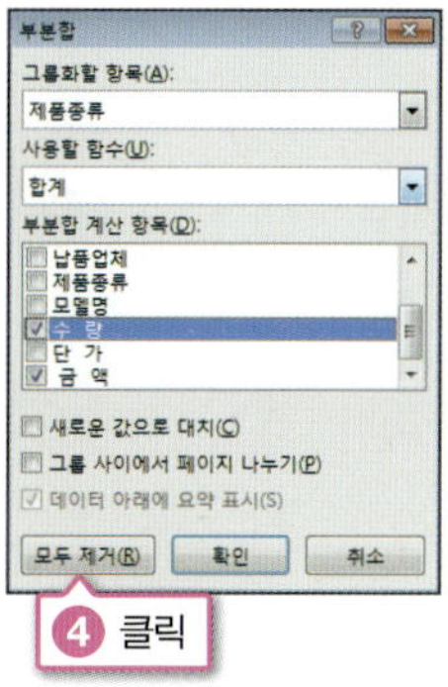

09 숨기기 취소 및 매크로 기록 중지하기

① **A열~I열 머리글**을 드래그해서 범위로 지정한 후 ② Ctrl+Shift+0을 눌러 선택한 범위 사이에 있는 숨겨진 열을 나타냅니다. ③ **[A1] 셀**을 선택해 범위를 해제한 후 ④ [개발 도구] 탭-[코드] 그룹에서 **[기록 중지]**를 클릭하여 매크로 작성을 마칩니다.

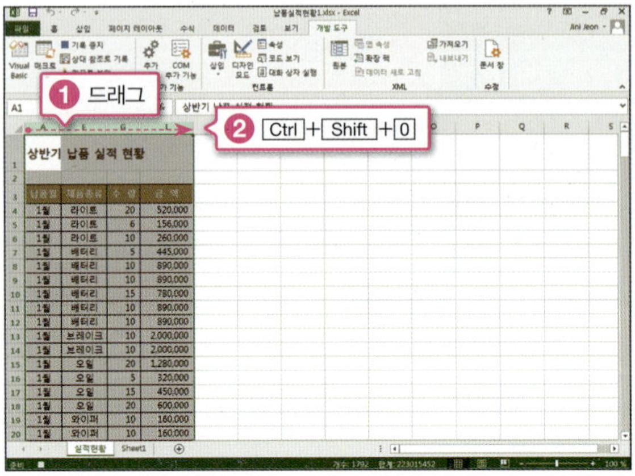

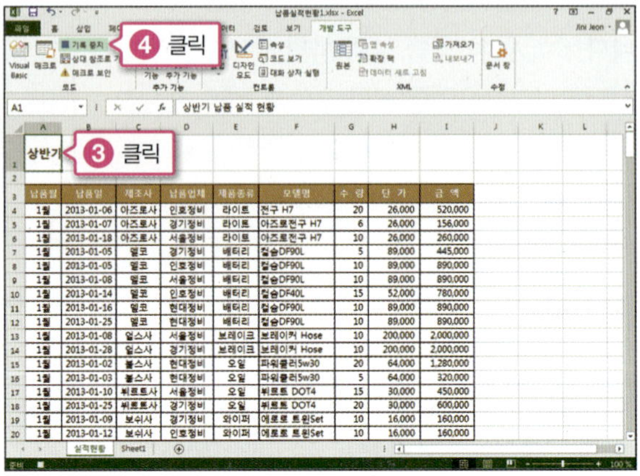

10 매크로 저장하기

① [파일] 탭에서 **[내보내기]**를 클릭합니다. ② **[파일 형식 변경]**을 클릭하고 ③ **[매크로 사용 통합 문서(*.xlsm)]**를 선택합니다. ④ **[다른 이름으로 저장]**을 선택하여 저장 위치를 정하고 파일 이름을 입력합니다(여기서는 **납품실적현황1_매크로**로 입력). ⑤ **[저장]**을 클릭해서 저장합니다.

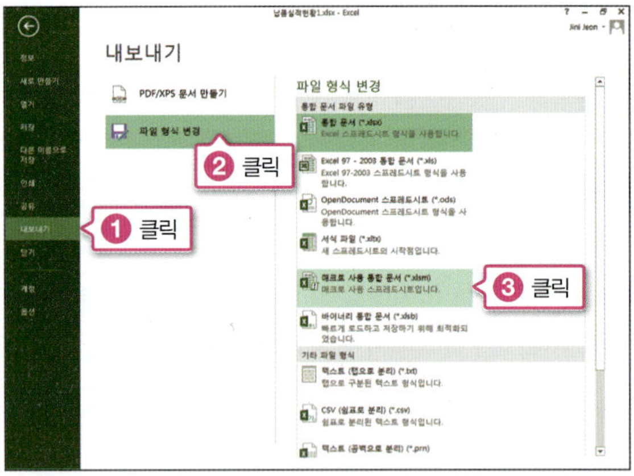

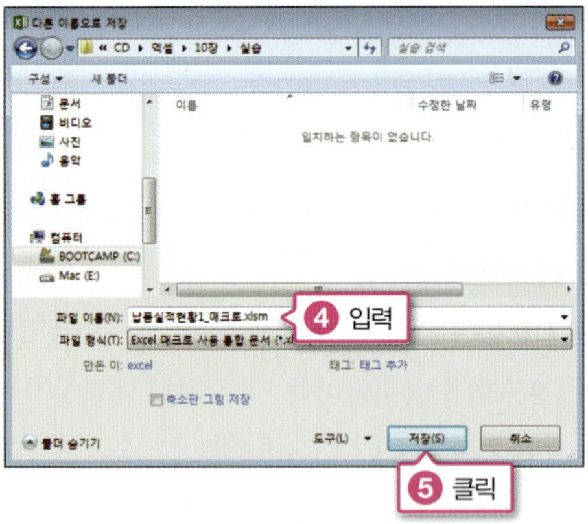

TIP *.xlsx 형태로 저장하면 현재 통합 문서에서 작성한 매크로가 저장되지 않습니다. 반드시 매크로 사용 통합 문서인 *.xlsm 형식으로 저장합니다.

SECTION

02 매크로 실행 및 삭제하기

기능실습 양식 컨트롤로 매크로 실행하기

2007 | 2010 | 2013

- **실습 파일** 엑셀\10장\실습\납품실적현황2_매크로.xlsm
- **완성 파일** 엑셀\10장\완성\납품실적현황2_매크로_완성.xlsm

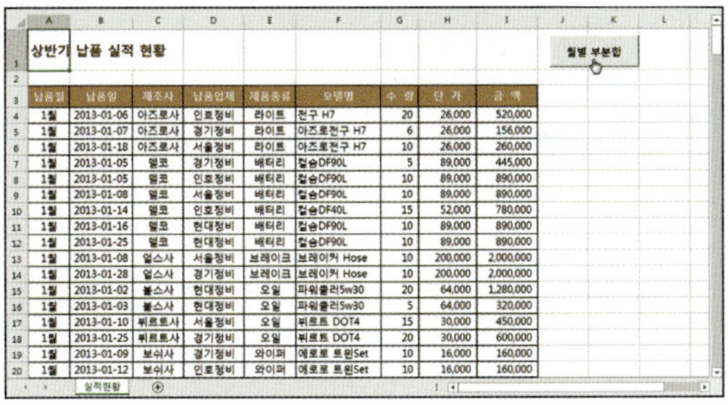

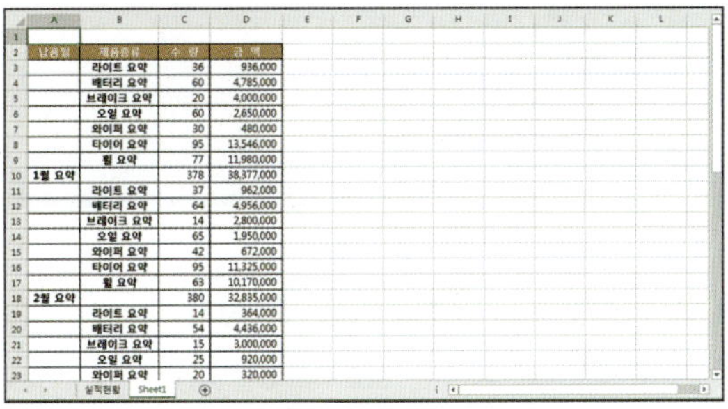

매크로를 실행하기 위해 매번 매크로 대화상자를 실행해야 한다면 번거롭습니다. 여기서는 양식을 이용하여 매크로를 실행해보겠습니다. 매크로를 편집하고 삭제하는 방법에 대해서도 알아보겠습니다.

01 매크로 사용 허가하기

매크로 사용 통합 문서를 열면 메시지 표시줄에 보안 경고 메시지가 표시됩니다. **[콘텐츠 사용]**을 클릭해서 매크로를 사용하도록 설정합니다.

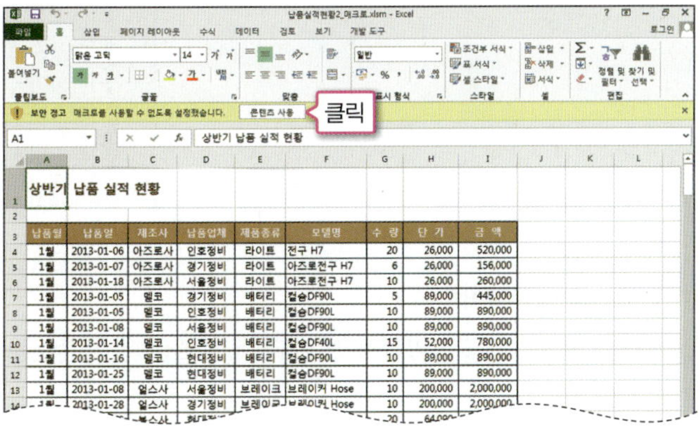

TIP [개발 도구] 탭-[코드] 그룹에서 [매크로 보안]에서 [모든 매크로 포함]을 선택하면 보안 경고 메시지가 나타나지 않습니다. 하지만 위험한 코드가 실행될 수 있어 사용하지 않는 것이 좋습니다. 따라서 [모든 매크로 제외(알림 표시)]를 선택해서 매크로를 선별적으로 사용하는 것이 좋습니다.

02 양식 컨트롤로 매크로 실행하기

양식 컨트롤로 매크로를 실행하겠습니다. ① [개발 도구] 탭-[컨트롤] 그룹에서 **[삽입]**을 클릭한 다음 ② 양식 컨트롤의 **[단추]**를 선택합니다.

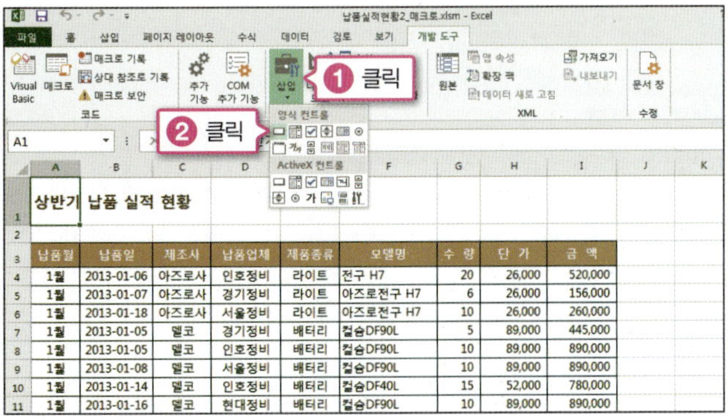

TIP ActiveX 컨트롤은 주로 VBA로 프로그래밍할 때 사용하며 양식 컨트롤은 매크로를 실행하거나 통합 문서에서 함수와 연동 작업을 할 때 사용합니다.

03 양식 컨트롤 단추에 매크로 지정하기

① **[J1]~[K1] 셀**의 위치에서 사각형 모양으로 드래그하면 단추를 삽입할 수 있습니다. ② 매크로 지정 대화상자가 나타나면 매크로 이름에서 **[월별부분합]**을 선택하고 ③ **[확인]**을 클릭합니다.

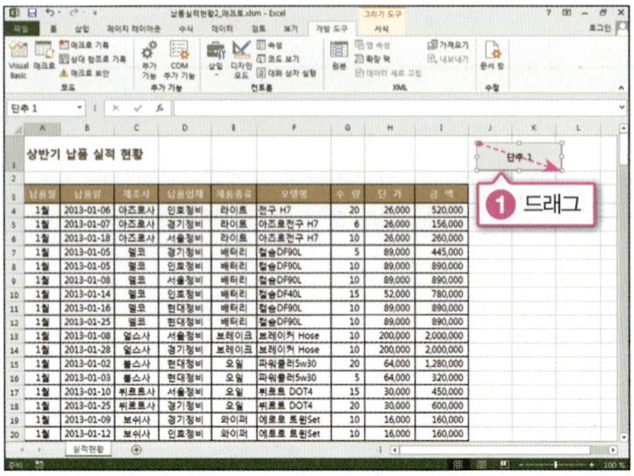

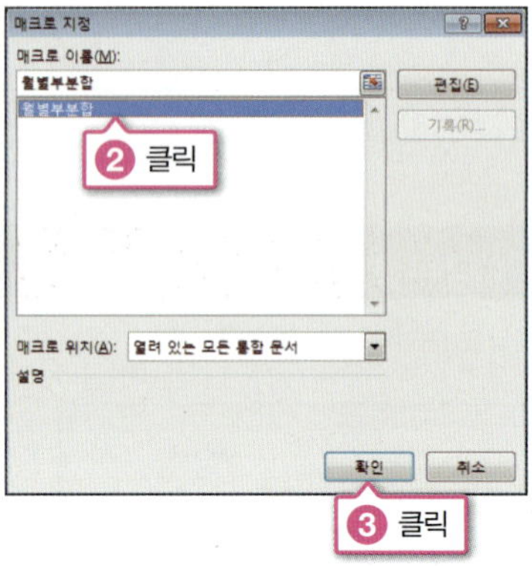

04 양식 컨트롤 단추에 이름 입력하기

① 단추 안을 클릭한 후 **월별부분합**을 입력합니다. ② 임의의 셀을 선택하여 단추 선택을 해제합니다.

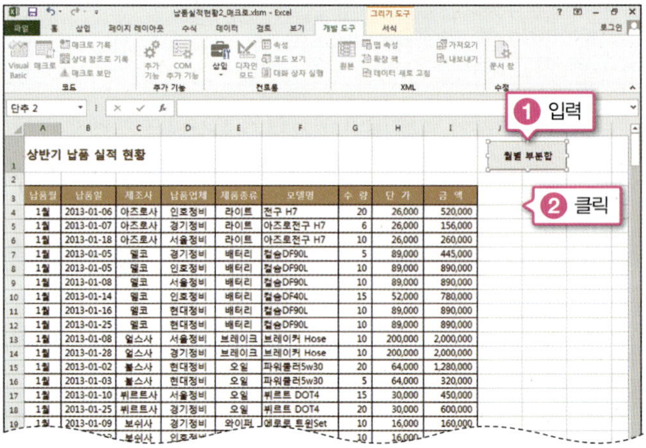

05 매크로 실행하기

① **[월별부분합]** 단추를 클릭하여 매크로를 실행합니다. ② **[Sheet1] 시트 탭**을 클릭하면 월별 부분합 소계가 작성되었습니다.

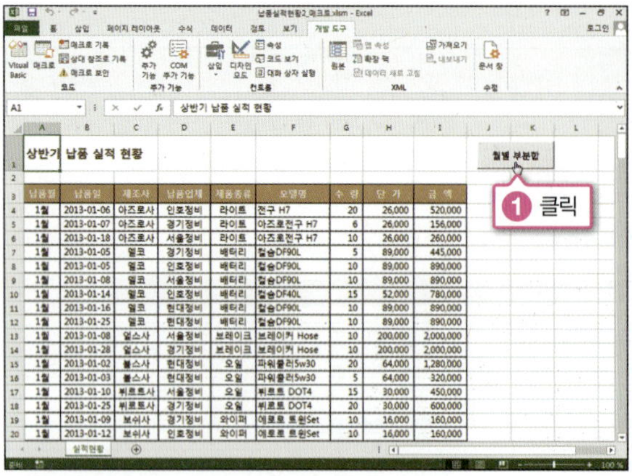

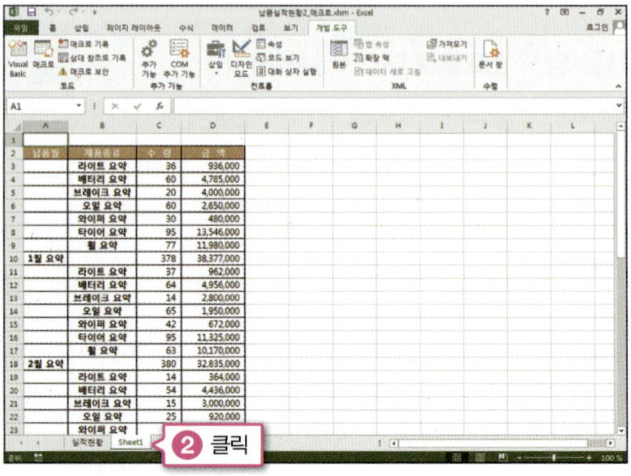

기능실습 매크로 삭제하기

2007 | 2010 | 2013

- **실습 파일** 엑셀\10장\실습\납품실적현황3_매크로.xlsm

매크로를 삭제하려면 매크로 대화상자나 비주얼 베이직 편집기(Visual Basic Editor)를 사용합니다. 매크로 대화상자를 이용하여 매크로를 삭제하는 방법에 대해서 살펴보겠습니다.

01 매크로 삭제하기

① [개발 도구] 탭–[코드] 그룹에서 [**매크로**]를 클릭합니다. ② 매크로 대화상자에서 [**월별부분합**]을 선택하고 ③ [**삭제**]를 클릭합니다. ④ 경고 메시지창이 나타나면 [**예**]를 클릭하여 매크로를 삭제합니다.

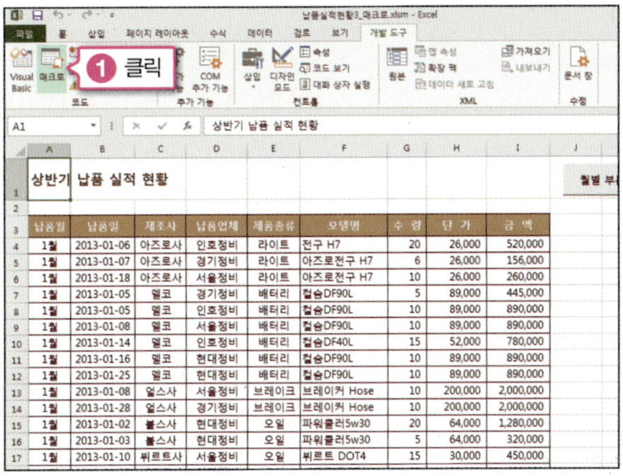

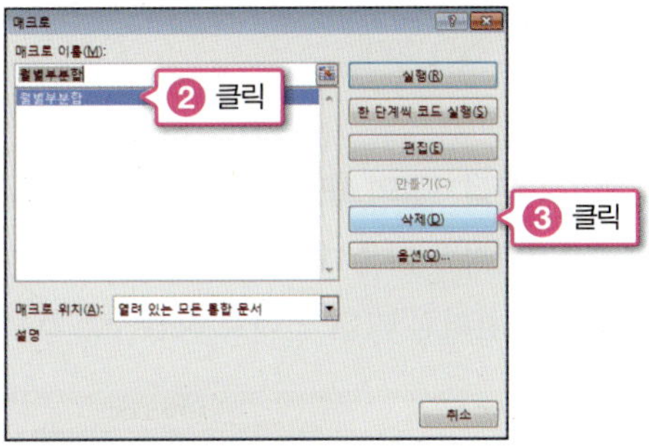

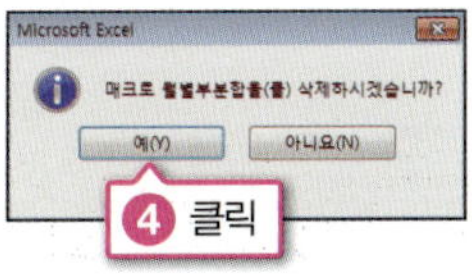

02 삭제된 매크로 확인하기

[**월별부분합**] 단추를 클릭하면 매크로가 작동하지 않고 경고 메시지창이 나타납니다.

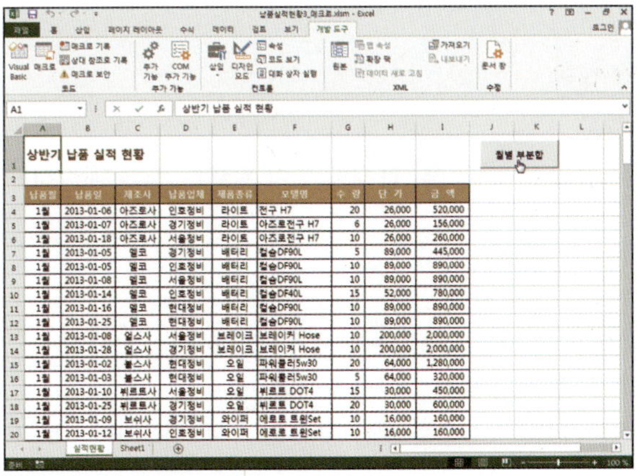

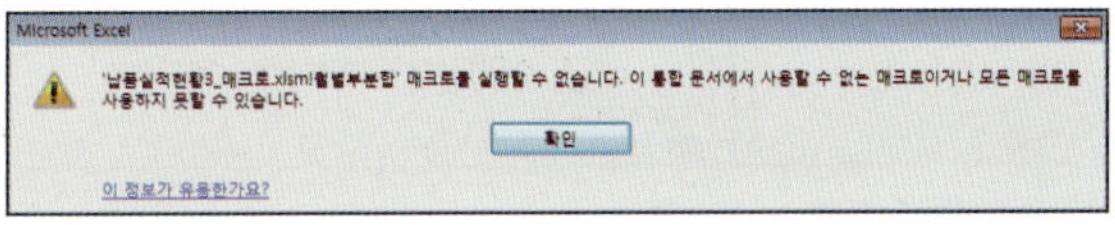

SECTION

03 매크로 편집하기

기능설명 매크로 편집 방법 알아보기

2007 | 2010 | 2013

비주얼 베이직 편집기(Visual Basic Editor)를 이용하면 매크로를 잘 편집하고 응용할 수 있어 편리합니다. 여기서는 직접 VBA(Visual Basic for Application) 언어로 매크로를 작성할 수 있는 비주얼 베이직 편집기의 화면 구성에 대해서 살펴보겠습니다.

비주얼 베이직 편집기창의 화면 구성 살펴보기

비주얼 베이직 편집기창은 기존 대화상자나 엑셀창과는 다른 모습입니다. 마치 개발자들이 프로그래밍하는 화면과 같습니다. 아래 그림처럼 VBA 언어로 직접 소스를 입력하면 프로그래밍한 내용이 나타납니다.

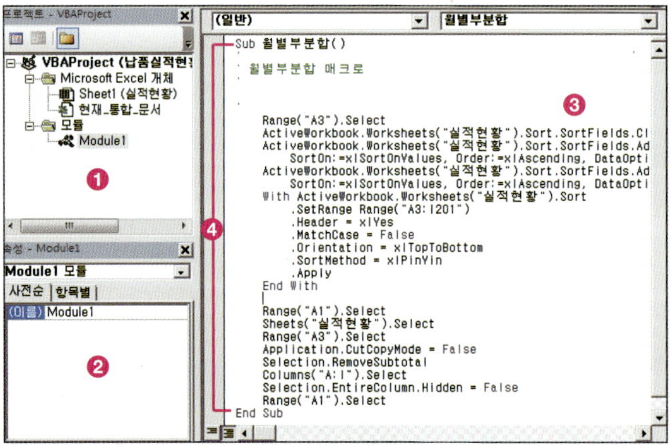

① **프로젝트 탐색기창** : 엑셀을 구성하는 통합 문서, 워크시트 그리고 모듈, 폼, 클래스 등의 개체를 계층 구조 형태로 표시합니다.

② **속성창** : 각 프로젝트 탐색기창에 나타나는 개체들의 속성을 설정합니다.

③ **코드창** : 매크로가 VBA 코드로 기록되어 나타나는 창으로 매크로를 직접 수행하거나 삭제할 수 있고 매크로를 만들 수 있습니다.

④ **프로시저** : Sub으로 시작해서 VBA 명령어 코드가 입력되어 End Sub으로 끝납니다. 앞서 매크로 기록기로 기록한 매크로에 해당합니다.

실무활용 납품 실적 현황표의 매크로 편집하기

2007 | 2010 | 2013

- **실습 파일** 엑셀\10장\실습\납품실적현황4_매크로.xlsm
- **완성 파일** 엑셀\10장\완성\납품실적현황4_매크로_완성.xlsm

비주얼 베이직 편집기(Visual Basic Editor)를 이용하면 이미 작성된 매크로를 편집하거나 직접 VBA(Visual Basic for Application) 언어로 매크로를 작성할 수 있습니다. 여기서는 앞서 작성한 [월별부분합] 매크로에서 추가된 시트의 이름을 바꾸는 코드를 추가하여 매크로를 편집해보겠습니다.

01 비주얼 베이직 편집기창 열기

비주얼 베이직 편집기창을 열기 위해 [개발 도구] 탭-[코드] 그룹에서 [**Visual Basic**]을 클릭합니다.

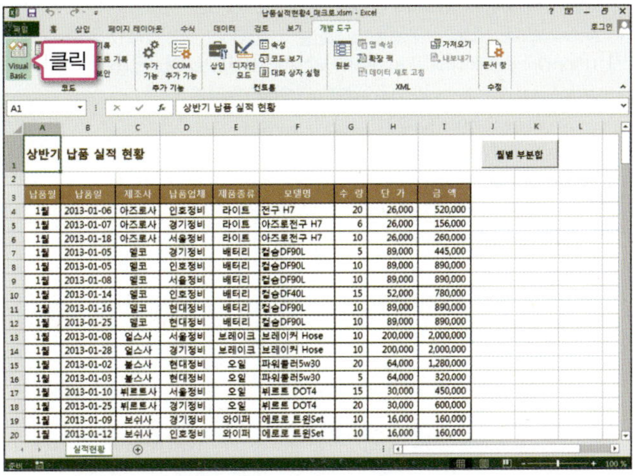

TIP 비주얼 베이직 편집기창은 Alt+F11을 누르거나, 시트 탭에서 마우스 오른쪽 버튼을 클릭하여 [코드 보기]를 선택해도 열 수 있습니다.

02 비주얼 베이직 편집기창 확인하기

① 프로젝트 탐색기창의 [모듈 폴더]에서 [**확장**]을 클릭하면 [Module]이 나타납니다. ② [Module1]을 더블클릭하면 **[월별부분합]** 매크로 구문이 오른쪽 코드창에 표시됩니다.

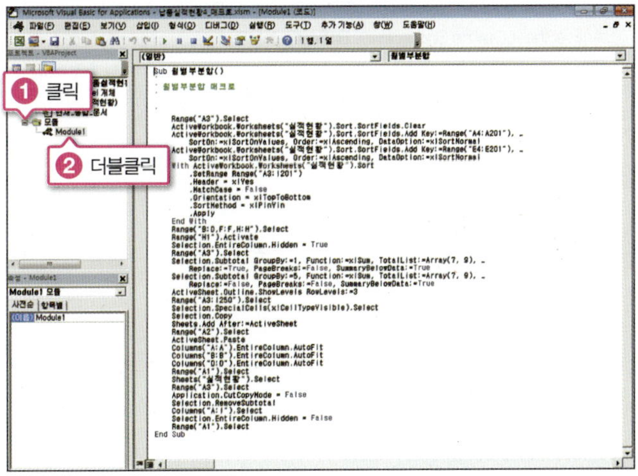

03 코드창에서 매크로 수정하기

[월별부분합] 코드창에서 다음의 코드 위치를 찾아 빨강색으로 표기된 코드를 추가로 입력하여 매크로를 수정합니다.

```
Sub 월별부분합()
  Range("A3").Select
  ActiveWorkbook.Worksheets("실적현황").Sort.SortFields.Clear
  ActiveWorkbook.Worksheets("실적현황").Sort.SortFields.Add Key:=Range("A4:A201"), _
    SortOn:=xlSortOnValues, Order:=xlAscending, DataOption:=xlSortNormal
  ActiveWorkbook.Worksheets("실적현황").Sort.SortFields.Add Key:=Range("E4:E201"), _
    SortOn:=xlSortOnValues, Order:=xlAscending, DataOption:=xlSortNormal
  With ActiveWorkbook.Worksheets("실적현황").Sort
    .SetRange Range("A3:I201")
    .Header = xlYes
    .MatchCase = False
    .Orientation = xlTopToBottom
    .SortMethod = xlPinYin
    .Apply
  End With
  Range("B:D,F:F,H:H").Select
  Range("H1").Activate
  Selection.EntireColumn.Hidden = True
  Range("A3").Select
  Selection.Subtotal GroupBy:=1, Function:=xlSum, TotalList:=Array(7, 9), _
    Replace:=True, PageBreaks:=False, SummaryBelowData:=True
  Selection.Subtotal GroupBy:=5, Function:=xlSum, TotalList:=Array(7, 9), _
    Replace:=False, PageBreaks:=False, SummaryBelowData:=True
  ActiveSheet.Outline.ShowLevels RowLevels:=3
  Range("A3:I250").Select
  Selection.SpecialCells(xlCellTypeVisible).Select
  Selection.Copy
  Sheets.Add After:=ActiveSheet
  Range("A2").Select
  ActiveSheet.Paste
  Columns("A:A").EntireColumn.AutoFit
  Columns("B:B").EntireColumn.AutoFit
  Columns("D:D").EntireColumn.AutoFit
  Range("A1").Select
  ActiveSheet.Name = "납품소계" & Sheets.Count - 1
 Sheets("실적현황").Select
  Range("A3").Select
  Application.CutCopyMode = False
  Selection.RemoveSubtotal
  Columns("A:I").Select
  Selection.EntireColumn.Hidden = False
  Range("A1").Select
End Sub
```

TIP ActiveSheet.Name = "납품소계" & Sheets.Count - 1

위 코드는 새로 추가된 현재 시트(Activesheet)의 이름(Name)을 [납품소계]라고 하고 현재 시트 개수(Sheets.Count)에서 빼기 1을 한 이름으로 시트 이름을 변경합니다.

04 변경된 매크로 확인하기

[닫기]를 클릭하여 비주얼베이직 편집기를 닫습니다. [월별부분합] 단추를 2~3번 클릭해서 매크로를 여러 번 실행하면 **[납품소계+시트번호]**로 변경된 시트 이름이 표시됩니다.

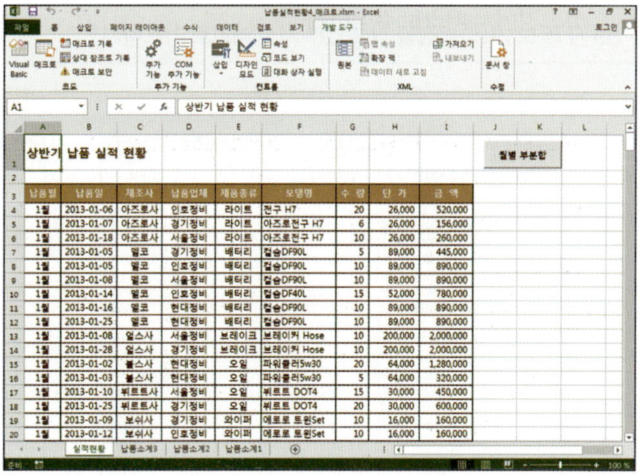

혼자해보기 | 정렬 및 조건부 서식 매크로 기록하기

- **실습 파일** 엑셀\10장\실습\매크로_회원명부.xlsx
- **완성 파일** 엑셀\10장\완성\매크로_회원명부_완성.xlsm

회원등급	회원번호	성명	가입연도	전화번호	거래건수	반품건수	거래금액
골드	311011	강철수	2009-07-03	032-312-0127	63	3	4,784,000
골드	311041	고철중	2010-09-30	031-400-2121	68	1	4,664,500
골드	311018	김국진	2010-11-30	041-422-3455	72	2	7,604,500
골드	311026	김민우	2009-02-02	02-355-4848	62	4	4,722,500
골드	311016	김순희	2012-05-03	033-200-5432	55	4	3,764,500
골드	311050	김정미	2009-05-31	064-700-1254	72	2	6,824,000
골드	311052	노민욱	2012-08-31	031-400-2121	68	3	4,764,500
골드	311051	노현철	2009-10-02	02-678-9123	74	2	8,250,100
실버	311039	문민정	2011-11-02	064-700-1254	74	1	8,515,000
실버	311017	문상국	2011-11-30	054-900-8765	76	0	7,744,000
실버	311045	민대구	2009-01-01	031-812-0001	73	1	7,494,500
실버	311047	민대홍	2009-01-31	02-235-8848	64	2	5,404,500
실버	311036	민욱	2009-03-03	02-235-8848	63	4	4,814,500
실버	311042	오연수	2012-11-03	031-452-4321	63	2	4,873,500
실버	311034	이구민	2011-11-30	031-812-0001	72	2	6,880,000
실버	311012	이미옥	2011-01-02	032-555-7890	54	3	3,734,500
실버	311030	정홍식	2010-10-03	02-678-0099	79	2	11,249,600
실버	311029	최시형	2010-03-01	064-765-7654	77	2	8,744,500
실버	311031	홍나래	2009-05-01	031-452-4321	65	2	5,744,000
실버	311032	홍민욱	2010-05-31	031-321-2221	52	0	3,236,500

△ [Before] 매크로 기록 전

회원등급	회원번호	성명	가입연도	전화번호	거래건수	반품건수	거래금액
골드	311011	강철수	2009-07-03	032-312-0127	63	3	4,784,000
골드	311041	고철중	2010-09-30	031-400-2121	68	1	4,664,500
골드	311018	김국진	2010-11-30	041-422-3455	72	2	7,604,500
골드	311026	김민우	2009-02-02	02-355-4848	62	4	4,722,500
골드	311016	김순희	2012-05-03	033-200-5432	55	4	3,764,500
골드	311050	김정미	2009-05-31	064-700-1254	72	2	6,824,000
골드	311052	노민욱	2012-08-31	031-400-2121	68	3	4,764,500
골드	311051	노현철	2009-10-02	02-678-9123	74	2	8,250,100
실버	311039	문민정	2011-11-02	064-700-1254	74	1	8,515,000
실버	311017	문상국	2011-11-30	054-900-8765	76	0	7,744,000
실버	311045	민대구	2009-01-01	031-812-0001	73	1	7,494,500
실버	311047	민대홍	2009-01-31	02-235-8848	64	2	5,404,500
실버	311036	민욱	2009-03-03	02-235-8848	63	4	4,814,500
실버	311042	오연수	2012-11-03	031-452-4321	63	2	4,873,500
실버	311034	이구민	2011-11-30	031-812-0001	72	2	6,880,000
실버	311012	이미옥	2011-01-02	032-555-7890	54	3	3,734,500
실버	311030	정홍식	2010-10-03	02-678-0099	79	2	11,249,600
실버	311029	최시형	2010-03-01	064-765-7654	77	2	8,744,500
실버	311031	홍나래	2009-05-01	031-452-4321	65	2	5,744,000
실버	311032	홍민욱	2010-05-31	031-321-2221	52	0	3,236,500

△ [After] 조건부서식테두리그리기 매크로를 실행

회원거래명부에서 회원등급별로 오름차순 정렬을 하고, 회원등급이 달라지는 행마다 테두리를 그리는 매크로를 기록합니다. 기록한 매크로를 바로 가기 단축키로 실행하고 매크로 문서를 저장해봅니다.

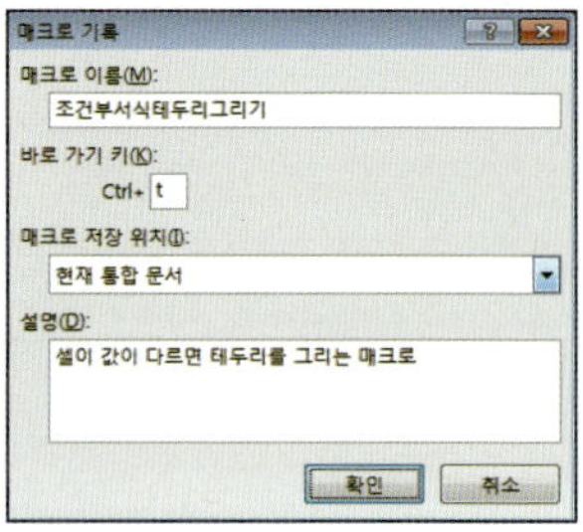

1. [A4] **셀**을 선택하고 [개발 도구] 탭-[코드] 그룹에서 **[매크로 기록]**을 클릭합니다. 매크로 이름은 **조건부서식테두리그리기**, 바로 가기 키는 t, 매크로 저장 위치를 **[현재 통합 문서]**, 설명은 **셀이 값이 다르면 테두리를 그리는 매크로**라고 입력한 다음 **[확인]**을 클릭해 매크로를 기록합니다.

2. [데이터] 탭-[정렬 및 필터] 그룹에서 **[오름차순]**을 클릭해 회원등급별로 오름차순으로 정렬합니다.

3. Ctrl+Shift+→를 누르고 이어서 Ctrl+Shift+↓를 눌러 제목을 제외한 데이터 전체를 범위로 지정합니다.

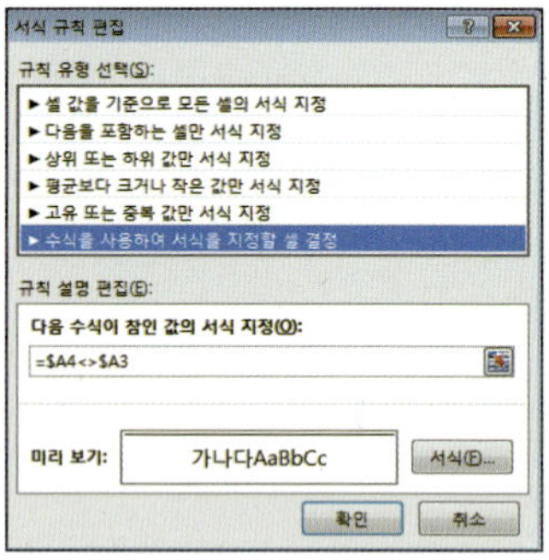

4. [홈] 탭-[스타일] 그룹에서 [조건부 서식]을 클릭하고 [새 규칙]을 선택합니다. 서식 규칙 편집 대화상자에서 **[수식을 사용하여 서식을 지정할 셀 결정]**을 선택하고 수식 입력란에 **=$A4<>$A3**를 입력하고 **[서식]**을 클릭합니다. [테두리] 탭에서 위쪽 테두리를 클릭해 테두리를 그립니다. **[확인]**을 2번 클릭해 조건부 서식 대화상자를 닫습니다.

5. [A1] **셀**을 선택하고 [개발 도구] 탭-[코드] 그룹에서 **[기록 중지]**를 클릭하여 매크로 기록을 완료합니다.

6. [판매현황] 시트로 이동한 뒤 [A4] **셀**을 선택합니다.

7. Ctrl+t를 눌러 매크로를 실행하면 지점 셀 이름이 다른 행마다 테두리가 그려집니다.

8. [파일] 탭에서 **[다른 이름으로 저장]**을 클릭하고 파일 형식을 **[Excel 매크로 사용 통합문서]**로 선택한 후 저장합니다.

PART

02

파워 포인트 2013

POWERPOINT 2013

CHAPTER

01

파워포인트 2013과의 첫 만남

POWERPOINT 2013

SECTION

01 파워포인트 2013 시작 화면 알아보기

기능설명 기본 화면 구성 살펴보기

2007 | 2010 | 2013

파워포인트 2013의 기본 메뉴 배치는 파워포인트 2010과 같습니다. 새로 추가된 몇 개의 명령 단추는 파워포인트 사용자들이 주로 사용하는 기능을 모아둔 것으로, 작업의 효율성을 높인 것입니다.

파워포인트 2013 시작 화면

파워포인트 2013을 설치하고 윈도우 바탕 화면의 시작 버튼을 누릅니다. **[모든 프로그램]–[Microsoft office 2013]–[PowerPoint 2013]**을 클릭하면 파워포인트 2013이 실행됩니다.

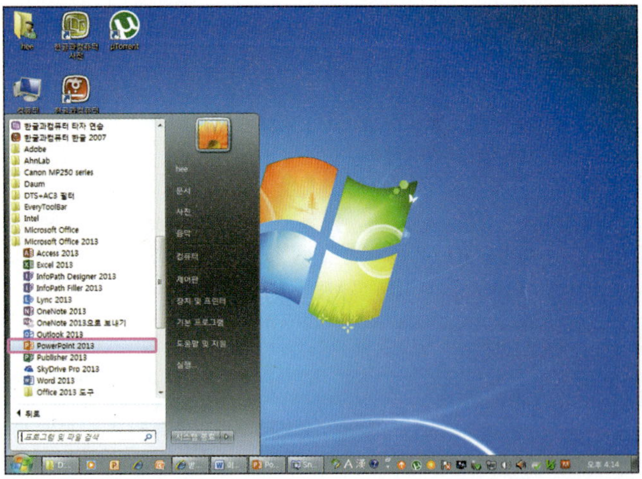

TIP 파워포인트 2013은 윈도우 7 또는 8에서 설치가 가능합니다.

처음 마주하는 파워포인트 2013 시작 화면에는 최근 사용한 항목 및 새로운 프레젠테이션을 만들 수 있는 서식을 선택할 수 있습니다. 기본 화면을 보려면 **[새 프레젠테이션]**을 클릭합니다.

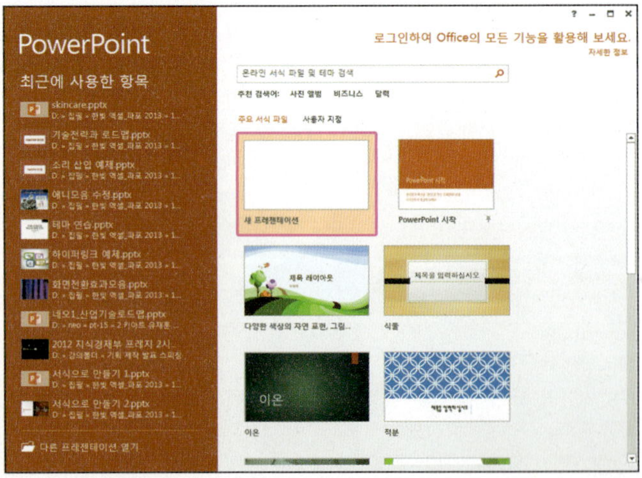

기본 화면 구성

슬라이드를 편집하는 작업 영역으로 도형, 텍스트, 차트, 표 등의 개체들을 삽입하고 편집합니다.

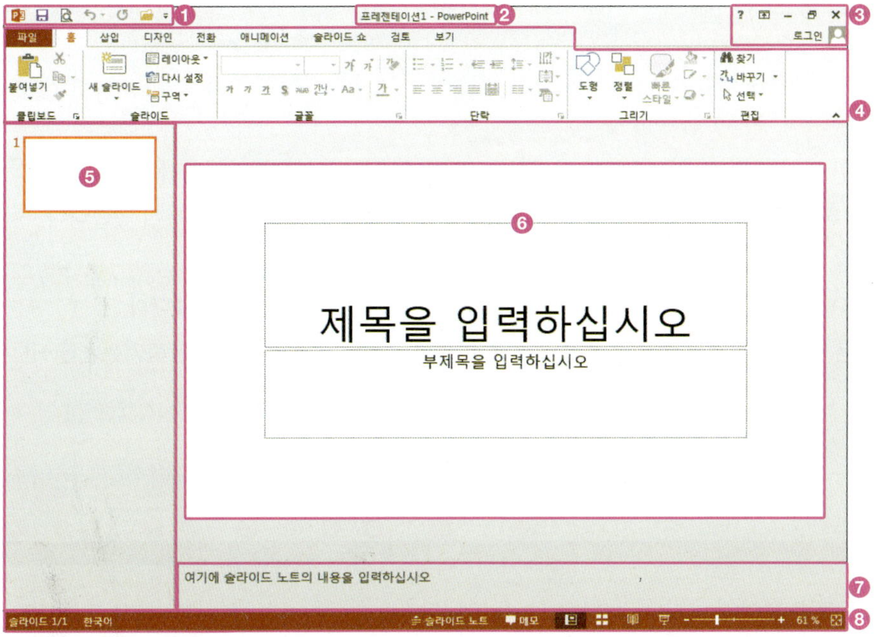

① **빠른 실행 도구** : 사용자가 자주 사용하는 기능을 모아 놓은 도구함입니다. 빠른 실행 도구에는 사용자 편의에 따라 기능을 추가/제거할 수 있습니다. 파워포인트 2013에는 기본적으로 저장, 인쇄 미리 보기 및 인쇄, 실행 취소, 다시 실행, 열기 명령이 있습니다.

② **제목 표시줄** : 현재 편집 중인 문서의 이름과 프로그램 이름이 나타납니다.

③ **조절 버튼** : 파워포인트의 도움말을 불러오거나 리본 메뉴를 표시하고 파워포인트창의 최소화, 최대화, 닫기를 실행할 수 있습니다. 또한 사용자의 로그인 현황을 볼 수 있습니다.

④ **리본 메뉴** : 슬라이드를 작성할 때 필요한 각종 명령을 기능별로 구분해서 탭 형태로 모아 놓은 곳입니다.

⑤ **슬라이드 축소판** : 여러 장의 슬라이드가 작은 그림으로 나열되어 한눈에 확인할 수 있습니다.

⑥ **슬라이드** : 슬라이드를 편집하는 작업 영역으로 도형, 텍스트, 차트, 표 등의 개체를 삽입하고 편집합니다.

⑦ **슬라이드 노트** : 발표자가 슬라이드에 대한 부연 설명이나 발표할 내용을 입력하는 공간입니다. 인쇄 시에 슬라이드 노트의 인쇄 여부를 설정할 수 있습니다.

⑧ **상태 표시줄** : 왼쪽에는 현재 편집 중인 슬라이드의 번호, 테마, 맞춤법 검사, 언어 등과 같은 정보가 나타나고, 오른쪽에는 슬라이드 노트, 메모, 슬라이드 보기, 슬라이드 확대/축소 등에 관한 버튼이 나타납니다.

TIP 상태 표시줄의 빈 곳을 마우스 오른쪽 버튼으로 클릭하면 상태 표시줄 기능을 추가/제거할 수 있습니다.

리본 메뉴

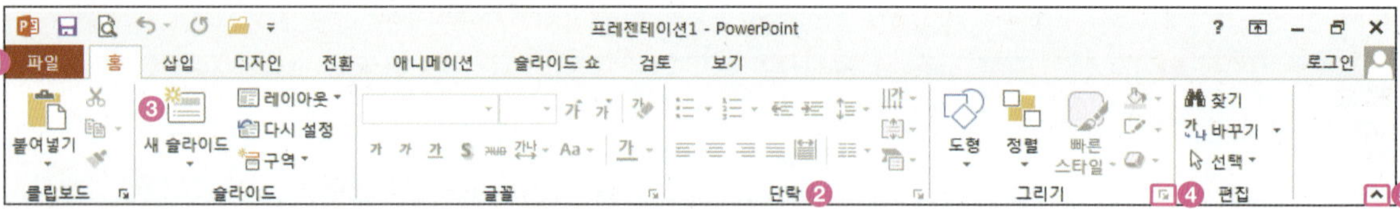

① **탭 표시줄** : 홈, 삽입, 디자인 등의 탭을 클릭하면 탭과 관련한 각종 명령 버튼이 그룹별로 나타납니다.

② **그룹** : 탭의 하위 개념으로 하나의 탭 안에 유사 기능의 명령들로 구성되었으며, 여러 개의 그룹이 있습니다.

③ **명령 버튼** : 슬라이드 작업을 위한 각종 기능입니다.

④ **대화상자 표시 아이콘** : 각 그룹에 있는 기능들의 세부 옵션을 설정할 수 있는 대화상자를 불러옵니다.

⑤ **리본 메뉴 최소화 버튼** : 리본 메뉴를 최소화하여 슬라이드 창을 더 넓게 활용할 수 있습니다(단축키는 Ctrl+F1 이며, 복원 시 Ctrl+F1을 누릅니다).

상태 표시 및 화면 보기

① **슬라이드 노트** : 슬라이드 노트를 보이게 하거나 감추는 기능을 합니다.

② **메모** : 메모 작업창을 불러오거나 닫습니다.

③ **기본** : 슬라이드를 편집할 때 사용하는 보기 형태입니다.

△ 기본 슬라이드 편집 보기 형태

④ **여러 슬라이드** : 한번에 여러 슬라이드를 보는 형태이며, 개체를 복사/이동할 때 편리합니다.

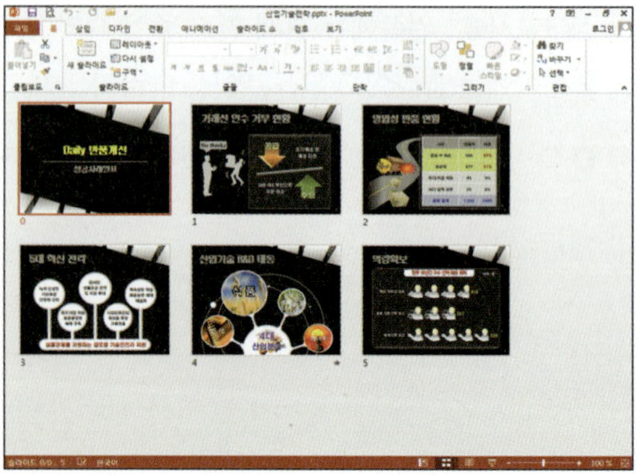

△ 여러 슬라이드 보기 형태

⑤ **읽기용 보기** : 슬라이드 쇼 보기와 비슷하지만 화면 아래쪽에서 보기 형태와 슬라이드 이동의 조작이 가능합니다.

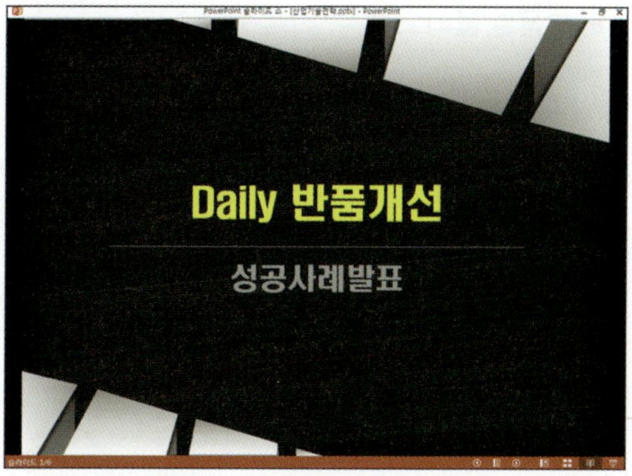

△ 읽기용 보기 형태

⑥ **슬라이드 쇼** : 완성한 슬라이드를 꽉 찬 화면으로 보는 방식입니다.

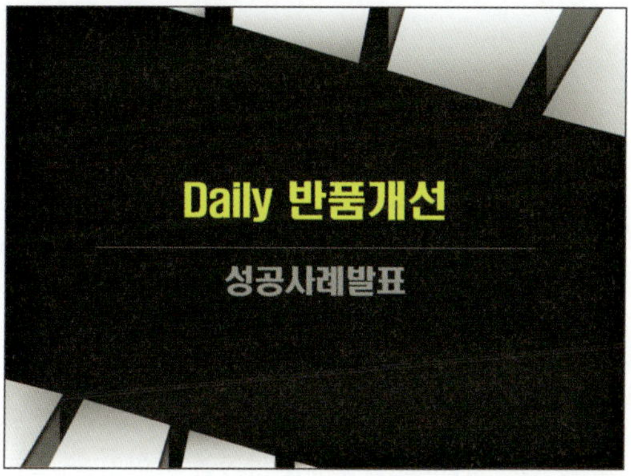

△ 슬라이드 쇼 보기 형태

⑦ **확대/축소 슬라이더** : 작업 화면을 확대/축소하여 상황에 따라 적절한 보기 방식을 선택하거나 비율을 조절할 수 있습니다. ⊟를 누르면 축소되고, ⊞를 누르면 확대됩니다.

⑧ **확대/축소 비율** : 숫자를 클릭하면 나타나는 대화상자에 비율을 입력하거나 원하는 비율을 선택합니다.

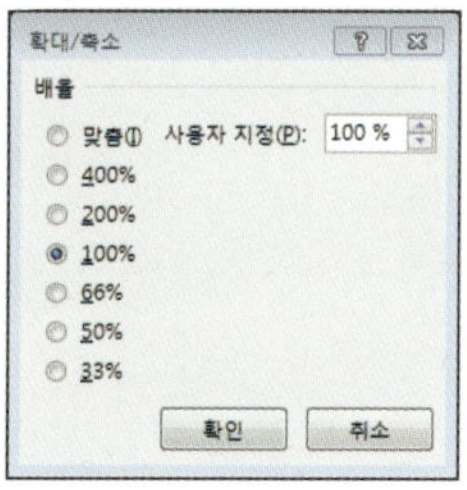

⑨ **현재 창 크기에 맞춤** : 슬라이드의 크기를 현재 창 크기에 최대한 적합하게 맞춥니다.

도움말 불러오기

작업 도중 F1을 누르면 도움말창을 불러옵니다. 도움말창에서 원하는 검색어를 입력하고 [검색]을 누른 후 Microsoft사에서 제공하는 온라인 정보 목록 중 원하는 항목을 클릭하여 선택하면 됩니다.

미니 도구 및 바로 가기 메뉴

슬라이드에 삽입한 개체를 선택하고 마우스 오른쪽 버튼을 클릭하면 해당 개체에 따른 바로 가기 메뉴가 나타납니다. 위쪽에는 개체 형태별 서식을 지정할 수 있는 미니 도구 모음이 나타납니다.

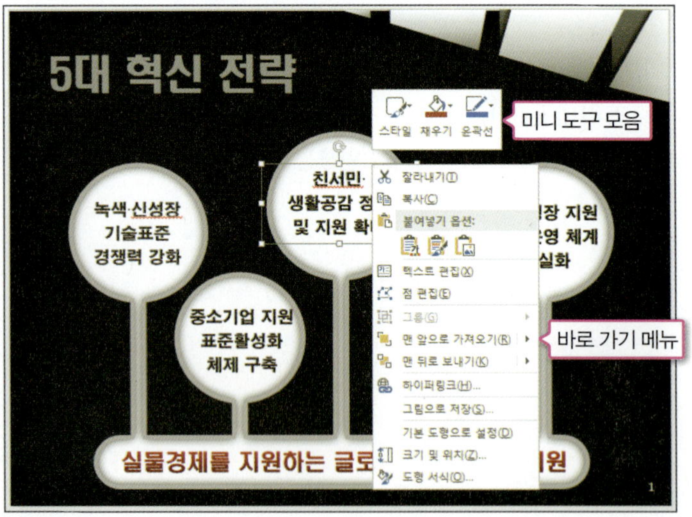

기능실습 Microsoft 계정 등록하고 사용자 정보 등록하기 2007 | 2010 | 2013

Microsoft Office 2013에서는 자신의 오피스 계정에 로그인하여 다양한 작업을 할 수 있도록 편의를 제공합니다. 그렇다면 왜 오피스 계정에 로그인해야 할까요? 바로 언제, 어디서나 원하는 곳에서 작업할 수 있기 때문입니다. Microsoft Office 2013에 로그인하면 다양한 장치를 사용하는 유저들이 어디에서나 접속하여 다른 사람과 문서와 작업을 공유할 수 있고, Office 파일을 온라인으로 저장할 수 있습니다. 이번에는 Microsoft 계정(전자메일 주소 및 암호)의 등록 방법을 알아보고 로그인한 후 파워포인트를 온라인 공간(SkyDrive)에 저장 및 공유를 해보겠습니다.

01 Microsoft 계정 등록하기

① **[파일] 탭**을 클릭합니다. ② **[계정]**을 선택하고 ③ **[로그인]**을 클릭합니다.

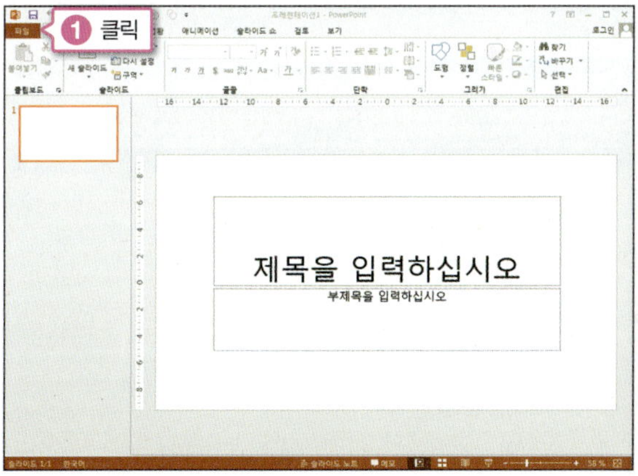

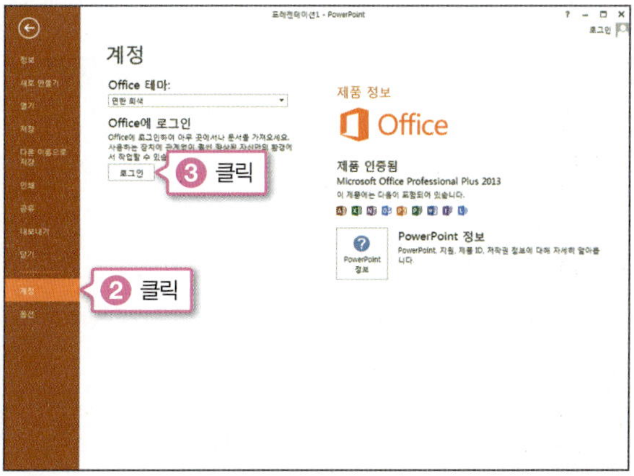

02 계정 로그인하기

① 윈도우 라이브 계정(Gmail, Hotmail 등)의 **이메일 주소**를 입력하고 ② **[로그인]** 클릭합니다. ③ 비밀번호 입력란이 나타나면 **비밀번호**를 입력한 후 ④ **[로그인]** 클릭합니다.

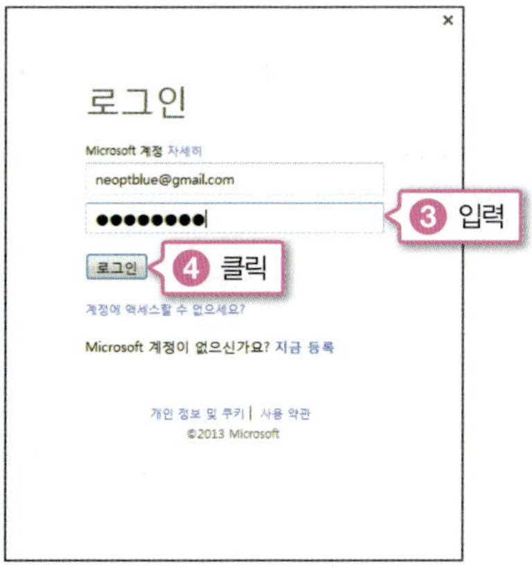

TIP Microsoft 계정을 만드는 방법

윈도우 익스플로러 주소창에 live.com을 입력하여 해당 페이지로 접속합니다. 페이지 하단에 있는 [지금 등록]을 클릭해 자신의 계정을 만들면 됩니다.

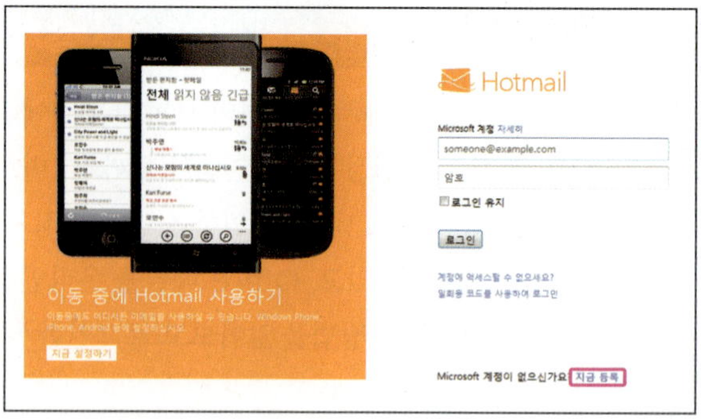

03 사용자 사진 등록하기

로그인되었다면 파워포인트 계정 영역에 사용자 정보가 나타납니다. ① 사진을 등록하려면 사용자 정보에서 **[사진 변경]**을 클릭합니다. ② 윈도우 익스플로러 창에서 프로필 페이지가 뜨면 **[사진 변경]**을 클릭합니다.

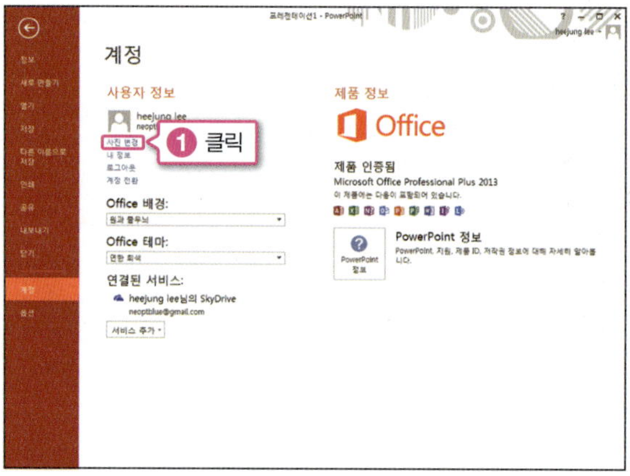

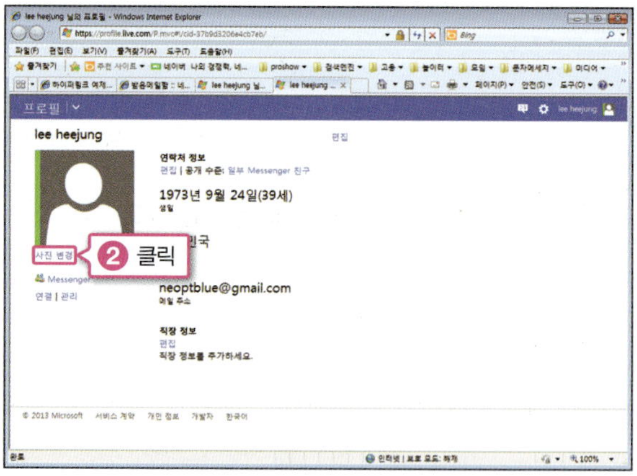

04 등록할 사진 불러오기

① 사진 화면이 나타나면 사용자 사진으로 등록할 사진을 불러오기 위해 **[찾아보기]**를 클릭합니다. ② 업로드할 파일 선택 대화상자가 나타나면 **등록할 사진**을 선택하고 ③ **[열기]**를 클릭합니다.

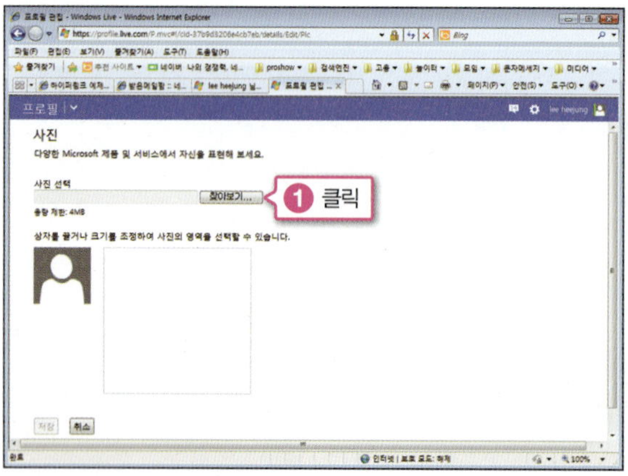

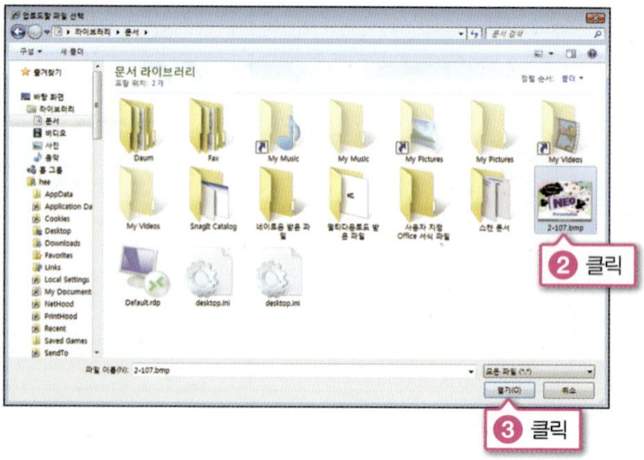

05 사진 편집하기

업로드한 사진이 하단에 나타납니다. ① 사진 영역을 마우스로 드래그하여 보이기 원하는 영역으로 **사진 위치**를 조정한 후 ② **[저장]**을 클릭합니다.

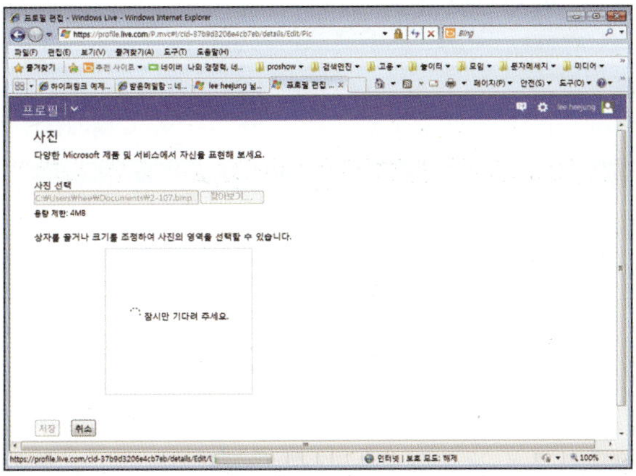

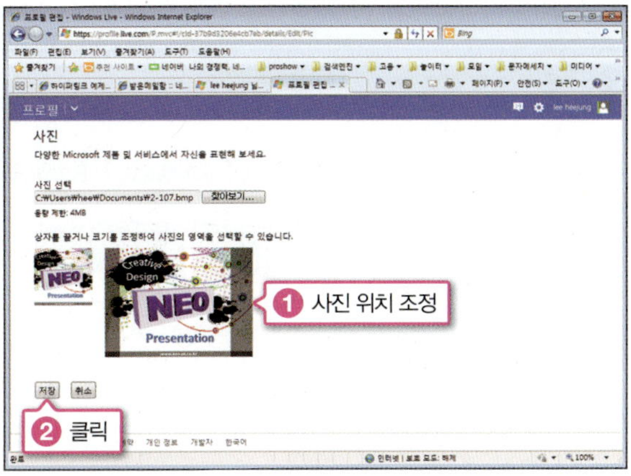

06 사용자 정보 편집하기

연락처 정보 아래에 있는 **[편집]** 링크를 클릭하면 자신의 정보를 편집할 수 있습니다.

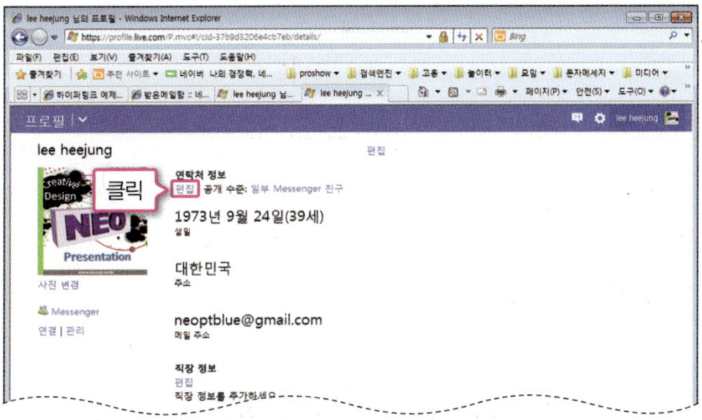

07 SkyDrive 접속하기

상단의 프로필을 클릭하면 메일 혹은 자신의 오피스 문서를 저장/공유할 수 있는 SkyDrive에 접속할 수 있습니다. ① 상단의 아이콘 중 **[SkyDrive]**를 선택합니다. SkyDrive 화면이 나타나면 ② **[만들기]** 링크를 이용해 폴더를 추가하거나, 파일을 업로드, 다운로드할 수 있습니다.

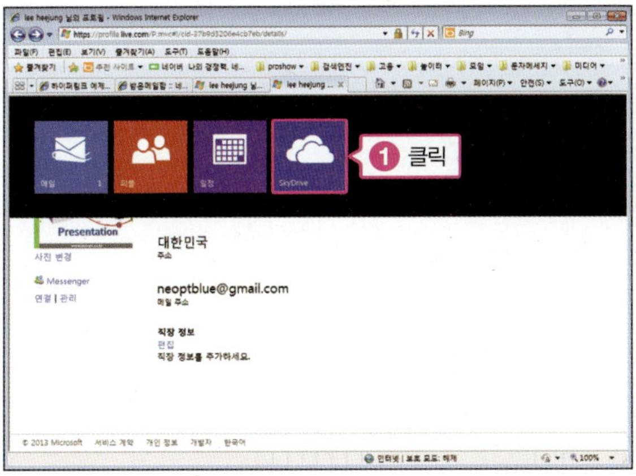

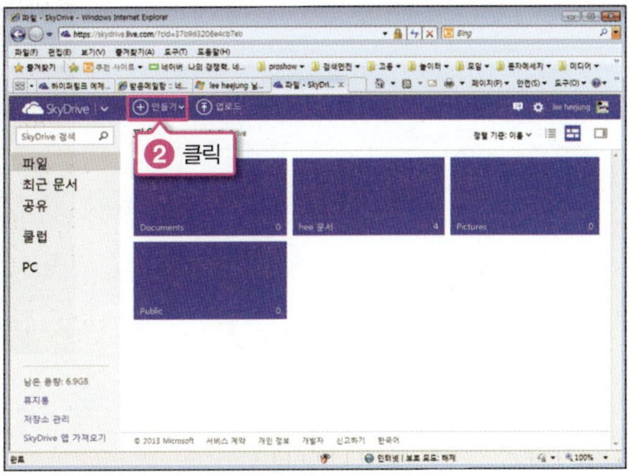

08 SkyDrive에서 문서 공유하기

① 상대방과 문서의 공유를 원한다면 해당 폴더나 **업로드된 파일**을 마우스 오른쪽 버튼으로 클릭하여 ② **[공유]**를 선택합니다. ③ 문서를 공유할 상대방의 **이메일**과 **공유 메시지**를 입력합니다. ④ **[공유]**를 클릭한 후 ⑤ **[닫기]**를 클릭합니다. 공유된 상대방은 이메일로 공유된 파일을 열어 편집할 수 있습니다.

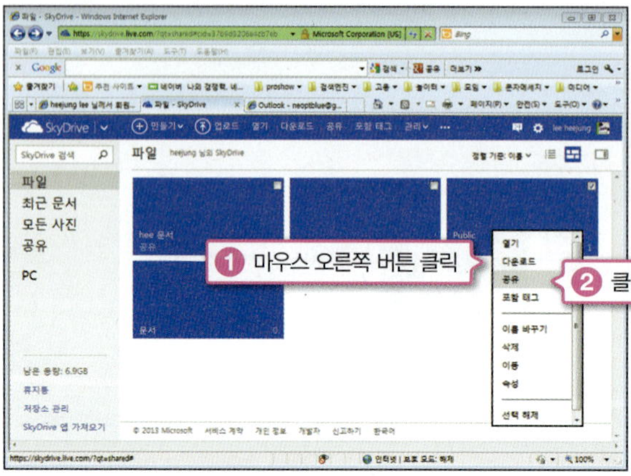

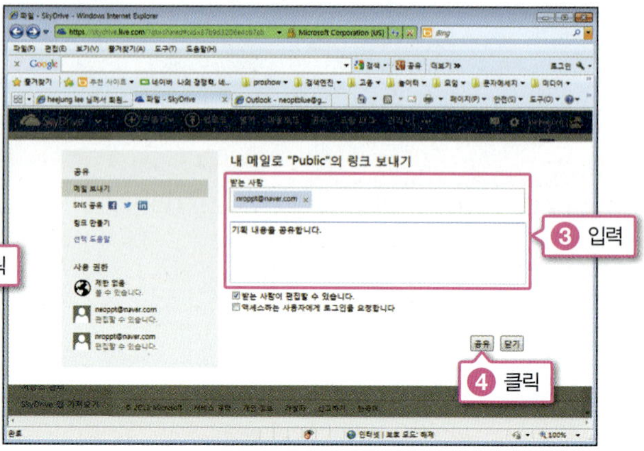

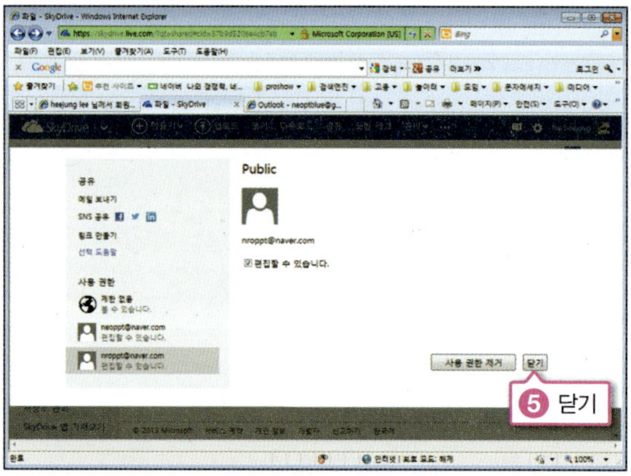

09 수정된 파워포인트 계정 확인하기

파워포인트로 돌아오면 Microsoft 계정에 접속되고 사진이 변경된 것을 확인할 수 있습니다.

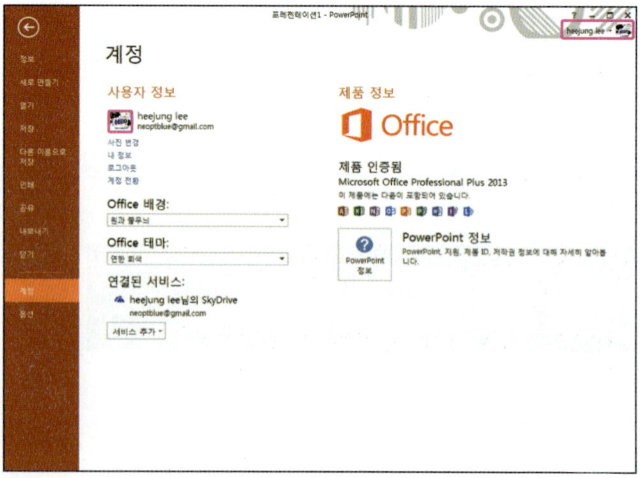

SECTION

02 파워포인트 2013 기본 테마 설정하기

기능실습 파워포인트의 화면 비율 변경하고 기본 테마로 사용하기

2007 | 2010 | 2013

파워포인트 2013은 가로가 긴 16:9 스크린이 기본 테마로 설정되어 있습니다. 이는 현재 와이드 형의 모니터 사용률이 높고 발표 시에도 LED TV 등 와이드 화면을 이용한 출력이 많아지는 트렌드를 염두에 둔 것이라 할 수 있습니다. 하지만 일반 프로젝트 비율인 4:3 스크린으로 발표를 한다면, 이를 기본으로 하는 테마로 설정할 수 있습니다.

01 화면 비율 변경하기

기본으로 설정된 와이드 스크린 형(16:9)을 표준형(4:3)으로 교체하겠습니다. ① [디자인] 탭-[사용자 지정] 그룹에서 **[슬라이드 크기]**를 선택한 후 ② **[표준(4:3)]**을 클릭합니다. 화면이 4:3 비율로 변경되었습니다.

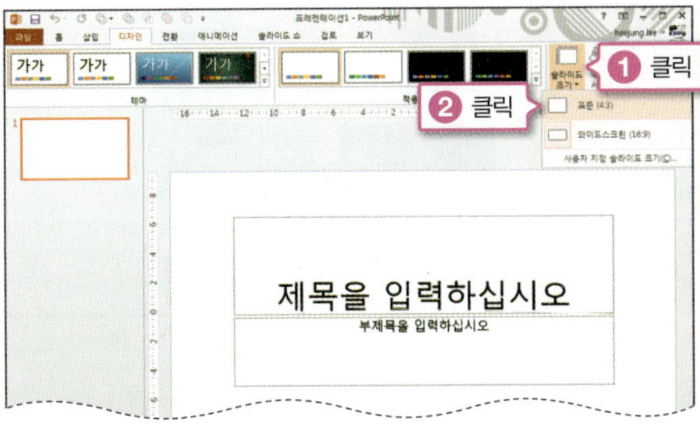

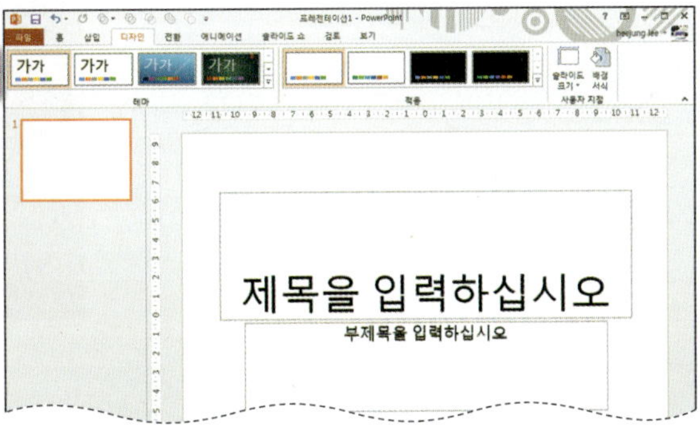

02 변경한 비율을 테마로 저장하기

① 변경한 화면 크기를 유지하기 위해 [디자인] 탭-[테마] 그룹에서 **[자세히]**를 클릭하고 ② **[현재 테마 저장]**을 선택합니다. ③ 현재 테마 저장 대화상자가 나타나면 파일 이름을 입력한 후 ④ **[저장]**을 클릭합니다.

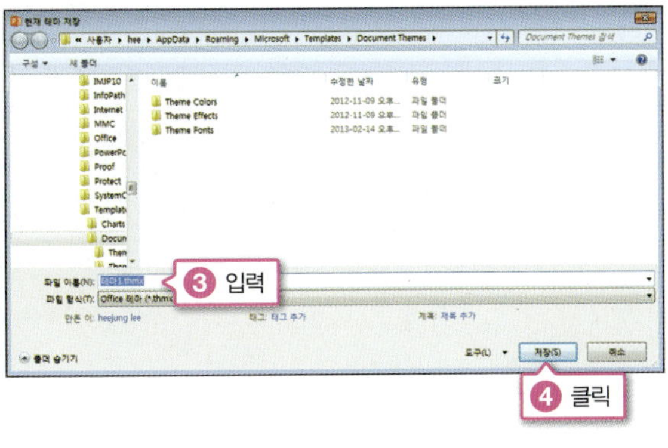

03 저장한 테마를 파워포인트 기본 테마로 설정하기

① [디자인] 탭－[테마] 그룹－[사용자 지정] 영역에 등록된 테마를 마우스 오른쪽 버튼으로 클릭하고 ② **[기본 테마로 설정]**을 클릭합니다.

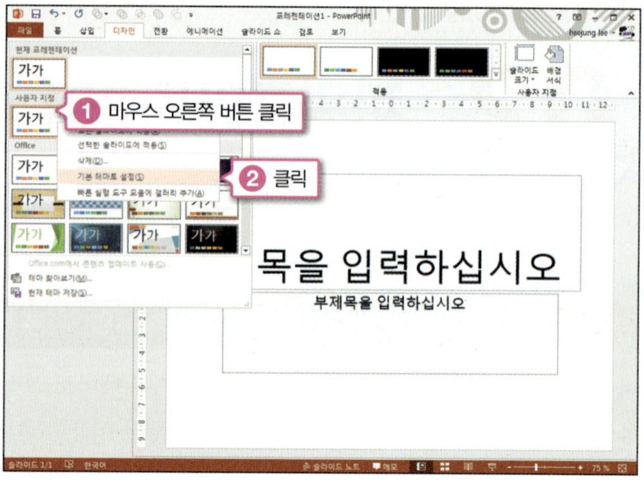

04 변경한 테마 불러오기

[파일] 탭－[새로 만들기]－**[Default Theme]**를 선택합니다. 화면 크기가 4:3 비율인 문서를 만들 수 있습니다.

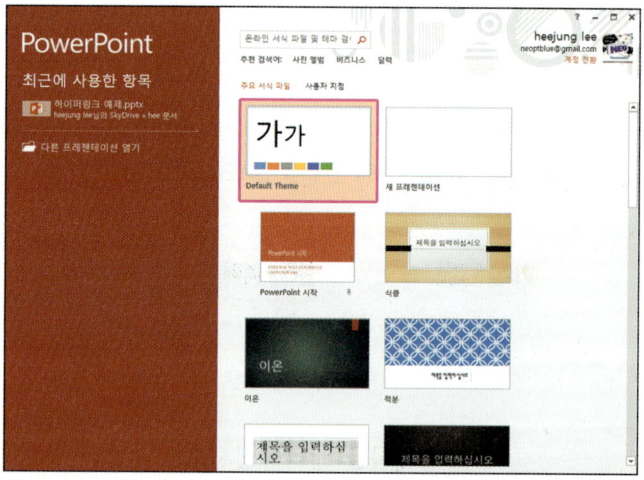

CHAPTER

02

파워포인트의 기본기 익히기

POWERPOINT 2013

SECTION

01 새 프레젠테이션 만들고 저장하기

기능실습 새 프레젠테이션 만들기 2007 | 2010 | 2013

어떠한 서식이나 내용도 없는 빈 흰색 문서를 만듭니다. 그런 다음 텍스트 입력, 슬라이드 레이아웃 변경, 슬라이드 추가 등 슬라이드를 다루는 기본적인 작업 방법에 대해서 알아보겠습니다.

01 새 프레젠테이션 만들기

① [파일] 탭-**[새로 만들기]**를 클릭하고 ② **[새 프레젠테이션]**을 선택합니다.

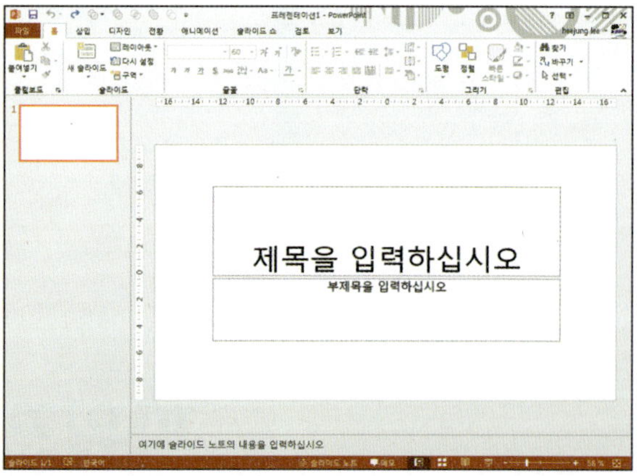

02 슬라이드에 제목 입력하기

처음 등장하는 슬라이드는 프레젠테이션 제목을 입력하는 슬라이드입니다. **제목을 입력하십시오**를 클릭하여 해당 부분에 원하는 제목 텍스트를 입력합니다.

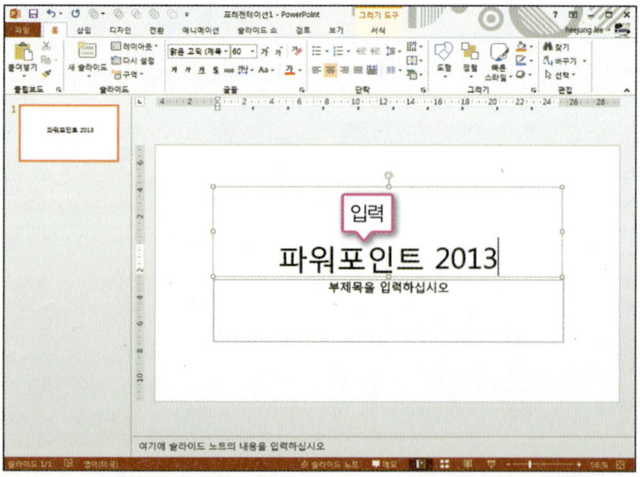

03 슬라이드 레이아웃 변경하기

현재 슬라이드의 레이아웃을 변경해보겠습니다. ① [홈] 탭–[슬라이드] 그룹에서 [**레이아웃**]을 클릭하고 ② [**제목만**]을 선택합니다.

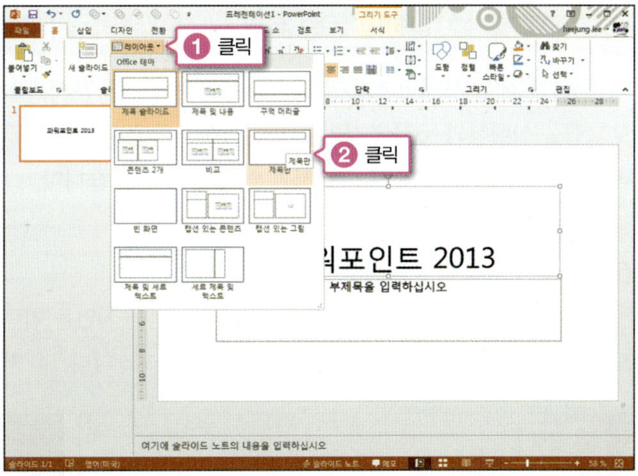

04 슬라이드 추가하기

새로운 슬라이드를 추가하려면 [홈] 탭–[슬라이드] 그룹에서 [**새 슬라이드**]를 클릭합니다. 원하는 레이아웃을 선택하면 됩니다.

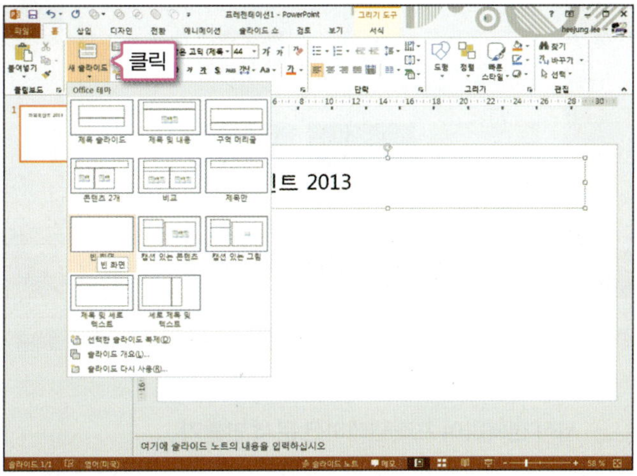

실무활용 POWERPOINT NOTE | **슬라이드를 추가하는 다양한 방법**

파워포인트를 실행하면 슬라이드가 하나만 나타납니다. 프레젠테이션 문서를 작성할 때는 여러 장의 슬라이드가 필요하므로 슬라이드를 추가하는 방법은 반드시 알아두는 것이 좋습니다. 원하는 레이아웃의 슬라이드를 추가하는 방법은 다양합니다.

1. 리본 메뉴의 [새 슬라이드]를 클릭하는 방법
2. 화면 왼쪽의 축소판 슬라이드를 선택한 후 Enter를 누르는 방법
3. Ctrl+M을 눌러 새 슬라이드를 만드는 방법
4. 화면 왼쪽의 축소판 슬라이드를 선택한 후 Ctrl+D를 눌러 현재 슬라이드를 복제하는 방법

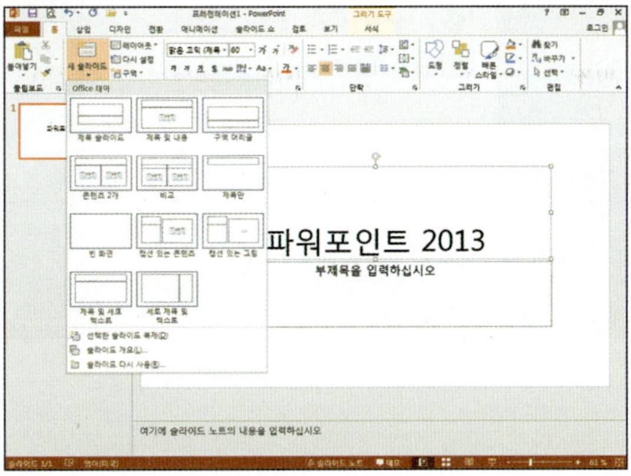

서식 파일로 새 프레젠테이션 만들기

파워포인트에는 서식이 적용된 다양한 프레젠테이션 문서가 포함되어 있습니다. 특히 파워포인트 2013에는 프로그램을 실행함과 동시에 다양한 프레젠테이션 문서를 확인할 수 있어 보다 쉽게 문서를 선택할 수 있습니다. 이러한 서식을 사용하면 발표용 문서를 쉽게 만들 수 있습니다.

01 다양한 서식 파일 불러오기

① [파일] 탭–**[새로 만들기]**를 클릭하고 ② 검색란에 **자연**을 입력한 후 ③ **[검색]**을 클릭합니다. **자연**이라는 키워드를 포함한 다양한 서식 파일이 검색 결과로 나타납니다. ④ 원하는 서식을 선택합니다.

TIP 오른쪽에 위치한 범주 영역에서는 카테고리별로 다양한 서식을 불러올 수 있습니다.

02 서식 선택하여 프레젠테이션 문서 만들기

서식에 관한 정보 대화상자가 나타납니다. 해당 서식을 사용하려면 **[만들기]**를 클릭합니다. 그러면 다음과 같은 서식과 슬라이드 구성이 완료된 문서가 나타납니다. 이 문서를 활용하면 손쉽게 프레젠테이션 문서를 제작할 수 있습니다.

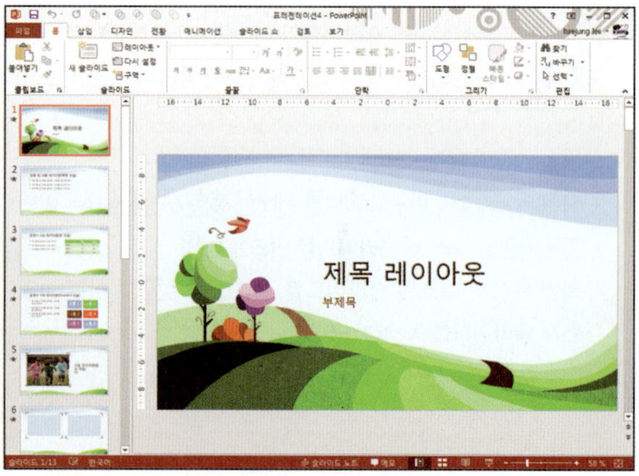

기능실습 | 프레젠테이션 문서 저장하기

2007 | 2010 | 2013

- **실습 파일** 파워포인트\2장\실습\소재부품위상과 향후전망.pptx

파워포인트에서 프레젠테이션 문서를 저장하는 방법은 다양합니다. 파워포인트로 재편집할 수 있는 파일 확장자인 .pptx뿐 아니라 그림 파일, 동영상, PDF 등 다양한 형식으로 저장할 수 있습니다. 또한 문서에 비밀번호를 설정하거나 문서에 적용된 폰트를 함께 저장할 수 있습니다.

01 프레젠테이션 문서 불러오기

① [파일] 탭-**[열기]**를 클릭하고 ② **[컴퓨터]**를 선택한 다음 ③ **[찾아보기]**를 클릭합니다. ④ **소재부품위상과 향후전망.pptx(파워포인트\2장\실습)**를 선택하고 ⑤ **[열기]**를 클릭합니다.

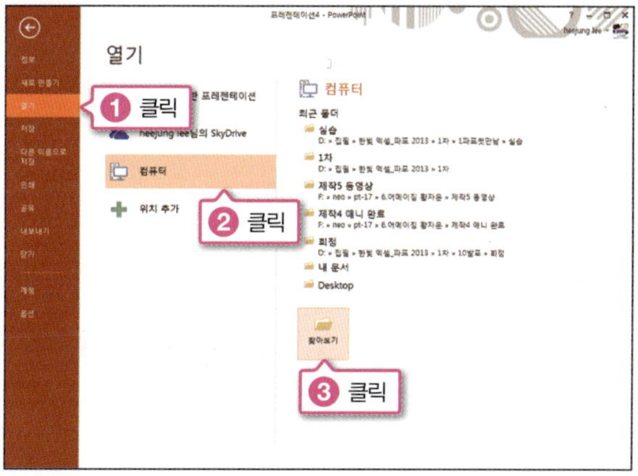

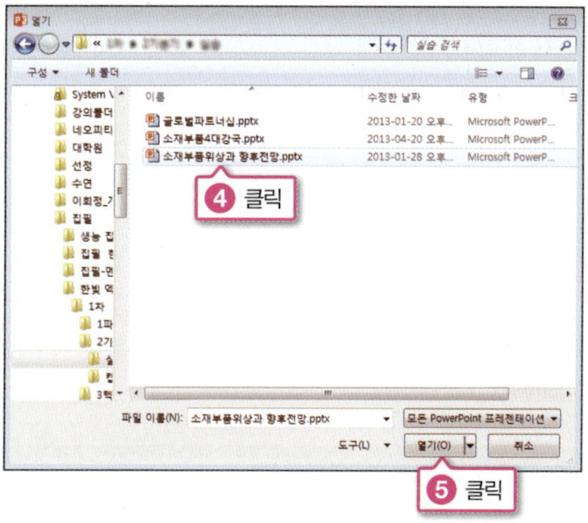

02 다른 이름으로 프레젠테이션 문서 저장하기

불러온 문서는 이름이나 형식을 바꾸어 다른 이름으로 저장할 수 있습니다. ① [파일] 탭-**[다른 이름으로 저장]**을 클릭하고 ② **[컴퓨터]**를 선택한 후 ③ **[찾아보기]**를 클릭합니다.

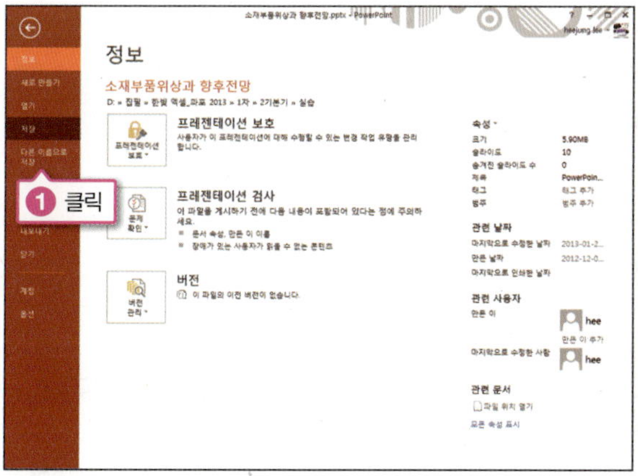

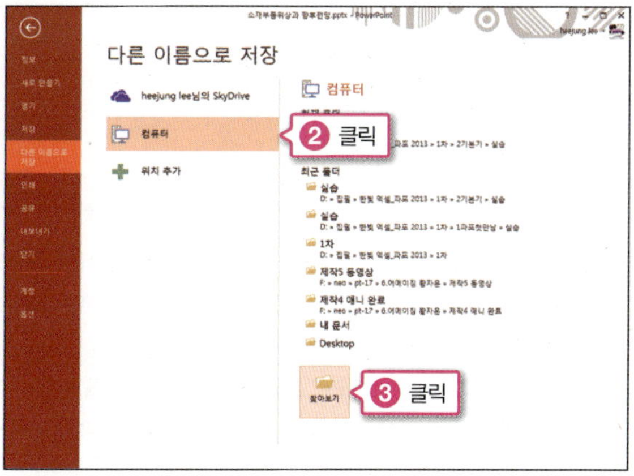

TIP 수정한 문서를 저장하려면 [파일] 탭-[저장]을 클릭하거나 단축키 Ctrl+S를 눌러 수정 사항을 저장합니다.

03 프레젠테이션 문서를 그림으로 저장하기

① 다른 이름으로 저장 대화상자가 나타나면 파일 이름에 **그림_소재부품위상과 향후전망**을 입력합니다. ② 파일 형식을 **[Power Point 그림 프레젠테이션(*.pptx)]**으로 선택한 후 ③ **[저장]**을 클릭합니다. ④ 해당 프레젠테이션 문서가 그림으로 저장되었다는 메시지창이 나타나면 **[확인]**을 클릭합니다. 이후 그림으로 저장한 프레젠테이션 문서를 열어보면 텍스트나 도형들이 슬라이드별 하나의 그림으로 저장된 것을 확인할 수 있습니다.

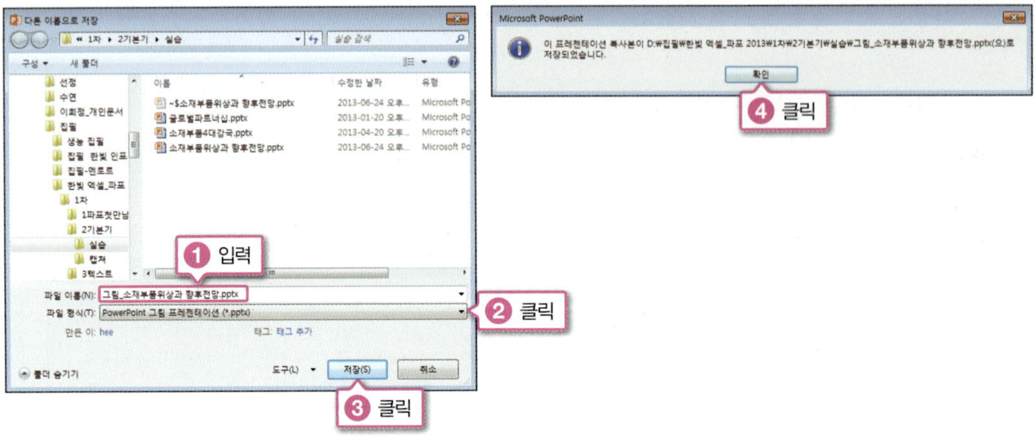

실무활용 POWERPOINT NOTE 다양한 종류의 저장 파일 형식

프레젠테이션 문서를 다른 이름으로 저장할 때 파일 형식에 따라 파일의 종류 및 성격이 달라집니다. 자주 사용하는 파일 형식에 대해서 살펴보겠습니다.

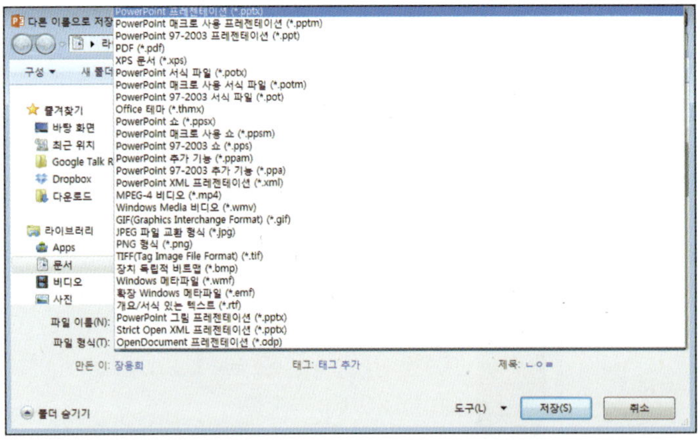

① **PNG(*.png)** : 전체 혹은 현재 슬라이드를 png 확장자를 가진 그림 파일로 저장할 수 있습니다.

② **PDF(*.pdf)** : PDF 문서로 저장합니다. PDF 파일은 전용 프로그램이 있어야 확인하거나 수정할 수 있어 콘텐츠를 보호할 수 있으며 용량이 작아 웹에 게시하기에도 좋습니다.

③ **Windows Media 비디오(*.wmv)** : 프레젠테이션을 동영상 파일로 저장합니다. 프레젠테이션 문서에 삽입한 폰트, 음악, 동영상, 애니메이션, 화면 전환 효과, 슬라이드 시간 설정 등의 기능을 동영상 파일 하나로 집약할 수 있습니다.

④ **PowerPoint 97-2003 프레젠테이션(*.ppt)** : 파워포인트 97-2003에서 호환되는 문서로 저장합니다. 파워포인트 2003 이하의 버전에서는 2007 이상의 버전에서 작성한 문서를 열 수 없으므로 버전을 낮춰 저장합니다. 하위 버전으로 저장하면 상위 버전의 기능으로 만든 개체가 그림 등으로 대체되어 편집이 불가능하다는 메시지가 나타납니다.

04 프레젠테이션 문서에 사용한 폰트 저장하기

① 다른 이름으로 저장 대화상자에서 **[도구]**를 클릭하고 ② **[저장 옵션]**을 선택합니다. ③ 저장 항목에서 **[파일의 글꼴 포함]**에 체크 표시하고 ④ **[프레젠테이션에 사용되는 문자만 포함(파일 크기를 줄여줌)]**을 선택합니다. ⑤ **[확인]**을 클릭하면 문서 내 사용되었던 폰트를 적은 용량으로 프레젠테이션 문서와 함께 저장할 수 있습니다.

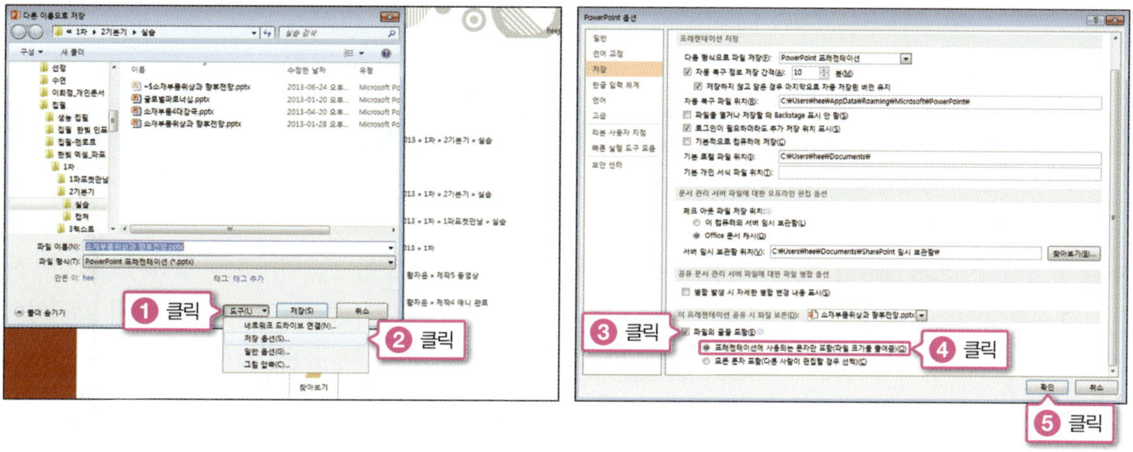

실 무 활 용 POWERPOINT NOTE

프레젠테이션 문서에 비밀번호 지정하여 저장하기

대화상자에서 **[도구]**를 클릭하고 **[일반 옵션]**을 선택하면 열기와 쓰기의 두 가지 방법으로 문서에 비밀번호를 지정할 수 있습니다. 열기 암호를 설정하면 암호 없이는 문서를 전혀 확인할 수 없으며, 쓰기 암호를 설정하면 문서를 확인할 수는 있지만 암호를 알지 못하면 문서를 편집할 수는 없습니다. 지정한 비밀번호를 제거하려면 일반 옵션 대화상자에서 지정한 암호를 모두 지우고 저장합니다.

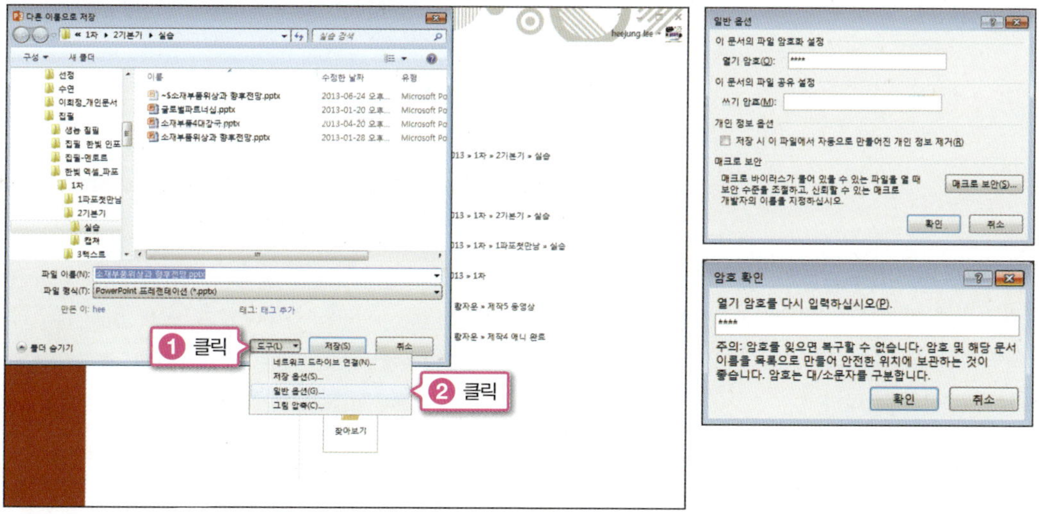

SECTION

02 슬라이드 자유자재로 다루기

기능실습 | 한번에 여러 슬라이드 선택하기 2007 | 2010 | 2013

- 실습 파일 파워포인트\2장\실습\글로벌파트너십.pptx

여러 장의 슬라이드를 제작한 후 전체적인 디자인의 통일성을 확인하거나 한번에 여러 장의 슬라이드를 선택하여 수정하려면 여러 슬라이드 보기 상태를 이용하는 것이 좋습니다. 이때 여러 슬라이드 보기 상태에서 [Ctrl]이나 [Shift]와 같은 조합키를 이용하면 여러 슬라이드를 한꺼번에 선택할 수 있어 매우 유용합니다.

01 연속적인 슬라이드 선택하기

① 상태 표시줄에서 **[여러 슬라이드 보기]**를 클릭합니다. ② 선택하고자 하는 슬라이드 중 첫 슬라이드를 클릭해 선택하고 ③ [Shift]를 누른 채 마지막 슬라이드를 선택합니다. 첫 슬라이드와 마지막 슬라이드 사이에 있는 슬라이드가 모두 선택됩니다.

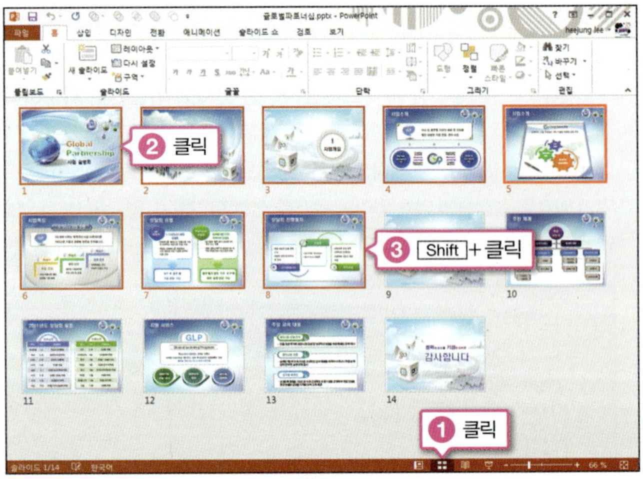

02 비연속적인 슬라이드 선택하기

① 첫 슬라이드를 선택하고 ② [Ctrl]을 누른 채 선택하고자 하는 슬라이드만 클릭합니다. 클릭한 슬라이드만 선택됩니다.

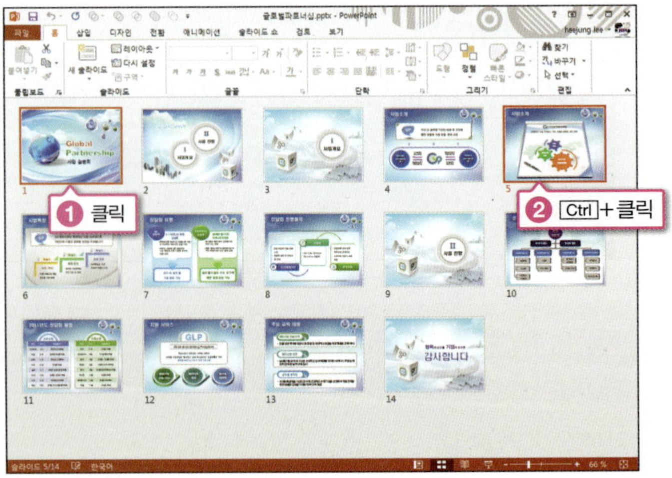

슬라이드 삽입/삭제, 복사/이동하기

▪ **실습 파일** 파워포인트\2장\실습\글로벌파트너십.pptx

슬라이드의 삽입/삭제, 복사/이동하기 등 슬라이드를 다루는 기술은 파워포인트 제작에서 가장 기초적으로 알아야 할 내용입니다. 리본 메뉴, 단축키, 바로 가기 메뉴 등을 이용한 다양한 방법 중 사용자에 따라 편리한 방법을 이용하면 됩니다. 여기에서는 여러 슬라이드 보기 상태를 이용해 슬라이드를 자유자재로 다루는 방법에 대해서 알아보겠습니다.

01 슬라이드 추가하기

새 슬라이드를 추가하겠습니다. ① **1번 슬라이드**에서 마우스 오른쪽 버튼을 클릭하고 ② **[새 슬라이드]**를 선택합니다. 선택한 슬라이드 뒤에 새로운 슬라이드가 삽입됩니다.

02 슬라이드 삭제하기

슬라이드를 삭제하겠습니다. ① 추가한 **2번 슬라이드**에서 마우스 오른쪽 버튼을 클릭하고 ② **[슬라이드 삭제]**를 선택해서 슬라이드를 삭제합니다.

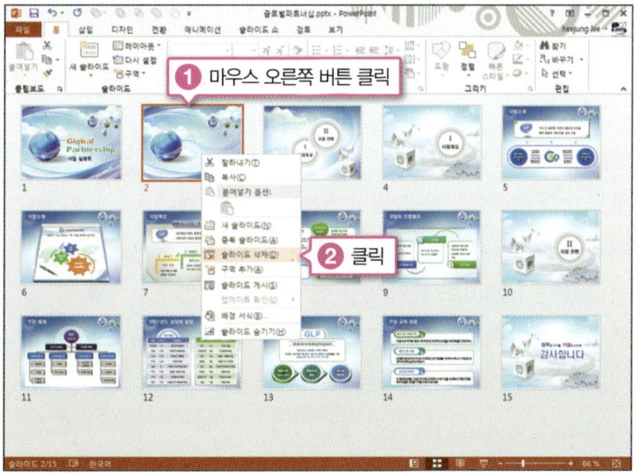

TIP Delete를 눌러도 슬라이드를 삭제할 수 있습니다.

03 슬라이드 복사하기

슬라이드를 복사하겠습니다. ① **1번 슬라이드**를 선택하고 ② Ctrl을 누른 상태에서 **원하는 위치로 드래그**하면 해당 슬라이드가 복사됩니다.

TIP 복사할 슬라이드를 선택하고 Ctrl+D를 누르면 현재 슬라이드 다음에 복제된 슬라이드가 추가됩니다.

04 슬라이드 옮기기

위치가 잘못된 슬라이드는 선택하고 알맞은 위치로 드래그해서 옮깁니다.

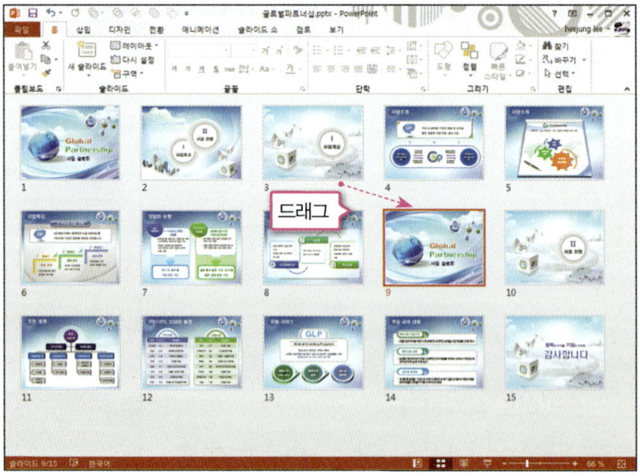

05 슬라이드 숨기기

불필요한 슬라이드는 숨길 수 있습니다. ① 임의의 슬라이드에서 마우스 오른쪽 버튼을 클릭하고 ② **[슬라이드 숨기기]**를 선택합니다. 선택한 슬라이드 번호에 숨기기 표시가 나타납니다. 슬라이드 화면에서는 보이지만 슬라이드 쇼를 실행하면 나타나지 않습니다.

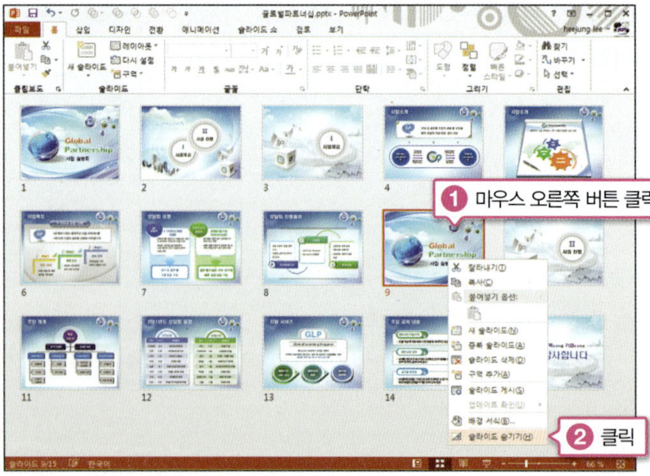

TIP 숨긴 슬라이드를 다시 나타나게 하려면 바로 가기 메뉴에서 [슬라이드 숨기기]를 다시 선택합니다.

실 무 활 용 여러 슬라이드를 그룹으로 설정하기

2007 | 2010 | 2013

- **실습 파일** 파워포인트\2장\실습\글로벌파트너십.pptx
- **실습 파일** 파워포인트\2장\완성\글로벌파트너십 구역설정.pptx

많은 슬라이드를 담고 있는 프레젠테이션 문서를 그룹별로 나누어 관리하는 기능이 '구역'입니다. 구역을 만들고 구별이 쉬운 이름을 지정해 구역을 관리한다면 수십 장, 수백 장으로 구성된 프레젠테이션 문서일지라도 보다 편리하고 효율적으로 관리할 수 있습니다.

01 여러 장의 슬라이드를 구역으로 구분하기

① 여러 장의 슬라이드를 한눈에 확인할 수 있도록 상태 표시줄의 **[여러 슬라이드 보기]**를 클릭합니다. ② **9번 슬라이드**를 선택하고 ③ [홈] 탭-[슬라이드] 그룹에서 [**구역**]을 클릭한 후 ④ **[구역 추가]**를 선택해서 구역을 만듭니다. 9번 슬라이드 이후부터 구역으로 나누어집니다.

TIP 기본 보기 상태에서도 구역을 설정할 수 있습니다. 임의의 슬라이드를 선택한 후 마우스 오른쪽 버튼을 클릭하여 나타난 바로 가기 메뉴를 이용해도 됩니다.

02 구역 이름 변경하기

① **[제목 없는 구역]**을 선택합니다. ② [홈] 탭-[슬라이드] 그룹에서 [**구역**]을 클릭한 후 ③ **[구역 이름 바꾸기]**를 선택합니다. ④ 구역 이름 바꾸기 대화상자가 나타나면 구역 이름에 **사업 진행**을 입력하고 ⑤ **[이름 바꾸기]**를 클릭합니다.

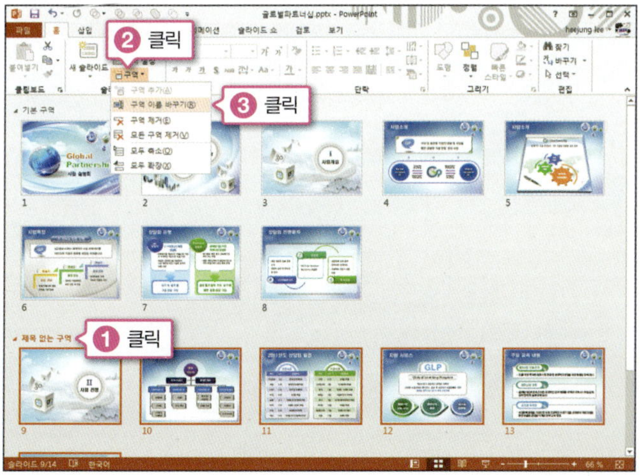

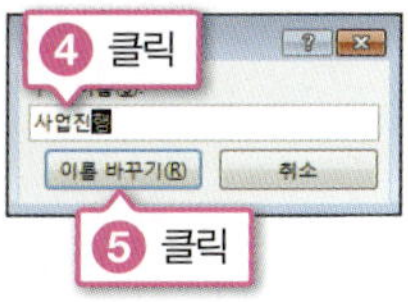

03 구역 내 슬라이드 숨기기

구역 이름 옆 [◢ **더보기**]를 클릭하면 구역 내 슬라이드를 일시적으로 숨길 수 있습니다. 다시 한 번 클릭하면 숨겨진 슬라이드를 다시 나타나게 할 수 있습니다.

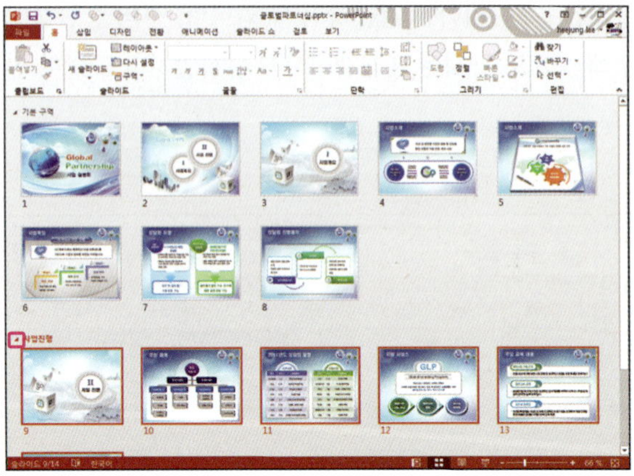

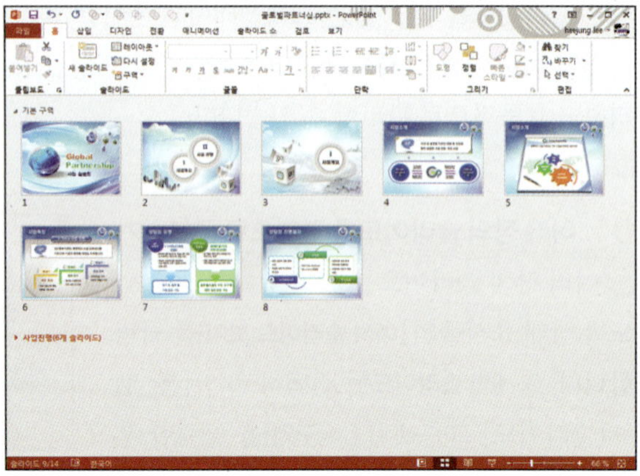

04 설정된 슬라이드 구역 제거하기

바로 가기 메뉴를 이용하여 이미 설정된 구역을 제거하겠습니다. ① **9번 슬라이드**에서 마우스 오른쪽 버튼을 눌러 사업 진행 구역의 바로 가기 메뉴를 호출합니다. ② **[구역 제거]**를 선택합니다.

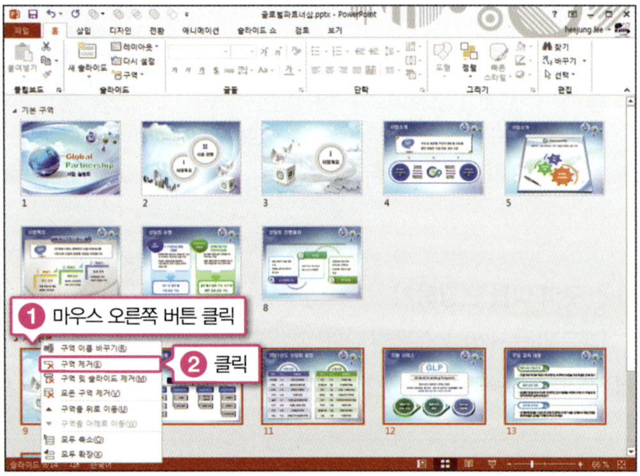

TIP 만들어진 모든 구역을 지우려면 [모든 구역 제거]를 선택합니다. 그리고 [구역 및 슬라이드 제거]를 선택하면 구역 내 모든 슬라이드가 함께 삭제됩니다.

SECTION

03 인쇄하기

기능실습 인쇄 및 인쇄 옵션 설정하기

2007 | 2010 | 2013

- **실습 파일** 파워포인트\2장\실습\presentation.pptx

프레젠테이션 문서를 인쇄할 때 슬라이드를 그대로 인쇄하기도 하지만 발표자 노트를 포함하여 인쇄하거나 청중에게 배포할 유인물 형태로 인쇄할 수도 있습니다. 여기에서는 다양한 인쇄 옵션으로 인쇄 방법을 알아보겠습니다.

01 슬라이드 인쇄하기

① [파일] 탭-**[인쇄]**를 클릭합니다. 인쇄 관련 기능과 함께 인쇄 미리 보기 화면이 나타납니다. 미리 보기 화면 오른쪽 아래에는 페이지 이동 및 확대/축소 기능을 통해 인쇄 내용을 자세하게 볼 수 있습니다. ② **[인쇄]**를 클릭하여 현재 파일의 모든 슬라이드를 미리 보기와 같은 형태로 인쇄할 수 있습니다.

02 슬라이드 노트를 포함한 슬라이드 인쇄하기

① 인쇄 설정에서 두 번째 항목인 **[인쇄 형태]**를 클릭하고 ② **[슬라이드 노트]**를 선택해 인쇄합니다.

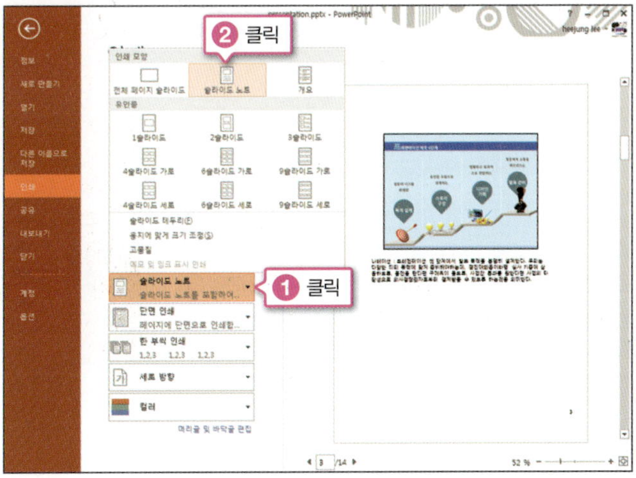

03 청중에게 나눠줄 유인물 인쇄하기

청중에게 나눠줄 유인물은 한 페이지에 여러 장의 슬라이드가 인쇄된 형태입니다. ① **[인쇄 형태]**를 클릭하고 ② 원하는 형태의 유인물을 선택해 인쇄합니다.

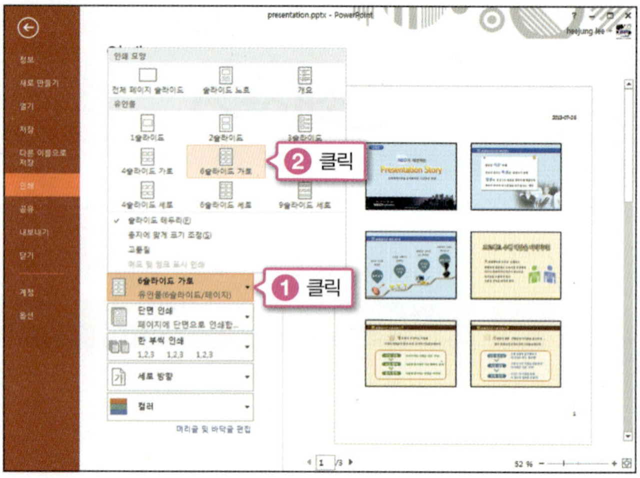

TIP 유인물로 인쇄하면 용지 한 장에 1~9개의 슬라이드를 인쇄할 수 있습니다.

04 가로 방향으로 인쇄하기

① 용지 방향을 가로로 변경하려면 **[용지 방향]**을 클릭하고 ② **[가로 방향]**을 선택해 인쇄합니다.

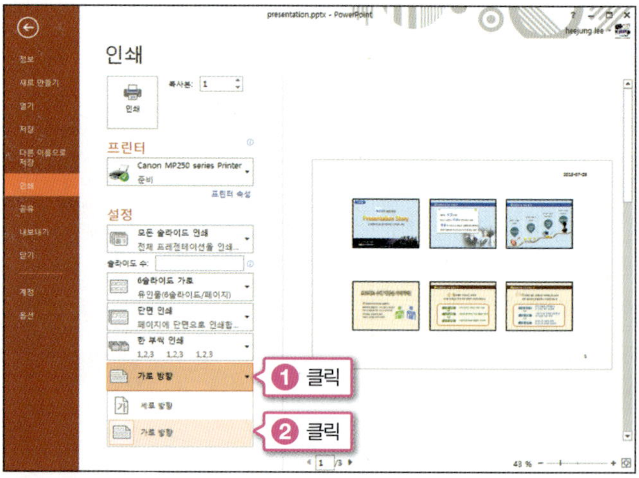

TIP 용지 방향에 대한 기능은 인쇄 형태가 [전체 페이지 슬라이드]인 경우에는 나타나지 않습니다.

05 흑백으로 인쇄하기

컬러 상태의 문서를 흑백(회색조)으로 변경해 인쇄하려면 ① **[인쇄 색]**을 클릭하고 ② **[회색조]**를 선택해 인쇄합니다.

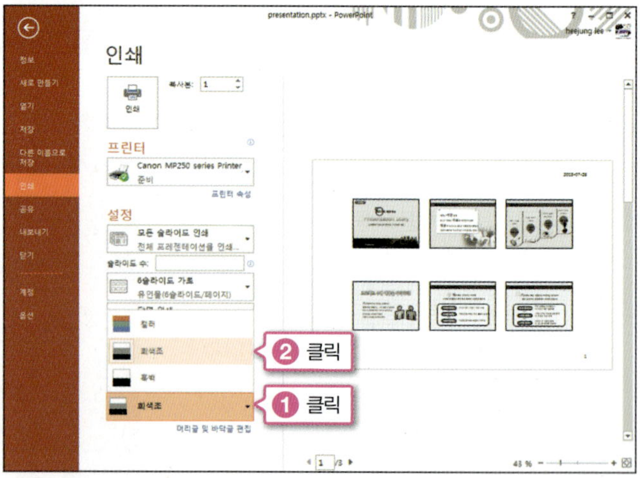

TIP 인쇄 부수를 설정할 수도 있습니다. 복사본에 2를 입력하고 [인쇄]를 클릭하면 현재 인쇄 내용을 2매씩 인쇄할 수 있습니다.

기능실습 원하는 슬라이드만 인쇄하기 2007 | 2010 | 2013

▪ **실습 파일** 파워포인트\2장\실습\presentation.pptx

많은 슬라이드 중 원하는 슬라이드만을 간추려 인쇄할 수 있습니다. 인쇄할 슬라이드 번호를 지정하거나 미리 설정된 구역을 인쇄해보겠습니다.

01 인쇄 범위 설정하기

일부 슬라이드만 인쇄하려면 [인쇄 범위] 아래에 있는 **슬라이드 수** 입력란에 인쇄할 슬라이드 번호를 입력합니다. 4~8번 슬라이드를 인쇄하려면 **4-8**을 입력하여 인쇄합니다.

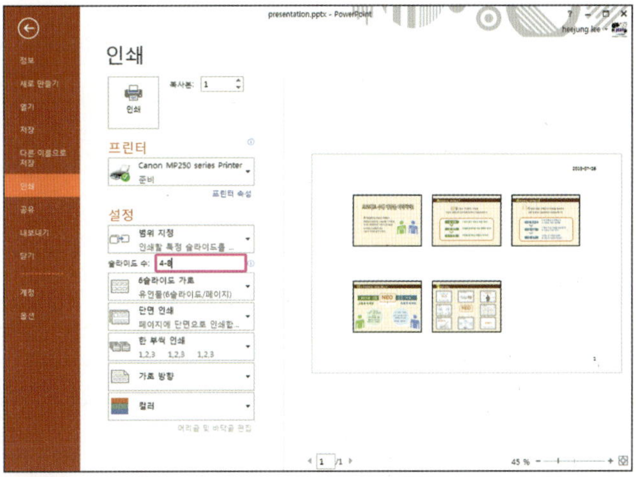

TIP 일부 슬라이드만 인쇄할 때 연속적인 슬라이드는 하이픈(-)으로, 비연속적인 슬라이드는 쉼표(,)로 구분합니다. 예를 들어 1, 3, 4, 5번 슬라이드를 인쇄하려면 1,3-5를 입력합니다.

02 구역별로 인쇄하기

미리 설정된 구역별로 인쇄할 수 있습니다. ① [**인쇄 범위**]를 클릭하고 ② 구역 영역에서 **원하는 구역을 선택**하여 인쇄합니다.

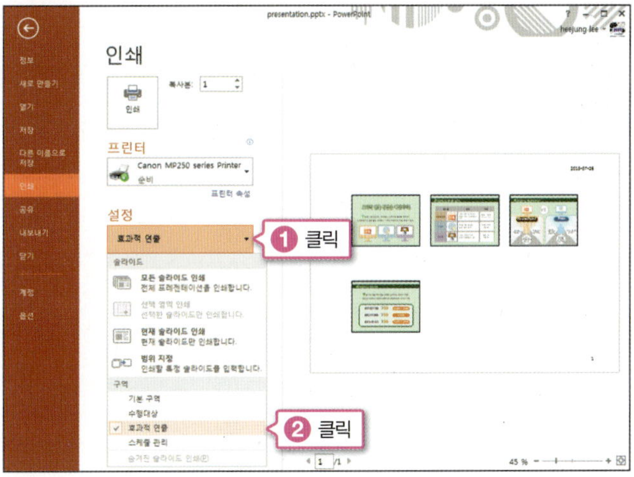

실 무 활 용
POWERPOINT NOTE

단축키로 작업 속도 높이기

프레젠테이션 문서를 작업하며 마우스로 일일이 클릭해 메뉴를 찾아 들어가는 것은 꽤 번거롭습니다. 이때 단축키로 모든 과정을 해결하면 훨씬 효율적이죠. 여기에서는 프레젠테이션 문서를 작성할 때 자주 사용하는 명령 단축키에 대해서 알아보겠습니다.

제작을 위한 단축키	Ctrl+N	새 프레젠테이션을 만듭니다.
	Ctrl+M	새 슬라이드를 만듭니다.
	Ctrl+W	슬라이드를 닫습니다.
	Ctrl+N	새 프레젠테이션 문서를 만듭니다.
	Ctrl+O	프레젠테이션 문서를 불러옵니다.
텍스트를 잘 다루기 위한 단축키	Ctrl+B	텍스트를 굵게 만듭니다.
	Ctrl+I	텍스트를 기울임꼴로 만듭니다.
	Ctrl+U	텍스트에 밑줄을 긋습니다.
	Ctrl+Shift+〉	텍스트 크기를 늘립니다.
	Ctrl+Shift+〈	텍스트 크기를 줄입니다.
	Ctrl+L	텍스트를 왼쪽에 맞춥니다.
	Ctrl+E	텍스트를 가운데에 맞춥니다.
	Ctrl+R	텍스트를 오른쪽에 맞춥니다.
작업 속도 향상을 위한 단축키	Ctrl+Z	방금 실행한 작업을 취소하고 원래 상태로 되돌립니다.
	Ctrl+Y	방금 실행한 작업을 취소하지 않고 한 번 더 실행합니다.
	Ctrl+C	개체를 복사합니다.
	Ctrl+V	복사한 개체를 붙여넣습니다.
	Ctrl+Shift+C	서식을 복사합니다.
	Ctrl+Shift+V	복사한 서식을 적용합니다.
	Ctrl+Shift+G	선택한 개체를 그룹으로 설정합니다.
	Ctrl+Shift+H	그룹으로 설정된 개체를 해제합니다.
기능키를 이용한 단축키	F1	도움말을 볼 수 있습니다.
	F4	방금했던 작업을 반복합니다.
	F5	슬라이드 쇼를 시작합니다.
	Shift+F5	현재 선택된 슬라이드부터 슬라이드 쇼를 시작합니다.
	Ctrl+F5	온라인 프레젠테이션을 시작합니다.
	F6	작업 영역을 차례로 선택합니다.
	F7	맞춤법 검사를 합니다.
	F10	리본 메뉴를 이동할 수 있는 키가 나타납니다.
	F12	프레젠테이션 문서를 다른 이름으로 저장합니다.

CHAPTER

03

텍스트로 슬라이드 꾸미기

SECTION

01 텍스트가 돋보이는 제안서 프레젠테이션 만들기

실무활용 텍스트 입력하고 기본 서식 변경하기

2007 | 2010 | 2013

- 실습 파일 파워포인트\3장\실습\전통의약엑스포 유치제안서.pptx
- 완성 파일 파워포인트\3장\완성\전통의약엑스포 유치제안서_완성.pptx

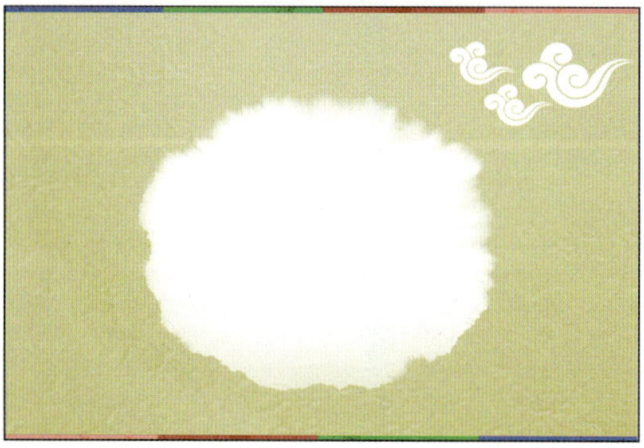

텍스트를 입력하려면 텍스트를 입력할 공간이 있어야 합니다. 텍스트를 입력할 공간으로는 텍스트 상자가 대표적이며 도형 안에도 텍스트를 입력할 수 있습니다. 여기에서는 텍스트 상자에 텍스트를 입력하고 빠른 텍스트 스타일을 이용하여 텍스트를 꾸며보겠습니다. 빠른 텍스트 스타일은 파워포인트 2013의 신기능은 아니지만 새롭게 스타일을 개선한 것으로, 2007이나 2010 버전으로도 따라할 수 있습니다.

01 텍스트 상자 삽입하기

① 실습 파일의 **2번 슬라이드**를 선택하고 ② [홈] 탭-[그리기] 그룹에서 [**도형**]을 클릭합니다. ③ 기본 도형 영역의 [**텍스트 상자**]를 클릭합니다.

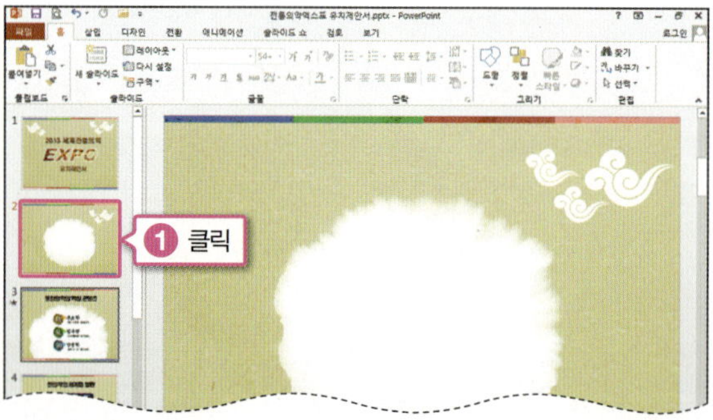

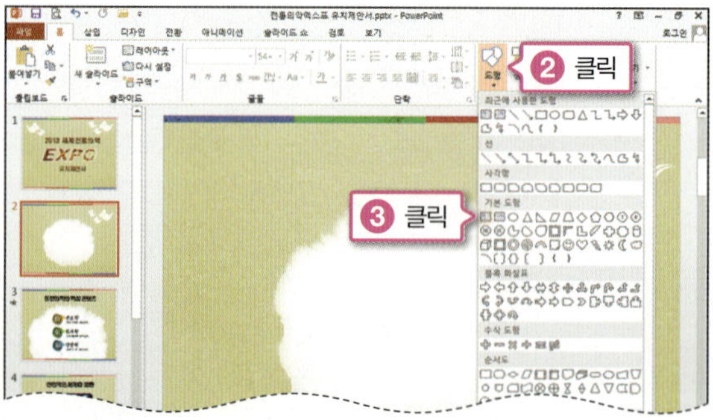

TIP 컴퓨터 해상도에 따라 [도형] 버튼 대신 다음과 같은 도형 목록이 나타날 수 있습니다.

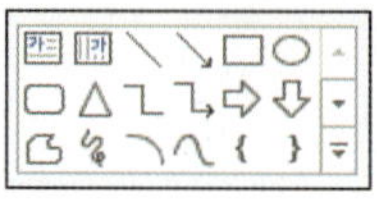

02 텍스트 입력하기

① 슬라이드의 빈 곳을 클릭하고 ② **동양의학의** Enter **세계화 핵심 전략**을 입력합니다.

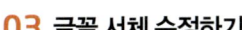

TIP 도형 안에 텍스트를 입력하려면 도형을 선택한 후 텍스트를 입력합니다.

03 글꼴 서체 수정하기

① 텍스트 상자를 선택하고 ② [홈] 탭-[글꼴] 그룹에서 글꼴을 **[HY견고딕]**, 글꼴 크기는 **[54]**로 설정합니다. ③ **[굵게]**를 클릭하여 텍스트를 굵게 합니다.

TIP **텍스트 상자 선택하기**

텍스트 상자가 선택되면 테두리의 점선이 실선 형태로 변경됩니다. 텍스트 상자를 선택하는 다른 방법으로는 텍스트 상자 안에 있는 임의의 텍스트를 클릭한 상태에서 ESC를 누릅니다.

04 글꼴 크기 수정하기

① **세계화 핵심 전략**을 드래그하여 선택하고 ② [가 **글꼴 크기 크게**]를 1번 클릭하여 텍스트의 크기를 키웁니다.

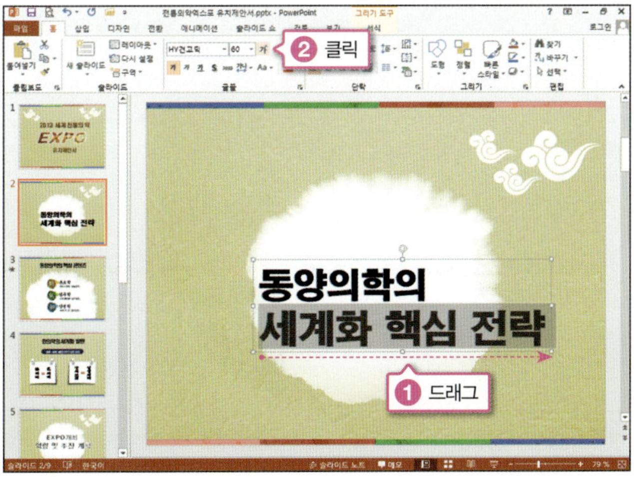

05 WordArt 스타일 설정하기

① 전체 텍스트 상자를 선택하고 ② [서식] 탭–[WordArt 스타일] 그룹–[**빠른 스타일**]을 클릭합니다. ③ **[채우기–검정, 텍스트 1, 윤곽선–배경 1, 진한 그림자–배경 1]**을 선택합니다.

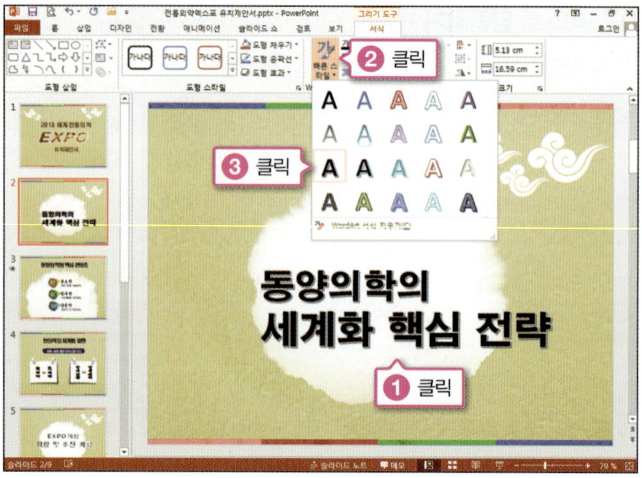

TIP 컴퓨터 해상도에 따라 [빠른 스타일] 대신 도형 목록이 나타날 수 있습니다. 이때 [자세히]를 눌러 목록을 펼치면 됩니다.

06 WordArt 스타일 설정하기

① 텍스트 상자를 선택하고 알맞은 위치로 이동한 후 ② [단락] 그룹에서 [**가운데 맞춤**]을 눌러 텍스트를 가운데로 배치해 완성합니다.

TIP 텍스트의 [빠른 스타일]은 윤곽선 효과나 입체 효과 등 꾸밈 효과가 다양합니다. 따라서 내용이 많거나 작은 크기의 텍스트가 있는 문서에 적용하기보다는 큼직하고 강조할 만한 텍스트에 적용하는 것이 좋습니다.

실무활용 POWERPOINT NOTE

무료 폰트 설치하기

윈도우에 설치된 기본 폰트 외에 다양한 글꼴을 추가하여 슬라이드 제작의 질을 향상시킬 수 있습니다. 무료로 사용할 수 있는 네이버 나눔 폰트와 다음 폰트를 다운로드받아 사용해보겠습니다.

네이버 나눔 폰트 다운로드

① 인터넷 주소창에 http://hangeul.naver.com/font를 입력합니다.

② [**TTF 윈도우용 나눔글꼴 패키지 설치하기**]를 클릭합니다. 다운로드된 NanumFontSetup_TTF_ALL_hangeulcamp.exe를 실행하여 설치합니다.

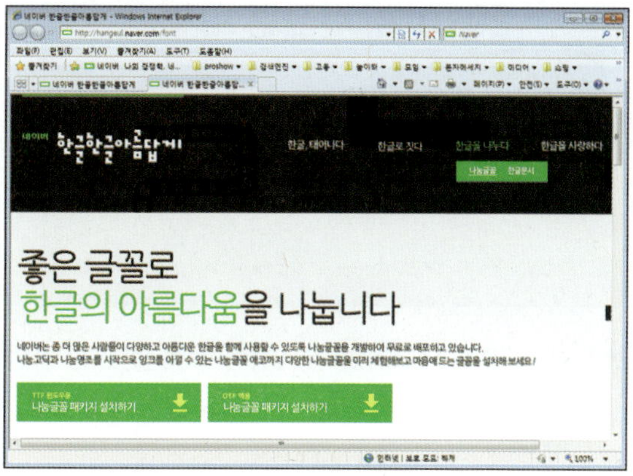

다음 폰트 다운로드

① 다음 사이트(www.daum.net) 검색창에서 **다음 폰트**를 입력합니다. ② [**다음체 무료 받기**]를 클릭한 후 다운로드된 Daum_Font.zip 파일의 압축을 풉니다. ③ 해당 폰트 파일을 c:/windows/fonts 폴더에 복사하여 사용합니다.

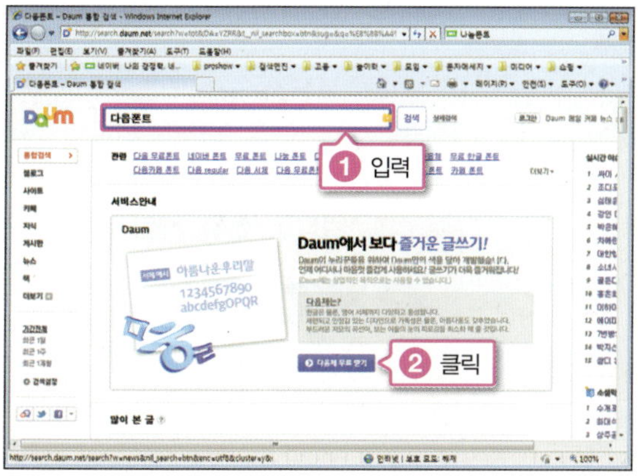

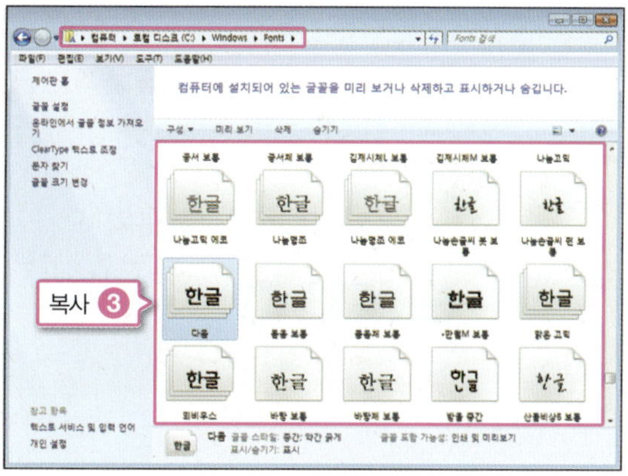

TIP c:/windows/fonts 폴더에 복사하는 방법 외에 압축을 푼 폰트 파일을 마우스 오른쪽 버튼을 클릭한 후 바로 가기 메뉴에서 [설치]를 클릭하면 폰트 폴더로 자동 복사됩니다.

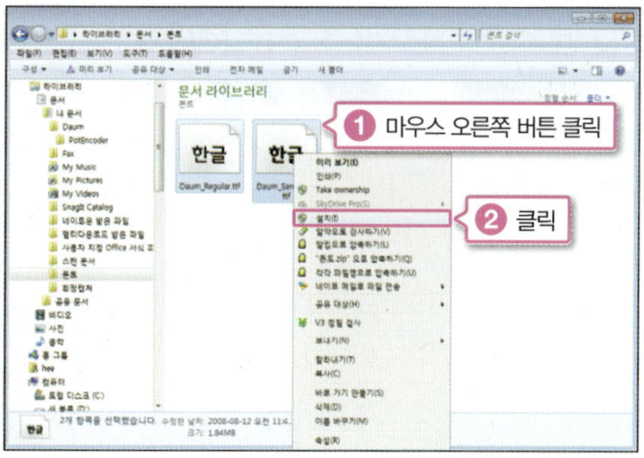

실무활용 | 그림자 효과와 이미지를 이용해 텍스트 강조하기 2007 | 2010 | 2013

▪ **실습 파일** 파워포인트\3장\실습\전통의약엑스포 유치제안서.pptx ▪ **완성 파일** 파워포인트\3장\완성\전통의약엑스포 유치제안서_완성.pptx

텍스트에 윤곽선을 그리면 가독성이 높아집니다. 이번에는 텍스트 내용에 어울리는 그림을 삽입하고 윤곽선과 그림자 효과를 이용하여 눈에 띄도록 화려한 제목의 슬라이드를 완성해보겠습니다.

01 글꼴 수정하기

① 1번 슬라이드의 Expo 텍스트 상자를 클릭하고 ② [홈] 탭–[글꼴] 그룹에서 [**기울임꼴**]을 선택합니다. ③ [문자 간격]은 **[매우 좁게]**를 선택합니다.

02 대소문자 바꾸기

① [대/소문자 바꾸기] 클릭하여 **[대문자로]**를 선택합니다. ② [단락] 그룹에서 [**가운데 맞춤**]을 클릭합니다.

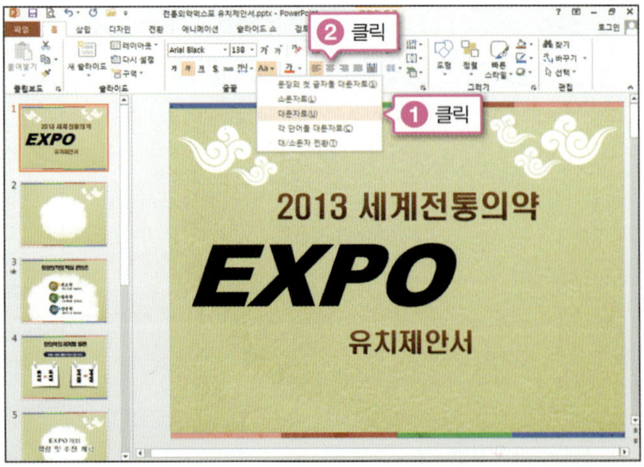

03 이미지로 텍스트 채우기

① [서식] 탭-[WordArt 스타일] 그룹-[텍스트 채우기]에서 ② **[그림]**을 선택합니다. ③ 그림 삽입 대화상자가 나타나면 **[찾아보기]**를 클릭한 후 ④ **expo1.jpg(파워포인트\3장\실습)**를 선택한 후 ⑤ **[열기]**를 클릭합니다.

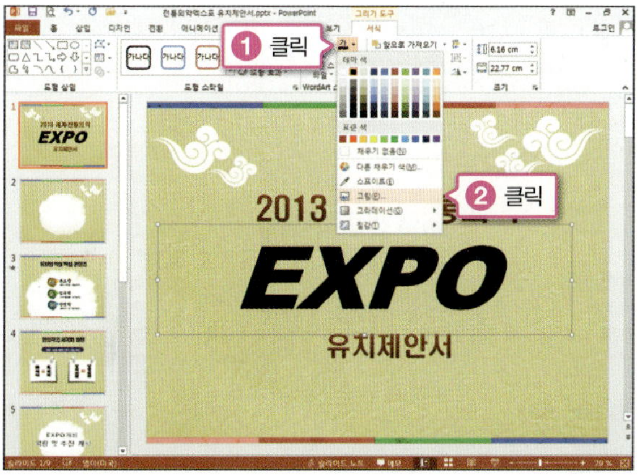

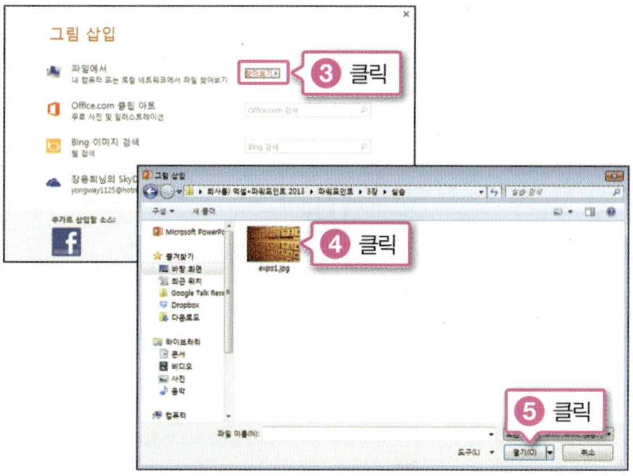

04 텍스트 윤곽선 꾸미기

① 텍스트의 윤곽선을 꾸미기 위해 **EXPO** 텍스트를 선택합니다. ② [WordArt 스타일] 그룹-[텍스트 윤곽선]에서 **[흰색]**, ③ [두께]는 **[4 1/2pt]**를 선택합니다.

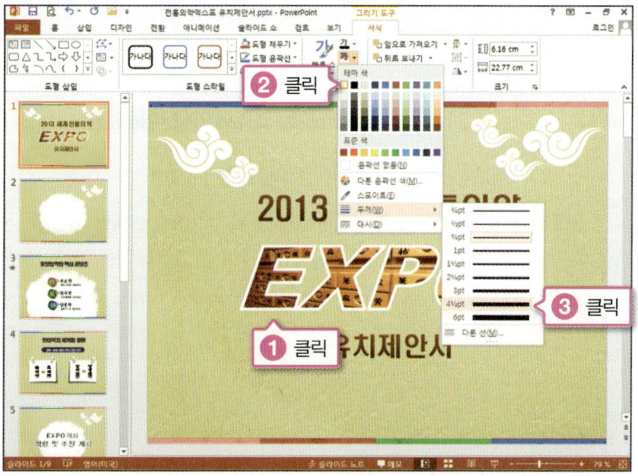

05 텍스트에 그림자 효과 적용하기

① [서식] 탭-[WordArt 스타일] 그룹에서 **[텍스트 효과]**를 클릭하고 ② **[그림자]**를 선택합니다. ③ 바깥쪽 영역의 **[오프셋 가운데]**를 클릭합니다.

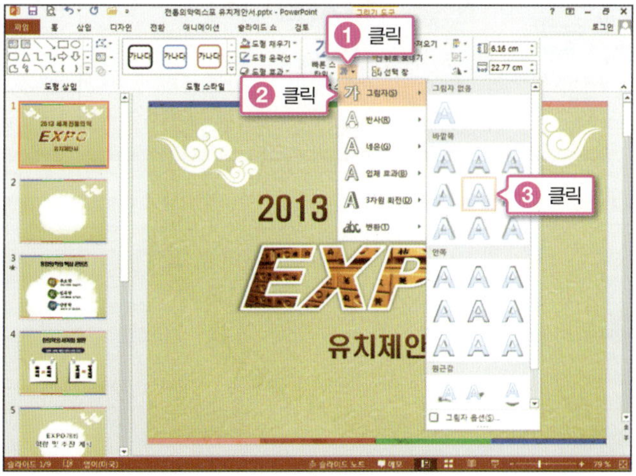

06 그림자 진하게 하기

① [서식] 탭-[WordArt 스타일] 그룹에서 [**텍스트 효과**]를 클릭합니다. ② [그림자]에서 **[그림자 옵션]**을 선택하여 ③ 도형 서식 작업창에서 그림자의 투명도를 **[0%]**로 변경하여 완성합니다.

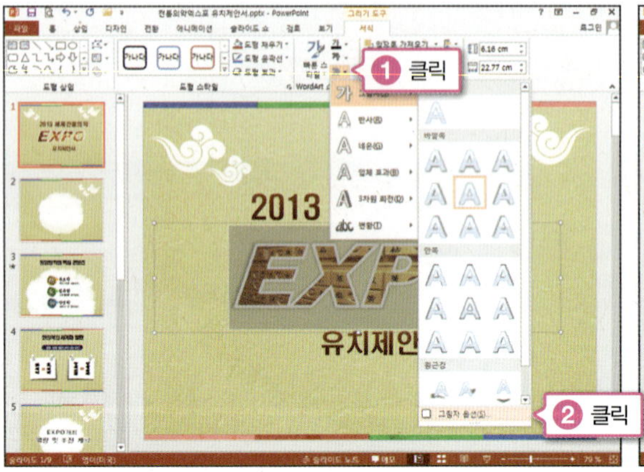

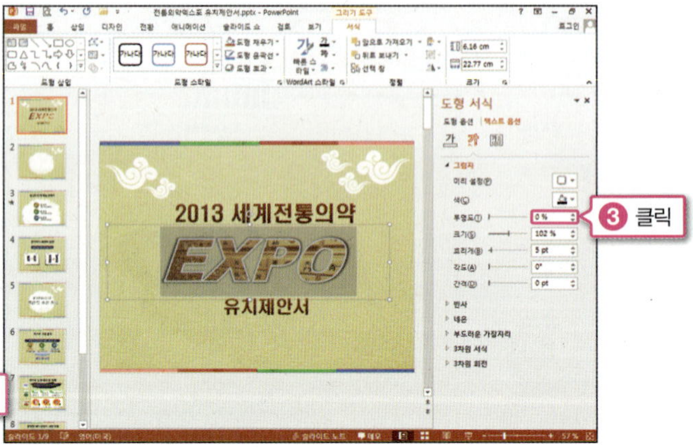

TIP 2007, 2010 사용자는 [텍스트 효과 서식]에서 그림자 투명도를 설정합니다.

실 무 활 용 POWERPOINT NOTE

텍스트에 그라데이션 적용하기

실습 파일 파워포인트\3장\실습\전통의약엑스포 유치제안서.pptx

① **9번 슬라이드**를 선택한 후 ② **감사합니다** 텍스트 상자 선택합니다. ③ [서식] 탭-[WordArt 스타일] 그룹에서 [**텍스트 채우기**]를 클릭한 후 ④ **[그라데이션]**을 선택합니다. ⑤ 어두운 그라데이션 영역의 **[선형 위쪽]**을 선택하여 완성합니다.

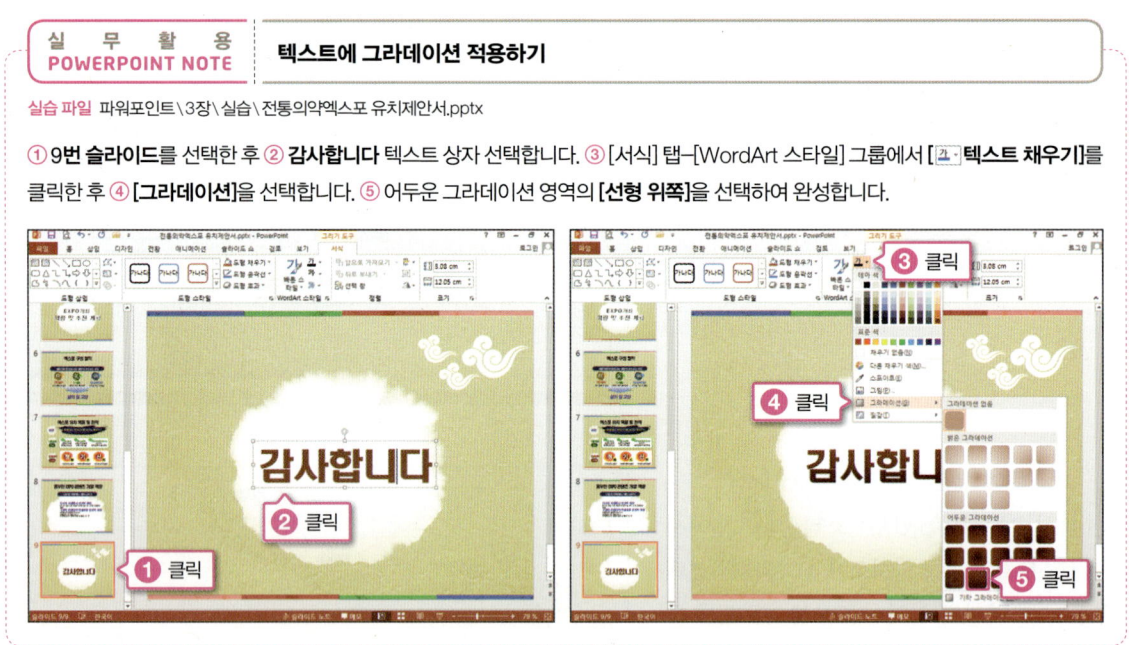

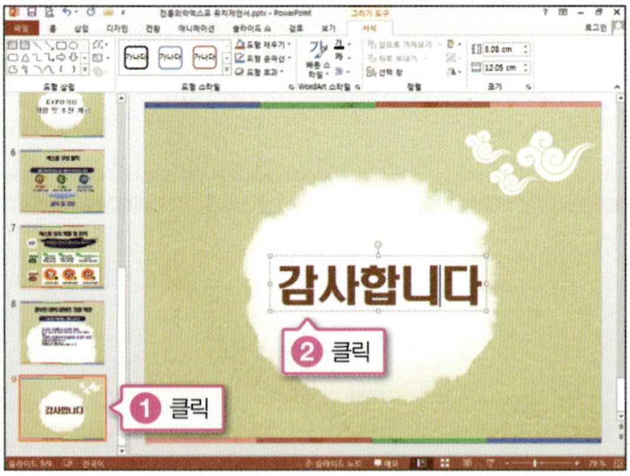

실무활용 글머리 기호, 단락 기능, 텍스트 서식 복사를 이용하여 텍스트 정리하기 2007 | 2010 | 2013

- **실습 파일** 파워포인트\3장\실습\전통의약엑스포 유치제안서.pptx
- **완성 파일** 파워포인트\3장\완성\전통의약엑스포 유치제안서_완성.pptx

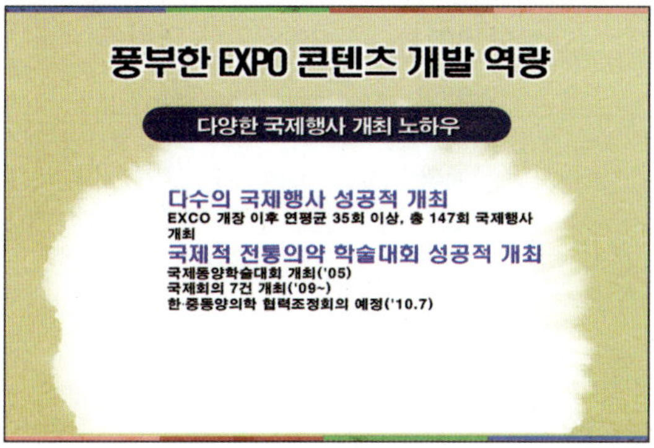

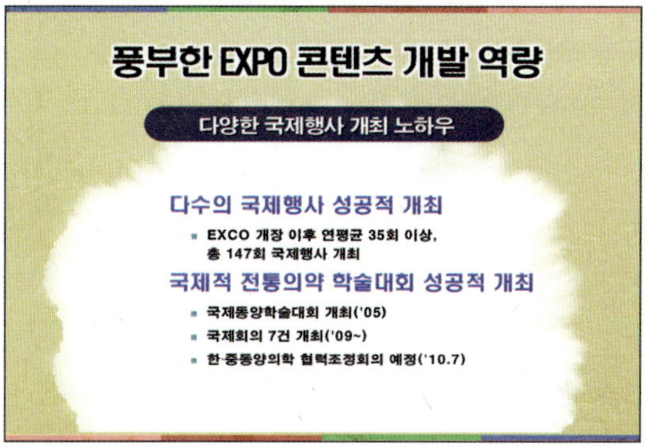

슬라이드에 있는 내용 텍스트가 깔끔하게 정렬되어 있지 않으면 전체적으로 산만해 보일 뿐만 아니라 가독성도 떨어집니다. 이때에는 텍스트의 줄, 단락 간격 등을 조절하여 가독성을 높여야 합니다. 또는 글머리 기호와 들여쓰기 등의 기능으로 텍스트를 정리할 수도 있습니다.

01 텍스트 상자 선택하기

① **8번 슬라이드**를 선택하고 ② **다수의 국제행사 성공적 개최** 텍스트 상자를 선택합니다.

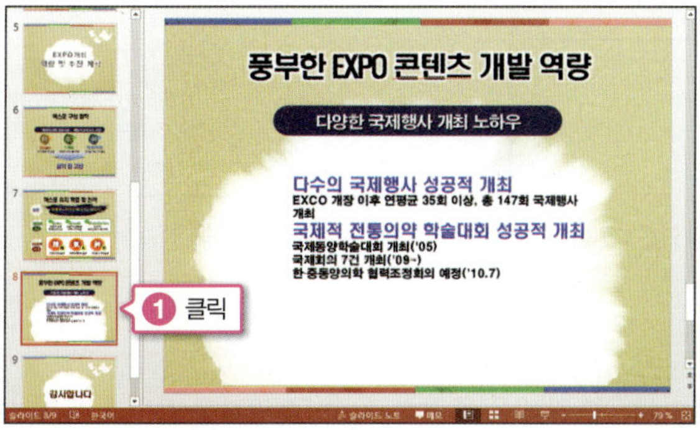

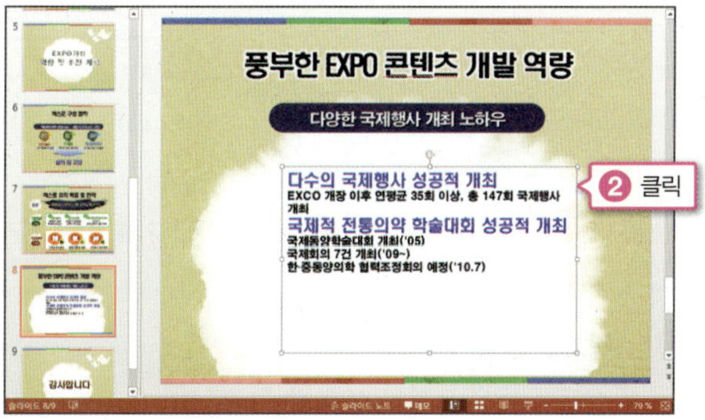

02 텍스트 줄 간격 설정하기

① [홈] 탭–[단락] 그룹에서 [**줄 간격**]을 클릭합니다. ② **[1.5]**를 선택해서 줄 간격을 넓힙니다.

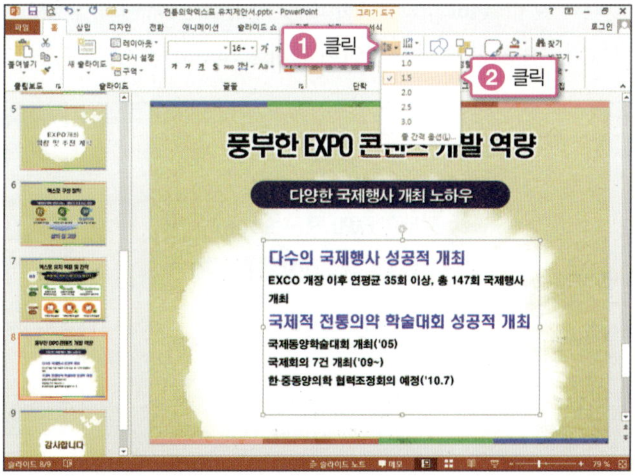

03 글머리 기호 매기기

① **EXCO 개장 이후**~가 입력된 텍스트 한 단락을 드래그하여 선택합니다. ② [홈] 탭–[단락] 그룹에서 [**글머리 기호**]를 클릭하여 ③ **[글머리 기호 및 번호 매기기]**를 선택합니다.

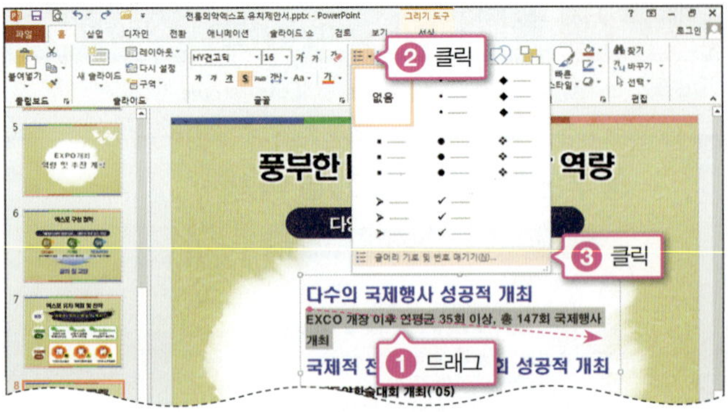

04 글머리 기호에 이미지 삽입하기

① 글머리 기호 탭에서 **[그림]**을 클릭하고 ② Office.com 클립 아트 입력 상자에 **글머리**를 입력하여 검색합니다. ③ 적당한 이미지 선택하고 ④ **[삽입]**을 클릭합니다.

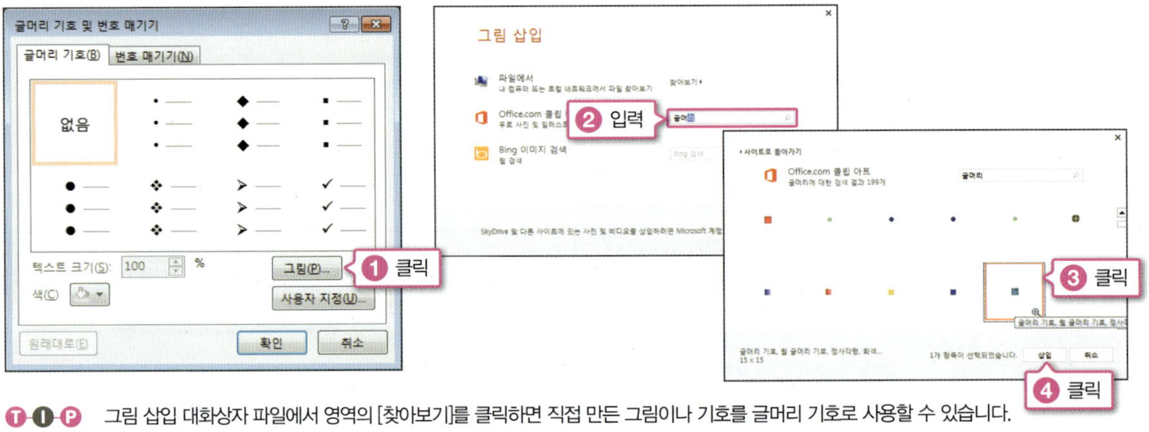

TIP 그림 삽입 대화상자 파일에서 영역의 [찾아보기]를 클릭하면 직접 만든 그림이나 기호를 글머리 기호로 사용할 수 있습니다.

05 텍스트 단락 수정하기

① 텍스트 선택을 유지한 상태에서 [홈] 탭–[단락] 그룹에서 [**줄 간격**]을 클릭한 후 ② **[줄 간격 옵션]**을 선택하여 단락 대화상자를 불러옵니다. ③ 들여쓰기 영역의 텍스트 앞을 **[1.5]** ④ 첫 줄 내어쓰기 값을 **[0.7]**로 입력합니다. ⑤ 단락 앞 값을 **[6]**으로 입력하고 ⑥ 줄 간격은 **[배수]**로 설정한 후 ⑦ 값은 **[1.2]**로 입력합니다. ⑧ **[확인]**을 클릭해서 단락의 들여쓰기 및 단락 사이의 간격을 조절합니다.

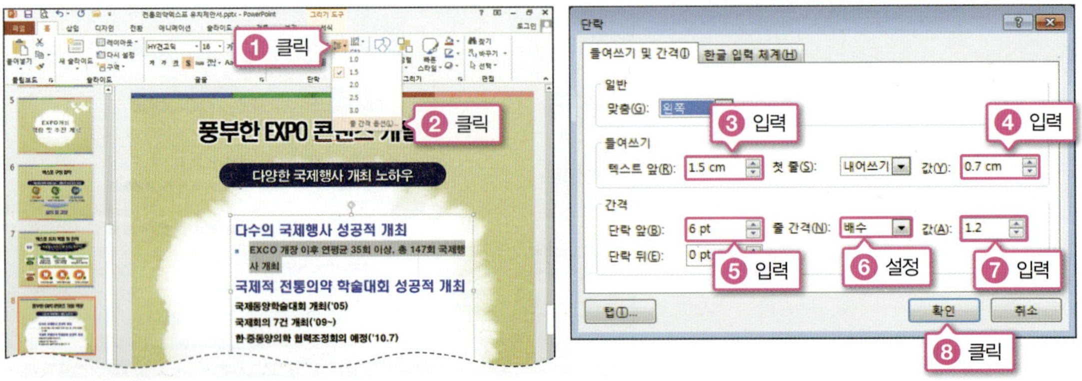

06 텍스트 서식 복사하기

텍스트 서식이 적용된 단락을 하단 텍스트에도 적용해보겠습니다. ① 서식이 변경된 단락을 드래그하여 선택하고 ② [홈] 탭-[클립보드] 그룹에서 [서식 복사]를 더블클릭합니다.

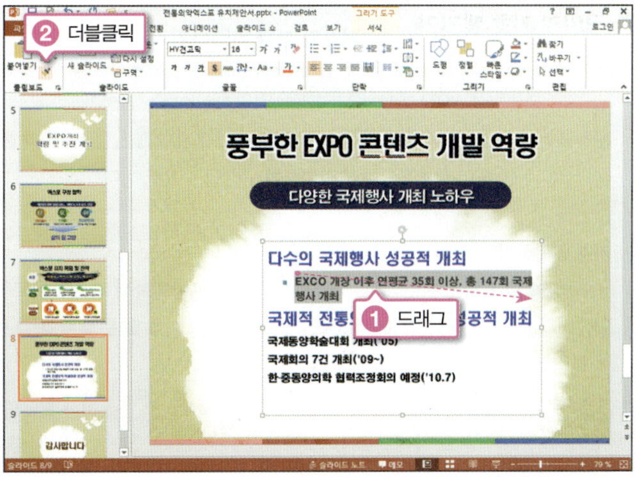

TIP 서식 복사 자세히 알아두기
텍스트의 단락 기능(줄간격, 글머리 기호 등)을 포함하려면 텍스트 일부가 아닌 전체 단락을 드래그하여 선택합니다. [서식 복사]를 더블클릭하고 복사한 서식을 적용할 텍스트도 드래그해 전체 단락을 선택해야 합니다.

07 서식 복사 적용하기

① 서식을 복사할 텍스트를 드래그하여 복사한 서식을 적용하고 ② ESC를 눌러 서식 복사를 마칩니다.

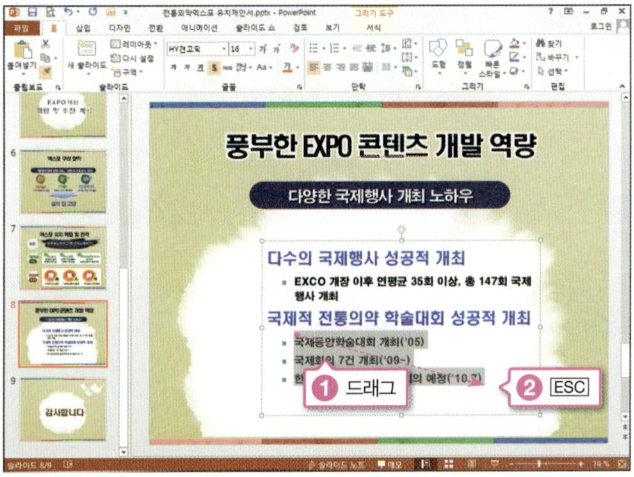

TIP 하나의 서식을 하나의 오브젝트에 적용할 때에는 [서식 복사]를 한 번 클릭하고, 여러 오브젝트에 적용할 때에는 더블클릭해야 합니다. 단 텍스트의 경우, 원하는 내용을 한번에 드래그하거나 선택하기 힘들기 때문에 [서식 복사]를 더블클릭해서 사용하는 것이 좋습니다(서식 복사를 해제할 때는 ESC를 누릅니다).

08 글머리 기호 없이 줄 바꾸기

① **총 147회** 텍스트 앞부분을 클릭해서 텍스트 편집 상태로 만듭니다. ② Shift+Enter를 눌러 글머리 기호 없이 줄 바꿈 해 슬라이드를 완성합니다.

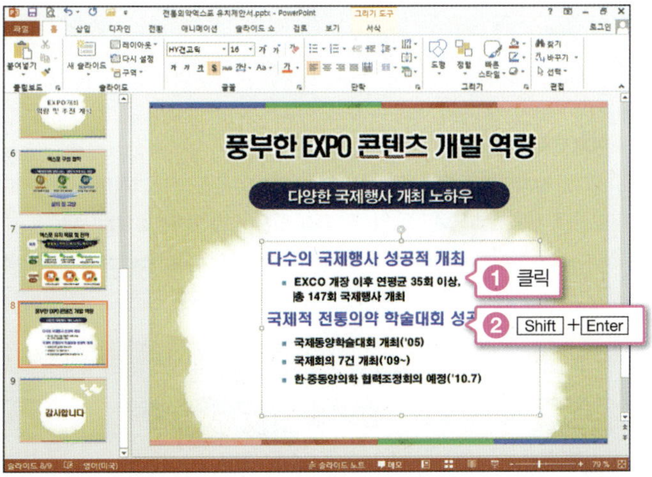

TIP 글머리 기호를 설정한 상태에서 Enter를 누르면 글머리 기호가 추가되고 Shift+Enter를 누르면 글머리 기호 없이 줄을 바꿀 수 있습니다.

실 무 활 용 POWERPOINT NOTE

기호와 한자 입력하기

실습 파일 파워포인트\3장\실습\전통의약엑스포 유치제안서.pptx

문서를 작성하다 보면 키보드에는 없는 기호(Ⅰ Ⅱ Ⅲ ①②③ 『』 □ ⟷)나 한자, 특수 문자 등을 입력해야 할 경우가 있습니다. 다음 내용을 알아두면 좀더 효율적으로 슬라이드를 구성할 수 있습니다.

기호 입력하기

① **6번 슬라이드**를 선택한 후 ② 파란색 도형 안의 **예방의학적** 텍스트 왼쪽을 클릭합니다. ③ [삽입] 탭–[기호] 그룹에서 [Ω **기호]**를 클릭합니다. ④ 기호 대화상자에서 하위 집합을 **[한중일 기호 및 문장 부호]**로 변경합니다. ⑤ [「]를 선택하고 ⑥ **[삽입]**을 클릭한 후 **[닫기]**를 클릭합니다.

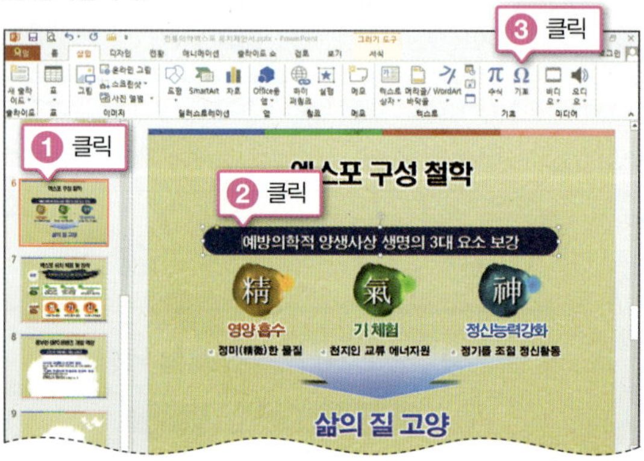

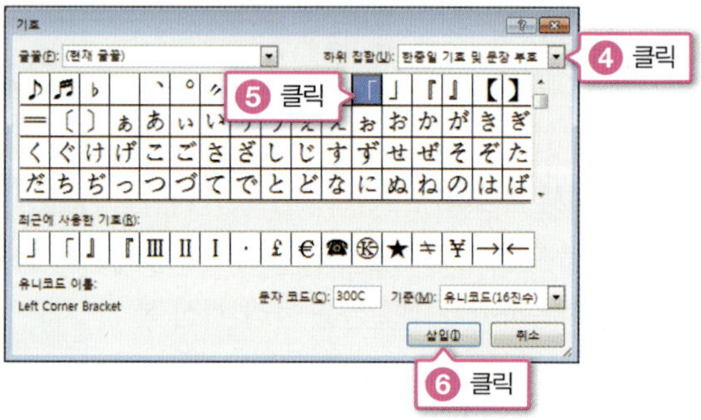

⑦ 같은 방법으로 **양생사상** 텍스트 오른쪽을 클릭하고 ⑧ 기호 대화상자에서 [」]를 삽입하여 완성합니다.

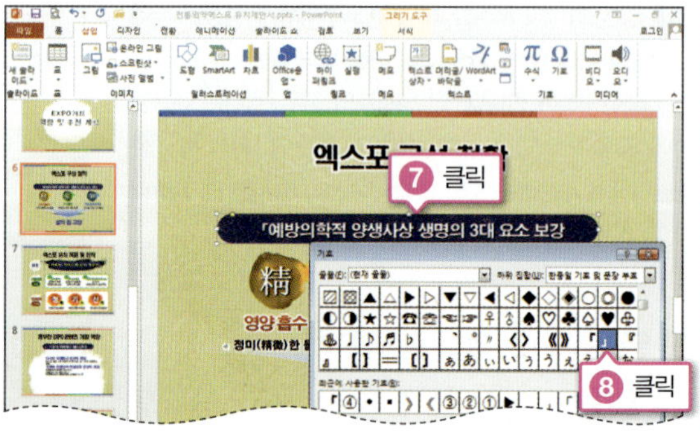

한자 입력하기

① **7번 슬라이드**를 선택한 후 ② 한자로 변환할 **정**을 드래그하여 선택합니다. ③ 한자를 누른 후 알맞은 한자를 클릭하여 한자로 변환합니다. 같은 방법으로 각각의 텍스트를 한자로 변환하여 완성합니다.

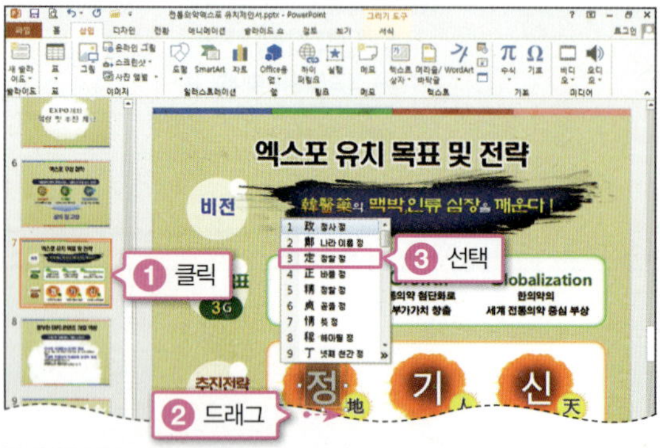

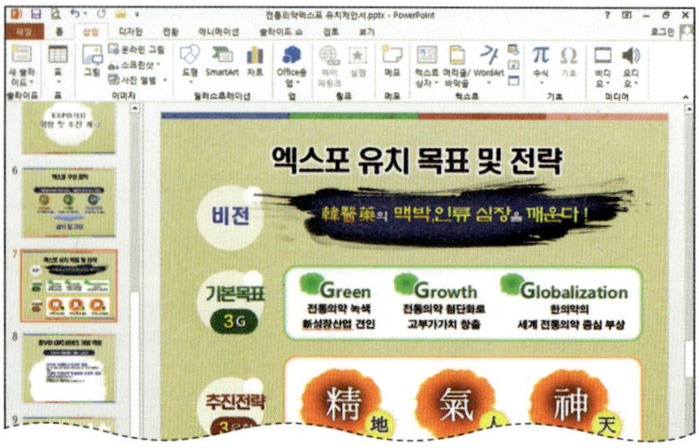

SECTION

02 다양한 효과로 제목 슬라이드의 텍스트 꾸미기

실무활용 3차원 입체 효과로 돋보이는 제목 만들기

2007 | 2010 | 2013

- **실습 파일** 파워포인트\3장\실습\Rock Festival.pptx
- **완성 파일** 파워포인트\3장\완성\Rock Festival_완성.pptx

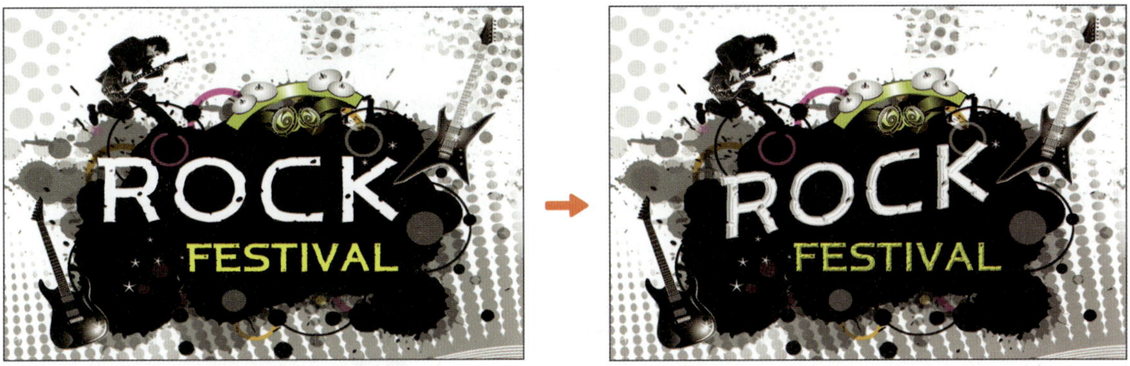

텍스트에 줄 수 있는 디자인 효과는 상상 이상으로 무궁무진합니다. 포토샵과 같은 전문 디자인 툴이 아닌 파워포인트의 기능만으로도 훌륭한 디자인을 완성할 수 있습니다. 간단한 효과만으로 힘을 실어 줄 수 있는 텍스트 디자인을 완성해보겠습니다.

01 텍스트에 입체 효과 적용하기

① 1번 슬라이드에서 ROCK이 입력된 텍스트 상자를 선택합니다. ② [서식] 탭–[WordArt 스타일] 그룹에서 [텍스트 효과]를 클릭합니다. ③ [입체 효과]의 입체 효과 영역에서 [아트 데코]를 선택합니다.

02 텍스트에 3차원 회전 효과 적용하기

① [서식] 탭–[WordArt 스타일] 그룹에서 [**텍스트 효과]**를 클릭합니다. ② [3차원 회전]의 평행 영역에서 **[축 분리 1 오른쪽으로]**를 선택합니다.

03 텍스트에 입체 효과 적용하기

① **FESTIVAL**이 입력된 텍스트 상자를 선택하고 ② [서식] 탭–[WordArt 스타일] 그룹에서 [**텍스트 효과]**를 클릭합니다. ③ [입체 효과]의 입체 효과 영역에서 **[각지게]**를 선택해 슬라이드를 완성합니다

기능실습 배경과 어울리는 휘는 텍스트 만들기

2007 | 2010 | 2013

- **실습 파일** 파워포인트\3장\실습\Rock Festival.pptx
- **완성 파일** 파워포인트\3장\완성\Rock Festival_완성.pptx

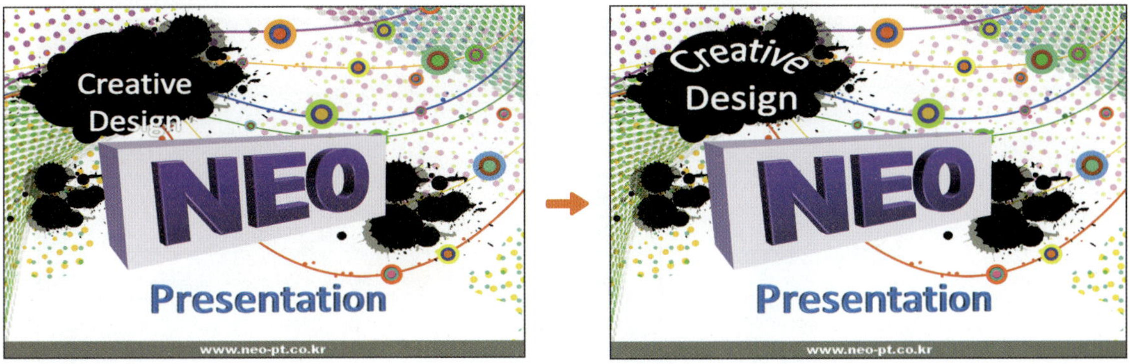

직선 형태의 텍스트에서 벗어나 휘거나 둥글리는 등의 변화는 자연스러운 생동감과 원근감을 표현할 수 있습니다. 텍스트 형태를 자칫 과하게 왜곡시켜 사용하게 되면 텍스트를 통한 내용 전달이 어려울 수 있으니 적당히 효과적으로 사용하는 것이 좋습니다.

01 텍스트에 휘는 효과 적용하기

① **2번 슬라이드**를 선택하고 ② **Creative Design** 텍스트 상자를 선택합니다. ③ [서식] 탭-[WordArt 스타일] 그룹에서 **[텍스트 효과]**를 클릭한 후 ④ [변환]에서 휘기 영역의 **[단추]**를 선택해서 위쪽으로 휜 텍스트를 만듭니다.

02 휜 텍스트를 자연스럽게 만들기

분홍색의 모양 조정 핸들을 적당하게 드래그하여 배경과 어울리도록 모양을 조정합니다.

혼자해보기 | **그라데이션 배경에서 또렷하게 돋보이는 실용 만점의 텍스트 꾸미기**

▪ **실습 파일** 파워포인트\3장\실습\혼자해보기_텍스트.pptx

▪ **완성 파일** 파워포인트\3장\완성\혼자해보기_텍스트_완성.pptx

어두운 배경에서는 단연 흰색 텍스트가 돋보입니다. 하지만 어두운 정도에 따라, 혹은 그라데이션이 있는 배경에서는 배경색의 변화로 텍스트의 일부가 잘 보이지 않을 수도 있습니다. 이런 경우 텍스트를 입체화한 다음 외형선으로 외곽에 두께를 준다면 텍스트를 더욱 명확하게 강조할 수 있습니다. 지금부터 어떤 배경에서나 텍스트를 또렷하게 보이도록 만드는 실용성 높은 텍스트 서식을 완성하겠습니다.

1. [삽입] 탭-[텍스트] 그룹에서 [텍스트 상자]를 클릭하고 **[가로 텍스트 상자]**를 선택합니다. 슬라이드를 클릭하고 Apple's management strategy를 입력한 후 텍스트 상자를 드래그하여 보기 좋게 배치합니다.

2. 텍스트 상자가 선택된 상태에서 [홈] 탭-[글꼴] 그룹에서 **[글꼴-'andalus', 크기-'36', 글꼴 색 -'흰색, 배경1']**을 선택하고 **[굵게], [기울임 꼴], [텍스트 그림자]**를 클릭합니다. 텍스트 중 Apple's만 드래그한 후 [홈] 탭-[글꼴] 그룹에서 **[글꼴 크기 크게]**를 3번 클릭하여 텍스트의 크기를 조정합니다.

3. 텍스트 상자를 선택하고 [서식] 탭-[WordArt 스타일] 그룹에서 **[텍스트 효과]**를 클릭합니다. **[네온-다른 네온 색]**을 클릭하고 [테마색 영역]-**[검정, 텍스트 1]**을 선택합니다. 다시 한번 [서식] 탭-[WordArt 스타일] 그룹에서 **[텍스트 효과]**를 클릭하고, [네온]-**[네온 옵션]**을 클릭한 다음 네온 영역에서 **[크기-6 투명도-0%]**로 조정합니다.

4. [삽입] 탭-[텍스트] 그룹에서 [텍스트 상자]를 클릭한 후 **[가로 텍스트 상자]**를 선택합니다. 슬라이드를 클릭한 후 **불확실성이 큰 시대, 미래를 예측하고 대응하기 보다 미래를 만들어 가는 것이 효과적!** 을 입력한 후 텍스트 상자를 보기 좋게 배치합니다. 텍스트 상자가 선택된 상태에서 [홈] 탭-[글꼴] 그룹에서 **[글꼴-' HY울릉도 B', 크기-'36', 글꼴 색-표준 영역의 '진한 파랑', 문자 간격-'좁게']**를 선택하고 **[굵게], [그림자]**를 클릭합니다. [홈] 탭-[단락] 그룹에서 **[줄 간격]**을 클릭하고 **[1.5]**를 선택합니다.

5. 텍스트 중 **미래를 만들어 가는 것**만 드래그하여 [홈] 탭-[글꼴] 그룹에서 **[글꼴 크기 크게]**를 2번 클릭합니다. [서식] 탭-[WordArt 스타일] 그룹에서 **[텍스트 채우기]**를 클릭하고 표준 영역의 **[진한 빨강]**을 선택합니다. 계속해서 [서식] 탭-[WordArt 스타일] 그룹에서 **[텍스트 채우기]**를 클릭하고 [그라데이션-어두운 그라데이션] 영역의 **[선형 위쪽]**을 선택합니다.

6. 텍스트 상자를 선택하고 [서식] 탭-[WordArt 스타일] 그룹에서 **[텍스트 효과]**를 클릭하고 [입체 효과-3차원 옵션]을 클릭합니다. 오른쪽의 도형 서식 작업창에서 3차원 서식 영역의 위쪽 **[입체 너비-2pt, 높이-4.5pt, 외형선-흰색, 크기-5pt]**를 선택합니다. 오른쪽 스크롤을 위쪽으로 드래그하고 **[그림자]**를 클릭합니다. 미리 설정에서 바깥 쪽 영역의 [오프셋 대각선 오른쪽 아래]를 선택하고 **[투명도-0%, 흐리게-10pt]**로 조정하여 완성합니다.

CHAPTER

04

도형으로 슬라이드 꾸미기

POWERPOINT 2013

SECTION

01 간단한 도형 슬라이드 만들기

기능설명 파워포인트에서 그릴 수 있는 도형의 모든 것 2007 | 2010 | 2013

파워포인트에서 도형을 그리는 방법은 여러 가지입니다. 일반적으로 도형을 그릴 때는 [삽입] 탭에서 원하는 도형을 선택하고 드래그합니다. 이때 Ctrl이나 Shift를 누른 채 도형을 그리게 되면 반듯한 도형이 그려집니다. 이번에는 파워포인트에서 도형을 그리는 기초 방법부터 조합키를 이용한 도형 그리기까지 알아보겠습니다.

정방형 도형 그리기

정원, 정사각형 등 정방형 도형을 그리려면 Shift를 누른 상태에서 드래그합니다. 클릭한 지점이 중심이 되는 도형을 그릴 때는 Ctrl을 누른 상태에서 드래그합니다.

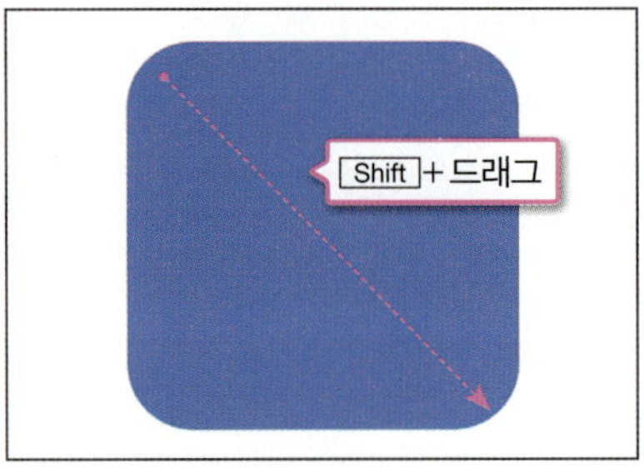

△ Shift를 누른 상태에서 드래그

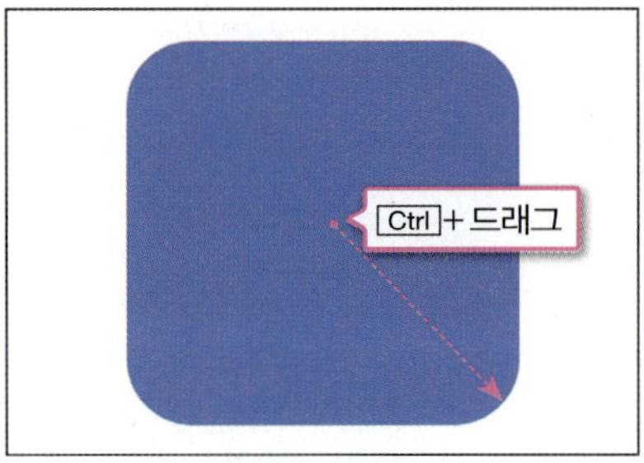

△ Ctrl을 누른 상태에서 드래그

Ctrl과 Shift를 동시에 누른 상태에서 도형을 그리면 클릭 지점을 중심으로 가로, 세로의 비율이 일정한 정방형 도형을 그릴 수 있습니다.

도형 이동 및 복사하기

도형을 드래그하면 도형이 이동하며 Shift를 누른 상태에서 도형을 드래그하면 수직/수평 방향으로 도형이 이동됩니다. 이때 Ctrl을 누른 상태에서 도형을 드래그하면 같은 도형이 복사됩니다.

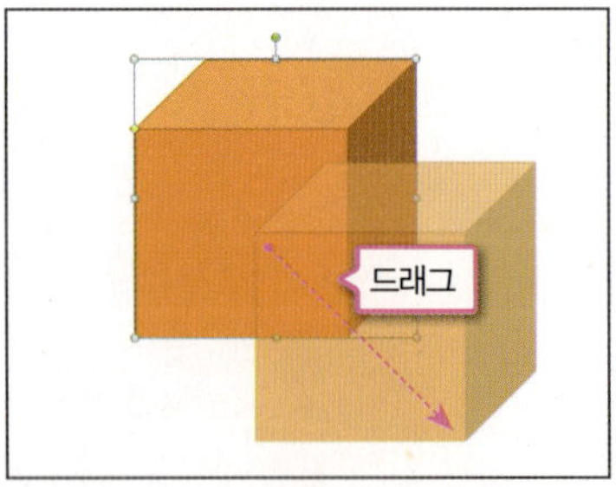

△ 드래그

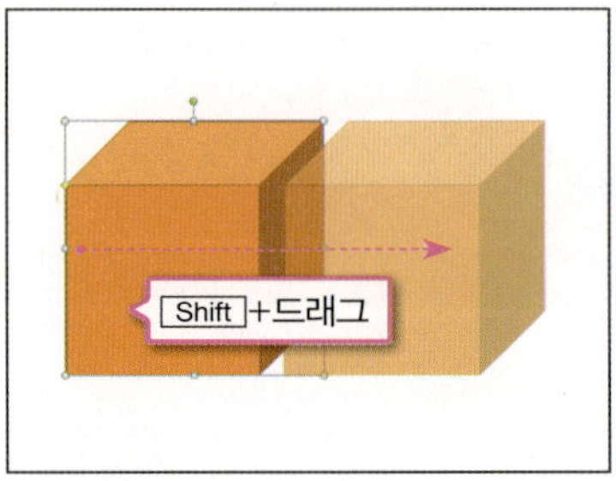

△ Shift를 누르며 드래그

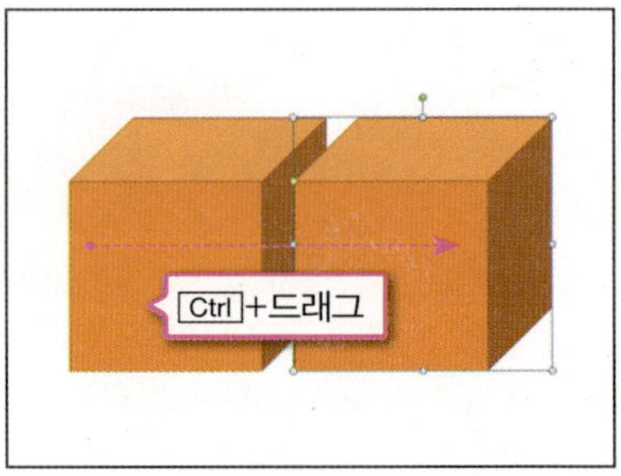

△ Ctrl을 누르며 드래그

도형을 미세하게 이동하기

일반적으로 도형의 위치를 변경하려면 마우스로 도형을 드래그하거나 도형을 선택한 후 키보드의 방향키를 누르면 됩니다. 이때 [Alt]를 누른 상태에서 드래그하거나 [Ctrl]을 누른 상태에서 방향키를 누르면 도형을 좀더 세밀한 간격으로 이동할 수 있습니다.

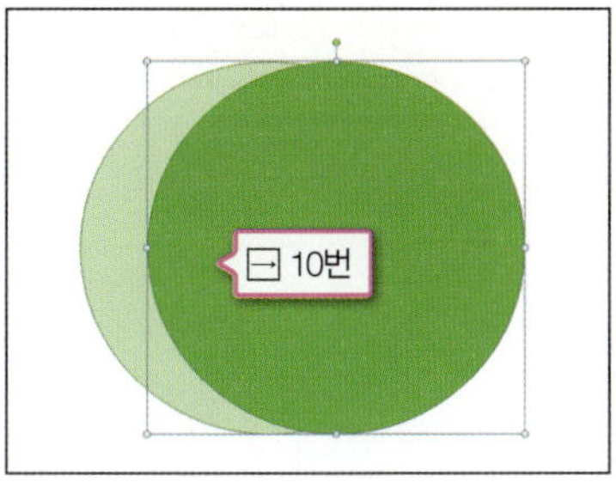

△ → 10번

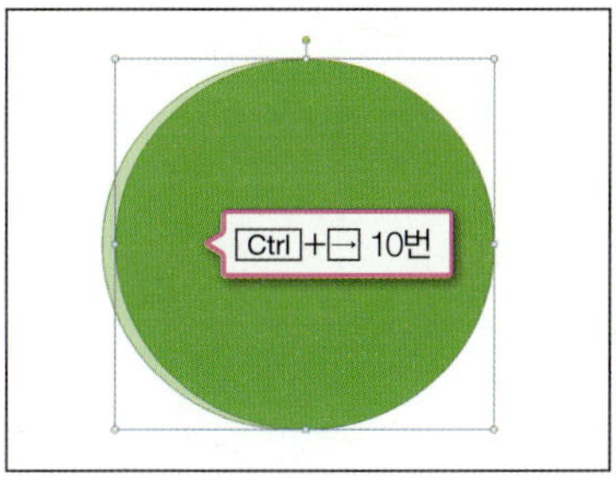

△ [Ctrl]을 누르며 → 10번

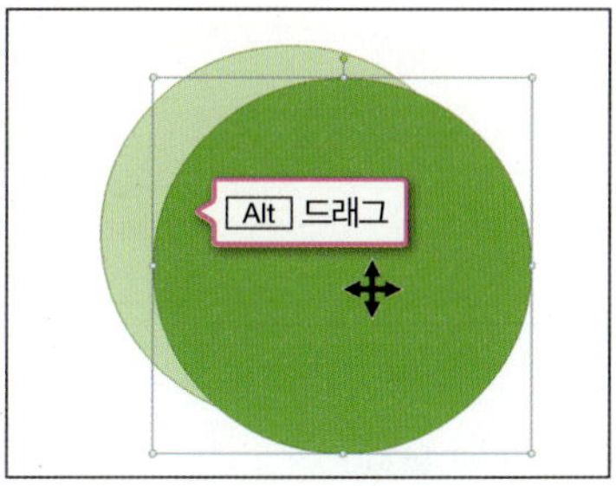

△ [Alt]를 누르며 드래그

[Ctrl], [Shift]를 이용하여 도형 크기 변경하기

도형을 선택하면 8개의 크기 조절점이 나타납니다. 이 중 한 조절점을 드래그하면 도형의 크기를 변경할 수 있습니다. 이때 [Shift]를 누른 상태에서 조절점을 드래그하면 도형의 비율을 유지한 상태로 크기 변경됩니다. [Ctrl]을 누른 상태에서 조절점을 드래그하면 도형의 중심을 고정한 상태에서 크기가 변경됩니다.

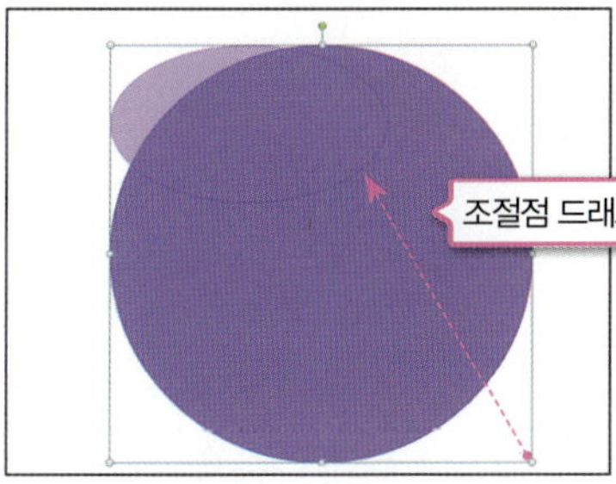

△ 조절점 드래그

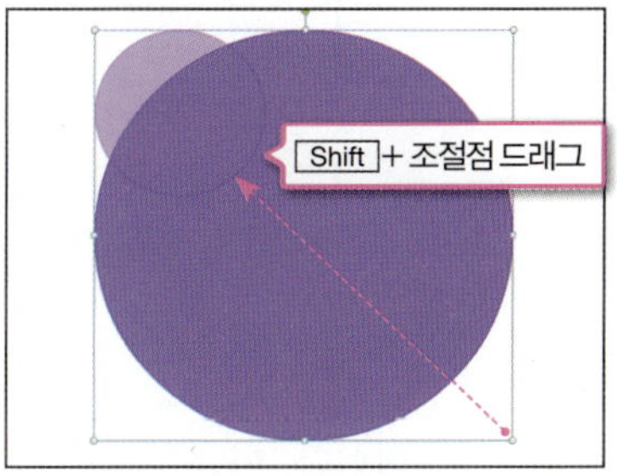

△ [Shift]를 누르며 조절점 드래그

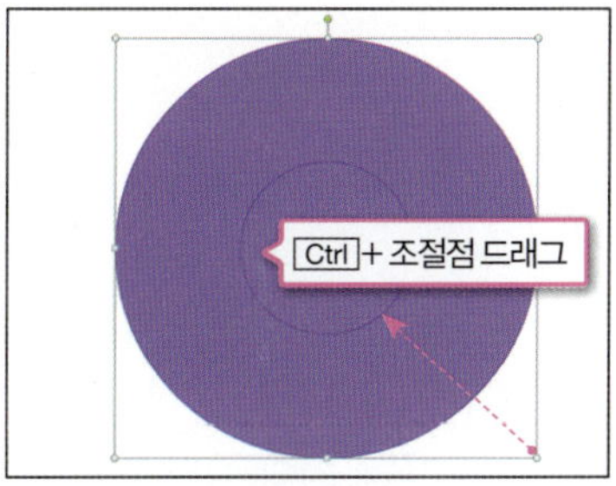

△ [Ctrl]을 누르며 조절점 드래그

도형 병합하기

두 개 이상의 도형을 선택하고 도형을 병합/교차/결합/빼기하여 다양한 형태의 도형을 만들 수 있습니다.

노란색 원형과 초록색 화살표가 있는 아래의 그림은 원본입니다. 현재 노란색 원형을 먼저 선택하고 초록색 화살표를 나중에 선택한 상태입니다.

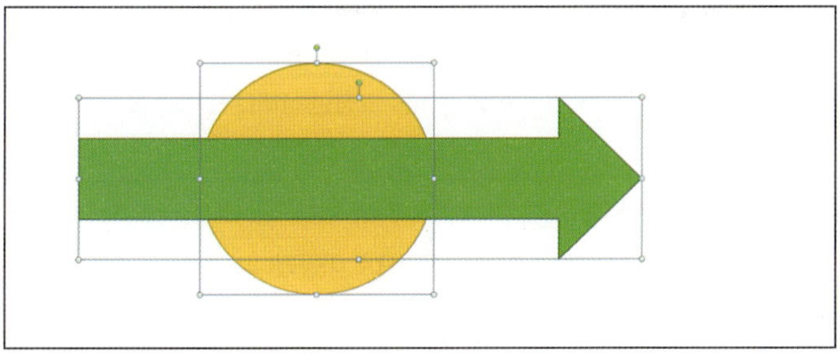

도형 병합

선택된 도형을 하나로 합치는 기능입니다.

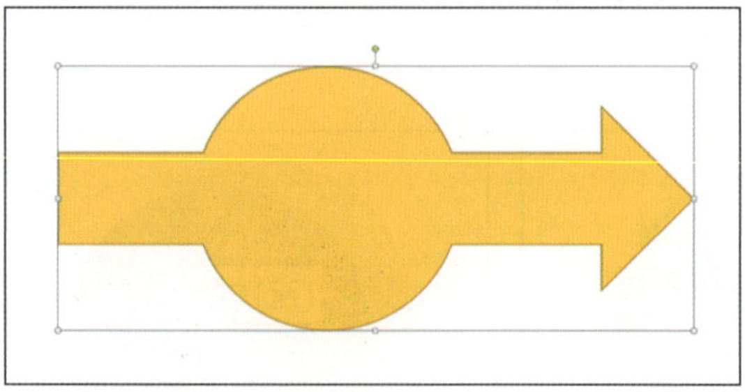

도형 교차

겹친 부분만 남기고 나머지를 제거하는 기능입니다.

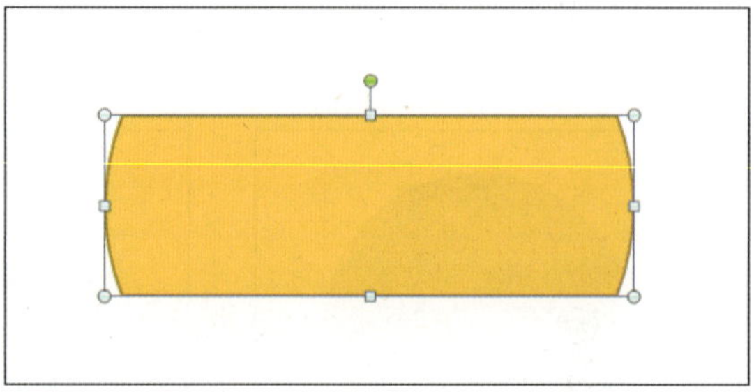

도형 결합

선택된 도형을 하나로 합치되 겹쳐진 부분을 제거하는 기능입니다.

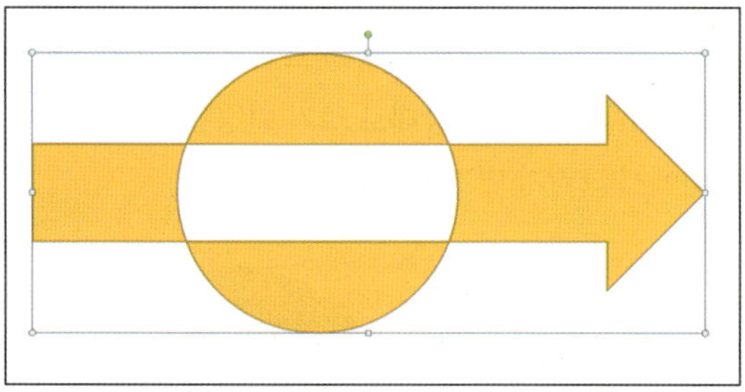

도형 빼기

처음 선택한 도형에서 나중에 선택한 도형과 겹치는 부분을 빼는 기능입니다.

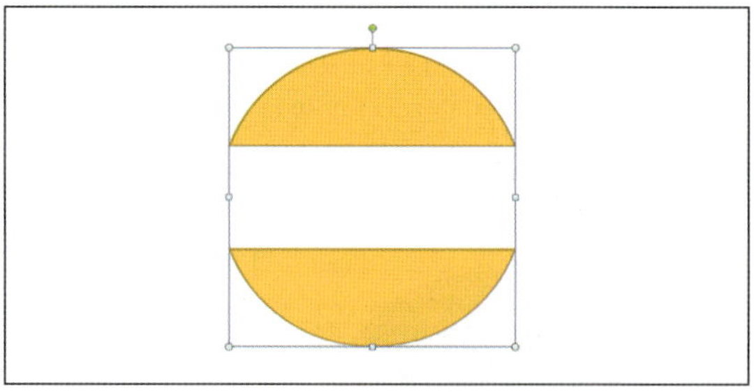

도형을 자유자재로 그릴 수 있는 조합키 모음

파워포인트 작업을 하다 보면 텍스트만큼이나 자주 다루게 되는 것이 도형입니다. 따라서 도형을 다루는 기본 기능인 [Ctrl], [Alt], [Shift]의 조합키를 잘 활용해야 합니다. 이 조합키를 이용하면 도형들을 쉽게 다룰 수 있고 작업 시간을 단축하여 제작의 질을 보다 높일 수 있기 때문입니다.

[Shift]	[Shift]를 누른 상태에서 도형을 새로 그리면 도형의 가로와 세로 비율이 일정한 정방형 도형이 그려집니다.
	[Shift]를 누른 상태에서 선을 새로 그리면 45도 각도의 선을 그릴 수 있습니다.
	[Shift]를 누른 상태에서 도형의 크기 조정 핸들을 대각선 방향으로 드래그하면 도형의 가로와 세로 비율을 유지한 상태로 크기를 변경할 수 있습니다.
	[Shift]를 누른 상태에서 도형을 드래그하면 수평 혹은 수직 방향으로만 이동됩니다.
[Ctrl]	[Ctrl]을 누른 상태에서 도형을 새로 그리면 도형의 중심을 기준으로 도형이 그려집니다.
	[Ctrl]을 누른 상태에서 도형의 크기 조정 핸들을 드래그하면 도형의 중심을 고정한 상태로 도형의 크기를 변경할 수 있습니다.
	[Ctrl]을 누른 상태에서 도형을 드래그하면 도형이 복사됩니다.
	[Ctrl]을 누른 상태에서 키보드의 방향키를 누르면 도형 위치가 미세한 간격으로 이동됩니다.
[Alt]	[Alt]를 누른 상태에서 도형을 드래그하면 도형 위치가 미세한 간격으로 이동됩니다.

실무활용 기본 도형과 서식 기능을 이용해 사업소개서 만들기 2007 | 2010 | 2013

▪ **실습 파일** 파워포인트\4장\실습\글로벌파트너십.pptx

▪ **완성 파일** 파워포인트\4장\완성\글로벌파트너십_완성.pptx

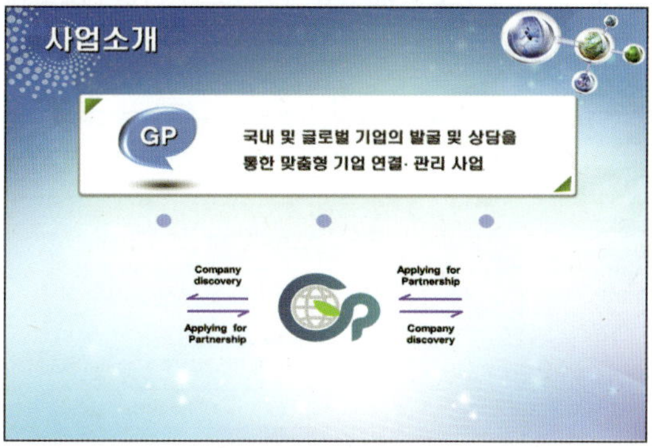

슬라이드에 도형을 사용할 때, 때로는 화려하고 현란한 모양의 도형을 선택하곤 합니다. 하지만 화려한 모양의 도형을 제대로 활용하지 못한다면 슬라이드를 조잡하게 만들 뿐만 아니라 결과물의 질을 떨어뜨리기도 합니다. 여기에서는 기본 도형의 장점과 실용성을 확실하게 익힐 수 있도록 기본기를 다져보겠습니다.

01 모서리가 둥근 직사각형 그리기

① **4번 슬라이드**를 선택하고 ② [홈] 탭-[그리기] 그룹에서 [**도형**]을 클릭합니다. ② 사각형 영역에서 [**모서리가 둥근 직사각형**]을 선택한 후 ④ 그림과 같이 대각선 방향으로 드래그해서 도형을 그립니다. ⑤ 도형 왼쪽 위에 있는 **노란색 모양 조정 핸들**을 오른쪽 방향으로 끝까지 드래그하여 도형의 모서리를 더욱 둥글게 만듭니다.

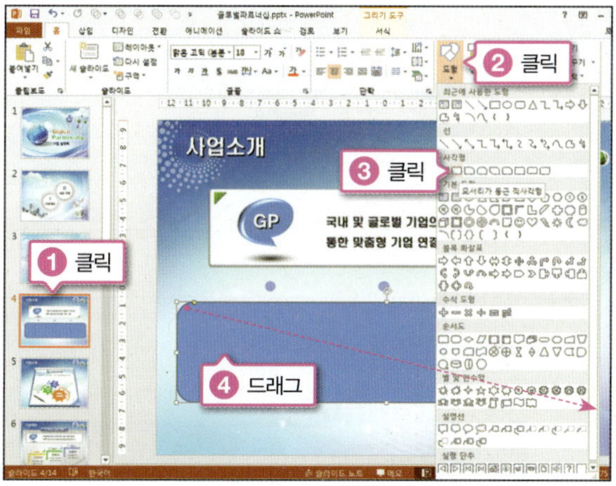

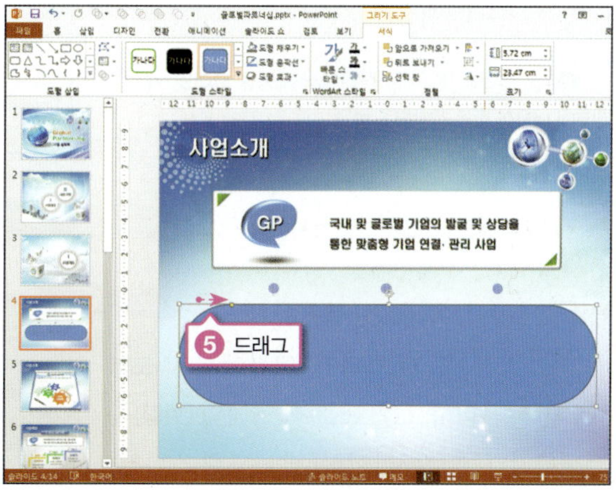

02 도형 스타일 적용하기

① 도형을 선택한 상태에서 [서식] 탭-[도형 스타일] 그룹에서 **[자세히]**를 클릭하고 ② **[색 윤곽선 – 파랑, 강조 5]**를 선택하여 도형을 새롭게 디자인합니다. ③ [서식] 탭-[정렬] 그룹에서 **[뒤로 보내기]**를 클릭하고 ④ **[맨 뒤로 보내기]**를 선택합니다.

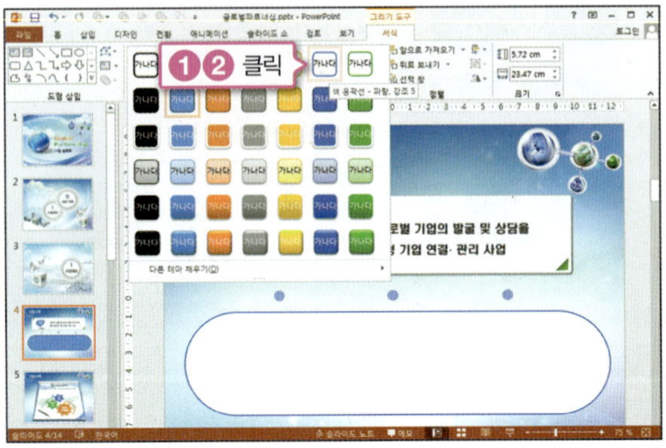

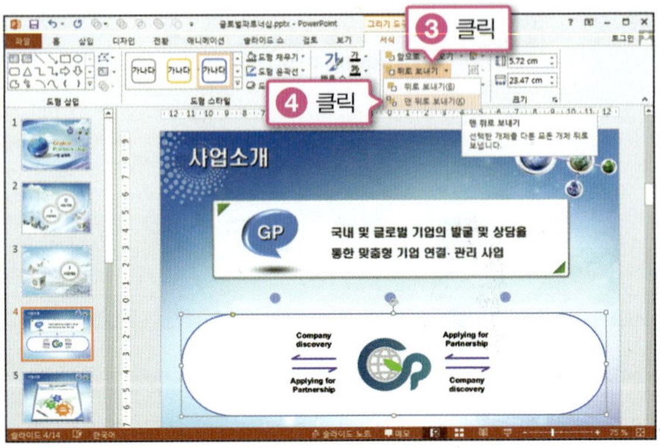

03 원형 그리기

① [홈] 탭-[그리기] 그룹에서 **[도형]**을 클릭하고 ② 기본 도형 영역에서 **[타원]**을 선택합니다. ③ Shift를 누른 채 그림과 같이 대각선 방향으로 드래그해서 정방형 도형을 그립니다.

TIP Shift를 누른 상태에서 도형을 그리면 가로와 세로의 비율이 같은 정방형 도형을 그릴 수 있습니다.

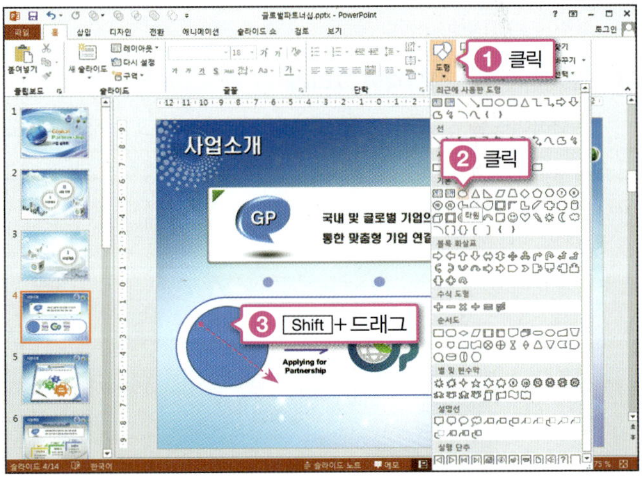

04 도형에 그라데이션 적용하기

① [서식] 탭-[도형 스타일] 그룹에서 **[도형 채우기]**를 클릭하고 ② 표준 색 영역의 **[파랑]**을 선택합니다. ③ 다시 [서식] 탭-[도형 스타일] 그룹에서 **[도형 채우기]**를 클릭하고 ④ [그라데이션]의 어두운 그라데이션 영역에서 **[가운데에서]**를 선택합니다.

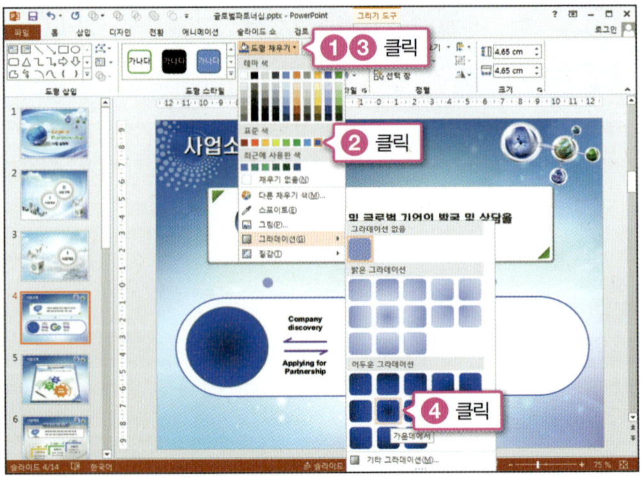

05 도형 윤곽선 적용하기

① [서식] 탭–[도형 스타일] 그룹에서 [**도형 윤곽선**]을 클릭하고 ② 테마 색 영역에서 **[파랑, 강조 1, 40% 더 밝게]**를 선택합니다.

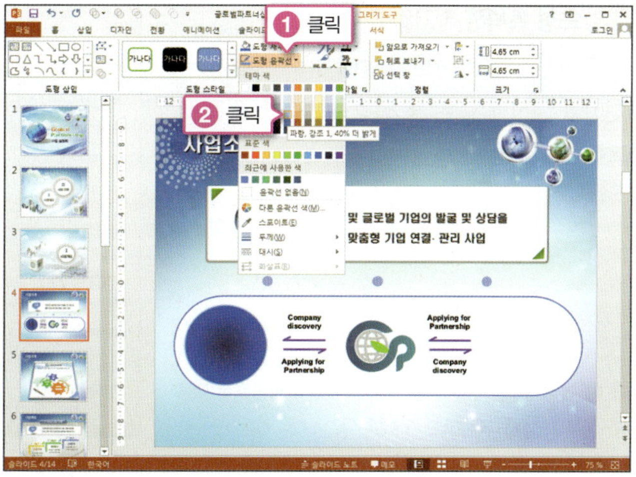

06 윤곽선 두께 수정하기

① [서식] 탭– [도형 스타일] 그룹에서 [**도형 윤곽선**]을 클릭하고 ② [두께]에서 **[다른 선]**을 클릭합니다. ③ 도형 서식 작업창에서 선 영역의 두께를 **[6pt]**, ④ 겹선 종류는 **[굵고 얇음]**을 선택합니다.

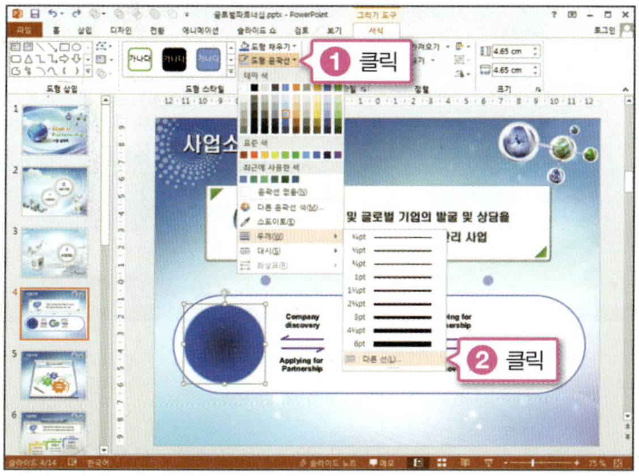

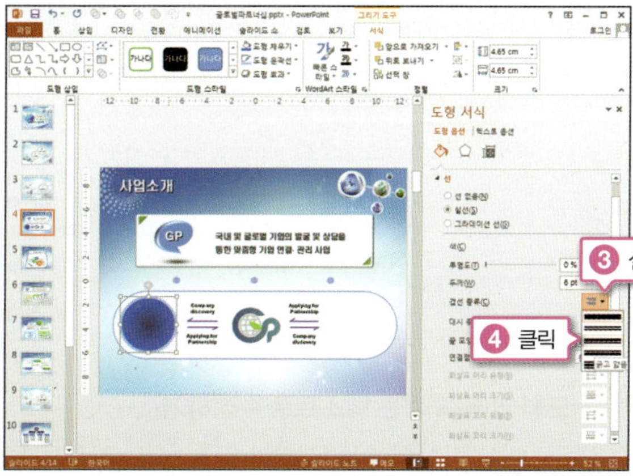

07 그림자 효과 적용하기

① [서식] 탭–[도형 스타일] 그룹에서 [**도형 효과**]를 클릭합니다. ② [그림자]의 바깥쪽 영역에서 **[오프셋 아래쪽]**을 클릭합니다.

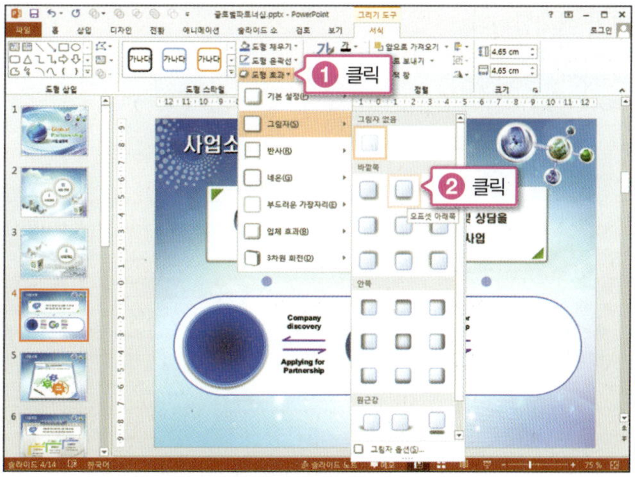

08 도형 복사하기

① 복사할 도형을 선택한 상태에서 ② Shift와 Ctrl을 동시에 누른 채 도형을 마우스로 드래그합니다.

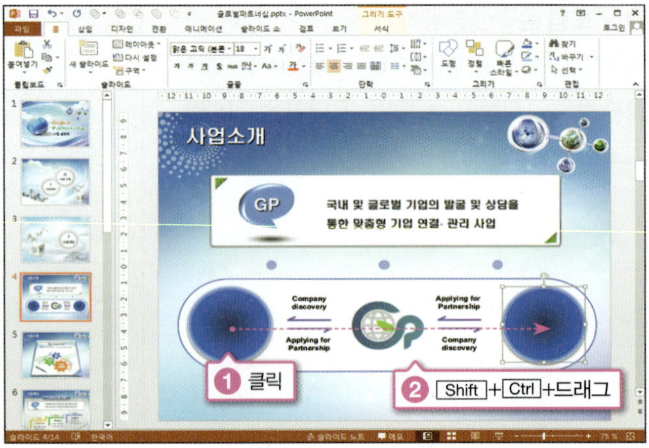

TIP Shift는 도형을 수평이나 수직 방향으로 이동하게 하고 Ctrl은 복사하는 기능입니다.

09 도형 안에 텍스트 입력하기

① 텍스트를 입력할 원형을 선택하고 ② 다음과 같은 **글꼴 서식(Century Gothic, 16pt, 굵게, 그림자, 흰색)**을 적용한 후 텍스트를 입력합니다.

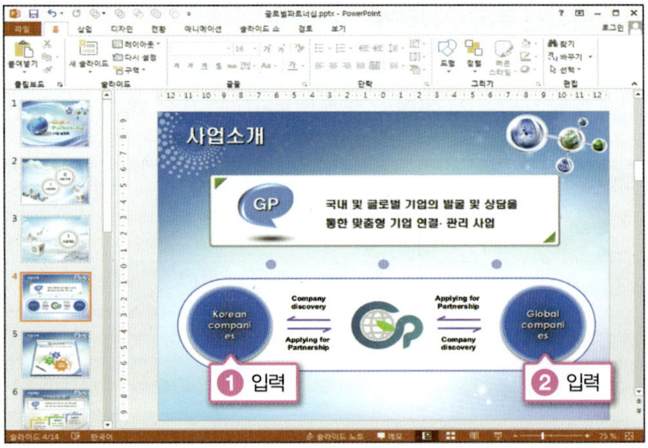

10 도형 안에 꽉 차는 텍스트로 수정하기

① Shift를 누른 상태에서 두 개의 원 도형을 모두 선택하고 ② 마우스 오른쪽 버튼을 눌러 ③ **[개체 서식]**을 선택합니다. ④ 도형 서식 작업창에서 **[텍스트 옵션]**을 클릭하고 ⑤ **[텍스트 상자]**를 선택합니다. ⑥ **[도형의 텍스트 배치]**의 체크를 해제합니다.

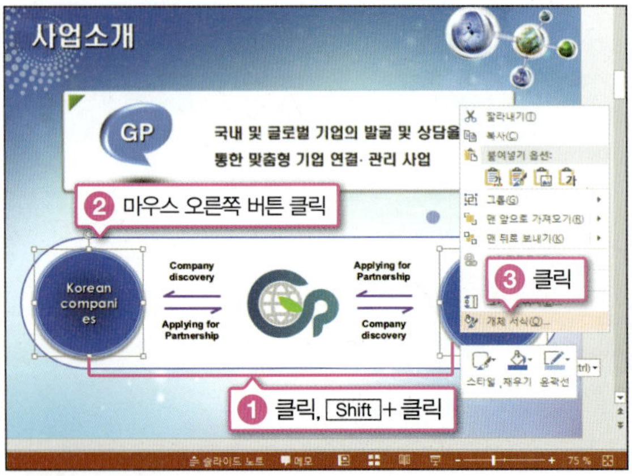

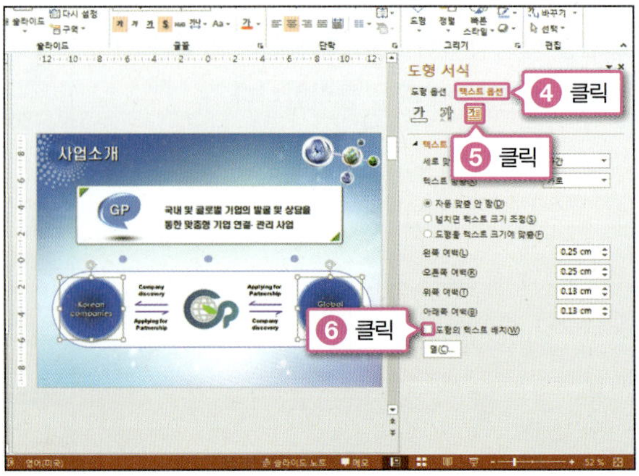

TIP Shift를 누른 상태에서 개체를 연속하여 클릭하면 여러 개체를 선택할 수 있습니다.

실 무 활 용 POWERPOINT NOTE

스포이트 기능을 이용해 도형 색 변경하기

실습 파일 파워포인트\4장\실습\스마트 융합 기술.pptx

텍스트나 도형 등에 색을 지정할 때 적합한 색을 선택하기가 쉽지 않습니다. 누군가 사용한 색을 선택하자니 정확한 색상 값을 알 수 없고 그와 비슷한 색을 골라봐도 마음에 들지 않는 경우가 많습니다. 이를 해결해 주는 기능이 바로 스포이트입니다. 스포이트는 파워포인트 2013의 신기능의 하나로 화면에 나타난 색을 인식하여 적용하기 때문에 색상 값을 고르고 선택하는 것이 한결 편리해졌습니다.

① **12번 슬라이드**를 선택하고 ② 회색 도형을 선택합니다. ③ [서식] 탭-[도형 스타일] 그룹에서 [**도형 채우기**]를 클릭한 후 ④ [**스포이트**]를 선택합니다.

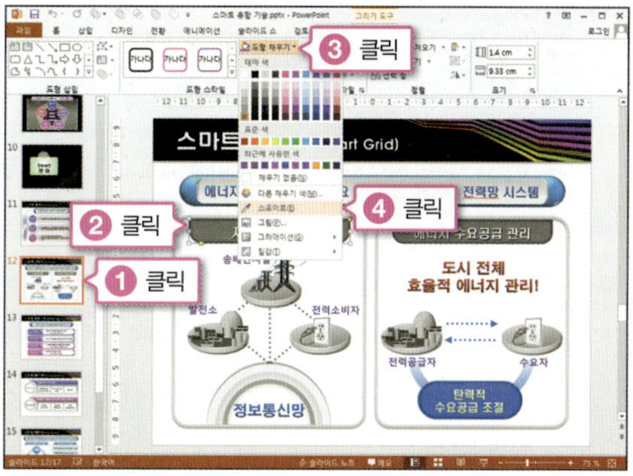

⑤ 배경 이미지에서 컬러가 있는 곳으로 마우스를 이동하여 스포이트의 색을 미리 보기합니다. ⑥ 원하는 컬러를 클릭하면 해당 색이 도형에 적용됩니다. ⑦ 오른쪽 도형을 선택하고 ⑧ [서식] 탭-[도형 스타일] 그룹에서 [**도형 채우기**]를 클릭한 후 ⑨ 최근 사용한 색 영역에서 **왼쪽에서 첫 번째 색**을 선택합니다.

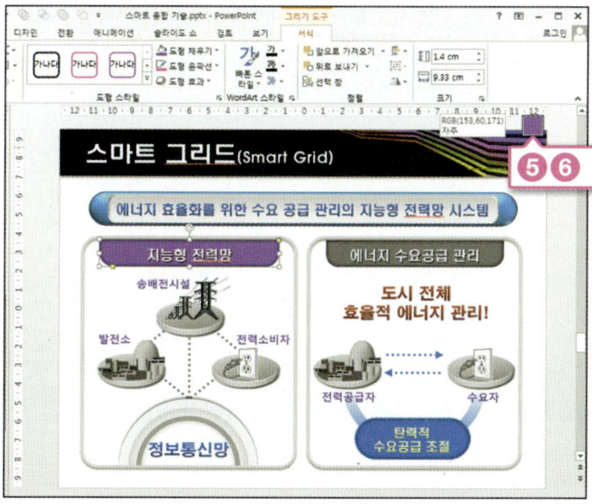

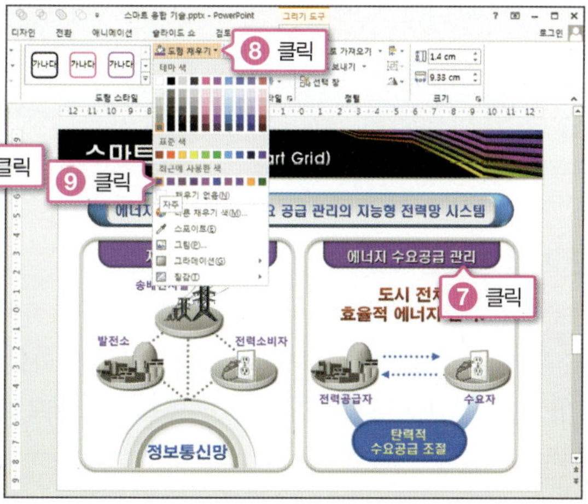

기능실습 맞춤 기능으로 도형 정리하기

2007 | 2010 | 2013

- **실습 파일** 파워포인트\4장\실습\글로벌파트너십.pptx
- **완성 파일** 파워포인트\4장\완성\글로벌파트너십_완성.pptx

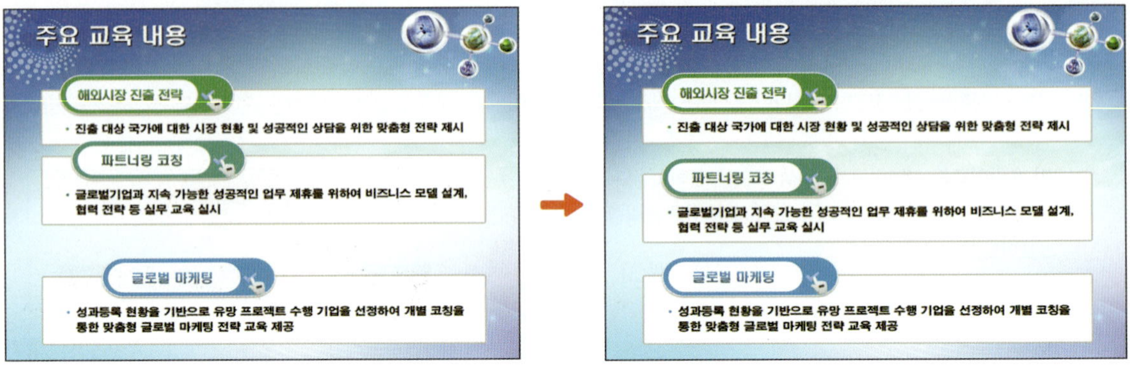

파워포인트 슬라이드를 효율적으로 제작하는 사람들은 도형을 만드는 것은 물론이고 도형을 효율적으로 정렬합니다. 개체 정렬 기술을 이용하여 여러 개체를 그룹화하거나 정렬하는 방법을 익혀 시간을 단축해보도록 합시다.

01 도형 왼쪽 맞추기

① **13번 슬라이드**를 선택하고 ② 세 개의 도형을 모두 선택합니다. ③ [홈] 탭–[그리기] 그룹에서 [**정렬**]을 클릭합니다. ④ [맞춤]을 클릭한 후 [**왼쪽 맞춤**]을 선택합니다.

TIP [서식] 탭–[정렬] 그룹에서 [개체 맞춤]을 선택해도 됩니다.

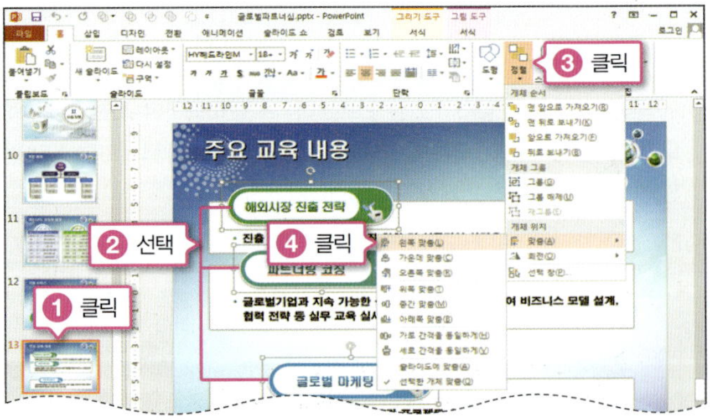

02 도형 세로 간격 맞추기

① 상단 첫 번째 도형을 클릭하고 ② Shift를 누르며 겹쳐있는 아래 도형을 선택합니다. ③ Ctrl+G를 눌러 도형을 그룹화하고 ④ 같은 방식으로 아래 도형도 각각 그룹화합니다. ⑤ 세 개의 그룹 개체를 모두 선택하고 ⑥ [홈] 탭–[그리기] 그룹에서 [**정렬**]을 클릭합니다. ⑦ [맞춤]에서 [**세로 간격을 동일하게**]를 선택하여 개체들을 균형 있게 배치합니다.

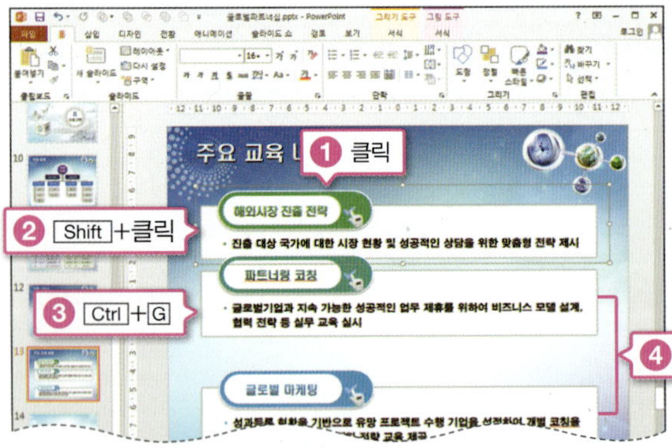

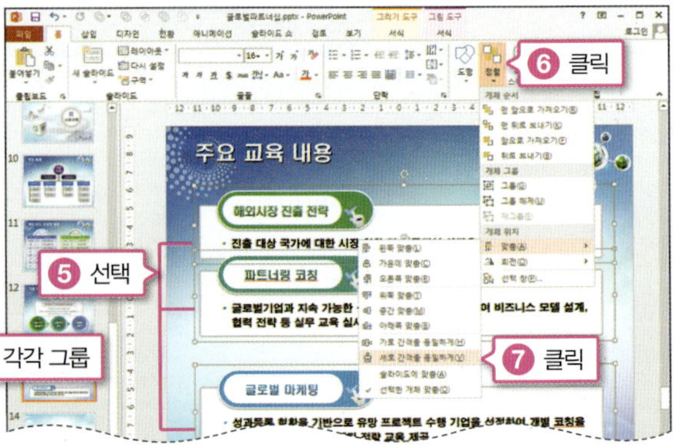

TIP [홈] 탭의 [그리기] 그룹에서 [정렬]을 클릭하고 [그룹]을 선택해도 됩니다. 그룹을 해제하는 단축키는 Shift+Ctrl+G입니다.

실무활용 꺾은선으로 연결하는 관계도 만들기 2007 | 2010 | 2013

- **실습 파일** 파워포인트\4장\실습\고객 불만 처리 시스템.pptx
- **완성 파일** 파워포인트\4장\완성\고객 불만 처리 시스템_완성.pptx

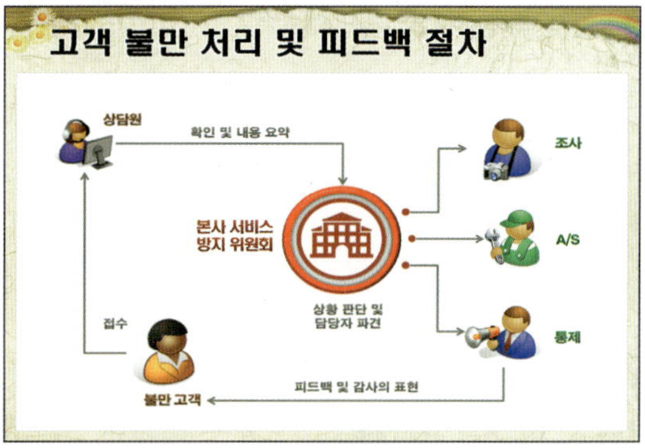

일이 처리되는 과정을 시각화하여 보여줄 때 개체와 개체 사이를 선으로 연결하여 관계도를 만드는 경우가 있습니다. 이때 직선보다는 꺾은선을 사용하면 좀더 자연스러운 관계도를 완성할 수 있습니다.

01 꺾은선 그리기

① **2번 슬라이드**를 선택하고 ② [홈] 탭–[그리기] 그룹에서 [**도형**]을 클릭합니다. ③ 선 영역에서 **[꺾인 화살표 연결선]**을 선택한 후 ④ **불만 고객** 개체 왼쪽에서부터 **상담원** 개체 사이를 드래그하여 연결선을 그립니다.

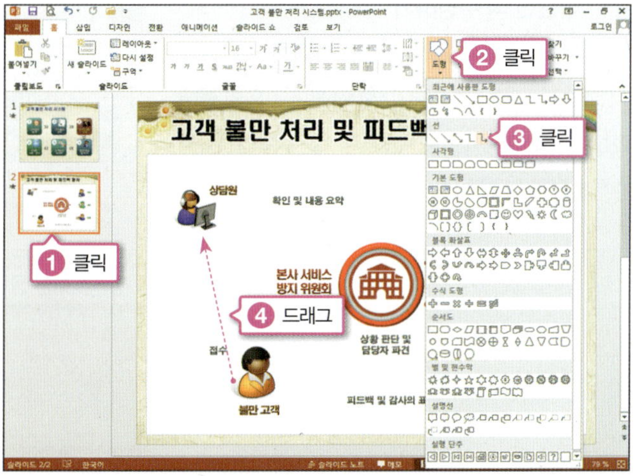

TIP 이때 개체 시작점 혹은 끝점을 다른 개체에 밀착시켜야 선을 연결할 수 있습니다.

02 꺾은선 그리기

꺾은선으로 연결될 개체를 같은 방법으로 각각 완성합니다. 이때 **본사 서비스 방지 위원회** 개체와 A/S 개체는 연결하지 않습니다.

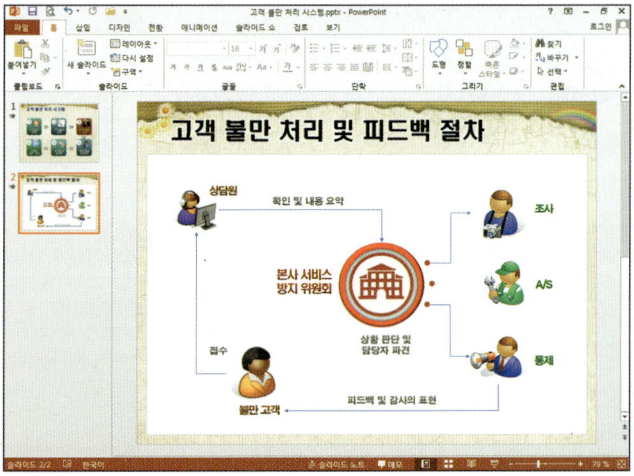

03 직선 그리기

① [홈] 탭–[그리기] 그룹에서 **[도형]**을 클릭하고 ② 선 영역에서 **[화살표]**를 선택합니다. ③ **본사 서비스 방지 위원회** 개체에서부터 **A/S** 개체를 수평으로 연결합니다.

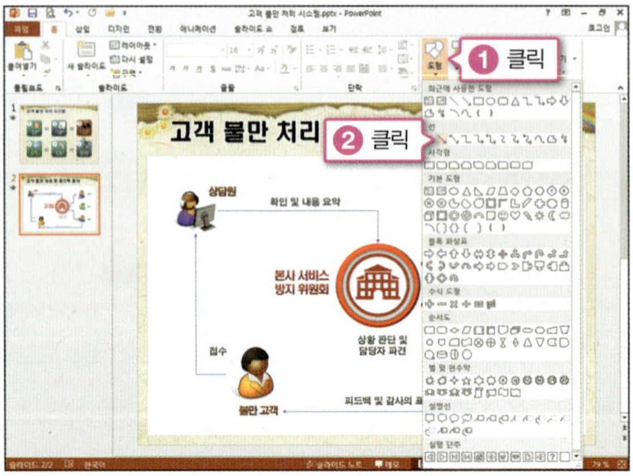

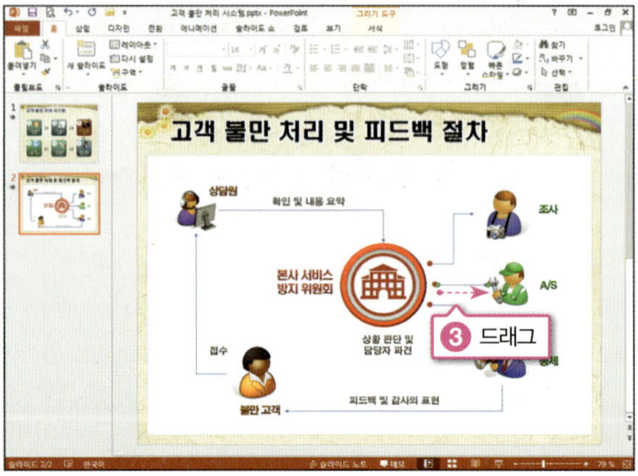

04 꺾은선 색 수정하기

① Ctrl을 누른 채 모든 선을 선택하고 ② [서식] 탭–[도형 스타일] 그룹에서 **[도형 윤곽선]**을 클릭합니다. ③ 테마 색 영역의 **[검정, 텍스트 1, 50% 더 밝게]**를 선택합니다.

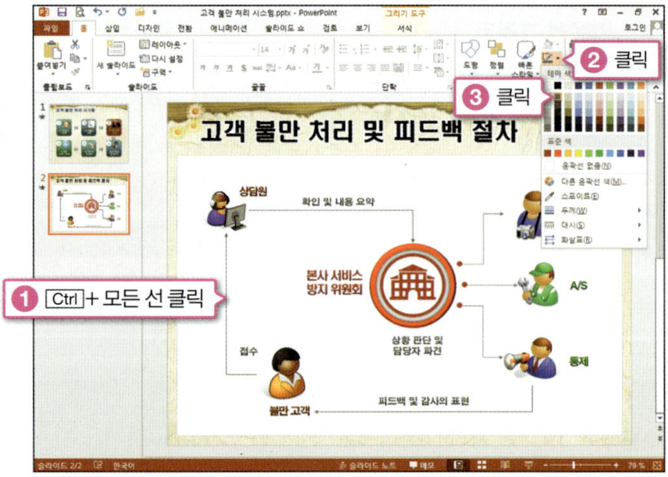

05 꺾은선 두께 수정하기

① [서식] 탭–[도형 스타일] 그룹에서 **[도형 윤곽선]**을 클릭합니다. ② [두께]에서 **[2 1/4pt]**를 클릭하여 윤곽선의 두께를 두껍게 조절합니다.

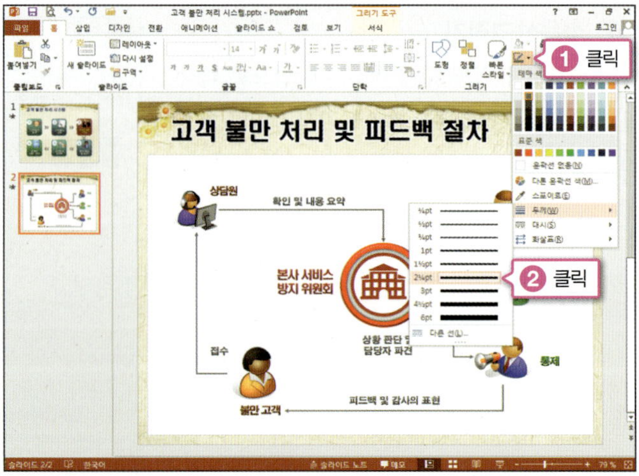

SECTION

02 입체 효과를 적용한 화려한 도형 슬라이드 만들기

실무활용 3차원 서식이 돋보이는 도형 만들기

2007 | 2010 | 2013

- **실습 파일** 파워포인트\4장\실습\글로벌파트너십.pptx
- **완성 파일** 파워포인트\4장\완성\글로벌파트너십_완성.pptx

평면 도형으로도 충분히 훌륭한 오브젝트를 만들 수 있지만, 3차원 서식을 이용하여 깊이 있는 도형을 만들면 좀 더 생동감 있고 다이내믹한 슬라이드로 연출할 수 있습니다. 3차원 도형을 지나치게 많이 사용하면 청중에게 피로감을 주거나 혼란스러운 슬라이드가 될 수 있으므로 꼭 필요한 곳에만 적절하게 효과적으로 보이도록 사용하는 것이 좋습니다.

01 입체 효과 적용하기

① **12번 슬라이드**를 선택하고 ② Ctrl을 누른 채 아래쪽에 위치한 **3개의 도형을 모두 선택**합니다(눈물방울 2개, 타원1개). ③ [서식] 탭-[도형 스타일] 그룹에서 **[도형 효과]**를 클릭하고 ④ [입체 효과]의 입체 효과 영역에서 **[둥글게]**를 선택합니다.

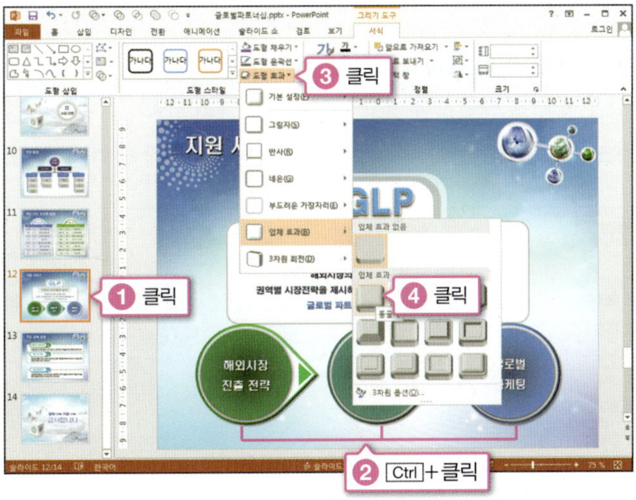

TIP 도형 선택 시 유의사항

도형을 선택할 때 텍스트가 입력된 도형이 아닌, 아래에 위치한 도형을 선택해야 합니다.

02 입체 효과 적용하기

① [서식] 탭–[도형 스타일] 그룹에서 [**도형 효과**]를 클릭하고 ② [입체 효과]의 입체 효과 영역에서 [**3차원 옵션**]을 선택합니다. ③ 도형 서식 작업창에서 3차원 서식 영역의 깊이 크기 값을 [**20**]으로 변경합니다.

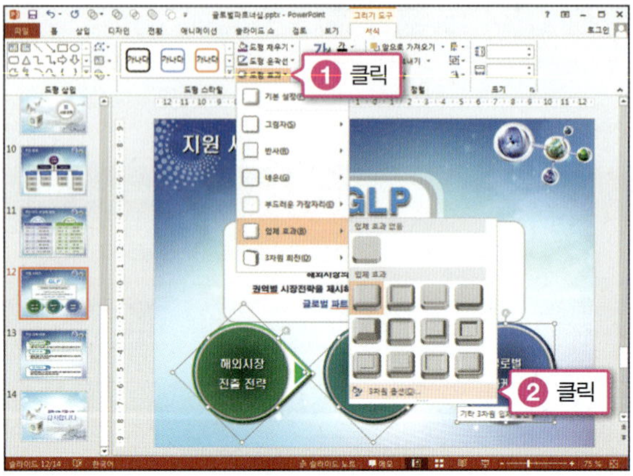

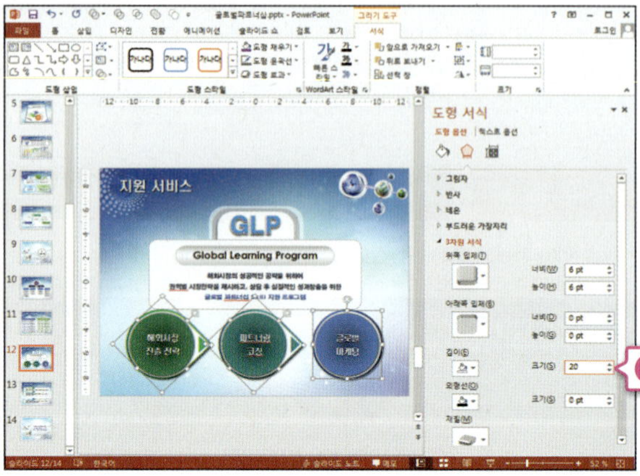

03 입체 효과 적용하기

① 도형 서식 작업창이 열려 있는 상태에서 안쪽 도형이 모두 선택된 것을 확인한 후 ② 위쪽 입체의 옵션을 [**아트 데코**]로 ③ 너비를 [**5.5**] ④ 재질은 [**무광택**]을 각각 적용합니다.

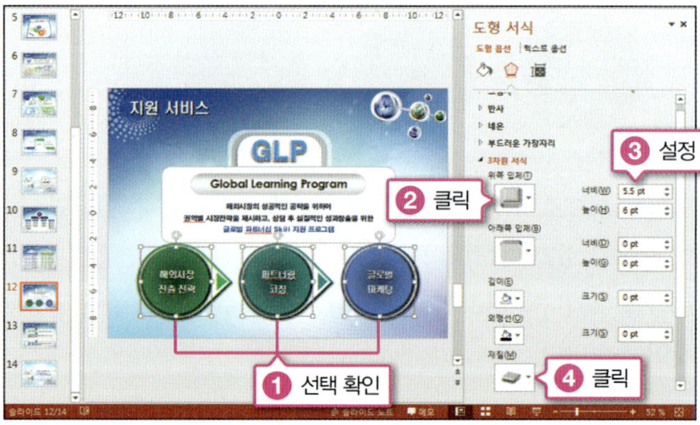

04 3차원 회전 효과 적용하기

① 도형 서식 작업창을 닫고 Ctrl+G를 눌러 3개의 도형을 그룹화합니다. ② [서식] 탭–[도형 스타일] 그룹에서 [**도형 효과**]를 클릭한 후 ③ [3차원 회전]의 원근감 영역에서 [**원근감(보통의 경사)**]를 클릭하여 완성합니다.

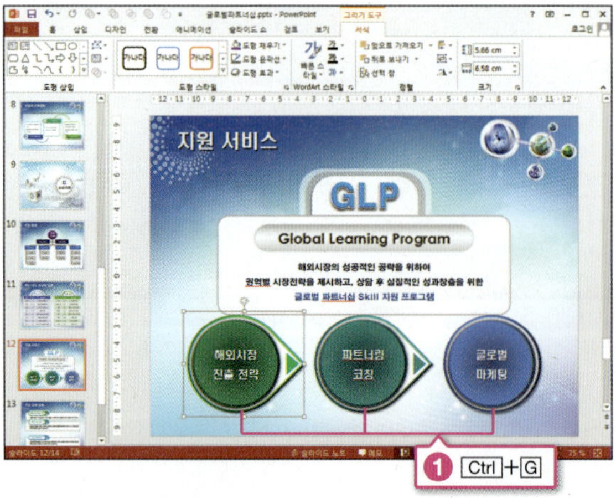

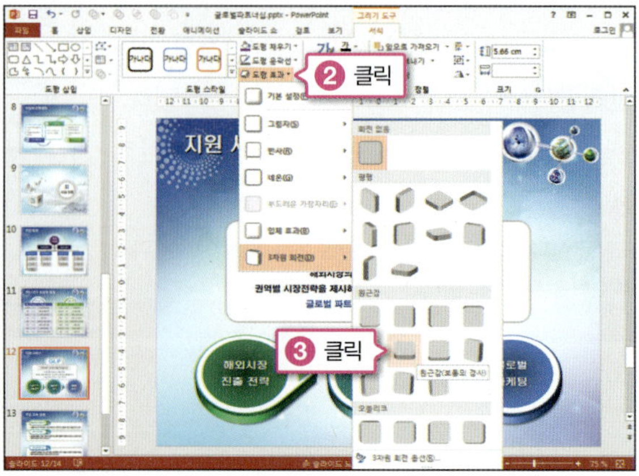

실 무 활 용 POWERPOINT NOTE

간단하게 입체 효과 적용하기

실습 파일 파워포인트\4장\실습\스마트 융합 기술.pptx

도형의 3차원 서식을 이용하면 입체 효과의 종류, 재질, 조명 등의 요소들에 의해 다양한 결과가 연출됩니다. 이때 도형 효과의 기본 설정을 이용하면 좀더 간단하게 입체 효과를 적용할 수 있습니다.

① **11번 슬라이드**를 선택하고 ② Ctrl을 누른 채 왼쪽 도형들 중 색이 채워진 **원형 도형** 3개를 선택합니다. ③ [서식] 탭-[도형 스타일] 그룹에서 [**도형 효과**]를 클릭합니다. ④ [기본 설정]의 미리 설정 영역에서 [**기본 설정 5**]를 선택하여 적용합니다.

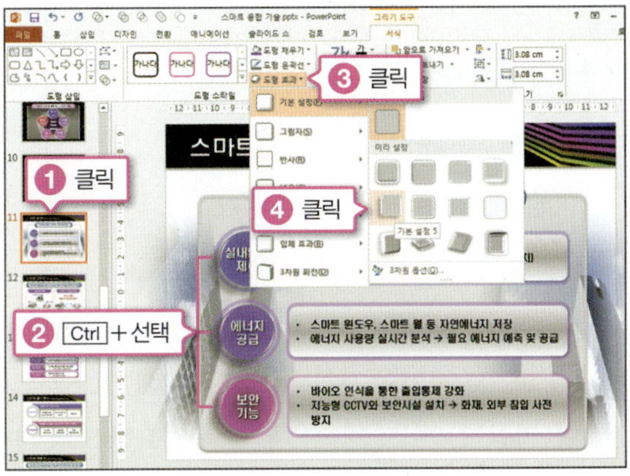

실 무 활 용 POWERPOINT NOTE

다양한 형태의 도형 만들기

실습 파일 파워포인트\4장\실습\스마트 융합 기술.pptx

파워포인트에서 제공하는 도형은 한정적입니다. 따라서 서로 다른 도형을 합치거나 나누어서 다양한 형태로 만들어 사용하는 것이 좋습니다.

① **4번 슬라이드**를 선택합니다. ② Shift를 누른 채 흰색 도형을 먼저 선택하고 ③ 파란 도형을 선택합니다. ④ [서식] 탭 –[도형 삽입] 그룹에서 [**도형 병합**]을 클릭하고 ⑤ [**병합**]을 선택합니다.

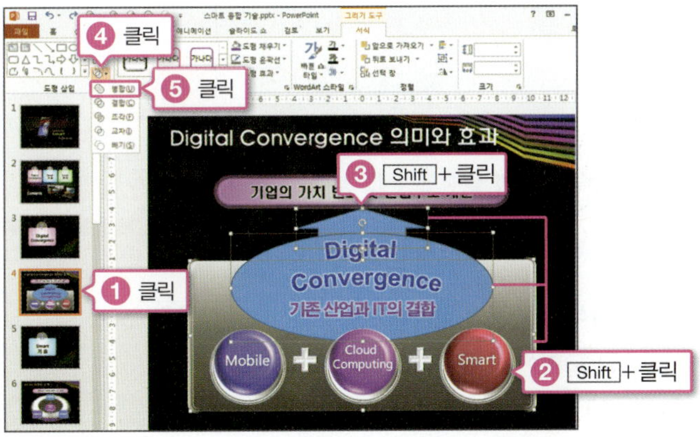

TIP 도형을 병합할 때는 가장 먼저 선택한 도형의 서식이 유지됩니다. 따라서 본 예제의 경우 이미 서식이 적용된 흰색 도형을 먼저 선택한 것입니다. 도형 병합에 관한 더 자세한 내용은 315 페이지를 참고하세요.

실무활용 서식 복사로 간단하게 같은 도형 서식 적용하기

2007 | 2010 | 2013

- 실습 파일 파워포인트\4장\실습\presentation.pptx
- 완성 파일 파워포인트\4장\완성\presentation_완성.pptx

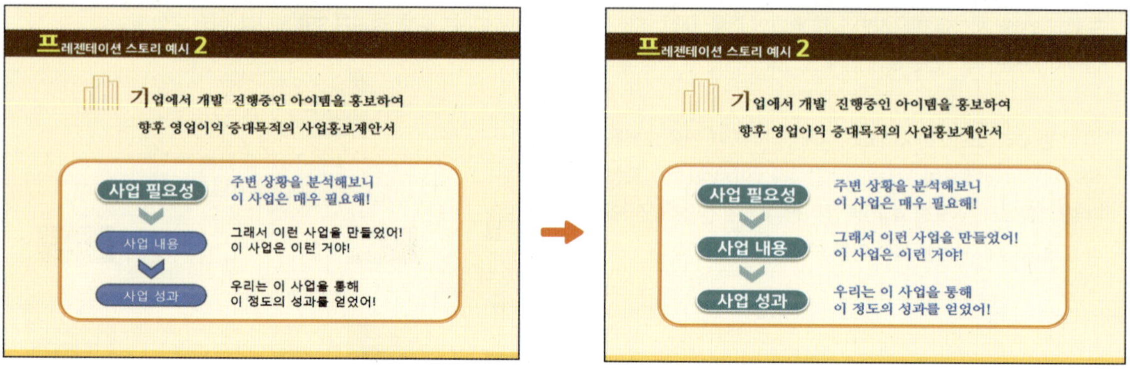

슬라이드에 같은 모양에 도형을 사용한다고 가정했을 때, 매번 같은 도형을 만드는 것은 꽤 번거롭습니다. 이때 도형이나 텍스트 상자의 서식을 다른 개체에 그대로 복사하는 기능을 이용하면 시간을 절약할 수 있습니다. 이번에는 효율적인 슬라이드 제작을 위해 꼭 필요한 도형 서식 복사에 대해서 알아보겠습니다.

01 도형 서식 복사하기

① **6번 슬라이드**를 선택하고 ② 서식을 복사할 **도형(화살표 모양)**을 선택합니다. ③ [홈] 탭-[클립보드] 그룹에서 [**서식 복사**]를 클릭합니다.

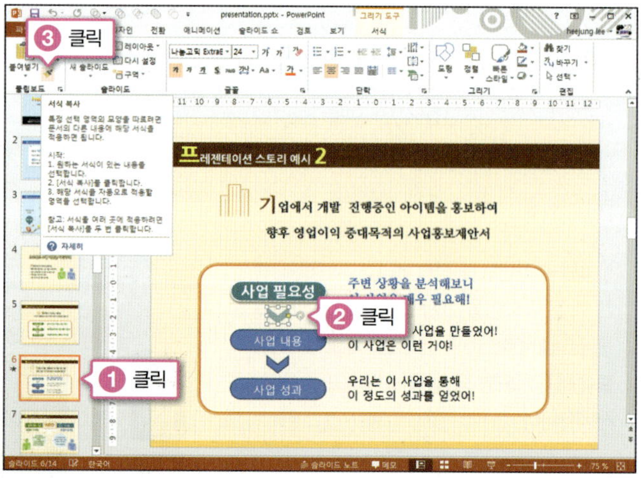

TIP 서식 복사를 한 번 클릭하면 1회만 서식을 적용할 수 있습니다.

02 복사한 서식을 도형에 적용하기

서식을 적용할 도형을 클릭합니다.

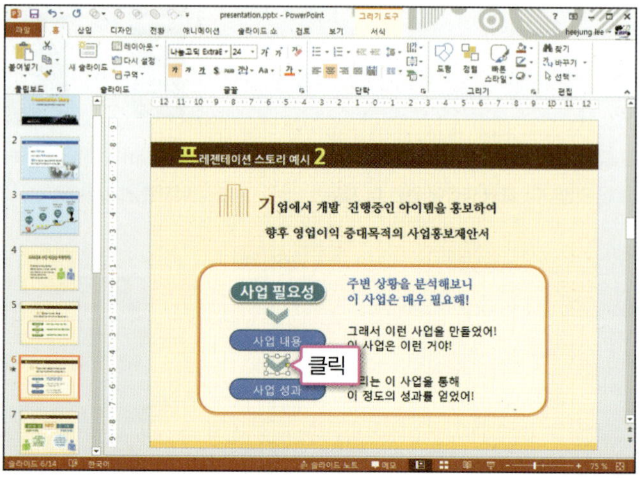

TIP 도형과 텍스트 상자가 겹쳐있으므로 주의해서 클릭해야 합니다. 실수로 원하지 않는 곳에 서식이 적용된 경우에는 Ctrl+Z를 눌러 복귀시킵니다.

03 도형 서식 복사하고 여러 번 적용하기

① **서식을 복사할 도형**(모서리가 둥근 직사각형)을 선택하고 ② [홈] 탭–[클립보드] 그룹에서 [**서식 복사**]를 더블클릭합니다. ③ **서식을 적용할 도형**을 각각 클릭하여 서식을 적용합니다. ④ 서식 적용이 끝나면 ESC를 눌러 복사 기능을 해제합니다.

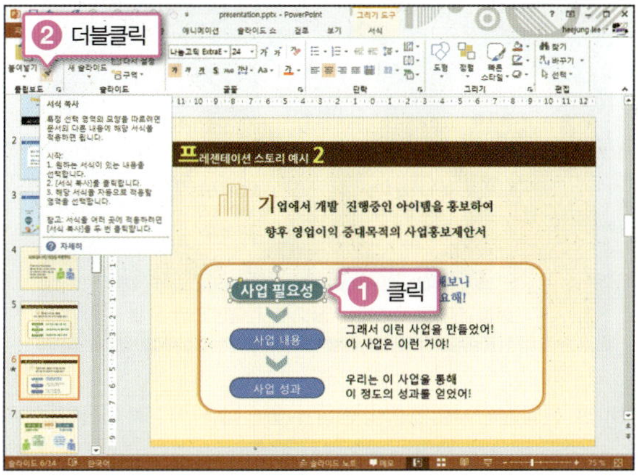

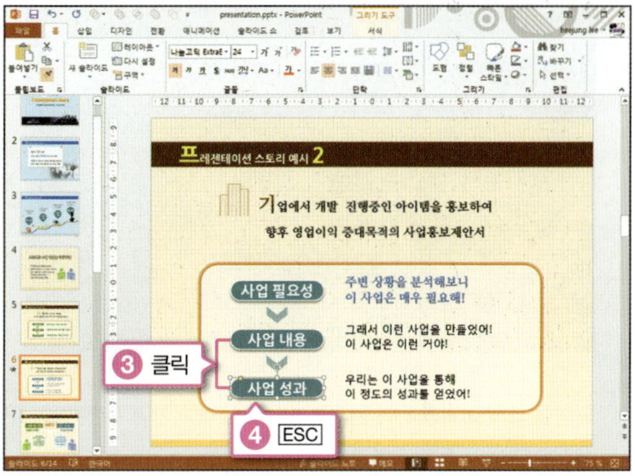

04 텍스트 상자에 서식 복사하고 적용하기

① 텍스트 상자를 실선 상태로 선택하고 ② [홈] 탭–[클립보드] 그룹에서 [**서식 복사**]를 더블클릭합니다. ③ 복사된 서식을 적용할 **텍스트를 드래그하여 서식을 적용**한 후 ④ ESC를 눌러 서식 복사 기능을 해제해 슬라이드를 완성합니다.

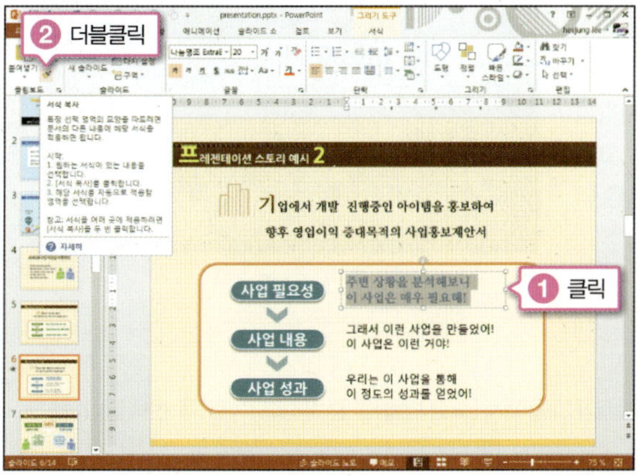

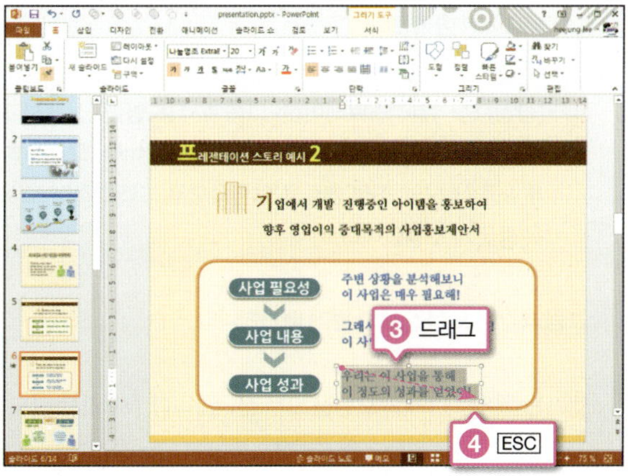

TIP 텍스트 상자를 실선 상태로 선택한 후 [서식 복사]를 더블클릭한 후 서식을 적용할 텍스트 상자를 클릭해도 됩니다.

TIP 서식을 지닌 도형을 선택하고 Ctrl+Shift+C를 눌러 개체 서식을 복사합니다.
서식을 적용할 도형을 선택하고 Ctrl+Shift+V를 눌러 서식을 적용합니다.

혼자해보기 | 도형 병합을 이용한 다섯 콘셉트의 도식 만들기

- **실습 파일** 파워포인트\4장\실습\혼자해보기_도형.pptx
- **완성 파일** 파워포인트\4장\완성\혼자해보기_도형_완성.pptx

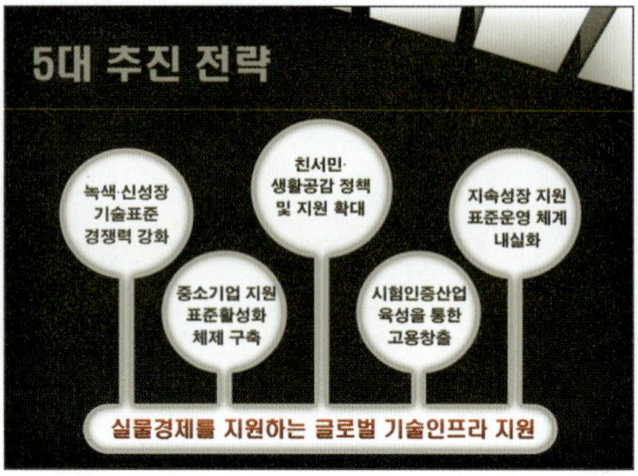

도형을 그리고 복제하여 원하는 모양으로 배치한 후 이를 병합하면 하나로 통합된 근사한 도형을 만들 수 있습니다. 배경과 어울리는 서식으로 보기 좋게 꾸며봅니다.

1. [삽입] 탭–[일러스트레이션] 그룹에서 **[도형]**을 선택하고 기본 도형 영역의 **[타원]**을 클릭합니다. Shift를 누른 상태 드래그하여 정원을 그립니다. Ctrl을 누른 상태에서 오른쪽으로 드래그해서 도형 복사를 4번 반복합니다.

2. [삽입] 탭–[일러스트레이션] 그룹에서 **[도형]**을 선택하고 사각형 영역의 **[직사각형]**을 클릭합니다. 드래그하여 길쭉한 직사각형을 그립니다. Ctrl을 누른 상태에서 오른쪽으로 드래그해서 도형 복사를 4번 반복합니다.

3. [삽입] 탭–[일러스트레이션] 그룹에서 **[도형]**을 선택하고 사각형 영역의 **[모서리가 둥근 직사각형]**을 클릭합니다. 드래그하여 그린 후 노란색 모양 조정 핸들을 오른쪽으로 드래그하여 모서리를 더 욱 둥글게 조정합니다.

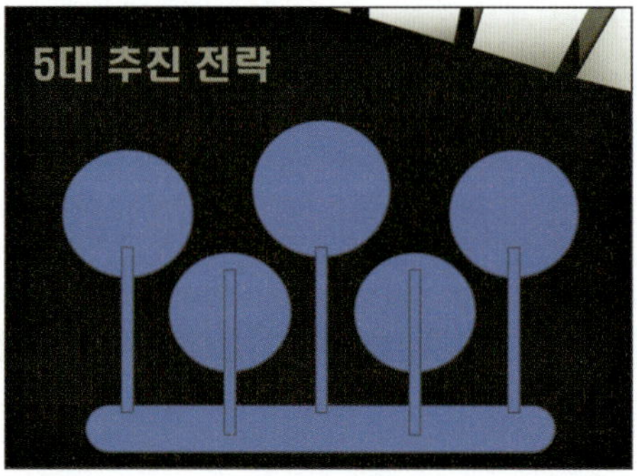

그림과 같이 도형을 보기 좋게 배치합니다.

4. 만들어진 11개의 도형을 모두 선택합니다. [서식] 탭–[도형 삽입] 그룹에서 **[도형 병합]**을 클릭하고 **[병합]**을 선택합니다.

5. [서식] 탭–[도형 스타일] 그룹에서 **[도형 채우기]**를 클릭하고 테마 색 영역의 **[흰색, 배경 1]**을 선택합니다.

6. [서식] 탭–[도형 스타일] 그룹에서 **[도형 윤곽선]**을 클릭하고 테마 색 영역의 **[흰색, 배경 1, 25% 더 어둡게]**를 선택합니다.

7. [서식] 탭–[도형 스타일] 그룹에서 **[도형 윤곽선]**을 클릭하고 [두께]에서 [4 1/2pt]을 선택합니다.

8. [서식] 탭–[도형 스타일] 그룹에서 **[도형 효과]**를 클릭합니다. [그림자]의 안쪽 영역의 **[안쪽 가운데]**를 선택합니다.

9. [삽입] 탭–[텍스트] 그룹에서 **[텍스트 상자]**를 클릭하고 슬라이드의 빈 곳을 클릭합니다. 각각의 텍스트를 입력한 후 알맞게 배치 하고 서식을 보기 좋게 변경하여 완성합니다.

CHAPTER

05

그림 파일,
스마트아트,
온라인 그림으로
슬라이드 꾸미기

POWERPOINT 2013

SECTION

01 그림 파일로 슬라이드 꾸미기

실무활용 그림 삽입 후 다른 그림으로 교체하기

2007 | 2010 | 2013

- 실습 파일 파워포인트\5장\실습\presentation.pptx
- 완성 파일 파워포인트\5장\완성\presentation_완성.pptx

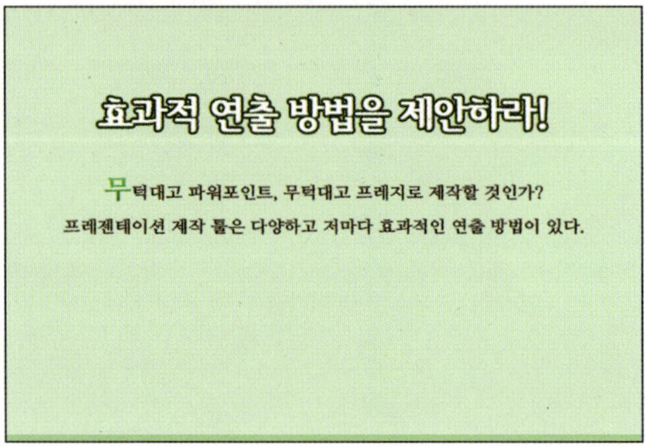

전달력을 높이기 위해 이미지를 사용하더라도 이미지가 제대로 배치되어 있지 않다면 슬라이드가 자칫 혼란스럽게 보일 수 있습니다. 이번에는 이미지를 삽입하고 크기 및 위치를 조정하여 나열한 후 그림 교체를 통해 손쉽게 그림을 정돈해보겠습니다.

01 그림 삽입과 배치하기

① **9번 슬라이드**를 선택하고 ② [삽입] 탭–[이미지] 그룹에서 **[그림]**을 클릭합니다. ③ 그림 삽입 대화상자에서 **파워포인트.png(파워포인트\5장\실습)**를 선택하고 ④ **[삽입]**을 클릭합니다. 삽입한 그림의 위치를 왼쪽 아래 방향으로 적당하게 이동한 후 크기 조정 핸들을 드래그하여 크기를 조금 작게 조정합니다.

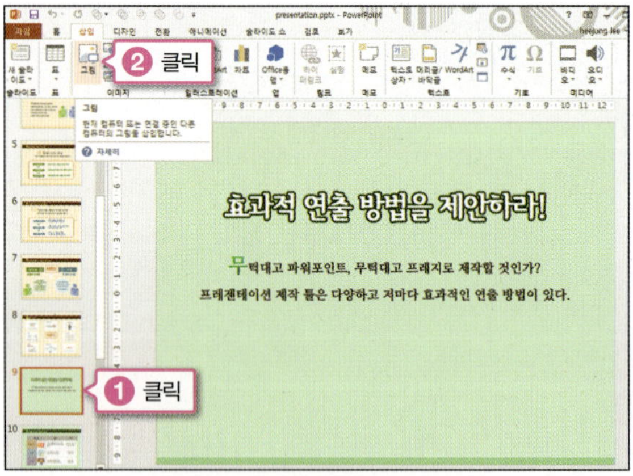

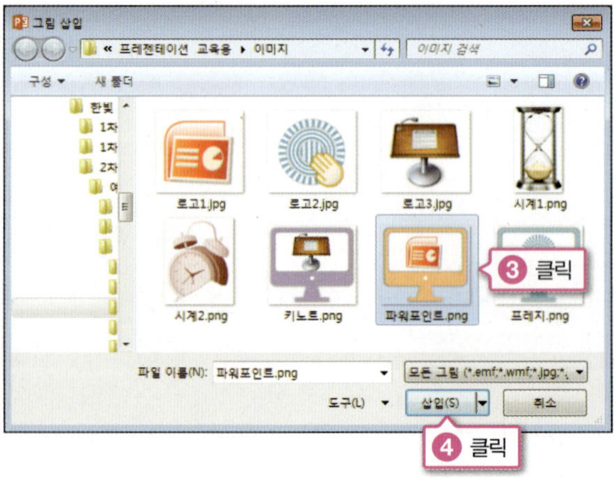

02 수평 방향으로 그림 복사하기

① 그림이 선택된 상태에서 Ctrl + Shift 를 누르며 오른쪽으로 2번 드래그하여 복사합니다. ② Ctrl 을 누른 채 3개의 그림을 모두 선택한 후 ③ 마우스를 왼쪽으로 움직여 그림 위치를 화면 가운데로 조정합니다.

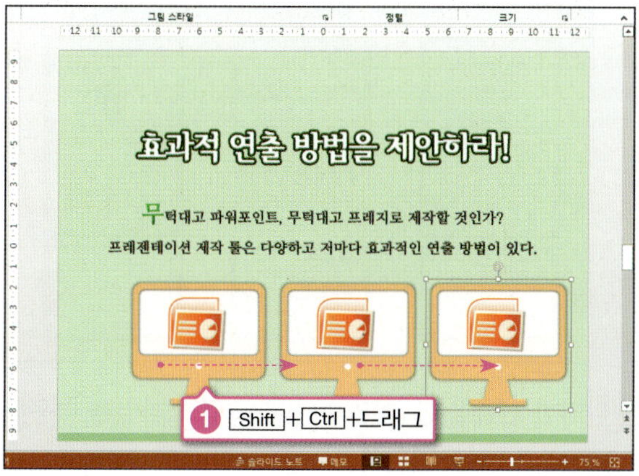

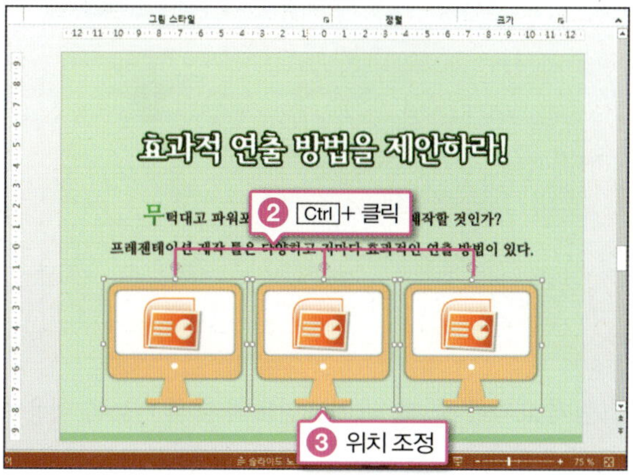

03 그림 바꾸기

① 가운데 이미지를 선택하고 마우스 오른쪽 버튼을 클릭하여 ② [**그림바꾸기**]를 클릭합니다. ③ 그림 삽입 대화상자에서 **[찾아보기]**를 클릭하고 ④ **프레지.png(파워포인트\5장\실습)**를 선택한 후 ⑤ **[삽입]**을 클릭하여 그림을 교체합니다. ⑥ 오른쪽 이미지도 같은 방법으로 **키노트.png(파워포인트\5장\실습)**로 변경하여 완성합니다.

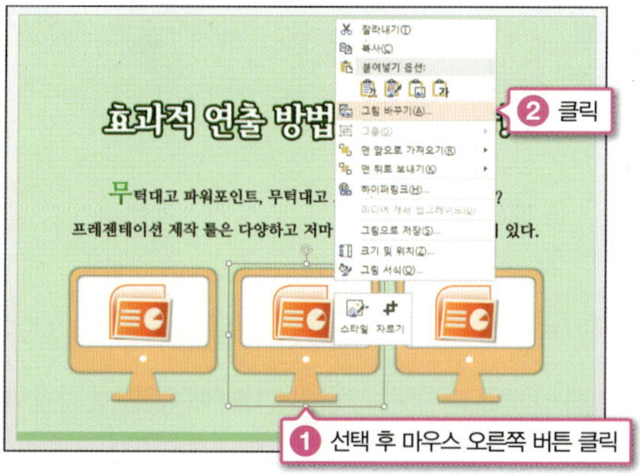

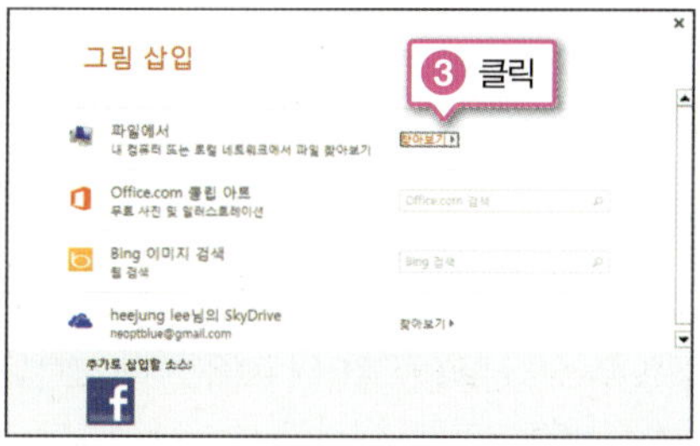

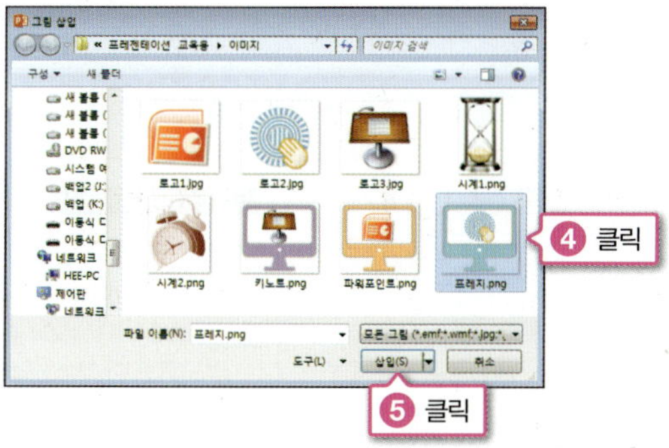

서식 복사를 이용해 그림에 효과 적용하기

2007 | 2010 | 2013

- **실습 파일** 파워포인트\5장\실습\presentation.pptx
- **완성 파일** 파워포인트\5장\완성\presentation_완성.pptx

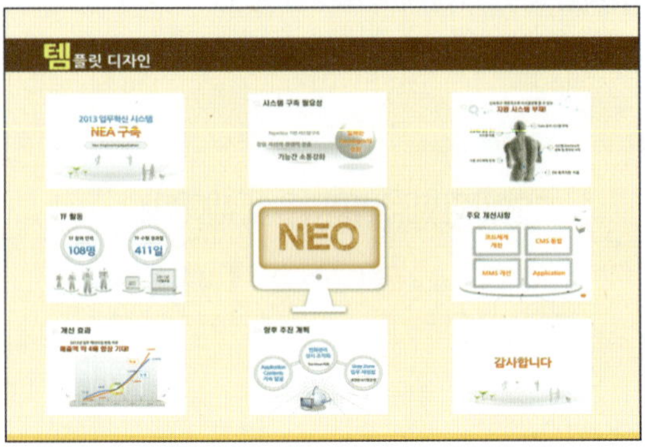

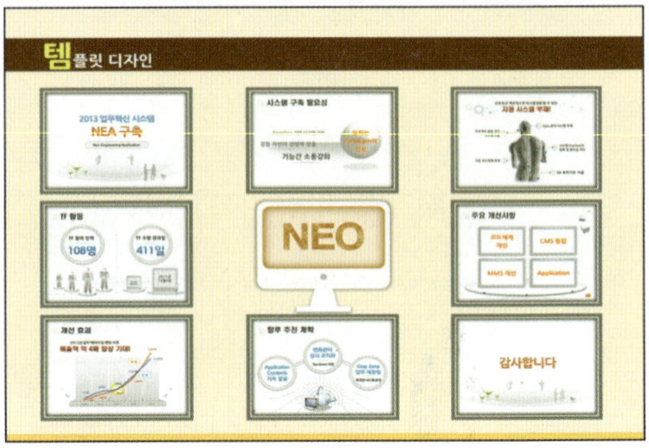

그림에 효과를 줄 때, 파워포인트의 서식 기능을 이용하면 다양한 연출을 할 수 있습니다. 그림 스타일을 이용하여 간편하게 서식을 적용한 후 다른 그림에 서식 복사를 이용해서 적용해보겠습니다.

01 그림 선택하기

① **8번 슬라이드**를 선택하고 ② 첫번째 이미지를 선택합니다. ③ [서식] 탭-[그림 스타일] 그룹에서 [**자세히**]를 클릭합니다.

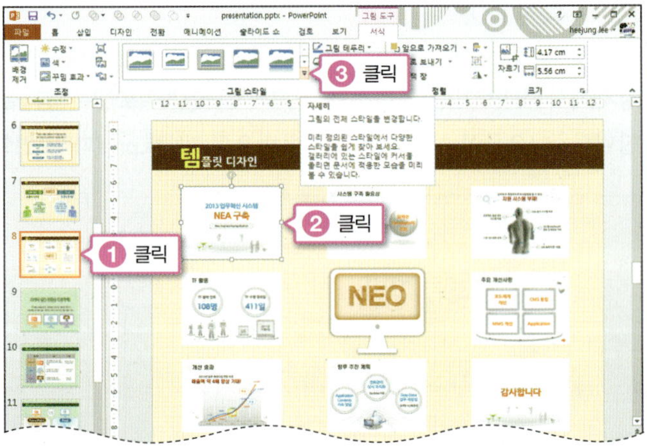

02 그림에 테두리 적용하기

① 그림 스타일에서 **[복합형 프레임, 검정]**을 선택한 후 ② [서식] 탭-[그림 스타일] 그룹의 **[그림 테두리]**를 클릭합니다. ③ 테마 색 영역에서 **[흰색, 배경 1, 50% 더 어둡게]**를 선택합니다.

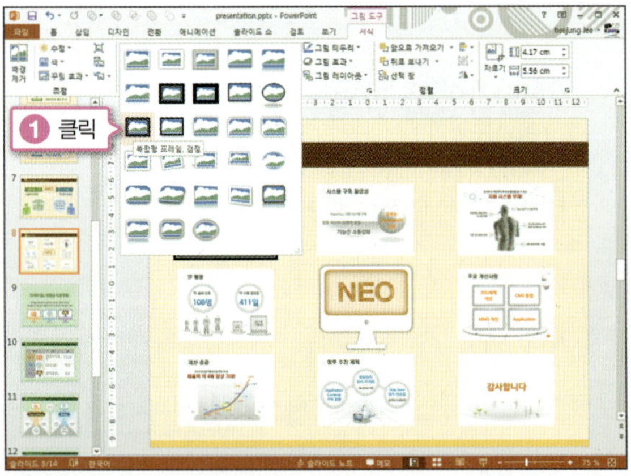

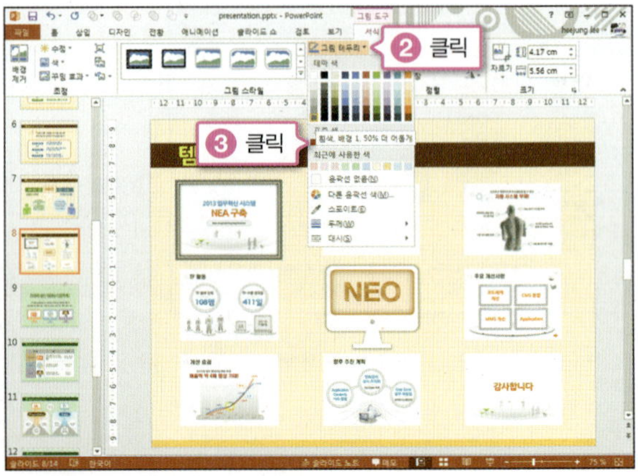

03 그림 서식 복사하기

앞 단계에서 적용된 서식을 다른 그림에 그대로 적용합니다. ① [홈] 탭–[클립보드] 그룹에서 [**서식 복사**]를 더블클릭합니다. ② 나머지 그림을 각각 클릭하여 같은 서식을 적용합니다.

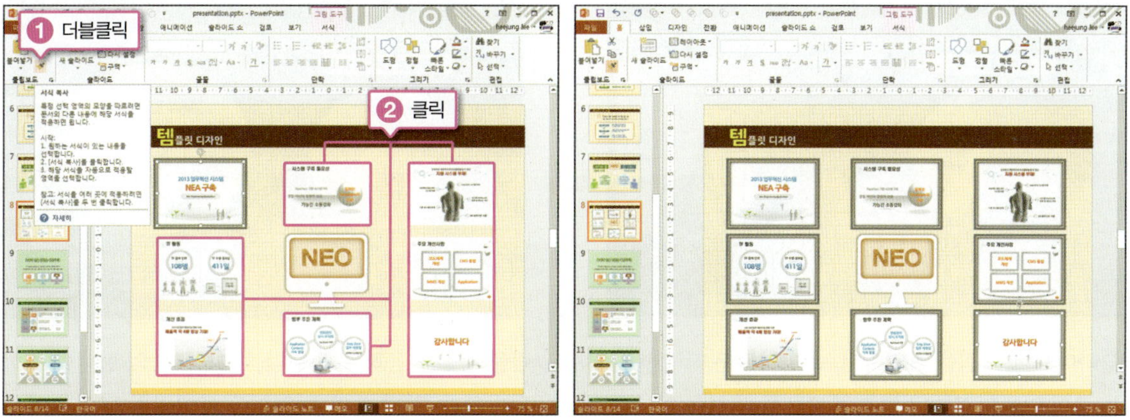

TIP 서식 복사 기능을 마치려면 [ESC]를 누릅니다.

실무활용 POWERPOINT NOTE

꾸민 그림을 원본으로 되돌리기

수정한 그림을 원본으로 되돌리려면 [서식] 탭–[조정] 그룹에서 [**그림 원래대로**]를 클릭합니다.

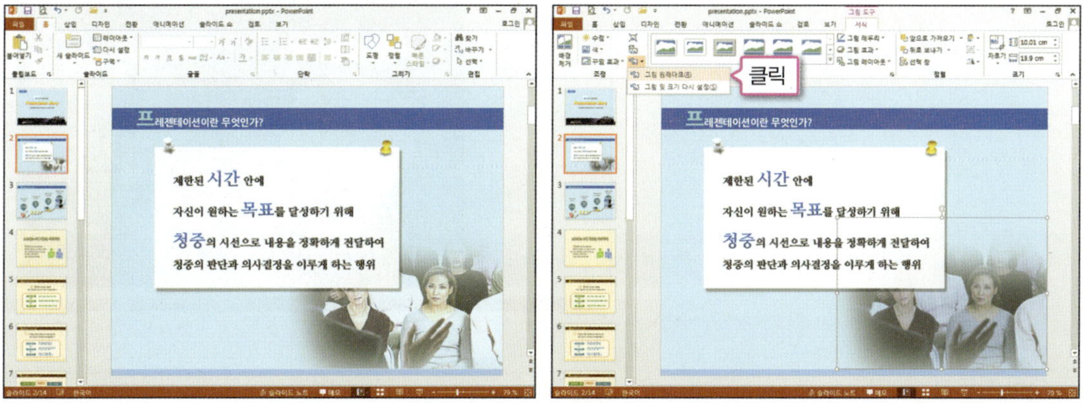

기능실습 그림을 다양한 형태로 편집하고 꾸미기 2007 | 2010 | 2013

- **실습 파일** 파워포인트\5장\실습\이미지 활용.pptx
- **완성 파일** 파워포인트\5장\완성\이미지 활용_완성.pptx

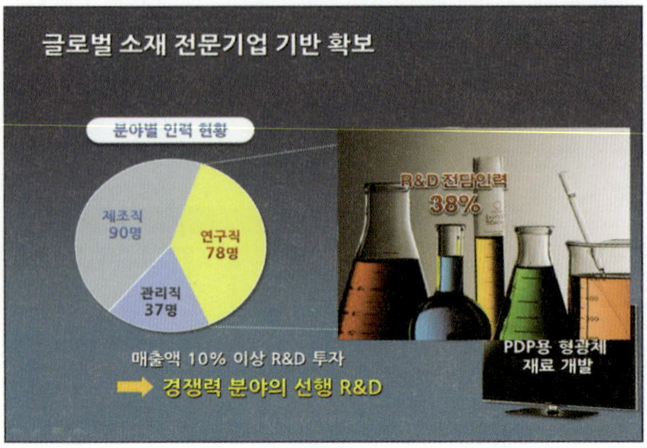

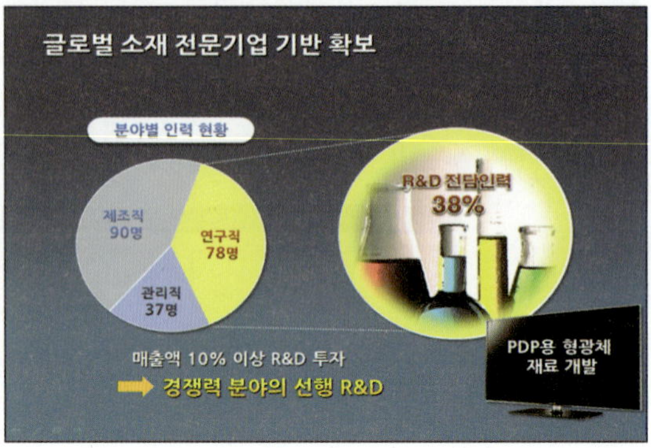

슬라이드에 그림을 삽입하다 보면 대부분 딱딱한 사각형 그림을 자주 사용하게 됩니다. 이때 그림의 형태를 원하는 모양으로 자르거나 일부 불필요한 배경을 없애고, 밝기/대비 효과, 꾸밈 효과 등을 이용해 다양한 형태로 바꾸어보겠습니다.

01 그림 자르기

① 그림을 선택하고 ② [서식] 탭-[크기] 그룹에서 [**자르기**]를 클릭합니다.

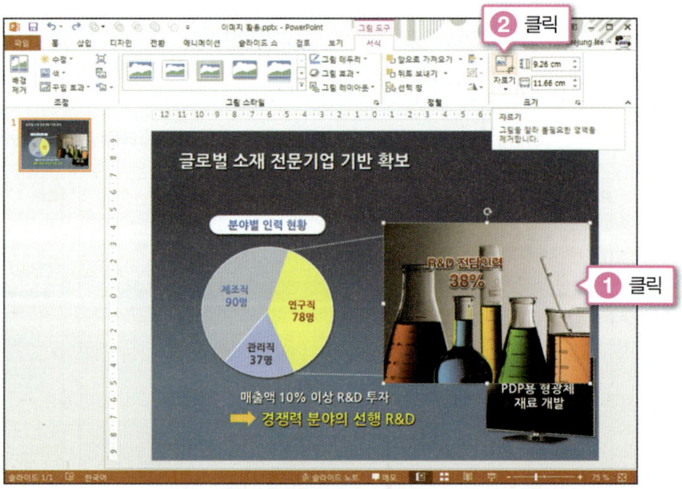

02 그림 자르기

① 자르기 표시선을 안쪽으로 드래그하여 자를 영역을 어둡게 표시한 후 ② 슬라이드의 빈 곳을 클릭하여 자르기를 실행합니다.

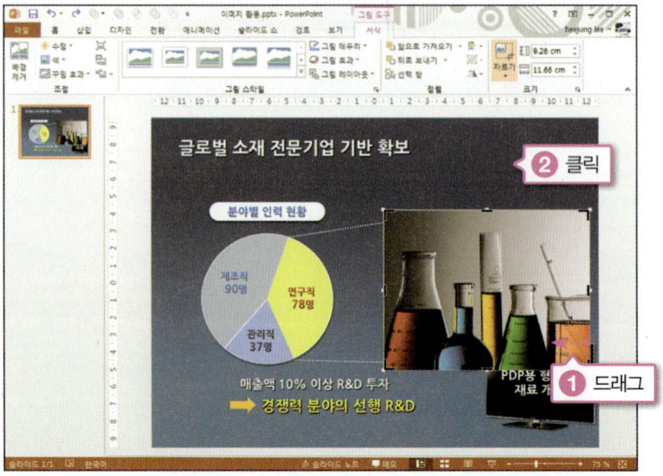

03 그림을 도형에 맞춰 자르기

①자른 그림을 다시 선택하고②[서식] 탭–[크기] 그룹에서 [자르기 더보기] 버튼을 클릭합니다. ③[도형에 맞춰 자르기]를 선택한 후 기본 도형 영역에서 [타원]을 선택합니다.

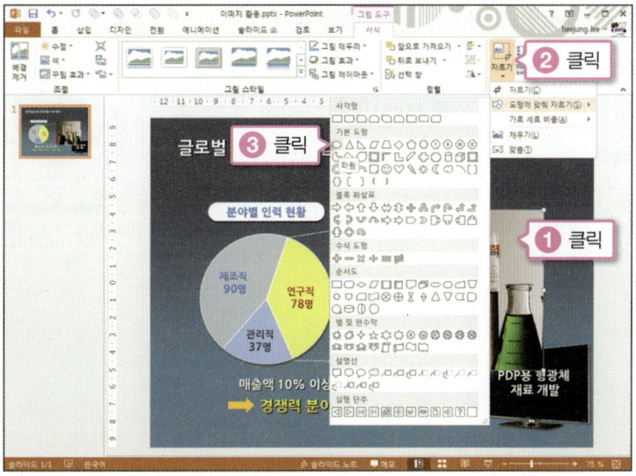

04 그림 가장자리 부드럽게 하기

① [서식] 탭–[그림 스타일] 그룹에서 [그림 효과]를 클릭합니다. ② [부드러운 가장자리]의 [25포인트]를 선택합니다.

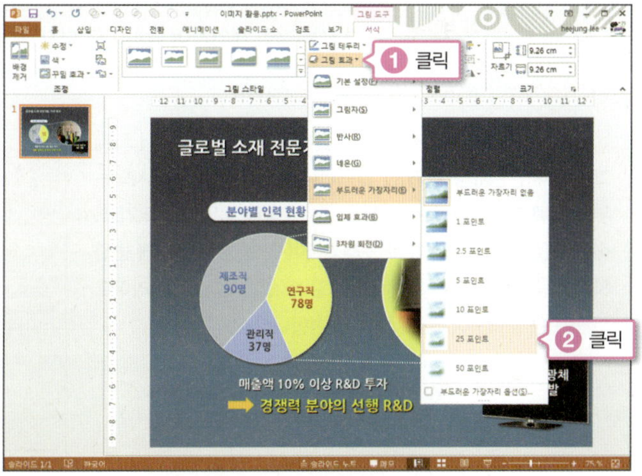

05 그림 밝기/대비 변경하기

① [서식] 탭–[조정] 그룹에서 [수정]을 클릭합니다. ② 밝기/대비 영역의 [밝기:+40% 대비:–20%]를 선택합니다.

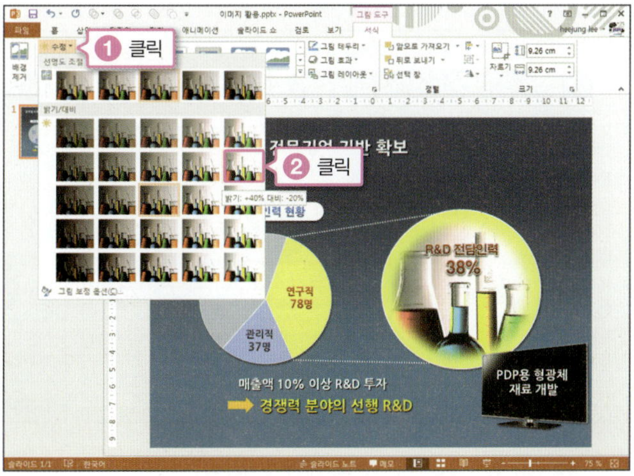

06 포토샵과 비슷한 꾸밈 효과 주기

① [서식] 탭–[조정] 그룹에서 **[꾸밈 효과]**를 클릭합니다. ② **[페인트 브러시]**를 선택하여 완성합니다.

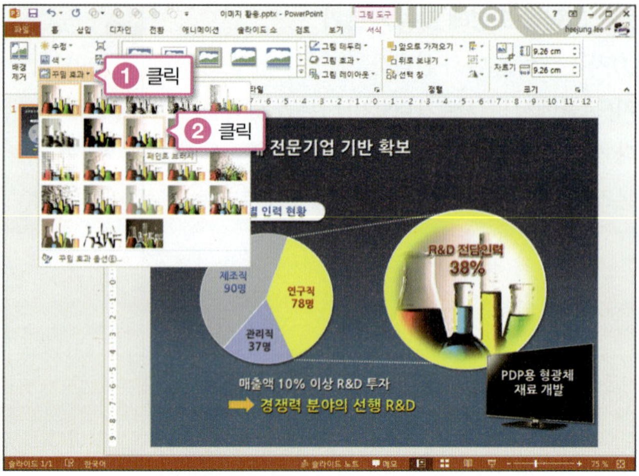

실 무 활 용
POWERPOINT NOTE

그림 배경을 제거하여 슬라이드 디자인과 어울리게 꾸미기

실습 파일 파워포인트\5장\실습\presentation.pptx

① **3번 슬라이드의 오른쪽 그림**을 선택하고 ② [서식] 탭–[조정] 그룹에서 [**배경 제거]**를 클릭합니다. 보라색으로 표시되는 부분은 배경이 제거되는 영역입니다. ③ 보라색 영역의 크기 조정 핸들을 위쪽, 아래쪽으로 드래그하여 상하 방향을 넓게 변경하면 사람의 이미지만 깨끗하게 남길 수 있습니다. ④ 슬라이드의 빈 곳을 클릭하여 배경 제거를 완성합니다.

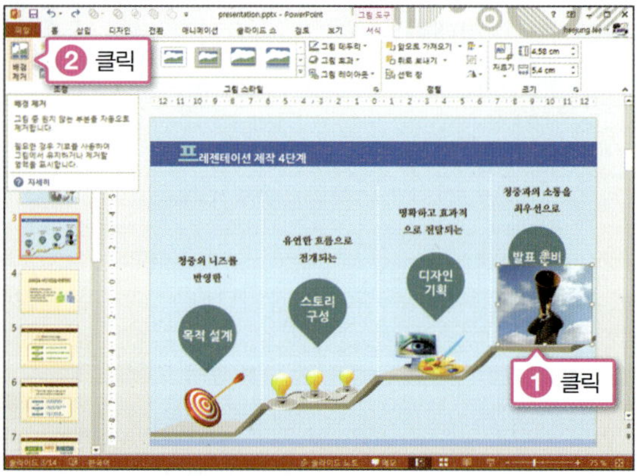

TIP 보라색 영역을 너무 많이 없애게 되면 오히려 없애고자 하는 배경이 나타나는 현상이 발생할 수 있으니 주의하세요.

실 무 활 용
POWERPOINT NOTE

슬라이드에 있는 그림 저장하고 압축하기

그림 저장하기

파워포인트 내에 삽입된 그림, 도형, 텍스트 등을 그림으로 저장할 수 있습니다. 저장할 개체를 선택하고 마우스 오른쪽 버튼을 클릭한 후 **[그림으로 저장]**을 선택합니다. 파일 형식은 jpg여도 충분하지만 투명한 배경을 유지하고 싶다면 png로 변경합니다.

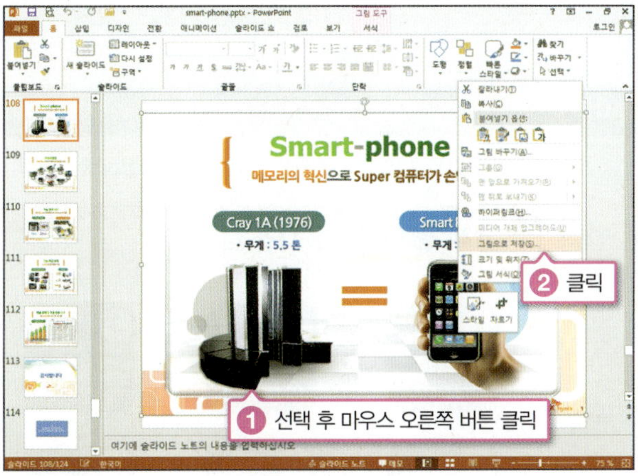

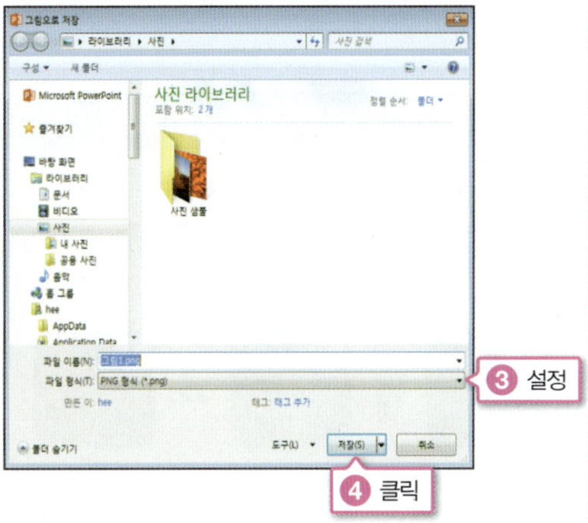

그림 압축하기

파워포인트 내에 용량이 너무 큰 그림을 삽입하면 파일 용량이 늘어나 관리가 어렵습니다. 잘린 배경을 제거하거나 그림을 적절하게 압축한 후 [서식] 탭–[조정] 그룹에서 [**그림 압축]**을 클릭합니다. 그림 압축 대화상자에서 옵션을 설정한 후 **[확인]**을 클릭합니다. 이때 [이 그림에만 적용]을 해제하게 되면 문서 내 모든 그림 파일을 압축시키게 됩니다.

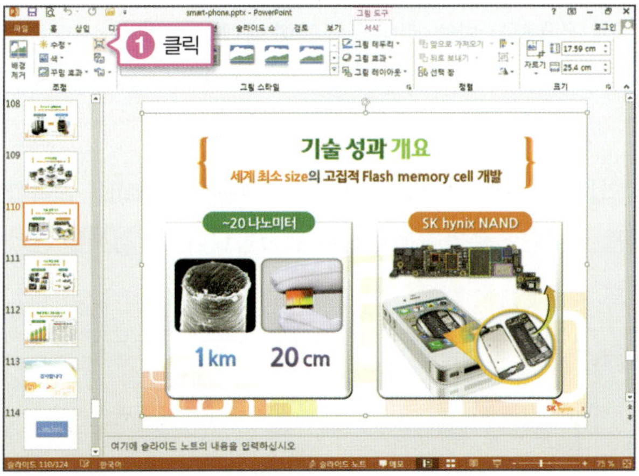

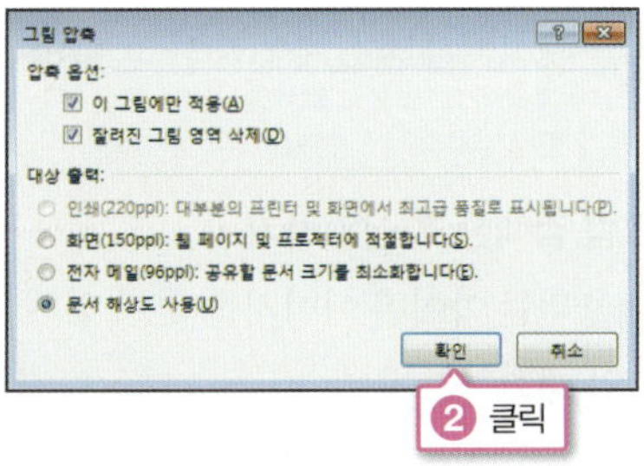

SECTION 02 다양한 온라인 그림으로 슬라이드 꾸미기

실무활용 **온라인 그림으로 내용 전달력 높이기** 2007 | 2010 | 2013

- **실습 파일** 파워포인트\5장\실습\presentation.pptx
- **완성 파일** 파워포인트\5장\완성\presentation_완성.pptx

슬라이드 내용에 더욱 강력한 메시지를 전달하기 위해 의미가 연결되는 이미지나 아이콘 등을 삽입하곤 합니다. 이러한 아이콘이나 이미지는 관련 웹사이트나 파워포인트에서 제공하는 온라인 그림을 활용하면 편리합니다. 여기에서는 원하는 이미지를 손쉽게 검색한 후 슬라이드에 적용하는 방법에 대해서 알아보겠습니다.

01 온라인 그림 검색한 후 삽입하기

① 텍스트에 어울리는 아이콘 이미지를 찾기 위해 [삽입] 탭-[이미지] 그룹에서 **[온라인 그림(클립아트)]**을 클릭합니다. ② 그림 삽입 대화상자에서 Office.com 클립 아트 검색란에 **주먹**을 입력하여 검색합니다. ③ 검색된 온라인 이미지 중 원하는 이미지를 선택하고 ④ **[삽입]**을 클릭합니다.

02 온라인 그림 크기 조정하기

삽입된 온라인 그림의 크기를 조정하여 다음과 같이 배치합니다.

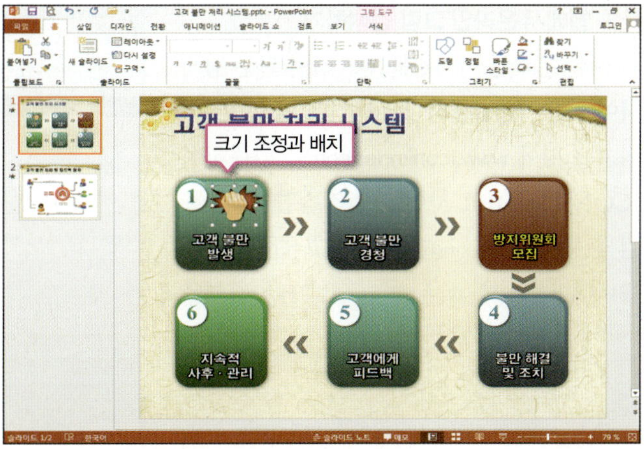

03 온라인 그림 삽입하기

같은 방법으로 **확성기**, **남자 아바타**를 검색하여 온라인 그림을 삽입합니다.

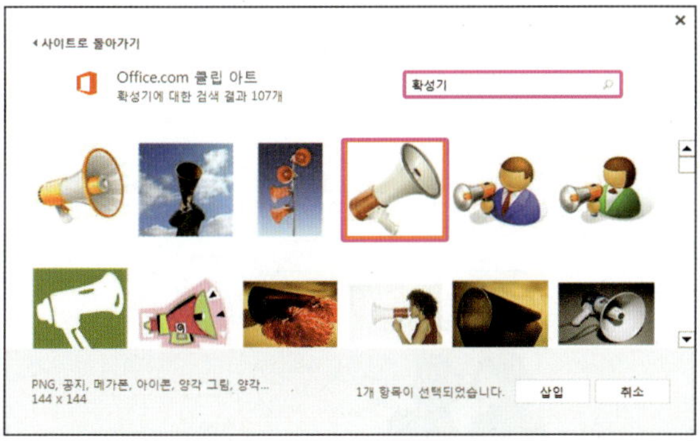

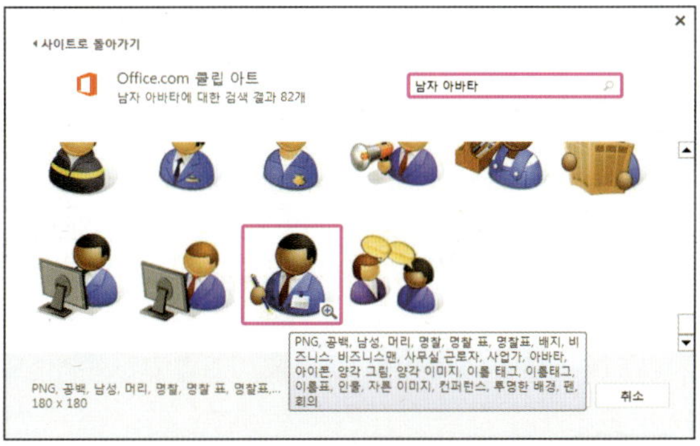

04 그림 좌우 대칭 변경하기

① **확성기** 이미지를 선택하고 ② [서식] 탭–[정렬] 그룹에서 **[개체 회전]**을 클릭합니다. ③ **[좌우 대칭]**을 선택하여 더욱 보기 좋은 방향으로 변경합니다.

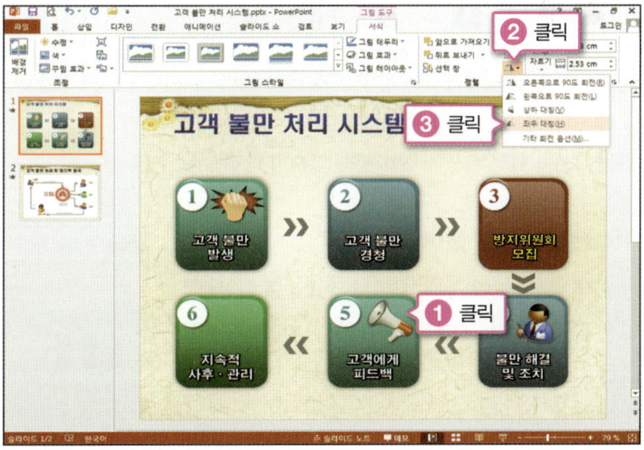

05 웹에서 온라인 그림 검색하기

더 많은 온라인 이미지를 얻으려면 전문 검색 사이트를 이용합니다. ① 인터넷 익스플로러의 주소창에 **www.iconfinder.com**을 입력하여 ICON FINDER 사이트에 접속합니다. ② 검색 상자에 **Meeting**을 입력하고 Enter를 누릅니다.

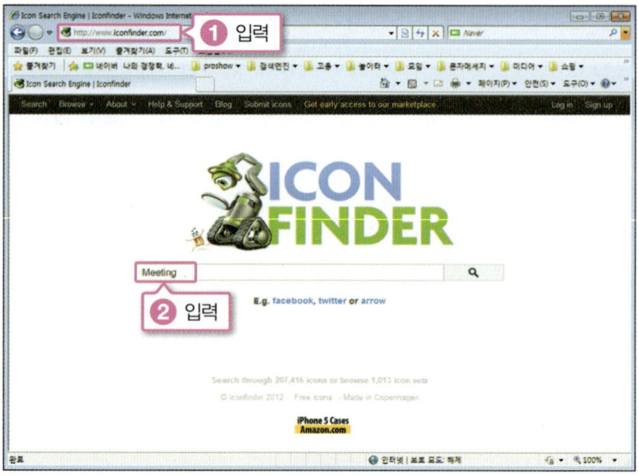

TIP 아이콘 파인더 사이트에서는 영문으로만 검색할 수 있으며, 대/소문자는 구분하지 않습니다.

06 온라인 그림 복사하기

① 원하는 이미지를 클릭한 후 품질 좋은 이미지를 얻기 위해 하단의 **256×256** 크기의 이미지를 마우스 오른쪽 버튼으로 클릭합니다. ② 바로 가기 메뉴에서 **[복사]**를 선택합니다.

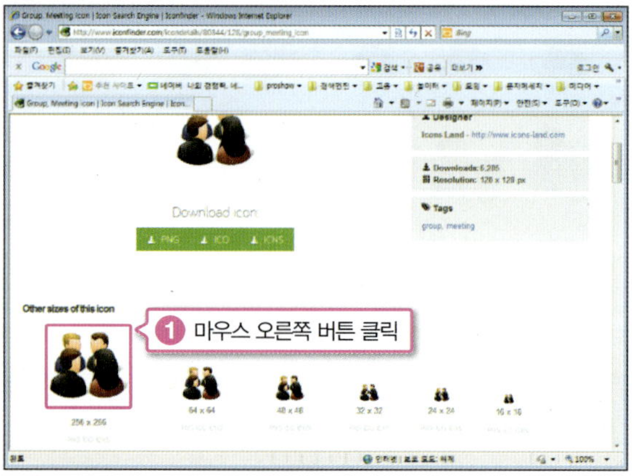

TIP 제공되는 아이콘 이미지의 사이즈는 종류에 따라 달라질 수 있습니다. 또한 png, ico, icns 형식으로 저장이 가능하니 필요한 확장자로 저장하면 됩니다. 이중 쓰임새가 많은 확장자는 png 형식입니다.

07 온라인 그림 붙여넣기

파워포인트로 돌아와 Ctrl+V를 눌러 붙여넣은 후 온라인 그림의 크기와 위치를 조정합니다.

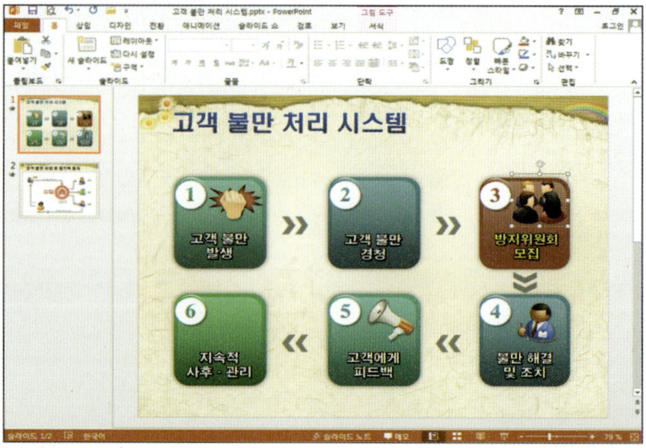

08 온라인 그림 복사하여 붙여넣기

같은 방법으로 Write, file 등을 검색하여 알맞은 이미지를 삽입한 후 슬라이드를 완성합니다.

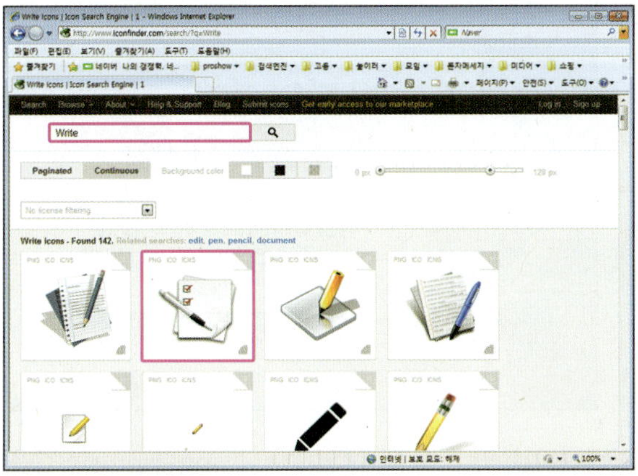

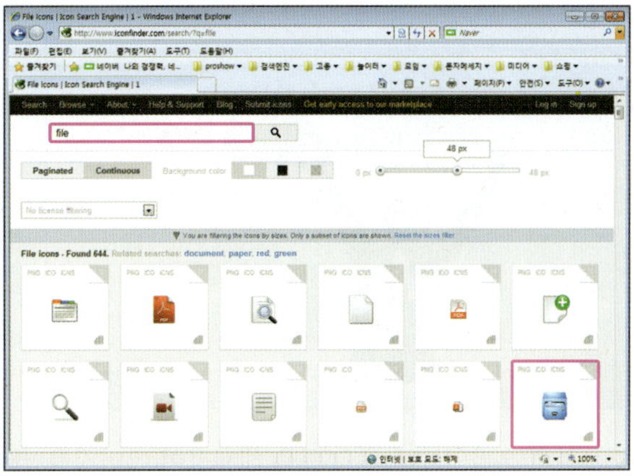

실무활용 | 온라인 그림 변형하여 200% 활용하기 2007 | 2010 | 2013

- **실습 파일** 파워포인트\5장\실습\과정소개_비즈니스 스킬.pptx
- **완성 파일** 파워포인트\5장\완성\과정소개_비즈니스 스킬_완성.pptx

대부분의 온라인 그림은 그룹을 해제하여 이미지를 변형하거나 일부만 사용할 수 있습니다. jpg나 png와 같은 비트맵 이미지는 그룹 해제가 되지 않으며 wmf와 같은 메타 파일만 그룹을 해제할 수 있습니다. wmf 파일을 선택하고 그룹을 해제하면 이미지 파일이 여러 개의 도형으로 변환되므로 자유롭게 이 도형을 편집하고 변형하여 원하는 이미지를 얻을 수 있습니다.

01 그룹 해제하기

① 그림을 선택하고 Ctrl + Shift + G를 누릅니다. ② 경고 대화상자가 나타나면 **[예]**를 클릭합니다.

02 그룹 해제하기

Ctrl + Shift + G를 여러 번 눌러 다음과 같이 그룹을 완전하게 해제합니다.

03 필요한 이미지만 그룹화하기

① [Shift]를 누른 채 **사람**과 **넥타이 이미지**만 선택한 후 ② **오른쪽으로 드래그**하여 나머지 그림들과 분리합니다. ③ [Ctrl]+[G]를 눌러 두 이미지를 그룹화합니다.

04 불필요한 이미지 삭제하기

① 불필요한 이미지를 **대각선 방향으로 충분한 크기로 드래그**하여 선택한 후 ② [Delete]를 눌러 삭제합니다.

05 그림에 색 채우기

① **사람**을 다시 왼쪽으로 드래그하여 적당히 배치한 후 ② **넥타이**를 선택합니다. ③ [서식] 탭–[도형 스타일] 그룹에서 [**도형 채우기**]를 클릭한 후 ④ 표준 색 영역의 **[자주]**를 선택합니다.

TIP 그룹화된 개체 중 일부를 선택하려면 그룹 개체를 클릭하여 선택한 후 해당 개체를 다시 한 번 클릭합니다.

06 그림에 색 채우기

① **사람 이미지**를 선택하고 ② [서식] 탭-[도형 스타일] 그룹에서 [**도형 채우기**]를 클릭합니다. ③ 테마 색 영역의 [**흰색, 배경 1**]을 선택합니다.

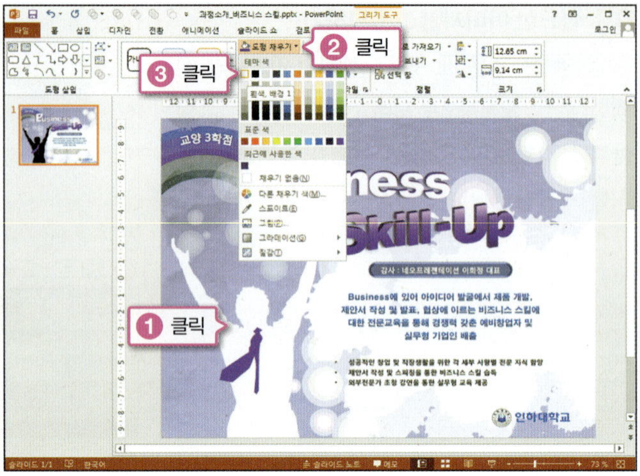

07 그림에 또렷한 효과 적용하기

① 사람 이미지를 좀더 강조하기 위해 [서식] 탭-[도형 스타일] 그룹에서 [**도형 효과**]를 클릭합니다. ② [그림자]의 바깥쪽 영역에서 [**오프셋 위쪽**]을 선택하여 그림을 뚜렷하게 수정합니다.

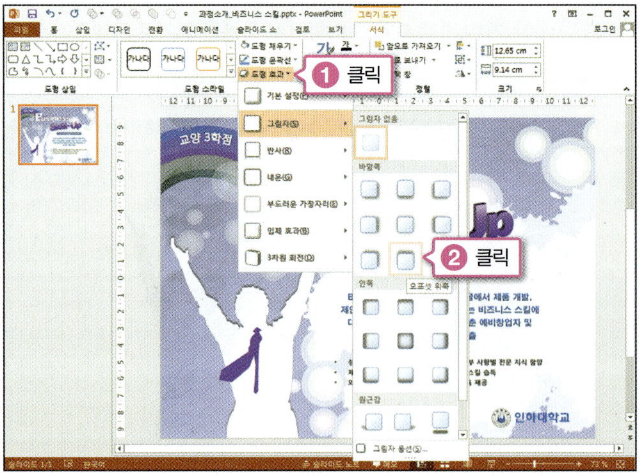

혼자해보기 온라인 그림을 이용하여 주제에 알맞은 그림 완성하기

- **실습 파일** 파워포인트\5장\실습\혼자해보기_그림.pptx
- **완성 파일** 파워포인트\5장\완성\혼자해보기_그림_완성.pptx

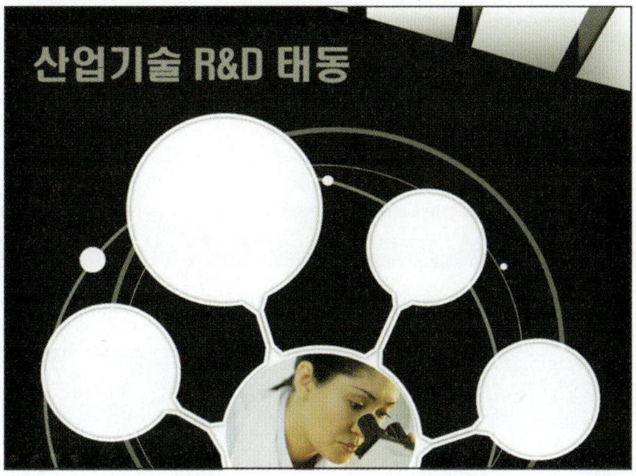

온라인 그림(클립아트)을 이용하여 주제에 알맞은 그림을 검색하고 가져온 그림을 도형 모양에 맞춰 자릅니다. 서식 기능을 적용하여 입체감 있게 완성합니다.

1. [삽입] 탭-[이미지] 그룹에서 **[온라인 그림]**을 클릭합니다. office 온라인 그림 검색란에 **곡식**을 입력한 후 Enter를 누릅니다. 다음과 같은 그림을 선택하고 **[삽입]**을 클릭합니다.
2. 그림을 선택하고 [서식] 탭-[크기] 그룹에서 **[자르기]**를 클릭합니다. 위쪽과 아래쪽의 검은색 외곽선을 안쪽으로 드래그하여 정사각형 모양으로 그림을 자른 후 슬라이드의 빈 곳을 클릭하여 완료합니다.

3. 다른 그림을 검색하기 위해 1과 같은 방법으로 검색란에 **반도체**와 **에너지**를 각각 입력하여 다음과 같은 그림을 삽입합니다.
4. 추가로 삽입된 세 개의 그림에 각각 2 방법을 적용시켜 그림을 잘라 정사각형으로 만들어줍니다.

5. 재료 부분의 이미지를 가져오기 위해 [삽입] 탭-[이미지] 그룹에서 **[그림]**을 클릭합니다. **재료**.jpg를 선택한 후 **[삽입]**을 클릭합니다.
6. 삽입된 4개의 그림을 모두 선택한 후 [서식] 탭-[크기] 그룹에서 **[자르기]**를 클릭합니다. **[도형에 맞춰 자르기]**의 기본 도형 영역에서 **[타원]**을 선택합니다.
7. [서식] 탭-[그림 스타일] 그룹에서 **[그림 효과]**를 클릭합니다. [그림자]의 안쪽 영역에서 **[안쪽 가운데]**를 선택합니다. 계속해서 [서식] 탭-[그림 스타일] 그룹에서 **[그림 효과]**를 클릭하고 **그림자 옵션**을 클릭한 후 그림 서식 작업창의 **흐리게**를 **[25pt]**로 변경하여 그림자를 좀더 진하게 마무리합니다.
8. 아래쪽의 연구원 이미지를 선택하고 [서식] 탭-[그림 스타일] 그룹에서 **[그림 효과]**를 클릭합니다. [부드러운 가장자리]의 **[25 포인트]**를 선택합니다. 계속해서 [서식] 탭-[조정] 그룹에서 **[수정]**을 클릭하고, 밝기/대비 영역에서 **[밝기 : +20% 대비 : +20%]**를 선택하여 이미지를 밝게 조정합니다.
9. [삽입] 탭-[텍스트] 그룹에서 **[텍스트 상자]**를 클릭하고 슬라이드의 빈 곳을 클릭합니다. 각각의 텍스트를 입력한 후 알맞게 배치 하고 서식을 보기 좋게 변경하여 완성합니다.

TIP 온라인 그림은 업데이트가 자주 이루어집니다. 따라서 해당 그림이 없으면 실습 폴더 안에 있는 이미지를 삽입하세요.

SECTION

03 스마트아트로 슬라이드 꾸미기

실무활용 | 단계별 진행 절차가 보이는 프로세스형 다이어그램 만들기 2007 | 2010 | 2013

- 실습 파일 파워포인트\5장\실습\글로벌파트너십.pptx
- 완성 파일 파워포인트\5장\완성\글로벌파트너십_완성.pptx

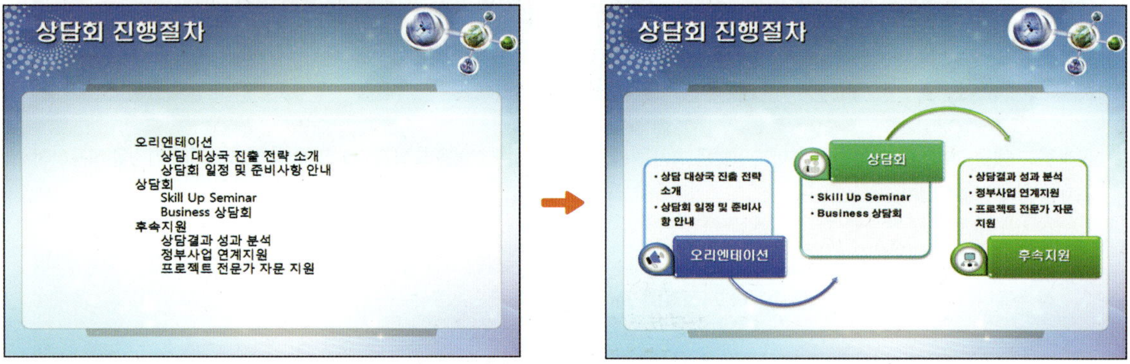

업무 진행 과정처럼 일정한 순서나 흐름이 있는 내용을 프로세스형 다이어그램으로 만들면 내용을 효과적으로 전달할 수 있습니다. 다양한 프로세스형 다이어그램 중 내용에 가장 적합한 것을 선택하고 텍스트나 디자인 서식의 일부를 수정하면 쉽고 빠르게 다이어그램 슬라이드를 완성할 수 있습니다.

01 텍스트를 스마트아트로 변환하기

① **8번 슬라이드**를 선택하고 ② 텍스트 상자 안에서 마우스 오른쪽 버튼을 클릭한 후 ③ [SmartArt로 변환]의 **[기타 SmartArt 그래픽]**을 선택합니다. ④ SmartArt 그래픽 선택 대화상자에서 프로세스형 항목에서 **[교대 흐름 형]**을 선택한 후 ⑤ **[확인]**을 클릭합니다.

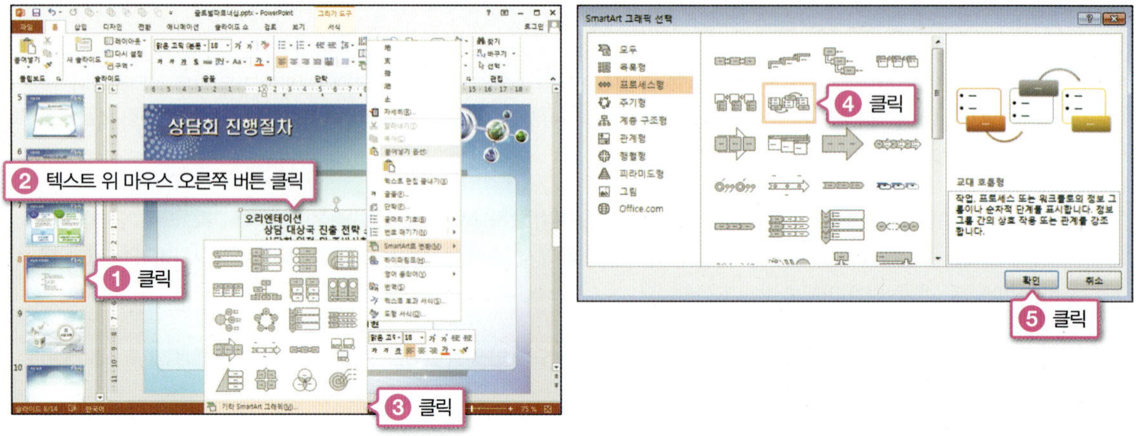

02 스마트아트 위치 조정하기

삽입한 스마트아트의 경계선을 드래그하여 위치를 조정하고 경계선 가운데를 드래그하여 크기를 조정한 후 그림과 같이 배치합니다.

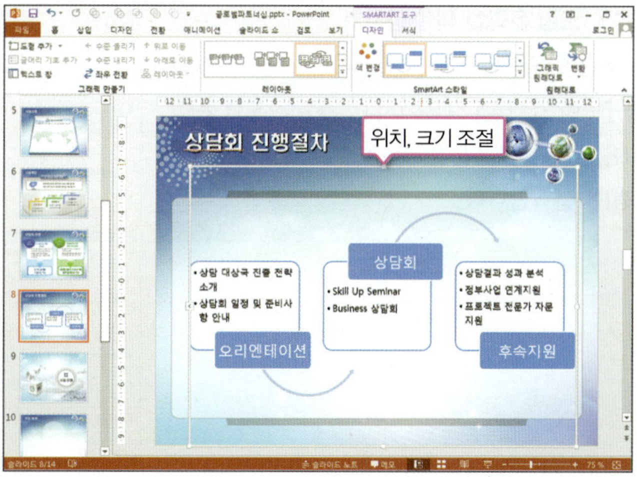

TIP 스마트아트의 크기를 조정하거나 이동, 복사할 때는 스마트아트 외곽 투명한 경계선을 이용합니다.

03 스마트아트 색 변경하기

① 색을 변경할 스마트아트를 선택하고 ② [디자인] 탭-[SmartArt 스타일] 그룹에서 [**색 변경**]을 클릭합니다. ③ 색상형 영역의 [**색상형 범위-강조색 5 또는 6**]을 선택합니다.

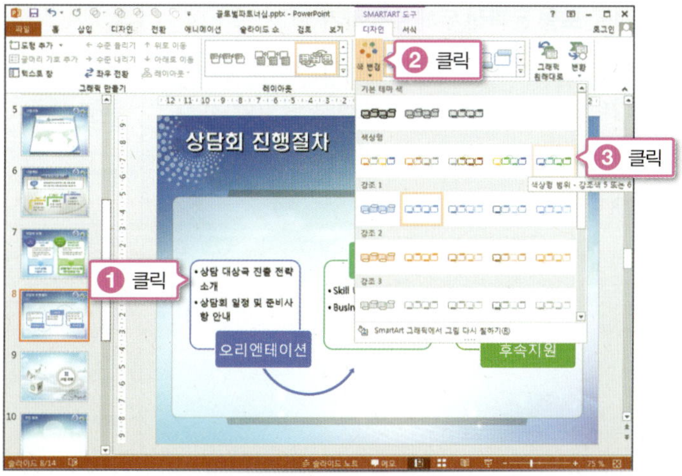

04 스마트아트 3차원 효과 적용하기

① [SmartArt 스타일] 그룹에서 [**자세히**]를 클릭하고 ② 3차원 영역에서 [**광택 처리**]를 선택해 입체 효과를 적용합니다.

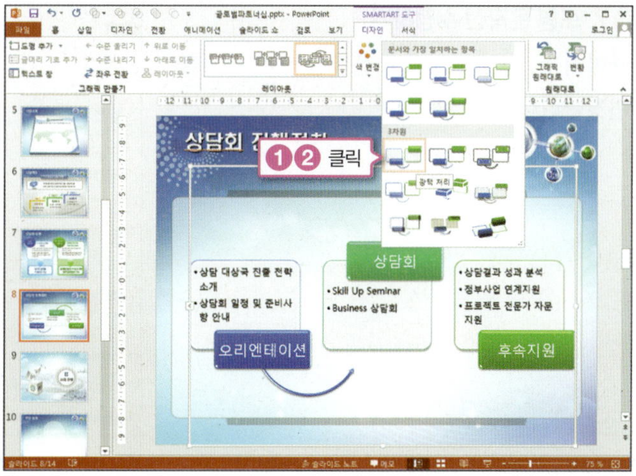

05 도형 윤곽선 색 수정하기

① 왼쪽의 흰색 도형을 선택하고 ② [서식] 탭–[도형 스타일] 그룹에서 [**도형 윤곽선**]을 클릭합니다. ③ 표준 색 영역의 [**연한 파랑**]을 선택합니다.

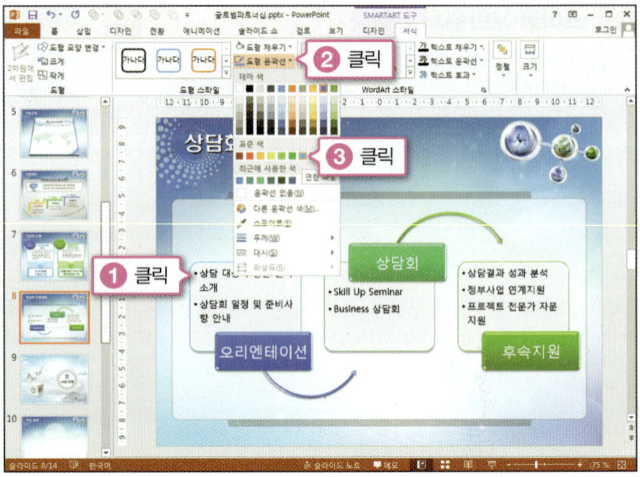

06 도형 윤곽선 두께 수정하기

① 도형이 선택된 상태로 [서식] 탭–[도형 스타일] 그룹에서 [**도형 윤곽선**]을 클릭합니다. ② [두께]를 [**3p**]로 선택하여 윤곽선을 보기 좋게 꾸밉니다.

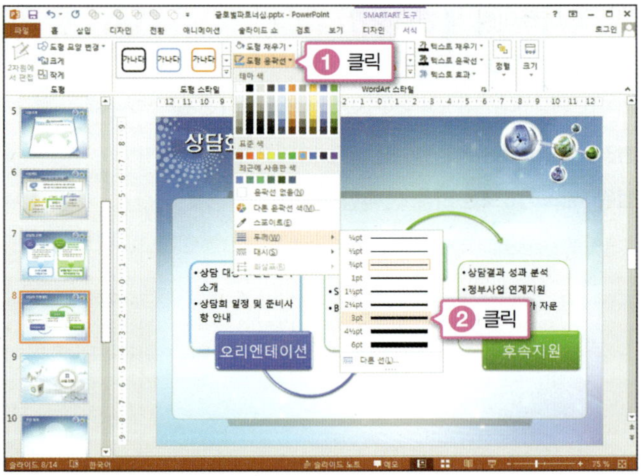

07 도형 윤곽선 수정하기

나머지 두 개의 도형에도 윤곽선 색과 두께를 변경합니다.

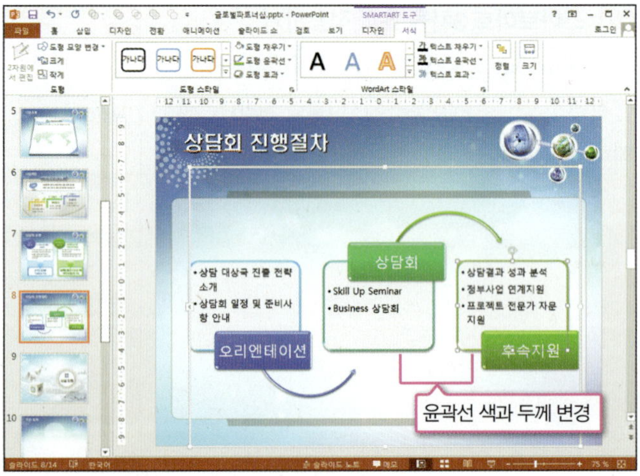

08 아이콘 삽입하기

① 슬라이드의 빈 공간을 클릭하고 ② [삽입] 탭-[이미지] 그룹의 [**그림**]을 클릭합니다. ③ 그림 삽입 대화상자가 나타나면 Ctrl을 누른 채 **아이콘1.png, 아이콘2.png, 아이콘3.png(파워포인트\5장\실습)**를 모두 선택한 후 ④ **[삽입]**을 클릭합니다.

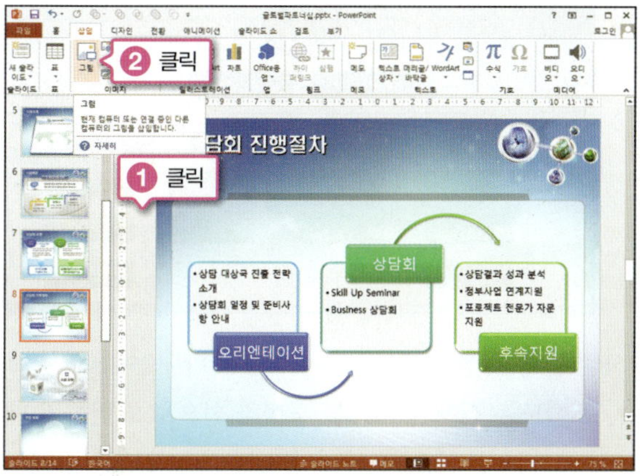

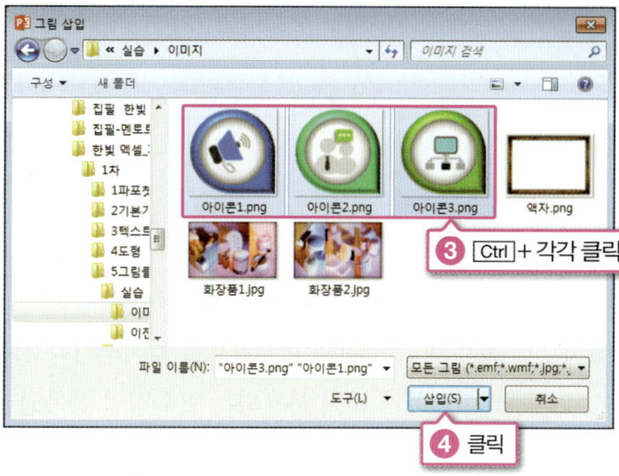

09 보기 좋게 배치하여 슬라이드 완성하기

① 삽입된 이미지를 적당하게 배치합니다. ② [홈] 탭-[글꼴] 그룹에서 각각의 **텍스트의 서식 및 크기, 줄간격** 등을 변경하여 슬라이드를 보기 좋게 마무리합니다.

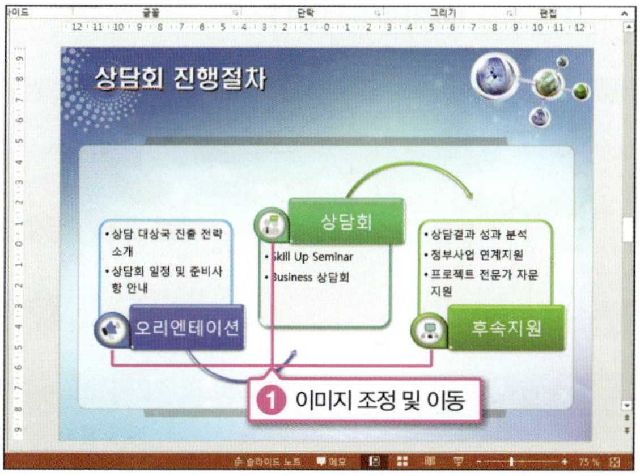

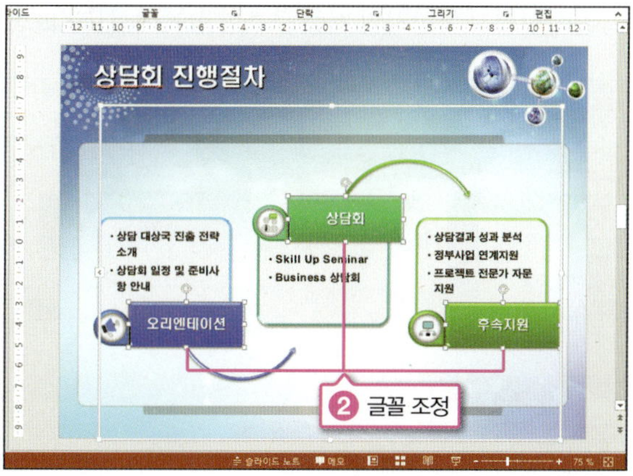

실무활용 사업 추진 체계도가 한눈에 보이는 조직도 만들기 2007 | 2010 | 2013

▪ **실습 파일** 파워포인트\5장\실습\글로벌파트너십.pptx

▪ **완성 파일** 파워포인트\5장\완성\글로벌파트너십_완성.pptx

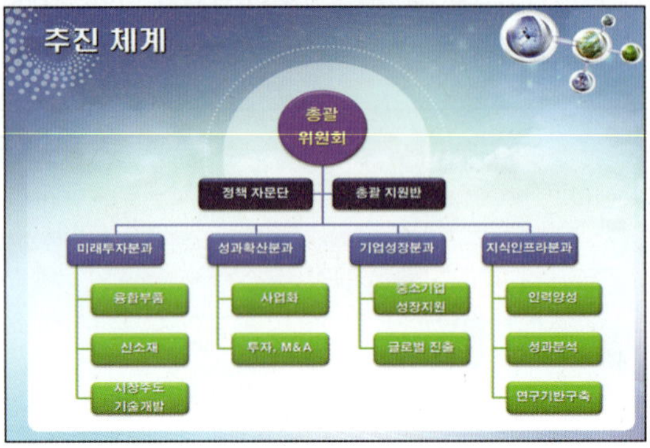

조직도는 회사 내 구성원을 체계적으로 보여주거나 신규 사업 진행 과정, 사업 운영 체계를 나타내는 등 회사 소개 프레젠테이션에서 많이 사용되는 필수적인 항목입니다. 조직도는 직책별 구조를 도형과 선으로 표현하기 때문에 스마트아트의 계층 구조형 다이어그램을 활용하면 쉽게 제작할 수 있으며, 부서나 직책 변동에 따른 수정도 쉽습니다.

01 스마트아트 삽입하기

① **10번 슬라이드**를 선택하고 ② [삽입] 탭–[일러스트레이션] 그룹에서 [**SmartArt**]를 클릭합니다. ③ SmartArt 그래픽 선택 대화상자의 계층 구조형 항목에서 **[조직도형]**을 선택한 후 ④ **[확인]**을 클릭합니다.

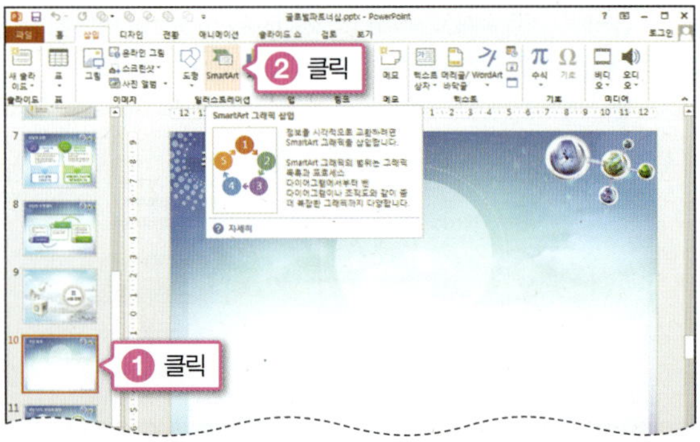

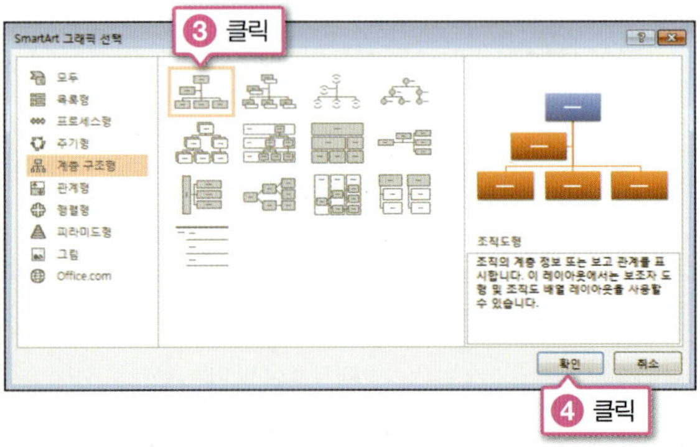

02 보조자 추가하기

① 맨 위 도형 선택하고 ② [디자인] 탭–[그래픽 만들기] 그룹에서 [**도형 추가**] 더보기 아이콘을 클릭합니다. ③ **[보조자 추가]**를 선택해서 보조자 항목을 추가합니다.

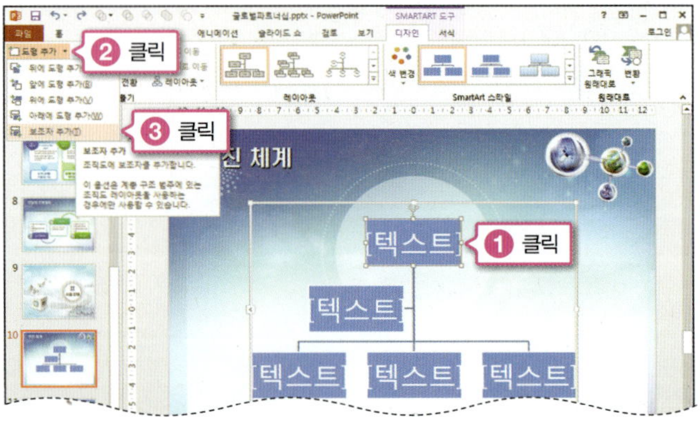

TIP [도형 추가]를 누르면 도형이 추가됩니다. 원치 않는 도형을 제거하려면 제거할 도형을 선택하고 Delete를 누릅니다.

03 도형 추가하기

① 맨 위에 있는 도형 선택하고 ② [디자인] 탭-[그래픽 만들기] 그룹에서 [**도형 추가**] 더보기 아이콘을 클릭합니다. ③ **[아래에 도형 추가]**를 선택합니다. ④ 위에서 3번째 줄 왼쪽 도형 선택하고 ⑤ [디자인] 탭-[그래픽 만들기] 그룹에서 [**도형 추가**]를 3번 클릭하여 그림과 같이 하단에 도형 세 개를 추가합니다.

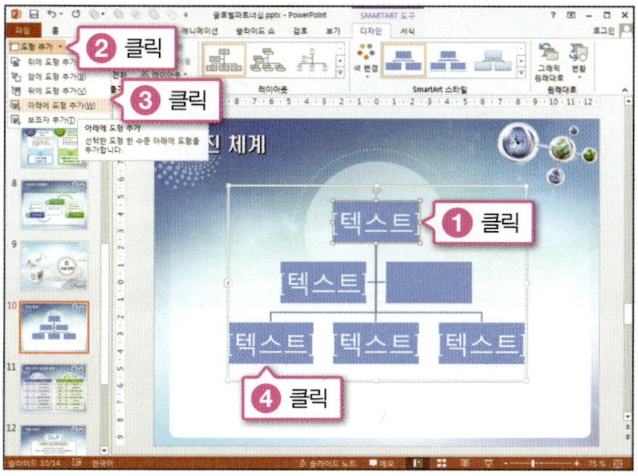

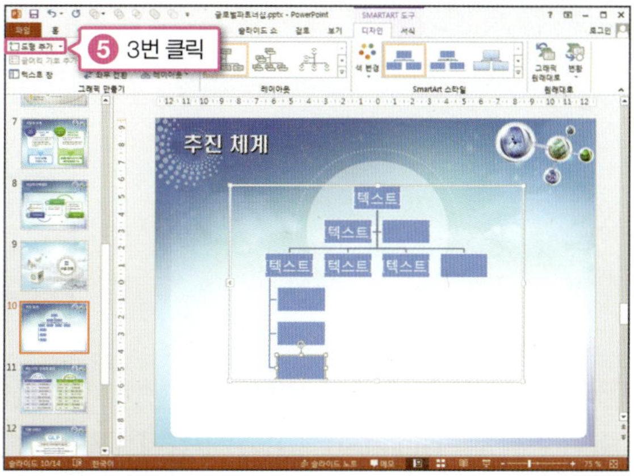

04 도형 추가하기

나머지 도형도 위 단계와 같이 [**도형 추가**]를 2~3번 클릭하여 그림과 같이 완성합니다.

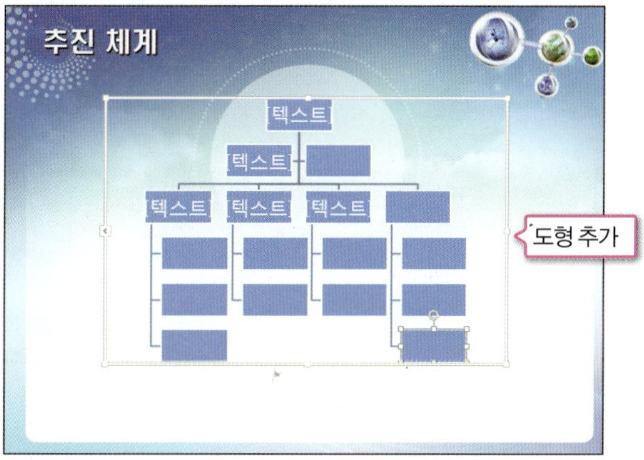

05 도형에 텍스트 입력하기

각각의 도형을 클릭하고 알맞은 텍스트를 입력합니다.

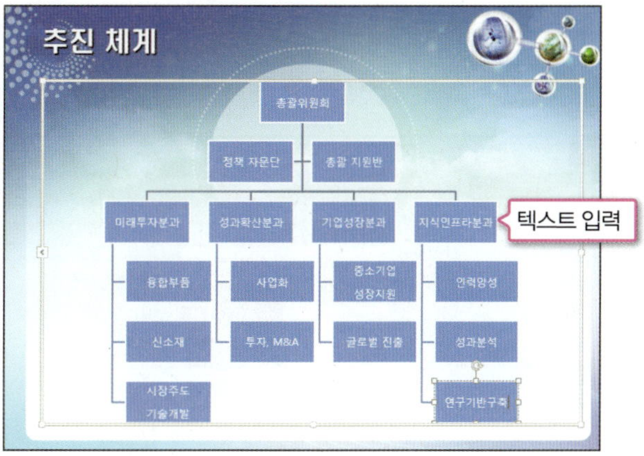

06 스마트아트 색 변경하기

① 스마트아트를 선택하고 ② [디자인] 탭-[SmartArt 스타일] 그룹에서 [색 변경]을 클릭합니다. ③ 색상형 영역에서 **[색상형 범위 – 강조색 4 또는 5]**를 선택합니다.

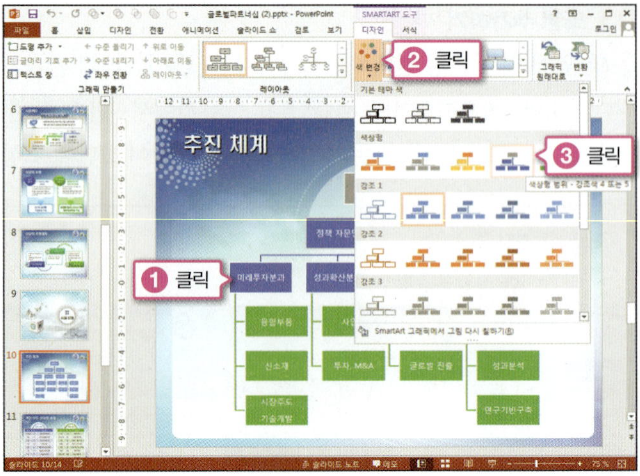

07 스마트아트 3차원 효과 적용하기

① [디자인] 탭-[SmartArt 스타일] 그룹에서 **[자세히]**를 클릭하고 ② 3차원 영역의 **[강한 효과]**를 선택합니다.

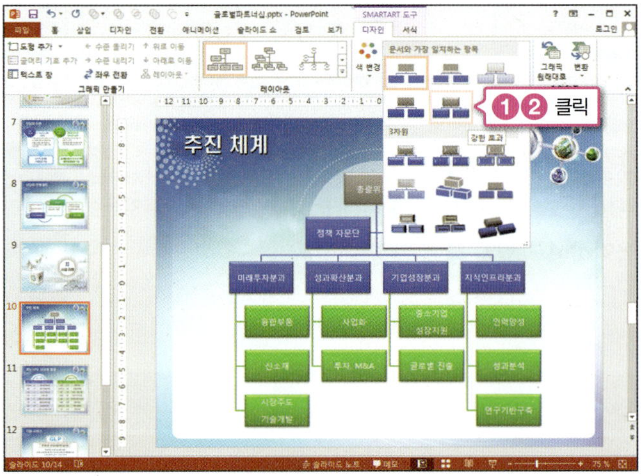

08 도형 색 변경하기

① 맨 위에 있는 도형을 선택한 후 ② [서식] 탭-[도형 스타일] 그룹에서 **[도형 채우기]**를 클릭합니다. ③ 표준 색 영역의 **[자주]**를 선택합니다. ④ Ctrl을 누른 채 두 번째 줄에 있는 도형을 모두 선택합니다. ⑤ [서식] 탭-[도형 스타일] 그룹에서 **[도형 채우기]**를 클릭하고 ⑥ 표준 색 영역의 **[진한 파랑]**을 선택합니다.

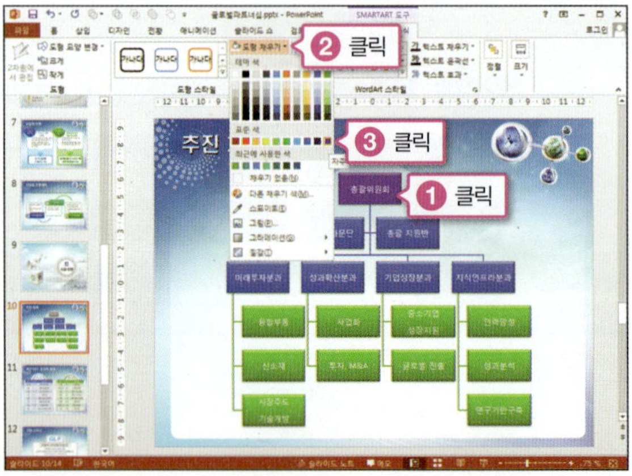

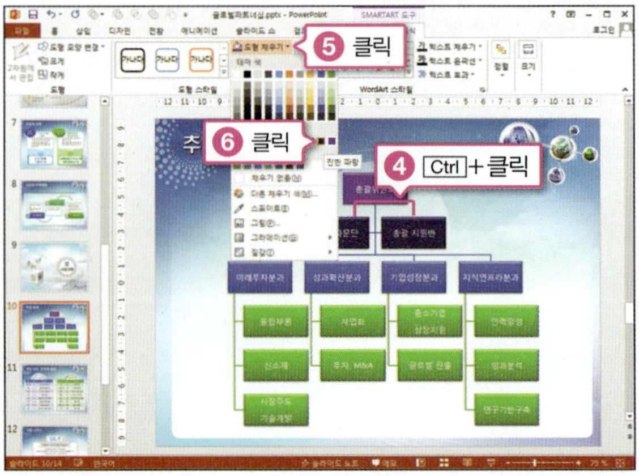

09 도형 모양 변경하기

① 맨 위에 있는 도형을 제외한 모든 도형을 선택하고 ② [서식] 탭–[도형] 그룹에서 **[도형 모양 변경]**을 클릭합니다. ③ 기본 도형 영역의 **[모서리가 둥근 직사각형]**을 선택한 후 ④ 도형을 세로 안쪽 방향으로 드래그하여 사각형의 두께를 조금 얇게 변경합니다.

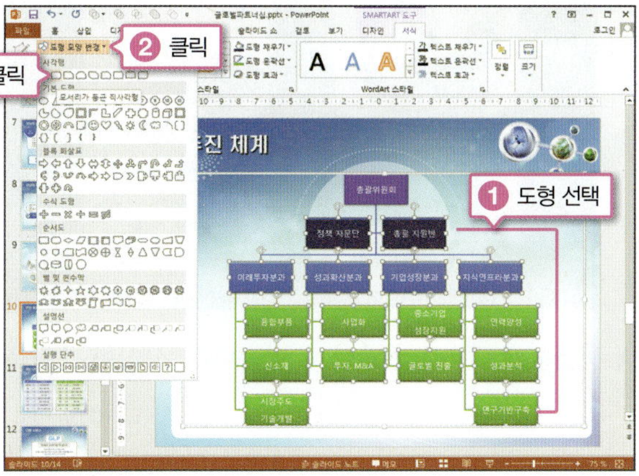

10 도형 모양 변경하기

① 맨 위에 있는 도형을 선택하고 ② [서식] 탭–[도형] 그룹에서 [**도형 모양 변경**]을 클릭합니다. ③ 기본 도형 영역의 **[타원]**을 선택한 후 크기를 조정하여 둥근 원형으로 변경합니다.

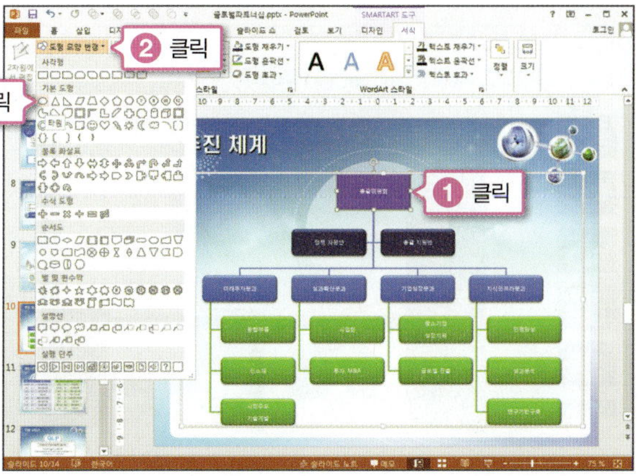

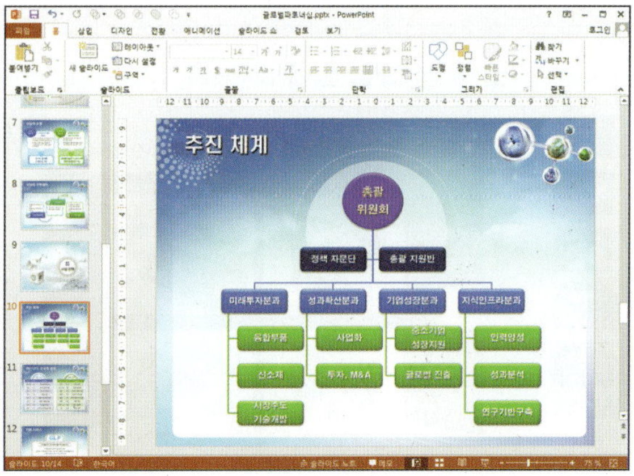

11 보기 좋게 배치하여 슬라이드 완성하기

[홈] 탭–[글꼴] 그룹에서 각각의 텍스트 서식을 보기 좋게 변경합니다. 도형의 크기와 위치도 변경하여 완성합니다.

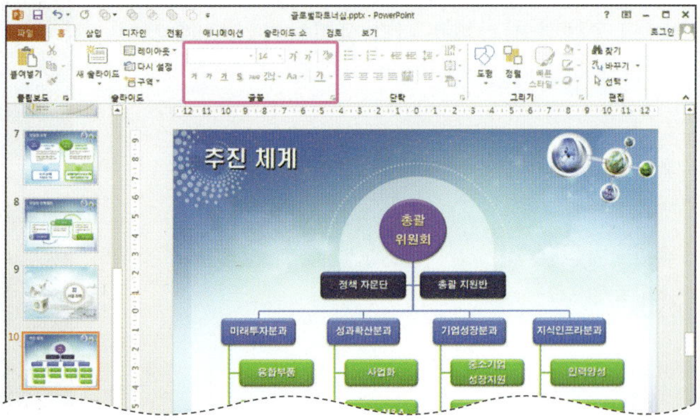

실무활용 그림을 포함한 다이어그램 만들기 2007 | 2010 | 2013

- **실습 파일** 파워포인트\5장\실습\스마트 기술.pptx
- **완성 파일** 파워포인트\5장\완성\스마트 기술_완성.pptx

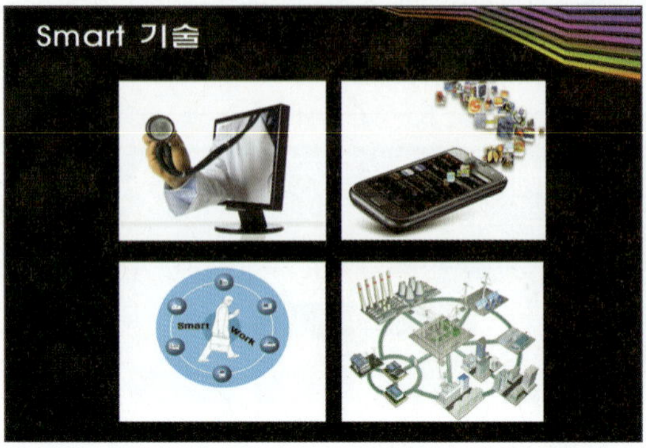

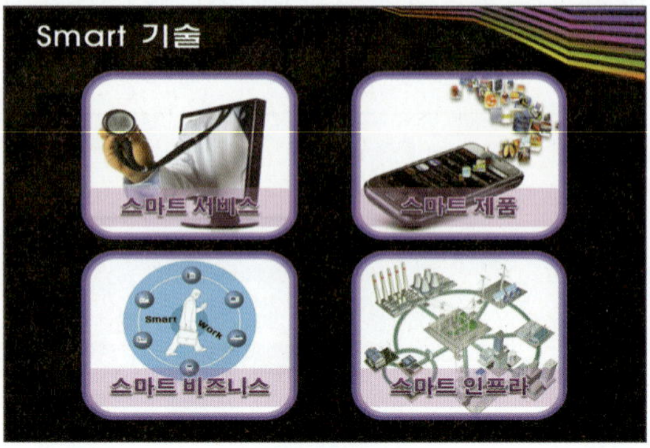

상황에 맞춰 적절한 그림을 다이어그램에 포함시키면 좀더 생생하게 내용을 전달할 수 있습니다. 삽입할 그림을 선택하고 스마트아트로 변경하면 그림을 다이어그램에 쉽게 포함할 수 있으며, 3차원 서식을 적용하면 눈에 띄는 화려한 다이어그램을 완성할 수 있습니다.

01 그림을 스마트아트로 변경하기

① **7번 슬라이드**를 선택한 후 ② Ctrl을 누른 채 슬라이드에 삽입된 그림을 모두 선택합니다. ③ [서식] 탭-[그림 스타일] 그룹에서 [**그림 레이아웃**]을 클릭하고 ④ **[그림 반투명 벤딩 텍스트형]**을 선택합니다.

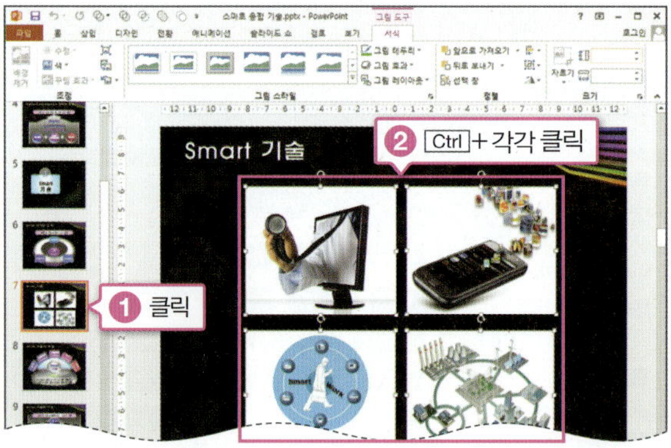

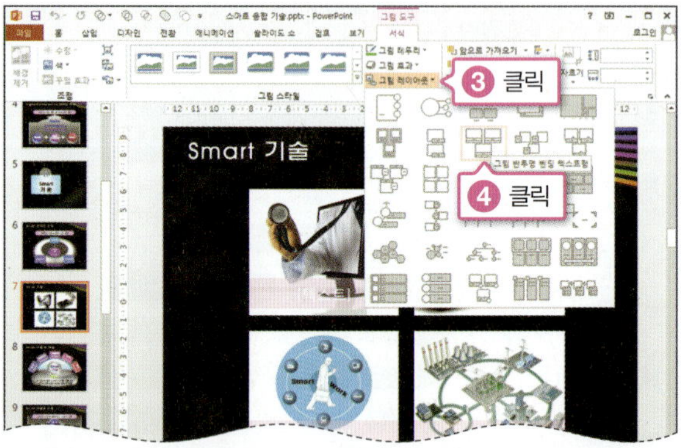

02 텍스트 입력하기

하단의 투명한 사각형을 각각 클릭하여 그림과 같이 텍스트를 입력합니다.

- 스마트 서비스
- 스마트 제품
- 스마트 비즈니스
- 스마트 인프라

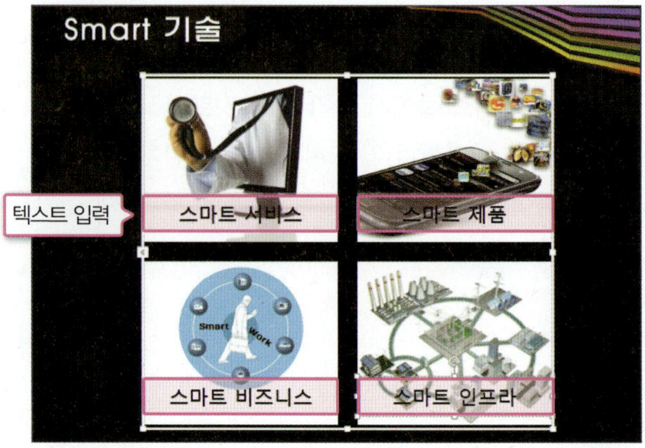

03 도형 서식 적용하기

① 4개의 그림을 모두 선택하고 마우스 오른쪽 버튼을 클릭하여 ② **[도형 서식]**을 선택합니다. ③ 그림 서식 작업창이 나타나면 [**채우기 및 선]**을 클릭하고 ④ 선 영역에서 **[색–파랑, 강조 5, 25% 더 어둡게, 투명도 50%, 두께 10pt]**로 변경합니다.

04 도형 모양 변경하기

① [서식] 탭–[도형] 그룹에서 [**도형 모양 변경]**을 클릭합니다. ② 사각형 영역의 **[모서리가 둥근 직사각형]**을 선택합니다.

TIP 인식하는 개체가 중복되다 보니 [서식] 탭이 두 가지로 나타납니다. 위의 기능은 SmartArt 도구의 [서식]을 선택해야 합니다.

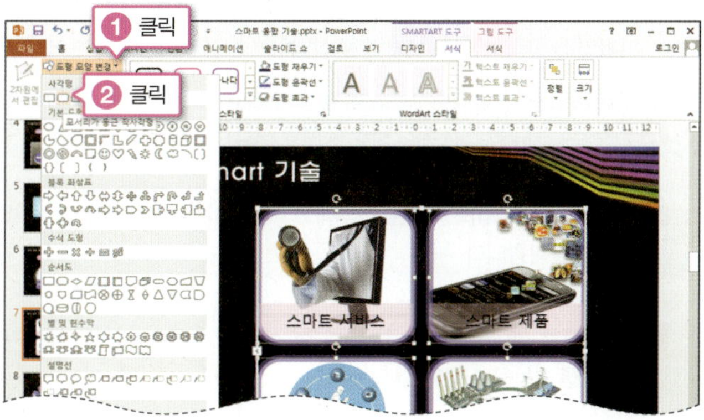

05 도형 색 변경하기

① 텍스트가 입력된 4개의 도형을 모두 선택하고 ② [서식] 탭–[도형 스타일] 그룹에서 [**도형 채우기]**를 클릭합니다. ③ 테마 색 영역에서 **[자주, 강조 2, 40% 더 밝게]**를 선택합니다. ④ [서식] 탭–[WordArt 스타일] 그룹에서 텍스트 서식을 보기 좋게 변경하여 완성합니다.

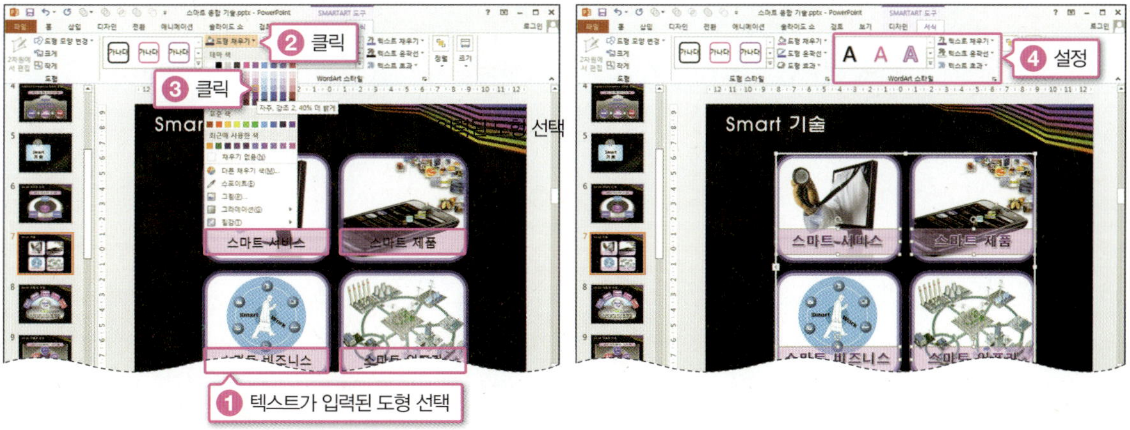

혼자해보기 **관계형 스마트아트 만들기**

- **실습 파일** 파워포인트\5장\실습\혼자해보기_스마트아트.pptx
- **완성 파일** 파워포인트\5장\완성\혼자해보기_스마트아트_완성.pptx

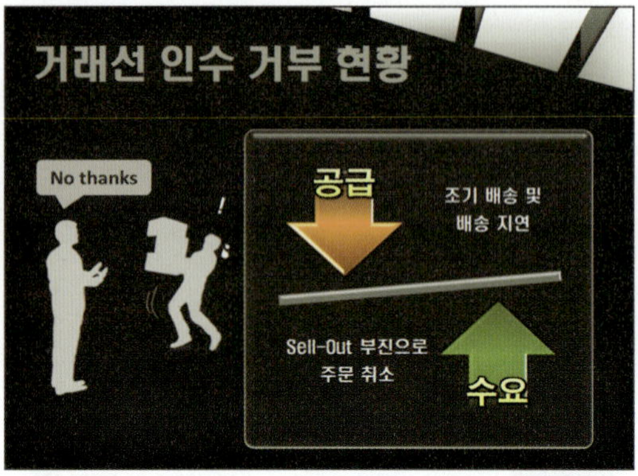

공급과 수요라는 힘의 원칙이 적용되는 관계형 스마트아트를 삽입하고 배경 이미지와 어울리는 서식을 이용해 슬라이드를 완성합니다.

1. [삽입] 탭-[일러스트레이션] 그룹에서 **[SmartArt]**를 클릭합니다. 왼쪽에서 **[관계형]**을 클릭하고 **[평형 화살표형]**을 선택한 후 **[확인]**을 클릭하여 스마트아트를 삽입하고 투명 사각형에 맞게 크기를 조정합니다.

2. 텍스트 삽입 공간에 **조기 배송 및 배송 지연**과 **Sell-Out 부진으로 주문 취소**를 각각 입력합니다.

3. 슬라이드의 스마트아트를 선택하고 [디자인] 탭-[SmartArt 스타일] 그룹-**[자세히]**를 클릭합니다. 3차원 영역의 **[광택 처리]**를 클릭합니다.

4. 화살표를 선택하고 [서식] 탭-[도형 스타일] 그룹에서 **[도형 채우기]**를 선택하고 적당한 색을 선택합니다(여기에서는 그라데이션 기능을 이용할 수 있습니다).

5. [삽입] 탭-[텍스트] 그룹에서 **[텍스트 상자]**를 클릭하고 슬라이드의 빈 곳을 클릭합니다. **수요**와 **공급**의 텍스트 상자를 각각 만든 후 알맞게 배치하고 서식을 보기 좋게 변경하여 완성합니다.

CHAPTER

06

표, 차트를 이용해 슬라이드 구성하기

POWERPOINT 2013

SECTION

01 표 삽입하고 자유롭게 편집하기

실무활용 엑셀 표를 이용하여 표 만들기

2007 | 2010 | 2013

- **실습 파일** 파워포인트\6장\실습\글로벌파트너십.pptx
- **엑셀 파일** 파워포인트\6장\실습\상담회 일정.xlsx
- **완성 파일** 파워포인트\6장\완성\글로벌파트너십_완성.pptx

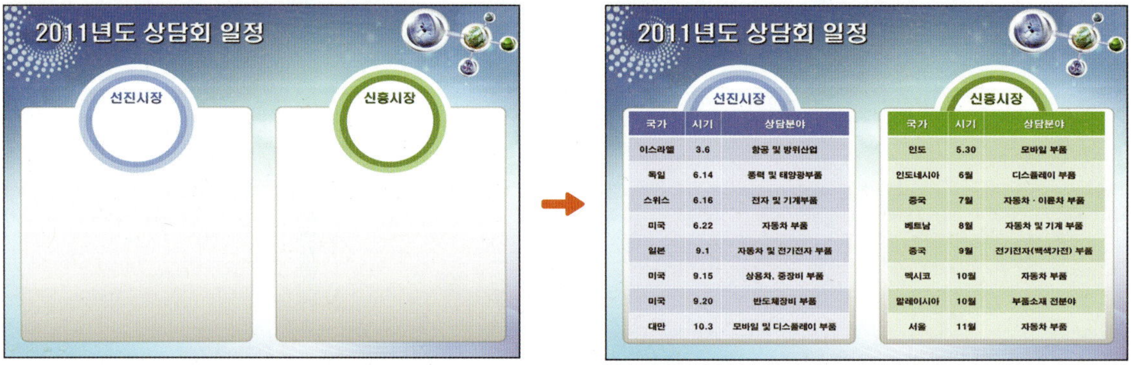

일반 기업에서는 대부분의 문서를 엑셀이나 한글, 워드 등으로 정리하는 경우가 많습니다. 서로 다른 문서라 할지라도 표 기능은 호환이 되므로 발표 문서 제작 시 해당 데이터를 파워포인트로 옮겨 활용하면 편리합니다.

01 엑셀 데이터 복사하기

엑셀 파일인 상담회 일정.xlsx(파워포인트\6장\실습)을 실행합니다. ① **[B3:D11] 셀**을 드래그하여 선택한 후 ② Ctrl+C를 눌러 복사합니다.

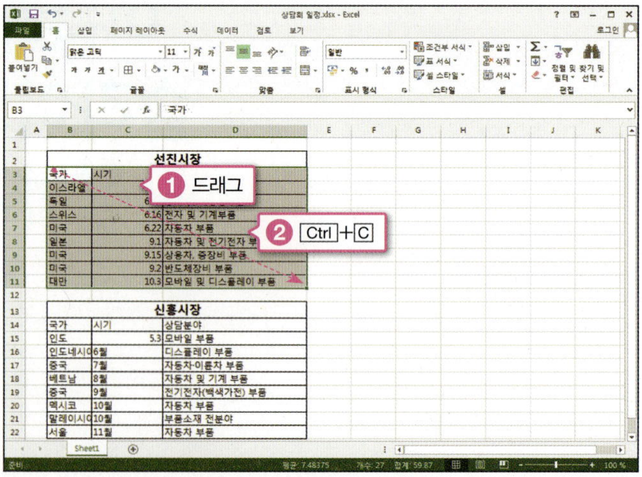

02 엑셀 표를 파워포인트에 붙여넣기

① 파워포인트 실습 파일에서 **11번 슬라이드**를 선택하고 ② Ctrl+V를 눌러 복사한 엑셀 표를 붙여 넣습니다.

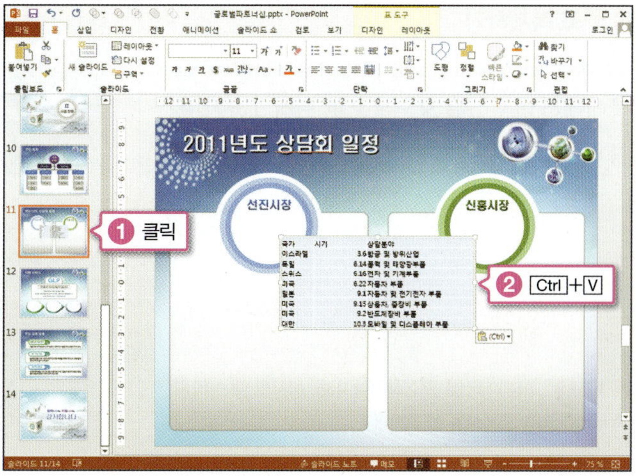

03 표 위치 조정하기

① **표 경계선**을 드래그하여 그림과 같이 위치와 크기를 조정합니다. ② **표의 안쪽 세로 선**을 드래그하여 그림처럼 셀 간격을 맞춥니다.

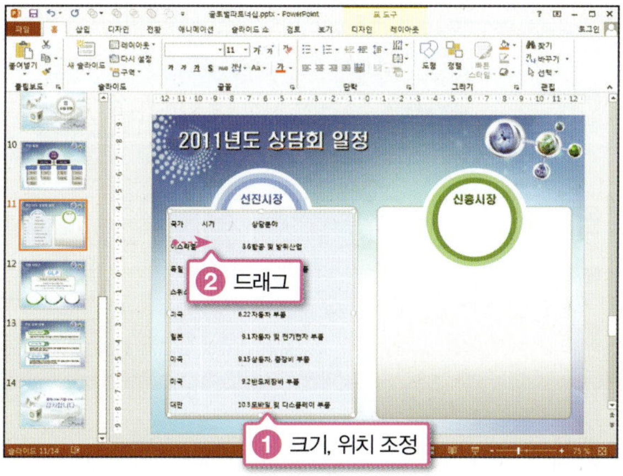

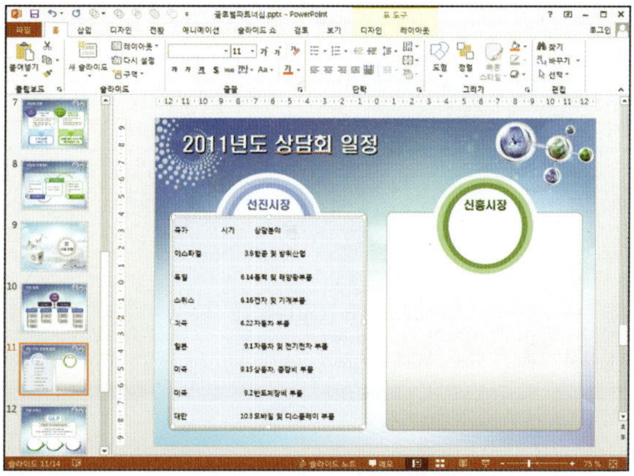

04 표 스타일 적용하기

① [디자인] 탭–[표 스타일 옵션] 그룹에서 **[머리글 행]**과 **[줄무늬 행]**만 체크합니다. ② [표 스타일] 그룹에서 **[자세히]**를 클릭한 후 ③ **[보통 스타일 2 - 강조5]**를 선택합니다.

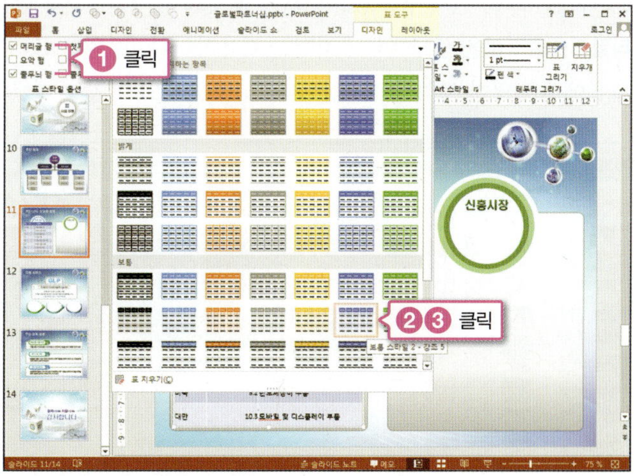

05 표 복제하기

① 표를 선택합니다. ② Ctrl+Shift를 누른 상태에서 마우스를 오른쪽으로 드래그하여 표를 복제합니다.

TIP 표의 크기를 조정하거나 이동, 복사할 때는 바깥쪽 투명한 외곽 경계선을 선택합니다.

06 엑셀 표를 복사하여 붙여넣기

① 엑셀 파일인 상담회 일정.xlsx을 실행시킨 후 **[B14:D22] 셀**을 드래그하여 선택하고 ② Ctrl+C를 눌러 복사합니다. ③ 다시 파워포인트 실습 파일에서 오른쪽 표의 첫 번째 셀을 클릭해서 커서를 위치시키고 ④ Ctrl+V를 눌러 복사한 데이터를 붙여 넣습니다.

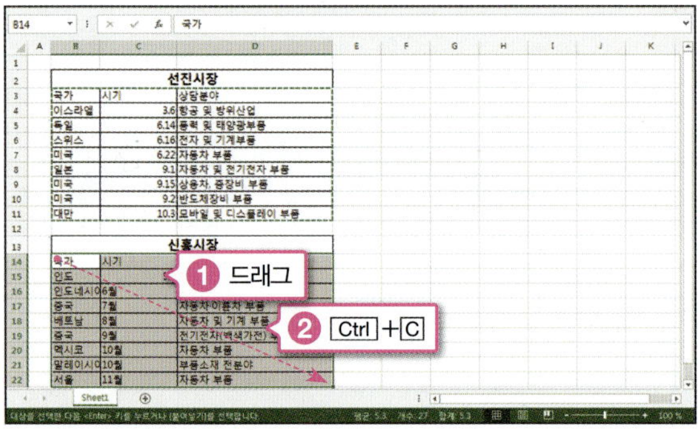

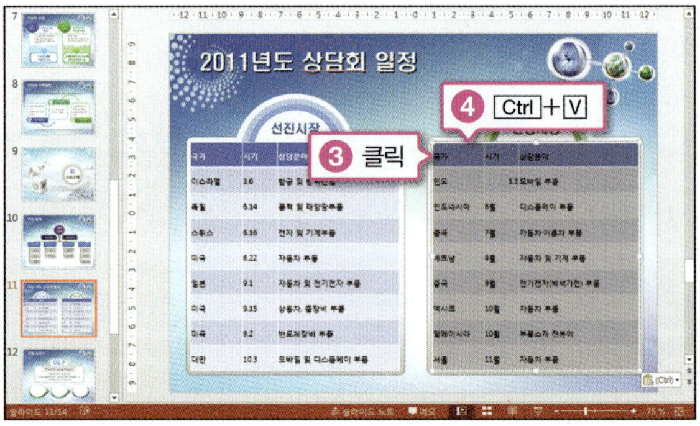

07 표 스타일 적용하기

① 복제한 표를 선택하고 ② [디자인] 탭-[표 스타일] 그룹에서 [**자세히**]를 클릭합니다. ③ 보통 영역의 **[보통 스타일 2 - 강조 6]**을 선택해서 스타일을 적용합니다. ④ 왼쪽 표의 텍스트를 드래그해서 선택하고 ⑤ [홈] 탭-[글꼴] 그룹에서 적당한 서식을 적용합니다. ⑥ 오른쪽 표도 앞 단계를 적용해 슬라이드를 완성합니다.

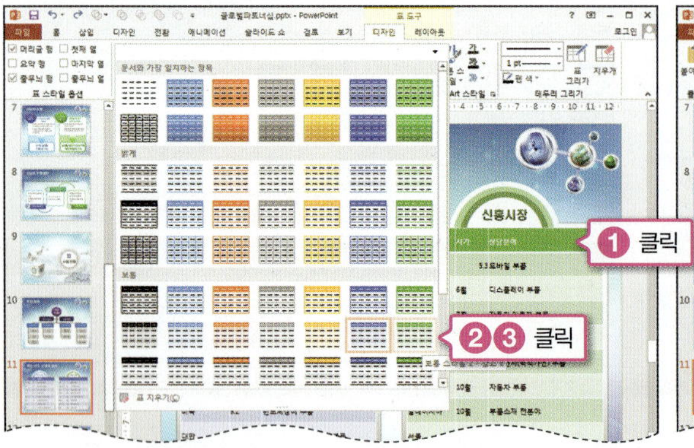

실무활용 | 표 기능을 이용해 표 삽입하기

2007 | 2010 | 2013

- **실습 파일** 파워포인트\6장\실습\presentation.pptx
- **완성 파일** 파워포인트\6장\완성\presentation_완성.pptx

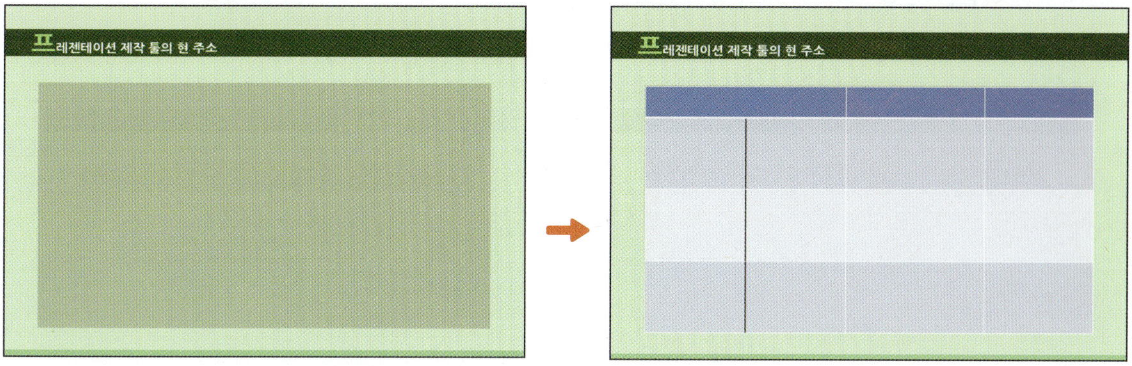

파워포인트에서 표 기능을 이용하면 클릭 한 번으로 멋진 표를 만들 수 있습니다. 이번에는 표 기능으로 표를 삽입하고 표 그리기로 셀을 나눠보겠습니다.

01 표 삽입하기

① **10번 슬라이드**를 선택하고 ② [삽입] 탭–[표] 그룹에서 [**표**]를 클릭합니다. ③ **[3×4]**로 드래그하여 3열 4행의 표를 삽입합니다.

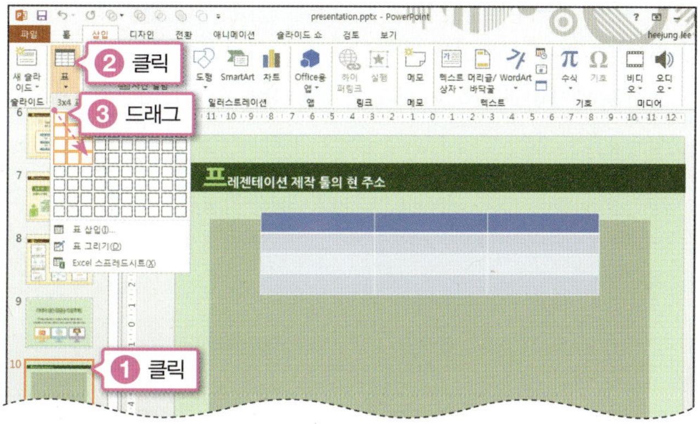

02 표 크기 변경하기

① 표의 테두리를 클릭하여 왼쪽 상단에 위치를 맞춥니다. ② 오른쪽 아래 크기 조정 핸들을 대각선 방향으로 드래그하여 회색 바탕 크기에 맞춥니다.

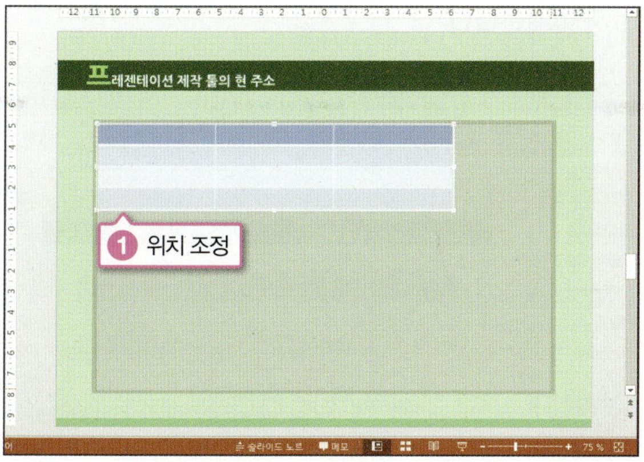

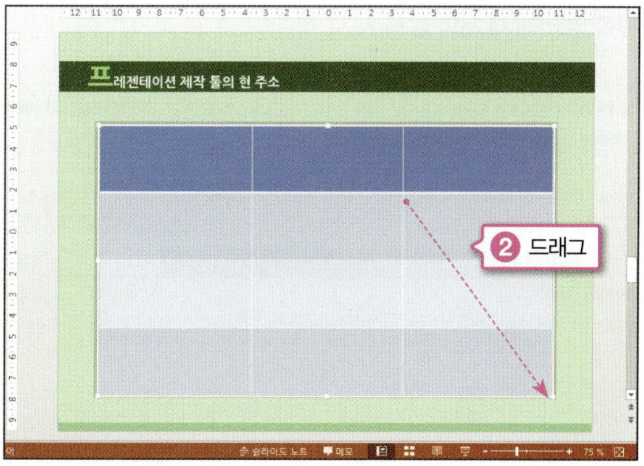

TIP 표를 옮길 때 Alt를 누른 상태로 드래그하면 좀더 세밀하게 위치를 조정할 수 있습니다.

03 행 너비와 표 크기 조정하기

① 행 방향의 **첫 번째 구분 선**을 **위쪽 방향**으로 드래그하여 첫 행의 세로 간격을 좁게 조정합니다. ② **표의 아래쪽 경계 선**을 클릭한 후 **밑으로 드래그**하여 그림과 같이 표의 크기를 재조정합니다.

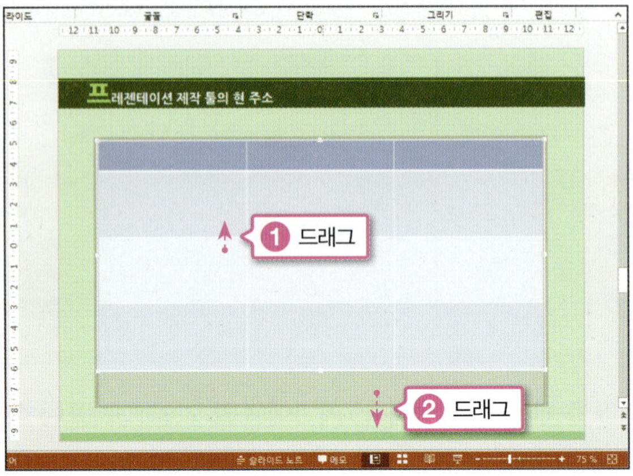

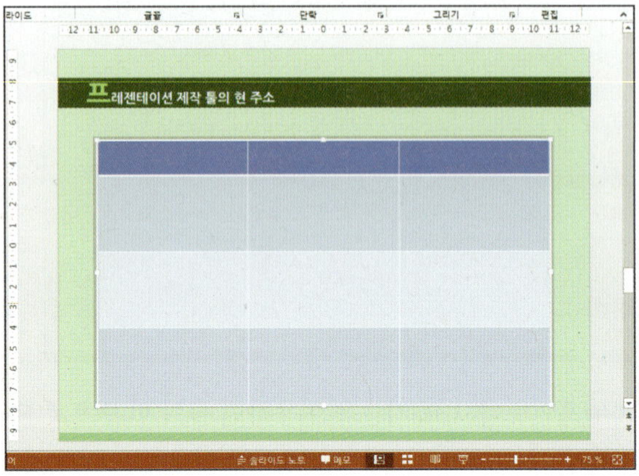

04 열 간격 조정하기

열 방향의 ①② **구분선 두 개**를 각각 오른쪽으로 드래그하여 그림과 같이 간격을 조정합니다.

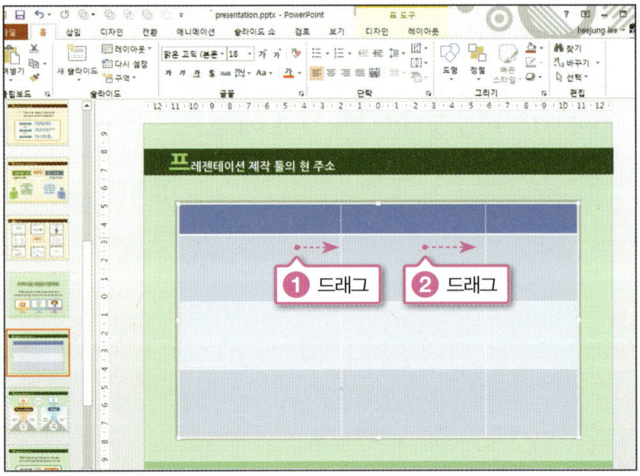

05 표 그리기 기능으로 셀 나누기

① [표 도구〉디자인] 탭–[테두리 그리기] 그룹에서 [**표 그리기**]를 클릭합니다. ② 마우스가 펜 모양으로 바뀌면 **왼쪽 열 아래 세 개의 셀**을 세로 방향으로 드래그하여 셀을 나누어 완성합니다.

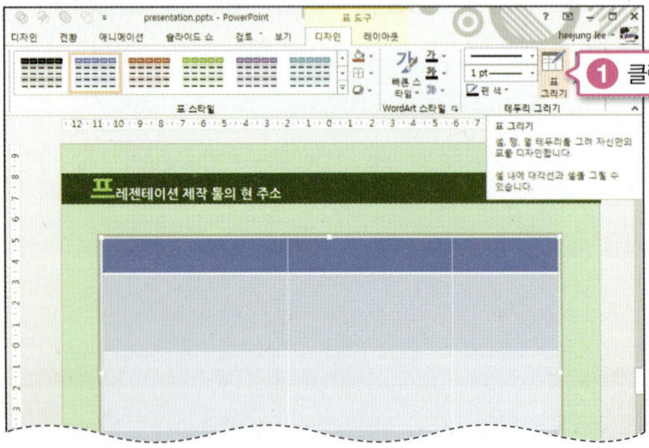

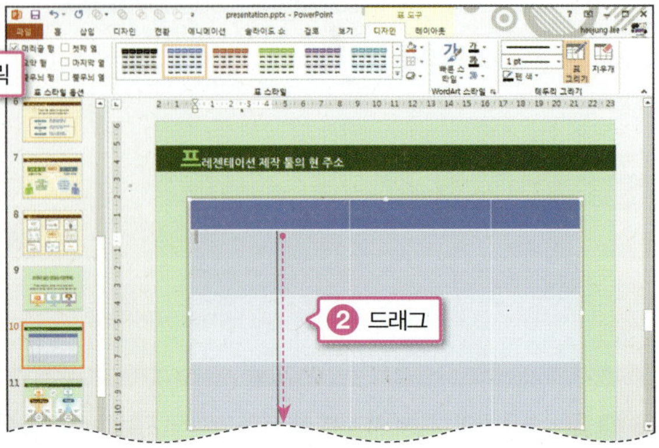

실무활용 표에 그림 삽입하고 디자인 변경하기

2007 | 2010 | 2013

- **실습 파일** 파워포인트\6장\실습\presentation-1.pptx
- **완성 파일** 파워포인트\6장\완성\presentation-1_완성.pptx

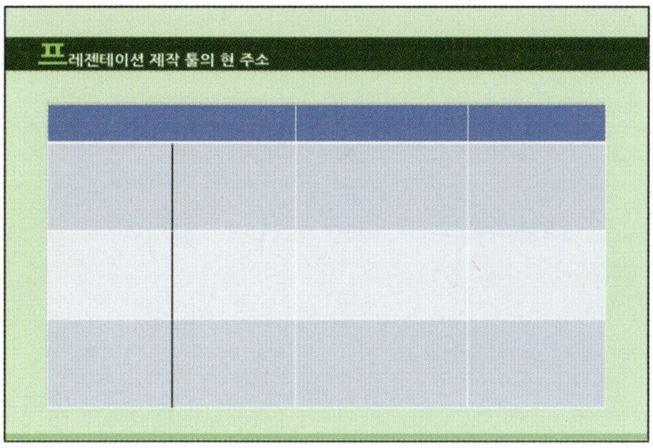

앞서 표 기능을 이용하여 슬라이드에 표를 삽입했다면 이번에는 이미지와 텍스트를 삽입하고 입체 효과 및 표 서식 기능으로 표를 꾸며 보겠습니다.

01 표에 색 채우기

① ESC 를 눌러 표 그리기 모드를 종료한 후 첫 행을 드래그하여 선택합니다. ② [디자인] 탭-[표 스타일] 그룹에서 [**음영**]을 클릭한 후 ③ 테마 색 영역에서 **[흰색, 배경 1, 15%, 더 어둡게]**를 선택합니다. ④ 왼쪽 두 번째 열을 선택하고 ⑤ [디자인] 탭-[표 스타일]-[**음영**]을 클릭합니다. ⑥ **[주황, 강조 6, 60% 더 밝게]**를 선택합니다.

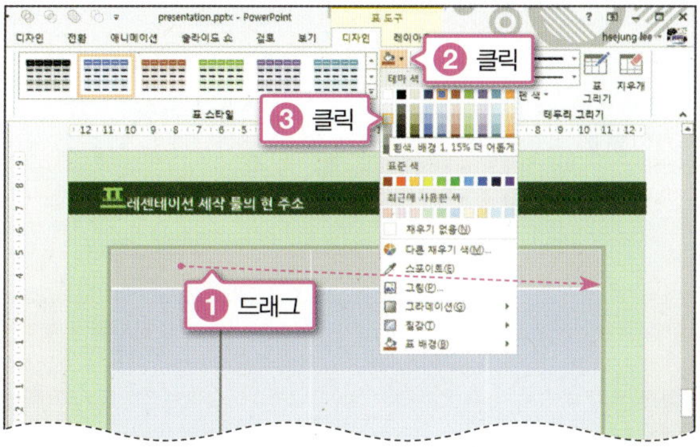

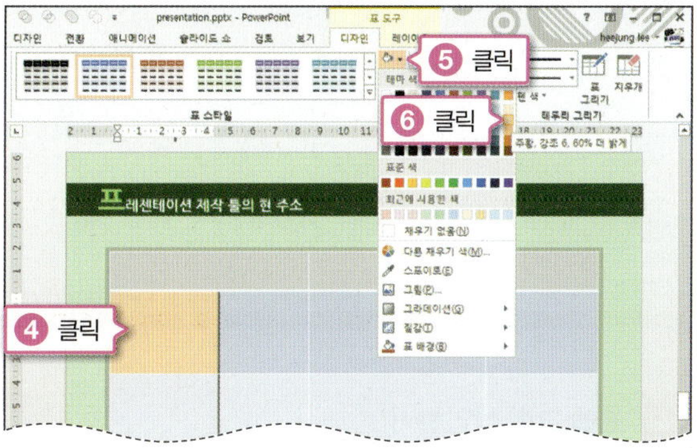

02 표에 색 채우기

위와 같은 방법으로 각 셀에 알맞은 색을 채웁니다.

셀 색

- 왼쪽 세 번째 셀 – 바다색, 강조 5, 60% 더 밝게
- 왼쪽 네 번째 셀 – 자주, 강조 4, 60% 더 밝게
- 나머지 셀들 – 흰색, 배경 1

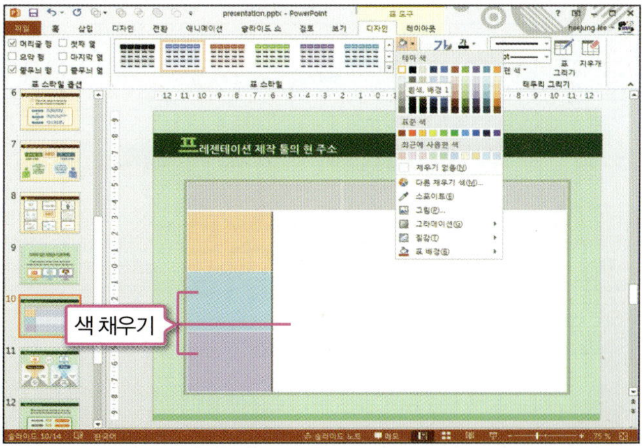

03 표에 텍스트 입력하기

각 셀을 클릭하여 다음과 같이 텍스트를 입력합니다.

제작 툴	장점	단점
파워포인트	대중적 제작 툴로 접근 용이 효과적 디자인 및 애니메이션 연출	슬라이드 형식의 단조로운 연출
프레지	인터넷 기반 작업 환경 줌 인/아웃의 효과성	부족한 디자인 제작 기능
키노트	다양한 시각표현 강화 창의적 프레젠테이션 유도	MAC OS 환경 필요

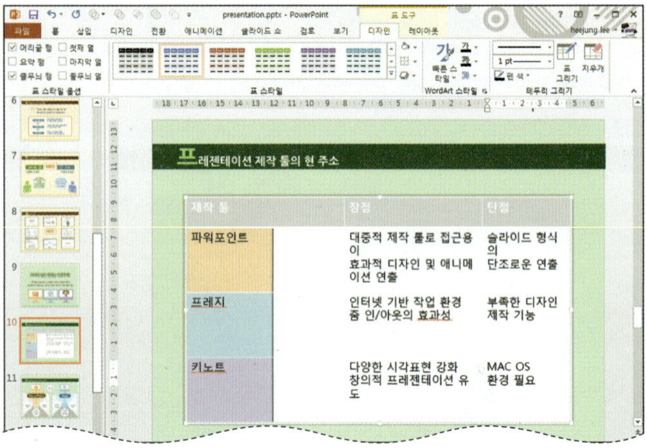

04 표에 그림 삽입하기

① **파워포인트** 오른쪽 빈 셀을 클릭하고 ② [디자인] 탭–[표 스타일] 그룹에서 **[음영]**을 클릭한 후 ③ **[그림]**을 선택합니다. ④ 그림 삽입 대화상자에서 **[찾아보기]**를 클릭하고 ⑤ **로고1.jpg(파워포인트\6장\실습)**를 선택한 후 ⑥ **[삽입]**을 클릭해 셀에 그림을 삽입합니다.

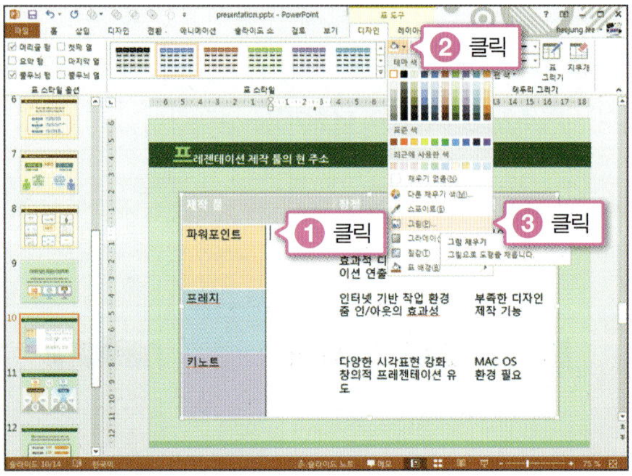

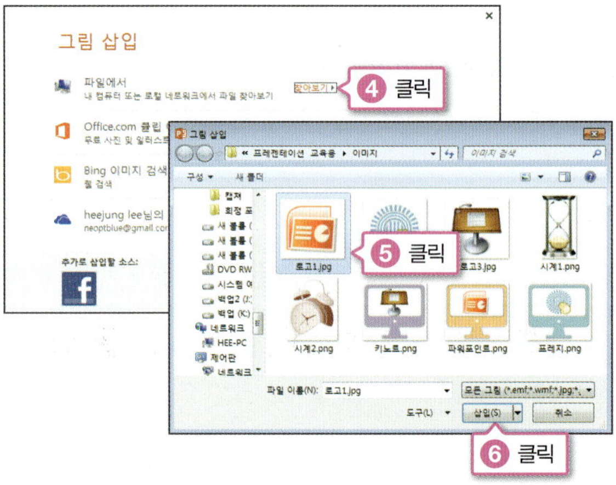

05 표에 그림 삽입하기

같은 방법으로 아래쪽 빈 셀에 각각 **로고2.jpg**, **로고3.jpg**를 삽입합니다.

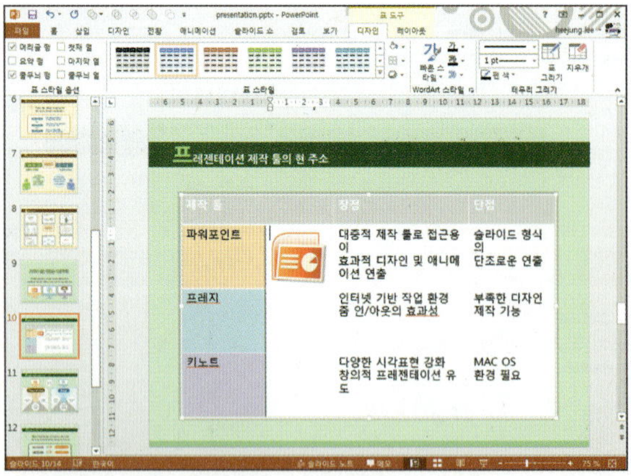

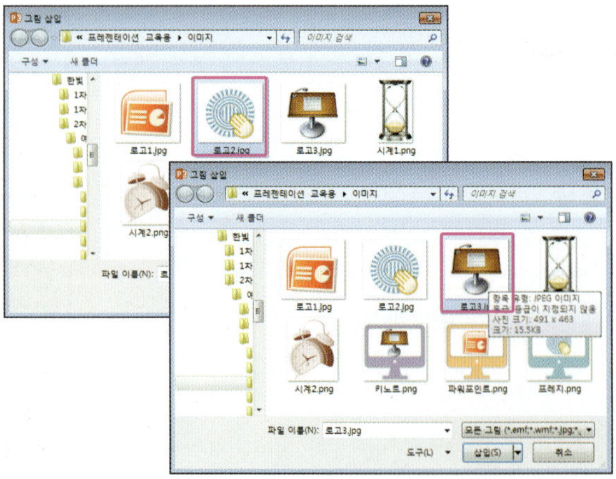

06 표에 입체 효과 적용하기

① 첫 행을 드래그하여 선택합니다. ② [디자인] 탭-[표 스타일] 그룹에서 **[효과]**를 클릭하고 ③ [셀 입체 효과]의 입체 효과 영역에서 **[각지게]**를 선택해서 셀에 입체 효과를 적용합니다. ④ 왼쪽에 있는 셀을 모두 드래그하여 선택하고 ⑤ Ctrl+Y를 눌러 입체 효과를 적용합니다.

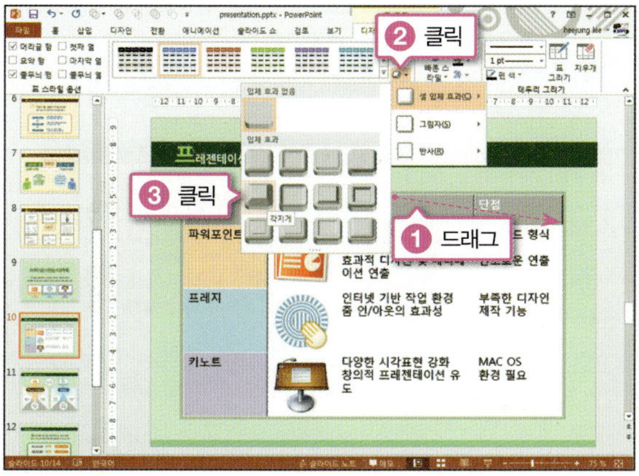

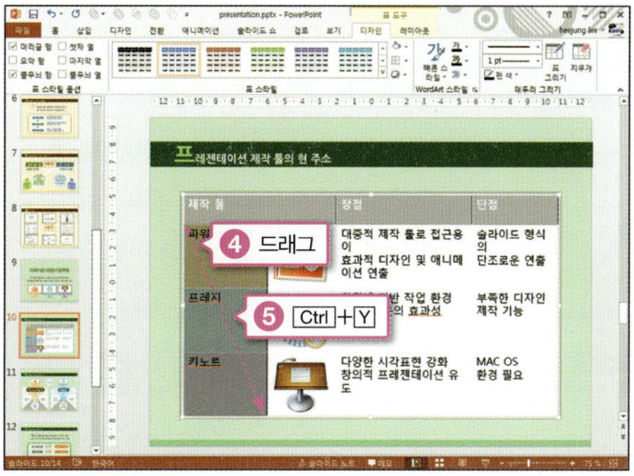

T-I-P Ctrl+Y는 바로 전 명령을 반복하는 단축키입니다.

07 표 테두리 색 변경하기

① **첫 번째 행과 왼쪽 열을 제외한 나머지 셀**들을 드래그하여 선택합니다. ② [디자인] 탭-[테두리 그리기] 그룹에서 **[펜 색]**을 클릭한 후 ③ **[흰색, 배경 1, 50% 더 어둡게]**를 선택합니다.

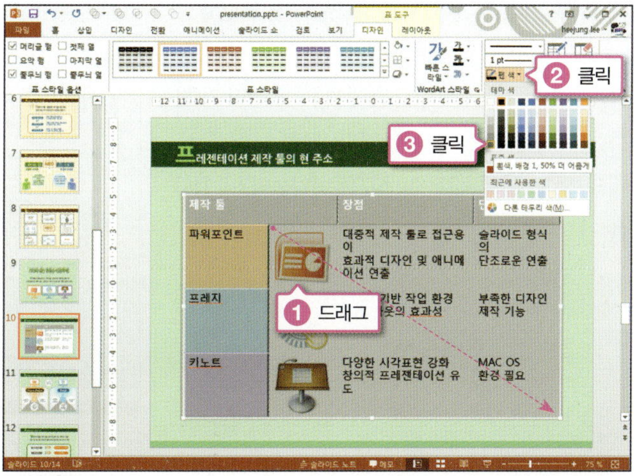

08 표 테두리 색 적용하기

① [디자인] 탭-[표 스타일] 그룹에서 **[테두리]** 클릭한 후 ② **[안쪽 테두리]**를 선택해서 테두리를 수정합니다.

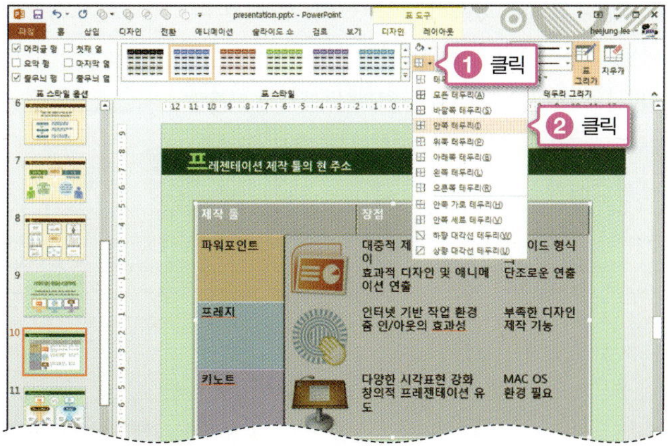

09 표 안 텍스트 정렬하기

① 표를 선택하고 ② [레이아웃] 탭-[맞춤] 그룹에서 [**가운데 맞춤**]과 ③ [**세로 가운데 맞춤**]을 클릭하여 텍스트를 각 셀의 중앙으로 정렬합니다. ④ **장점** 아래쪽 세 개의 셀을 드래그해서 선택하고 ⑤ [레이아웃] 탭-[맞춤] 그룹에서 [**왼쪽 맞춤**]을 클릭하여 텍스트를 각 셀의 왼쪽으로 정렬합니다.

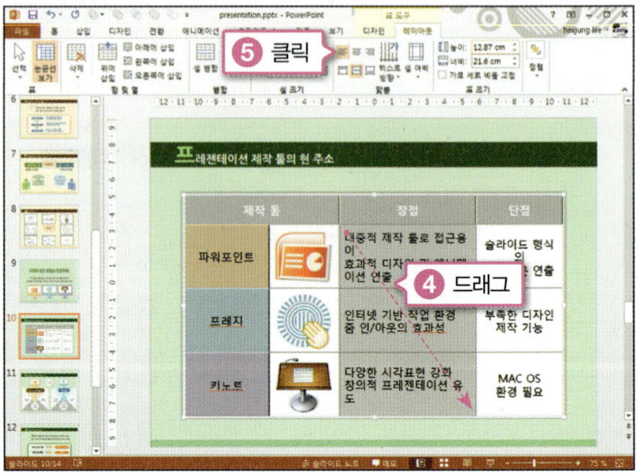

10 텍스트 서식 수정하기

① 표안 텍스트가 선택된 상태에서 [홈] 탭-[글꼴] 그룹에서 글꼴은 **[나눔명조 ExtraBold]**, 크기는 **[16]**, ② [단락] 그룹에서 [**글머리 기호]**를 클릭해 서식을 완성합니다. **단점** 아래쪽 세 개의 셀도 위와 같은 방식으로 **[나눔명조]**, **[16]**을 지정합니다.

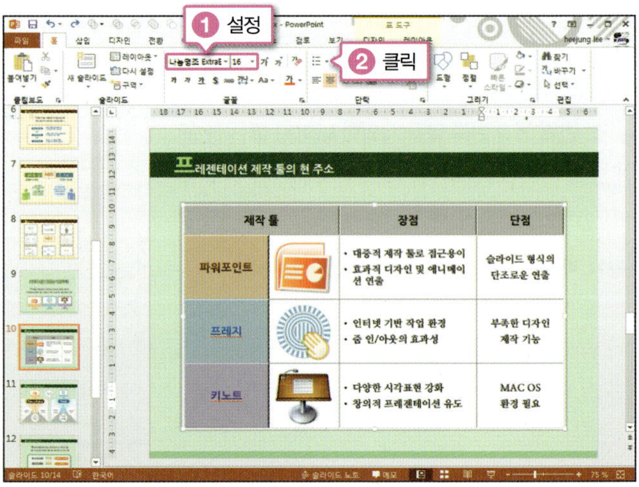

11 표에 그림자 효과 적용하기

① 표가 선택된 상태에서 [디자인] 탭-[표 스타일] 그룹에서 [**효과**]를 클릭합니다. ② [그림자]의 바깥쪽 영역에서 **[오프셋 대각선 오른쪽 아래]**를 선택해서 그림자 효과를 적용하여 완성합니다.

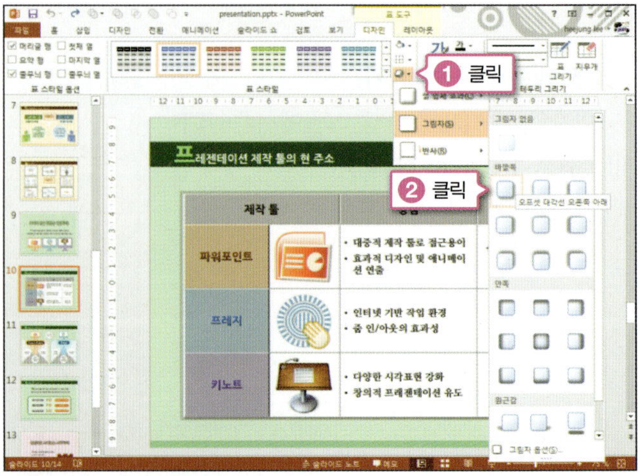

실무활용 표 레이아웃 자유롭게 변경하기

2007 | 2010 | 2013

- **실습 파일** 파워포인트\6장\실습\업무혁신 시스템 구축제안서.pptx
- **완성 파일** 파워포인트\6장\완성\업무혁신 시스템 구축제안서_완성.pptx

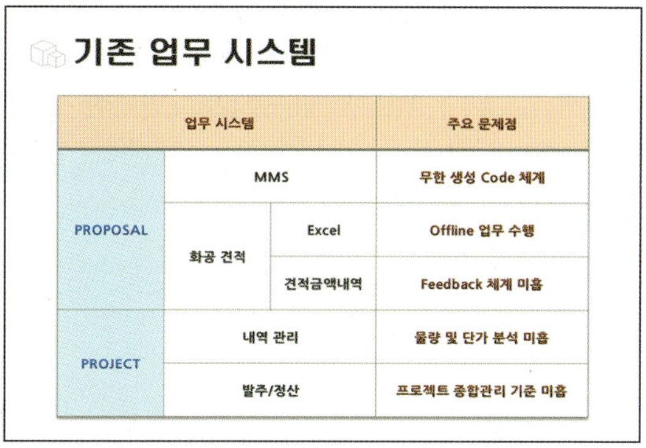

표를 이용해 슬라이드를 완성한 후에는 오류가 있는지, 빠진 부분은 없는지 다시 한 번 확인하는 과정을 거칩니다. 이때 텍스트나 도형은 쉽게 수정할 수 있지만 표는 새로운 셀을 추가하거나 삽입할 때 어려울 수 있습니다. 이때 다양한 표 레이아웃 기능을 이용하면 표 레이아웃을 자유자재로 다루고 깔끔하게 정렬할 수 있습니다.

01 표에 셀 삽입하기

① **3번 슬라이드**를 선택하고 ② **업무 시스템**이 입력된 맨 위의 셀을 선택합니다. ③ [레이아웃] 탭–[행 및 열] 그룹에서 [**오른쪽에 삽입**]을 클릭하여 오른쪽에 새로운 열을 삽입합니다.

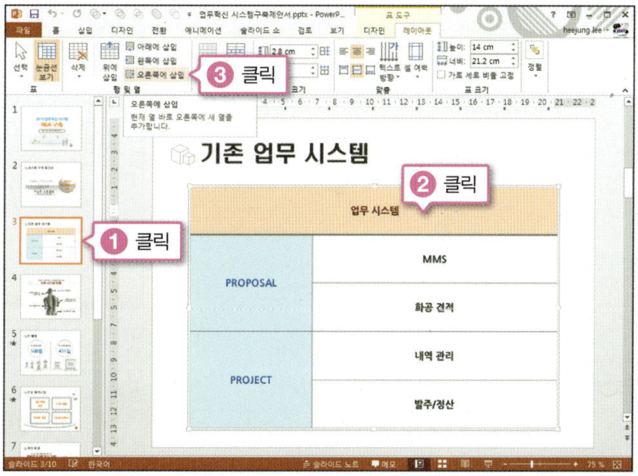

02 열 방향으로 셀 분할하기

① **화공 견적**이 입력된 셀을 선택한 후 ② [레이아웃] 탭–[병합] 그룹에서 [**셀 분할**]을 선택합니다. ③ 셀 분할 대화상자에서 열 개수는 [2], 행 개수가 [1]인 상태에서 ④ [**확인**]을 클릭합니다.

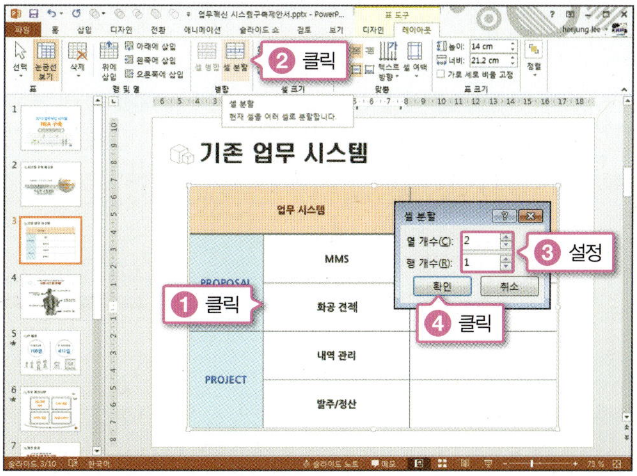

03 행 방향으로 셀 분할하기

① **화공 견적** 오른쪽에 비어있는 두 개의 셀을 선택한 후 ② [레이아웃] 탭–[병합] 그룹에서 [**셀 분할**]을 선택합니다. ③ 셀 분할 대화상자에서 열 개수는 **[1]**, 행 개수를 **[2]**로 변경한 후 ④ **[확인]**을 클릭합니다.

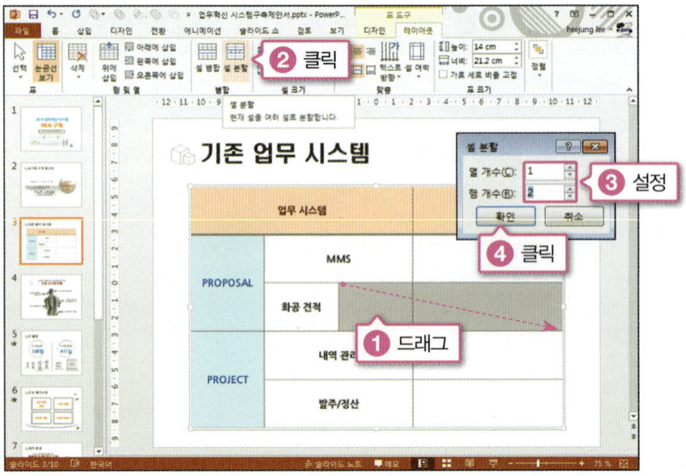

04 셀 높이 동일하게 적용하기

① 오른쪽에 새롭게 만들어진 셀을 모두 선택합니다. ② [레이아웃] 탭–[셀 크기] 그룹에서 [**행 높이를 같게**]를 클릭합니다.

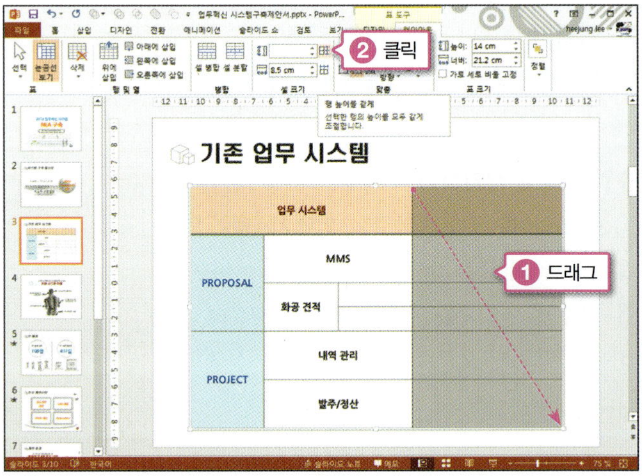

05 셀에 텍스트 입력하여 완성하기

① 비어있는 셀에 다음 텍스트를 입력합니다. ② [디자인] 탭–[WordArt 스타일] 그룹에서 텍스트의 서식을 보기 좋게 변경하여 슬라이드를 완성합니다.

주요 문제점
무한 생성 Code 체계
Offline 업무 수행
Feedback 체계 미흡
물량 및 단가 분석 미흡
프로젝트 종합관리 기준 미흡

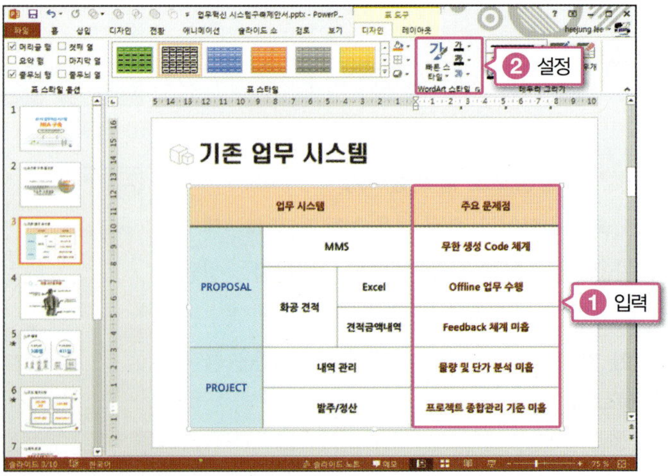

혼자해보기 | 중요 부분을 강조하는 표 만들기

▪ **실습 파일** 파워포인트\6장\실습\혼자해보기_표.pptx

▪ **완성 파일** 파워포인트\6장\완성\혼자해보기_표_완성.pptx

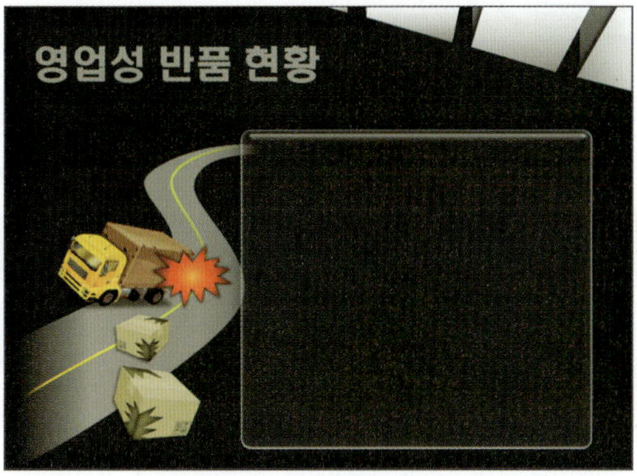

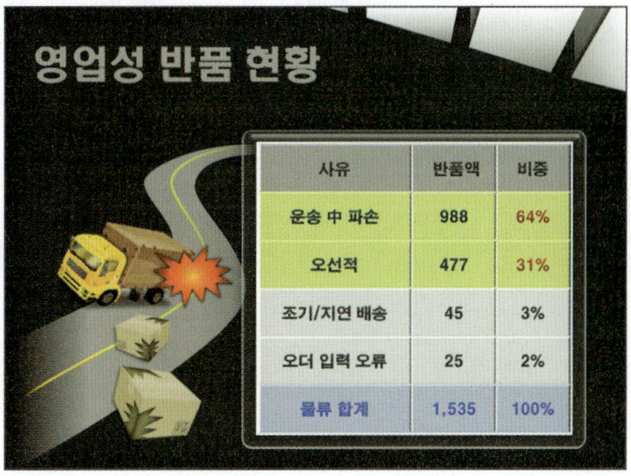

표를 그린 후 구성 내용에서 중요한 부분이 강조될 수 있도록 컬러를 조정하여 입체감이 느껴지는 표 디자인을 완성해보도록 합시다.

1 [삽입] 탭–[표] 그룹에서 **[표]**를 클릭합니다. **[3x6]** 표를 만든 후 삽입된 표를 드래그하여 크기를 조정한 뒤 투명한 상자 위에 배치합니다.

2 표 각셀에 다음과 같이 텍스트를 입력합니다.

사유	반품액	비중
운송 中 파손	988	64%
오선적	477	31%
조기/지연 배송	45	3%
오더 입력 오류	25	2%
물류 합계	1,535	100%

3 표를 선택하고 [디자인] 탭–[표 스타일] 그룹에서 **[효과]**를 클릭합니다. [셀 입체효과]의 입체 효과 영역에서 **[각지게]**를 선택합니다. 표의 맨 위줄 세 개의 셀을 선택하고 [디자인] 탭–[표 스타일] 그룹에서 **[음영]**을 클릭합니다. 테마 색 영역의 **[흰색, 배경 1, 25% 더 어둡게]**를 선택합니다.

4 나머지 영역도 각각을 선택하여 음영을 조정합니다.

· 노란 영역 : [음영]–[다른 채우기 색]에서 사용자 지정 탭을 선택, 빨강 225, 녹색 225, 파랑 153으로 변경한 후 [확인]을 클릭

· 흰색 영역 : [음영]– 테마 색 영역의 [흰색, 배경 1]

· 파랑 영역 : [음영]– 테마 색 영역의 [진한 파랑, 텍스트 2, 80% 더 밝게]

5 표를 선택하고 [디자인] 탭–[테두리 그리기] 그룹에서 **[펜 색]**을 클릭하고 테마 색 영역의 **[흰색, 배경 1]**을 선택합니다. [디자인] 탭–[표 스타일] 그룹에서 테두리의 **[목록]**을 클릭하고 **[모든 테두리]**를 선택합니다.

6 바깥쪽 윤곽선을 진하게 보이게 하기 위해 [디자인] 탭–[테두리 그리기] 그룹에서 **[펜 두께]**를 클릭하고 **[6pt]**를 선택합니다. [디자인] 탭–[표 스타일] 그룹에서 테두리의 **[목록]**을 클릭하고 **[바깥쪽 테두리]**를 선택합니다.

7 [디자인] 탭–[표 스타일] 그룹에서 **[효과]**를 클릭하고 **[그림자]**를 선택합니다. 바깥쪽 영역의 **[오프셋 아래쪽]**을 선택하여 슬라이드를 완성합니다.

SECTION

02 시각 전달력을 높이는 차트 슬라이드 만들기

기능설명 차트 종류 꼼꼼히 살펴보기 2007 | 2010 | 2013

데이터 종류에 따라 적절한 차트를 사용해야 효과적으로 의미를 전달할 수 있습니다. 차트를 제대로 선택하려면 데이터의 내용을 제대로 파악해야 하며 내용에 각 차트의 특징을 비교하여 알맞은 차트를 선택합니다.

막대형 차트

항목별 또는 계열별 값의 증감을 파악하기 쉬우며 세로형과 가로형이 있습니다.

- **묶은 세로 막대형** : 계열을 항목별로 묶은 형태로 각 항목별 계열 간 값의 차이를 한눈에 확인할 수 있습니다.
- **누적 세로 막대형** : 계열을 위로 쌓아 올린 형태로 계열의 전체 합계를 파악하기 쉽습니다.
- **100% 기준 누적 가로 막대형** : 각 항목 전체의 값이 100%라는 공통 값을 가지고 그 안에서 계열들의 비율을 나타내는데 유리합니다.

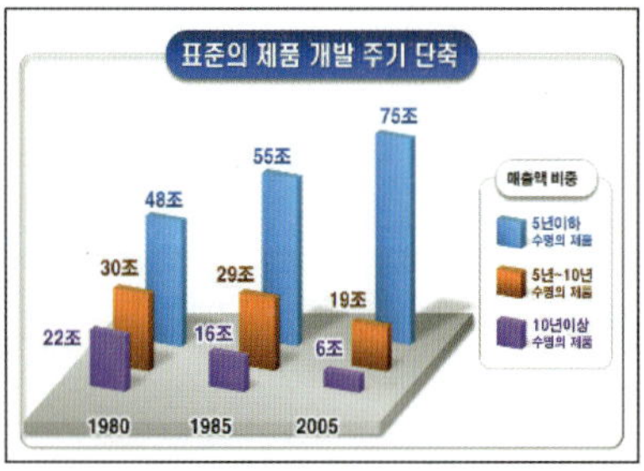

△ 묶은 세로 막대형

△ 누적 세로 막대형

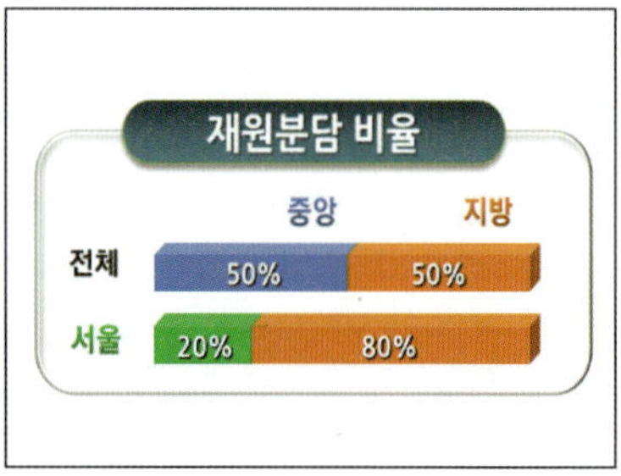

△ 100% 기준 누적 가로 막대형

꺾은선 차트

기간별 변화량을 한눈에 파악하기에 유리합니다. 다음 값이 예측 가능하여 전체적인 추세를 분석할 수 있습니다.

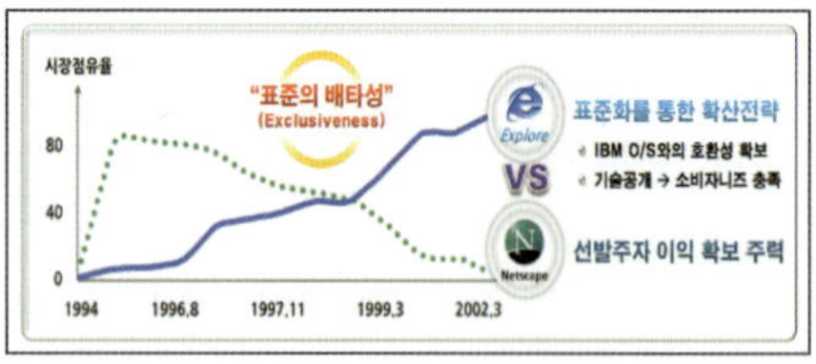

원형 차트

하나의 계열만 표현이 가능하며 항목별 변화량 중 비율을 나타낼 때 주로 사용합니다. 항목의 설명을 범례로 표현하는 것보다는 항목 이름과 백분율 등을 데이터 레이블로 표현하는 것이 좋습니다.

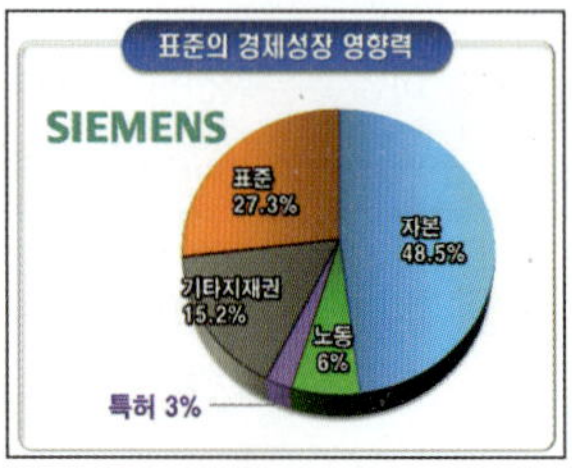

혼합형 차트

주로 막대와 꺾은선 등을 혼합해서 사용하며 두 개 이상의 계열이 서로 성격과 값의 차이가 현격한 경우 서로 다른 차트 형태로 혼합하는 것이 좋습니다.

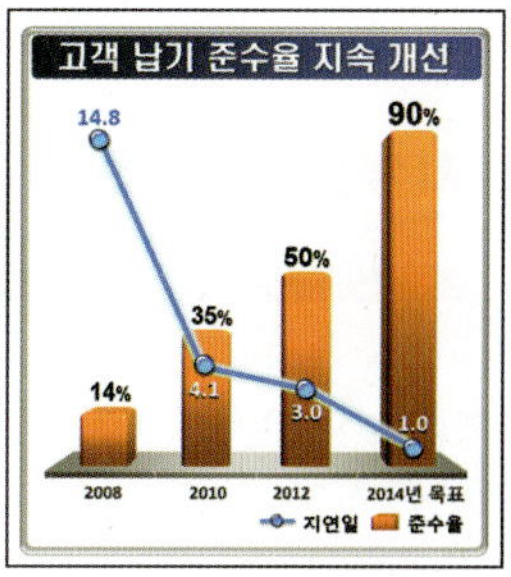

픽토그램 차트

파워포인트에서 기본으로 제공하는 형태는 아니지만 사람, 건물, 돈의 이미지 등을 이용하여 값의 크기를 차트로 표현한 형태입니다. 픽토그램 차트는 청중에게 가장 쉽게 내용을 전달하기에 가장 적합한 차트입니다.

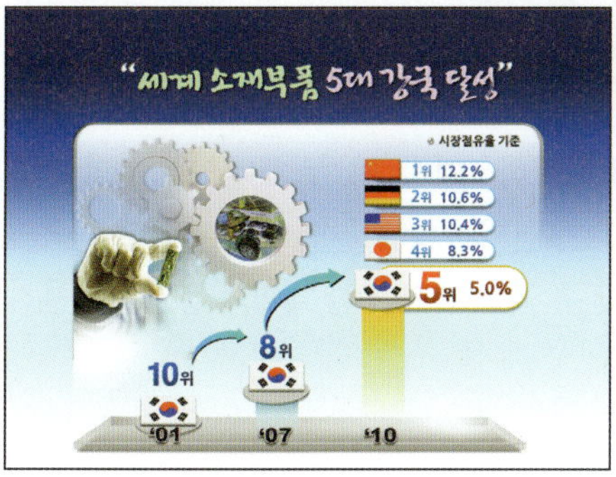

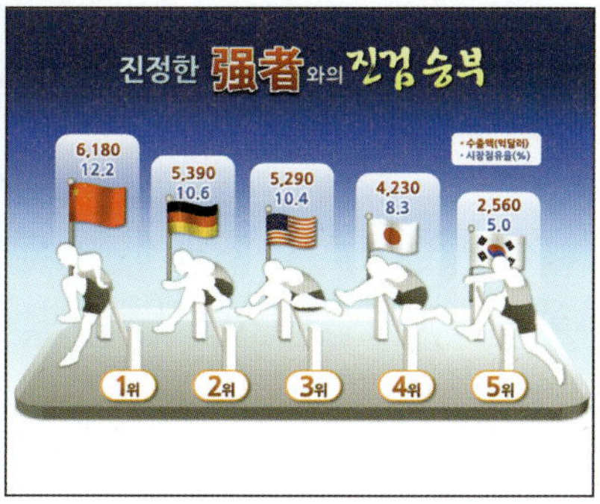

차트 레이아웃 살펴보기

차트에는 계열, 축, 범위, 데이터 레이블 등 다양한 구성 요소가 있습니다. 차트를 잘 다루려면 각 구성 요소의 명칭과 의미를 제대로 알아야 합니다.

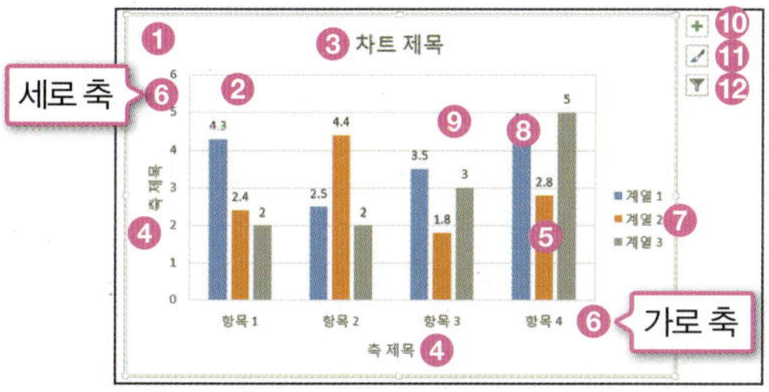

① **차트 영역** : 차트의 전체 범위를 의미하여 차트 영역에서 텍스트 서식을 변경하면 전체 텍스트 서식이 변경됩니다.

② **그림 영역** : 계열(막대)을 둘러싼 범위를 의미합니다.

③ **차트 제목** : 차트의 제목으로 생략이 가능합니다.

④ **축 제목** : [기본 가로 축 제목]과 [기본 세로 축 제목]을 의미하며 생략이 가능합니다.

⑤ **계열/항목** : 같은 색의 막대가 하나의 계열이며 현재 3개의 계열이 있습니다. 또한 계열 중 막대 하나를 [요소]라고 합니다. 각 계열의 요소를 하나씩 묶어 놓은것을 [항목]이라고 하며 현재 4개의 항목이 있습니다.

⑥ **축** : [기본 가로 축]은 항목을, [기본 세로 축]은 계열 값을 나타냅니다.

⑦ **범례** : 계열을 구분하는 색이나 모양을 계열 이름과 함께 표기합니다.

⑧ **데이터 레이블** : 모든 계열 혹은 일부 계열에 이름을 표기하는 것으로 계열 값, 항목 이름, 계열 이름, 백분율 등을 표시합니다.

⑨ **눈금선** : 가로/세로 방향에 주 눈금선, 혹은 보조 눈금선을 표시할 수 있습니다. 그림에서는 계열 값을 쉽게 알 수 있도록 가로 방향의 주 눈금선만 표시했습니다.

⑩ **차트 요소** : 제목, 범례, 눈금선, 데이터 레이블 같은 차트 요소를 추가, 제거 또는 변경합니다.

⑪ **차트 스타일** : 차트에 대한 스타일 및 구성표를 설정합니다.

⑫ **차트 필터** : 차트에 표시할 데이터 요소 및 이름을 편집합니다.

실무활용 | 막대와 꺾은선이 혼합된 혼합형 차트 만들기 2007 | 2010 | 2013

- **실습 파일** 파워포인트\6장\실습\소재부품위상과 향후전망.pptx
- **완성 파일** 파워포인트\6장\완성\소재부품위상과 향후전망_완성.pptx

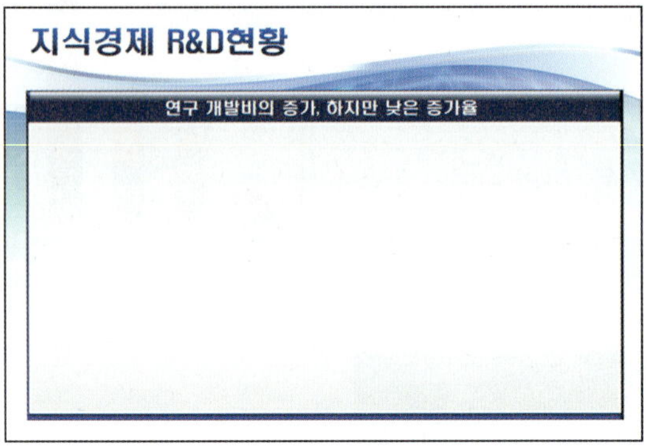

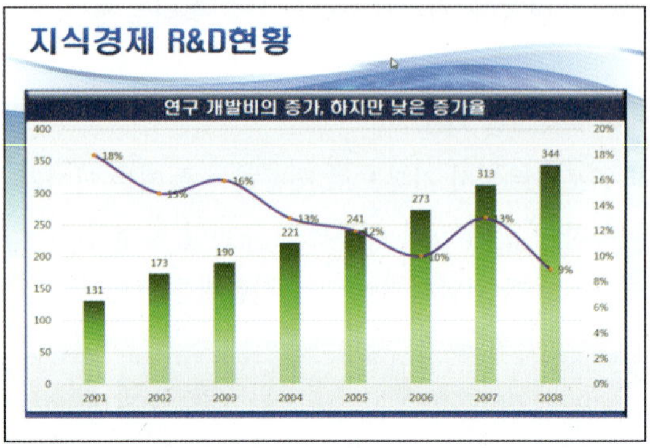

수치가 큰 비용 계열, 백분율로 표현되는 증가율 계열을 하나의 차트에 표현하고자 할 때, 두 계열 모두를 막대 차트로 표현한다면 값의 차이가 크기 때문에 차트의 시각화 기능이 제대로 구현되지 않습니다. 이때 각 계열 왼쪽과 오른쪽에 이중 축을 사용하여 두 가지 계열의 값을 선명하게 보이게 할 수 있습니다. 또한 계열의 성격을 구분하기 위해 혼합형 차트를 만들 수 있습니다.

01 차트 삽입하기

① **4번 슬라이드**를 선택합니다. ② [삽입] 탭-[일러스트레이션] 그룹에서 **[차트]**를 클릭합니다.

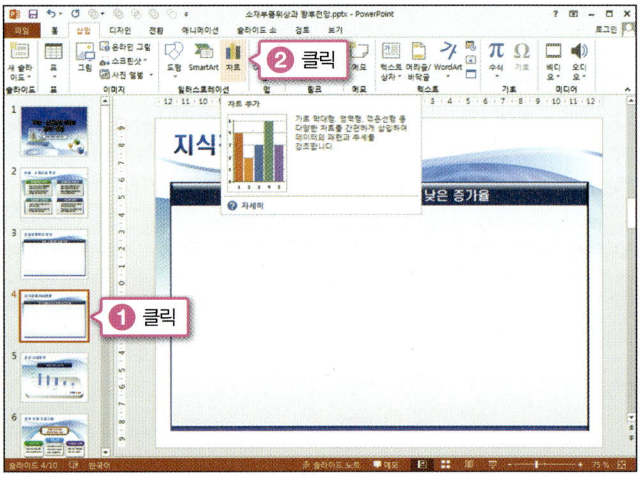

02 이중 축 혼합 차트 만들기

① 차트 삽입 대화상자가 나타나면 **[콤보]** 항목을 선택합니다. ② **[계열 2]** 옵션을 클릭한 후 ③ 꺾은선형 영역의 **[표식이 있는 꺾은선형]**을 선택하고 ④ [보조 축]에 체크한 후 ⑤ **[확인]**을 클릭합니다.

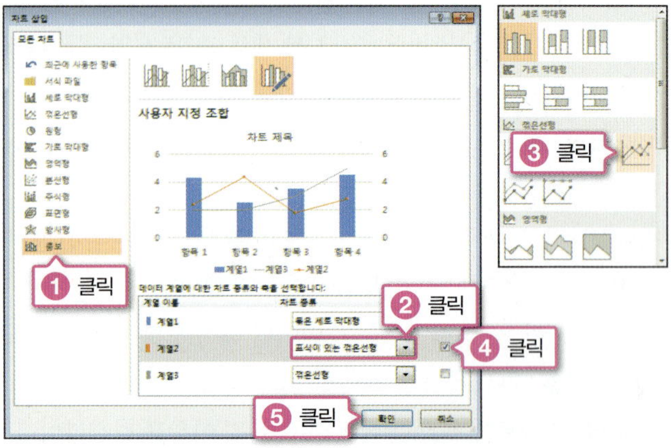

03 차트에 데이터 입력하기

데이터 편집창에 다음과 같이 데이터를 입력합니다.

	연구개발비	증가율
2001	161	18%
2002	173	15%
2003	190	16%
2004	221	13%
2005	241	12%
2006	273	10%
2007	313	13%
2008	344	9%

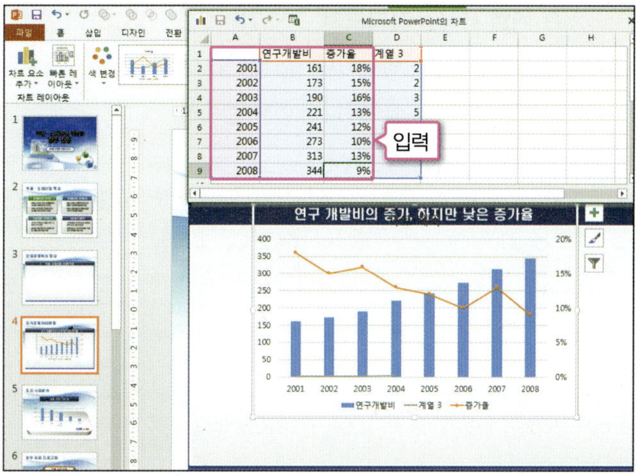

TIP 데이터 편집창을 다시 열려면 차트 도구의 [디자인] 탭–[데이터] 그룹에서 [데이터 편집]을 클릭합니다.

04 차트 데이터 편집 및 크기 조정하기

① D열을 마우스 오른쪽 버튼으로 클릭하고 ② **[삭제]**를 선택하여 불필요한 값을 지워줍니다. ③ **[닫기]**를 클릭하여 데이터 편집창을 닫습니다. ④ **차트 외곽**을 드래그하여 차트의 크기와 위치를 조정합니다.

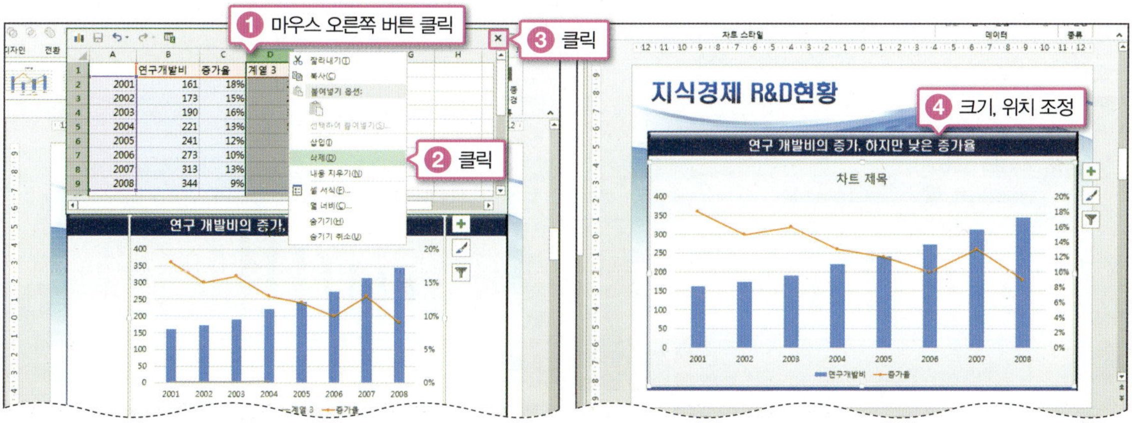

05 차트 요소 수정하기

① 차트를 선택한 후 ② **[+차트 요소]**를 클릭합니다. ③ **[차트 제목]**과 **[범례]**의 체크를 해제하고 ④ **[데이터 레이블]**에 체크한 후 슬라이드 빈 곳을 클릭하여 펼쳐진 차트 요소를 닫습니다.

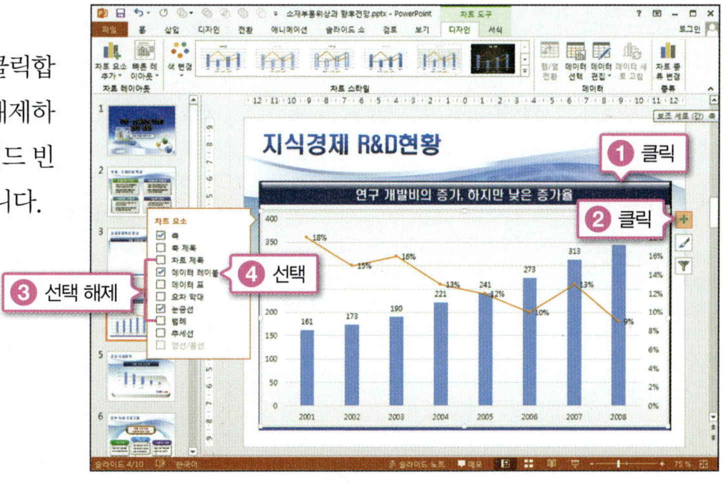

06 차트 계열 서식창 불러오기

① **차트의 막대 계열**을 선택합니다. ② [서식] 탭 – [현재 선택 영역] 그룹에서 [**선택 영역 서식**]을 클릭합니다.

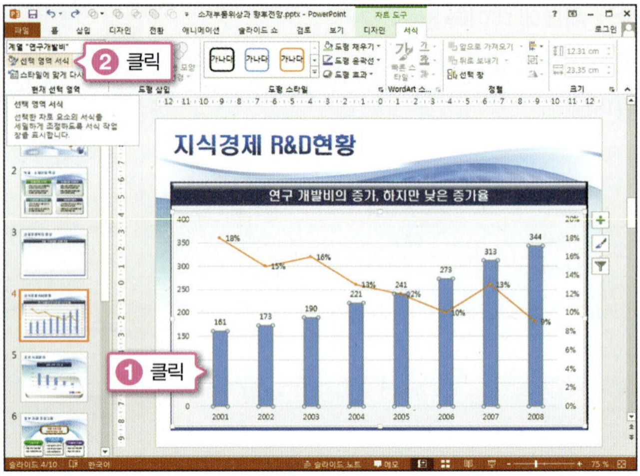

TIP 계열을 한 번 클릭하면 계열 전체가 선택되지만 또 다시 클릭하면 계열 중 하나의 요소만 선택되므로 주의해야 합니다.

07 막대에 그라데이션 적용하기

① 데이터 계열 서식 작업창에서 [**채우기 및 선**]을 클릭하고 ② 채우기 영역에서 [**그라데이션 채우기**]를 선택합니다. ③ [그라데이션 미리 설정] 옵션을 클릭하여 [**아래쪽 스포트라이트 강조 6**]을 선택합니다. ④ **그라데이션 중지점**을 그림과 같이 적당히 이동하여 그라데이션을 밝게 변경합니다.

08 꺾은선 스타일 수정하기

① **꺾은선 계열**을 선택합니다. ② 데이터 계열 서식 작업창에서 [**실선**]을 선택하고 ③ 색 영역에서 [**자주**]를 선택하고 ④ 두께 영역에서 [**3pt**]를 입력한 후 ⑤ [**완만한 선**]에 체크합니다.

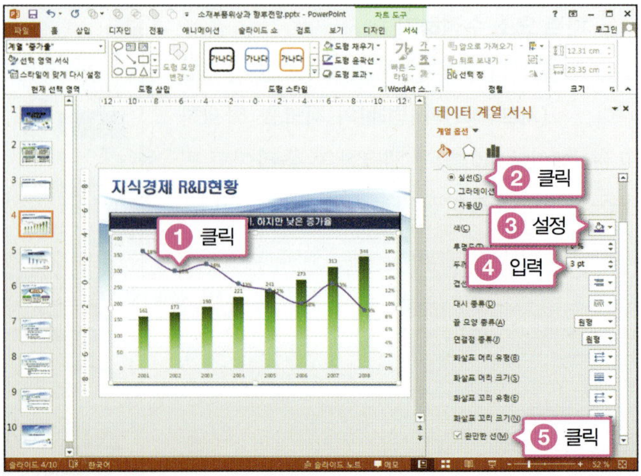

실무활용 혼합형 차트에 시각적 요소 강화하기 2007 | 2010 | 2013

- **실습 파일** 파워포인트\6장\실습\소재부품위상과 향후전망-1.pptx
- **완성 파일** 파워포인트\6장\완성\소재부품위상과 향후전망-1_완성.pptx

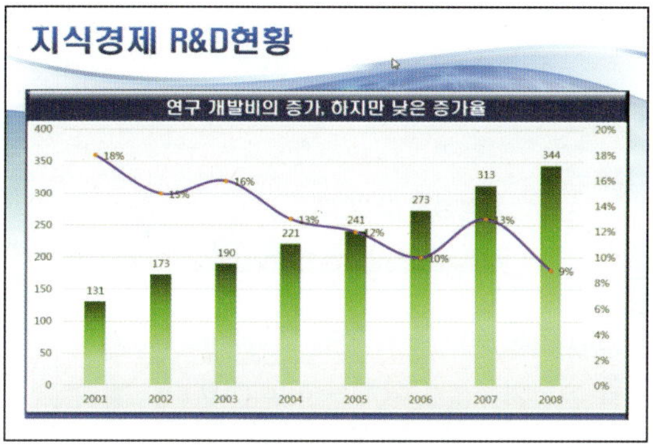

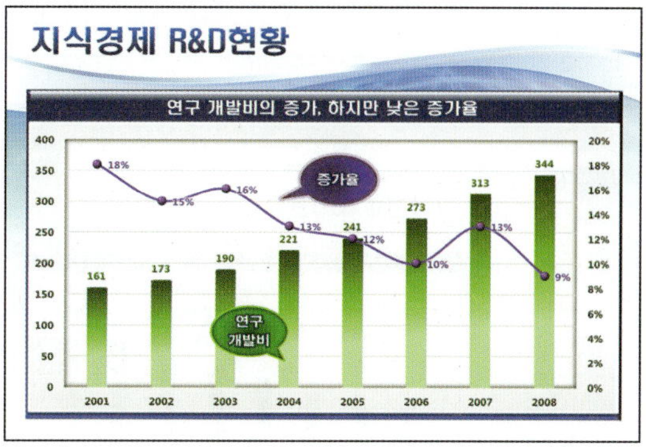

막대와 꺾은선으로만 구성된 혼합형 차트는 수치 비교는 쉬우나 범례를 확인하기가 어렵습니다. 이때에는 그림 효과를 적용하여 시각적인 전달력을 높이는 것이 중요합니다.

01 꺾은선 차트에 그림 삽입하기

① **슬라이드 빈 곳**을 클릭한 후 ② [삽입] 탭-[이미지] 그룹에서 [**그림**]을 선택합니다. ③ 그림 삽입 대화상자가 나타나면 **블릿7-6.png(파워포인트\6장\실습)**를 선택하고 ④ [**삽입**]을 클릭합니다.

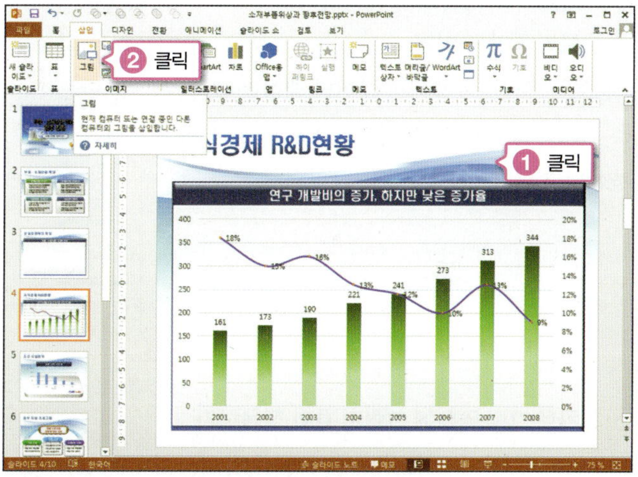

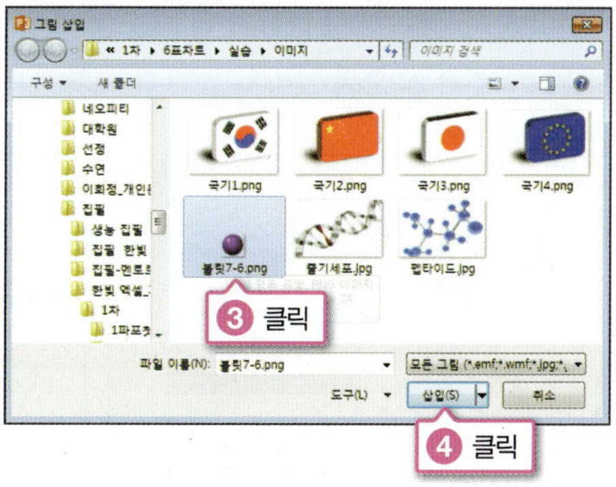

02 꺾은선 차트에 그림 붙여넣기

① 삽입된 그림을 선택하고 Ctrl + X 를 눌러 잘라냅니다. ② **꺾은선 계열**을 선택하고 Ctrl + V 를 눌러 블릿 그림을 붙여 넣으면 표식이 모두 바뀝니다.

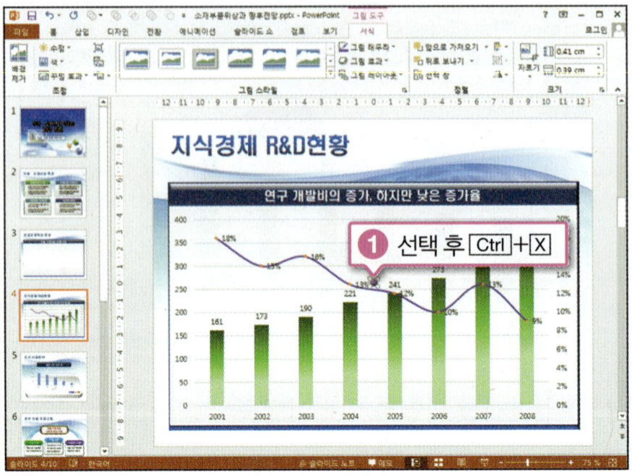

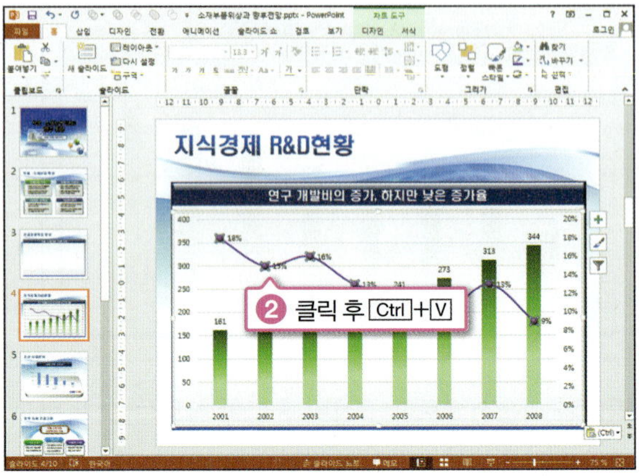

03 차트의 텍스트 서식 변경하여 보기 좋게 꾸미기

[홈] 탭-[글꼴] 그룹에서 데이터 레이블, 기본 축, 보조 축, 항목 축의 텍스트를 보기 좋게 변경합니다.

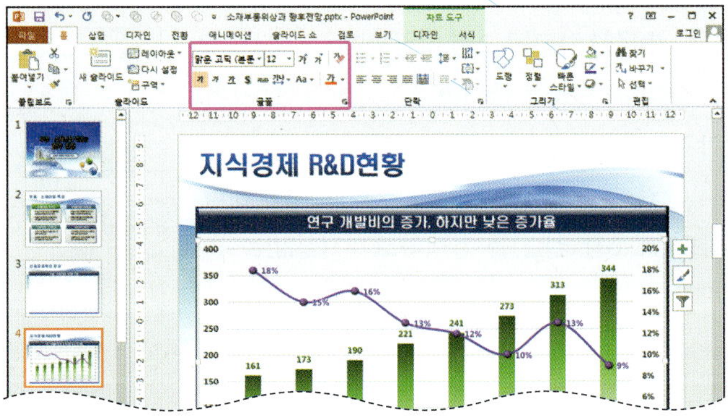

04 차트 그림 영역에 그림자 효과 적용하기

① 그림 영역을 선택합니다. ② [서식] 탭-[도형 스타일] 그룹에서 [**도형 채우기**]를 클릭하고 ③ 테마 색 영역의 **[흰색, 배경 1]**을 선택합니다. ④ 계속해서 [서식] 탭-[도형 스타일] 그룹에서 [**도형 효과**]를 클릭하고 ⑤ [그림자]의 안쪽 영역에서 **[안쪽 가운데]**를 선택해 그림자 효과를 적용합니다.

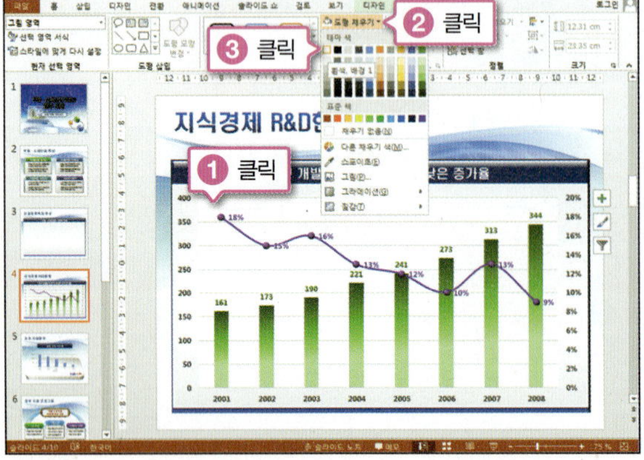

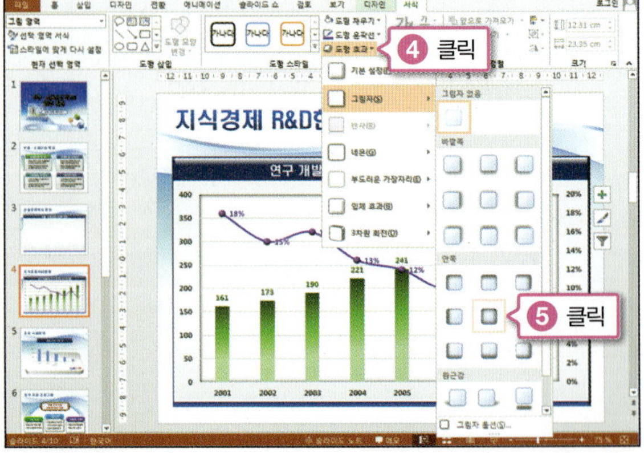

05 차트 안에 도형 삽입하기

① 차트 내의 빈 곳을 클릭하고 ② [서식] 탭－[도형 삽입] 그룹에서 [자세히]를 클릭합니다. ③ 설명선 영역의 **[타원형 설명선]**을 선택한 후 ④ 도형이 배치될 곳을 드래그하여 도형을 그립니다.

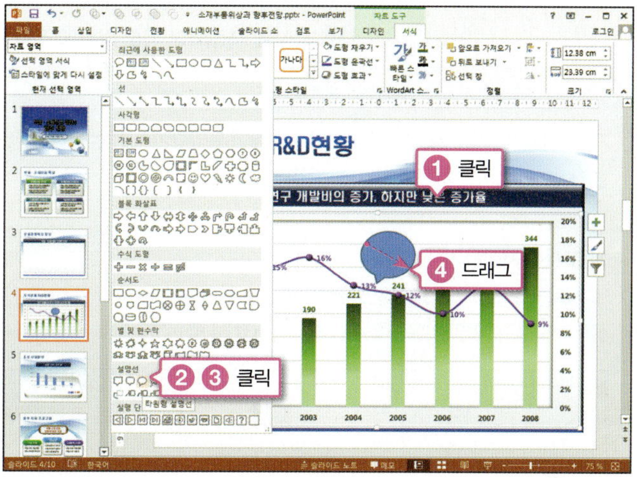

06 도형 배치 및 텍스트 입력하기

① 도형의 크기 조정 핸들을 드래그하여 모양을 보기 좋게 변경하고 알맞은 텍스트를 입력합니다. ② [서식] 탭－[도형 스타일] 그룹과 [WordArt 스타일] 그룹에서 도형 및 글꼴 서식 등을 변경합니다.

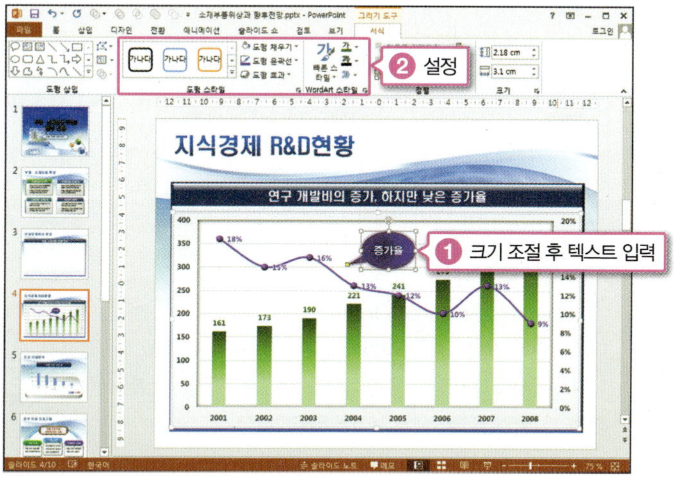

07 차트 완성하기

위와 같은 방법으로 새로운 도형을 추가하고 서식을 변경하여 차트를 완성합니다.

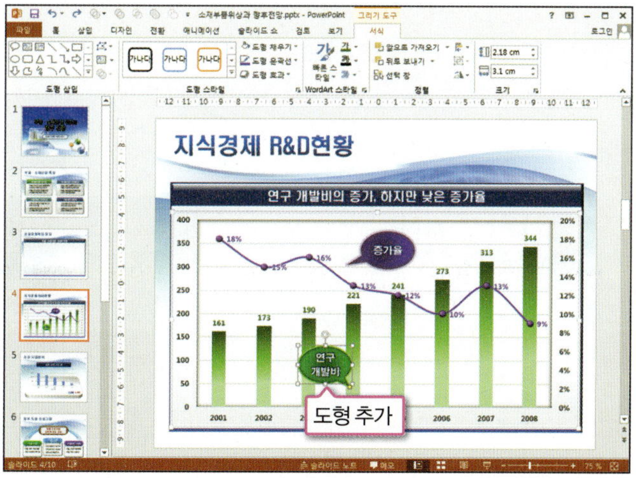

실무 활용 POWERPOINT NOTE

차트 서식을 저장하여 다른 차트에 적용하기

실습 파일 파워포인트\6장\실습\차트 샘플.pptx, Economic Statistics Graph.pptx

자주 사용하는 차트 서식이 있다면 이를 저장해 놓았다가 다른 차트에 서식을 적용하면 차트 작성 시간을 단축할 수 있습니다. 또한 매 슬라이드마다 차트 서식을 통일할 수 있습니다.

차트 서식 저장하기

① 차트 샘플 .pptx를 열어 3번 **슬라이드**를 선택합니다. ② 차트를 선택하고 마우스 오른쪽 버튼을 클릭하여 ③ **[서식 파일로 저장]**을 클릭합니다. ④ 파일 이름을 입력한 후 ⑤ **[저장]**을 클릭합니다.

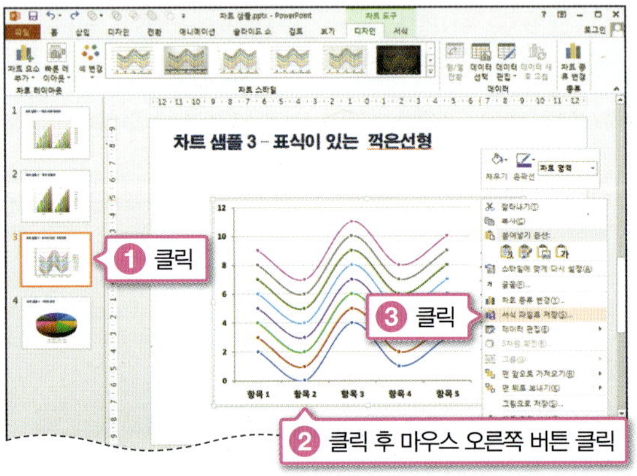

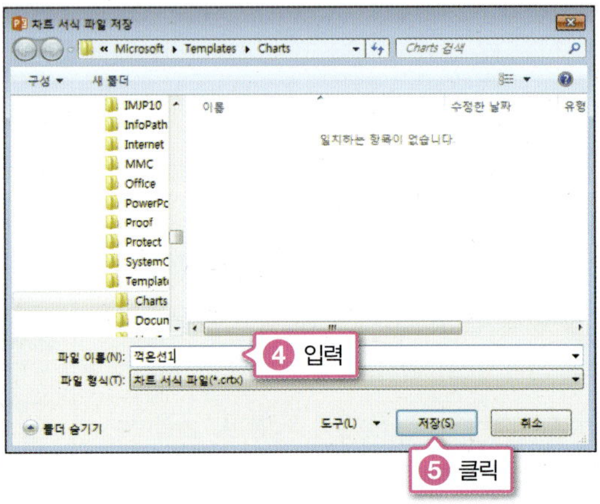

차트 서식 적용하기

⑥ Economic Statistics Graph.pptx를 열어 차트를 선택합니다. ⑦ [디자인] 탭–[종류] 그룹에서 [**차트 종류 변경**]을 클릭합니다. ⑧ **[서식 파일]** 항목을 클릭하고 ⑨ 앞서 저장한 서식을 선택한 후 ⑩ **[확인]**을 클릭해서 서식을 적용합니다.

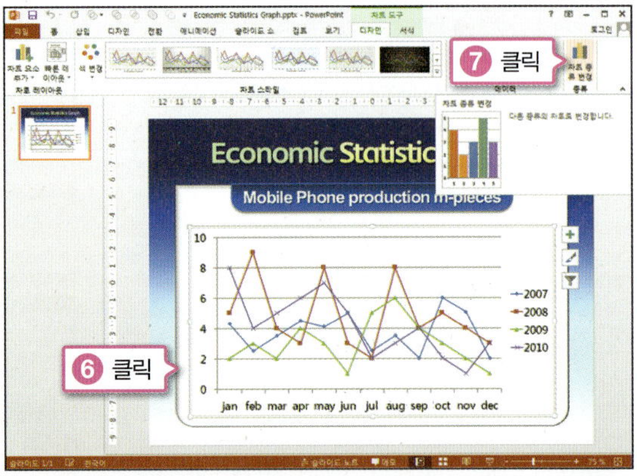

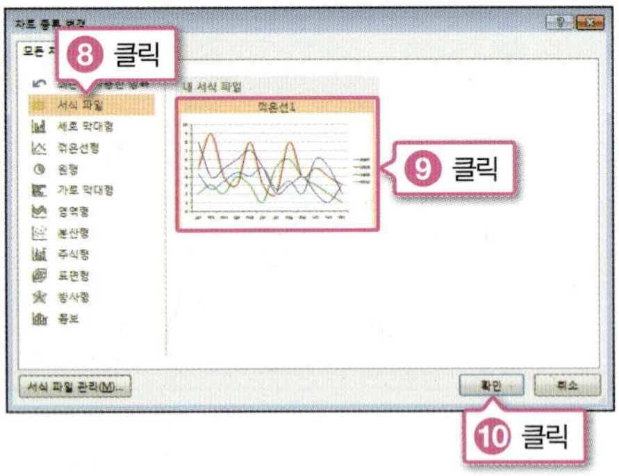

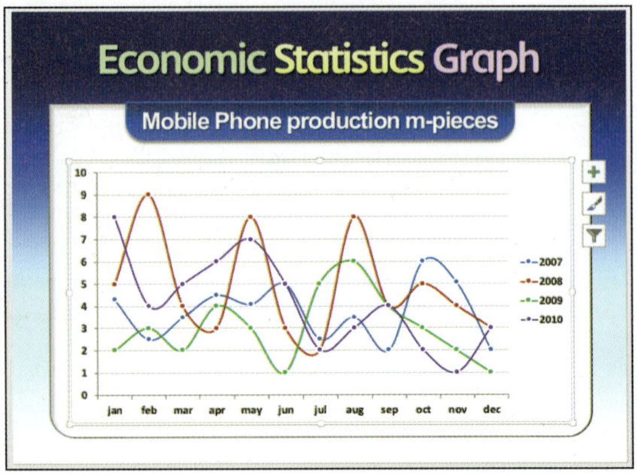

실무활용 원형 차트를 이용해 항목별 비율 시각화하기

2007 | 2010 | 2013

- **실습 파일** 파워포인트\6장\실습\소재부품위상과 향후전망.pptx
- **완성 파일** 파워포인트\6장\완성\소재부품위상과 향후전망_완성.pptx

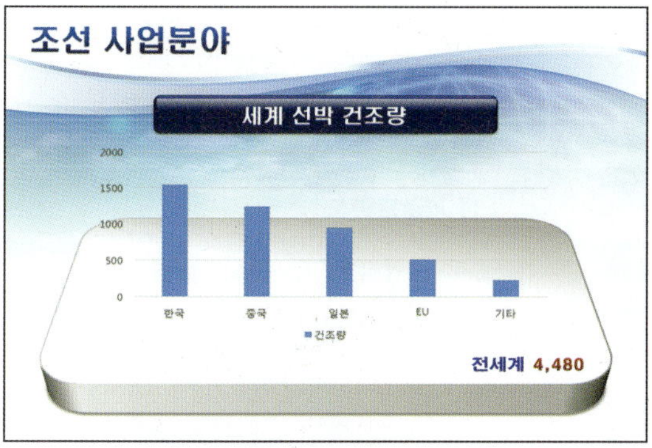

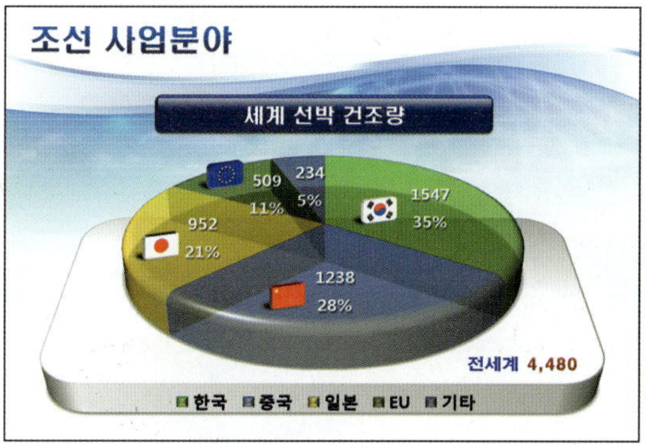

비율을 나타내는 계열을 시각화한다면 원형 차트를 이용하는 것이 좋습니다. 특히 항목별 변화량이나 비율을 효과적으로 나타낼 수 있어 내용 전달에도 용이합니다. 여기에서는 기존의 막대형 차트를 원형으로 교체하고 파워포인트 서식 중 투명 효과를 이용하여 원형 차트를 완성하겠습니다.

01 막대형 차트를 원형 차트로 변경하기

① **5번 슬라이드**를 선택하고 ② 차트를 클릭합니다. ③ [디자인] 탭–[종류] 그룹에서 **[차트 종류 변경]**을 클릭합니다. ④ 차트 종류 변경 대화상자의 원형 항목에서 **[3차원 원형]**을 선택하고 ⑤ **[확인]**을 클릭합니다.

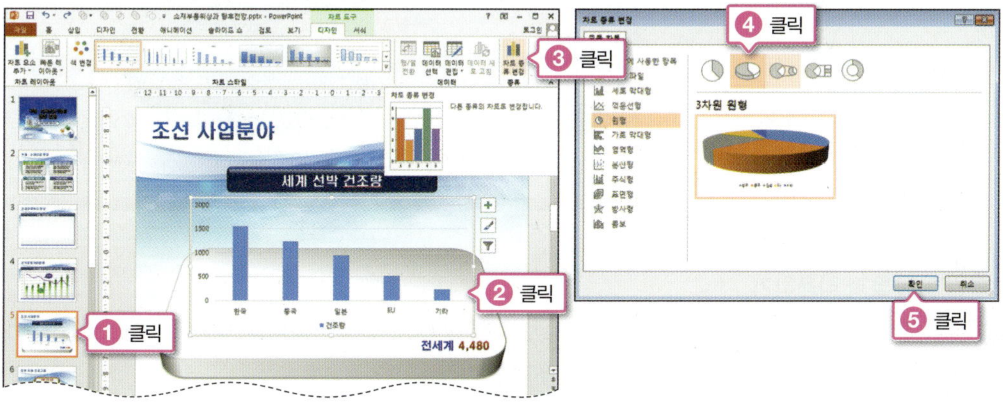

02 차트 크기 조정하기

차트의 외곽 선을 드래그하여 차트의 크기를 조정합니다.

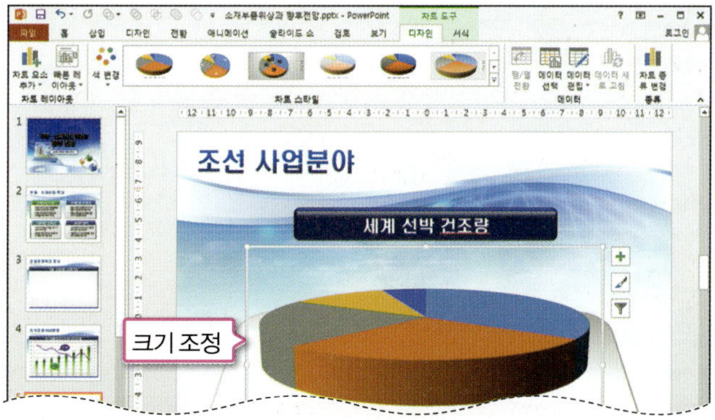

03 차트 색 및 스타일 변경하기

① [디자인] 탭-[차트 스타일] 그룹에서 [**색 변경**]을 클릭하고 ② 색상형 영역에서 **[색 4]**를 선택합니다. ③ 다시 [디자인] 탭-[차트 스타일] 그룹에서 **[스타일 2]**를 선택합니다.

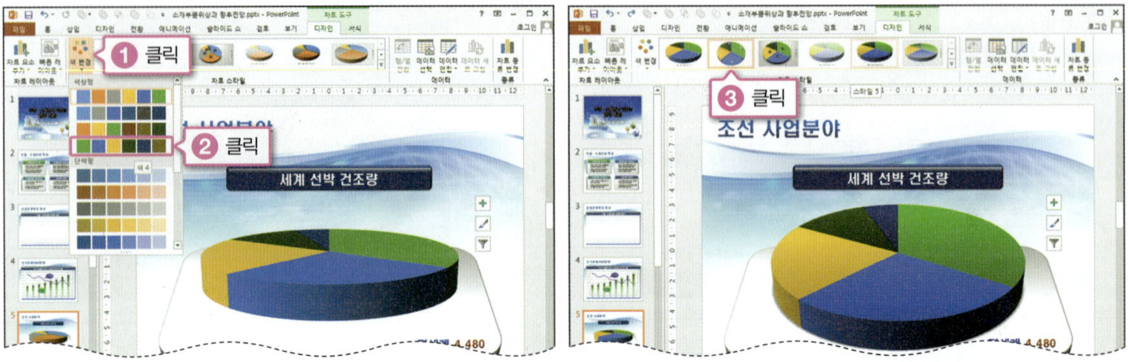

04 차트에 3차원 입체 효과 적용하기

① 차트를 클릭합니다. ② [서식] 탭-[현재 선택 영역] 그룹에서 [**선택 영역 서식**]을 클릭합니다.

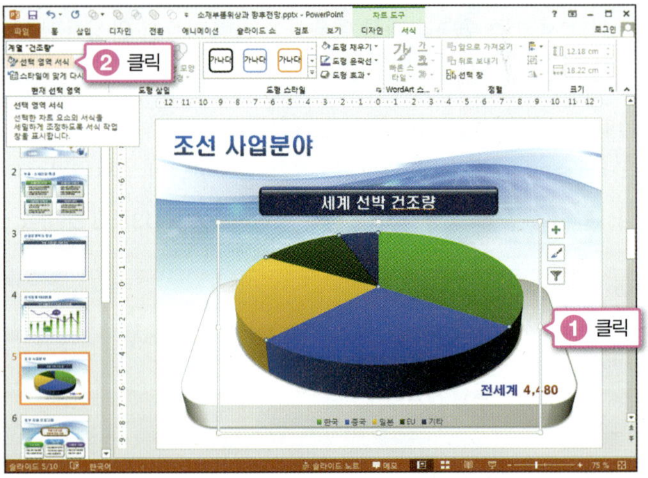

05 차트에 3차원 입체 효과 적용하기

① 데이터 계열 서식 작업창에서 [**효과**]를 클릭합니다. ② 3차원 서식 영역에서 너비와 높이를 **[30]**으로 입력하고 ③ **재질**을 클릭하고 ④ 반투명 영역에서 **[투명하게]**를 선택합니다.

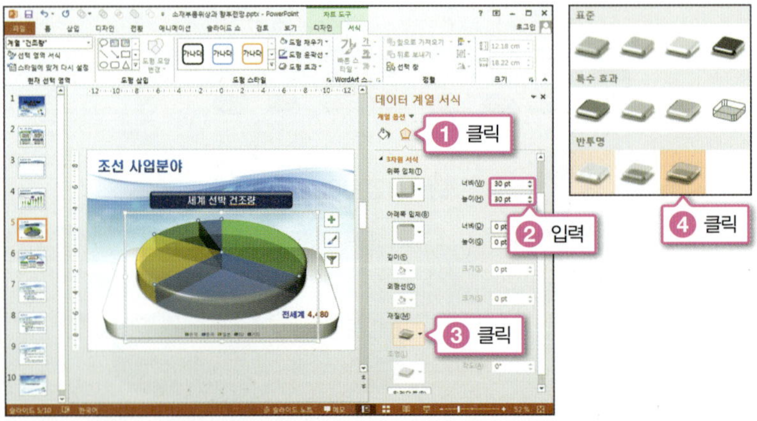

06 데이터 레이블 추가하기

① [디자인] 탭-[차트 레이아웃] 그룹에서 [차트 요소 추가]를 클릭합니다. ② [데이터 레이블]에서 **[기타 데이터 레이블 옵션]**을 클릭합니다.

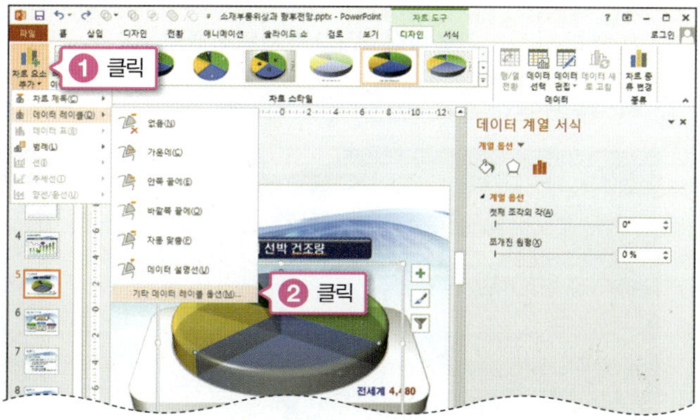

07 데이터 레이블 옵션 변경하기

① [레이블 옵션]의 **[레이블 옵션(계열 옵션)]**을 클릭하고 ② **백분율**에 체크 표시합니다. ③ 구분 기호를 **[줄 바꿈]**으로 설정한 후 ④ 레이블 위치는 **[가운데]**를 선택합니다. 데이터 레이블과 범례를 각각 [홈] 탭-[글꼴] 그룹에서 보기 좋게 텍스트를 변경합니다.

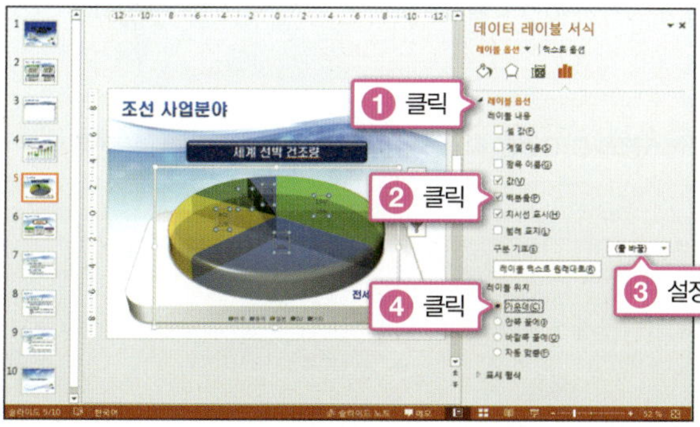

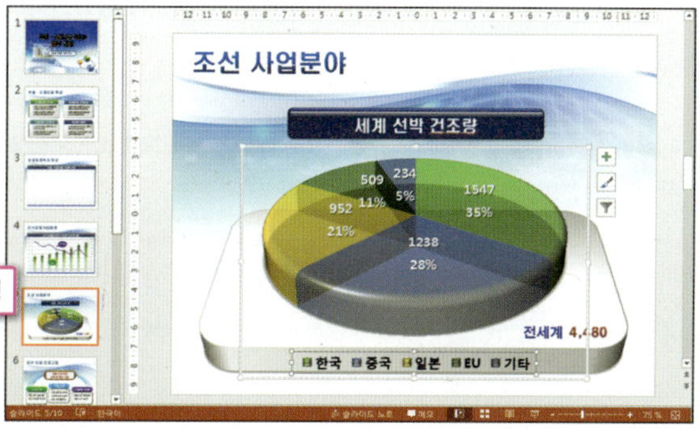

08 원형 차트에 그림 삽입하기

① 슬라이드의 빈 공간을 클릭합니다. ② [삽입] 탭-[이미지] 그룹에서 [**그림]**을 클릭합니다. ③ **국기1.png, 국기2.png, 국기3.png, 국기4.png(파워포인트\6장\실습)**를 모두 선택하고 ④ **[삽입]**을 클릭합니다. ⑤ 국기 이미지들을 각각 드래그하여 위치를 조정하고 데이터 레이블도 하나씩 선택하여 조금씩 위치를 조정하여 완성합니다.

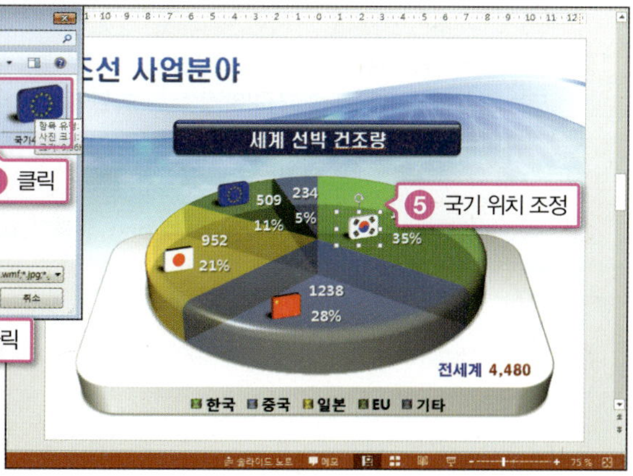

혼자해보기 | 가로 막대 픽토그램 차트 만들기

- **실습 파일** 파워포인트\6장\실습\혼자해보기_차트.pptx
- **완성 파일** 파워포인트\6장\완성\혼자해보기_차트_완성.pptx

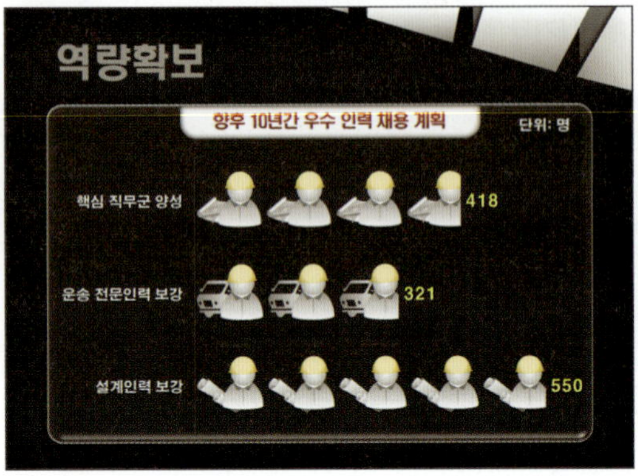

가로 막대형 차트를 그리고 항목에 알맞은 이미지를 삽입하여 픽토그램 차트를 완성합니다.

1. [삽입] 탭–[일러스트레이션] 그룹에서 **[차트]**를 클릭합니다. 왼쪽 항목에서 **[가로 막대형]**을 클릭하고 **[묶은 가로 막대형]**을 선택한 후 **[확인]**을 클릭합니다.

2. 데이터 입력 공간에 다음과 같은 데이터를 입력합니다. 불필요한 5행과 C, D열은 각각 마우스 오른쪽 버튼을 눌러 **[삭제]**를 클릭합니다.

	충원인원
설계인력 보강	550
운송 전문인력 보강	321
핵심 직무군 양성	418

3. **[닫기]**를 클릭하여 데이터 입력창을 닫은 후 삽입된 차트를 드래그하여 크기와 위치를 조정합니다.

4. 차트를 선택하고 오른쪽에 나타나는 **[차트 요소]**를 클릭하고 **데이터 레이블**에 체크 표시합니다. 계속해서 **차트 제목**, **눈금선**, **범례**를 체크 해제하고 축의 **[더보기]**를 클릭한 후 **기본 가로**의 체크를 해제합니다.

5. 차트의 막대를 클릭하고 마우스 오른쪽 버튼을 클릭한 후 **[데이터 계열 서식]**을 선택합니다. 나타나는 데이터 계열 서식창의 계열 옵션에서 계열 겹치기를 **[–25%]**, 간격 너비는 **[51%]**로 변경합니다.

6. 이번에는 맨 위쪽 막대만 한번 더 클릭한 다음 데이터 요소 서식창에서 **[채우기 및 선]**을 선택하고 **[채우기]**를 클릭합니다. **그림 또는 질감 채우기**를 클릭하고 **[파일]**을 누른 후 **인력1.png**(파워포인트\6장\실습)를 선택한 후 **[삽입]**을 클릭합니다. **쌓기**를 선택하여 이미지가 여러 번 반복되도록 설정합니다.

7. 같은 방법으로 나머지 막대에 각각 **인력2.png**, **인력3.png**(파워포인트\6장\실습)를 삽입하고 **쌓기**를 선택하여 이미지로 막대를 채웁니다.

8. 데이터 레이블과 세로축의 텍스트를 각각 선택하여 [홈] 탭–[글꼴] 그룹에서 **크기** 및 **글꼴 색**을 보기 좋게 변경하여 완성합니다.

CHAPTER

07

애니메이션 기능으로 슬라이드 꾸미기

SECTION

01 애니메이션 설정하기

실무활용 텍스트와 도형이 순차적으로 나타나는 애니메이션 설정하기 2007 | 2010 | 2013

• **실습 파일** 파워포인트\7장\실습\업무혁신 시스템구축제안서.pptx • **완성 파일** 파워포인트\7장\완성\업무혁신 시스템구축제안서_완성.pptx

애니메이션의 종류로는 크게 나타내기, 강조, 끝내기, 이동 경로가 있습니다. 이 중 처음에는 보이지 않다가 사용자가 지정한 형태의 움직임으로 슬라이드에 나타나는 나타내기 애니메이션이 가장 많이 쓰입니다. 이번에는 시스템 구축의 필요성을 순서대로 나열하고 업무 혁신에 대한 핵심을 강조할 수 있도록 나타내기 애니메이션에 대해서 알아보겠습니다.

01 날아오기 애니메이션 적용하기

① **2번 슬라이드**를 선택하고 ②③④ Ctrl을 누른 채 그림과 같은 순서로 텍스트 그룹 개체 세 개를 모두 선택합니다. ⑤ [애니메이션] 탭–[애니메이션] 그룹에서 **[날아오기]**를 클릭합니다.

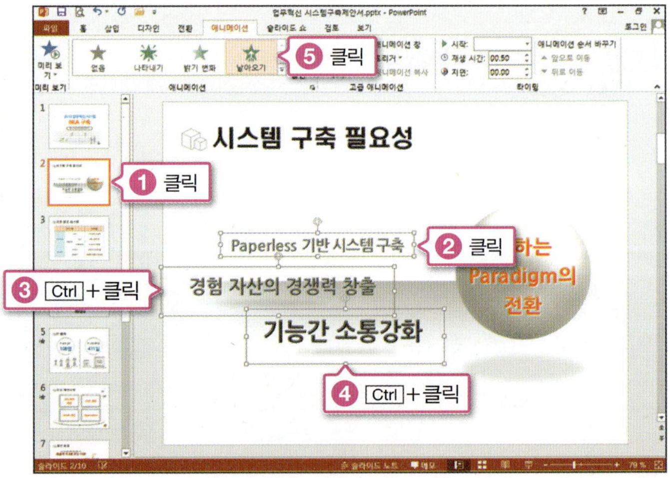

02 올라오기 애니메이션 적용하기

① 오른쪽의 원형 그룹 개체를 선택합니다. ② [애니메이션] 탭–[애니메이션] 그룹에서 **[올라오기]**를 선택합니다.

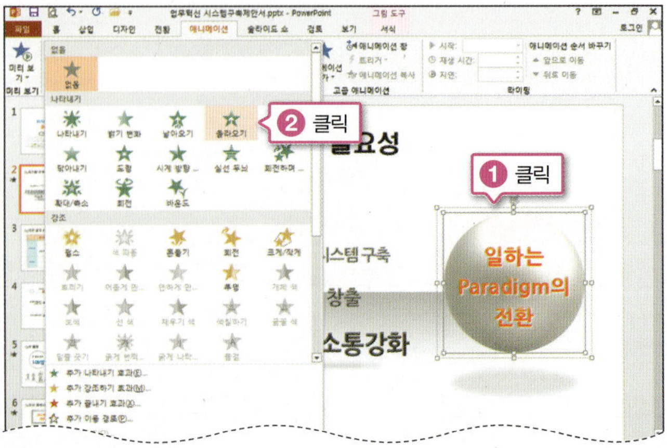

03 애니메이션 시작 효과 설정하기

①②③④ 등록된 4개의 애니메이션을 Ctrl을 누른 채 각각 선택합니다. ⑤ [애니메이션] 탭–[타이밍] 그룹의 [시작] 옵션에서 **[이전 효과 다음에]**를 선택합니다.

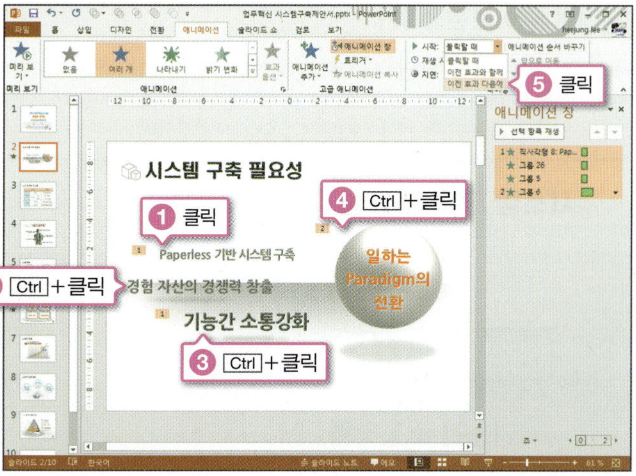

04 애니메이션 재생 시간 변경하기

① [애니메이션] 탭–[고급 애니메이션] 그룹에서 [**애니메이션 창]**을 클릭합니다. ② 오른쪽에 애니메이션 창이 뜨면 Shift를 누른 채 첫 번째부터 세 번째 애니메이션을 각각 클릭하여 모두 선택합니다. ③ [애니메이션] 탭–[타이밍] 그룹에서 [재생 시간]의 수치 조절 위쪽 버튼을 클릭하여 **[01.00(1초)]**로 설정합니다.

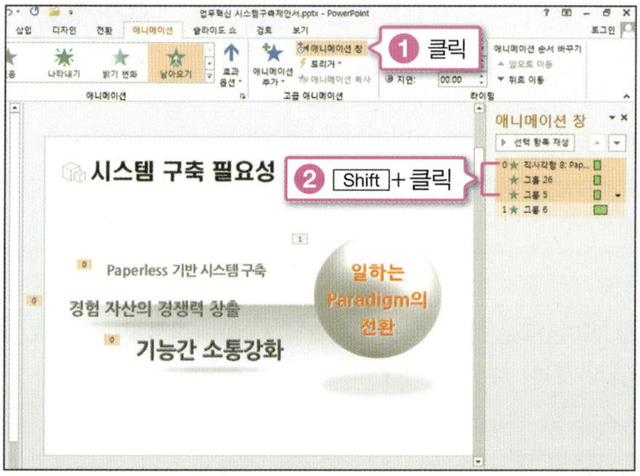

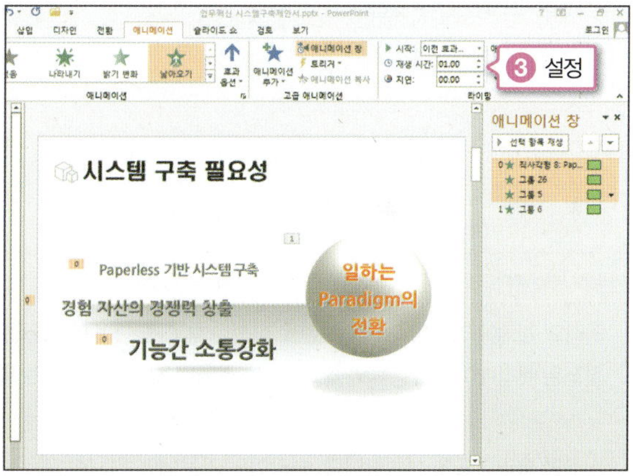

05 애니메이션 방향 변경하기

① [애니메이션] 탭–[애니메이션] 그룹에서 [**효과 옵션]**을 클릭한 후 ② **[왼쪽에서]**를 선택합니다.

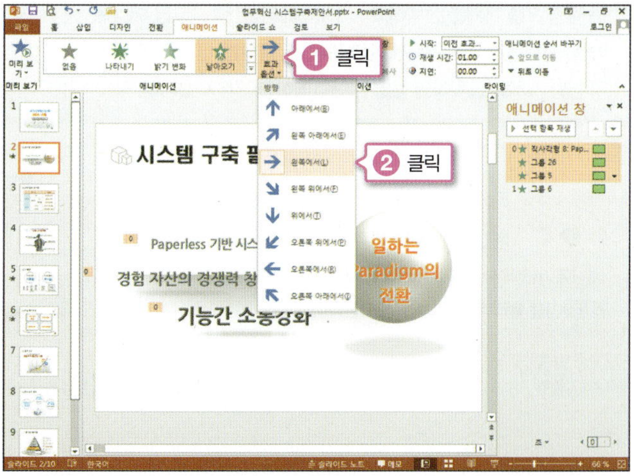

TIP 하나의 개체에 추가로 애니메이션을 설정하려면 [애니메이션] 탭–[고급 애니메이션] 그룹에서 [애니메이션 추가]를 클릭하여 애니메이션을 지정하면 됩니다.

06 애니메이션 완성하기

Shift+F5를 눌러 슬라이드 쇼를 실행하면 세 개의 텍스트와 원형 개체가 순차적으로 등장하는 것을 확인할 수 있습니다.

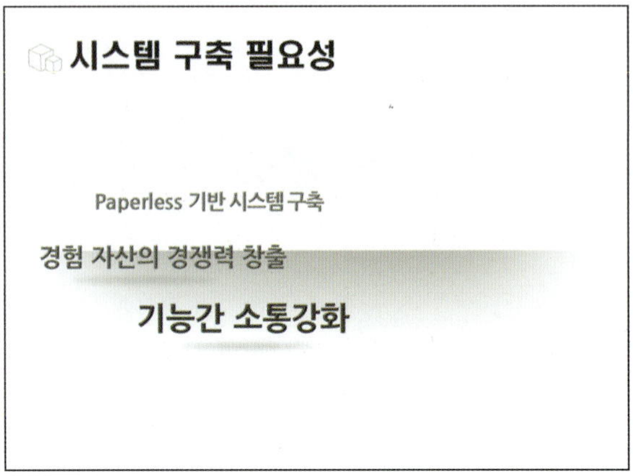

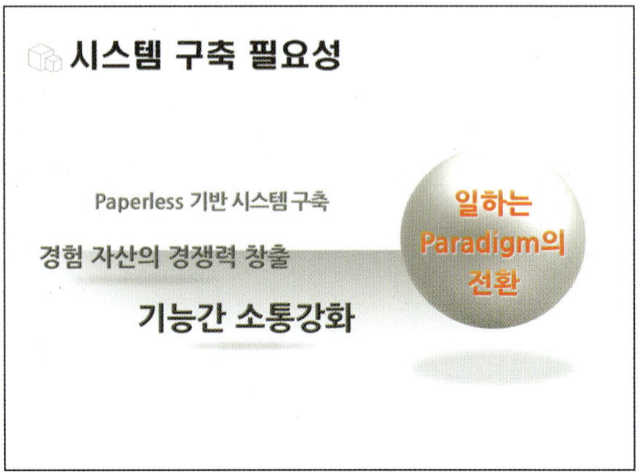

동영상으로 한번 더

애니메이션 효과는 동영상 강좌를 통해 직접 확인하세요.
한빛미디어 홈페이지에서 동영상을 다운로드하거나 스마트폰으로 QR 코드를 찍어 동영상을 확인할 수 있습니다.
유튜브에서도 확인할 수 있습니다.
http://youtu.be/LTqtJIMfe1Y

회사통엑셀파포2013

실무활용 POWERPOINT NOTE 애니메이션 복사하기

실습 파일 파워포인트\7장\실습\업무혁신 시스템구축제안서.pptx

하나의 개체에 다양한 애니메이션을 설정한 후 다른 개체에 동일한 애니메이션을 손쉽게 적용할 수 있습니다. 애니메이션 복사를 통해 설정된 애니메이션의 종류와 효과, 시간 등 애니메이션 전체 정보를 동일하게 복사해보겠습니다.

① **5번 슬라이드**를 선택합니다. 슬라이드 가운데에 위치한 세로선을 기준으로 왼쪽에는 애니메이션이 등록되어 있습니다. ② 왼쪽 원형 그룹 개체를 선택하고 ③ [애니메이션] 탭–[고급 애니메이션] 그룹에서 [**애니메이션 복사**]를 클릭합니다. ④ 오른쪽의 원형 개체를 클릭하면 동일한 애니메이션이 복사됩니다.

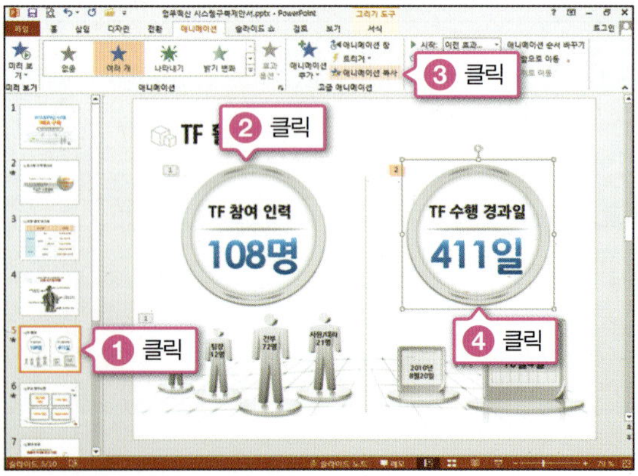

TIP 동일한 애니메이션을 여러 번 반복해서 복사하려면 [애니메이션 복사]를 더블클릭하면 됩니다. 애니메이션 적용을 마치려면 ESC를 눌러 복사 기능을 해지합니다.

실무활용 발표 순서에 따라 메시지를 강조하는 애니메이션 설정하기 2007 | 2010 | 2013

▪ **실습 파일** 파워포인트\7장\실습\TF혁신활동.pptx ▪ **완성 파일** 파워포인트\7장\완성\TF혁신활동_완성.pptx

여러 메시지를 순서대로 발표할 때 메시지가 하나씩 단조롭게 등장하면 오히려 청중의 몰입을 방해할 수 있습니다. 이때에는 발표 순서에 따라 메시지를 강조하는 것이 좋습니다. 이번에는 전체 메시지를 한눈에 들어오게 한 다음, 각각의 메시지로 시선이 주목될 수 있도록 강조하는 애니메이션을 설정해보겠습니다.

01 애니메이션을 적용할 개체 선택하기

① 1번 슬라이드의 왼쪽에서부터 오른쪽의 이미지를 모두 선택합니다. ② [애니메이션] 탭–[애니메이션] 그룹에서 [자세히]를 클릭합니다.

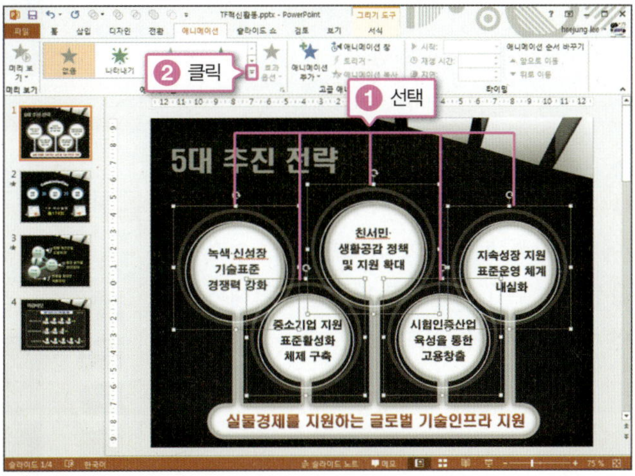

02 강조 애니메이션 적용하기

① 강조 영역에 있는 **[회전]**을 클릭하여 애니메이션을 적용합니다. ② [애니메이션] 탭–[고급 애니메이션] 그룹에서 **[애니메이션 창]**을 클릭하여 오른쪽에 애니메이션 창이 나타나도록 합니다.

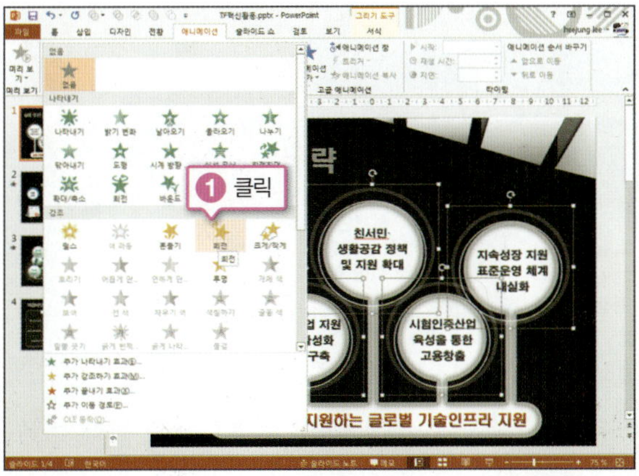

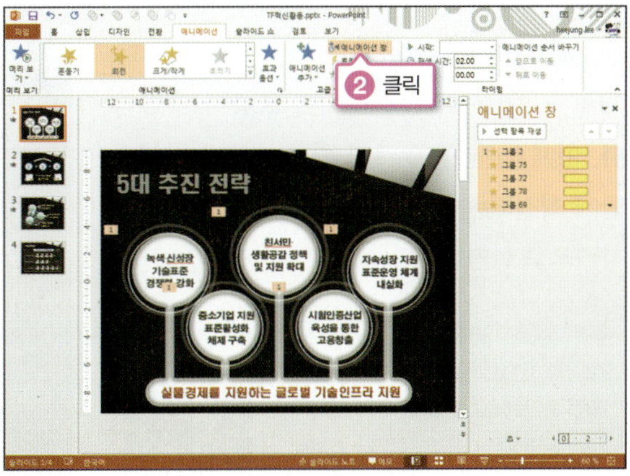

03 애니메이션 시작 설정하기

① 등록된 애니메이션 중 첫 번째를 제외한 나머지 네 개의 애니메이션을 모두 선택합니다. ② [애니메이션] 탭-[타이밍] 그룹에서 [시작] 옵션에서 **[이전 효과 다음에]**를 선택합니다.

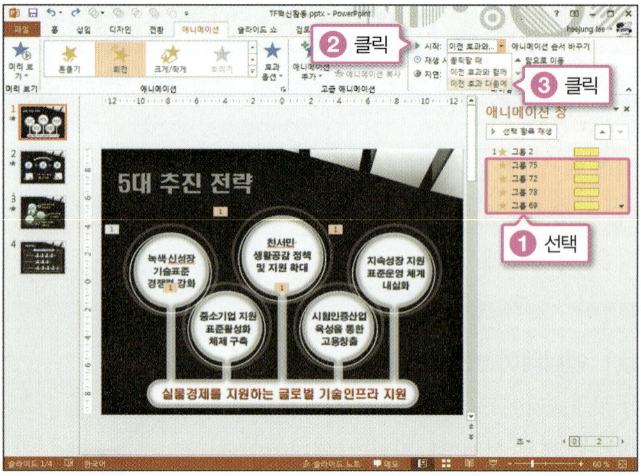

04 애니메이션 시간 간격 설정하기

[애니메이션] 탭-[타이밍] 그룹에서 [지연] 옵션의 수치 조절 위쪽 버튼을 클릭해서 지연 시간을 **[01.00(1초)]**로 설정합니다.

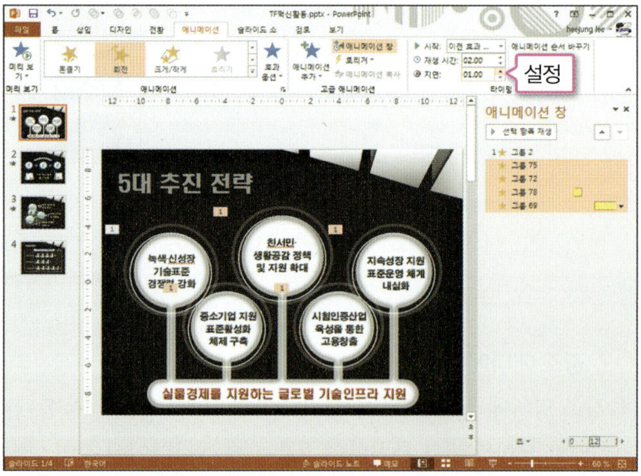

05 애니메이션 완성하기

Shift + F5 를 눌러 슬라이드 쇼를 실행합니다. 이때 Enter 를 누르면 원형 개체가 자연스럽게 회전되는데, 각각 1초의 간격을 두고 순차적으로 실행됩니다.

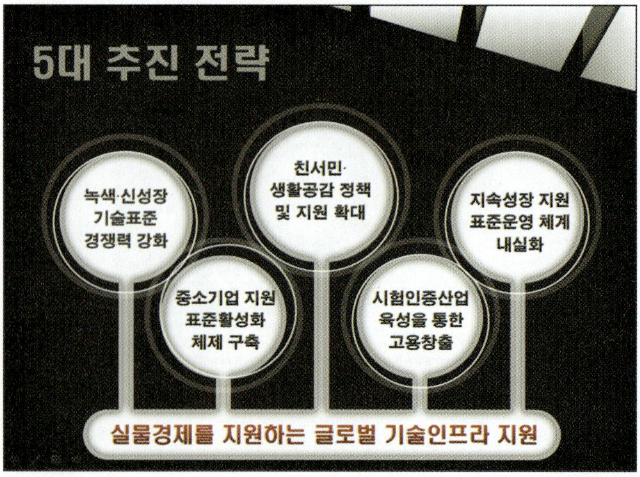

동영상으로 한번 더

애니메이션 효과는 동영상 강좌를 통해 직접 확인하세요. 한빛미디어 홈페이지에서 동영상을 다운로드하거나 스마트폰으로 QR 코드를 찍어 동영상을 확인할 수 있습니다. 유튜브에서도 확인할 수 있습니다. **http://youtu.be/gLe1u0XPI0M**

회사통엑셀파포2013

실무활용 | **미리 숨겨둔 개체를 자연스럽게 나타나게 하는 애니메이션 설정하기** 2007 | 2010 | 2013

- **실습 파일** 파워포인트\7장\실습\업무혁신 시스템구축제안서.pptx
- **완성 파일** 파워포인트\7장\완성\업무혁신 시스템구축제안서_완성.pptx

2중으로 겹쳐진 개체들 중 위에 있는 개체를 사라지게 하여 아래쪽에 숨겨진 내용이 자연스럽게 등장하는 애니메이션을 설정해보겠습니다.

01 애니메이션 추가하기

① **6번 슬라이드**를 선택하고 ②③④⑤ Ctrl을 누른 채 텍스트가 입력된 도형을 왼쪽 상단(코드 체계 개선)부터 시계방향으로 모두 선택합니다. ⑥ [애니메이션] 탭-[고급 애니메이션] 그룹에서 **[애니메이션 추가]**를 클릭하고 ⑦ **[추가 끝내기 효과]**를 선택합니다.

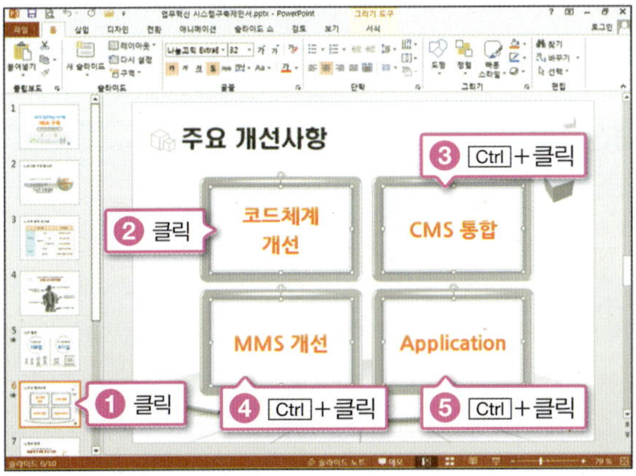

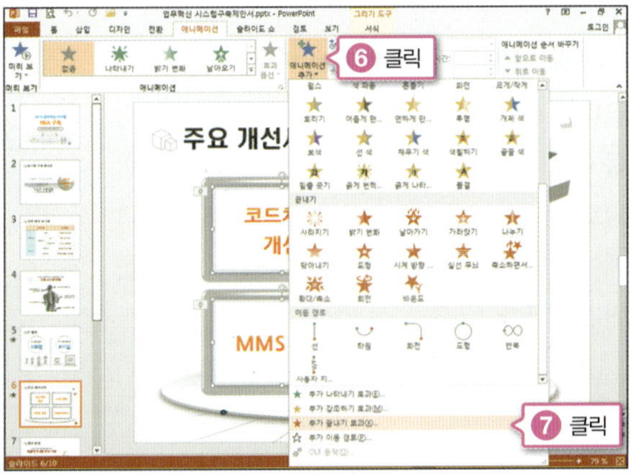

02 끝내기 애니메이션 적용하기

① 끝내기 효과 변경 대화상자에서 은은한 효과 영역의 **[수축]**을 선택합니다. ② **[확인]**을 클릭해서 애니메이션을 적용합니다.

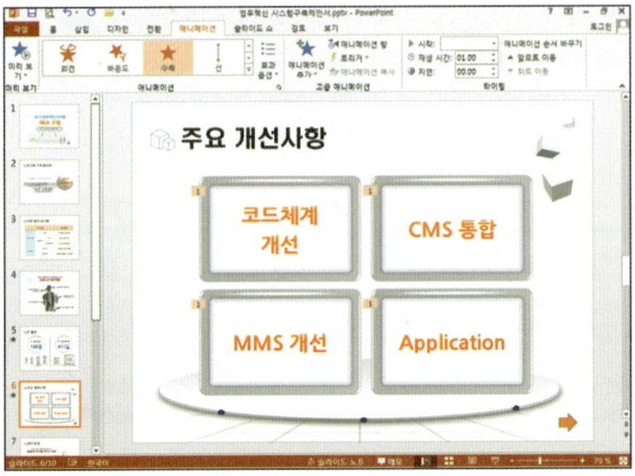

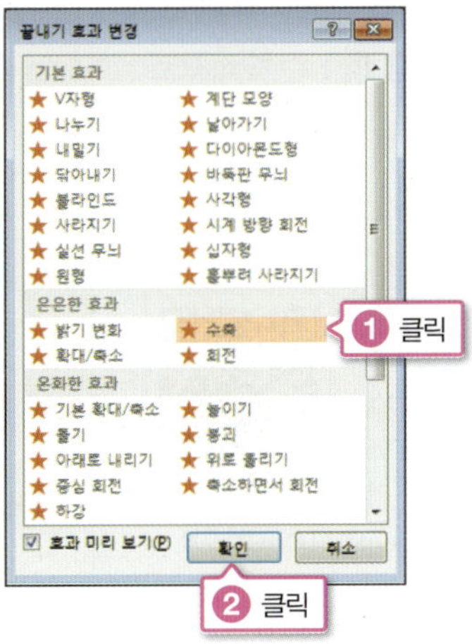

03 애니메이션 시작 옵션 설정하기

① [애니메이션] 탭-[고급 애니메이션] 그룹에서 [**애니메이션 창**]을 클릭합니다. 애니메이션 창에는 초록색 별 모양의 나타나기 애니메이션이 미리 설정되어 있으며, 방금 추가한 끝내기 애니메이션이 빨간색 별 모양으로 등록되어 있는 것을 확인할 수 있습니다. ② 빨간색 별 모양의 끝내기 애니메이션 네 개를 모두 선택하고 ③ [애니메이션] 탭-[타이밍] 그룹에서 [시작] 옵션을 **[클릭할 때]**로 설정합니다.

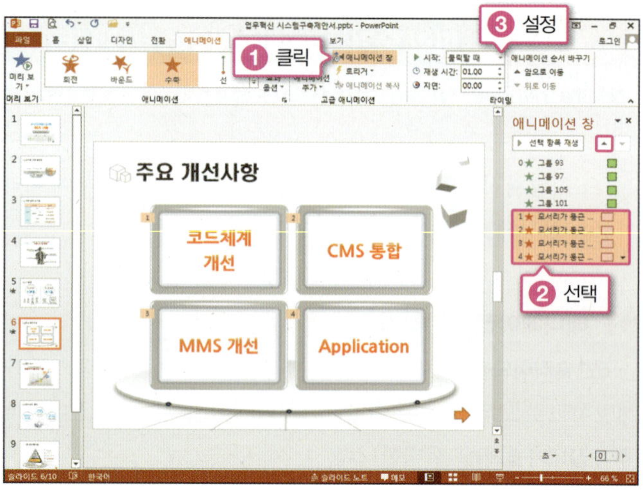

04 애니메이션 순서 변경하기

끝내기 애니메이션 중 첫 번째를 선택하고 ▲를 여러 번 클릭하여 애니메이션 순서를 첫 번째로 변경합니다. 나머지 세 개의 끝내기 애니메이션을 각각 선택하여 그림과 같이 순서를 변경합니다.

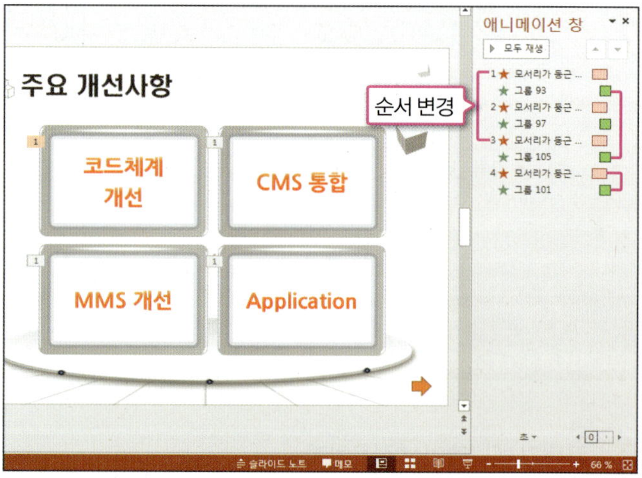

TIP 마우스로 해당 위치까지 드래그하면 좀더 손쉽게 애니메이션 순서를 변경할 수 있습니다.

05 애니메이션 완성하기

Shift+F5를 눌러 슬라이드 쇼를 실행합니다. 텍스트 세 개와 원형 개체가 순차적으로 등장하는 것을 확인할 수 있습니다.

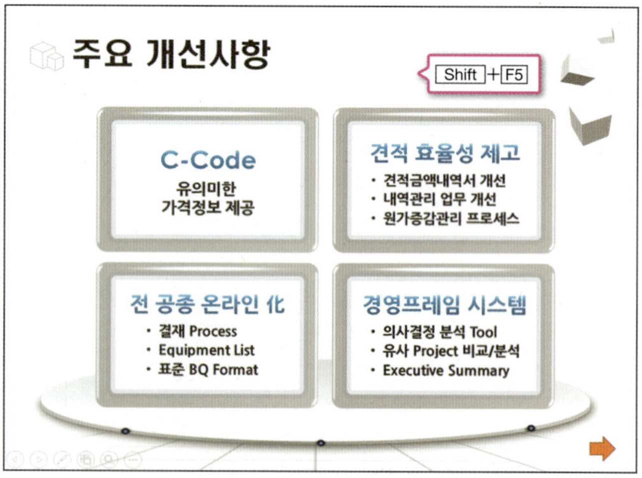

동영상으로 한번 더

애니메이션 효과는 동영상 강좌를 통해 직접 확인하세요. 한빛미디어 홈페이지에서 동영상을 다운로드하거나 스마트폰으로 QR 코드를 찍어 동영상을 확인할 수 있습니다. 유튜브에서도 확인할 수 있습니다. http://youtu.be/pTZTQqUPc-A

회사통엑셀파포2013

실무활용 이동 경로 및 트리거 애니메이션

2007 | 2010 | 2013

- **실습 파일** 파워포인트\7장\실습\TF혁신활동.pptx
- **완성 파일** 파워포인트\7장\완성\TF혁신활동_완성.pptx

이동 경로 애니메이션을 이용하면 개체가 지정한 경로를 따라 이동하도록 설정할 수 있습니다. 즉 각각의 메시지가 등장하는 동안 작은 빛이 3가지 항목을 반복적으로 전환하며 비치도록 함으로써 연관성을 돋보이게 할 수 있습니다. 여기에서는 트리거 기능을 이용하여 발표 시 원하는 부분을 지속적으로 강조할 수 있는 트리거(시작 옵션) 애니메이션을 적용해보겠습니다.

01 애니메이션 이동 경로 설정하기

① **3번 슬라이드**를 선택한 후 ② 노란색 빛 모양의 그림을 선택합니다. ③ [애니메이션] 탭–[애니메이션] 그룹에서 [**자세히**]를 클릭하고 ④ 이동 경로 영역의 **[사용자 지정 경로]**를 선택합니다.

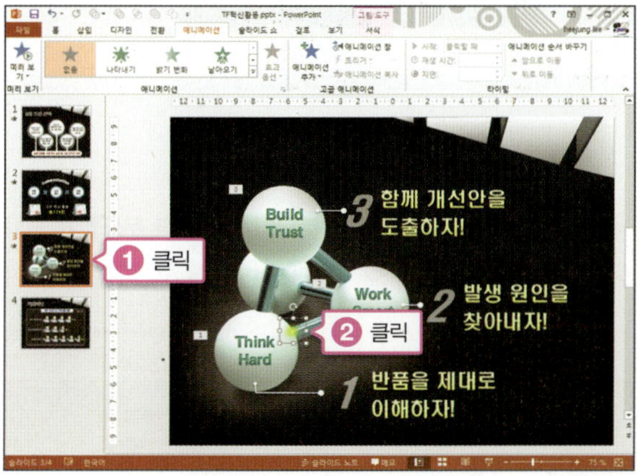

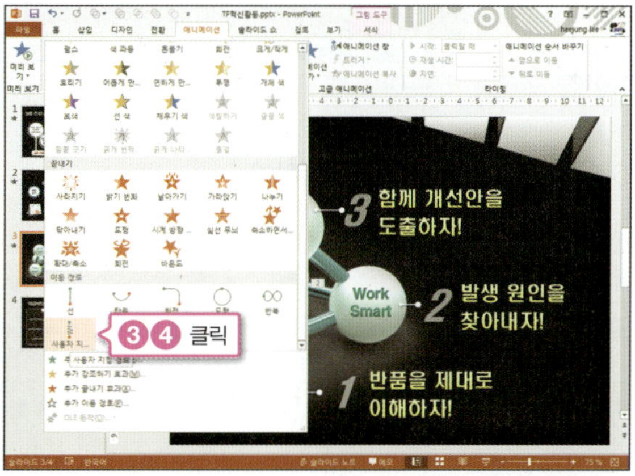

02 이동 경로 그리기

① 노란색 빛 모양의 그림 가운데를 클릭한 후 ② 오른쪽 지점을 다시 클릭합니다. ③ 이 방식으로 원형 개체 각 지점을 클릭하여 빛이 이동할 경로를 그립니다. 이때 처음으로 클릭한 영역을 클릭하거나 특정 위치를 더블클릭하면 애니메이션이 적용됩니다.

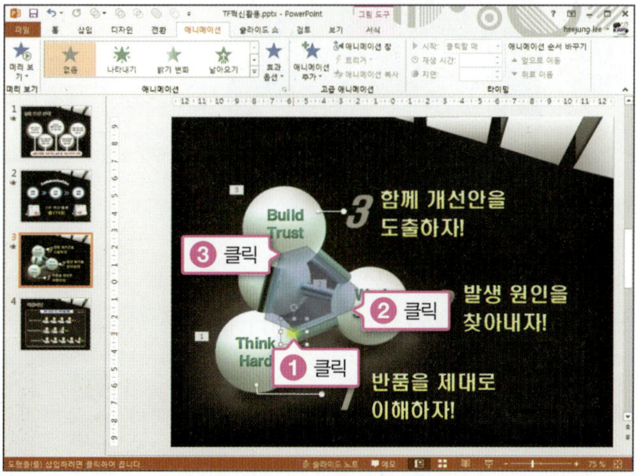

03 애니메이션 시작 옵션 설정하기

① [애니메이션] 탭–[고급 애니메이션] 그룹에서 [**애니메이션 창**]을 클릭합니다. ② 오른쪽 애니메이션 창에서 맨 아래쪽 방금 등록된 애니메이션을 선택하고 ③ [애니메이션] 탭–[타이밍] 그룹에서 [시작] 옵션을 **[이전 효과 다음에]**를 선택합니다.

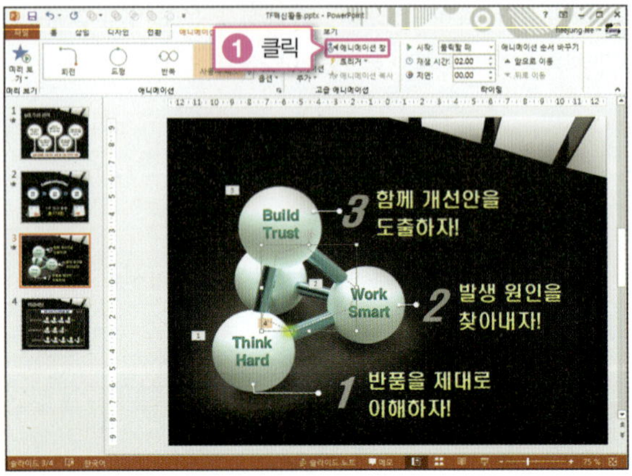

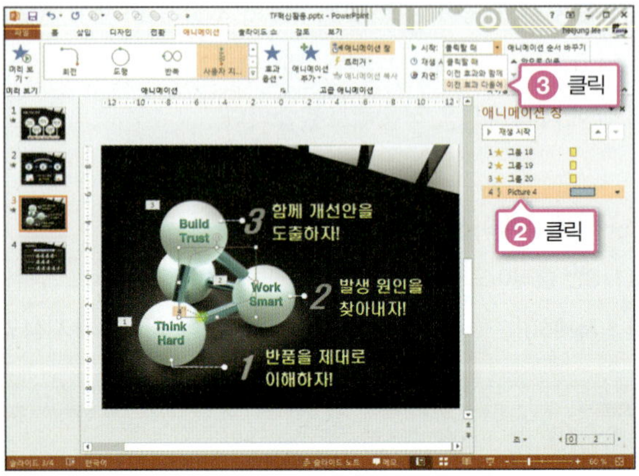

04 이동 속도 동일하게 설정하기

① 애니메이션의 [**목록**]을 클릭하고 ② **[효과 옵션]**을 선택합니다. ③ [효과] 탭에서 **부드럽게 시작**과 **부드럽게 종료**를 **[0초]**로 변경해서 이동 구간별 시간을 동일하게 설정합니다. ④ **[타이밍]** 탭을 클릭하고 **[반복]** 옵션을 **[슬라이드가 끝날 때까지]**로 선택하고 ⑤ **[확인]**을 클릭합니다.

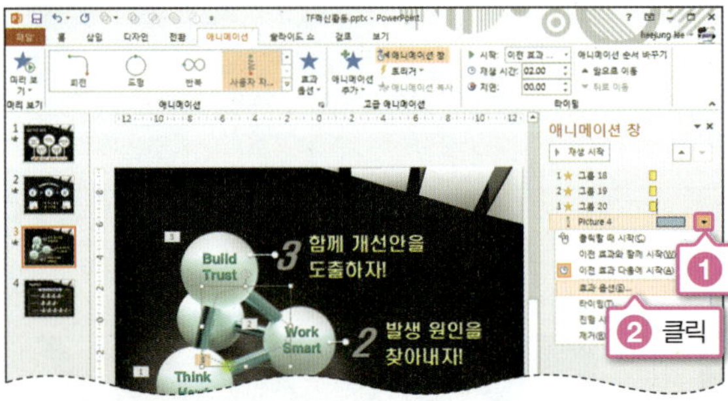

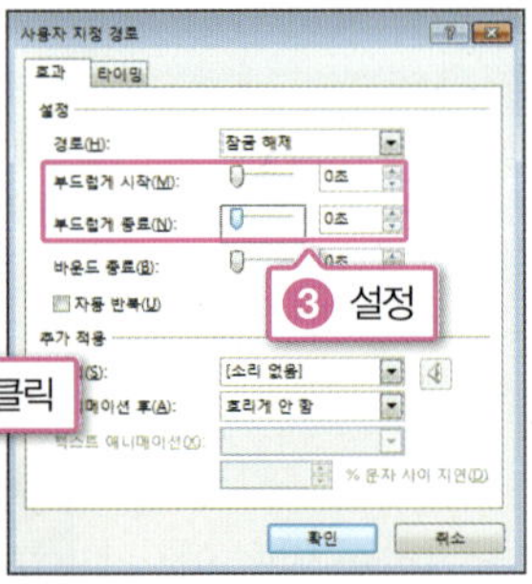

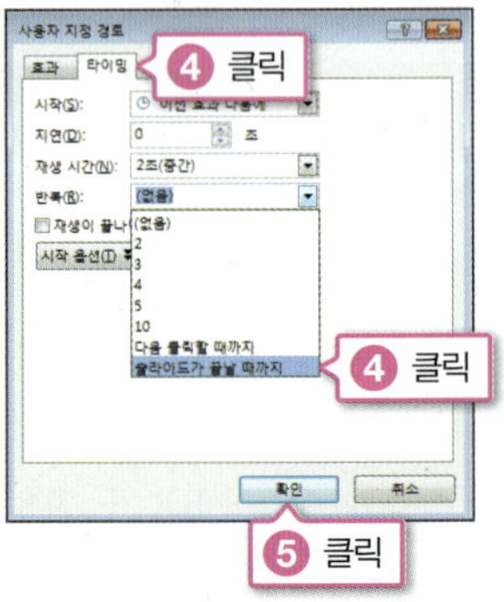

05 트리거 기능 적용하기

① 오른쪽 애니메이션 창에서 **[그룹 18]**을 클릭하고 ② [애니메이션] 탭–[고급 애니메이션] 그룹에서 **[트리거]**를 클릭합니다. ③ [클릭할 때]의 옵션은 **[그룹 18]**을 선택합니다.

TIP 특정 개체를 클릭할 때 해당 애니메이션이 실행되는 것을 트리거라고 합니다. 예를 들어 애니메이션이 적용된 삼각형 개체에 트리거를 설정하며 사각형 개체를 지정했다면 슬라이드 쇼 실행 시 사각형을 클릭해야만 삼각형 개체에 적용된 애니메이션이 실행됩니다. 이때 여러 번 클릭하면 반복적인 애니메이션을 볼 수 있습니다.

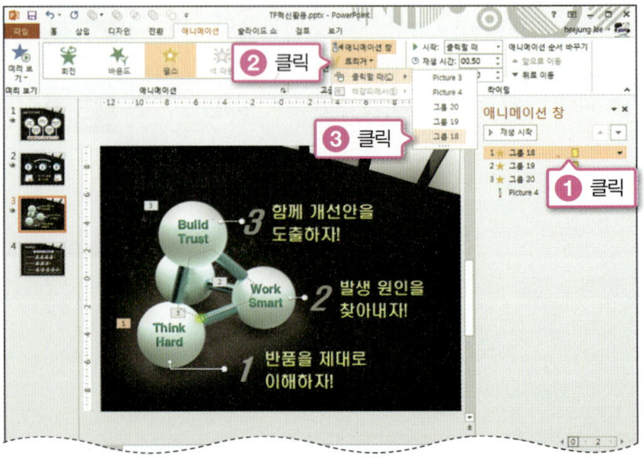

06 트리거 기능 적용하기

① 이번에는 **[그룹 19]**를 선택하고 ② [애니메이션] 탭–[고급 애니메이션] 그룹의 **[트리거]**를 클릭합니다. ③ [클릭할 때]에서 **[그룹 19]**를 선택합니다. 같은 방법으로 [그룹 20]도 트리거를 적용합니다.

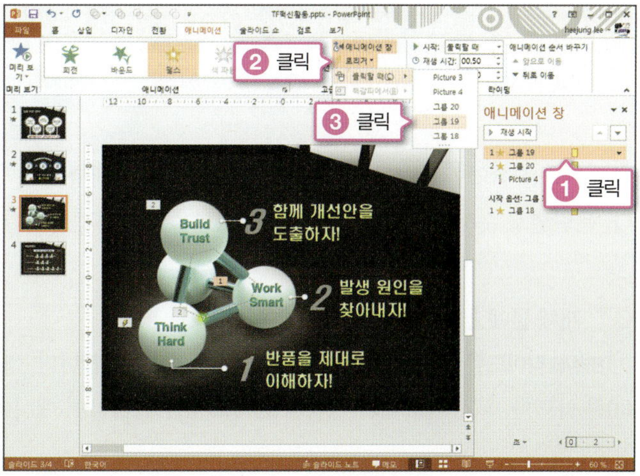

TIP 트리거(시작 옵션)기능 해제하기

트리거를 해제하고 일반적인 애니메이션 시작으로 변경하려면 애니메이션 창에 등록된 애니메이션을 선택하고 **[목록 단추]**를 클릭합니다. [타이밍] 탭에서 시작 옵션을 **[마우스 클릭 시 애니메이션 시작]**으로 변경한 뒤 **[확인]**을 클릭합니다.

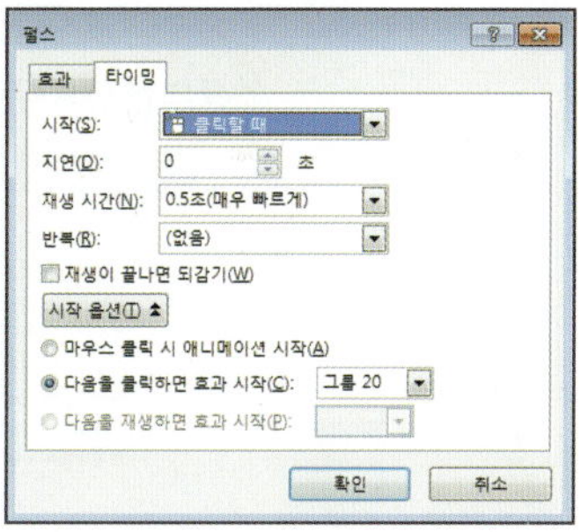

07 애니메이션 완성하기

Shift + F5를 눌러 슬라이드 쇼를 실행하면 노란색 빛 모양의 그림이 반복적으로 이동되고 각 텍스트를 클릭하면 해당 텍스트가 반짝이는 것을 확인할 수 있습니다.

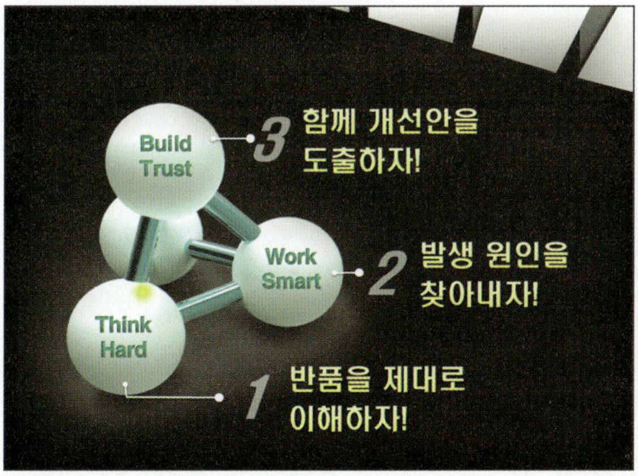

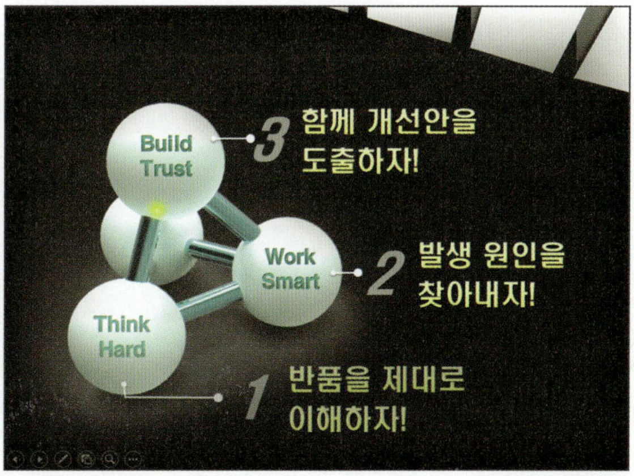

동영상으로 한번 더

애니메이션 효과는 동영상 강좌를 통해 직접 확인하세요.
한빛미디어 홈페이지에서 동영상을 다운로드하거나 스마트폰으로 QR 코드를 찍어 동영상을 확인할 수 있습니다.
유튜브에서도 확인할 수 있습니다.
http://youtu.be/5h89ZMo_kW0

회사통엑셀파포2013

실 무 활 용 | **문단별 텍스트가 순서대로 나타나는 애니메이션 설정하기** 2007 | 2010 | 2013

▪ **실습 파일** 파워포인트\7장\실습\전통의약엑스포 유치제안서.pptx ▪ **완성 파일** 파워포인트\7장\완성\전통의약엑스포 유치제안서_완성.pptx

슬라이드를 삽입할 때 기본으로 나타나는 텍스트 개체틀은 특성상 문단 단위의 애니메이션 설정을 할 수 있습니다. 문단별로 순서대로 나타나는 애니메이션을 적용하겠습니다.

01 개체 틀에 올라오기 애니메이션 적용하기

① **8번 슬라이드**를 선택하고 ② 텍스트 개체 틀을 클릭합니다. ③ [애니메이션] 탭–[애니메이션] 그룹에서 **[자세히]**를 클릭한 후 ④ 나타내기 영역의 **[올라오기]**를 선택하여 애니메이션을 적용합니다.

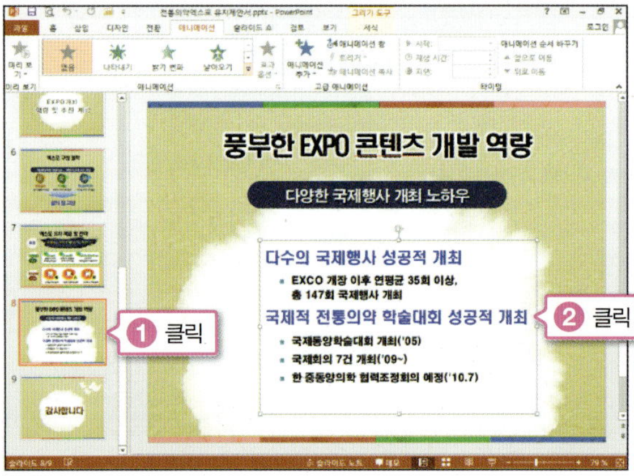

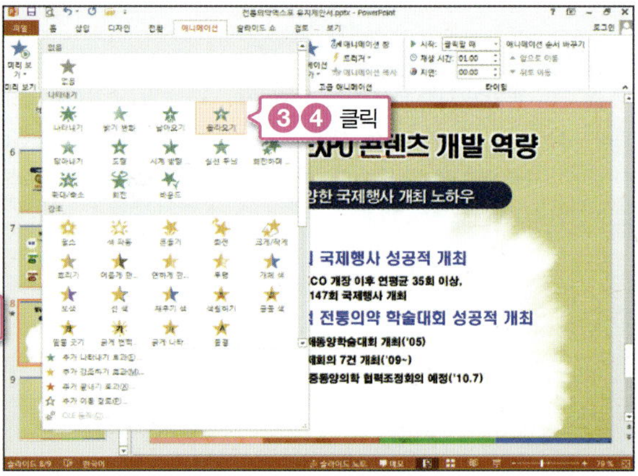

02 텍스트 문단별 애니메이션 설정하기

① [애니메이션] 탭–[고급 애니메이션] 그룹에서 **[애니메이션 창]**을 클릭합니다. ② 오른쪽 애니메이션 창에서 등록된 애니메이션의 **[확장 버튼]**을 클릭합니다. ③ 문단별로 나누어진 애니메이션 중 **2, 4, 5, 6번** 애니메이션을 Ctrl을 누른 채 선택하고 ④ [애니메이션] 탭–[애니메이션] 그룹에서 **[자세히]**를 클릭한 후 ⑤ 나타내기 영역에서 **[닦아내기]**를 선택합니다.

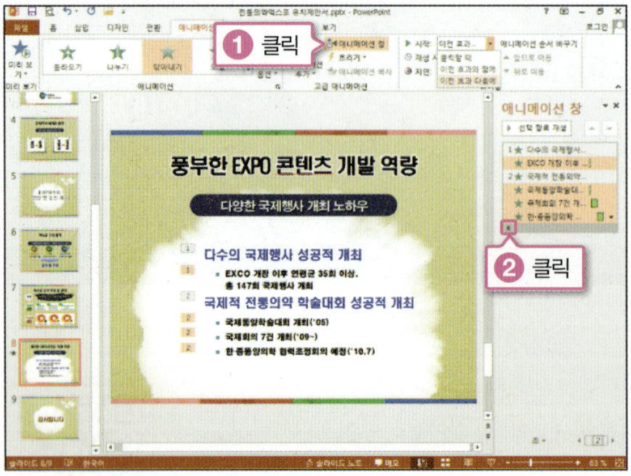

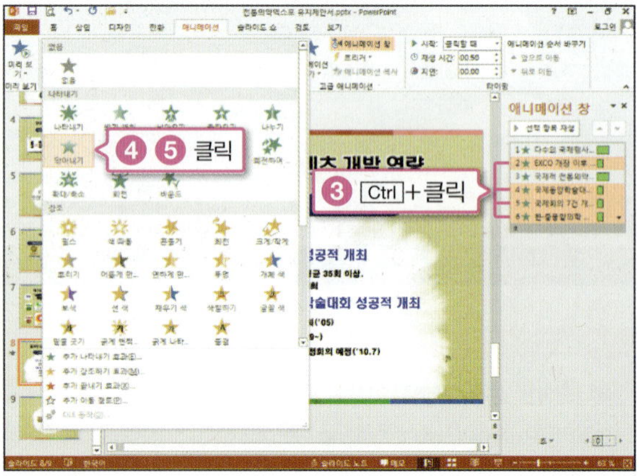

03 애니메이션 시작 옵션 설정하기

① [애니메이션] 탭–[타이밍] 그룹에서 [시작] 옵션을 **[이전 효과 다음에]**로 변경한 후 ② [애니메이션] 탭–[애니메이션] 그룹에서 **[➔효과 옵션]**을 클릭하고 ③ **[왼쪽에서]**를 선택합니다.

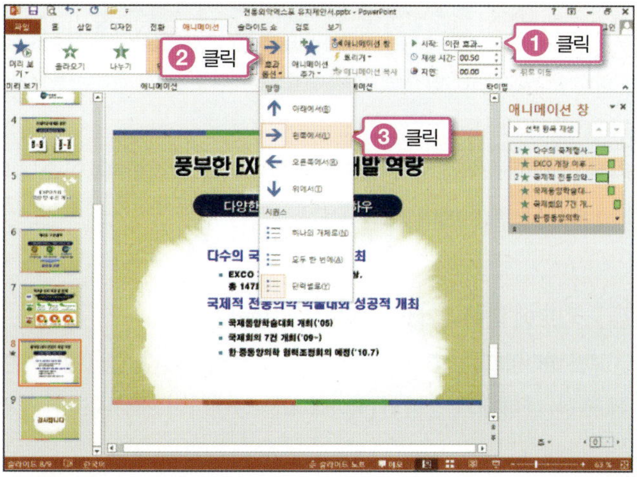

04 애니메이션 완성하기

Shift+F5를 눌러 슬라이드 쇼를 실행합니다. Enter를 누르면 서로 다른 애니메이션이 적용된 목록이 나타나며, Enter를 누를 때마다 다음 목록이 나타납니다.

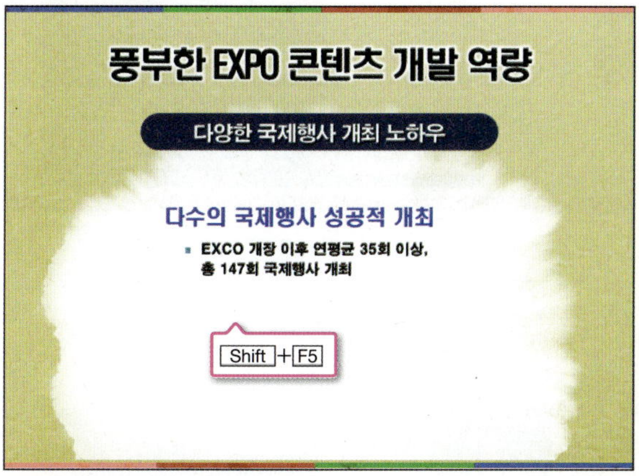

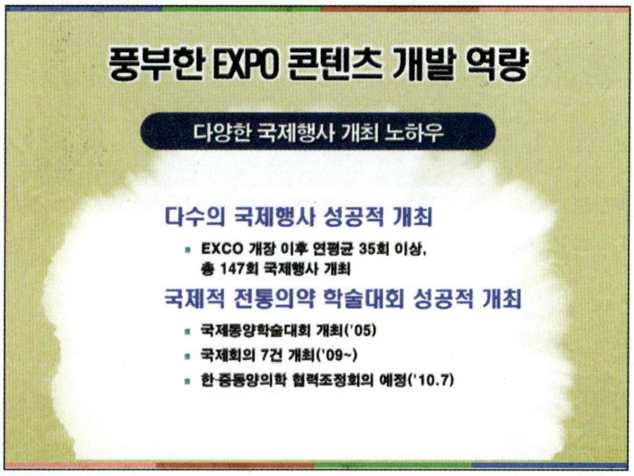

동영상으로 한번 더

애니메이션 효과는 동영상 강좌를 통해 직접 확인하세요.
한빛미디어 홈페이지에서 동영상을 다운로드하거나 스마트폰으로 QR 코드를 찍어 동영상을 확인할 수 있습니다.
유튜브에서도 확인할 수 있습니다.
http://youtu.be/V4fVnnLItXs

회사통엑셀파포2013

실무활용 막대가 순서대로 나타나는 차트 애니메이션 설정하기 2007 | 2010 | 2013

- **실습 파일** 파워포인트\7장\실습\TF혁신활동.pptx
- **완성 파일** 파워포인트\7장\완성\TF혁신활동_완성.pptx

차트 개체나 스마트아트에도 애니메이션을 설정할 수 있습니다. 이번에는 차트의 항목에 따라 차례대로 이미지가 나타나는 애니메이션을 적용해보겠습니다.

01 차트에 닦아내기 애니메이션 적용하기

① **4번 슬라이드**를 선택하고 ② 차트를 선택합니다. ③ [애니메이션] 탭–[애니메이션] 그룹에서 **[자세히]**를 클릭한 후 ④ 나타내기 영역의 **[닦아내기]**를 선택하여 애니메이션을 적용합니다.

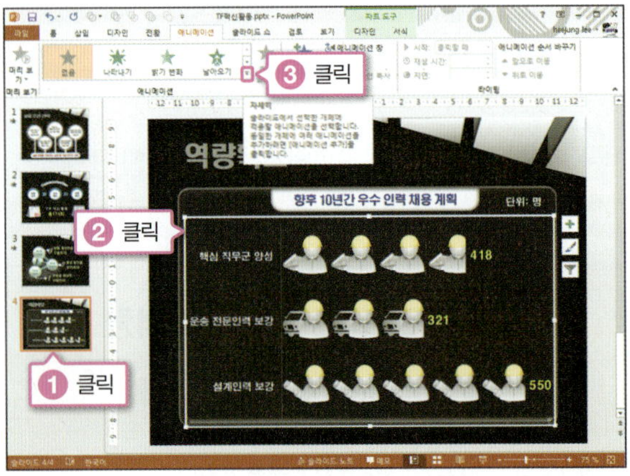

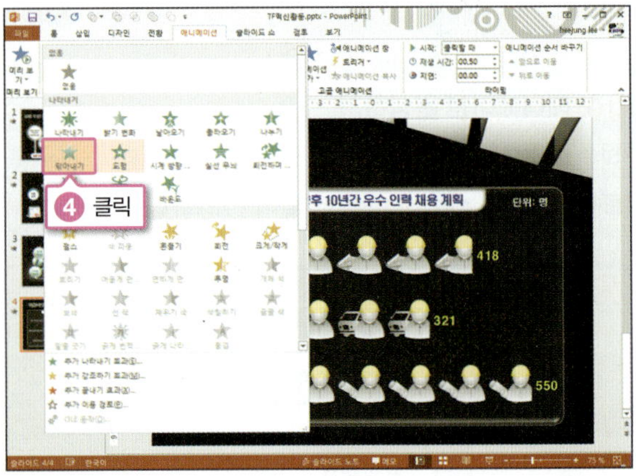

02 애니메이션 시작 옵션 설정하기

① [애니메이션] 탭–[애니메이션] 그룹에서 **[효과 옵션]**을 클릭한 후 ② **[왼쪽에서]**를 선택합니다.

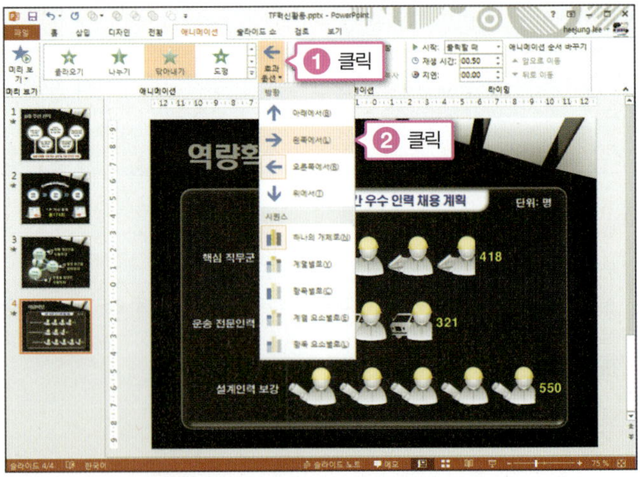

03 항목별 애니메이션 효과 설정하기

① [애니메이션] 탭-[고급 애니메이션] 그룹에서 [**애니메이션 창**]을 클릭합니다. ② 오른쪽에 애니메이션 창이 나타나면 애니메이션의 [**목록**]를 클릭하고 ③ **[효과 옵션]**을 선택합니다. ④ [차트 애니메이션] 탭에서 [차트 묶는 단위] 옵션에 **[항목별로]**를 선택한 다음 ⑤ **[확인]**을 클릭합니다.

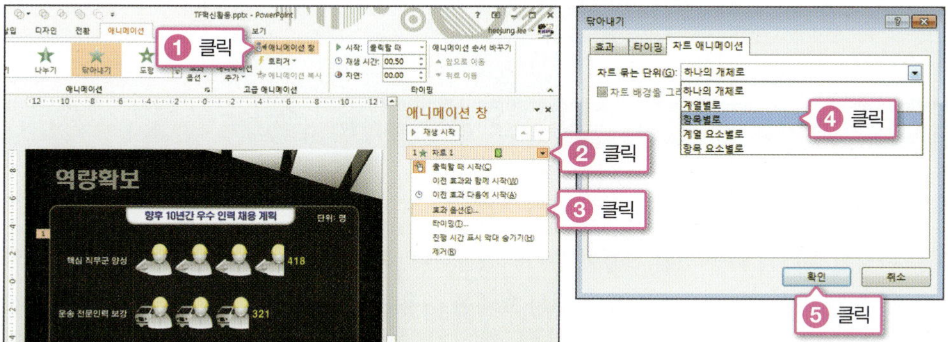

04 애니메이션 완성하기

Shift + F5 를 눌러 슬라이드 쇼를 실행합니다. Enter 를 누를 때마다 차트의 항목에 따라 애니메이션이 실행됩니다.

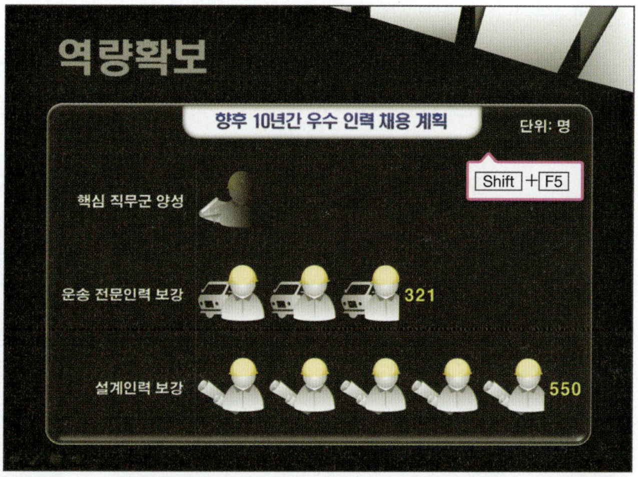

동영상으로 한번 더

애니메이션 효과는 동영상 강좌를 통해 직접 확인하세요.
한빛미디어 홈페이지에서 동영상을 다운로드하거나 스마트폰으로 QR 코드를 찍어 동영상을 확인할 수 있습니다.
유튜브에서도 확인할 수 있습니다.
http://youtu.be/k15JOhZYcUo

회사통엑셀파포2013

SECTION

02 화면 전환 효과 및 하이퍼링크 설정하기

기능 실습 파워포인트 2013에 추가된 화면 전환 효과

2007 | 2010 | **2013**

- **실습 파일** 파워포인트\7장\실습\화면전환효과.pptx

파워포인트 2013에는 다양한 형태의 화면 전환 기능이 추가되었습니다. 화면 전환 효과는 전달하려는 메시지와 성격을 고려하여 적용합니다. 콘텐츠와 어울리는 화면 전환 효과를 적용해 슬라이드의 내용 전달력을 높여보겠습니다.

01 커튼이 열리는 화면 전환 효과 적용하기

① **3번 슬라이드**를 선택합니다. ② [전환] 탭－[슬라이드 화면 전환] 그룹에서 **[자세히]**를 클릭한 후 ③ 화려한 효과 영역에서 **[커튼]**을 선택합니다. ④ **2번 슬라이드**를 선택하고 Shift + F5를 눌러 슬라이드 쇼를 실행한 후 Enter를 누릅니다. 커튼이 양방향으로 펼쳐지는 듯한 화면 전환 효과를 볼 수 있습니다.

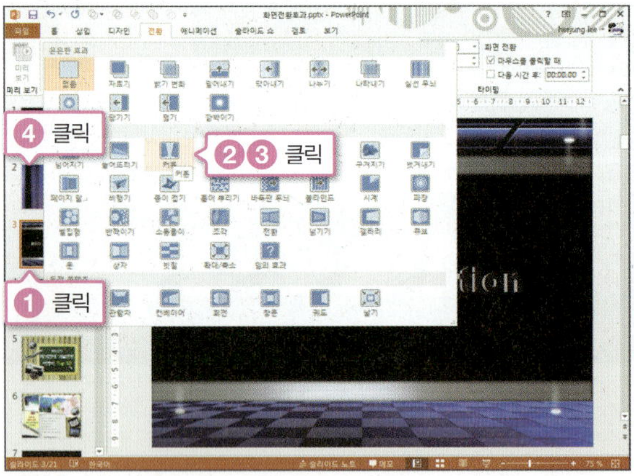

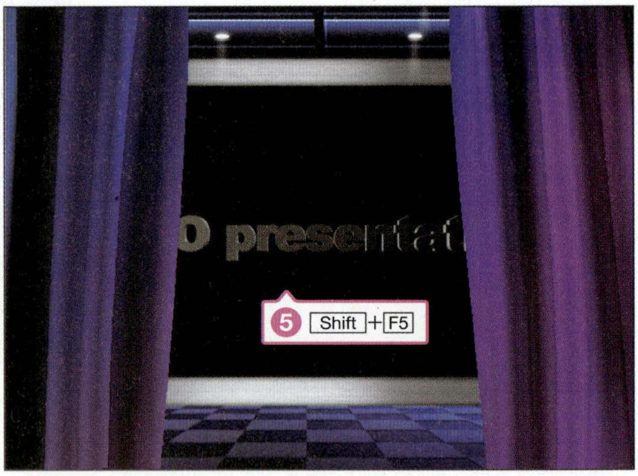

동영상으로 한번 더

애니메이션 효과는 동영상 강좌를 통해 직접 확인하세요.
한빛미디어 홈페이지에서 동영상을 다운로드하거나 스마트폰으로 QR 코드를 찍어 동영상을 확인할 수 있습니다.
유튜브에서도 확인할 수 있습니다.
http://youtu.be/w22w2CWB00A

회사통엑셀파포2013

02 종이 비행기가 날아가는 화면 전환 효과

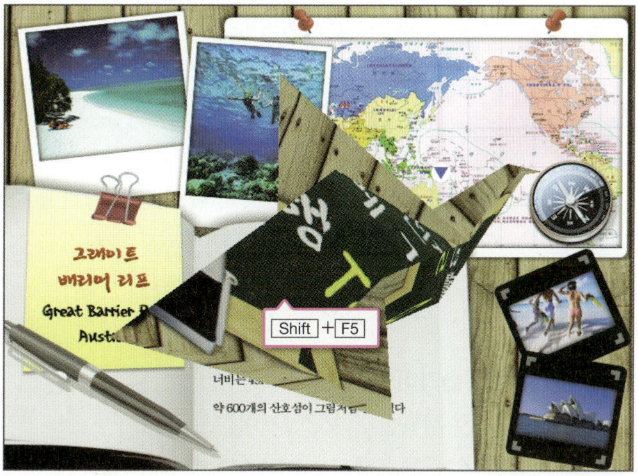

6번 슬라이드를 선택하여 [**자세히**]를 클릭한 후 화려한 효과 영역에서 [**종이 접기**]를 선택하고 **5번 슬라이드**를 선택합니다. Shift + F5를 눌러 슬라이드 쇼를 실행한 후 Enter를 누릅니다. 종이 비행기가 날아가며 여행을 떠나는듯 한 느낌을 연출할 수 있습니다.

03 유리가 깨지는 느낌의 화면 전환 효과

13, 14번 슬라이드를 선택합니다. [전환] 탭-[슬라이드 화면 전환] 그룹에서 [**자세히**]를 클릭한 후 화려한 효과 영역의 [**부서지기**]를 선택합니다. **12번 슬라이드**를 선택하고 Shift + F5를 눌러 슬라이드 쇼를 실행한 후 Enter를 누르면 학교 폭력이 주는 암담한 느낌을 그대로 연출할 수 있습니다.

04 늘어뜨리는 느낌의 화면 전환 효과

17, 18번 슬라이드를 선택합니다. [전환] 탭-[슬라이드 화면 전환] 그룹에서 [**자세히**]를 클릭한 후 화려한 효과 영역의 [**늘어뜨리기**]를 선택합니다. **16번 슬라이드**를 선택하고 Shift + F5를 눌러 슬라이드 쇼를 실행한 후 Enter를 누르면 그림이 펼쳐지는 듯한 중후한 느낌을 연출할 수 있습니다.

실무활용 화면 전환 효과로 애니메이션과 같은 효과 나타내기

2007 | 2010 | 2013

- **실습 파일** 파워포인트\7장\실습\네오프레젠테이션.pptx
- **완성 파일** 파워포인트\7장\완성\네오프레젠테이션_완성.pptx

여러 장으로 만들어진 화면에 각각 알맞은 화면 전환 효과를 준다면 색다른 애니메이션 효과로 구현할 수 있습니다. 이번에는 화면 전환 효과가 자동으로 전환되도록 시간을 설정하여 다양한 각도로 화면이 전환되는 효과를 연출해보겠습니다.

01 효과 적용할 슬라이드 선택하기

① 1번 슬라이드를 선택합니다. ② [전환] 탭–[슬라이드 화면 전환] 그룹에서 **[자세히]**를 클릭합니다.

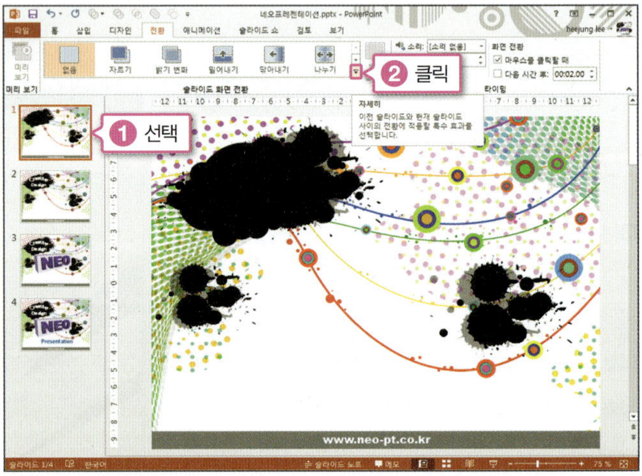

02 모든 슬라이드에 화면 전환 효과 적용하기

① 화려한 효과 영역의 **[블라인드]**를 선택합니다. ② [전환] 탭–[타이밍] 그룹에서 **[모두 적용]**을 클릭합니다.

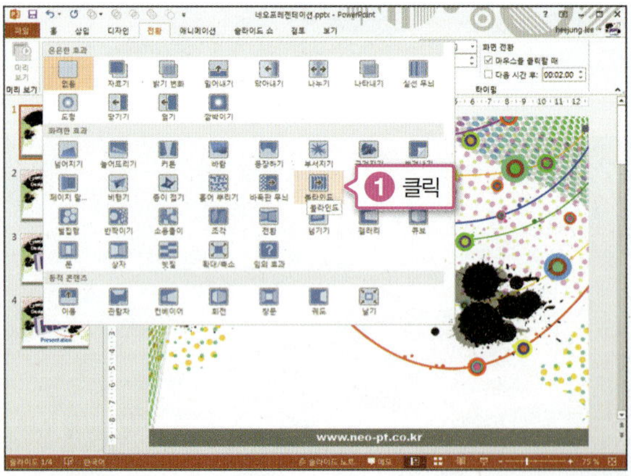

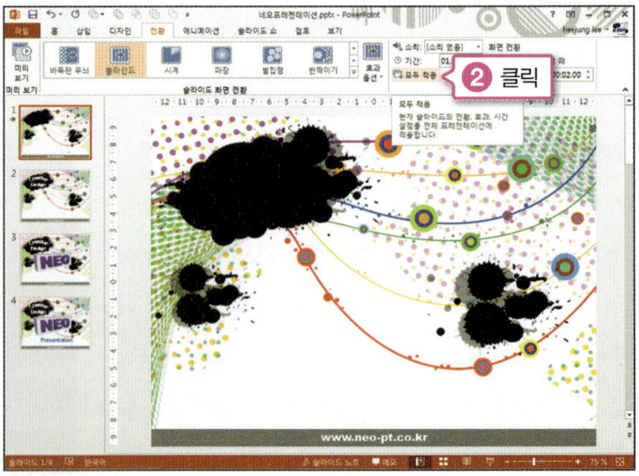

03 화면 전환 효과 옵션 설정하기

① **2, 4번 슬라이드**를 선택합니다. ② [전환] 탭–[슬라이드 화면 전환] 그룹의 [**효과 옵션**]을 클릭한 후 ③ **[가로]**를 선택합니다. 2, 4번 슬라이드가 선택된 상태에서 ④ [전환] 탭–[타이밍] 그룹에서 [기간]을 **[02.00(2초)]**로 변경하여 연출 시간을 좀더 길게 조정합니다.

04 화면 전환 효과의 시간 설정하기

① **1~3번 슬라이드**를 선택하고 [전환] 탭–[타이밍] 그룹에서 ② **[다음 시간 후]**를 클릭하여 체크한 후 ③ 옵션에 **[00:02:00]**을 설정하여 2초만에 화면이 자동 전환되도록 설정합니다.

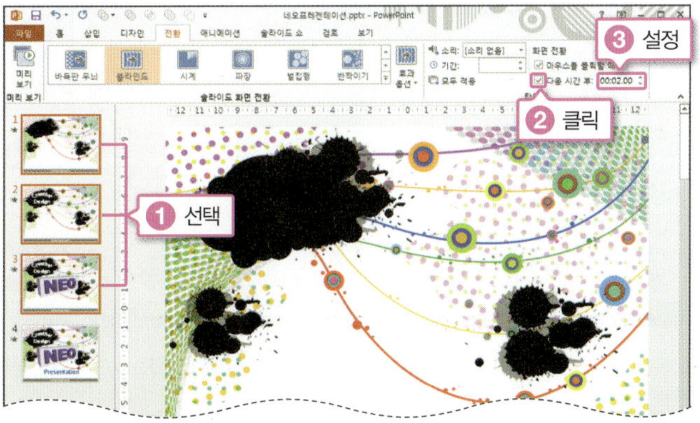

05 화면 전환 효과 완성하기

① Shift + F5를 눌러 슬라이드 쇼를 실행합니다. 2초마다 자동으로 화면이 전환되면서 변화된 슬라이드가 등장하게 됩니다.

TIP 자동 화면 전환 해제하기는 해당 슬라이드를 선택하고 [전환] 탭–[타이밍] 그룹에서 [다음 시간 후]를 체크 해제합니다. 모든 슬라이드에 적용하려면 모두 적용을 클릭합니다.

▪ **실습 파일** 파워포인트\7장\실습\업무혁신 시스템구축제안서.pptx ▪ **완성 파일** 파워포인트\7장\완성\업무혁신 시스템구축제안서_완성.pptx

설명할 내용을 미리 한 번에 보여준 다음 각각의 요소로 세부적으로 설명할 때 해당 슬라이드로 이동한 후 다시 제자리로 돌아올 수 있는 하이퍼링크 기능을 적용해보겠습니다.

01 하이퍼링크 추가하기

① **6번 슬라이드**를 선택하고 ② 오른쪽 하단의 **화살표 도형**을 선택합니다. ③ [삽입] 탭–[링크] 그룹에서 **[하이퍼링크]**를 클릭합니다. ④ 하이퍼링크 삽입 대화상자 왼쪽에서 **[현재 문서]**를 클릭하고 ⑤ **[10. 슬라이드 10]**을 선택한 후 ⑥ **[확인]**을 클릭합니다.

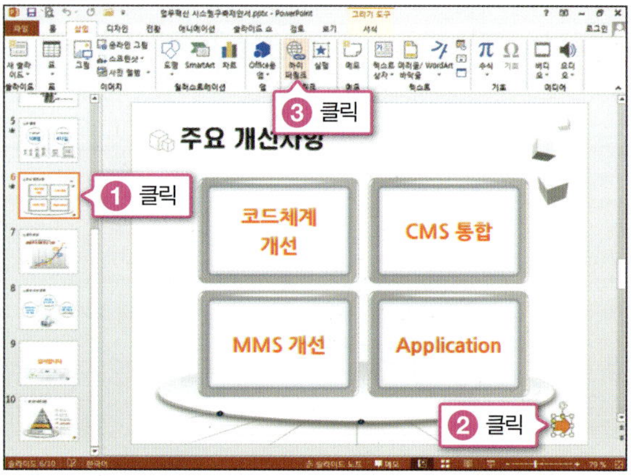

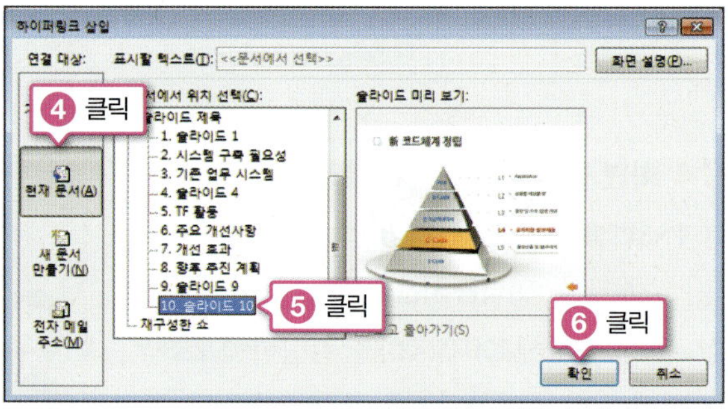

TIP 하이퍼링크를 지정하는 다른 방법으로는 도형을 선택한 후 오른쪽 마우스 버튼을 눌러 [하이퍼링크]를 지정해도 됩니다.
하이퍼링크를 해제하는 방법은 하이퍼링크가 지정된 개체를 선택하고 마우스 오른쪽 버튼을 클릭한 후 [하이퍼링크 제거]를 클릭하면 됩니다.

02 실행 기능을 이용해 하이퍼링크 기능 적용하기

실행 기능을 이용해 하이퍼링크와 같은 결과를 줄 수 있습니다. ① **10번 슬라이드**를 클릭하고 ② 오른쪽 하단의 **화살표 도형**을 선택합니다. ③ [삽입] 탭–[링크] 그룹에서 **[실행]**을 클릭합니다.

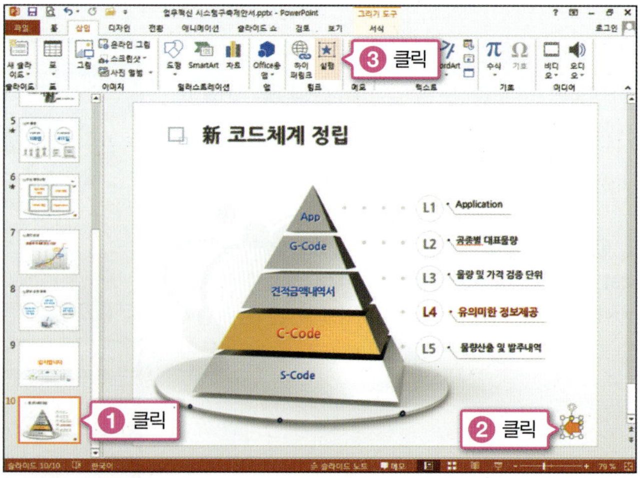

03 실행 기능 적용하기

① [마우스를 클릭할 때] 탭에서 **[하이퍼링크]**에 체크하고 ② [목록]에서 **[슬라이드…]**를 선택합니다. ③ 슬라이드 하이퍼링크 대화상자가 나타나면 **[6. 주요 개선사항]**을 선택한 후 ④ **[확인]**을 클릭합니다. ⑤ 실행 설정 대화상자에서 **[확인]**을 클릭하여 실행 기능을 종료합니다.

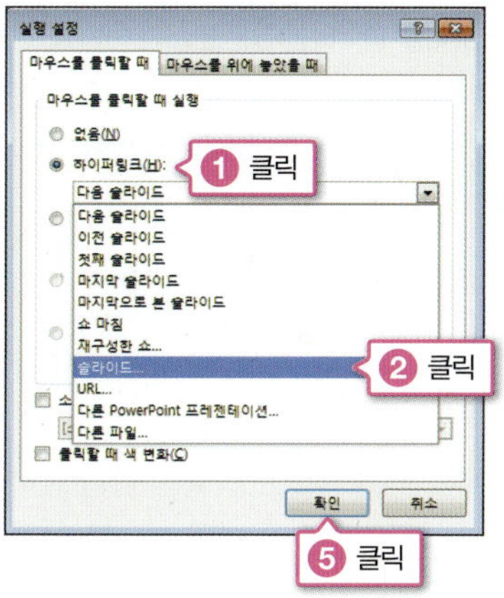

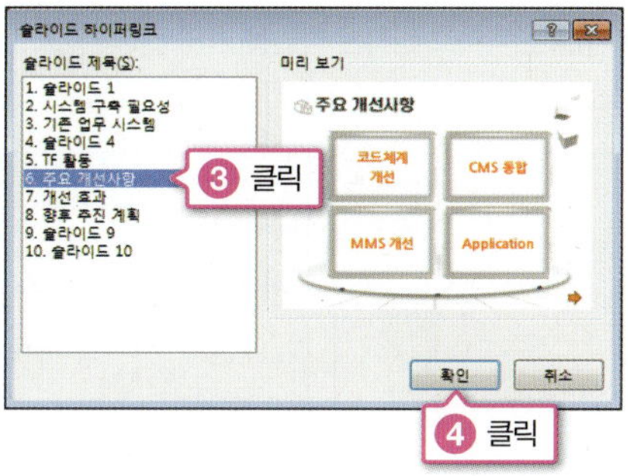

04 하이퍼링크 슬라이드 완성하기

6번 슬라이드를 선택하고 [Shift]+[F5]를 눌러 슬라이드 쇼를 실행합니다. 하단의 화살표 도형을 클릭하면 해당 링크로 이동하며 또한 이동된 화면에서 오른쪽 하단의 화살표 도형을 클릭하면 다시 제자리로 돌아오는 것을 확인할 수 있습니다.

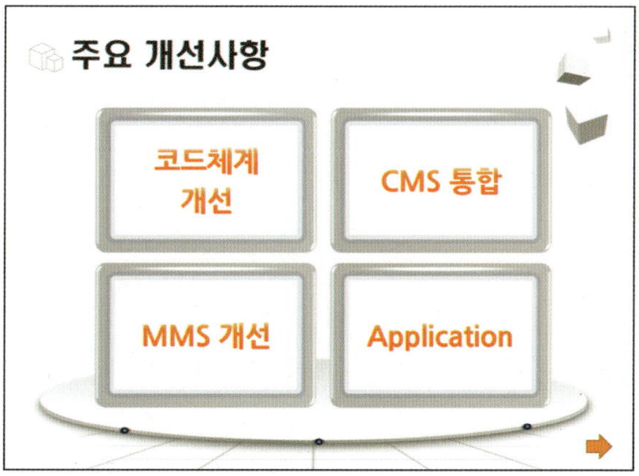

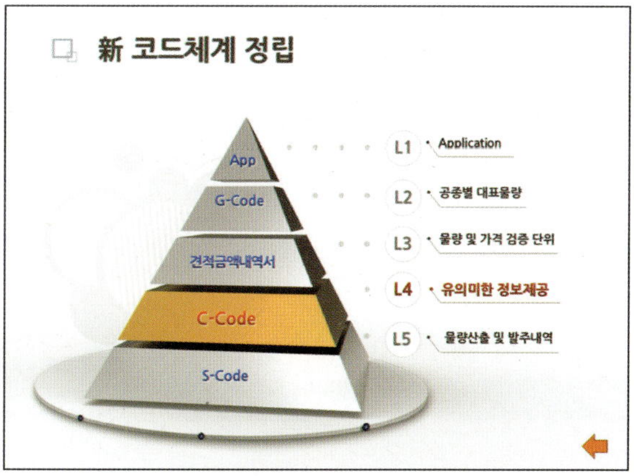

TIP 슬라이드 쇼 화면에서 링크 슬라이드가 아닌 다음 슬라이드로 이동하려면 링크가 지정되지 않은 다른 곳을 클릭하거나 [Enter]를 누르면 됩니다.

동영상으로 한번 더

애니메이션 효과는 동영상 강좌를 통해 직접 확인하세요.
한빛미디어 홈페이지에서 동영상을 다운로드하거나 스마트폰으로 QR 코드를 찍어 동영상을 확인할 수 있습니다.
유튜브에서도 확인할 수 있습니다.
http://youtu.be/-F_-BFzW3Uc

회사통엑셀파포2013

실 무 활 용
POWERPOINT NOTE

웹페이지 혹은 다른 문서 링크하기

가끔 웹페이지로 링크를 설정해야 할 때가 있습니다. 이때에는 하이퍼링크 삽입에서 웹페이지 혹은 다른 문서 경로를 입력해 하이퍼링크 기능을 이용할 수 있습니다.

하이퍼링크를 설정할 때 [**기존 파일/웹페이지**]를 선택하고 원하는 파일을 가져오거나 주소란에 URL을 입력하면 같은 문서가 아닌 다른 문서 혹은 웹페이지로 이동할 수 있습니다.

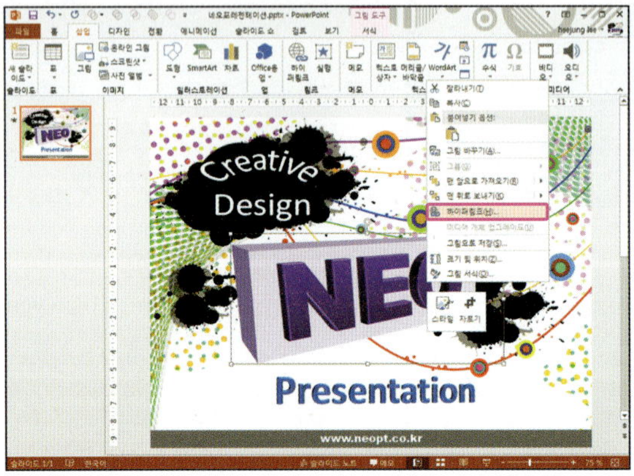

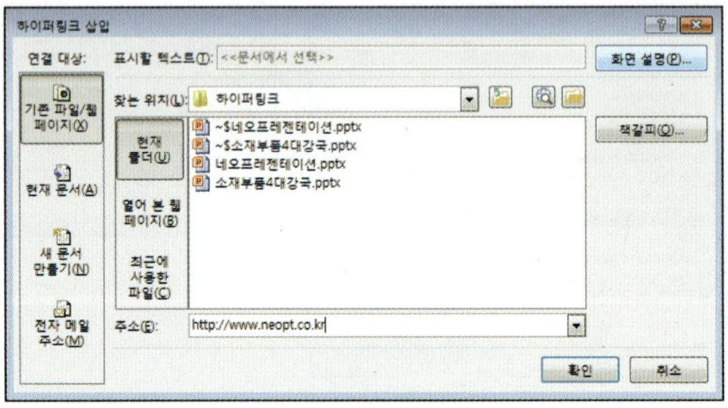

혼자해보기 | 진단 내용을 순서에 맞춰 나타나게 하는 애니메이션

- **실습 파일** 파워포인트\7장\실습\업무혁신 시스템 구축제안서.pptx
- **완성 파일** 파워포인트\7장\완성\업무혁신 시스템 구축제안서_완성.pptx

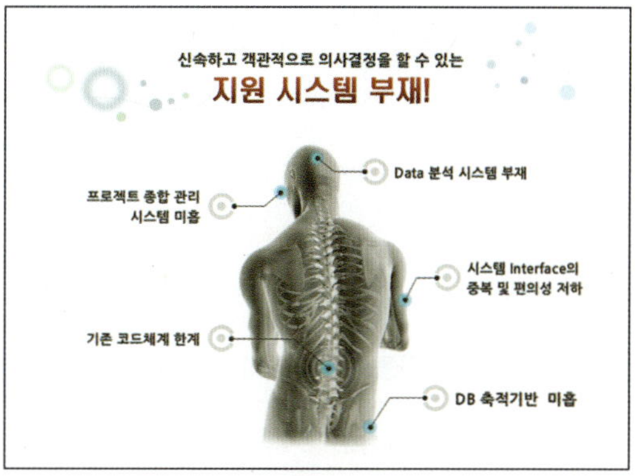

의사 결정 지원 시스템의 문제점을 강조하기 위해 해당 문제점을 신체에 비유하였습니다. 발표 시 문제점들을 순차적으로 나타나게 하는 애니메이션을 적용해보겠습니다.

1. **4번 슬라이드**를 선택하고 가운데 사람 이미지를 선택합니다. [애니메이션] 탭–[애니메이션] 그룹에서 **자세히**를 클릭하고 나타내기 영역의 **[올라오기]**를 선택합니다.

2. [애니메이션] 탭–[타이밍] 그룹–[시작] 옵션에서 **[이전 효과 다음에]**를 선택하고 [재생 시간] 옵션에 **[02.00]**을 입력하여 재생 시간을 변경합니다.

3. 텍스트 그룹의 개체 5개를 왼쪽 상단(프로젝트 종합관리~~)부터 반시계 방향 순서대로 차례로 모두 선택하고 [애니메이션] 탭–[애니메이션] 그룹에서 **[자세히]**를 클릭하고 나타내기 영역의 **[닦아내기]**를 선택합니다.

4. [애니메이션] 탭–[타이밍] 그룹–[시작] 옵션에서 **[클릭할 때]**를 선택하고 [재생 시간] 옵션에 **[01.00]**을 입력하여 재생 시간을 변경합니다.

5. [애니메이션] 탭의 [고급 애니메이션] 그룹에서 **[애니메이션 창]**을 클릭합니다. 애니메이션 창에서 **[그룹 2]**와 **[그룹 3]**을 선택하고 [애니메이션] 탭–[애니메이션] 그룹에서 **[효과 옵션]**을 클릭한 후 **[왼쪽에서]**를 선택합니다.

6. 계속해서 **[그룹 61]**, **[그룹 53]**, **[그룹 45]**를 선택하고 [애니메이션] 탭–[애니메이션] 그룹에서 **[효과 옵션]**을 클릭한 후 **[오른쪽에서]**를 선택합니다.

7. 사람 이미지를 다시 선택합니다. [애니메이션] 탭–[고급 애니메이션] 그룹에서 **[애니메이션 추가]**를 클릭하고 강조 영역의 **[펄스]**를 선택합니다. [애니메이션] 탭–[타이밍] 그룹에서 [시작] 옵션에서 **[이전 효과 다음에]**를 선택합니다.

8. 애니메이션 창에서 하단의 노란색 별 모양으로 등록된 애니메이션의 **[목록 단추]**를 클릭한 후 타이밍을 선택합니다. **[타이밍]** 탭의 반복을 [3]으로 수정한 후 **[확인]**을 클릭합니다.

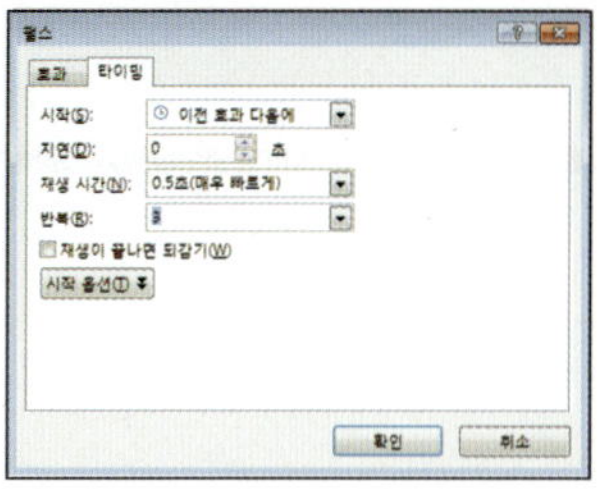

동영상으로 한번 더

애니메이션 효과는 동영상 강좌를 통해 직접 확인하세요.
한빛미디어 홈페이지에서 동영상을 다운로드하거나 스마트폰으로 QR 코드를 찍어 동영상을 확인할 수 있습니다.
유튜브에서도 확인할 수 있습니다.
http://youtu.be/NtMxmPxJ8gY

회사통엑셀파포2013

혼자해보기 | 자동으로 슬라이드가 진행되도록 화면 전환 효과 시간 설정하기

- **실습 파일** 파워포인트\7장\실습\혼자해보기_Presentation.pptx
- **완성 파일** 파워포인트\7장\완성\혼자해보기_Presentation_완성.pptx

총 4개의 구역이 설정되어 있는 하나의 프로젝트의 발표를 효과적으로 하기 위해 화면 전환 효과를 적절히 적용하고 자동으로 슬라이드 쇼가 되도록 시간을 설정해보겠습니다.

1. [여러 슬라이드 보기]를 선택합니다. 미리 설정된 네 개의 구역 중 첫 번째 구역인 **[기본 구역]**을 선택합니다. [전환] 탭–[슬라이드 화면 전환] 그룹에서 **[자세히]**를 클릭합니다. 은은한 효과 영역의 **[나누기]**를 선택합니다.

2. [전환] 탭–[슬라이드 화면 전환] 그룹에서 **[효과 옵션]**을 클릭하고 **[세로 안쪽으로]**를 선택합니다.

3. 4~14번 **슬라이드**를 모두 선택합니다 [전환] 탭–[슬라이드 화면 전환] 그룹에서 **[자세히]**를 클릭합니다. 화려한 효과 영역의 **[페이지 말아 넘기기]**를 선택합니다.

4. Ctrl을 누른 채 4, 9, 13**번 슬라이드**를 선택합니다. [전환] 탭–[슬라이드 화면 전환] 그룹에서 **[자세히]**를 클릭합니다. 화려한 효과 영역의 **[큐브]**를 선택합니다.

5. [전환] 탭–[타이밍] 그룹에서 **[다음 시간 후]**를 클릭하여 체크한 다음 **[00:03:00]**을 입력한 후 **모두 적용**을 클릭합니다.

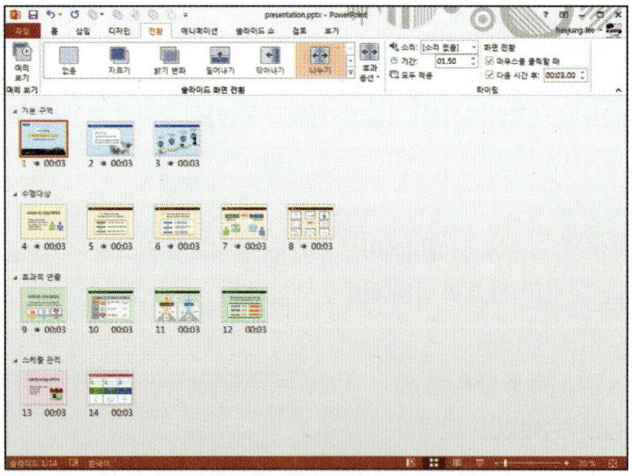

CHAPTER

08

멀티미디어 기능으로 슬라이드 꾸미기

POWERPOINT 2013

SECTION

01 오디오 파일 삽입하기

기능실습 내레이션 파일 삽입하기 2007 | 2010 | 2013

- 실습 파일 파워포인트\8장\실습\Economic growth.pptx
- 완성 파일 파워포인트\8장\완성\Economic growth_완성.pptx

슬라이드에 내레이션 파일을 삽입하면 더욱 생기 있는 슬라이드 쇼를 연출할 수 있습니다. 이번 실습 파일 슬라이드에는 미리 시간을 설정한 애니메이션이 적용되어 있습니다. 여기에 녹음된 내레이션 파일을 삽입하여 애니메이션과 조화를 이룰 수 있는 오디오 파일 재생 방법에 대해서 알아보겠습니다.

01 오디오 파일 삽입하기

① **2번 슬라이드**를 선택한 후 ② [삽입] 탭-[미디어] 그룹에서 **[오디오]**를 클릭합니다. ③ **[내 PC의 오디오]**를 선택하고 오디오 삽입 대화상자가 나타나면 ④ **2.wav(파워포인트\8장\실습)**를 선택한 후 ⑤ **[삽입]**을 클릭합니다.

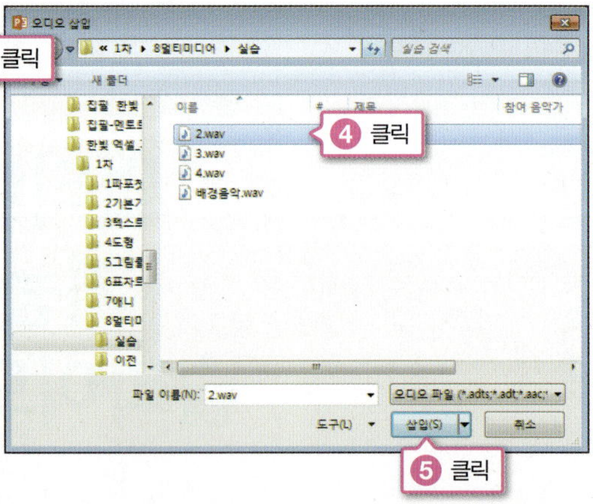

02 오디오 파일 아이콘 이동하기

삽입한 오디오 파일 아이콘을 드래그하여 슬라이드 밖으로 옮깁니다.

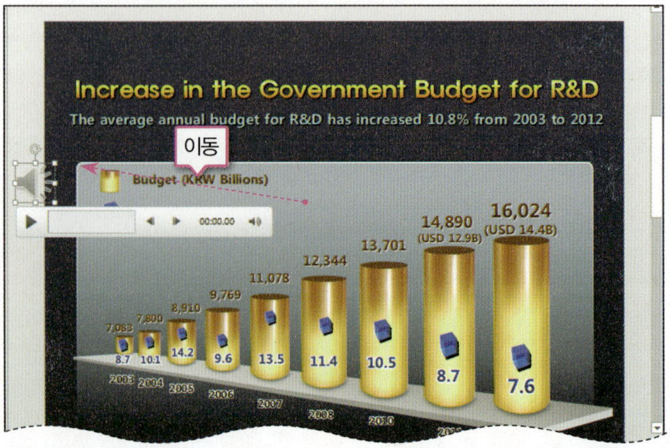

03 오디오 애니메이션 순서 변경하기

① [애니메이션] 탭–[고급 애니메이션] 그룹에서 [**애니메이션 창**]을 클릭합니다. ② **01**번 과정에서 선택한 오디오 파일 애니메이션을 드래그하여 맨 위로 옮깁니다.

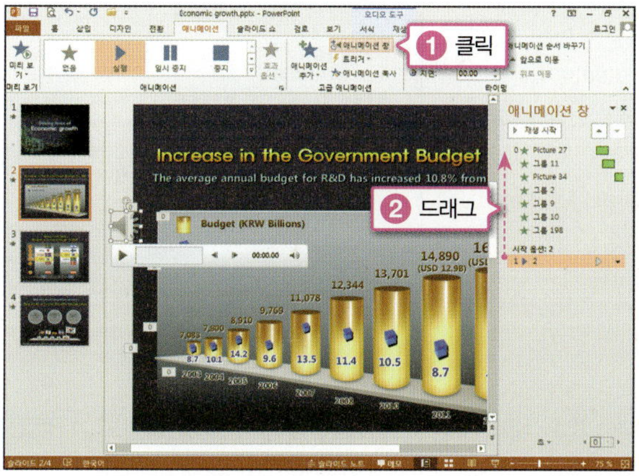

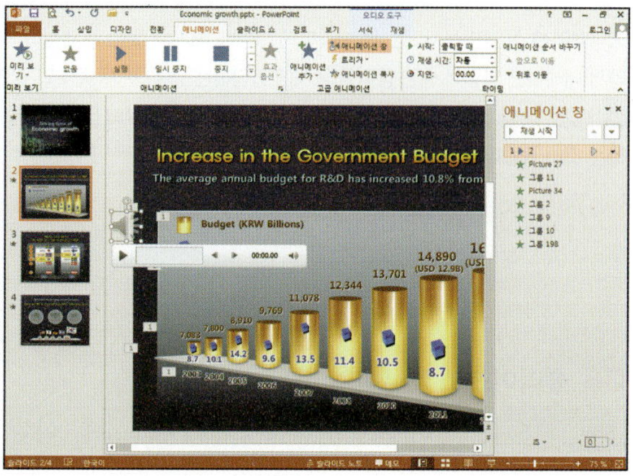

04 오디오 효과 옵션 설정하기

① 애니메이션 창에서 오디오 파일의 [**목록**]을 클릭하고 ② [**효과 옵션**]을 선택합니다.

05 오디오 효과 옵션 설정하기

① 기존의 애니메이션과 함께 재생되기 위해 [효과] 탭의 재생 중지 영역에서 **지금부터 [1] 슬라이드 후**를 선택합니다. ② [**타이밍**] 탭을 클릭하고 ③ 시작 옵션을 [**이전 효과와 함께**]로 선택한 후 ④ [**확인**]을 클릭합니다.

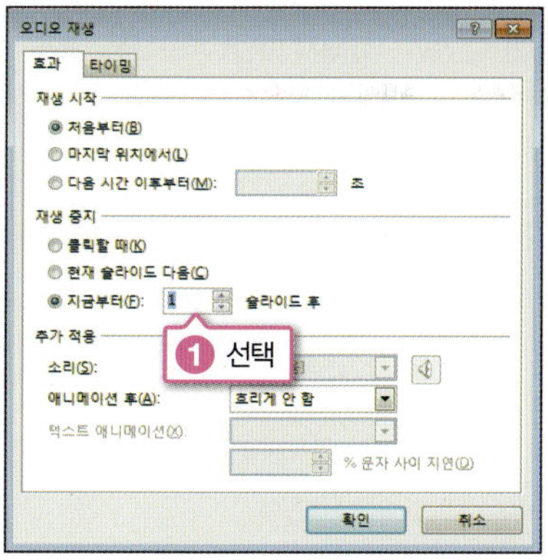

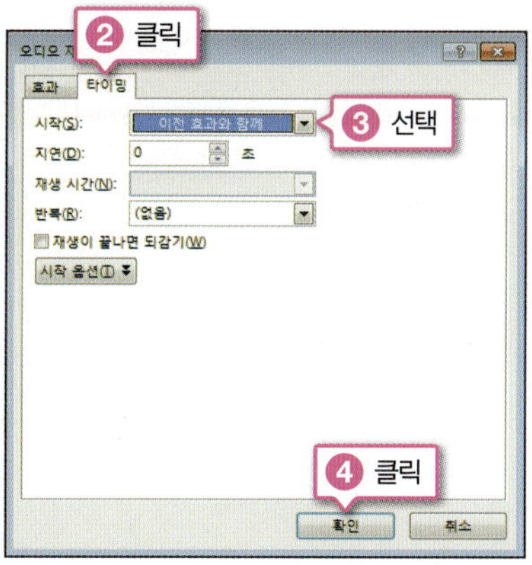

T I P 지금부터 옵션 설정 시 주의할 점

오디오 재생 대화상자의 재생 중지 영역에서 **지금부터 [1] 슬라이드 후**로 선택하고 파워포인트 문서를 저장한 후 프로그램을 종료합니다. 그리고 다시 파일을 열어 오디오 재생 대화상자를 열어 보면 옵션이 **현재 슬라이드 다음**으로 변경되어 있는 것을 확인할 수 있습니다.

이는 아무 문제가 없어 보일지 모르겠지만, 다음 예제 '배경 음악을 삽입하기(413p)'하는 경우, 애니메이션 실행이 정지되는 등 슬라이드 실행에 예기치 못한 문제점이 나타날 수 있습니다. 따라서 내레이션 파일과 배경 음악을 동시에 삽입하는 경우, 현재 예제와 같이 슬라이드 길이를 적절히 맞춘 상태에서는 재생 중지 영역을 그림과 같이 **지금부터 [2] 슬라이드 후**로 변경하여 저장하는 것이 좋습니다.

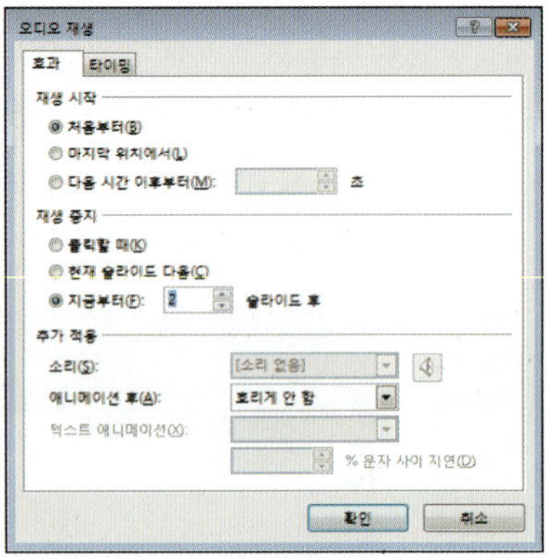

06 슬라이드 쇼 재생하기

[Shift]+[F5]를 눌러 현재 위치에서 슬라이드 쇼를 실행해봅니다. 애니메이션과 함께 내레이션이 재생되면 [ESC]를 눌러 슬라이드 쇼를 종료합니다. 01~05번 과정과 같은 방법으로 3번 슬라이드와 4번 슬라이드에 **3.wav**와 **4.wav**를 각각 삽입하여 슬라이드를 완성합니다.

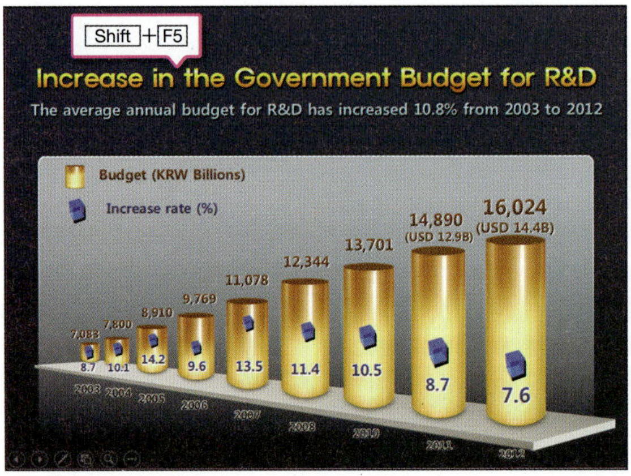

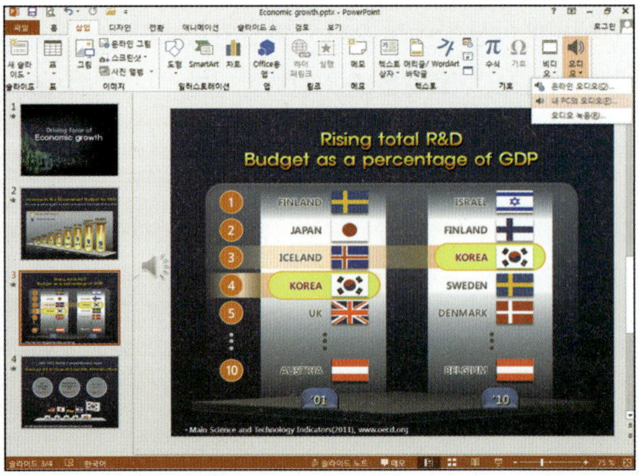

실무활용 POWERPOINT NOTE **파워포인트 2013에 삽입 가능한 멀티미디어 파일**

- **동영상 파일**

  WMV(가장 안정적), AVI(별도의 코덱이 필요하여 재생 시 어려운 경우도 있음), MP4, MPG, SWF(플래시 파일), ASF 등
- **오디오 파일**

  WAV, MP3, MID, AIFF, AU, MP4, WMA 등

실무활용 여러 장의 슬라이드에 이어지는 배경 음악 삽입하기 2007 | 2010 | 2013

▪ **실습 파일** 파워포인트\8장\실습\Economic growth 2.pptx ▪ **완성 파일** 파워포인트\8장\완성\Economic growth 2_완성.pptx

배경 음악은 슬라이드가 여러 장이더라도 연속적으로 재생되어야 합니다. 또한 배경 음악 재생 시간이 길다면 전체 슬라이드 길이에 맞춰 재생 시간을 조절해야 합니다. 여기에서는 슬라이드 길이에 맞춰 재생 시간을 조절하고 자연스럽게 음악이 종료될 수 있도록 조정해보겠습니다.

01 오디오 파일 삽입하기

① 1번 슬라이드에서 [삽입] 탭–[미디어] 그룹에서 [**오디오**]를 클릭하고 ② **[내 PC의 오디오]**를 선택합니다. ③ **배경음악.wav(파워포인트\8장\실습)**을 선택한 후 ④ **[삽입]**을 클릭합니다.

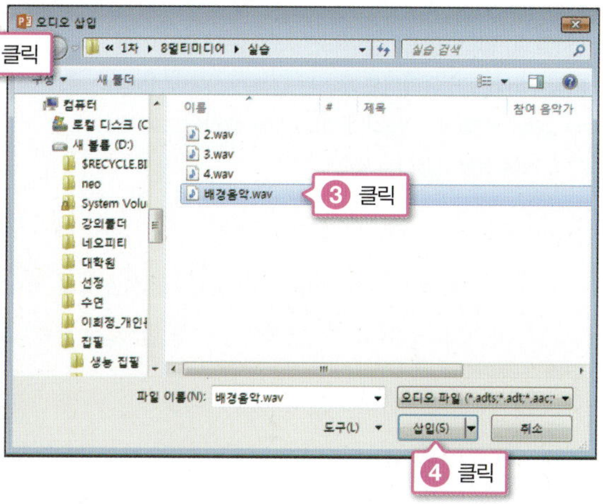

02 전체 슬라이드에서 오디오 재생 설정하기

① 삽입된 오디오 파일 아이콘을 클릭하고 ② [재생] 탭–[오디오 스타일] 그룹에서 [**백그라운드에서 재생**]을 클릭합니다. 삽입한 오디오 파일이 전체 슬라이드의 배경으로 재생되게 합니다. ③ [오디오 옵션] 그룹에서 **반복 재생**의 체크를 해제하여 배경음악이 반복되는 것을 중지합니다.

실 무 활 용 POWERPOINT NOTE

백그라운드 재생 기능

[백그라운드 재생]은 슬라이드 전체에 배경 음악을 삽입할 때 유용하며 [재생] 탭의 다양한 기능에 변화를 줍니다. **시작을 [자동 실행(A)]**으로 변경하면 재생 버튼을 클릭하지 않아도 오디오 파일이 재생되며, 반복 재생 기능이 실행되게 해주어 배경 음악이 중간에 끝나더라도 배경 음악이 다시 재생됩니다. 또한, **쇼 동안 숨기기**로 슬라이드쇼 실행 시 오디오 파일 아이콘이 화면에 보이지 않습니다.

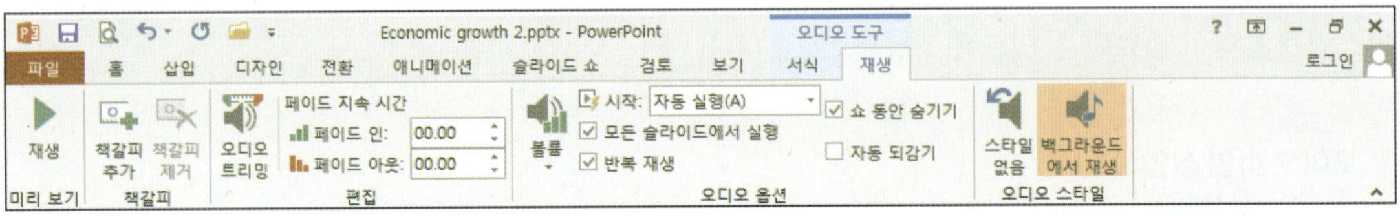

또한 백그라운드 재생 기능은 모든 슬라이드에서 실행됩니다. 이때 애니메이션 창에 등록된 오디오 파일의 [효과] 탭의 옵션을 살펴보면 재생 중지 영역에서 **지금부터 [999] 슬라이드 후**라는 충분한 숫자로 변경된 것을 확인할 수 있습니다. 이는 전체 슬라이드에 배경 음악을 적용하겠다는 뜻입니다.

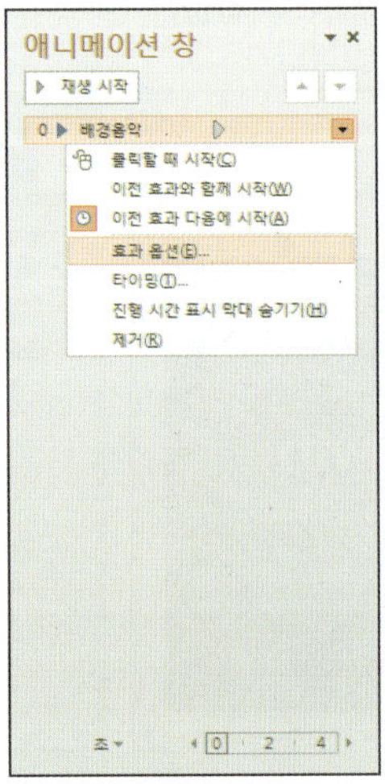

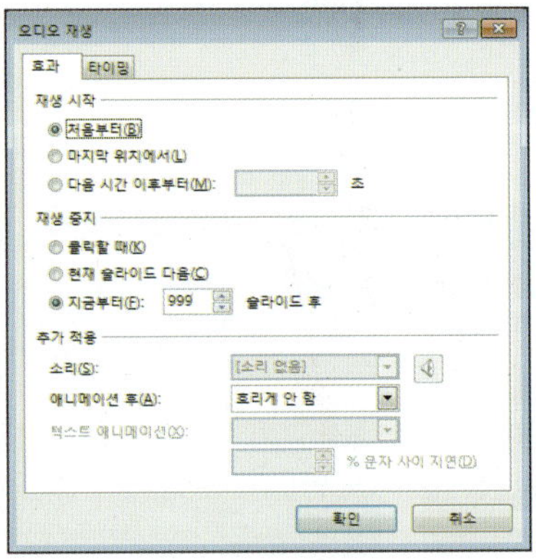

03 오디오 파일 볼륨 조절하기

① 슬라이드에 삽입된 오디오 파일 아이콘의 [▶ **재생 버튼]**을 클릭해 오디오 파일을 재생합니다. ② 배경 음악으로 알맞은 볼륨 조절을 위해 [재생] 탭-[오디오 옵션] 그룹에서 **[볼륨]**을 클릭하고 ③ **[낮음]**을 선택하여 볼륨을 재설정합니다.

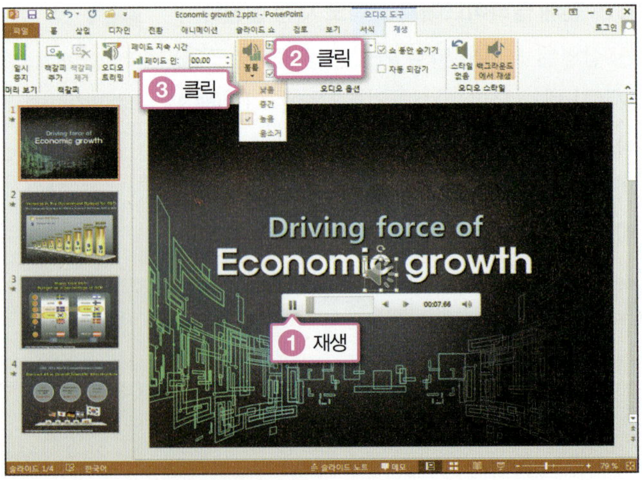

04 오디오 파일 길이 조절하기

배경 음악의 길이를 조절하고 자연스럽게 종료되도록 해보겠습니다. ① [재생] 탭–[편집] 그룹에서 [페이드 아웃]에 **[04.00]**을 입력하여 4초로 설정합니다. ② **[오디오트리밍]**을 클릭한 후 ③ 종료 시간을 **[00:53]**을 입력하여 53초로 맞춘 후 ④ **[확인]**을 클릭합니다.

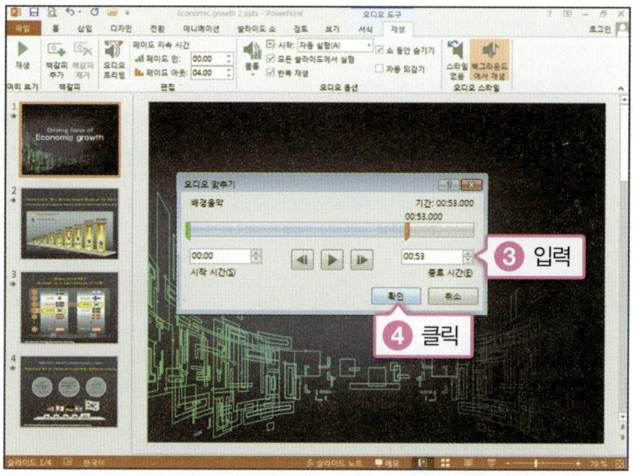

05 슬라이드 완성하기

F5를 눌러 슬라이드 쇼를 재생해보면 전체 슬라이드에 배경 음악과 내레이션이 조화롭게 재생됩니다. 4번 슬라이드에서는 배경 음악이 자연스럽게 종료됩니다.

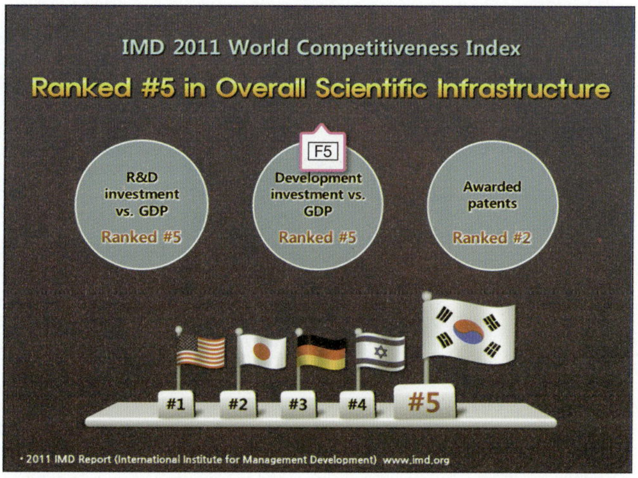

동영상으로 한번 더

멀티미디어 효과는 동영상 강좌를 통해 직접 확인하세요.
한빛미디어 홈페이지에서 동영상을 다운로드하거나 스마트폰으로 QR 코드를 찍어 동영상을 확인할 수 있습니다.
유튜브에서도 확인할 수 있습니다.
http://youtu.be/g-w63-tXa9c

회사통엑셀파포2013

SECTION

02 동영상(플래시) 삽입하기

기능 실습 동영상 삽입하고 편집하기

2007 | 2010 | 2013

- **실습 파일** 파워포인트\8장\실습\POD 서비스 런칭.pptx
- **완성 파일** 파워포인트\8장\완성\POD 서비스 런칭_완성.pptx

플래시(.swf)를 포함한 동영상 파일을 파워포인트에 삽입하는 것은 매우 간단한 작업이며 오디오 파일과 마찬가지로 길이 조절이나 페이드아웃과 같은 편집도 가능합니다.

01 동영상 삽입하기

① [삽입] 탭–[미디어] 그룹에서 **[비디오]**을 클릭한 후 ② **[내 PC의 비디오]**를 선택합니다. ③ **service.mp4(파워포인트\8장\실습)**를 선택하고 ④ **[삽입]**을 클릭해 동영상을 삽입합니다.

TIP 플래시 동영상 삽입하기

*.swf와 같은 확장자의 플래시 동영상은 일반 동영상과 같은 방법으로 파워포인트에 삽입할 수 있습니다.

02 동영상 이동하여 배치하기

삽입한 동영상을 크기 조정 핸들을 드래그하여 크기를 늘립니다.

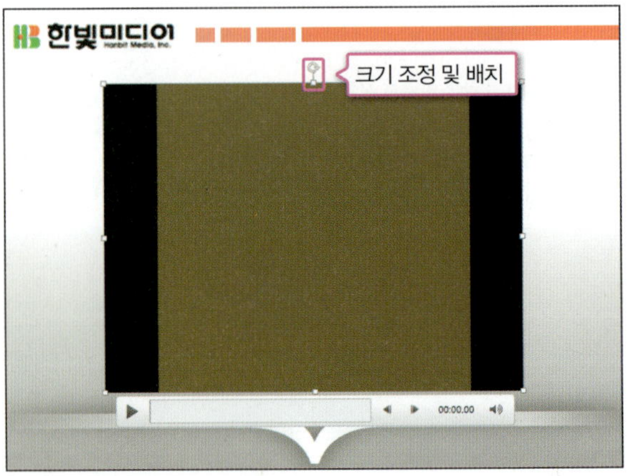

03 동영상 재생하기

동영상 아래에 있는 [▶ **재생 버튼**]을 클릭해서 동영상이 알맞게 재생되는지 확인합니다.

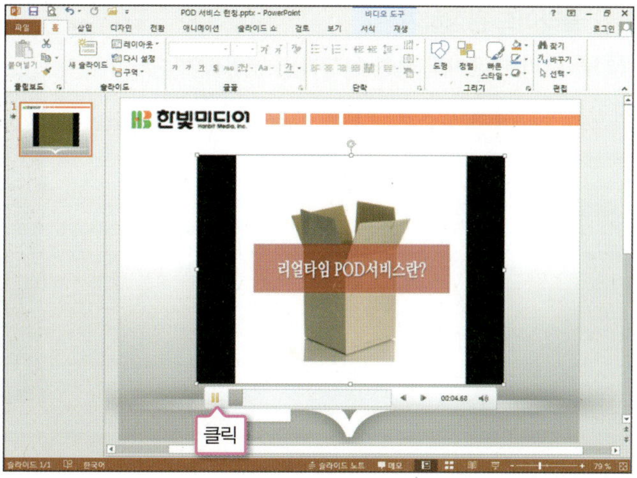

04 자동으로 동영상 재생하기

① 동영상을 선택하고 ② [재생] 탭–[비디오 옵션] 그룹에서 시작 옵션을 **[자동 실행]**으로 선택합니다. ③ F5를 눌러 슬라이드 쇼를 실행하면 동영상이 자동으로 재생됩니다.

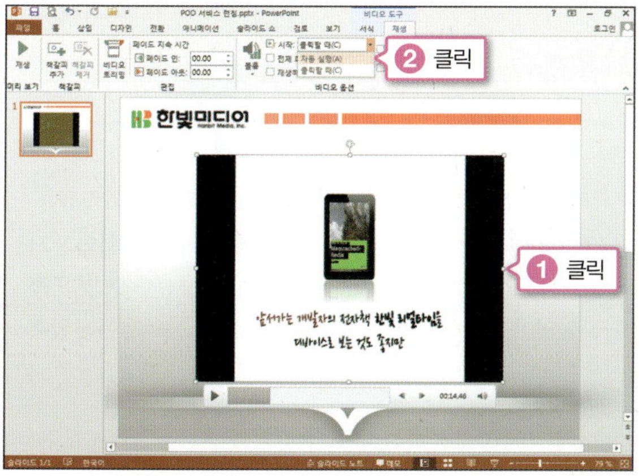

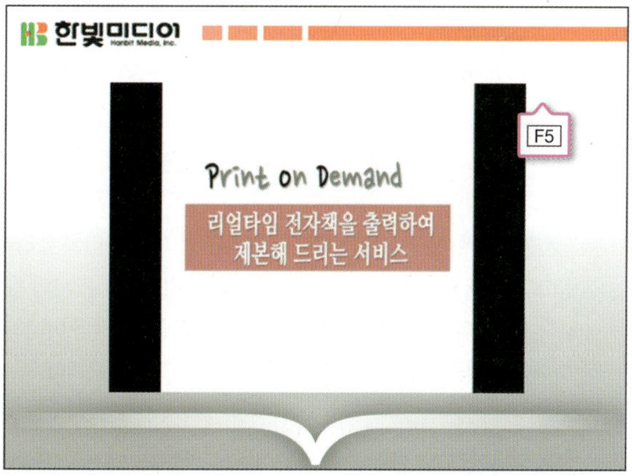

05 동영상 개체 서식 변경하기

① ESC를 눌러 슬라이드 쇼를 마친 다음 다시 동영상을 선택합니다. ② [서식] 탭–[비디오 스타일] 그룹에서 [⊽ **자세히**]를 클릭하고 일반 영역의 **[복합형 프레임, 검정]**을 선택해서 동영상 개체의 서식을 변경합니다.

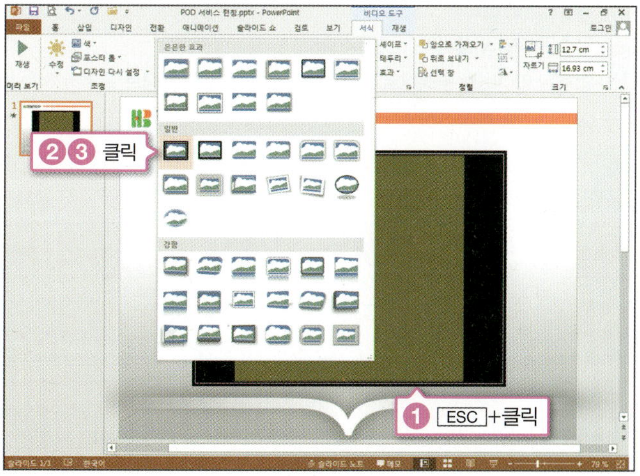

06 슬라이드 완성하기

[F5]를 눌러 슬라이드 쇼를 실행하면 동영상이 자동으로 재생되는 것을 확인할 수 있습니다.

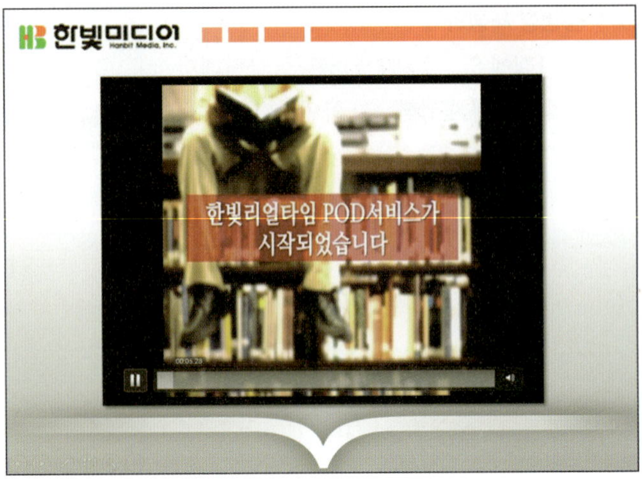

동영상으로 한번 더

멀티미디어 효과는 동영상 강좌를 통해 직접 확인하세요.
한빛미디어 홈페이지에서 동영상을 다운로드하거나 스마트폰으로 QR 코드를 찍어 동영상을 확인할 수 있습니다.
유튜브에서도 확인할 수 있습니다.
http://youtu.be/kyAodJVHqIE

회사통엑셀파포2013

실 무 활 용 POWERPOINT NOTE

미디어 파일 압축하기

플래시를 제외한 동영상이나 배경 음악 같은 미디어 파일을 슬라이드에 삽입하면 해당 파워포인트 문서에 동영상이 함께 포함되어 저장됩니다. 이때 미디어 파일의 용량에 따라 파워포인트 문서의 용량이 한없이 커질 수 있으므로 미디어를 압축하여 저장하는 것이 좋습니다. 단, 미디어를 압축하게 되면 용량이 줄어드는 만큼 미디어의 품질도 낮아질 수 있습니다. 그러므로 문서를 저장하기 전에 압축된 미디어 파일을 재생하여 품질을 확인해보는 것이 좋습니다.

· **파일 압축하기**
[파일] 탭에서 **[정보]**를 클릭하고 **[미디어 압축]**을 클릭한 다음 **[프레젠테이션 품질]**을 선택합니다. 삽입한 미디어를 압축합니다.

· **압축된 파일 되살리기**
압축된 미디어를 원래대로 복구하려면 [파일] 탭에서 **[정보]**를 클릭하고 **[미디어 압축]**을 클릭한 다음 **[실행 취소]**를 선택합니다.

슬라이드에 유튜브 동영상 삽입하기

전 세계적으로 가장 유명한 동영상 공유 커뮤니티인 유튜브(YouTube)의 동영상을 슬라이드에 삽입할 수 있습니다. 이때에는 유튜브 동영상을 컴퓨터에 저장하지 않고 온라인상에서 검색한 후 슬라이드에 바로 삽입하는 방법을 이용합니다.

① [삽입] 탭-[미디어] 그룹에서 [**비디오**]를 클릭한 후 ② **[온라인 비디오]**를 선택합니다. ③ 비디오 삽입 대화 상자에서 추가로 삽입할 소스 항목의 [**유튜브**] 클릭하여 유튜브 검색을 추가합니다. ④ YouTube 검색란에 원하는 검색어를 입력한 후 ⑤ [**검색**]을 클릭합니다.

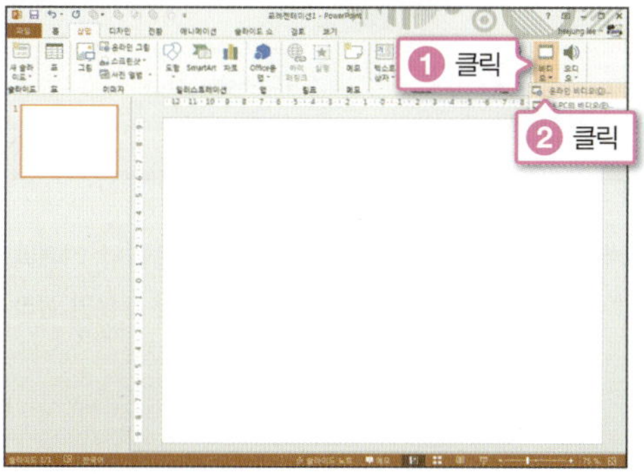

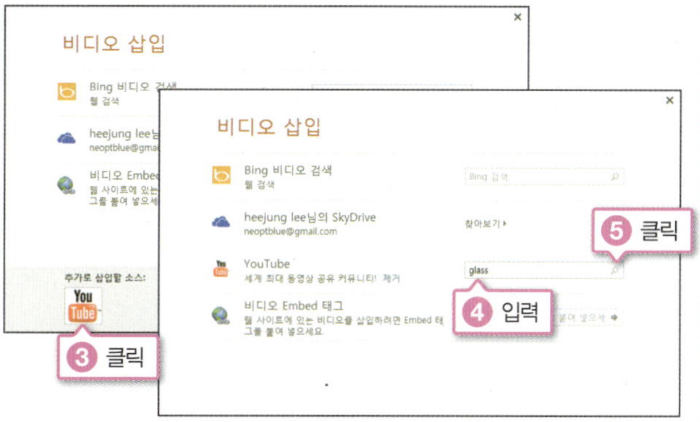

⑥ 검색 결과에 따른 동영상이 나타나면 원하는 동영상을 선택한 후 ⑦ **[삽입]**을 클릭하여 동영상을 삽입합니다. ⑧ 동영상의 크기 조정 핸들을 클릭하여 동영상의 크기를 늘린 후 ⑨ Shift + F5 를 눌러 슬라이드 쇼를 재생합니다. ⑩ 재생 버튼을 클릭하면 동영상이 재생됩니다.

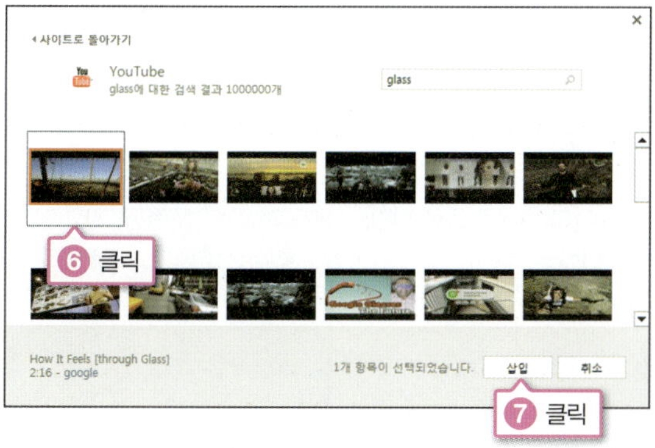

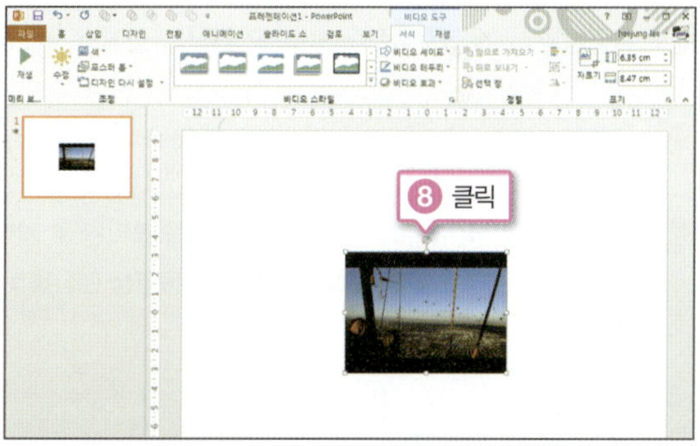

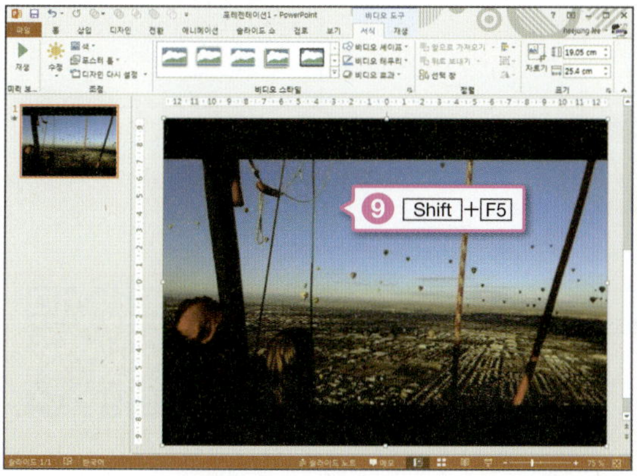

혼자해보기 | 동영상 삽입 후 일부 영역을 잘라 편집하기

- **실습 파일** 파워포인트\8장\실습\자치위원회.pptx
- **완성 파일** 파워포인트\8장\완성\자치위원회_완성.pptx

슬라이드 발표 시간이 동영상 재생 시간보다 짧거나 혹은 동영상의 필요한 부분만 슬라이드에 삽입하고 싶을 때가 있습니다. 이때에는 동영상을 삽입한 후 일부 영역을 잘라 편집하여 재생할 수 있습니다. 여기에서는 동영상 중 슬라이드 내용과 알맞은 부분만 잘라 편집해보겠습니다.

1. 실습 파일을 열고 [삽입] 탭–[미디어] 그룹에서 **[비디오]**를 클릭한 후 **[내 PC의 비디오]**를 선택합니다.

2. **자치위원회**.wmv(**파워포인트**\8**장**\ **실습**) 파일을 선택하고 **[삽입]**을 클릭해서 동영상을 삽입합니다.

3. 삽입한 동영상의 크기 조정 핸들을 드래그하여 크기를 알맞게 조정한 후 흰색 사각형 안쪽에 배치합니다

4. 동영상을 선택하고 [재생] 탭–[비디오 옵션] 그룹에서 시작 옵션을 **[자동 실행]**으로 선택합니다.

5. 오른쪽 하단에 있는 종이비행기 이미지를 마우스 오른쪽 버튼으로 클릭하고 **[맨 앞으로 가져오기]**를 선택합니다.

6. [재생] 탭–[편집] 그룹에서 **[비디오트리밍]**을 클릭한 후 시작 시간을 [00:07]로 종료 시간은 [01:16]을 입력합니다. **[확인]**을 클릭해 동영상 편집을 마무리합니다.

동영상으로 한번 더

멀티미디어 효과는 동영상 강좌를 통해 직접 확인하세요.
한빛미디어 홈페이지에서 동영상을 다운로드하거나 스마트폰으로 QR 코드를 찍어 동영상을 확인할 수 있습니다.
유튜브에서도 확인할 수 있습니다.
http://youtu.be/6DakY89XfSQ

회사통엑셀파포2013

CHAPTER

09

테마와 슬라이드 마스터 편집하기

SECTION

01 테마 이해하기

실무활용 슬라이드에 테마 변경하고 공통 서식 적용하기

2007 | 2010 | 2013

- **실습 파일** 파워포인트\9장\실습\소재부품위상과 향후전망.pptx
- **완성 파일** 파워포인트\9장\완성\소재부품위상과 향후전망_완성.pptx

테마는 슬라이드 마스터, 테마 색, 테마 글꼴, 테마 효과로 구성되어 있습니다. 파워포인트 2013에서는 보다 새롭고 다양한 테마가 제공되는데, 테마 색과 글꼴은 사용자가 원하는 방향으로 수정할 수도 있습니다. 이번에는 기본 테마를 변경하고 따로 제공되는 색상 조합과 글꼴 구성 등을 변경해보도록 하겠습니다.

01 테마 변경하기

① [디자인] 탭–[테마] 그룹에서 [자세히]를 클릭합니다. ② 다양한 테마 중 **[자연주의]**를 선택하여 해당 테마를 슬라이드에 적용합니다.

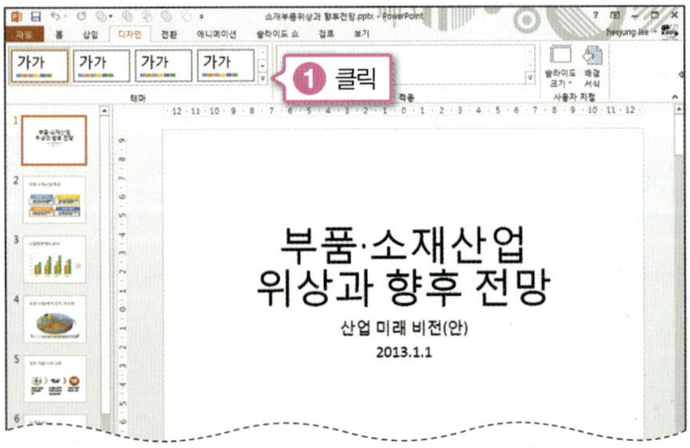

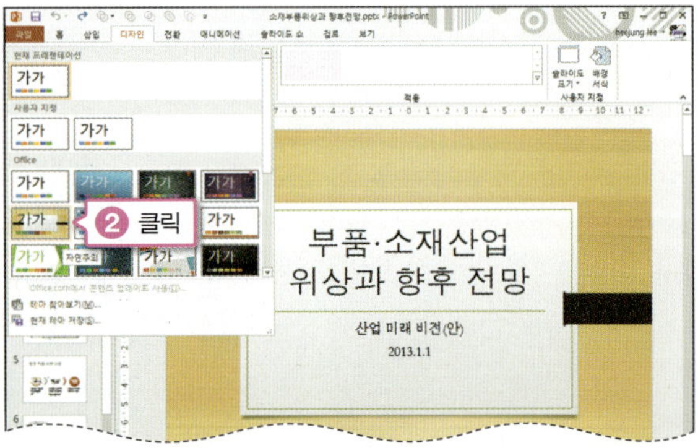

02 테마 디자인 선택하기

[디자인] 탭–[적용] 그룹에서 **[두 번째 디자인]**을 클릭하여 테마에 변화를 줍니다.

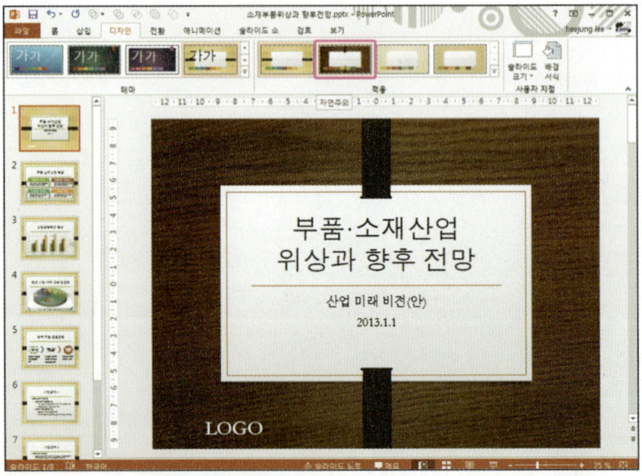

03 테마 색 구성 변경하기

적용한 테마의 색 구성을 변경해보겠습니다. ① **2번 슬라이드**를 선택하고 ② [디자인] 탭–[적용] 그룹에서 **[자세히]**를 클릭합니다. ③ [색]에서 **[모양]**을 클릭합니다. 슬라이드 개체의 테마 색이 변하는 것을 확인할 수 있습니다.

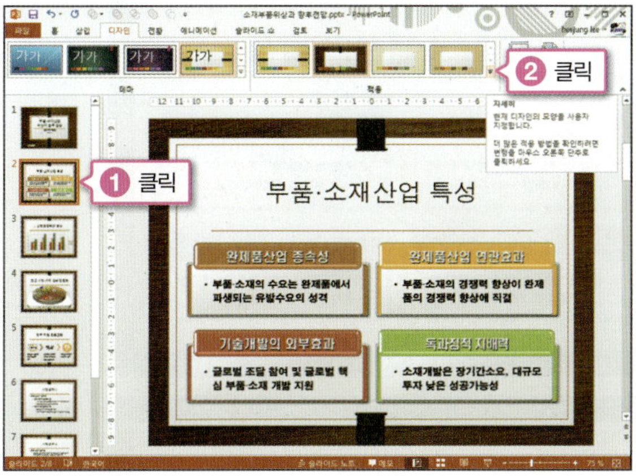

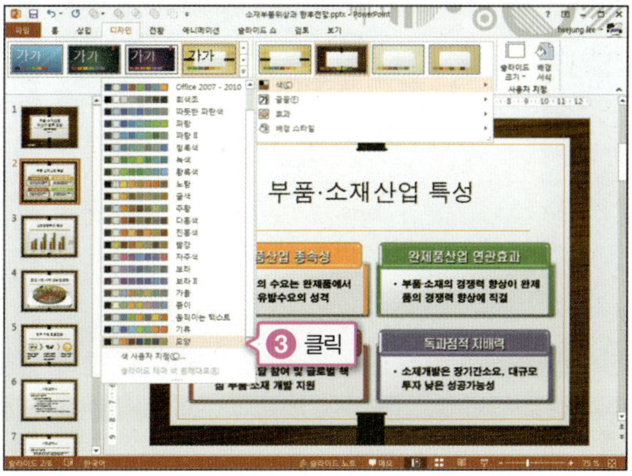

04 테마 글꼴 변경하기

해당 테마의 기본 글꼴을 수정해보겠습니다. ① **6번 슬라이드**를 선택하고 ② [디자인] 탭–[적용] 그룹에서 **[자세히]**를 클릭합니다. ③ [글꼴]에서 **[글꼴 사용자 지정]**을 클릭합니다. ④ 영문과 한글 글꼴을 각각 알맞게 설정한 후 ⑤ 이름에 **헤드라인 강조**를 입력하고 ⑥ **[저장]**을 클릭합니다.

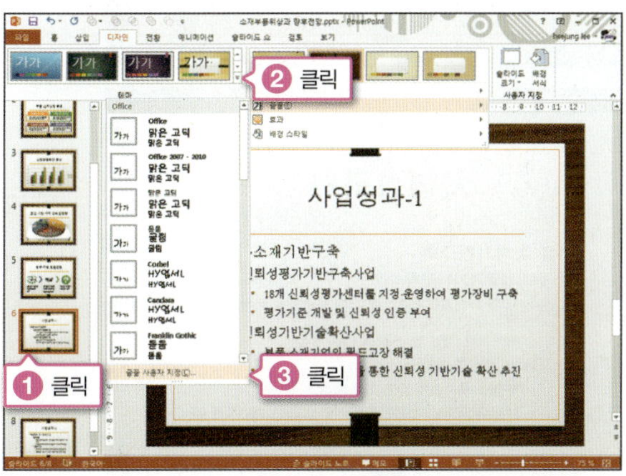

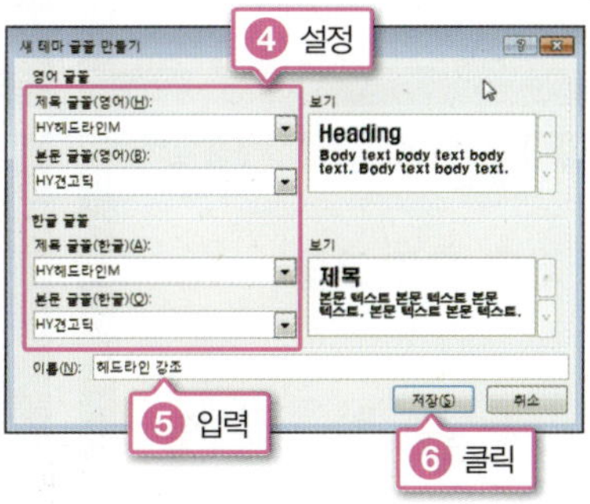

TIP 사용자 지정으로 만든 테마 글꼴을 다른 문서에 적용하려면 [디자인] 탭–[적용] 그룹에서 [자세히]를 클릭한 후 [글꼴]–[사용자 지정]을 클릭해 적용하면 됩니다.

05 슬라이드 완성하기

테마를 적용한 후 모든 슬라이드의 배경, 색, 글꼴을 손쉽게 변경하였습니다.

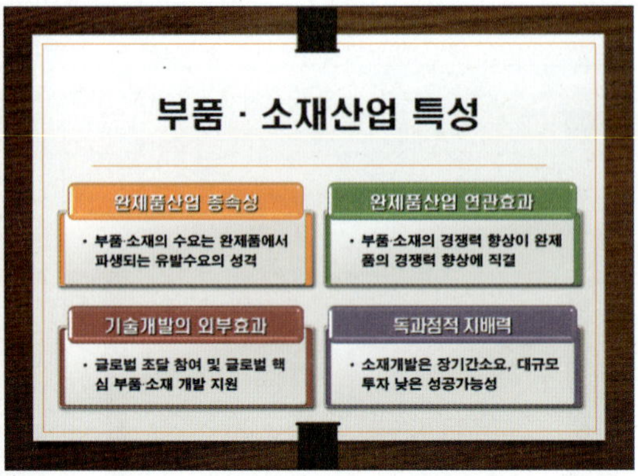

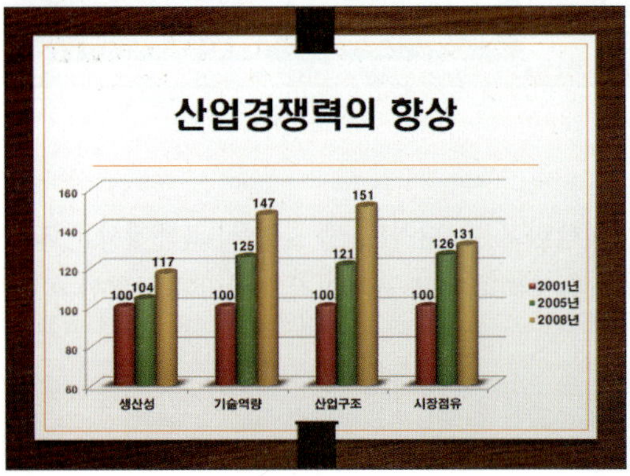

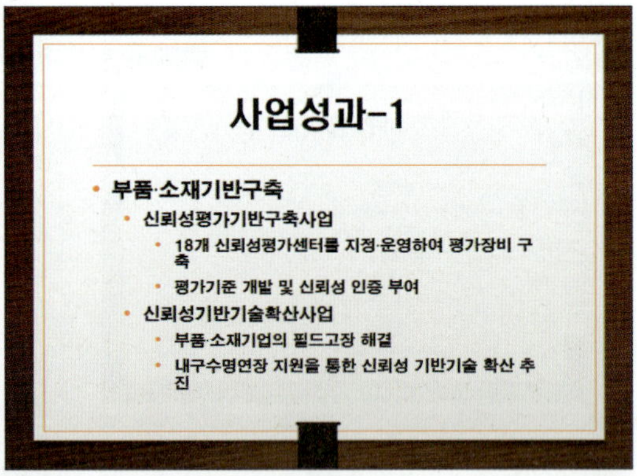

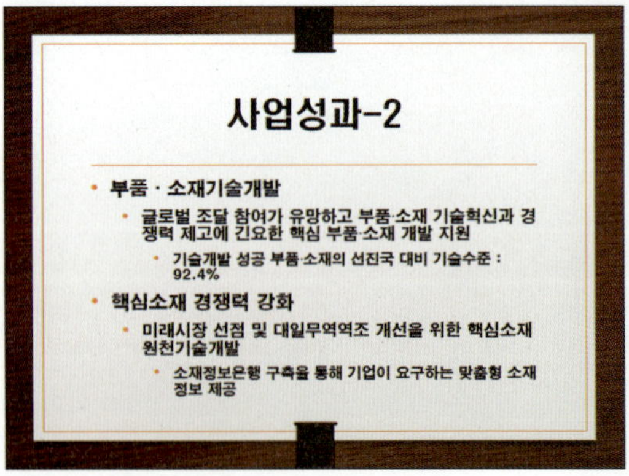

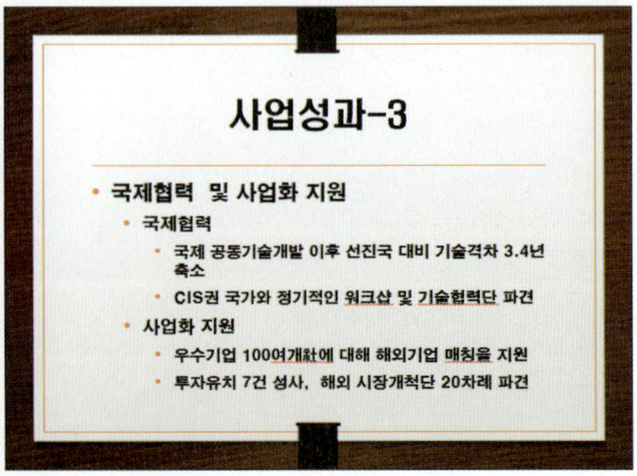

테마 저장 및 사용자 테마 적용하기

사용자가 직접 만들거나 재구성한 테마를 따로 저장하여 다른 문서에 적용할 수 있습니다.

테마 저장하기

① [디자인] 탭–[테마] 그룹에서 [▿**자세히**]를 클릭하고 ② **[현재 테마 저장]**을 선택합니다. ③ 폴더 위치를 변경하지 않은 상태에서 **파일 이름**을 입력하고 ④ **[저장]**을 클릭합니다.

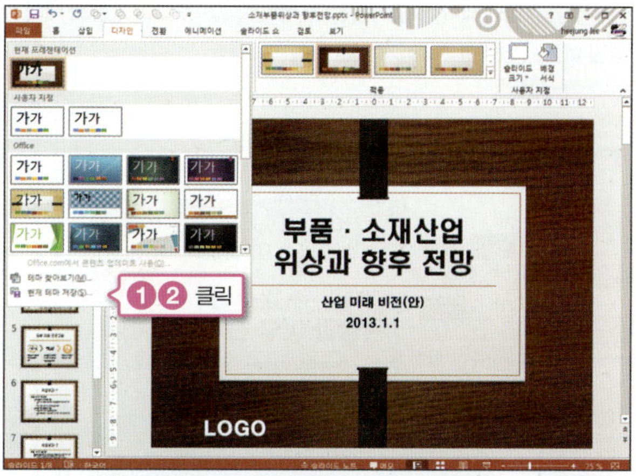

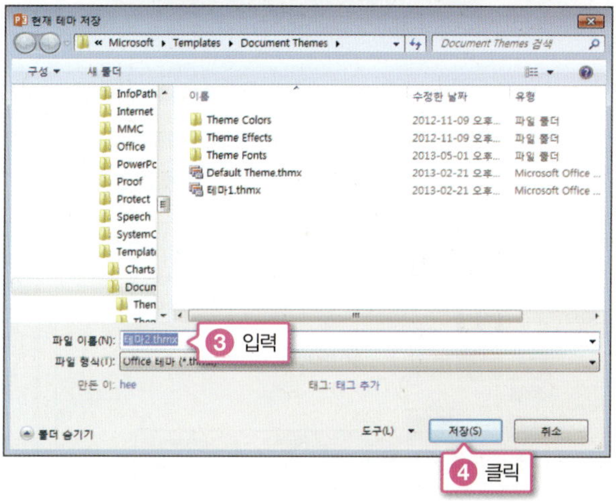

저장한 테마 적용하기

⑤ 테마를 적용할 새 문서를 열고 [디자인] 탭–[테마] 그룹에서 [▿**자세히**]를 클릭하고 ⑥ 사용자 지정 영역에서 앞 단계에서 저장한 테마를 선택하면 됩니다.

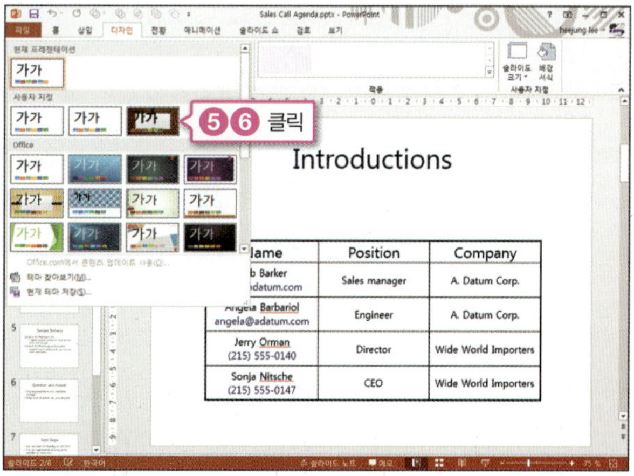

다른 폴더에 테마 저장하고 적용하기

테마는 Microsoft 폴더의 템플릿 폴더에 저장됩니다. 슬라이드를 작업한 후 테마를 적용할 때는 위의 방법이 효과적이지만, 테마를 먼저 살펴볼 때는 폴더를 찾는 것이 번거롭습니다. 이때에는 ③ 단계에서 테마를 저장할 폴더 위치를 지정하여 저장하는 것이 좋습니다.

① [디자인] 탭–[테마] 그룹에서 [자세히]를 클릭하고 ② **[현재 테마 저장]**을 선택합니다. ③ 테마를 저장할 폴더 위치를 변경하고 ④ **파일 이름**을 입력한 후 ⑤ **[저장]**을 클릭합니다.

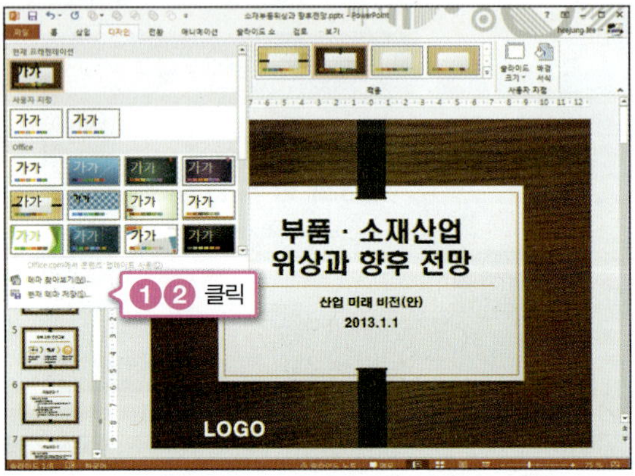

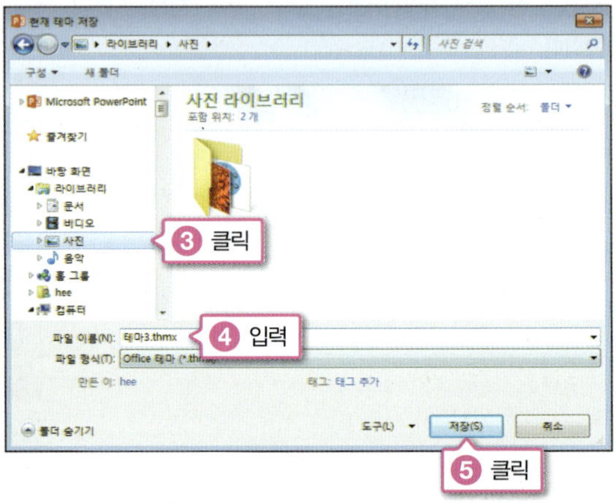

⑥ 테마를 적용할 문서를 열고 [디자인] 탭–[테마] 그룹에서 [자세히]를 클릭하고 ⑦ **[테마 찾아보기]**를 선택합니다. ⑧ 앞 단계에서 지정한 폴더와 저장된 테마를 찾아 선택한 후 ⑨ **[적용]**을 클릭합니다.

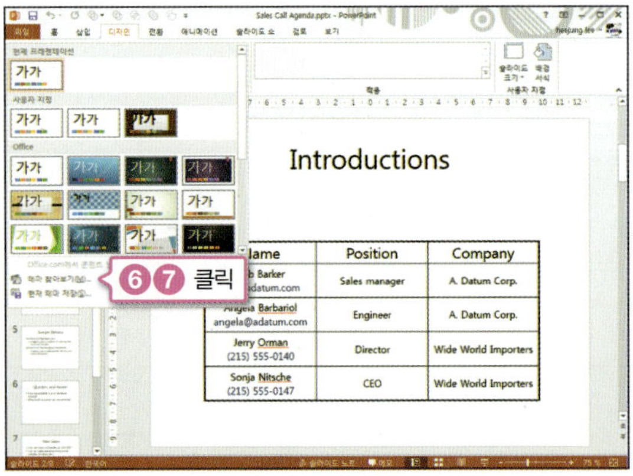

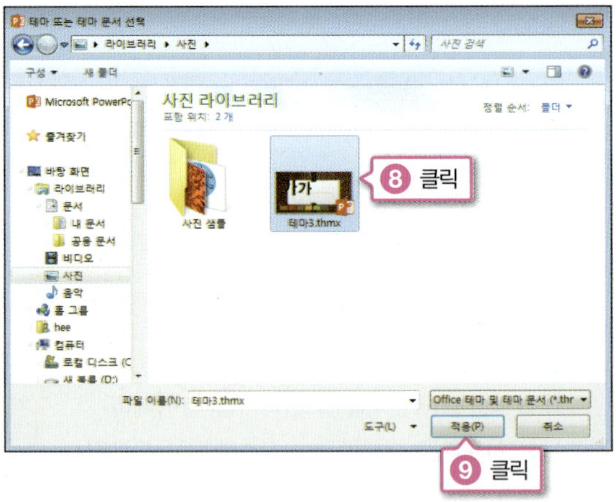

SECTION

02 자신만의 슬라이드 마스터 만들기

실무활용 슬라이드별 마스터 배경 삽입하기

2007 | 2010 | 2013

- **실습 파일** 파워포인트\9장\실습\스마트 융합 기술-1.pptx
- **완성 파일** 파워포인트\9장\완성\스마트 융합 기술-1_완성.pptx

파워포인트 문서에는 메인, 목차, 간지, 엔딩 슬라이드 등 저마다 어울리는 배경 디자인을 적용하는 것이 좋으며, 본문 슬라이드 또한 내용을 잘 전달할 수 있는 배경을 적용하는 것이 좋습니다. 이번에는 슬라이드 마스터를 이용해 각 슬라이드 목적에 맞는 레이아웃별 배경을 삽입해보겠습니다.

△ 제목 슬라이드

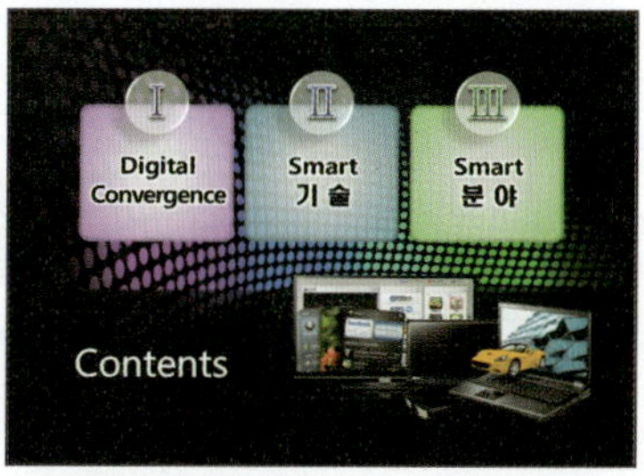

△ 목차 슬라이드

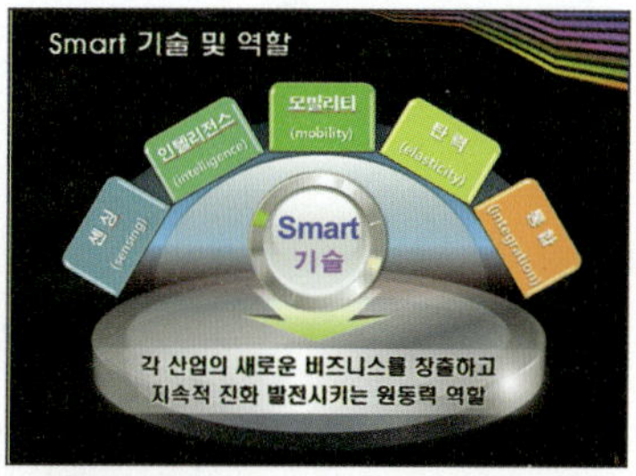

△ 목차 슬라이드

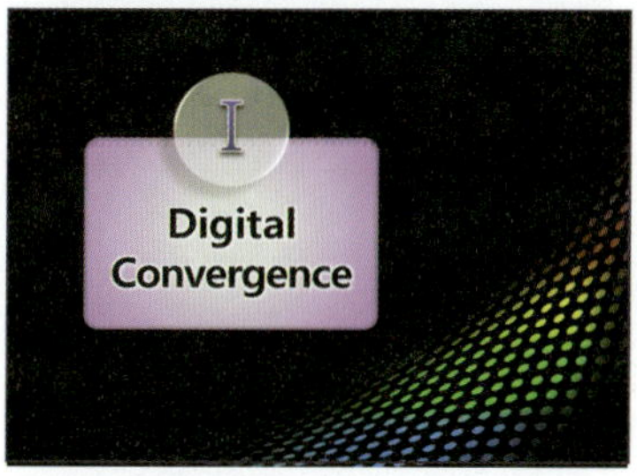

△ 간지 슬라이드

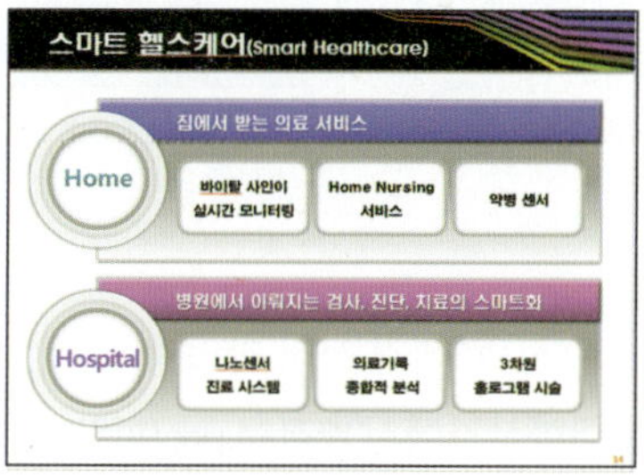

△ 본문 슬라이드

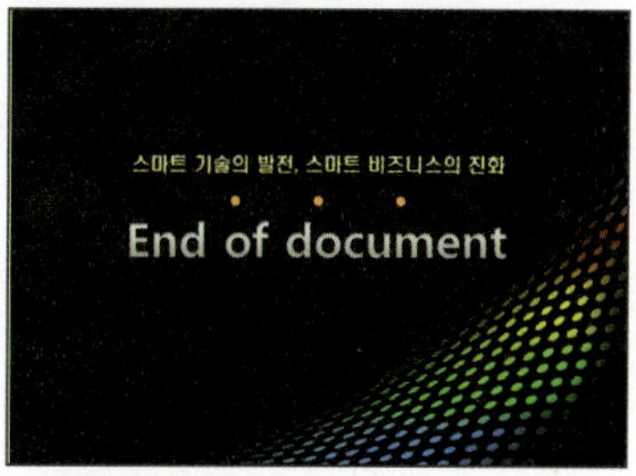

△ 엔딩 슬라이드

01 슬라이드 마스터 보기

① 제목 레이아웃이 지정된 **1번 슬라이드**를 선택합니다. ② [보기] 탭–[마스터 보기] 그룹에서 [**슬라이드 마스터**]를 클릭하여 마스터 슬라이드로 들어갑니다.

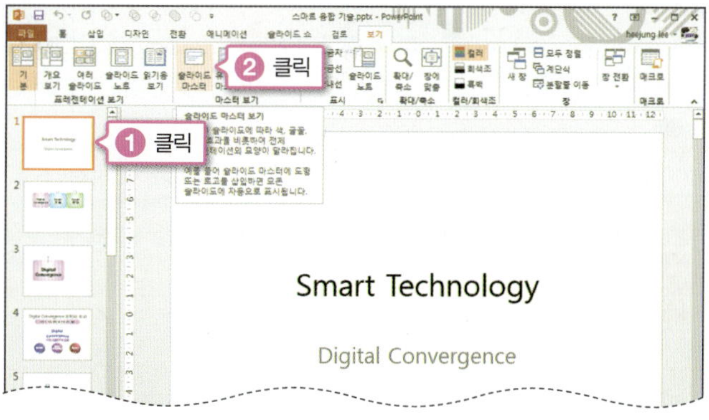

02 제목 슬라이드에 배경 삽입하기

현재 [제목 슬라이드 레이아웃]이 선택되어 있습니다. ① 배경을 변경하기 위해 [슬라이드 마스터] 탭-[배경] 그룹에서 [배경 스타일]을 선택하고 ② [배경 서식]을 클릭합니다.

03 제목 슬라이드 배경 삽입하기

① 배경 서식 작업창에서 [**채우기**]를 선택합니다. ② 채우기 영역의 **[그림 또는 질감 채우기]**를 클릭한 후 ③ **[파일]**을 클릭합니다. ④ 그림 삽입 대화상자에서 **배경-3.png(파워포인트\9장\실습)**를 선택하고 ⑤ **[삽입]**을 클릭하여 해당 이미지를 제목 슬라이드의 배경으로 채웁니다.

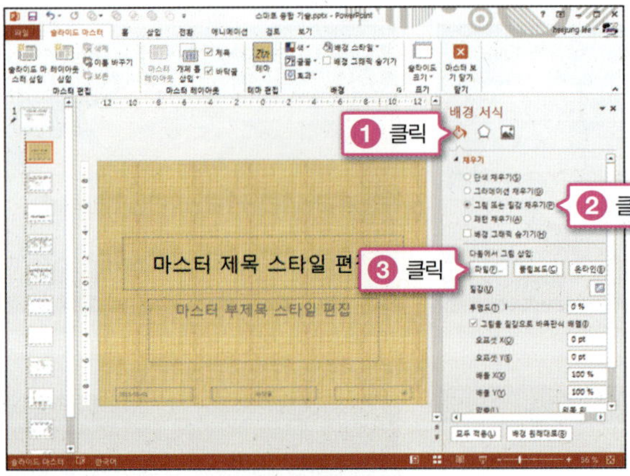

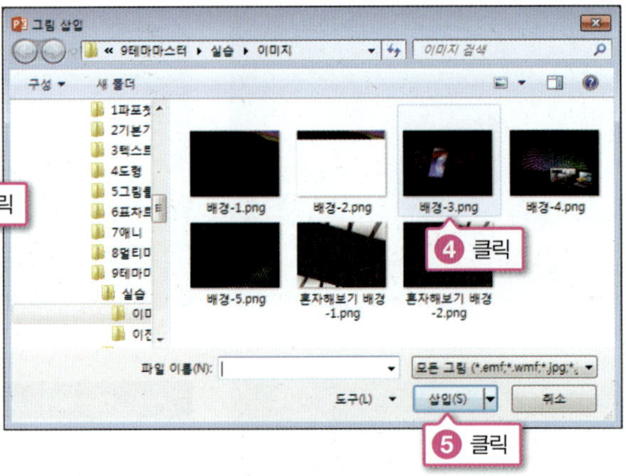

04 목차 슬라이드 배경 삽입하기

① 이번에는 빈 화면 레이아웃을 선택합니다. ② 배경 서식 작업창에서 [채우기]-**[그림 또는 질감 채우기]**를 선택하고 ③ **[파일]**을 클릭합니다. ④ 그림 삽입 대화상자에서 **배경-4.png(파워포인트\9장\실습)**를 선택하고 ⑤ **[삽입]**을 클릭하여 해당 이미지를 제목 슬라이드의 배경으로 채웁니다.

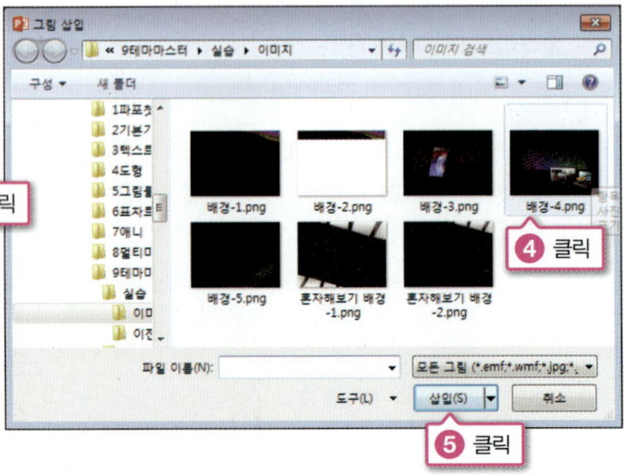

05 목차 슬라이드 복제하여 간지 슬라이드 만들기

① 빈 화면 레이아웃을 선택한 상태에서 Ctrl+D를 눌러 슬라이드를 복제합니다. ② [슬라이드 마스터] 탭–[마스터 편집] 그룹에서 [이름 바꾸기]를 클릭한 후 ③ 레이아웃 이름 바꾸기 대화상자가 나타나면 레이아웃 이름에 **간지**를 입력하고 ④ **[이름 바꾸기]**를 클릭합니다.

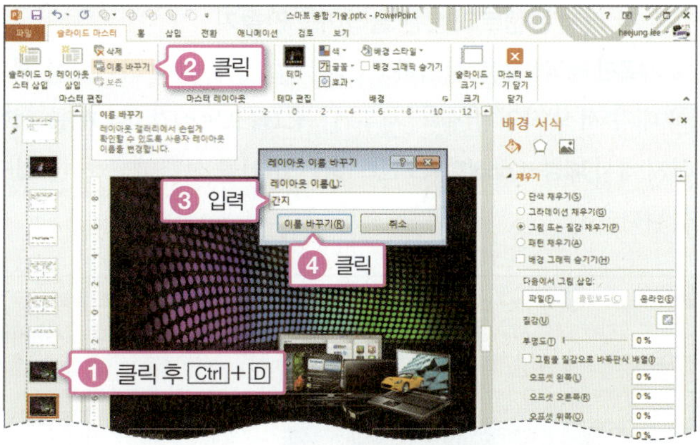

06 간지 슬라이드 배경 변경하기

① 간지 배경 이미지를 변경하기 위해 배경 서식 작업창에서 [채우기]–**[그림 또는 질감 채우기]**를 선택하고 ② **[파일]**을 클릭합니다. ③ 그림 삽입 대화상자에서 **배경–5.png(파워포인트\9장\실습)**를 선택하고 ④ **[삽입]**을 클릭하여 해당 이미지를 간지 슬라이드의 배경으로 채웁니다.

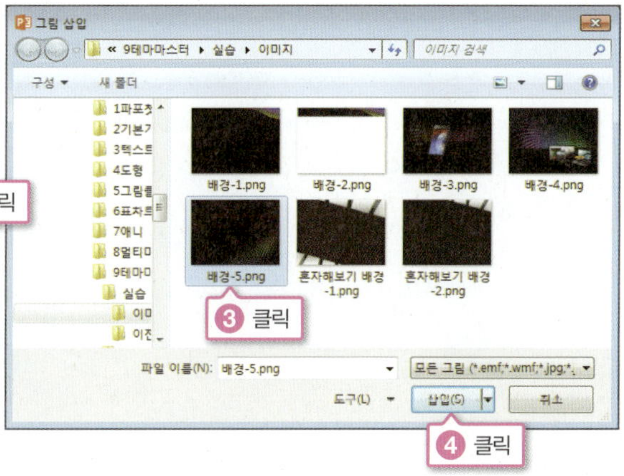

07 전체 슬라이드 마스터에 공통 배경 삽입하기

① 최상위에 있는 **[디자인 사용자 지정 슬라이드 마스터]**를 선택하고 ② 배경 서식 작업창에서 [채우기]–**[그림 또는 질감 채우기]**를 선택합니다. ③ 그림 삽입 대화상자에서 **배경–2.png(파워포인트\9장\실습)**를 선택하고 ④ **[삽입]**을 클릭하여 전체 슬라이드 마스터에 공통 배경을 삽입합니다.

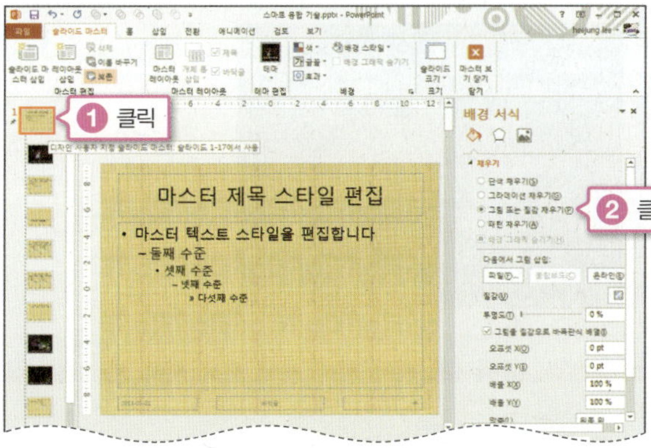

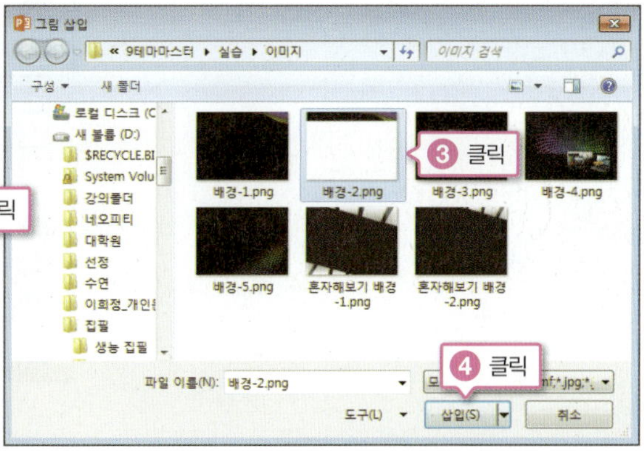

08 두 가지 콘셉트의 본문 슬라이드 만들기

① **제목만 레이아웃**을 선택하고 Ctrl+D를 눌러 슬라이드를 복제합니다. ② 복제된 **1_제목만 레이아웃**을 선택하고 ③ 배경 서식 작업창에서 [채우기]-**[그림 또는 질감 채우기]**를 선택한 후 ④ **[파일]**을 클릭합니다. ⑤ 그림 삽입 대화상자에서 **배경-1.png(파워포인트\9장\실습)**를 선택하고 ⑥ **[삽입]**을 클릭하여 제목 슬라이드의 배경 이미지를 적용합니다.

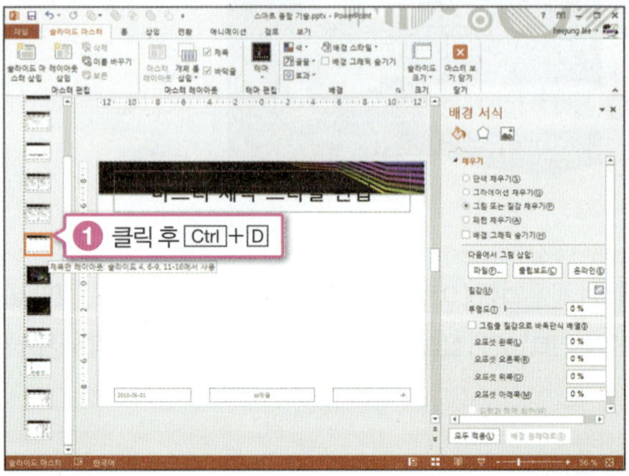

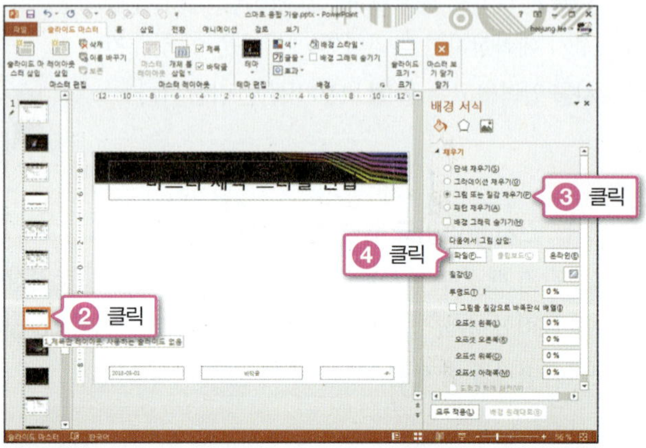

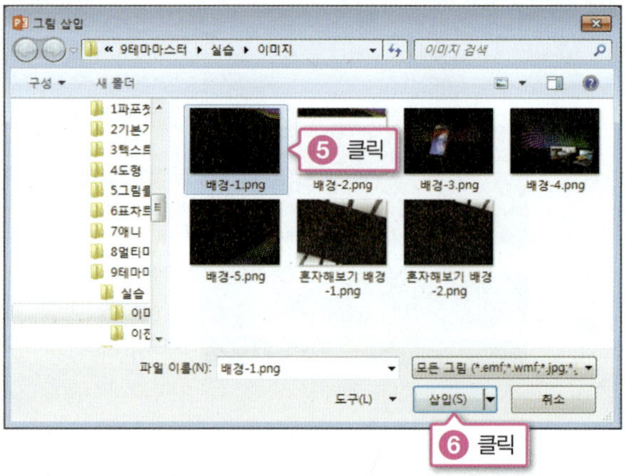

09 슬라이드 마스터 편집 마무리하기

[슬라이드 마스터] 탭-[닫기] 그룹에서 **[마스터 보기 닫기]**를 클릭해서 마스터 편집을 마칩니다.

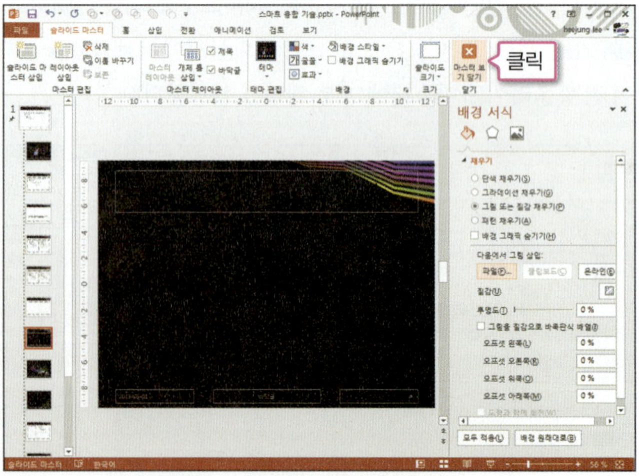

10 마스터가 올바르게 적용되지 않은 슬라이드에 마스터 적용하기

마스터에서 변경된 배경이 슬라이드에 그대로 적용되지만 일부 적용되지 않은 슬라이드가 있습니다. ① **3, 5, 10, 17번** 슬라이드를 선택하고 ② [홈] 탭–[슬라이드] 그룹에서 **[레이아웃]**을 클릭한 후 ③ **[간지]**를 선택합니다.

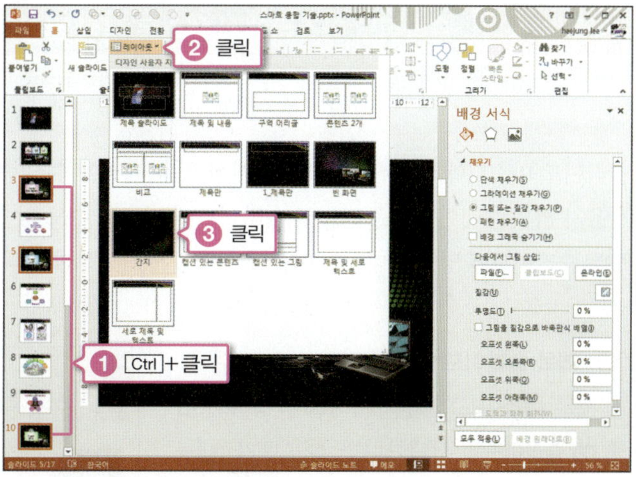

10 슬라이드 완성하기

① **4번, 6~9번** 슬라이드를 선택하고 ② [홈] 탭–[슬라이드] 그룹에서 **[레이아웃]**을 클릭합니다. ③ **[1_제목만]**을 선택해 모든 슬라이드에 배경을 적용해 완성합니다.

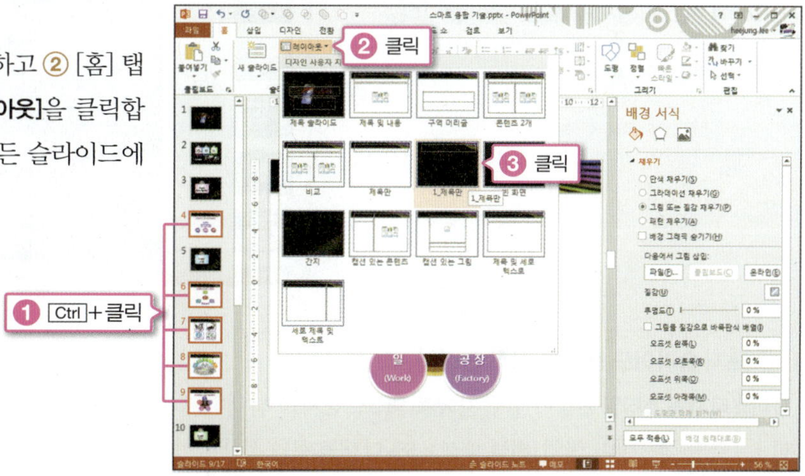

실무활용 슬라이드 마스터에서 텍스트 서식 변경하기 2007 | 2010 | 2013

▪ **실습 파일** 파워포인트\9장\실습\스마트 융합 기술-2.pptx ▪ **완성 파일** 파워포인트\9장\완성\스마트 융합 기술-2_완성.pptx

슬라이드 마스터에서는 배경, 텍스트 서식 등을 변경할 수 있습니다. 또한 변경한 서식을 기본 레이아웃 이외에 사용자 임의의 레이아웃을 만들어 슬라이드에 적용할 수도 있습니다. 단, 슬라이드 마스터에서 변경되는 사항은 모든 슬라이드에 영향을 미치기 때문에 신중하게 작업해야 합니다.

01 제목 슬라이드 마스터 편집하기

① 제목 슬라이드의 글꼴 서식을 변경하기 위해 **1번 슬라이드**를 선택합니다. ② [보기] 탭-[마스터 보기] 그룹에서 [**슬라이드 마스터**]를 클릭하여 마스터 슬라이드로 들어갑니다.

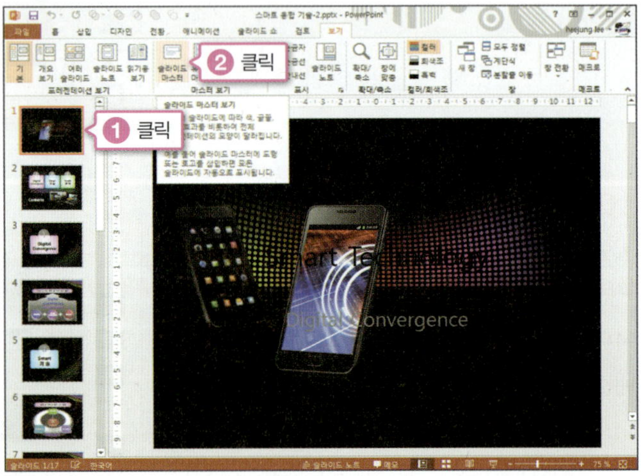

02 표지 슬라이드 텍스트 서식 변경하기

① **마스터 제목 스타일 편집**이 입력된 **제목 텍스트 상자**를 선택하고 ② [홈] 탭-[글꼴] 그룹에서 글꼴 크기 **[54]**, ③ **[굵게]**, ④ 글꼴 색-테마 색의 **[흰색, 배경 1, 5% 더 어둡게]**를 선택합니다. ⑤ [단락] 그룹에서 [**가운데 맞춤**]을 클릭합니다. ⑥ **부제목 텍스트 상자**를 선택하고 ⑦ [홈] 탭-[글꼴] 그룹에서 글꼴 크기 **[16]**, ⑧ 글꼴 색-테마 색의 **[흰색, 배경 1]**을 선택합니다.

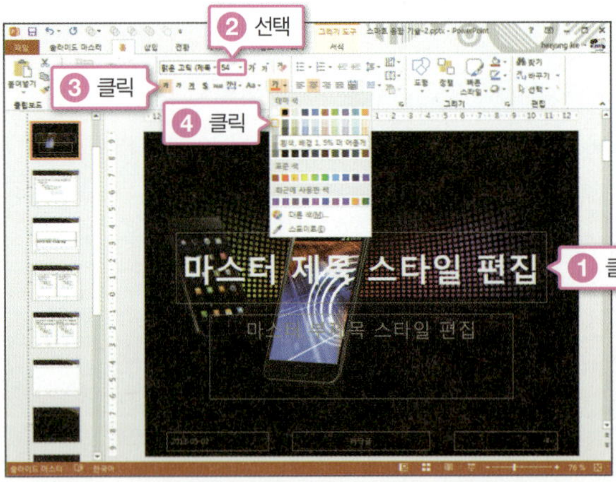

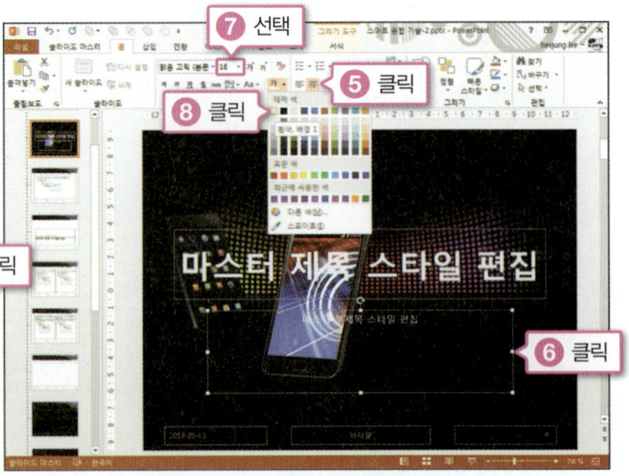

03 표지 슬라이드 텍스트 알맞게 배치하기

두 개의 개체 틀 크기를 조정하고 이동하여 그림과 같이 배치합니다.

04 본문 슬라이드 제목 텍스트 서식 변경하기

① 마스터 슬라이드 중 첫 번째 슬라이드인 **디자인 사용자 지정 슬라이드 마스터**를 선택합니다. ② **제목 텍스트 상자**를 선택하고 ③ [홈] 탭-[글꼴] 그룹에서 글꼴 **[HY울릉도M]**, ④ 글꼴 크기 **[36]**, ⑤ 글꼴 색-테마 색 **[흰색, 배경 1]**을 선택합니다. ⑥ [단락] 그룹에서 **[왼쪽 맞춤]**을 선택합니다. ⑦ 개체 틀을 드래그하여 크기 및 위치를 그림과 같이 변경합니다. ⑧ [슬라이드 마스터] 탭-[닫기] 그룹에서 **[마스터 보기 닫기]**를 클릭합니다.

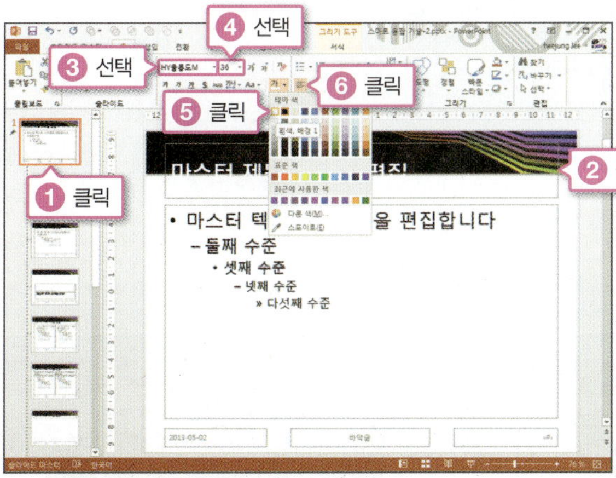

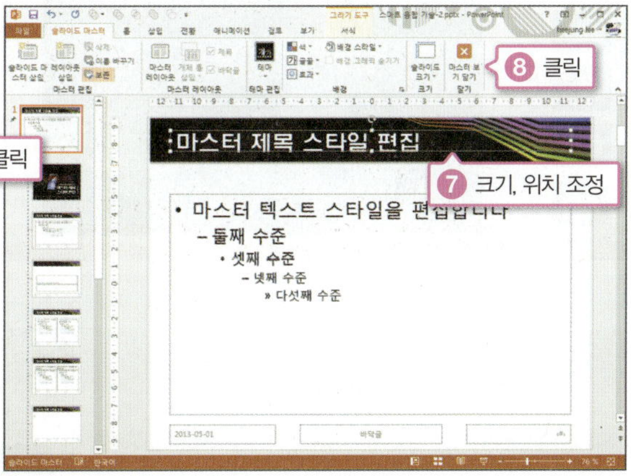

05 슬라이드 완성하기

그림과 같이 제목 슬라이드와 두 가지 배경의 본문 슬라이드 제목에도 일괄적으로 보기 좋게 텍스트 서식이 적용된 것을 확인할 수 있습니다.

실무활용 슬라이드 번호 삽입하기

2007 | 2010 | 2013

▪ **실습 파일** 파워포인트\9장\실습\스마트 융합 기술-3.pptx ▪ **완성 파일** 파워포인트\9장\완성\스마트 융합 기술-3_완성.pptx

페이지가 많은 문서를 작성할 때에는 페이지 번호를 기입하는 것이 좋습니다. 파워포인트 문서도 마찬가지입니다. 여러 장의 슬라이드를 쉽게 구분하려면 바닥글 기능을 이용해 페이지 번호를 넣습니다. 바닥글은 날짜, 프레젠테이션 제목, 페이지 번호로 구성되는데, 원하지 않는 슬라이드는 구분하여 날짜나 제목, 페이지 번호를 삭제할 수도 있습니다.

01 슬라이드 번호 삽입하기

① 슬라이드 번호를 삽입하기 위해 [삽입] 탭–[텍스트] 그룹에서 [**머리글/바닥글**]을 클릭합니다. ② [**슬라이드 번호**]에 체크한 후 ③ 제목 슬라이드에는 슬라이드 번호를 넣지 않기 위해 [**제목 슬라이드에는 표시 안 함**]에 체크하고 ④ [**모두 적용**]을 누릅니다.

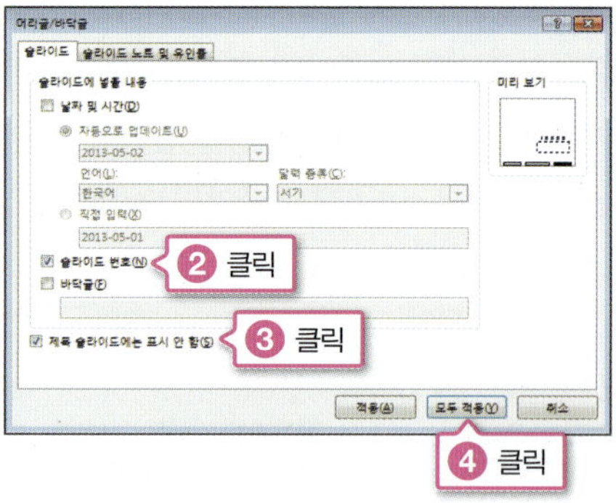

02 목차 및 간지 슬라이드에 슬라이드 번호 삭제하기

1번 제목 슬라이드를 제외한 모든 슬라이드에 슬라이드 번호가 삽입되었습니다. ① 목차와 간지 슬라이드의 슬라이드 번호를 삭제하기 위해 **2번 슬라이드**를 선택합니다. ② [보기] 탭–[마스터 보기] 그룹에서 [**슬라이드 마스터 보기**]를 클릭합니다.

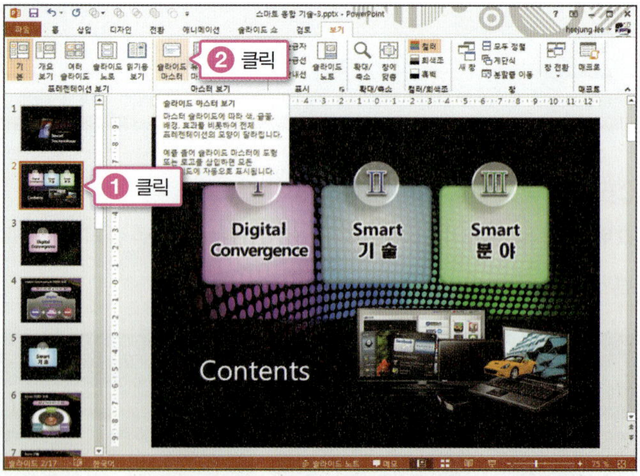

03 목차 슬라이드에 슬라이드 번호 삭제하기

슬라이드 번호가 나타나는 **<#> 상자**를 선택하고 Delete를 눌러 페이지 번호를 제거합니다.

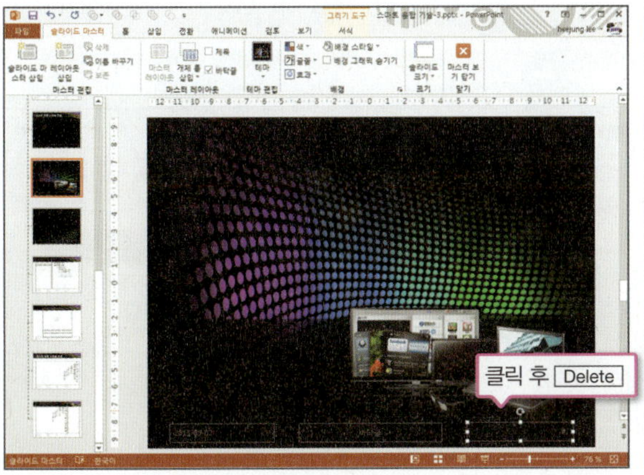

04 간지 슬라이드에 슬라이드 번호 삭제하기

① 아래 슬라이드인 **간지 레이아웃**을 선택하고 ② Delete를 눌러 **<#> 상자**를 지웁니다.

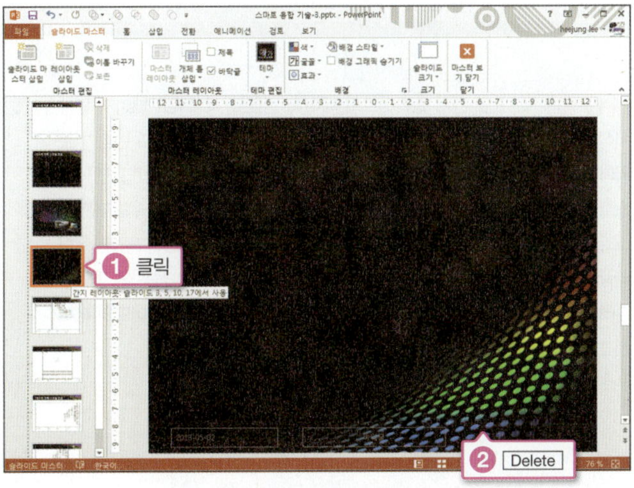

05 슬라이드 번호 서식 변경하기

이번에는 슬라이드 번호 서식과 위치를 변경해 보겠습니다. 맨 위에 있는 공통 마스터 슬라이드인 **디자인 사용자 지정 슬라이드 마스터**를 선택합니다.

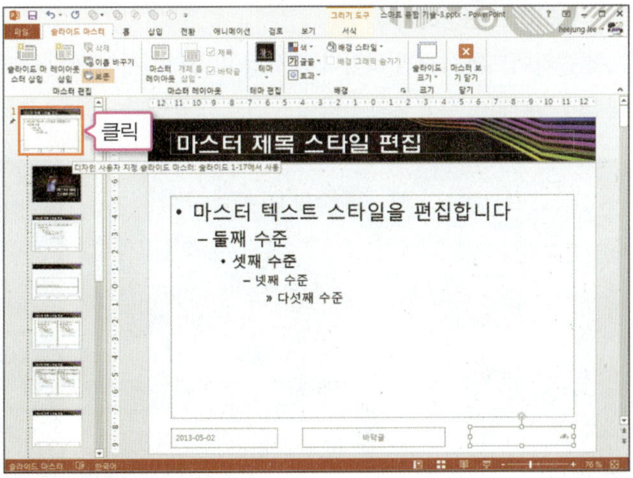

06 슬라이드 번호 서식 변경하기

① 〈#〉 **상자**를 선택하고 ② [홈] 탭-[글꼴] 그룹에서 글꼴 크기 **[11]**, ③ **[굵게]**, ④ 글꼴 색-테마 색은 **[주황, 강조 6, 25% 더 어둡게]**를 선택합니다. ⑤ 상자를 **오른쪽 아래**로 이동한 후 ⑥ [슬라이드 마스터] 탭-[닫기] 그룹에서 **[마스터 보기 닫기]**를 클릭하여 마스터 편집을 종료합니다.

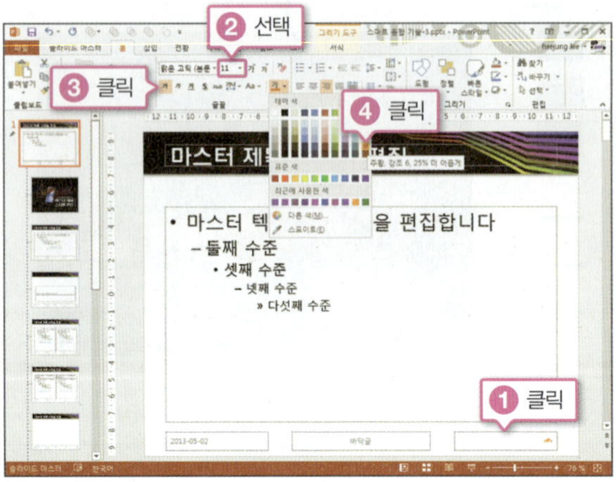

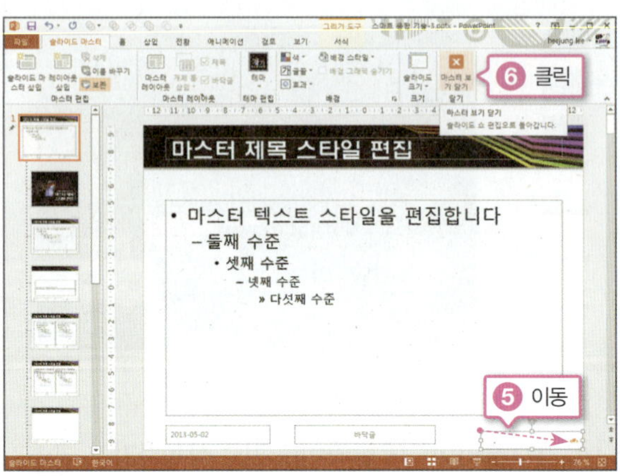

TIP 목차 및 간지 슬라이드의 페이지 번호를 삭제하고 페이지 번호 서식까지 변경했는데 2번 슬라이드를 선택해보면 여전히 슬라이드 번호가 보입니다. 이때에는 다시 한 번 슬라이드 번호를 적용해야 합니다. [삽입] 탭-[텍스트] 그룹에서 [머리글/바닥글]을 선택하고 [슬라이드 번호]를 체크 해제한 후 [모두 적용]을 클릭합니다. 그리고 다시 한 번 [삽입] 탭-[텍스트] 그룹에서 [머리글/바닥글]을 선택하고 [슬라이드 번호]에 체크한 후 [모두 적용]을 클릭해 슬라이드 번호를 다시 적용합니다. 이런 과정을 거치면 2번 슬라이드의 페이지 번호가 삭제됩니다.

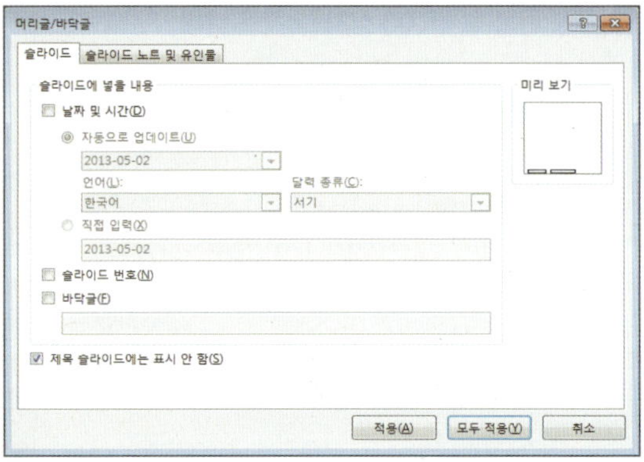

07 슬라이드 완성하기

제목 슬라이드뿐 아니라 목차나 간지 등 마스터에서 제외된 슬라이드에 번호는 나타나지 않으며 본문 슬라이드는 배경에 상관없이 주황색의 슬라이드 번호가 삽입되어 있습니다.

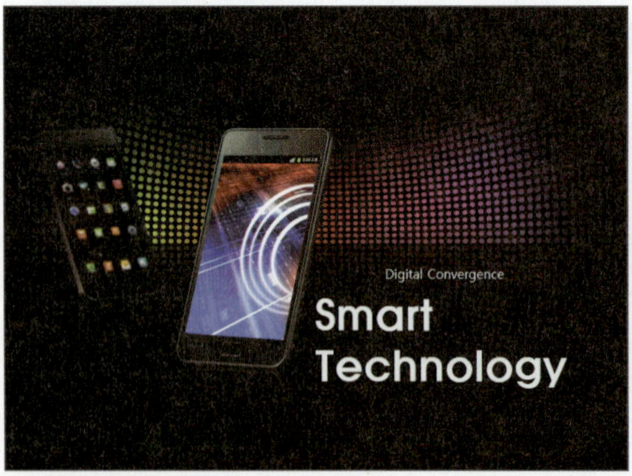

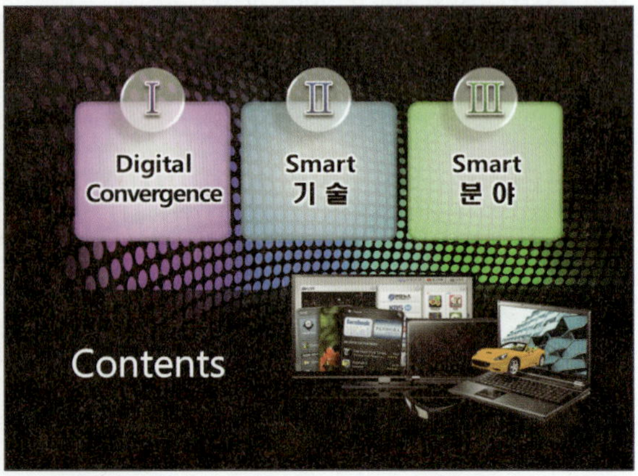

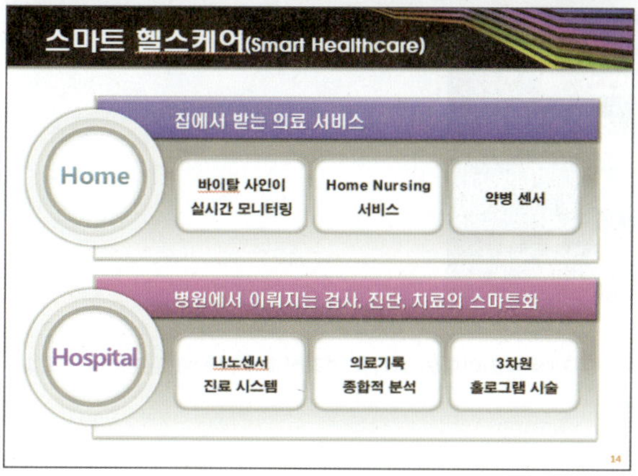

실 무 활 용 POWERPOINT NOTE

슬라이드 번호를 원하는 페이지부터 시작하기

제목 슬라이드를 제외한 2번 슬라이드(목차 슬라이드)부터 슬라이드 번호가 시작되기를 원한다면 다음과 같은 방법을 이용합니다.

① [디자인] 탭-[사용자 지정] 그룹에서 **[슬라이드 크기]**를 클릭하고 ② **[사용자 지정 슬라이드 크기]**를 선택합니다. 슬라이드 크기 대화상자가 나타나면 ③ 슬라이드 시작 번호를 [0]으로 변경한 후 ④ **[확인]**을 클릭합니다.

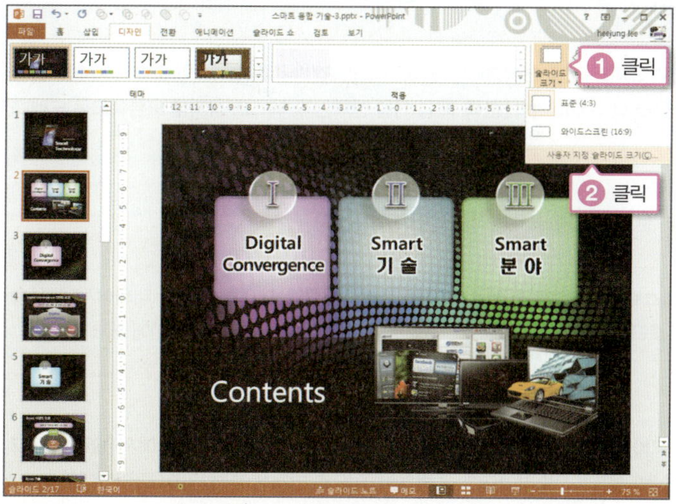

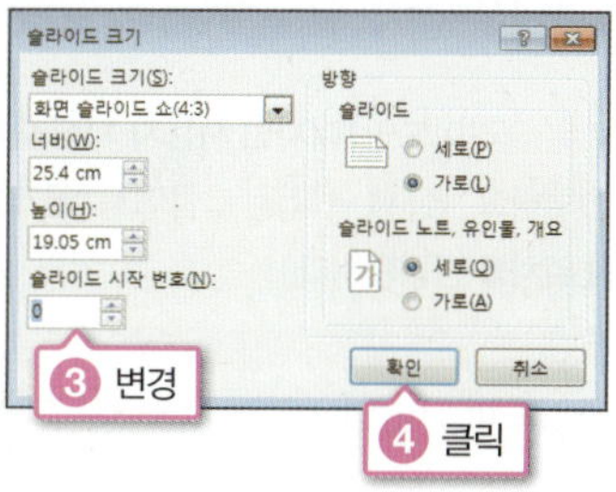

혼자해보기 | 제안서 테마 적용 및 마스터 변경하기

- **실습 파일** 파워포인트\9장\실습\혼자해보기_마스터.pptx
- **완성 파일** 파워포인트\9장\완성\혼자해보기_마스터_완성.pptx
- **테마 파일** 회색테마.thmx

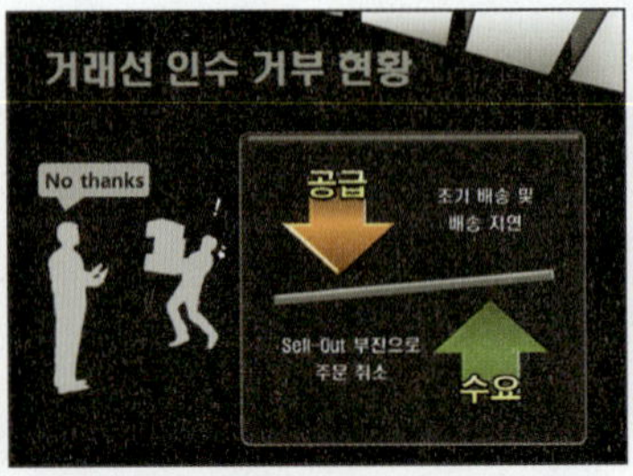

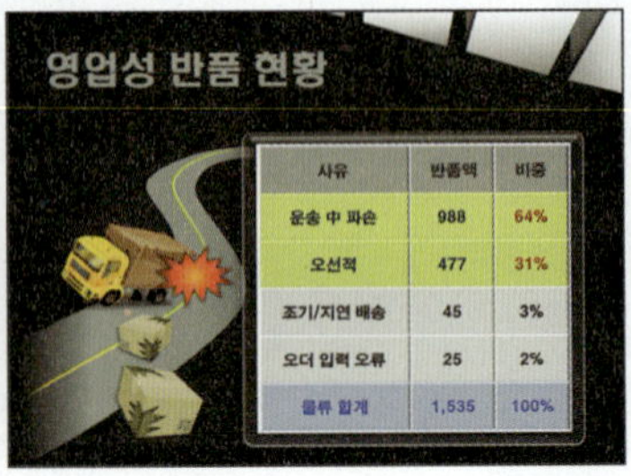

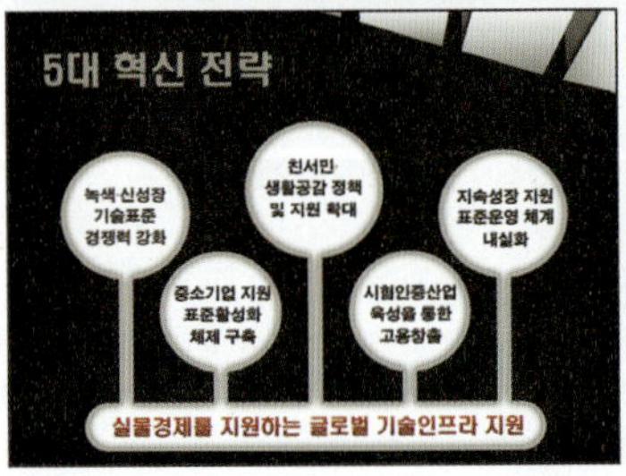

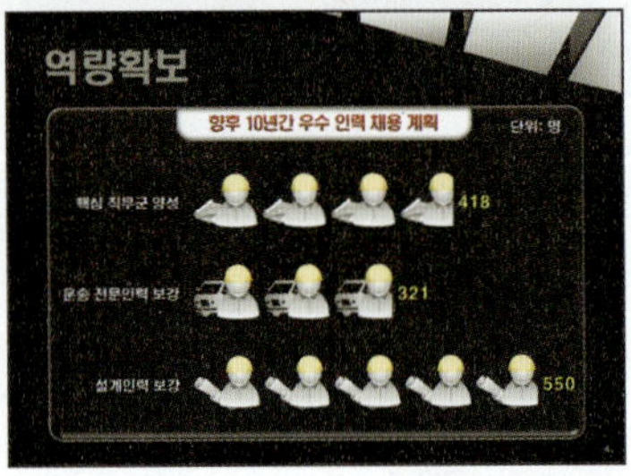

기본적으로 작성된 문서에 테마를 적용하고 마스터 슬라이드를 이용하여 제목 슬라이드의 배경을 변경한 후 2번 슬라이드부터 시작 번호가 들어가도록 슬라이드 번호를 삽입하겠습니다.

1 [디자인] 탭–[테마] 그룹에서 **[자세히]**를 선택하고 **[테마 찾아보기]**를 클릭합니다. **회색테마**.thmx를 선택한 후 **[적용]**을 클릭합니다.

2 **1번 슬라이드**를 선택하고 [보기] 탭–[마스터 보기] 그룹에서 **[슬라이드 마스터]**를 클릭하여 마스터 슬라이드로 들어갑니다. 현재의 레이아웃인 **[제목 슬라이드 레이아웃]**이 선택되어 있습니다. 배경을 변경하려면 [슬라이드 마스터] 탭–[배경] 그룹에서 **[배경 스타일]**을 선택하고 **[배경 서식]**을 클릭합니다.

3 배경 서식 작업창에서 **[채우기]**를 선택하고 **[그림 또는 질감 채우기]**를 클릭한 후 **[파일]**을 클릭합니다. **혼자해보기 배경–**1.png(**파워포인트**\9**장**\ **실습**)를 선택하고 **[삽입]**을 클릭하여 제목 슬라이드의 배경 이미지를 적용합니다.

4 바로 위 슬라이드인 **[디자인 사용자 지정 슬라이드 마스터]**를 선택합니다. 슬라이드 번호가 나타나는 〈#〉이 입력된 텍스트 상자를 선택하고 [홈] 탭–[글꼴] 그룹에서 **[굵게]**, 글꼴 색–테마 색의 **[흰색, 배경 1]**을 선택한 후 텍스트 상자를 오른쪽으로 드래그하여 위치를 변경합니다.

5 [슬라이드 마스터] 탭–[닫기] 그룹에서 **[마스터 보기 닫기]**를 클릭하여 슬라이드 마스터를 종료합니다.

6 슬라이드 번호를 삽입하기 위해 [삽입] 탭–[텍스트] 그룹에서 **[머리글/바닥글]**을 클릭합니다. 머리글/바닥글 대화상자에서 **[슬라이드 번호]**를 선택한 후 제목 슬라이드에는 슬라이드 번호를 제외하기 위해 **[제목 슬라이드에는 표시 안 함]**에 체크 표시하고 **[모두 적용]**을 누릅니다.

7 제목 슬라이드를 제외한 2번 슬라이드부터 슬라이드 번호를 시작하기 위해 [디자인] 탭–[사용자 지정] 그룹에서 **[슬라이드 크기]**를 클릭하고 **[사용자 지정 슬라이드 크기]**를 선택합니다. 슬라이드 시작 번호를 **[0]**으로 변경한 후 **[확인]**을 클릭합니다.

CHAPTER

10

발표하기

SECTION

01 슬라이드 쇼 준비하기

기 능 설 명 슬라이드 쇼 기능 살펴보기

2007 | 2010 | 2013

- **실습 파일** 파워포인트\10장\실습\업무혁신 시스템구축제안서.pptx
- **완성 파일** 파워포인트\10장\완성\업무혁신 시스템구축제안서_완성.pptx

프레젠테이션 문서는 기본적으로 여러 장의 슬라이드로 이루어져 있습니다. 이번에는 슬라이드 쇼 도중 원하는 슬라이드로 자유롭게 이동하고 펜과 레이저 포인트 기능을 이용해 발표의 효율을 높이는 방법을 알아보겠습니다.

01 슬라이드 쇼 시작하기

슬라이드 쇼를 시작하기 위해 [슬라이드 쇼] 탭–[슬라이드 쇼 시작] 그룹에서 [**처음부터**]를 클릭합니다.

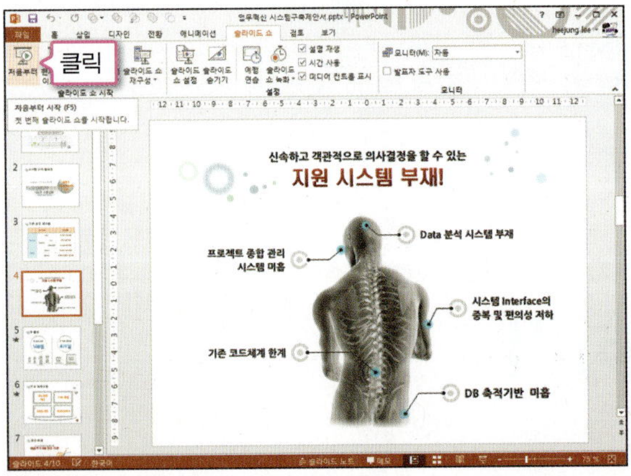

TIP 특정 슬라이드부터 슬라이드 쇼를 하려면 특정 슬라이드를 선택한 후 [슬라이드 쇼] 탭–[슬라이드 쇼 시작] 그룹에서 [현재 슬라이드부터]를 클릭하거나 하단 상태 표시줄의 [슬라이드 쇼] 버튼를 누릅니다.

02 다음 슬라이드로 이동하기

Enter를 누르거나 마우스 왼쪽 버튼을 누르면 다음 슬라이드로 이동합니다.

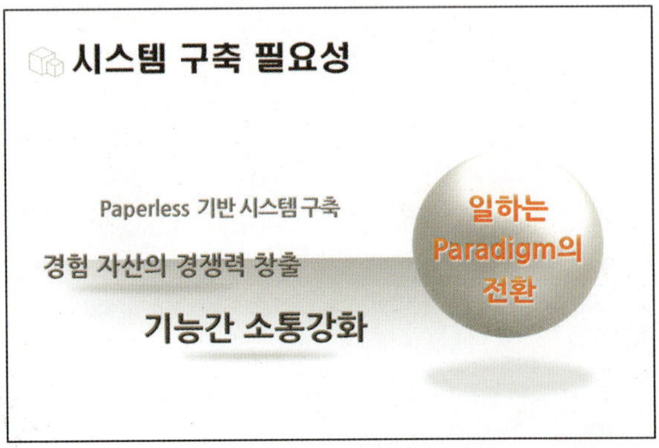

TIP 슬라이드 쇼를 종료하고 싶다면 ESC를 누릅니다.

03 특정 슬라이드로 이동하기

특정 슬라이드로 한 번에 이동하려면 키패드에서 슬라이드 번호를 누른 후 Enter 를 누릅니다. 예를 들어 9 를 누른 후 Enter 를 누르면 9번 슬라이드로 이동합니다. 여기서 ← 을 누르면 이전 슬라이드인 8번 슬라이드로 이동합니다.

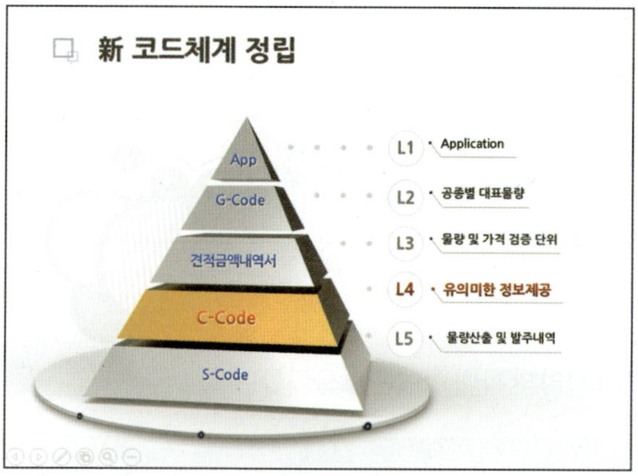

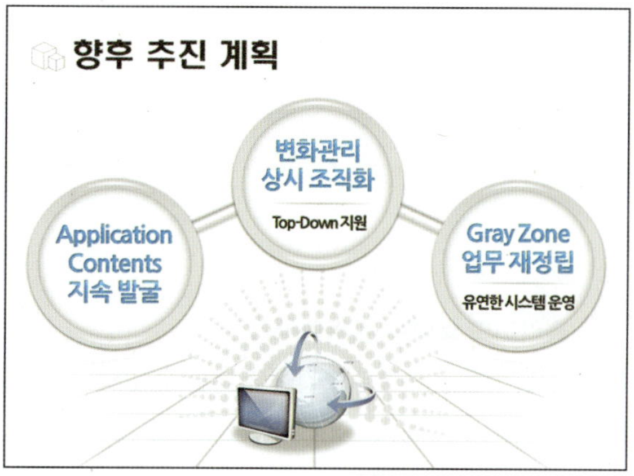

04 슬라이드 펜 기능 사용하기

① 펜 기능을 사용하기 위해 Ctrl + P 를 누릅니다. 화살표 모양의 포인터를 자유롭게 드래그하여 화면에 필기할 수 있습니다. ② 펜으로 그린 것을 지우려면 Ctrl + E 를 누릅니다. ③ 아이콘이 지우개 모양으로 바뀌면 지우고 싶은 부분을 클릭하여 지웁니다.

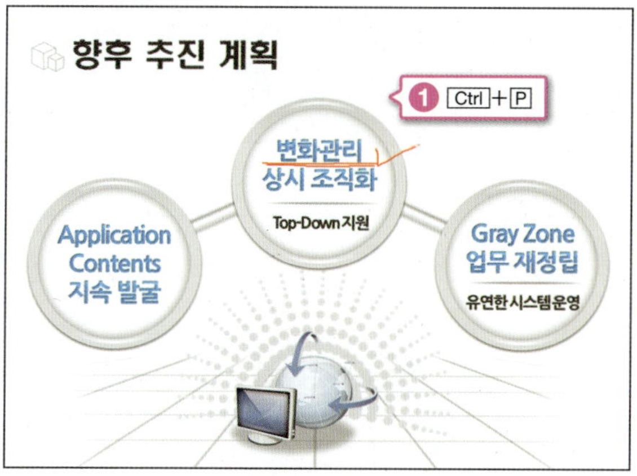

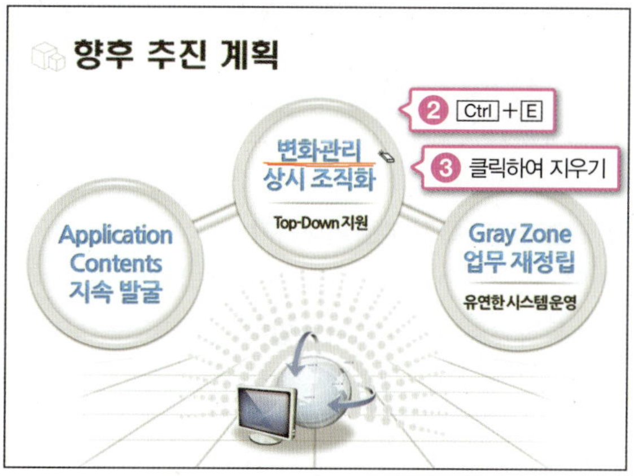

TIP 화살표 모양의 포인터로 변경하려면 Ctrl + A 를 누르면 됩니다. 가끔 E 를 눌러도 이 기능이 작동하지 않을 때가 있는데, 이런 경우 키패드 상태가 한글 모드인 경우가 많습니다. 이럴 때는 한/영 을 눌러 영문 입력 상태로 변경합니다.

05 레이저 포인트 기능 사용하기

일시적인 레이저 포인터 기능을 사용하려면 Ctrl을 누른 상태에서 마우스 왼쪽 버튼을 클릭합니다.

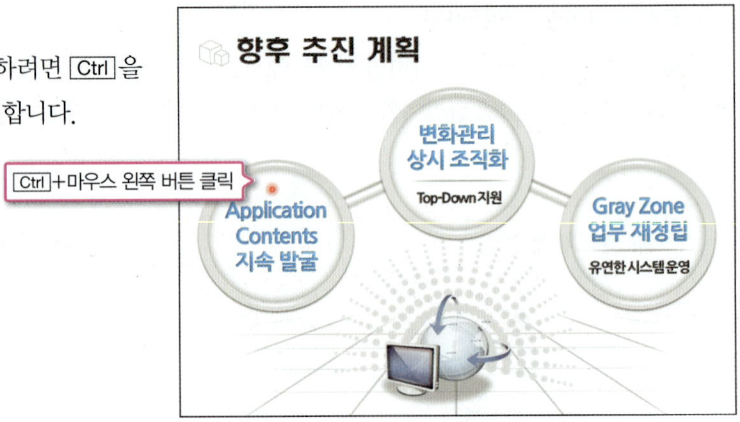

06 슬라이드 특정 부분 확대하기

슬라이드 쇼 화면의 일부 구간을 확대할 수 있습니다. 돋보기 모양의 확대 아이콘을 클릭합니다.

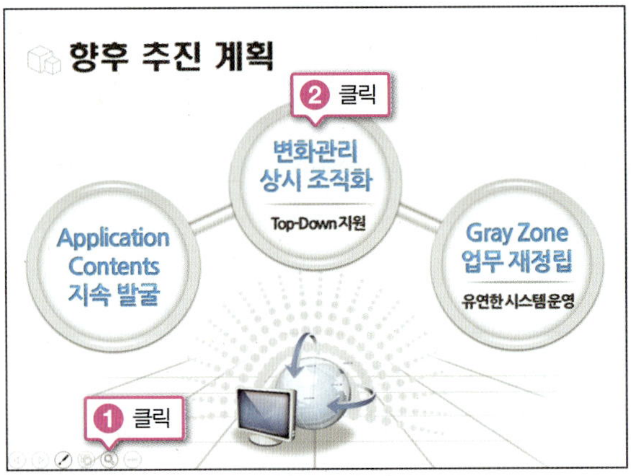

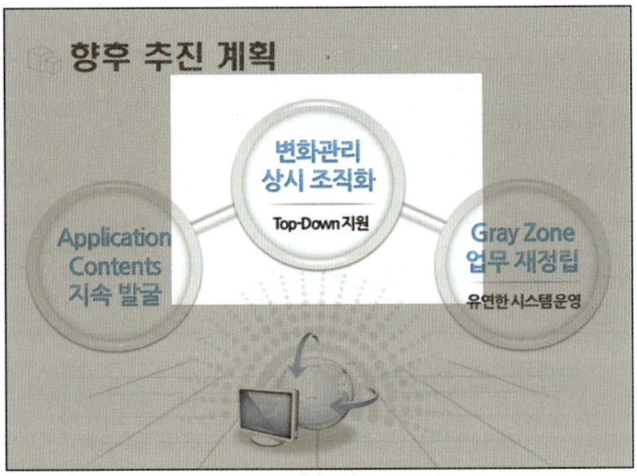

07 슬라이드 특정 부분 확대하기

확대할 장소로 이동하여 클릭하면 슬라이드 쇼 화면에는 특정 부분만 확대되어 보입니다.

08 슬라이드의 원하는 다른 부분으로 확대하여 이동하기

손바닥 모양의 마우스 포인터를 원하는 방향으로 드래그하여 확대한 위치를 이동할 수 있습니다.

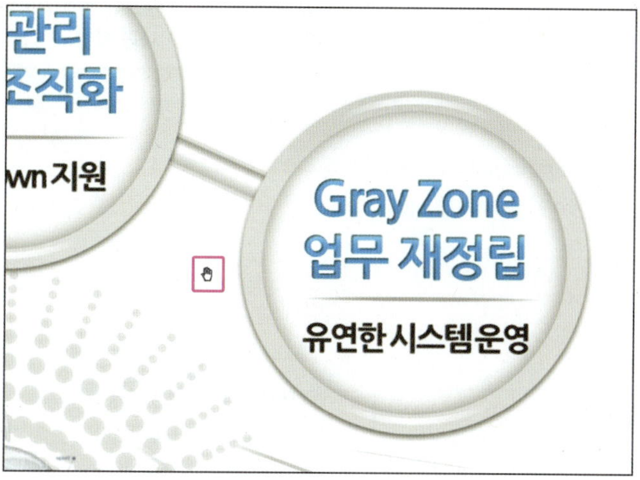

09 슬라이드 확대 기능 해제하고 슬라이드 쇼 종료하기

특정 부분이 확대된 것을 해제하려면 ESC를 누릅니다. 슬라이드 쇼를 종료하기 위해서는 다시 한 번 ESC를 누르면 됩니다.

실 무 활 용 POWERPOINT NOTE

슬라이드 쇼 하단 도구 사용 방법

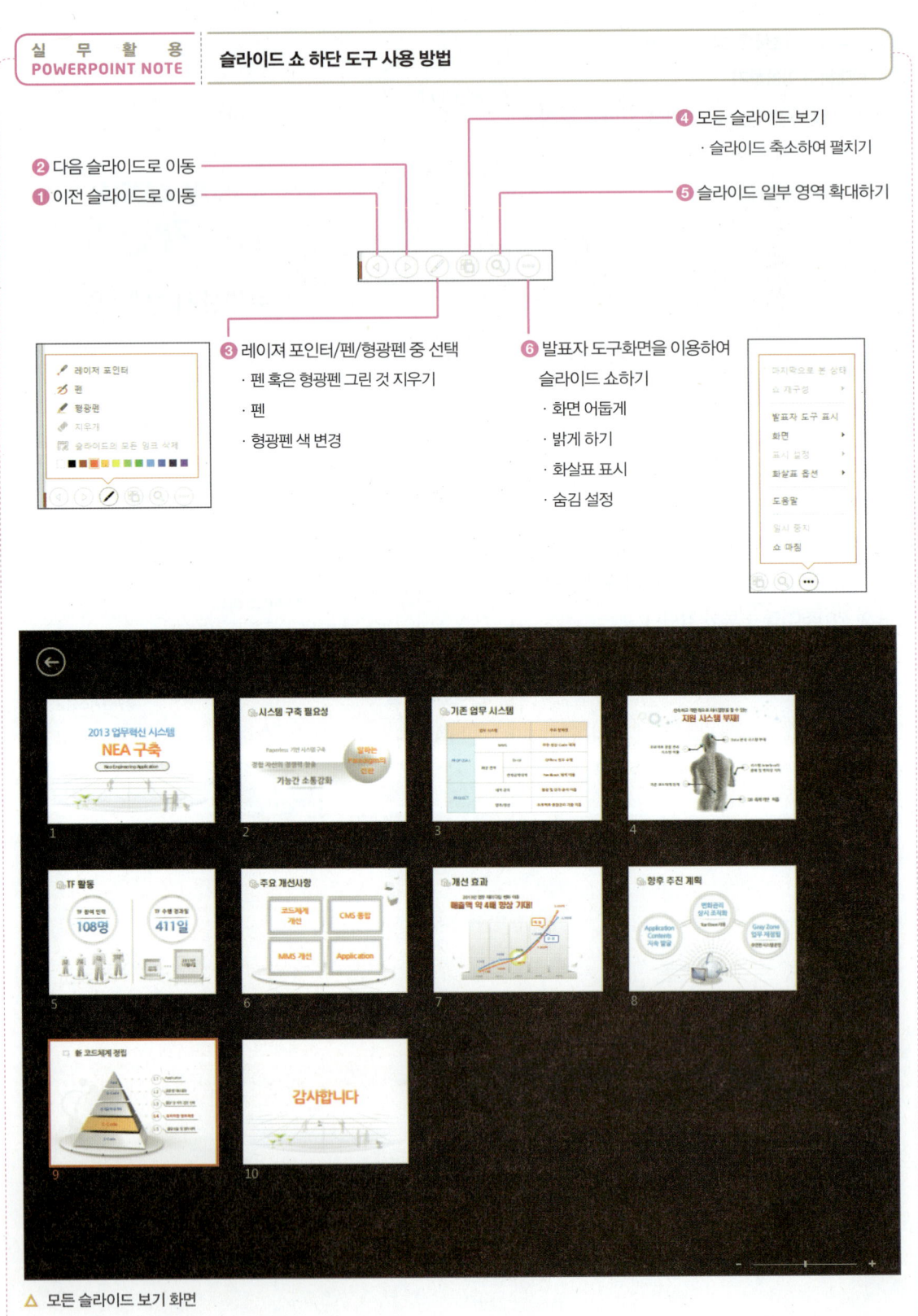

❹ 모든 슬라이드 보기
· 슬라이드 축소하여 펼치기

❷ 다음 슬라이드로 이동

❶ 이전 슬라이드로 이동

❺ 슬라이드 일부 영역 확대하기

❸ 레이저 포인터/펜/형광펜 중 선택
· 펜 혹은 형광펜 그린 것 지우기
· 펜
· 형광펜 색 변경

❻ 발표자 도구화면을 이용하여 슬라이드 쇼하기
· 화면 어둡게
· 밝게 하기
· 화살표 표시
· 숨김 설정

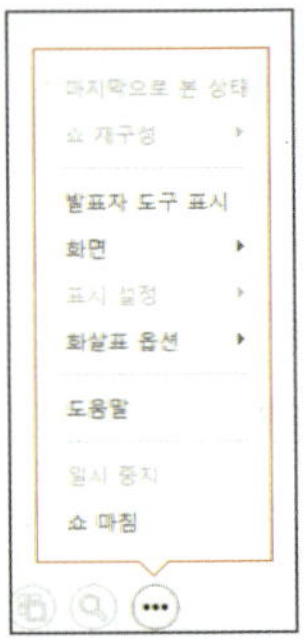

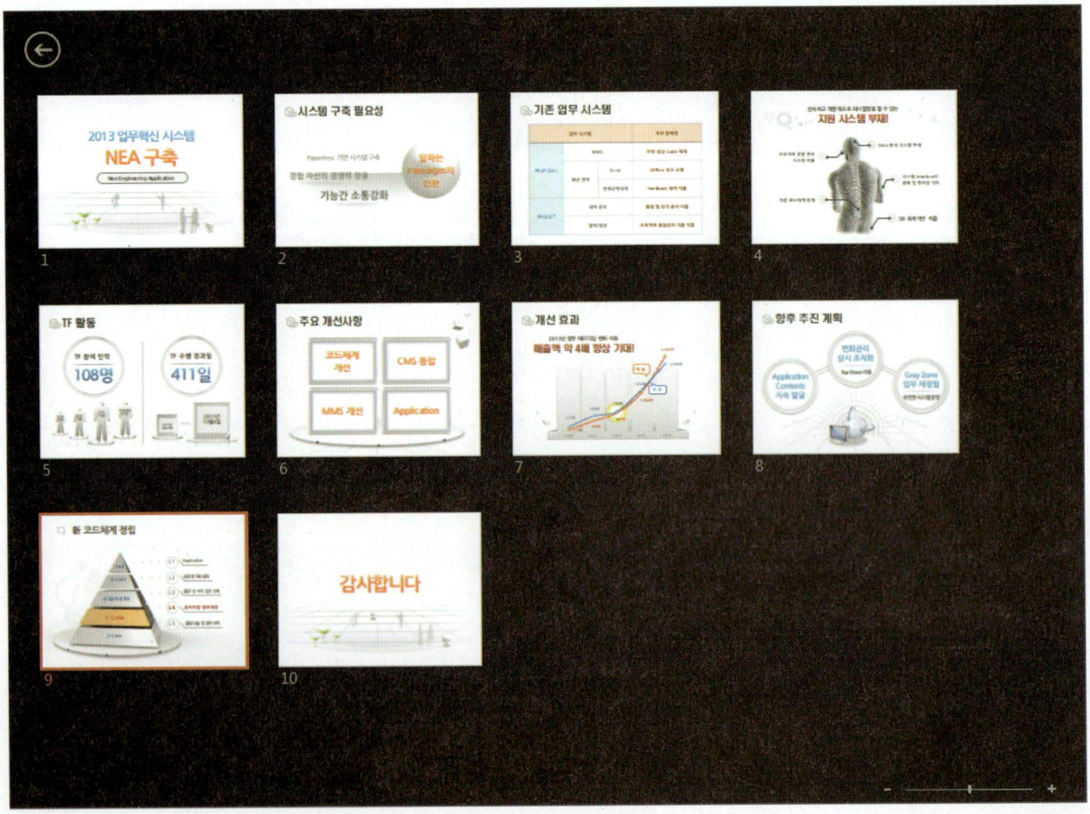

△ 모든 슬라이드 보기 화면

실 무 활 용 POWERPOINT NOTE

발표자 도구 사용하기

두 개 이상의 모니터가 연결된 상태에서 [슬라이드 쇼] 탭–[모니터] 그룹–[발표자 도구 사용]을 체크한 후 슬라이드 쇼를 실행하면 그림과 같이 발표자용 화면이 나타납니다. 다음 슬라이드의 정보나 슬라이드 노트에 입력된 발표자의 나레이션을 볼 수 있어 발표에 매우 유용한 기능입니다.

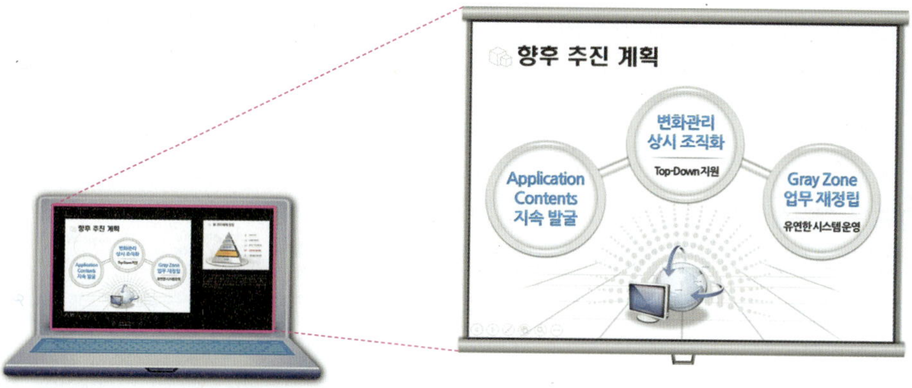

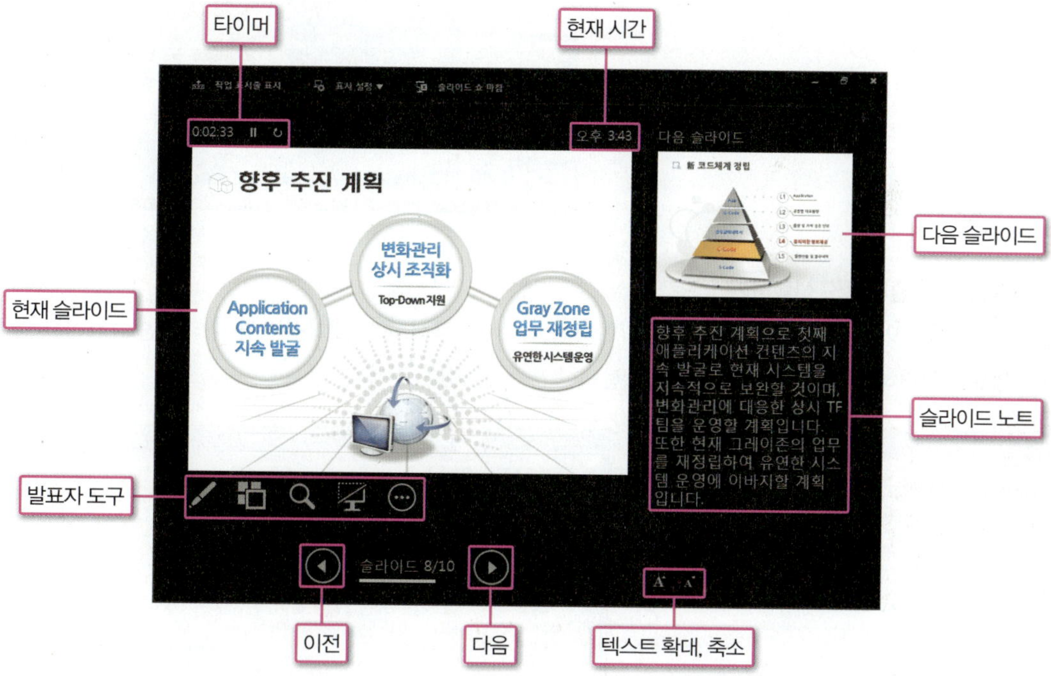

쇼 재구성으로 발표 시간에 맞춰 슬라이드 쇼 준비하기

2007 | 2010 | 2013

- **실습 파일** 파워포인트\10장\실습\글로벌파트너십.pptx
- **완성 파일** 파워포인트\10장\완성\글로벌파트너십_완성.pptx

여러 장의 완벽한 프레젠테이션 문서를 만들었는데도 불구하고 발표 시간이 한정되어 특정 슬라이드를 제외하고 슬라이드 쇼를 재구성해야 할 때가 있습니다. 예를 들어 10분 분량의 슬라이드 20장짜리 문서를 5분 안에 발표해야 할 상황이 생길 수 있습니다. 이때 필요한 슬라이드만 따로 복사하여 새로운 문서를 만들어야 하는데, 쇼 재구성 기능을 이용하면 새로운 프레젠테이션 문서를 만들 필요 없이 기존 문서로 슬라이드 쇼를 재구성할 수 있습니다.

01 슬라이드 쇼 재구성하기

① [슬라이드 쇼] 탭-[슬라이드 쇼 시작] 그룹에서 [**슬라이드 쇼 재구성**]을 클릭하고 ② [**쇼 재구성**]을 선택합니다.

02 쇼 재구성할 슬라이드 선택하기

① 쇼 재구성 대화상자에서 [**새로 만들기**]를 클릭합니다. ② 쇼 재구성 하기 대화상자가 나타나면 슬라이드 쇼 이름에 **단축 발표**를 입력하고 ③ 발표할 슬라이드를 선택한 후 ④ [**추가**]를 누릅니다.

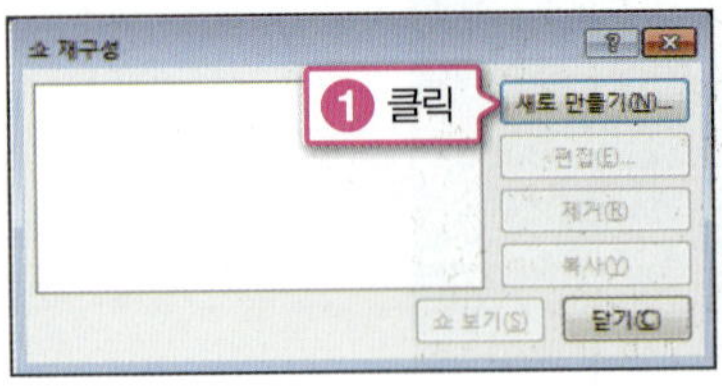

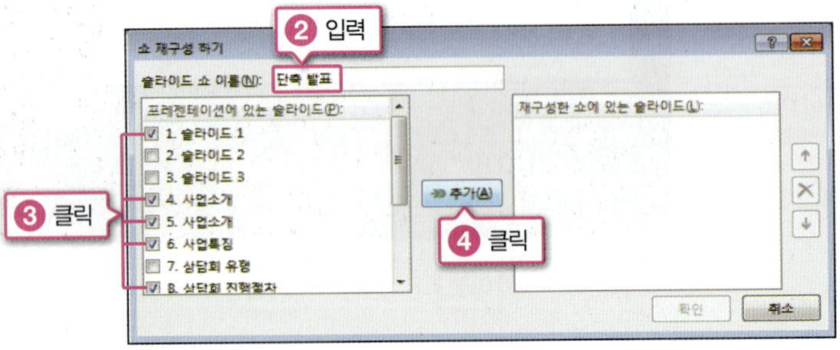

03 쇼 재구성 설정 마치기

① 슬라이드 추가가 모두 끝나면 **[확인]**을 클릭하고 ② 쇼 재구성 대화상자에서 **[닫기]**를 눌러 쇼 재구성을 마칩니다.

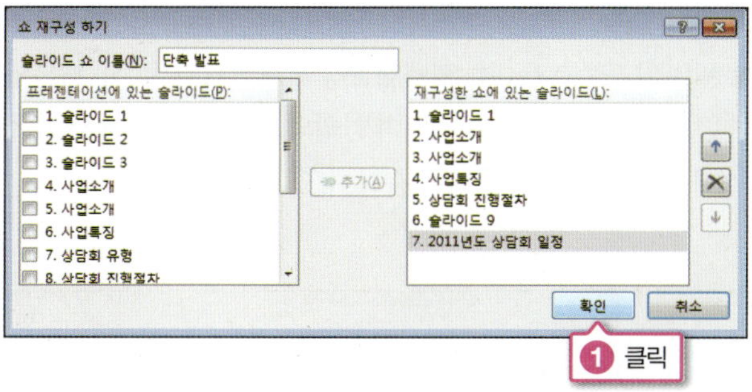

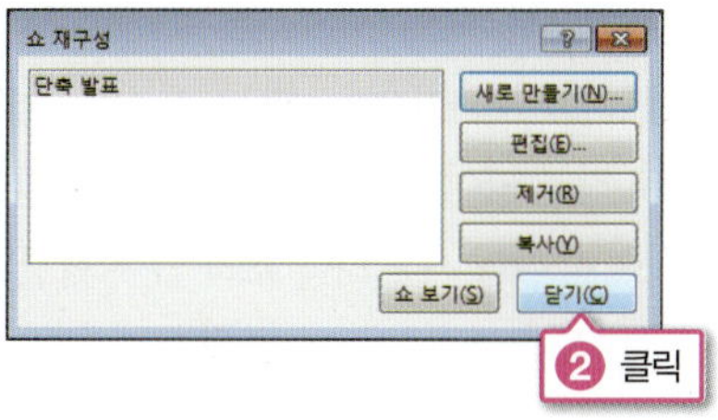

04 재구성한 쇼 실행하기

① 재구성한 쇼를 실행하겠습니다. [슬라이드 쇼] 탭－[슬라이드 쇼 시작] 그룹에서 **[슬라이드 쇼 재구성]**을 클릭하고 ② 앞서 설정한 **[단축 발표]**를 선택합니다.

실무활용 POWERPOINT NOTE **슬라이드 쇼에서 유용한 단축키**

슬라이드 쇼에 자주 사용하는 기능을 단축키로 이용하면 발표를 더욱 매끄럽게 진행할 수 있습니다.

F5 : 처음 슬라이드부터 슬라이드 쇼 실행
Shift+F5 : 현재 슬라이드 위치에서 슬라이드 쇼 실행
Enter, Space Bar, →, ↓, Page Down : 다음 슬라이드로 이동
←, ↑, Page Up : 이전 슬라이드로 이동
슬라이드 번호+Enter : 입력한 숫자에 해당하는 슬라이드로 바로 이동
Ctrl+P : 포인터를 펜으로 변경
Ctrl+A : 포인터를 화살표로 변경
Ctrl+H : 포인터와 하단의 아이콘을 화면에서 숨김
Ctrl+S : 슬라이드를 선택할 수 있는 대화상자 표시
E : 펜으로 그린 그림을 모두 지움
B : 화면을 검정(블랙 스크린)으로 설정/취소
W : 화면을 흰색(화이트 스크린)으로 설정/취소
ESC : 대화상자 제거/슬라이드 쇼 종료

슬라이드 쇼 녹화로 자동 진행되는 프레젠테이션 만들기 2007 | 2010 | 2013

▪ **실습 파일** 파워포인트\10장\실습\기술전략과 로드맵.pptx

최종 발표 전 예행연습으로 슬라이드별 발표 소요 시간을 파악할 수 있습니다. 예행연습으로 파악한 소요 시간은 자동으로 저장되므로 각 슬라이드에 몇 분, 몇 초의 시간을 지정해야 하는지 알 수 있으며 임의의 소요 시간을 저장할 수 있습니다. 슬라이드 쇼 실행 시 별다른 조작 없이 저장된 시간이 되면 자동으로 다음 슬라이드로 넘어갑니다.

01 슬라이드 쇼 녹화하기

① [슬라이드 쇼] 탭–[설정] 그룹에서 **[슬라이드 쇼 녹화]**를 클릭하고 ② **[처음부터 녹음 시작]**을 선택합니다. ③ 슬라이드 쇼 녹화 대화상자가 나타나면 **[녹화 시작]**을 클릭합니다.

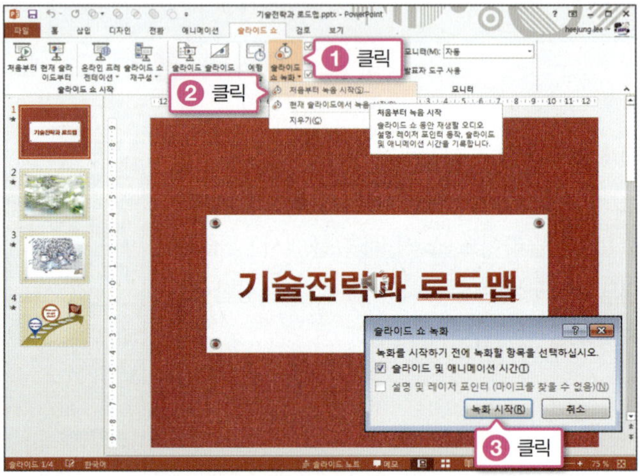

TIP 슬라이드 쇼 탭의 설정 그룹 옵션들을 이용하면 설명 녹음 혹은 시간 사용 등을 선택할 수 있습니다.

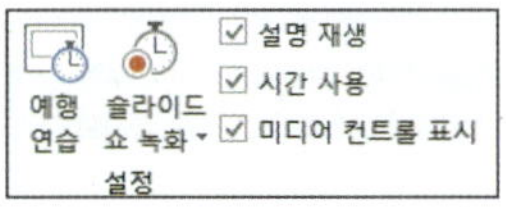

- **설명 재생** : 슬라이드 쇼 실행 시 오디오 설명 및 레이저 포인터 동작을 재생합니다. [슬라이드 쇼 녹화]를 클릭하여 설명과 동작을 레코딩할 수 있습니다.
- **시간 사용** : 슬라이드 쇼 실행 시 슬라이드 쇼 녹화 때 레코딩했던 슬라이드 재생 시간으로 자동 재생됩니다. 체크하지 않으면 재생 시간이 설정되어 있더라도 자동으로 재생되지 않습니다.
- **미디어 컨트롤 표시** : 슬라이드 쇼 동안 마우스 포인터를 오디오 및 비디오 클립 위에 두었을 때 재생할 수 있도록 재생 버튼을 표시합니다.

02 슬라이드 쇼 녹화 마친 후 최종 시간 확인하기

슬라이드 좌측 상단에 재생된 시간들이 기록됩니다. 슬라이드마다 적당한 시간에 맞춰 Enter를 눌러 슬라이드 화면을 넘깁니다. 마지막 슬라이드까지 녹화를 마치면 그림과 같이 최종 시간이 표시됩니다. **[예]**를 클릭해 새 슬라이드 시간을 저장합니다.

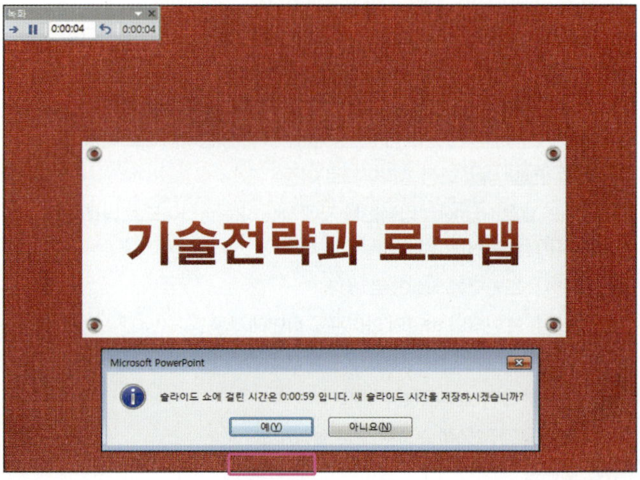

03 슬라이드별 재생 시간 확인하기

상태 표시줄의 [**여러 슬라이드 보기**]를 누르면 각 슬라이드가 재생되며 소요된 시간이 입력되어 있는 것을 확인할 수 있습니다. 이 시간은 슬라이드가 재생되며 발표하는 데 필요한 시간입니다. F5를 눌러 슬라이드 쇼를 실행하면 Enter를 누르지 않아도 슬라이드가 자동으로 재생됩니다.

04 슬라이드 쇼 재생에 필요한 옵션 설정하기

① [슬라이드 쇼] 탭–[설정] 그룹에서 [**슬라이드 쇼 설정**]을 클릭합니다. ② 쇼 설정 대화상자가 나타나면 [**<ESC> 키를 누를 때까지 계속 실행**]에 체크 표시 하고 ③ [**확인**]을 클릭합니다. 그러면 슬라이드 쇼 실행 시 슬라이드 쇼가 끝나면 다시 처음 슬라이드로 자동 재생되며 ESC를 누르면 슬라이드 쇼가 중지됩니다.

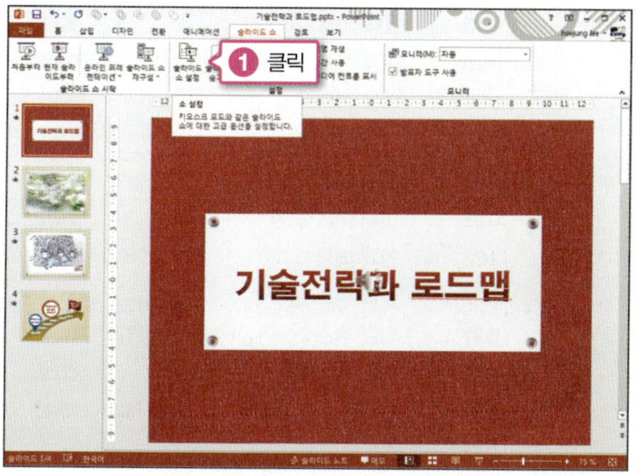

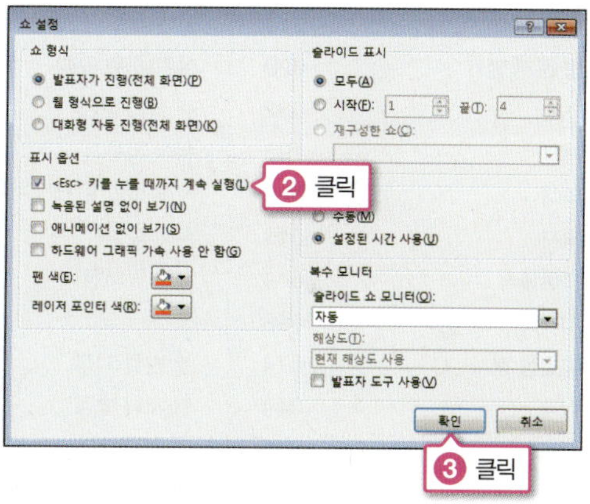

05 일부 슬라이드의 재생 시간 조정하기

① 일부 슬라이드의 시간을 조정하기 위해서는 **해당 슬라이드**를 선택하고 ② [전환] 탭–[타이밍] 그룹에서 [**다음 시간 후**]의 시간 옵션을 조정하면 됩니다. 또한 이 부분의 체크를 해제하면 설정된 시간을 삭제할 수 있습니다.

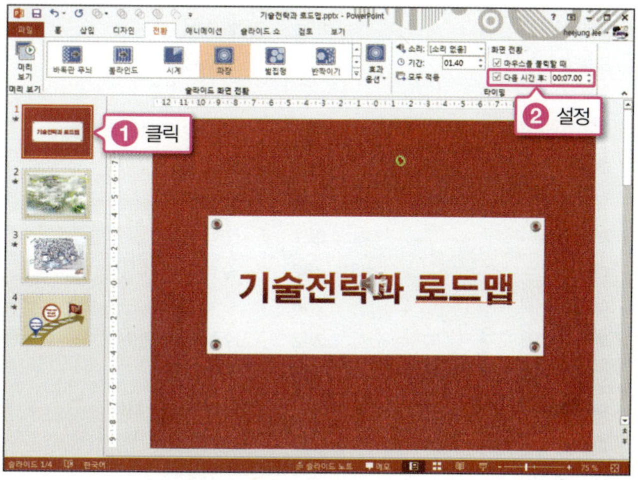

TIP 설정된 재생 시간을 제거하는 또 다른 방법으로 [슬라이드 쇼] 탭–[설정] 그룹에서 [슬라이드 쇼 녹화]를 클릭하고 [지우기]를 이용해도 됩니다.

찾아보기

엑셀

파워포인트